刑事诉讼监督案件化办理

XINGSHI SUSONG JIANDU
ANJIANHUA BANLI

敬大力　主编　黄宝跃　副主编

中国检察出版社

图书在版编目（CIP）数据

刑事诉讼监督案件化办理／敬大力主编. —北京：中国检察出版社，
2020.9

ISBN 978 - 7 - 5102 - 2476 - 8

Ⅰ.①刑…　Ⅱ.①敬…　Ⅲ.①刑事诉讼－司法监督－中国－文集
Ⅳ.①D925.204－53

中国版本图书馆 CIP 数据核字（2020）第 153814 号

刑事诉讼监督案件化办理

敬大力　主编

出版发行：中国检察出版社

社　　　址：北京市石景山区香山南路 109 号（100144）

网　　　址：中国检察出版社（www.zgjccbs.com）

编辑电话：(010)86423753

发行电话：(010)86423726　86423727　86423728

　　　　　(010)86423730　68650016

经　　　销：新华书店

印　　　刷：北京宝昌彩色印刷有限公司

开　　　本：710 mm×960 mm　16 开

印　　　张：30.25

字　　　数：555 千字

版　　　次：2020 年 9 月第一版　　2020 年 9 月第一次印刷

书　　　号：ISBN 978 - 7 - 5102 - 2476 - 8

定　　　价：95.00 元

编辑说明

    2018 年 11 月 1 日，由中国法学会检察学研究会刑事诉讼监督专业委员会主办，北京市人民检察院、北京市检察官协会和北京市法学会诉讼法学研究会承办的第九届"刑事诉讼监督案件化办理"主题研讨会在北京胜利召开。研讨活动得到了最高人民检察院领导、知名专家学者及兄弟省市检察院的支持，收获了良好反响。研讨综述及部分论文刊发于《人民检察》2019 年第 5 期。鉴于刑事诉讼监督案件化这个主题契合中央关于加强人民检察院法律监督的最新要求，相关论述对于推进法律监督案件化、规范化、专业化具有重要参考价值，我们沿习研讨成果最大化利用的传统，正式出版论文集。由于研讨会召开后相关法律法规及司法解释有所调整，我们对文章中涉及的条文表述作了技术处理，以符合最新法制状况，但论述内容仍体现的是当时的研究情况。

    本书组稿于全国检察机关内设机构改革之前，部分内容可能与改革后的实践情况不一致，为了反映文章写作时的客观真实情况，本书对此类内容作了保留。

本书编辑组

目　录

案件类型及标准

案件办理的规程及办法

目　　录

— 3 —

前　言[*]

党的十八大以来，中央对加强检察机关法律监督工作提出了一系列新要求。党的十八届四中全会提出"完善检察机关行使监督权的法律制度"。十九大进一步提出"把党内监督和国家机关监督、民主监督、司法监督、群众监督、舆论监督贯通起来"。习近平总书记强调，"检察机关是保护国家利益和社会公共利益的一支重要力量"，要"加强检察监督，切实做到有权必有责、用权受监督、侵权要赔偿、违法必追究"。修改后的三大诉讼法也赋予检察机关诸多监督职能，进一步拓展了法律监督的范围。尤其是修改后的检察院组织法和刑事诉讼法，保留与检察机关法律监督工作密切相关的部分侦查权，赋予调查核实权，完善行使监督职权的措施、方式，检察机关法律监督职能的独立地位更加凸显。法律监督案件化办理的法律依据更加充分、程序更加具体。党中央对法律监督作出的重要部署和相关基本法的修订，完善了法律监督制度的顶层设计，丰富和发展了法律监督理论，为做好新时期法律监督工作指明了方向。

为贯彻落实中央相关部署要求，北京市检察院把强化法律监督作为深化司法体制改革、推动检察工作转型发展的重要抓手，实行"三步走"建设思路，不断推动法律监督工作开创新局面、实现新发展。第一步是加强思想保证。法律监督有广义、狭义之分，从广义上讲，指的是检察机关的性质或宪法定位，也是对检察机关各项具体职能的统称。狭义上的法律监督，是指对诉讼活动的监督，以及一定范围的对行政权的监督。我们将狭义的法律监督和司法办案在概念上分开，把法律监督作为独立问题看待，进行独立工作部署，

---

[*] 本文系敬大力检察长在中国法学会检察学研究会刑事诉讼监督专业委员会第九届主题研讨会（2018 年 11 月 1 日）上的致辞。

从观念上防止监督弱化、边缘化。第二步是加强组织保证。遵循诉讼职能和监督职能适当分离原则，对法律监督和司法办案职能进行机构分设、合理分工，不断优化法律监督工作格局，推动法律监督工作驶入专业化发展的快车道。第三步是确立制度保证。2017 年 12 月，在市检三分院及相关区院部署开展法律监督制度化、规范化、程序化、体系化、信息化（即"五化"）建设试点，研究制定《法律监督案件案由和立案标准》《法律监督规程》等多个规范，促进法律监督由"办事模式"向"办案模式"与"办事模式"相结合转变。自 2016 年 8 月全面实施改革以来，全市检察机关共监督公安机关立案、撤案数同比分别增长 50%、86%，刑事抗诉案件同比提高92%，民事、行政抗诉同比上升 10%，法律监督工作弱化局面得到有效扭转，整体面貌焕然一新。2018 年 9 月，北京市人大常委会专门审议了市检察院关于加强法律监督工作情况的报告，对全市法律监督工作给予了充分肯定。

检察机关作为国家的法律监督机关，办案是检察机关的立身之本。张军检察长也反复强调，检察机关要以办案为中心，把法律监督落实到每一个办案环节。但法律监督工作尤其是刑事诉讼监督工作，如何以案件化模式进行规范运转，理论研究相对薄弱，相关法律制度设计缺失。2018 年 11 月 1 日，刑事诉讼监督专业委员会围绕"刑事诉讼监督案件化办理"举办了第九届主题研讨会，契合新时期加强法律监督、全面推进法治中国建设的大局需要，又密切联系检察工作实际，着力解决法律监督领域的突出问题，具有很强的现实意义和针对性。

一是突出问题导向，充分认识案件化办理的意义。长期以来，司法办案和诉讼监督"一手硬一手软"，诉讼监督工作弱化，一直是检察工作的短板。突出表现在一些传统监督工作上，如纠正违法、检察建议等，无案卡、无案号、无案卷，办事色彩浓厚，工作随意性较大，规范性较差，监督质量不高。这种"办事模式"的诉讼监督运作方式，不仅极大影响了诉讼监督职能的规范行使，还削弱了检察机关作为法律监督机关的宪法地位。探索刑事诉讼监督案件化办理，明确案件化办理的标准和程序，就是给监督工作树规明据，推动诉讼监督工作由办事模式向办案模式转型发展。案件化办理可以解决诉讼监督工作有职权无程序、随意性等难题，有利于工作规范化发展，提升监督工作法治化水平和检察公信力，有利于检察机关聚焦办案中心，做实做优诉讼监督工作，进一步夯实检察机关的宪法定位。

二是强化办案意识，总结好案件化办理的生动实践。北京市检察机关早在 2015 年，就在刑事执行检察领域，探索对重大监督事项实行"办案模式"，取得了良好成效，得到最高人民检察院的充分肯定。2017 年 12 月，我们将重大监督事项实行案件化办理作为"五化"建设试点的重点任务，推广到整个法律监督工作领域，形成对轻微诉讼违法实行"事项化"办理，对重大诉讼违法实行"案件化"办理的新型监督模式，初步实现了法律监督工作从"粗"到"细"、从"不规范"到"规范化"的实质转变。与此同时，山东、江苏、湖南等地检察机关也对案件化办理模式，进行了卓有成效的实践探索。地方检察机关的积极探索，得到了最高人民检察院的充分认可，《"十三五"时期检察工作发展规划纲要》明确提出"探索实行重大监督事项案件化"。《关于政法领域全面深化改革的实施意见》明确"探索重大监督事理案件化办理模式，完善重大监督案件办理机制，推动重监督案件专业化办理"。"实践是理论创新的试金石"。实践已证明，案件化办理是破解法律监督工作有职权无程序、推动工作规范化发展的"一剂良方"。我们要及时总结实践经验，提炼归纳成熟做法，为法律监督制度顶层设计提供更好的实践样本。

三是遵循监督规律，进一步规范案件化办理工作。司法办案和诉讼监督是两种不同的职能，两者的目的、对象、程序等都不一样，有着不同的运转规律。探索刑事诉讼监督案件化办理，核心是明确案件化的范围、标准和程序。虽然一些地方检察机关进行了积极探索，但总体而言，案件化办理的探索仍局限在部分地方检察机关之间，尚未在全国推广开来，并且案件化范围如何确定，是全部案件化，还是部分案件化？每一种诉讼违法的立案标准、案由如何设定，是以诉讼违法情形为案由，还是以诉讼案件名称为案由？等等。诸多方面仍存在较大探索空间。探索刑事诉讼监督案件化办理，要遵循诉讼监督规律，继续加强理论创新，深化实践探索，进一步探索完善诉讼违法立案标准，明确细化纠正方式和程序，同步健全线索受理、审查立案、调查核实、纠正处理、跟踪反馈等监督工作规程，为各项监督职能各自规范行使、全面均衡发展、相互协同促进，提供完备的制度规范，让各项监督工作都有章可循、有据可依。

四是主动适应改革，加强法律监督理论研究。当前，检察制度、工作格局以及体制机制均发生深刻的变化，迫切需要创新的检察理论作为支撑。张军检察长在全国检察长会议上指出，要高度重视检察理论研究工作，用理论指导检察工作。检察改革实践也一再证明，凡是理论准备较为充分的改革任务，改革推进就比较顺畅、成效比较明显；凡是理论基础薄弱的改革任务，也往往推进缓慢、成效不明显。探索刑事诉讼监督案件化办理，要置身于深化检察改革、完善检察制度这个大的框架下探索推进。我们要增强创新意识，勇于解放思想，打破陈规旧习，紧密结合修改后的检察院组织法和刑事诉讼法，积极研究和回答司法实践提出的新问题、新挑战，尤其是要结合检察机关内设机构改革，研究"捕诉一体"模式下刑事监督职权的优化配置问题，防止过去"捆绑式"工作模式下的监督弱化、副业化等问题回潮。

实践之树常青，理论探索永无止境。9 年来，刑事诉讼监督专业委员会发挥了理论研究交流的专业化平台作用，围绕刑事诉讼监督的基本理论和实务问题进行了深入研讨，确立了刑事诉讼监督的基本术语体系，推动形成了生动的检察实践，为科学决策、履职强检提供了智力支持。感谢最高人民检察院，辽宁、山东、陕西省检察院，各位副主任、理事的支持！感谢各位专家学者，感谢樊崇义教授、卞建林等众位教授多年来的支持！刑事诉讼监督专业委员会将继续坚持客观、公允、开放的研究立场，按照新时代检察工作发展的新要求，进一步挖掘诉讼监督规律，推动理论创新与实践创新的良性互动，助力服务检察工作科学发展。

敬大力

2019 年 12 月

基础问题研究

刑事诉讼监督案件化办理若干问题研究

北京市人民检察院法律政策研究室课题组*

当前，司法体制改革进入实质性实施阶段，与国家监察体制改革、诉讼制度改革叠加运行，人民群众对司法公正的需求和公平正义的司法获得感更加强烈。在加强法律监督、维护公平正义的工作过程中，检察机关探索重大监督事项案件化办理、轻微诉讼违法行为事项化办理，实行"办事模式"和"办案模式"相结合的工作模式，为刑事诉讼监督职权的有效履行建立了切入通道，具有时代意义。采取哪种标准对刑事诉讼监督案件进行分类更为科学、更易应用，如何完善工作机制妥善运用"办案模式"，还有许多难题需要探究，需要从监督工作实践中提取营养素材，升华提炼为规律性认识，健全完善配套性制度、机制。

一、刑事诉讼监督案件的界定标准

据统计，可以纳入刑事诉讼监督案件范围的各种诉讼违法情形多达442种，[①] 刑事诉讼监督事项涉及多个领域、多种类型，面广、内容繁多，均不记为独立的案件不符合法律监督工作规律，均记为刑事诉讼监督案件则不能区别监督的重点。推动监督工作向"办案模式"和"办事模式"相结合转型发展，首先必须把握好刑事诉讼监督案件的基本要素，进行科学分类。笔者认为，实行案件化办理的刑事诉讼监督案件应具有以下条件之一。

（一）属于重大诉讼违法行为或重大事项

纳入刑事诉讼监督视野的诉讼违法行为和事项，大多具有形式上的违法性和实质侵权性，主要表现为办案机关及其工作人员在刑事诉讼活动中对法律所

---

* 课题组成员：甄贞，北京市人民检察院原副检察长；闫俊瑛，北京市人民检察院第七检察部主任；梁景明，北京市人民检察院法律政策研究室检察官。

① 参见《北京市检察机关检察监督案件案由与立案标准（试行）》的附件：诉讼违法情形及其认定标准与纠正方式。

规定的某一特定程序的违反，以及实施可能影响公正执法司法的各种行为。形式上的违法性只是大部分诉讼违法行为外在的特征，在此之外，诉讼违法行为还不同程度地侵害诉讼规则所体现的法律秩序和基本法律准则，以及当事人的诉讼权利。办案机关和办案人员拥有案件处置、裁判等职权，其实施的办案行为或对案件作出的具体决定可以直接影响诉讼活动的进程，一旦违法或者不当行使，很可能对当事人的权利产生直接影响，对国家法治秩序具有较大的破坏力。办案机关应当承受程序性权益减损的程序性不利后果，如对轻微诉讼违法行为予以补正，对严重诉讼违法行为予以纠正、宣告无效，恢复和保护当事人的合法权益，从而使当事人的诉讼权利得到救济。亦因此，检察机关监督纠正诉讼违法行为的活动，具有了作为监督案件进行办理的讨论价值。

诉讼违法行为首先表现为对具体规则的违反，针对不同的规则如授权性规则、义务性规则、禁止性规则等，诉讼违法行为的表现也不同。如违反法定的方式办案，未采取诉讼法所要求的办案方式或者采取了诉讼法所禁止的办案方式，违反了法定的具体办案要求，随意增加、随意减少、随意颠倒法定办案步骤，或者违反了诉讼法所规定的作出或者完成某一办案行为的时间限制。根据严重程度、恶劣程度进行界定，诉讼违法行为大致可以划分为一般诉讼违法行为、重大诉讼违法行为和涉嫌构成职务犯罪的行为。对于一般诉讼违法行为，在办理诉讼案件过程中发现的事实清楚、情节较轻的，无须再进行专门的调查或核实的，可以随案直接提出纠正意见，无须更无必要形成独立的案件，通常作为事项实行随案监督。而严厉的监督手段只适用于那些严重的诉讼违法行为，以体现宽严相济、疏而不漏，因而，实行案件化办理的刑事诉讼监督案件更多是重大诉讼违法行为和涉嫌构成职务犯罪的行为。①

当某一刑事诉讼活动和执行活动即便诉讼行为不存在违法的情形，因为涉及当事人的生命剥夺、人身自由状态变更等重大事项，也需要启动专门的监督程序，由检察机关进行审查和合法性确认。比如，对死刑执行的临场监督、减刑假释案件的监督、撤销缓刑假释暂予监外执行收监执行的监督等。以"办事模式"对这些事项开展监督，存在着启动随意、程序不规范、评价标准不

①　从广义上理解，办案人员因渎职或者故意违反法律的禁止性规定，利用职权实施的非法拘禁、刑讯逼供、非法搜查等侵犯公民权利以及滥用职权、枉法裁判等损害司法公正触犯刑法的行为，损害当事人、国家或公共利益，属于诉讼违法行为较为严重的情形，如经查证有此情形即符合侦查活动违法监督、生效判决监督案件等案件的办理条件。对于涉嫌构成职务犯罪的行为，自然应展开初查、调查、侦查等，应当作为独立的案件进行立案并实行案件化办理。

明确、监督过程程序化、监督效力不高等问题。对重大事项进行案件化办理，遵从规范的办案程序和证据规则实行监督，有利于激活检察机关的审查职能，更有利于有效救济和保障当事人的权利。当然，如果只是简单的、例行的、常态化、程序化的监督事项或工作，则也要考虑单独列为监督案件的必要性。

（二）需要启动调查核实程序

没有调查就没有发言权，实践表明，缺少充分的调查核实就难以对诉讼违法行为实施有效的监督。离开了调查核实，就像士兵缺乏作战武器一样难以履行岗位职责。调查核实是开展刑事诉讼监督的基础工作，是检察机关审查核实、获取证据来证实或证伪诉讼违法的司法活动。在诉讼违法案件的办理中，审查核实和适度的调查取证是实施刑事诉讼监督的必备工具。非借助违法行为调查，一些以合法形式掩盖非法目的的违法行为或者难以进入监督视野，或者无法查明情况是否真实存在，而对违法事实的认识就会不客观、不全面，相应的处置理由也会不充分、不透彻，督促纠正违法行为的质量和效果就更会打折扣。

如果涉嫌重大诉讼违法行为或者重大事项案情复杂的，则需要询问当事人、证人、办案人员或者案外人，应当听取当事人、诉讼参与人、办案机关、办案人员以及相关人员的意见，需要咨询专家人员、相关部门或者行业协会等对专门问题的意见，需要调取、查阅、复制相关案卷材料及其他相关材料进行审查，需要进行伤情、病情检查或者鉴定，或者需要委托、审计，以及需要勘验物证、现场等调查核实。调查核实使监督职权的行使具有了一般案件的实体要素、证据要素和程序要求，应当遵循一定的流程规制要求，按照案件来办理。

对于不影响诉讼进程的监督线索，可以启动专门的调查核实程序，实行专门监督，可以提升监督准度、增强监督刚性。用调查核实的结果充实监督意见，支撑、论证处理决定的合理性，可以增强监督的说服力和被监督单位的认同感，减少纠正意见不被采纳和"督而无果"的问题，进而有效扭转抗诉、再审检察建议改变率低以及监督纠正意见采纳反馈少的局面。实践也证明，建立以发现、核实、纠正违法为核心内容的监督案件调查机制，在办理重大监督事项时进行必要的调查，并在调查基础上提出监督意见，有利于提高监督的针对性和实效性，减少和避免审查处理决定的盲目性，进而保障监督意见的准确性和可接受性。

（三）可能作出正式监督处理决定

经案件审查、调查核实，对刑事诉讼中诉讼违法行为确认存在违法后，或者经依职权审查确认执法司法行为合法后，检察机关应当依法作出后续反应。通常的方式主要有：一是通知纠正，如发现公安机关的侦查活动有违法情况时，应当通知公安机关予以纠正；发现刑事判决、裁定的执行有违法情况时，应当通知执行机关予以纠正；发现监狱、看守所等机关的活动有违法情况时，应当通知主管机关予以纠正。二是提出意见、建议，如提出给予行政处罚、行政处分或者需要没收违法所得的检察意见。三是合法性或结果确认，如死刑执行临场监督中，根据需要进行拍照、录像，执行后确认是否死亡，填写监督笔录。四是同步在场并发表参与性监督意见，如检察长通过列席审判委员会参与审判活动，发表意见；对罪犯的减刑、假释或者监外执行活动，责令执行机关重新核查，或者申请重组合议庭进行裁决，通过在场权纠正不当的执行措施。五是启动诉讼纠错程序，如诉讼违法行为导致判决、裁定错误，以抗诉、再审检察建议的方式启动纠错程序。

实行案件化办理的刑事诉讼监督事项，应当是可以产生监督效果的，如检察机关发现办案人员在侦查中违法取证，应当进行非法证据排除或者要求侦查机关进行补正，同时提出书面纠正违法。不过，并非所有的监督事项的办理结果都会产生案件办理的效果，如对侦查活动中轻微违法行为的口头纠正，既不具有完整的办理流程，也不具备作为案件的效力特征，不能视为案件。在进入检察环节的诉讼案件中，应当启动抗诉等诉讼纠错程序的，通常二审程序的判决采取随案监督的方式，以保证诉讼和监督的工作效率，在案件分类时并不纳入刑事诉讼监督案件的范畴。而对于已生效判决的刑事审判监督、需要提出书面纠正违法或者检察意见的诉讼违法案件以及应当作出正式的监督结果确认的案件，办案时间可以宽延，与诉讼案件分离办理并不影响诉讼进程，可以实行监督事项的专门化、案件化办理。

刑事诉讼监督的目标，包括保障当事人的诉讼权利，矫正因诉讼违法对社会法治造成的威胁，维护法治秩序等。检察机关通过实施刑事诉讼监督，其在案件审查、调查核实之后的后续反应主要表现为纠正违法，促使有关机关及其办案人员遵守法律程序，让隐含在法律程序背后的基本争议得到实现。不过，并非监督案件的办理结果，就一定是对诉讼违法行为进行纠正或者重启某个诉讼程序。如经检察机关案件审查、调查核实，发现没有违法事实，则要向相关人员说明情况，必要时可以向有关单位、部门通报情况；或是需要书面确认某个诉讼行为的合法性，这些也是刑事诉讼监督案件可能的办理结论或后续反应，虽然最终处理并不表现为形式上的决定，其办理过程符合案件的特征，仍属于刑事诉讼监督案件的范畴。

二、办理刑事诉讼监督案件要处理好几个关系

如何妥善运用刑事诉讼监督职能，许多问题需要探究，有些是改革叠加过程中凸显出来的，有些是长期悬而未决的实际问题。刑事诉讼监督案件范围的确定，是监督工作模式确定的基础，也是审视、研究和解决这些问题的重要桥梁和纽带。

（一）正确处理办案与监督的辩证关系

办案是监督的基础。监督离不开被监督单位的办案，监督的工作对象就是产生于被监督单位执法办案活动的诉讼违法行为。法律规定，检察机关对公安机关的侦查活动是否合法实行监督，对法院的刑事审判活动是否合法实行监督，就是要发现、核实和纠正公安机关、法院在办案中的诉讼违法行为。当然，刑事诉讼监督的目的也是促进和支持被监督单位依法、正确、优质、高效办案。刑事诉讼监督也依托于检察机关的司法办案，检察机关可以在被监督单位在正办理的批捕、起诉案件中，通过审查逮捕、提前介入、引导侦查、审查起诉、羁押必要性审查等活动发现诉讼违法线索。

实际上，与诉讼程序有关的一切办案活动和监督事项办理活动都具有发现违法的条件，因而，依职权自行发现是刑事诉讼监督案件线索的主要来源。检察机关还可以通过以下途径发现诉讼违法线索在检察长列席审判委员会、死刑临场监督、巡回检察、专项检察、驻所检察以及参与监管机关呈报减刑、假释、保外就医的审核把关中发现，在接受报案、控告、检举、申诉、投诉、申请，接受其他执法司法机关或有关单位移送中发现，上级检察机关或有关单位交办，在两法衔接、公检法等机关之间案件信息通报等工作机制中以及对诉讼违法行为线索的统一管理与分流处理中发现。当然，诉讼违法线索不论来源于哪个渠道，最后都要归结到某一个诉讼案件上，对于构成诉讼违法行为的事项，应当启动监督程序，使之成为案件。

检察机关介入某一特定的刑事诉讼程序中对诉讼违法行为进行审查，监督的结果不一定就是要单独启动独立的监督程序，如发现存在轻微违法情形应当提出口头纠正意见或者建议，就可以在办理诉讼案件时当作一般监督事项直接处理。至于对某一具体的诉讼违法行为提出纠正，或要求被监督单位启动某一程序，有必要或者必须对外表达诉讼活动是否合法的监督意见等时，则要将该重大监督事项案件化，启动专门的调查核实程序，作为刑事诉讼监督案件进行处理。对诉讼违法行为的核实、纠正，是对司法案件中的诉讼违法行为进行监督，区别于诉讼案件的办理程序，可以说刑事诉讼监督案件是检察机关办理的"案中案"。随案监督限制了刑事诉讼监督的深度和广度，应当着力改变办理

诉讼案件和监督案件捆绑式发展的工作模式，各自保证专业化、专门化发展，实现办案与监督的互相补强、补缺。

（二）正确处理依法监督柔与刚的关系

监督职能是一种刚柔相济的职能，检察机关对监督的方式具有一定的斟酌处置权，可以根据不同的监督对象，不同的监督时间、时段，不同的错误程度，选择适当的监督方式，使被监督的机关和相关人员更易于接受监督，避免产生抵触、对立，求得最佳的监督效果。不过，作为对法律的守护职能，刑事诉讼监督工作在法治的轨道上运行不仅是工作的前提，也是监督内容受到被监督者尊重的基础，监督职权的行使仍然要受到法定条件和程序的严格限制。采取哪一种监督方式，取决于违法行为的严重性程度、监督事项的性质、掌握证据的情况以及案件情况的紧急性和必要性。刑事诉讼监督方式的确定，应当与监督的效果相一致，因而，根据诉讼违法行为的严重程度、恶劣程度界定监督案件，可以建立层次性、递进式的监督模式。对于一般诉讼违法，通常仅运用较为谦抑、内敛且效力强度较为宽和的监督方式。对于重大诉讼违法行为和涉嫌构成职务犯罪的行为，则要应用较为积极、扩张的调查核实，运用效力强度较为刚性的监督方式。运用不同的监督方式实施法律监督，互为犄角，相互呼应，组成监督刚柔并济的刑事诉讼监督格局。

对于一般性违法问题或工作失误，不会造成危害后果的，可以采取口头纠正、检察建议等警示性的监督措施，要求被监督单位及相关人注意改正。对于执法行为不规范、执法质量不高，以及执法司法机关工作管理中的漏洞问题，可以采取检察建议的方式开展监督。如果属于办理案件本身的合法性、规范性问题，应当根据具体违法情形，依法采取通知公安机关立案或撤案、提出纠正违法意见、提出再审检察建议、提出检察意见、提出或提请上级院抗诉、建议更换承办人、通报等监督方式，而不是用检察建议等比较柔性的监督方式代替。同时，作为一个完整的监督活动，监督决定的作出、期限要求、后续保障、救济途径都是监督方式，而后者才形成监督的刚性。监督决定作出的同时，应当对有关机关明确提出将采纳监督意见的情况在要求的期限内书面回复；在法定或合理的期间内，应当跟踪被监督单位对监督意见的落实情况，及时督促被监督单位有效整改并回复，最大限度地促进被监督单位依法执法、公正司法，并及时启动纠错程序，纠正违法、堵塞漏洞。

对于影响司法公正、侵犯人权、不正确适用法律，或者可能出现冤假错案的严重违法问题，应当采取断然措施，及时发出书面纠正违法通知书予以纠正。涉嫌构成犯罪的，则应当依法进行初查、调查、立案侦查，而不能用纠正违法的方式代替犯罪的追究。对于少数情况的被监督单位对明显的诉讼违法行为置若罔闻、拒绝纠正的情况，可以提请上级检察机关与被监督单位的上级机关进行沟通，督促被监督单位进行纠正或者将证明相关人员渎职行为的材料按照干部管理权限移送有关机关处理，或者提请本级人大常委会提出质询或发动特定问题调查等，巩固和扩大监督效果。

（三）正确处理对事监督与对人监督的关系

对于诉讼违法行为，可以从实体上也可以从程序上进行规制，但解决诉讼违法行为的关键是发挥程序性责任制度的力量，而检察机关的法律监督正是其中一个关键或者重要环节。在刑事诉讼监督活动中，检察机关不是常规诉讼活动的发动者、推动者和决策者，而是介入诉讼之中对诉讼违法行为作出评价，通过提出抗诉、建议再审、提出纠正违法以及检察意见等依法启动相应的法律程序，促使执法司法机关再次审查、纠正违法或者启动正常诉讼程序。检察机关实行监督的作用更多是督促性的，是警诫、预防、劝告性的，诉讼活动中违法情况的纠正主要依靠被监督单位自身的纠正和调整行为来完成。检察机关与被监督单位对于法律有认识分歧，是正常现象，法律监督活动有助于消除这些分歧，保障法治统一。依法行政、公正司法的实现主要需要侦查制度、审判制度等多种因素的综合运行来保障，并在检察机关的法律监督中得到促进。

对于一般违法行为，不会对案件的结果和发展走向产生实际的影响，可以通过检察建议等方式督促、监督相关办案人自行纠正，停止或补正诉讼行为，使相关诉讼行为具备合法的要件，基本上只是对事的监督。但对于严重的诉讼违法行为，刑事诉讼监督既可以表现为围绕案件事实本身和解决诉讼违法行为的影响的对事监督，包括案件解决过程和结果的监督，必要时也可能表现为围绕诉讼主体行为的对人的监督，判断核实办案人员有无职务违法犯罪行为。刑事诉讼监督的效果应当体现在启动重新审查程序和对办案人员渎职行为的查处并重，既要提出抗诉、纠正违法等措施，又要追究相关个人的责任，及时提出停止被调查人执行职务、更换承办人建议甚至积极开展对办案人员渎职行为的查处。因而，对诉讼活动的法律监督，其内容应当是对事监督与对人监督相联系、相结合的框架。

可见，检察机关对事监督的过程中，在职权运行逻辑上的合理解释并不排除引申出对办案人员是否依法执法、公正司法的监督，也要兼顾对人的监督。为了准确认定和依法纠正重大诉讼违法行为，惩治在履行法律监督职能中发现的职务犯罪行为，就需要对违反法律规定的诉讼事实、违法犯罪行为是否存在及其性质、情节、后果等进行核实、查证，探知案件本身及其背后的是非曲直。进而，根据具体情况分别采取严厉程度不同的监督手段和监督措施，避免检察机关的法律监督成为"法律作秀""纸上谈兵"。当然，对诉讼违法行为进行调查核实，是监督职权履行的必要措施，也是实践运行过程中的重点、难点问题。至于通过查处职务犯罪的方式强化对于其他监督方式的效果，其运行方式和模式在改革叠加、有关法律修正尚未完全确定的形势下，仍留有研究空间。

三、健全办理刑事诉讼监督案件的配套机制

任何法律制度的运作都必须有一系列相关的配套制度。对诉讼违法行为实行完整有效的监督，将监督事项的案件化办理在司法实践中有效推进，就必须全景式把握，建立健全包含发现违法、调查违法、纠正违法、建议惩戒、查办犯罪等在内的配套性制度或衔接机制。

（一）健全刑事诉讼监督案件办理程序

对于不同性质的诉讼违法行为的监督，要根据不同的法律规定进行办理。侦查活动、刑事审判活动、刑事执行活动中实施的诉讼违法行为，应当依据刑事诉讼法、《人民检察院刑事诉讼规则》的具体规定实行监督。如果将监督程序完全依附于诉讼程序行使，刑事诉讼监督案件的整个流程办理、结果反馈、效果评测都将会很随意。实际上，刑事诉讼监督案件的办理程序不是诉讼案件的办理程序，也不能以诉讼案件的程序来代替。通常，案件要经历发现（受理）→调查（审查）→作出决定→产生效果等基本流程要素。要提升刑事诉讼监督的能级，应当围绕这几个要素构建完整的案件流程，建立包括线索发现、移转、管理、审批、调查、核实、处理等环节的工作程序，建立包含运行程序、证据规则、管理流程、质量标准、办理机制等要素的办案规范，使刑事诉讼监督的各环节紧密衔接、依法有序。

检察机关各职能部门通过各种途径可以收到或者发现反映办案机关及其工作人员诉讼违法行为的各种信息，这些信息组合形成诉讼违法行为线索。线索一经受理，即正式进入检察机关的办案流程，线索经过登记、初审、评估决定是否立案，对于具备初查条件或成案可能性的线索进行移交、转办，进而进入案件办理阶段。上下级检察机关及检察机关内设各部门之间应建立健全线索移送、调查核实、情况通报、信息共享、意见反馈、结果答复等诉讼违法行为案件办理方面的程序衔接和协作配合机制，形成监督合力。无论采取哪种办案形式，刑事诉讼监督都应该是一个通过案件审查或者调查来发现问题、查明事实、提出纠正的规范案件办理过程。因而，要完善案件审查、调查等监督手段的行使程序，明确行使范围、方式、手段、标准，使刑事诉讼监督案件的办理在规范的轨道中运行。

（二）激活刑事诉讼监督案件的调查核实机制

刑事诉讼监督案件调查的范围包括是否具有诉讼违法行为、是否具有启动诉讼监督程序事由。不过，基于职权探知原则，调查核实的内容可以是诉讼中办案人员的违法行为、违法事实本身，也可以包括法律规定的案件本身有关事实，以及监督活动中有关事实认定、纠纷真相探究等。调查的目的是核实，实现核实的手段是调查，调查促进核实，核实指引调查。当然，调查并不具有"前置性侦查的功能"，使用某种调查手段也并非必经程序，刑事诉讼监督案件既可能只需要调查核实案情，也可能需要同时收集证据。核实主要侧重于对已知晓的事实通过采取相应措施鉴别真伪，调查更多的是收集相关证据来认定、作为支持处理决定的事实基础。所以，在实施调查前应当进行可查性评估，并对采用哪些调查手段进行必要性审查。调查核实作为办案手段，应该按需而行，并非每案都要行使、运用。对于一般诉讼违法行为和事实清楚的重大违法行为，不会发生分歧、争议，以非正式或正式的方式了解行为即可，而不必进行正式的调查收集证据行为。

调查进行中，围绕监督事项可以适度运用询问、查询、调取相关证据材料、咨询专门问题、勘验物证、勘验现场以及委托鉴定、评估、审计等必需的调查手段，为是非曲直及其他争议问题的审查判断、作出审查处理决定提供赖以立足的事实证据。调查方式的多元性，调查手段和强度的层级性，分别对应着不同性质的违法行为，比例原则要求调查不能采用"高射炮打小鸟"的方式。在操作层面上，应当根据违法现象、行为或者诉讼行为的性质、情节、争议程度等实际情况，有针对性地选择适宜的、妥当的调查措施、调查方式。调查终结后，认定诉讼违法行为的证据较为充分，则可以据此对被监督单位提出督促重新进行审查或纠正的监督意见。如果诉讼违法行为涉嫌构成犯罪，则要转化为对职务犯罪案件的调查查办活动。实际上，调查核实还有正名洗冤的功能，如经调查发现没有违法事实尤其是当事人申诉、控告检举不实，则要通过说明情况或者通报等予以正名。

（三）重建职务违法犯罪调查查办机制

在办理刑事诉讼监督案件的过程中，发现侦查人员、审判人员、执行人员有渎职行为的，如果经调查核实其职务行为确实违反了法律规定，继续办案将严重影响诉讼的顺利进行，应当建议更换办案人，及时纠正违法，消除不良影响，维护诉讼活动的廉洁高效。职务犯罪类诉讼违法行为，是启动抗诉等监督手段的法定事由。比如，对于审判人员在审理案件时有贪污受贿、徇私舞弊、枉法裁判或者其他严重违反诉讼程序的行为，可能影响案件公正判决、裁定的，应当依法提出抗诉。作为监督成效的必要强调与强化，必然存在对办案人员职务犯罪线索的深入挖掘和查办。可以说，对违法犯罪办案人员的处置，是法律监督内涵的伸张与弹射，并不超越对诉讼违法行为实施法律监督的射程范围。如果发现办案人员的行为同时涉嫌监察委员会管辖的职务犯罪线索的，检察机关应当及时移送监察委员会处理或者根据职权调查处理，以增强监督的刚性。

检察机关如何介入职务犯罪的调查查办，需要受到法律对监督职能、权力属性和诉讼程序的限制与制约。无论职务犯罪的调查权，还是刑事诉讼法留给检察机关部分渎职犯罪的侦查职能，监督案件的办理都会顺理成章地扩展到对人的监督。对于诉讼违法行为的调查核实与所涉及的职务犯罪的调查查办，既有形式上的严格区别，也有着密切的关联性。由检察机关前后连贯行使，还是实行犯罪调查、案件审查分工，都不能画地为牢，而是要监察检察协同运作、前后衔接、彼此支援，形成纠错、惩治合力。对事监督通过案件纠错，产生警示教育作用，对人监督则保证办案人员依法执法、公正司法，二者密切相关，彼此不同、各有侧重，而又犬牙交互、相辅相成，共同充实对诉讼违法行为的矫正实效。

论检察机关法律监督体系的健全与完善

樊崇义　哈　腾[*]

党的十九大标志着我国法治建设进入了新时代，开启了法治建设的新征程。新时代必然有新面貌、新特点，新征程难免会有新问题、新情况。党的十八届三中、四中全会对新时代的检察机关法律监督提出了新要求、新期许，尤其最近几年，党和国家在法治建设领域推行的一系列重大改革举措，无不与检察机关法律监督息息相关，而由于检察机关法律监督目前自身存在的种种问题，导致其与新时代法治建设的要求和期许还存在一些差距。在此背景下，健全与完善检察机关法律监督体系就显得尤为重要。

一、新时代健全与完善检察机关法律监督体系的重要性

重要性，是指健全与完善检察机关法律监督体系相对于新时代法治改革而言具有重大价值和意义，具体而言，包括以下几个方面：

（一）新时代健全与完善检察机关法律监督体系是建设法治中国的客观要求

党的十八届三中全会提出建设法治中国，之后党的十八届四中全会又提出全面推进依法治国。由此可见，建设法治中国是新时代法治改革的总目标。"法治中国"是一个整体性、综合性、方向性的概念。"法治中国这一重要概念的提出，有利于中国法治建设的整体推进，从而实现整个国家法治建设的现代化。"[1] 法治中国梦想的实现离不开对公权力的有效监督，而作为国家权力监督体系的一个重要方面，检察机关法律监督在法治中国的建设中扮演着十分重要的角色。德国学者罗科信指出，当初构想出检察官之目的，自始乃责令其作为"法治国之栋梁"及"政治自由的支柱"；而"二战"后有名之联邦检

---

* 樊崇义，中国政法大学司法文明协同创新中心教授、博士生导师；哈腾，中国政法大学司法文明协同创新中心博士研究生。

① 刘书祥：《法治中国——党对法治建设的进一步深化》，载《求知》2014 年第 4 期。

察官华格纳亦指出，检察官制之创设，乃催生法治国并克服警察国之明显指针。[1] 作为国家权力监督体系的重要组成部分，法律监督与其他监督方式相比具有显著的独特性和不可替代性：第一，监督目的的法治性。法律监督的根本目的在于维护国家法律统一、正确实施。因此，与其他权力监督模式关注权力行使是否正确、恰当不同，法律监督不对权力行使作合理性价值判断，而只作合法性判断。第二，监督方式的法定性。法律监督必须遵循法定原则，具体指法律监督是运用法律手段、按照法定程序、针对法定对象、能够产生法律效果的一种监督方式。因此，相较于其他监督方式，法律监督的法治化程度最高。第三，监督地位的独立性。虽然法律监督权是国家权力运行体系中的一部分，但就监督主体与监督对象而言，法律监督是"游离"于监督对象之外的一种外部监督方式。法律监督权行使的对象是行政权、审判权等权力，而检察机关与以上权力行使主体的关系是彼此独立、互不隶属，因此相较于以上权力行使主体的内部监督而言，检察机关的法律监督更客观、更公允、更权威。检察机关法律监督具有的以上特点，决定了其在规范公权力行使方面发挥着重要作用。因此，检察机关法律监督体系是否健全完善，关系着依法治国方略能否全面推进，关系着法治中国梦想能否顺利实现。

（二）新时代健全与完善检察机关法律监督体系是推进国家治理体系和治理能力现代化的关键举措

党的十八届三中全会提出推进国家治理体系和治理能力现代化。"国家治理体系是在党领导下管理国家的制度体系，包括经济、政治、文化、社会、生态文明和党的建设等各领域体制机制、法律法规安排，也就是一整套紧密相连、相互协调的国家制度。""国家治理能力则是运用国家制度管理社会各方面事务的能力，包括改革发展稳定、内政外交国防、治党治国治军等各个方面。"[2] 从认识论角度看，实现国家治理体系和治理能力现代化，主要内容就是要实现国家治理体系的制度化、科学化、规范化、程序化，使国家治理者善于运用法治思维和法律制度治理国家，从而把中国特色社会主义各方面的制度优势转化为治理国家的效能。

检察机关法律监督体系是国家治理体系的重要组成部分。检察机关通过行使法律监督权参与国家治理，具体表现为两个方面：一方面，检察机关通过检察建议纠正行政机关违法、不当行政行为，督促行政机关依法行政，从而实现

① 林钰雄：《检察官论》，法律出版社 2008 年版，第 8 页。
② 《习近平谈治国理政》，外文出版社 2014 年版，第 93 页。

"良法善治";另一方面,检察机关通过对犯罪行为提起公诉,打击侵害公共利益的各种行为,积极参与创新社会管理。而检察机关法律监督的能力大小,同样也反映了国家治理能力水平的高低。检察机关法律监督的能力表现为打击犯罪、保障人权的能力、维护公共利益的能力、维护法制统一的能力等。当前,我国正处于社会转型期,社会矛盾凸显,新类型的社会纠纷层出不穷,侵害公共利益的犯罪行为频发,而最近几年的一些重大改革也带来了检察职能的调整,检察机关面临前所未有的新情况、新问题,这对检察机关法律监督提出了新要求。检察机关只有健全与完善法律监督体系,才能适应新时代法治改革的新趋势,更好地服务党和国家工作大局,推进国家治理体系和治理能力现代化。

(三)新时代健全与完善检察机关法律监督体系是维护社会公平正义的重要保障

公平正义是确保国家长治久安的"基石"。公平正义的缺失会造成社会的混乱和国家的动乱,侵蚀执政党的执政"根基"。而检察官自诞生之日起,就天然承担着实现公平正义的历史使命。"检察官应仅力求真实与正义,因为他知晓,显露他(片面打击被告)的狂热将减损他的效用和威信,他也知晓,只有公正合宜的刑罚才符合国家的利益。"[1] 作为在刑事诉讼进展中发挥决定性作用的"过滤器",检察机关维护公平正义的途径,主要是通过监督侦查活动和审判活动,确保侦查和审判的合法性来防范警察恣意和法官擅断。然而,近年来纠正的一批冤假错案虽然客观上有利于司法权威的树立,但同时冤假错案本身也暴露了司法实践中确实存在一些问题。就检察机关而言,其未能完全履行法律监督职能、未能始终坚守客观义务、未能充分发挥"过滤"作用是冤假错案产生的原因之一。习近平总书记提出,要努力让人民群众在每一个司法案件中都感受到公平正义。检察机关应以冤假错案的纠正为契机,重新审视和反思目前法律监督存在的深层次问题,消除制约、影响法律监督职能发挥的体制性、机制性障碍,使检察机关真正担负起维护社会公平正义的历史使命。

(四)新时代健全与完善检察机关法律监督体系是检察制度健康发展的内在需求

检察制度作为舶来品,在我国确立的时间并不是很长,加之曲折的发展历程,导致我国检察制度目前发展的还不是很成熟,检察制度自身还存在一些问题,而新时代的一系列改革,如国家监察体制改革、以审判为中心的诉讼制度

---

[1]　林钰雄:《检察官论》,法律出版社 2008 年版,第 26 页。

改革、公益诉讼制度改革等，又给检察制度带来了一些新问题。旧问题、新问题交叉叠加，影响了检察制度的健康发展。这些问题既涉及法律监督权与其他权力，如审判权、行政权、监察权的关系，也包括职务犯罪侦查职能转隶后检察机关法律监督如何保持原有的权威和刚性，还牵扯到检察机关内部机构及功能设置的科学性等问题。面对这些问题，检察机关只有不断健全与完善法律监督体系，才能保持检察工作的生机和活力，才能实现检察制度的健康发展。

二、检察机关法律监督内容的健全与完善

（一）完善立案监督

立案监督是人民检察院对公安机关的刑事立案活动实行的法律监督。包括对公安机关受案、立案、撤案等决定及执行情况的有针对性的监督。立案监督主要有两种情形，一种是应当立案侦查而不立案的，另一种是不应当立案侦查而立案的。立案监督的基本方式表现为人民检察院要求公安机关说明不立案或者立案的理由，认为说明的理由不成立的，经检察长或者检察委员会讨论决定，通知公安机关立案或者撤销案件。对于公安机关不执行通知内容的，人民检察院发出纠正违法通知书。公安机关仍不纠正的，由上一级人民检察院协商同级公安机关处理。同时，公安机关对撤销案件通知可申请复议、复核。目前立案监督主要存在以下几个问题：一是监督理念不清。目前检察机关对侦查机关的立案监督具有单一性和片面性的特点。单一性体现在检察机关只是对立案活动中的某个节点进行监督；片面性体现在检察机关目前只是对侦查机关应立案而没有立案的情况进行监督，对于不应立案而立案的情况监督情形较少。二是监督依据不足。刑事诉讼法对于应当立案而不立案情形进行法律监督作出了明确规定，而对于不应当立案而立案情形进行法律监督的规定则散见于《公安机关办理刑事案件程序规定》《人民检察院刑事诉讼规则》。此外，关于立案监督的案件范围、监督程序、监督手段等内容，尚缺乏法律明确规定。三是监督效果不佳。公安机关对于检察机关的监督意见往往不够重视，归根结底是监督刚性不足。四是监督线索来源渠道不畅。对于公安机关违法立案或不立案情形，检察机关获取线索途径有限。

针对以上问题，检察机关应从以下几个方面着手进行完善。第一，在监督理念方面，应当树立全面监督理念。完整的立案活动包含接处警、受案、初查、正式立案等环节，[①] 立案监督体现为对整个立案活动的监督，而非仅对某

---

① 参见雷鑫洪：《刑事立案监督实证研究》，载《国家检察官学院学报》2016 年第 6 期。

个具体节点的监督。此外，为了确保检察机关法律监督全面立体覆盖，应将不应立案而立案的情形纳入法律监督范围之内。第二，在监督依据方面，应当强化对立案监督顶层立法设计。明确立案监督的案件范围、证据标准、监督程序等。① 第三，在监督刚性方面，应当赋予检察机关立案及撤销案件通知的强制执行力。公安机关应当执行，同时保留复议、复核权，对复核结果必须执行。第四，在监督线索来源上，可充分利用大数据和人工智能带来的便利，② 建立公安机关受案、立案、撤案等信息共享制度。要以《中共中央关于全面推进依法治国若干重大问题的决定》（以下简称《决定》）要求建立行政执法机关、检察机关、审判机关信息共享、案情通报、案件移送制度为契机，探索建立检察机关监督公安派出所刑事侦查活动的工作运行机制，努力实现立案信息的共享，使检察机关能够及时发现公安机关在立案活动中的违法问题，采取积极应对举措，变被动监督为主动监督、实时监督，逐步形成法律监督线索的统一管理，同步审查。

（二）强化侦查监督

以审判为中心的诉讼制度改革要求确保侦查、审查起诉的案件事实证据经得起法律的检验，要做到严格依法收集、固定、保存、审查、运用证据，因此，对公安机关的侦查取证行为以及检察机关的侦查监督活动提出了更高的要求。"侦查权本质上是一种特殊行政权，具有天然的扩张性，主要表现在侦查手段的不节制以及法外手段的存在和缺乏制裁。"③ 重口供、轻证据的倾向，加之"破案率"这根指挥棒的影响，致使侦查机关的侦查理念和方式与以审判为中心的要求不相适应。对此，检察机关应强化侦查监督，确保审查认定的案件事实、证据经得起法律的检验。目前在侦查监督方式上，检察机关主要以提出检察建议和纠正违法通知书为主。公安机关享有申请复查权，人民检察院仅能督促公安机关回复及落实纠正意见。纵观侦查监督现状，主要存在监督意识薄弱、监督手段落后、监督手段缺乏刚性、监督线索来源单一等问题，导致重办案、轻监督、重配合、轻制约的倾向，法律监督效果不明显。

针对以上问题，第一，要坚持非法证据排除规则。严格落实《关于办理刑事案件严格排除非法证据若干问题的规定》，保证证据的合法性。加强对认

① 参见林峰：《论立案监督立法顶层设计之完善》，载《中国检察官》2015 年第 10 期。
② 参见张静雯等：《大数据助推刑事立案监督机制初探》，载《山西省政法管理干部学院学报》2017 年第 2 期。
③ 单民、林喜芬：《实证视野下检察机关刑事法律监督权的改进与完善——以对 500 多位律师的调查问卷展开》，载《河北法学》2016 年第 9 期。

罪认罚案件证据的审查，防止冤假错案的发生。第二，增强监督手段刚性，保证纠正违法通知、检察建议能够得到执行，发挥监督效用。公安机关应及时回复人民检察院的纠正意见，同时对经过复核后的意见严格落实。第三，健全检察引导侦查机制。2000 年 9 月，最高人民检察院在全国检察机关第一次侦查监督工作会议上提出了"依法引导侦查取证"的工作思路。在当前司法改革步入深水区的背景下，检察机关提前介入引导侦查机制的现实意义没有淡化，且在新形势下被赋予了更多的时代精神，在理论根基和制度内涵方面不断发展演进。检察机关提前介入引导侦查机制充分契合了以审判为中心的诉讼制度改革的要求，有利于促进侦查监督职能的深度拓展和新型检警关系的重塑，有力推动侦查监督法治化、现代化发展。健全检察引导侦查机制应从以下几个方面入手：

一是确立提前介入基本原则。检察机关提前介入引导侦查应坚持依法介入原则，即检察机关介入引导侦查的案件范围、方式、时间、程序等应符合法律相关规定，坚守法律底线，不得超越法律之上；应坚持有限介入原则，即应当实行有限介入、精准介入，在适用范围和程度上有所限定，合理把握介入的尺度，侧重进行原则性、方向性、专项性指引，尽量不干涉具体的实施方式和细节。检察人员在介入工作中应定位于引导者、参与者，保持权力行使的谦抑性，不越俎代庖充当指挥者、裁定者。二是设定提前介入案件范围。由于检察机关本身存在案多人少的矛盾，故要求每宗案件检察机关都派员介入引导显然不具有可行性，可以考虑实践中案件的复杂程度、社会影响，结合可操作性，限定检察机关介入、引导侦查案件范围：（1）严重危害社会治安的重大恶性案件，如危害公共安全、故意杀人、抢劫、强奸等类型案件；① （2）社会关注度高的案件；② （3）涉及被害人人数众多的案件；③ （4）涉及重大社会民生的案件；④ （5）重大、疑难、复杂的案件；⑤ （6）检察机关认为应当介入的其他案件。三是规范提前介入具体形式。在启动方式方面，检察机关可以接受公安机关邀请介入侦查，也可以主动要求介入，可以通过关注新闻舆论、接受来访来信、受理控告申诉案件等方式寻求主动介入的线索。介入方式方面，检察机

---

① 如在"汕头芙蓉园放火案""宁波北仑持刀驾车伤人案""杭州保姆放火案""陕西米脂 4·27 故意杀人案"等案件中，检察机关都及时提前介入、引导侦查，取得了良好的法律效果和社会效果。

② 如"昆山龙哥反杀案""携程亲子园虐童案"。

③ 如"e 租宝集资诈骗案"。

④ 如"长春长生假疫苗案"。

⑤ 如"华住集团数据泄露案"。

关可直接派员介入，也可以通过书面形式咨询建议、监督纠正。工作内容方面，可以结合实际选择参与某一项或多项侦查活动，也可以采取联席会议、座谈研讨形式或者两者兼而有之。介入时机方面，检察机关在征求公安机关意见后，可选择在发案、立案、刑拘等阶段适时介入案件。对于突发性、群体性事件，应简化外部沟通环节和内部决策程序，第一时间派员介入。

（三）探索行政强制措施法律监督

2014 年 10 月 23 日，党的十八届四中全会通过的《决定》指出："完善对涉及公民人身、财产权益的行政强制措施实行司法监督制度。"行政强制措施作为行政机关广泛使用的一项权能，极易侵害行政相对人的合法权益。内部监督、审判监督、舆论监督等传统行政权力监督方式无法满足行政权力制约和公民权利救济的需要。《决定》确立的行政强制措施司法监督制度，唤醒了检察机关这项长期被搁置的法律监督权，为检察机关行使法律监督权提供了广阔的政策空间。从司法改革的基本规律看，任何制度的创立和实施都是一个不断健全和完善的过程。行政强制措施法律监督制度的建构关涉行政机关和检察机关的权力划分和职能调整，更应以法律和制度作为其基础支撑。因而，建立行政强制措施法律监督制度更应审时度势，进一步深化试点改革，在试点中总结问题和经验。

1. 拓展和畅通法律监督线索来源渠道

为解决当前面临的线索孤立、成案率低等问题，检察机关不仅应当健全已有的线索来源渠道，更应不断尝试拓展新渠道。一方面，不断完善控告申诉、监所检察、社区检察等传统线索渠道，并尝试建立常驻政府机关检察室，特别是公安、工商、卫生等有权行使行政强制权的单位，直接受理行政相对人的申诉和控告。另一方面，利用行政执法大数据建立"执法信息库"系统，检察机关通过"执法信息库"审查行政机关采取行政强制措施的合法性。行政区划内的行政执法部门通过网络互联的方式及时将各自执法信息通过网络输入信息库并在指定期限内实时更新，实现行政执法信息共享，自觉接受检察机关的法律监督。

2. 构建行政强制措施法律监督初步调查程序

检察机关主动发现或者依申请得到初步证明材料后，应当依法启动法律监督程序。初步证明的衡量标准只要求行政强制措施存在违法的可能，而不要求证明违法的证据确实充分。检察机关在启动法律监督程序后，一般情况下以书面审查为主，必要时还可以进一步调查核实，全面细致地了解案情。为保证实质性地介入行政机关的执法活动，检察机关有权向行政机关调取案卷材料，审查和保存案件证据材料，并约谈相关人员，行政机关应当予以配合，行政机关应当对其实施行政强制措施的合法性承担举证责任。调阅复制行政机关的有关材料，询问相关人员，涉及专门技术问题的，检察机关应当派专家协助调查。虽然《决定》并未界定行政强制措施法律监督的审查范围，但检察机关对行政强制措施的法律监督并不是全面审查，而是应当仅限于合法性审查。根据《行政强制法》第 4 条的规定，合法性标准包括权限合法、范围合法、条件合法和程序合法。根据《决定》精神，行政强制措施法律监督的对象应是行政机关违法或者怠于实施行政强制措施的行为。

3. 完善行政强制措施法律监督方式

《决定》原则上赋予检察机关对行政机关违法或者怠于实施行政强制措施的行为进行监督，但却并未落实相关配套保障和制约措施。"既然'制约'是一种阻止、约束权力非法运行的活动，制约者本身就必须具有因制约所需的实力和法律地位。"① 然而，现实中检察机关对行政机关的监督和制约在手段和方式上均受到限制。检察机关只有具备可以产生一定法律后果的刚性手段，才能对行政机关违法或者怠于实施行政强制措施的行为产生足够威慑力。为保障法律监督效果，需完善以下几种监督方式：一是提起行政公益诉讼或者支持公民起诉。行政公益诉讼，是指为了保障不特定多数人的利益不受损害，在无人起诉或当事人无法起诉的情况下，由代表公共利益的检察机关针对行政机关侵害公共利益的违法行为提起公诉。公民因行政机关违法实施行政强制措施受到人身或财产损害的，有权依据《行政强制法》第 8 条的规定要求行政机关赔偿，检察机关应当支持这类诉讼，并要求纠正违法行政强制措施。二是向涉案单位制发刚性检察建议。检察机关初步调查程序结束后，有权向涉案单位发出重大、重点或者一般检察建议，要求行政机关立即进行改正并将改正情况反馈给检察机关。行政机关应当在规定时限内回复检察机关并提供相关证据。行政机关在收到检察机关通知后，没有在规定时限内回复或者回复内容不符合要求的，检察机关有权通过上级检察机关向涉案单位上级主管部门提出异议，并要求纠正。行政机关收到检察建议的性质、数量以及纠正违法的反馈情况等应当成为部门考核、人员奖惩、政府工作报告的重要组成部分。当地人民代表大会应当依法对此类情形进行监督，对该部分政府工作报告进行审议并及时向社会公布。

（四）深入推进检察公益诉讼制度改革

2017 年 6 月 27 日，十二届全国人大常委会第二十八次会议通过了《关于

---

① 胡玉鸿：《"以权利制约权力"辩》，载《法学》2000 年第 9 期。

修改〈民事诉讼法〉和〈行政诉讼法〉的决定》，检察机关提起公益诉讼被明确写入这两部法律，这标志着我国公益诉讼制度又进入了新的发展时期，这对于强化公益保护、促进依法行政具有重大意义，也对检察机关依法履职尽职提出了更高的要求。现结合试点期间的实践经验对检察机关提起公益诉讼制度提出如下完善建议。

1. 法律路径

检察公益诉讼制度实现的法律路径有三个层次：第一个层次是全国人大常委会授权路径，即在法律修改尚不到位的情况下采取司法领域"试验性立法"，由最高人民检察院提请试点，全国人大常委会审议决定。目前这个层次的法律路径已经结束。[①] 第二个层次是法律修改路径。在试点总结经验的基础上，在立法条件成熟时对两大诉讼法进行修改，明确检察机关提起民事、行政公益诉讼的主体地位、适用范围、诉讼程序等事项。这个层次的法律路径刚刚开始进行，下一步是对人民检察院组织法、检察官法进行修订，相应增加检察机关提起公益诉讼的相关条款规定。考虑到公益诉讼工作仍处于探索实践发展期，而法律制定应当具有一定稳定性，对法律层次路径应当持慎重态度。第三个层次是制定司法解释路径。在实践经验基础上，不断探索公益诉讼案件办理的新机制、新方法，对检察机关办理公益诉讼案件具体问题作出详细规定，确保国家利益和社会公共利益得到有效保护。

2. 角色定位

要准确把握检察机关在公益诉讼中的角色定位。在公益诉讼中，检察机关既是宪法规定的法律监督机关，同时还是诉讼参与人。由于公益诉讼是以维护公共利益为目的的，因而从根本上讲，公益诉讼主体的角色与法律监督角色并不矛盾。由于法律监督贯穿于公益诉讼的立案、调查、起诉、审理、裁判、执行全过程，相应的程序设计既要遵循诉讼制度的一般要求，也要符合检察职能的特点和规律。为避免特定情况下两个角色的冲突影响案件的公正判决，检察机关应当参照刑事公诉的制度设计，通过合理分工、规范操作来协调并全面完成两个角色的任务，实行诉讼职能与监督职能相分离，由不同部门或检察官承担，避免角色定位交叉妨碍公益诉讼工作的开展。

3. 提起主体

（1）在民事公益诉讼中建立以检察机关为主导、社会民众和社会公益组织积极参与的多元化民事公益诉讼模式。其主要原因在于民事公益诉讼的提起

---

① 田凯：《检察机关探索公益诉讼有三条法律路径》，载《检察日报》2015年6月15日。

主体的发展趋势是多元化的，但提起主体多元化容易引发滥诉。因此，必须建立符合现阶段国情的起诉模式。我国地域广阔、人口众多，侵害公共利益案件会相对较多，检察机关力量有限，难以全面有效承担维护社会公益重任，需要广大人民群众和社会公益组织的合力参与。（2）由于检察机关代表公共利益提起行政公益诉讼契合了大陆地区特色检察制度的本质特征。因此，当前检察机关公益诉讼工作的侧重点应放在行政公益诉讼上。而在行政公益诉讼中，检察机关作为唯一的适格主体，对其提起公益诉讼主体资格的确认和防止滥诉始终是制度设计的焦点，对此均应通过相对明确的指引予以规范，如明确限制检察机关在诉讼中的和解、调解及撤诉行为。这是因为检察机关提起行政公益诉讼的目的是维护国家和社会公共利益，只有在有助于维护公共利益的情况下，才能与被告进行和解、调解和撤诉。

4. 完善诉前程序

检察机关提起公益诉讼制度毕竟不是利害关系人提起诉讼，对该制度作出特别的诉前程序规定是有必要的。在民事公益诉讼中，经过诉前程序，法律规定的机关和有关组织没有提起民事公益诉讼，或者没有适格主体提起诉讼，社会公益仍处于受侵害状态的，检察机关可以提起民事公益诉讼。如何实现对适格主体的排查是关键，而对适格主体的排查方式和渠道需要进一步在实践中探索好的方式、方法。而在行政公益诉讼中，诉前程序更为重要，如检察机关在执法办案中发现行政机关及其工作人员的违法行为损害国家和社会公共利益，应当书面督促或建议其正确履行职责，采取补救措施。只有行政机关未按照检察建议要求采取措施进行补救整改，国家和社会公共利益仍处于受侵害状态的，检察机关才能提起行政公益诉讼。实践中对于行政机关诉前履职的判定尚无明确、统一的标准，但应当明确的是不能单纯仅看重行政机关对建议的书面反馈，应当更看重其切实的纠正行为及实际效果。

三、法律监督模式的健全与完善

为加强法律监督的针对性和有效性，《"十三五"时期检察工作发展规划纲要》中提出"探索实行重大监督事项案件化，加大监督力度，提升监督实效"的要求。"案件化"办理模式，是指检察机关侦查监督部门在审查逮捕、立案监督、侦查活动、"两法"衔接等执法办案活动中，将重大监督事项作为独立案件办理，建立从监督线索受理、立项、调查核实、实施监督、跟踪反馈到结案归档的完整流程。

（一）现有监督模式存在的问题

有学者认为，当前监督模式属于一种"办事模式"，存在监督启动程序不明确、监督随意性大、规范化程度不高、不注重监督效果等诸多问题。还有学者认为，侦查监督部门存在监督线索发现难、调查核实难、监督处理难三大难问题。① 笔者认为，该模式存在的问题包括以下几个方面：（1）监督程序缺乏独立性。检察机关传统的监督模式依托检察环节办理的个案。监督程序启动具有附随性，普遍采用"谁发现、谁启动、谁办理"的方式，由此导致以往法律监督完成后并未形成一套完整的卷宗材料，很多时候只有一份体现最终监督决定的法律文书。监督程序的随意性导致监督效果不佳，弹性监督、虚假监督现象严重，损害了监督的严肃性和公信力。（2）证明标准不明确。刑事实体案件要求"案件事实清楚，证据确实充分"，具有明确标准。重大监督事项缺乏对违法事实的调查、证据收集判断方面的规范和标准。（3）缺少监督质量评价依据、方法和机制。重大监督事项"办事模式"，由于没有严格的办案程序和证据要求，缺乏立案等节点性程序，证据材料的取证要求不严，范围不清，导致对监督事项缺少评价依据、方法和机制。如一些监督决定的审查报告格式不规范、证据分析简单、处分决定说理不充分等，难以评价重大监督事项工作成效。（4）重大监督事项"案件化"信息滞后。司法实践中由于信息沟通机制不健全，导致检察机关监督渠道不畅、线索发现难等问题，制约监督权的行使。此外，既有监督业务流程是依据重大监督事项"办事模式"而设计的，存在案卡设置不清晰、功能设置不合理、监督事项不全面、监督流程不完整等问题。因此，需要在办案模式要求下对软件流程进行升级改造，对统计报表进行修改完善，打造契合诉讼监督事项案件化的信息平台。综上所述，重大监督事项办事模式，本质上是将法律监督作为一种副业，根本原因在于将诉讼程序与法律监督程序混为一体，模糊了法律监督的性质与规律。而以"诉讼与监督二元论"为理论基础的办案模式，凸显了法律监督乃检察机关主责主业的根本特征，符合检察规律。

（二）重大监督事项"案件化"办理制度构建

重大监督事项的"案件化"办理，需要解决三个问题：为什么要案件化？为什么可以案件化？如何案件化？之所以要案件化，这是集中监督力量、提升监督格局、提高监督实效的有益尝试；之所以可以案件化，是因为监督事项与普通案件在违法性本质上存在一致性；如何案件化，前提在于诉讼与监督的适当分离，改变过去嵌入式监督所具有的职责不清、监督乏力弊端。在此基础

---

① 参见黄河：《新时期侦查监督法治化现代化主题的解读》，载最高人民检察院侦查监督厅编：《侦查监督指南》2015年第2辑，中国检察出版社2015年版，第15页。

上，应探索在监督活动中建立独立的办案组织及相关规则。

1. 构建重大监督事项"案件化"组织保障机制

按照现有司法责任制的要求，遵循人员精英化、管理精致化原则。重大监督事项案件可以由独任检察官承办，也可以由检察官办案组承办。为保障办理案件效果，应建立相应保障机制。要通过建立信息共享、消息互通、密切配合的衔接工作机制，改变以往信息流转不畅、监督合力损耗等问题；建立健全对侦查人员诉讼违法行为的调查核实机制，让调查核实的过程成为监督的重要内容和主要途径；建立侦查人员参与机制，让监督过程与侦查人员自身利益适度结合，从而增加侦查人员诉讼违法成本，达到减少侦查违法行为、提升监督权威的目的。

2. 构建多部门联动机制

通过统一的监督流程，重新整合检察机关内部监督资源，负责侦查监督、公诉、刑事执行、控告申诉等业务的部门，结成监督网络，既各尽其责，又共同作用，互通有无确保信息渠道畅通，形成重大监督事项工作内部监督合力。同时建立外部衔接配合机制。由公安法制部门负责检察机关监督检察建议、纠正违法通知的落实整改，拒不整改的，由法制部门追责。监督落实情况与民警内部执法考评挂钩，有效解决监督刚性不强、监督效果不明显的问题。

3. 构建重大监督事项"案件化"证据规则

证据是司法办案的基础，实现重大监督事项"案件化"，必须完善证据规则，建立证据标准体系，就必须针对不同事项建立差异化的证据规则，包括证据种类和范围、证明力大小、取证方式、证明标准等内容。具体而言，重大监督事项属于多样化的程序性事项，如对立案、撤案活动的监督、侦查违法行为的监督、阻碍诉讼权利行使的监督等。上述监督事项的违法标准不同，证明要求不尽相同，如立案监督只需有证据证明犯罪事实即可；而对于非法证据排除，必须经过严格的调查核实程序，实行严格证明标准。

4. 建立重大监督事项"案件化"流程信息共享平台

以智慧检务工程为契机，建立多种信息化平台，注重利用科技手段创新监督模式、加大监督力度、提升监督效果，除了建设刑事案件信息共享平台、"两法"衔接信息共享平台外，可以考虑在统一应用软件中，将侦查活动监督平台与审查逮捕案件绑定，实现每案必监督。

四、法律监督手段的健全与完善

检察建议是检察机关履行法律监督职能的一种重要方式。根据最高人民检察院的界定，检察建议是人民检察院依法履行法律监督职责，参与社会治理，维护司法公正，促进依法行政，预防和减少违法犯罪，保护国家利益和社会公共利益，维护个人和组织合法权益，保障法律统一正确实施的重要方式。① 多年来，检察机关运用检察建议成功解决了许多与法律监督职能密切相关、需要解决而且能够解决，但在法律上缺少具体规定的问题。② 不过，在实践中也存在检察建议立法不完善、效果不理想、运用不充分等问题。这些问题的存在影响着检察机关法律监督职能的充分发挥，应当重点研究和解决。

（一）检察建议制度实践中存在的问题

1. 检察建议的法律地位尚未被充分确认

目前刑事诉讼法对检察建议的监督方式并未有明确规定。《民事诉讼法》第 208 条第 2 款和第 3 款、第 209 条、第 210 条分别对检察机关运用检察建议方式履行监督职责作出了具体规定。指出"地方各级人民检察院对同级人民法院已经发生法律效力的判决、裁定，发现有本法第二百条规定情形之一的，或者发现调解书损害国家利益、社会公共利益的，可以向同级人民法院提出检察建议，并报上级人民检察院备案……"；"各级人民检察院对审判监督程序以外的其他审判程序中审判人员的违法行为，有权向同级人民法院提出检察建议"；"有下列情形之一的，当事人可以向人民检察院申请检察建议或者抗诉……"；等等。《行政诉讼法》第 93 条第 2 款、第 3 款规定，"地方各级人民检察院对同级人民法院已经发生法律效力的判决、裁定，发现有本法第九十一条规定情形之一，或者发现调解书损害国家利益、社会公共利益的，可以向同级人民法院提出检察建议，并报上级人民检察院备案……"；"各级人民检察院对审判监督程序以外的其他审判程序中审判人员的违法行为，有权向同级人民法院提出检察建议"。可以看出，刑事诉讼法并没有在法律上赋予检察建议法律监督手段的地位，在刑事诉讼监督活动中，检察建议的地位还不明确。而民事诉讼法和行政诉讼法虽然在部分条款中明确了检察建议法律监督手段的法律地位，但其适用范围有限，即纠正"错误的生效判决、裁定"以及"审判监督程序以外的其他审判程序中审判人员违法行为"，检察建议在其他法律监督活动中的地位还有待法律确认。立法缺位的后果直接导致了检察建议缺乏法定性、职权性、程序性、约束性等法律属性，其作用也难以有效发挥。

2. 检察建议领域呈现不平衡状态

一方面检察建议所涉及的类型主要集中在规范司法行为类和改进监督管理

---

① 参见《人民检察院检察建议工作规定》（2018 年 12 月 25 日）第 1 条。
② 参见杨书文：《检察建议基本问题研究》，载《人民检察》2005 年第 17 期。

类。这说明检察建议在化解纠纷矛盾方面还未发挥其应有作用。在现行法律和司法解释中，检察建议的运用主要局限于诉讼领域。有学者进行过梳理，检察建议目前的适用情况可以概括为以下几类：一是参与诉讼型检察建议。检察机关可以向侦查机关提出下列建议：（1）逮捕漏犯的建议；（2）重新提请批准逮捕的建议；（3）重新侦查的建议；（4）移送审查起诉漏犯的建议；（5）延期审理的建议；（6）适用简易程序的建议；（7）传唤有关被告人、证人到庭的建议；（8）休庭的建议；（9）对被告人量刑的建议；（10）维持原判的建议。二是法律监督型检察建议。主要适用情况包括：（1）再审检察建议；（2）更正法院裁判文书的建议；（3）纠正法院审判活动轻微违法情形的建议；（4）更换办案人的建议。① 另一方面从检察建议的实践来看，由于大部分检察建议由侦查监督部门、公诉部门、民事行政检察部门发出，建议对象也主要集中在公安机关和法院，对拥有广泛行政执法权的行政机关，由于受主客观条件的限制，在个案没有引发关注时，难以进行有效法律监督。

3. 检察建议落实不尽如人意

由于检察建议缺乏一定的刚性，对被监督对象不能产生实质性影响，导致被监督对象往往不认真落实有关检察建议。加之实践中，检察建议往往以书面形式进行，与被监督对象沟通较少，认定监督对象检察建议落实情况主要也依据监督对象的回复。但是否真正落实以及落实后的整改情况，检察机关无法掌握全面信息。此外，检察建议的质量有待提高。实践中，部分检察官对发出检察建议进行监督的积极性不高，加之经验不丰富、片面追求数量，导致检察建议的专业性、说理性不足。

（二）完善检察建议具体路径

1. 提高对检察建议重要性认识

一是充分认识检察建议意义。针对检察建议实践问题展开专题研究，形成调研报告，供决策层参考。二是建立考核、奖励机制。将检察建议工作情况纳入检察官办案质量评查体系，着眼于检察建议论据、材料是否充实、说理是否充分、发送后是否取得实效等进行考核，力争以综合性目标全面立体考核检察建议工作开展情况。对于一些高质量的检察建议应予以专门表彰，以调动干警积极性。三是纠正重数量、轻质量倾向。应以正在办理的案件为切入点，深入被监督对象，全面了解案件情况，抓住问题要害，提出有针对性、说理充分的高质量检察建议，宁缺毋滥。建立专家咨询制度，针对专业问题，应当咨询业

---

① 参见吕涛：《检察建议的法理分析》，载《法学论坛》2010年第2期。

内专家，对症下药。

2. 提升检察建议法律监督效果

一方面，为保证检察建议起到应有作用，在检察建议发出前，检察机关应当主动与被监督对象沟通、交换意见，共同研究整改措施。检察建议发出后，应对整改落实情况进行后续跟踪。对整改情况作出综合评价。另一方面，检察机关应加强与其他有关部门的协调配合，要使相关部门认识到，检察机关加强监督不是找问题、设障碍，而是为了使工作更加规范化，更加适应社会和人民群众的要求，对监督对象拒不落实或落实不到位的，检察机关应当及时将有关情况通知监督对象主管单位，还可以向党委、人大报告。对于因不落实检察建议而造成重大案件发生或重大损失等严重后果的，应向主管部门提出处罚建议，对于通过检察建议取得明显成效的单位且具有普遍性的，应积极通过其他方式向行业系统进行推广，以此达到双赢多赢共赢的监督效果。

刑事诉讼监督的建构路径

——以上海市检察机关为例

龚培华　谈剑秋　朱鹏锦[*]

当前检察机关正迎来新时代转型发展的重要战略机遇期，正处于内设机构改革推进的关键时期。为贯彻落实新时代检察工作要求，上海市检察机关围绕刑事诉讼监督的核心理念、实现路径以及相适应的组织机构等问题进行了深入研讨与探索。经过了理论与实证探索，上海市检察机关刑事诉讼监督改革的脉络逐渐清晰。专门化的刑事诉讼监督覆盖自立案到审判的刑事诉讼各阶段，并与一体履行审查逮捕、审查起诉等刑事诉讼职能部门的随案监督相区别。

一、刑事诉讼监督的法律依据与实现方式

（一）刑事诉讼监督的范围与载体

宪法、人民检察院组织法均明文规定，检察机关是国家的法律监督机关。检察机关审查逮捕、审查起诉、诉讼监督、提起公益诉讼四个方面的职能，内在地统一于检察机关的法律监督属性。检察机关的法律监督职能是对刑事诉讼、民事诉讼、行政诉讼实行监督，而不是仅对进入检察机关程序的批捕、起诉等诉讼案件实行监督，也就是说，检察机关对于没有进入检察机关程序的刑事立案、刑事拘留、刑事自诉、法院的民事行政诉讼案件都确定地拥有监督职权。在实现方式层面，检察监督要在具体的办案当中实现，包括刑事诉讼监督职能在内的法律监督职能需要体现在每一个办案环节。也就是在监督中办案，在办案中监督。① 对于进入检察机关的审查逮捕、审查起诉等案件，检察机关

　＊ 龚培华，上海市人民检察院副检察长；谈剑秋，上海市人民检察院第九检察部主任；朱鹏锦，上海市人民检察院第二检察部干部。

　① 张军：《把新时代新要求转化为检察工作发展新动能》，载《检察日报》2018 年 5 月 9 日。

应当在办理案件的同时履行监督职责。例如，检察机关在提起公诉时就意味着要同时开展审判活动监督以及刑事判决、裁定监督。对于没有进入检察机关程序的侦查终结诉讼案件，检察机关同样享有监督职能，并且应当在办案中履行好监督职能。总之，刑事诉讼监督的范围，是全部的刑事诉讼案件，包括进入检察机关程序的刑事诉讼案件以及未进入检察机关程序的刑事诉讼案件。刑事诉讼监督的载体是具体的办案活动。

（二）刑事诉讼监督的具体实现方式：随案监督与专门监督

《刑事诉讼法》第8条规定，人民检察院依法对刑事诉讼实行法律监督。这表明，法律监督应当依法落实于刑事诉讼全过程，检察机关在整个刑事诉讼程序中都拥有启动纠错程序，提醒被监督者重新审视、自我纠错的职责和义务。检察机关履行刑事诉讼监督职能的具体实现方式可能是不同的，但其目的都是保障法律统一正确实施，达到双赢多赢共赢的法治善治格局。《刑事诉讼法》第7条规定，人民法院、人民检察院和公安机关进行刑事诉讼，应当分工负责，互相配合，互相制约，以保证准确有效地执行法律。综合予以考察，《刑事诉讼法》第7条规定的是检察机关参与诉讼的监督制约权；第8条规定的是检察机关整体性的法律监督权。基于角度、容量等因素，这两者对刑事诉讼监督的指导作用有着以下明显区别：

一是在监督主体方面，第7条规定的制约性权力是相互的，主体是刑事诉讼各相关部门；而第8条的主体是宪法所规定的特殊主体，即检察机关。二是在实施监督的条件方面，第7条强调的制约性权力是以检察机关办理的刑事诉讼案件为载体，监督制约具有伴随性；而第8条强调检察机关的监督活动是一种职权行为，监督不以检察机关正在办理的刑事诉讼案件为限定。三是在约束机制方面，第7条体现了刑事诉讼各环节中自律和他律相结合；第8条突出的是宪法规定的法律监督权，体现了法律监督机关单向的权威性和强制力。四是在指向目标方面，尽管第7条、第8条都是为了保障刑事诉讼活动的合法性，但第7条的规定落实于具体的刑事诉讼案件当中；第8条则突出检察机关对刑事诉讼依法进行全面整体的监督。

通过以上分析，可以说，基于《刑事诉讼法》第7条，产生了随案监督的刑事诉讼监督方式；基于《刑事诉讼法》第8条，则推衍出了专门监督的具体实现方式。通过办案来实现法律监督，不仅可以通过办理刑事诉讼案件实现监督，还可以通过依职权发现诉讼违法问题、办理诉讼违法案件来实现。无论是哪种形式的刑事诉讼监督办案方式，都应该是一个通过审查或者调查来发现问题、查明事实、提出纠正意见的规范的办理案件过程。

（三）刑事诉讼监督职能的承载主体

1. 未进入检察环节的刑事案件缺乏监督

在以往的检察实务工作中，对于进入检察环节的刑事案件，① 由诉讼职能部门同时履行监督职能；但是对于未进入检察环节的刑事案件，② 以及从检察环节退出案件，③ 却处于监督实际缺位的境地。张军检察长对此提出，可以尝试由专门机构承担这类监督职能。④ 对此，本轮内设机构改革中，上海市检察机关有必要作出积极的回应与探索。

2. 仅依靠诉讼职能部门随案监督，限制了监督深入开展

检察机关在承担诉讼职能案件当中，发挥监督制约功能是比较成熟的，但对于自己不承担诉讼职能的刑事诉讼其他环节的监督，就相对薄弱。检察机关偏重于在诉讼职能中随案行使监督权，通过随案监督解决诉讼活动中法律监督问题。但与此同时，检察机关办案体系由于受到工作重心和组织结构影响，限制了监督工作深入开展。一是在深度上，一些监督工作受到办案期限、办案精力的限制，受到工作重心在于推进诉讼进程的影响，使相当一部分监督工作没能进一步深化拓展。二是在广度上，监督工作主要局限在被动受理的诉讼案件上；对一些长期以来群众关注的热点、容易产生问题的环节，因为研究不够、力量投入不足，案件也不进入检察环节，成为法律监督的空白点和难点。例如，群众反映较大的有案不立、立而不侦、久拖不决案件，下行案件等。三是在整合度上，检察官办公室或独任检察官作为诉讼案件的办理主体，对自身承办案件以外的诉讼违法情况掌握有限，也缺乏专门整合诉讼违法线索的相应机制，所以个案监督多，对一个地区、一个环节、一个办案机构整体性的诉讼违

---

① 进入检察环节的刑事案件，指依照刑事诉讼法规定，进入检察机关负责、参与的程序阶段的刑事案件。具体包括审查逮捕案件、审查起诉案件以及公诉案件（包括一审、二审案件）。

② 未进入检察环节的刑事案件，指依照刑事诉讼法规定，未进入检察机关负责、参与的程序阶段的刑事案件。具体包括立案阶段案件，侦查但未报捕移诉案件，自诉案件。在这些案件当中，群众反映最强烈的是未报捕、移诉的侦查终结诉讼案件，即实务中所谓的公安下行案件缺乏监督问题。

③ 从检察环节退出案件，指依照刑事诉讼法规定，从检察机关负责的程序阶段退回前阶段后，未回到检察环节的刑事案件。具体包括存疑不捕后未重报移诉案件，公安机关撤回案件，退回补充侦查后未移诉案件。

④ 张军检察长在山东省人民检察院调研时提出，涉具体案件的监督由具体办案部门负责，不涉及检察环节办理具体案件的怎么监督？他在列举一些具体情况后认为，"可以结合由一个专门机构来做"。

法监督不力，不利于提升整体办案质量水平。

3. 设置专门的刑事诉讼监督部门承担监督职能

为解决监督当中存在的问题，全面履行刑事诉讼监督职能，健全刑事诉讼监督体系，设立专门的刑事诉讼监督部门，对刑事诉讼监督工作补强补缺，应当是本轮检察改革的努力方向。刑事诉讼监督部门的使命就是牢牢把握宪法定位，紧紧围绕法律监督这条主线，从维护法治尊严权威的高度，把宪法法律赋予的法律监督职能做实、做强、做优。

二、刑事诉讼监督部门的监督原则

(一) 提升新时代法律监督能级原则

提升新时代法律监督能级是刑事诉讼监督的首要原则。党的十九大报告指出，中国特色社会主义进入新时代，中国社会的主要矛盾已经转化为人民日益增长的美好生活需要和不平衡不充分的发展之间的矛盾。这意味着，刑事诉讼监督所处的宏观环境与社会基础已发生了全局性的深刻变化，人民群众对于法治、公平、正义、安全等方面的公共产品需求不断增长。刑事诉讼监督的任务是维护法律权威、保障刑事诉讼在法治轨道内运行，其本身就是检察机关为人民群众提供的法治公共产品，必然要对新时代的人民需要作出积极回应，提升新时代法律监督能级。

提供高质量的监督产品，需要对现有的刑事诉讼监督体系扬长补短，找准"拳头"与"痛点"，优化升级。一是突出检察前终结诉讼案件跟踪监督的监督增长点，加强对立而不侦、侦而不决、适用刑事强制措施后未报捕报诉等刑事案件的监督。二是做精类案监督，由刑事诉讼监督部汇总掌握全院刑事诉讼监督线索和案件、事项，对监督情况予以梳理分析，加强对类案趋势规律的分析判断，开展相应的同类问题监督①和梯度监督、专项检察等，实现更高层面、更高质量的法律监督。三是补强行政执法与刑事司法衔接机制的监督弱项，继续优化"两法衔接"信息共享平台，监督以罚代刑等突出问题。四是激活调查核实权，积极准备承接刑事诉讼法修改后检察机关保留的部分侦查权，紧密调查核实权和侦查权的衔接机制。五是研究推行法律监督公开宣告，典型案例发布，向党委、人大、监察委等报告、备案监督意见等工作机制，提升监督准度、增强监督刚性、放大监督效果。

---

① 上海市检察机关一向重视个案监督与同类问题监督并举，强调预防同类问题发生。参见陈辅宽：《如何完善派出所刑事执法活动监督》，载《检察日报》2012 年 2 月 16 日。

（二）监督便利性原则

刑事诉讼监督要追求监督效率与实际效果，这要求依据监督便利性原则分配监督职能资源。依前文所述，对于检察机关而言，刑事诉讼监督可以分为两类：一是监督进入检察环节的刑事案件；二是监督未进入检察环节或从检察环节退出的刑事案件。对于前者，检察机关一般在办理诉讼案件中，随案同时开展法律监督，以减少管理成本、保证诉讼和监督工作效率。但是对于在履行诉讼职能中发现的需要进一步调查核实的监督线索，并且专门办理并不影响诉讼进程的，可流转到刑事诉讼监督部门实行专门监督。对于后者，均由刑事诉讼监督部门集中履行监督职能。

（三）以调查核实权为基础原则

1. 调查核实权的内涵

调查核实不是检察监督当中的专有概念，而是作为一种公权力的具体形式普遍存在。普遍意义上的调查核实，是指有权国家机关依法通过具体的权能手段，查明待证事实真伪的活动。① 侦查、检察、审判等机关在司法活动当中，行政机关在行政职能领域当中，乃至人大、军队都有权在各自职能领域依法开展调查核实。例如，国家宗教事务管理局针对互联网举报开展调查核实工作。②

在社会生活中，一般企事业单位、个人要知晓一个事件的真伪，当然也需要查明有关事实，才能作出自己的判断。但这种查明事实活动不能称为调查核实，因为查明事实的主体并不是有权国家机关，其查明事实的活动也不属于公权力，而是私权范畴。监察体制改革之后，宪法和法律设置了国家监察委员会和地方各级监察委员会，行使监察权。根据《监察法》第3条，监察机关有权调查职务违法和职务犯罪。但监察机关的调查权是一种内涵已经特定化的专有权力，专指调查职务违法和职务犯罪，是监察机关的一项核心职能。其他机关的调查核实则表现为一种查明事实的活动，并不是一种独立的职能。所以，监察机关的职务违法和职务犯罪调查权已不属于调查核实的范畴。

2. 检察机关刑事诉讼监督调查核实权的内涵和外延

检察机关刑事诉讼监督职能中的调查核实权，是指依据刑事诉讼法等法律

---

① 参见朱福惠：《全国人大调查权研究》，载《现代法学》2007年第5期。

② 国家宗教事务管理局：《关于对举报中国佛教协会会长学诚一事的回应》，载国家宗教事务管理局官网，http://www.sara.gov.cn/xwfb/xwjj20170905093618359691/583297.htm，最后访问时间：2018年8月14日。

授权，检察机关查明刑事诉讼活动中涉嫌违法行为真伪及合法性的权力。① 刑事诉讼法规定检察机关、审判机关均享有调查核实权。该法第 57 条规定，人民检察院接到报案、控告、举报或者发现侦查人员以非法方法收集证据的，应当进行调查核实。对于确有以非法方法收集证据情形的，应当提出纠正意见；构成犯罪的，依法追究刑事责任。该法第 196 条规定，法庭审理过程中，合议庭对证据有疑问的，可以宣布休庭，对证据进行调查核实。人民法院调查核实证据，可以进行勘验、检查、查封、扣押、鉴定和查询、冻结。该法第 211 条规定自诉案件中法院亦享有调查核实权。基于刑事诉讼法整体内在的统一性与协调性，应当认为，检察机关调查核实权的具体权能，应当包括刑事诉讼法赋予法院调查核实权的权能。

有人认为，刑事诉讼法仅规定检察机关对侦查机关的违法行为享有调查核实权，对审判机关的违法行为没有调查核实权。事实上，调查核实权的核心要旨表现为两个：一是查明待证事实真伪，二是表现为一种公权力。检察机关对刑事诉讼中审判机关的违法行为享有监督权，这种监督权是一种公权力，而查明审判机关是否存在违法行为的活动是检察机关行使监督权力过程的一部分，当然也具有公权力性质。从另一个角度考察，检察机关要查明确定审判机关存在违法行为，就必然需要查明违法行为确实存在的事实，必然要对违法行为进行调查核实。综合以上分析，检察机关当然对刑事诉讼活动中审判机关的违法行为享有调查核实权。

3. 调查核实权是刑事诉讼监督的基础

调查核实是检察机关开展法律监督、办理诉讼违法案件的基础工作，是刑事诉讼监督部门主动获取证据来证实或证伪诉讼违法的一种司法活动，在工作方式和工作要求上同相对静态的司法审查有很大区别，既需要规范化行使，又需要专业化队伍。对相对复杂的诉讼违法行为的监督和需要依监督职权获取的监督线索，都离不开调查核实，同时，它与职务犯罪侦查还有着紧密的衔接关系，将调查核实权集中于一个部门，也有利于承接刑事诉讼法修改后检察机关保留的部分职务犯罪侦查权。调查核实是刑事诉讼监督的基础，是检察机关充分履行法律监督职能，切实维护司法公正和司法权威的武器。②

---

① 参见北京市怀柔区人民检察院课题组：《侦查活动监督中调查核实权的完善路径》，载《中国检察官》2017 年第 17 期；陈慧丽：《检察机关调查核实权的实操规范》，载《中国检察官》2017 年第 23 期。

② 参见北京市怀柔区人民检察院课题组：《侦查活动监督中调查核实权的完善路径》，载《中国检察官》2017 年第 17 期。

（四）完善刑事诉讼监督体系原则

狭义上的刑事诉讼自立案起，至法院判决、裁定生效时止，不包括刑事执行阶段。如前所述，传统的刑事诉讼监督机制大都依托于在检察环节中发现刑事诉讼的违法线索，的确有应监督而未监督的盲点。为此应当完善刑事诉讼监督体系，设置专门的刑事诉讼监督部。刑事诉讼监督部的监督范围覆盖任何诉讼阶段的刑事案件，对没有进入检察环节的刑事诉讼案件同样应当实行监督。对这类刑事诉讼案件的监督既是以往的难点和盲点，更是今后刑事诉讼监督的突破点，也是其他检察机关内设机构工作难以兼容的。

三、刑事诉讼监督部门的工作内容

（一）刑事诉讼违法线索调查核实

履行审查逮捕、审查起诉职能的部门在刑事诉讼活动中发现的侦查机关在刑事立案、侦查活动中的违法线索，以及审判机关在审判活动中的违法线索，依然由其随案开展监督。但是，诉讼职能部门发现的监督线索需要进一步调查核实的，应当移送刑事诉讼监督部门处理。刑事诉讼监督部门同时对本部门直接受理或者依职权发现的刑事诉讼违法线索开展调查核实。

（二）检察前终结诉讼案件跟踪监督

检察前终结诉讼跟踪监督机制的核心，是对检察前终结诉讼案件进行监督。所谓检察前终结诉讼案件，就是前文所称的，未进入批捕、起诉等检察环节即告终结，以及从这些检察环节退出后不再回归的刑事案件。检察机关对该类案件开展监督，从而弥补了检察监督体系中缺失的一环。在具体内涵方面，检察前终结诉讼案件，就是指侦查机关自行决定或应当决定撤销、终止侦查或者实际已停止侦查的案件。对检察前终结诉讼案件的跟踪监督，是指相应案件的刑事执法决定已作出、行为已实施或规定期限已超出后，检察机关进行的跟踪监督，包括以下 5 类：（1）监督公安机关刑事受案后作出不立案决定或在规定期限内未决定是否立案的案件；（2）监督刑事立案后未经审查逮捕或审查起诉而被撤销、终止侦查或转行政处理的案件；（3）跟踪监督审查起诉阶段退回补充侦查后不再移送审查起诉或公安机关撤回的案件；（4）监督适用取保候审、监视居住等强制措施期满未移送审查起诉等立而不侦、侦而不决的案件；（5）监督其他检察前终结诉讼的案件。

刑事诉讼监督部门依照《刑事诉讼法》第 8 条规定依职权开展检察前终结诉讼跟踪监督，对发现的诉讼违法线索开展调查核实，提出监督意见。

（三）同类刑事诉讼违法监督

刑事诉讼监督部门应当对全院立案监督、侦查活动监督、审判活动监督中的诉讼违法情形进行归集、梳理、分析，针对执法理念、机制建设、制度规范、诉讼行为等方面的典型问题、倾向性问题提出监督意见和建议，开展类案监督；① 针对突出问题，组织区域性专项检察。刑事诉讼监督部门通过运用不同的监督手段，着力形成有梯度的检察监督体系。

（四）"两法衔接"

刑事诉讼监督部门具体负责落实行政执法和刑事司法相衔接的工作，通过线上"两法衔接"系统的对接完善，线下深化与环境保护、食品安全等民生领域、社会治理领域、经济金融管理领域行政执法部门的衔接，尤其强调对有案不移、以罚代刑等突出违法问题开展监督。

四、刑事诉讼监督机制的构建方法

（一）以调查核实为基础的诉讼违法案件办理机制

检察机关办理诉讼案件以司法审查为基础，履行法律监督职能、办理诉讼违法案件则以调查核实为基础。受立法传统与立法技术影响，"宜粗不宜细""宁疏勿密"的立法风格，在刑事诉讼法关于刑事诉讼监督的规定中体现得淋漓尽致。② 虽然《刑事诉讼法》第8条对检察机关依职权履行刑事诉讼监督职能有了整体授权，但有关规定基本属于粗线条性质，"有职权无程序"的问题制约了刑事诉讼监督工作的开展。"没有调查就没有发言权"，为保证刑事诉讼监督工作及时、有效地开展，检察机关需要制定刑事诉讼监督当中调查核实的基本规程，明确刑事诉讼监督案件的具体办理规则，统一规范检察监督意见的提出方式，保障诉讼违法案件办理规范有力。

（二）以跟踪监督和类案监督为主体的梯度监督工作体系

法律监督要树立双赢多赢共赢理念，绝不是为监督而监督，更不是显现你错我对，其实质是要通过法律监督，帮助被监督者解决问题、补齐短板，共同维护社会公平正义和公共利益，共同推动法律贯彻执行到位，共同推进全面依法治国。③ 在刑事诉讼监督中，要注意监督的方式方法，综合运用多种监督方

---

① 参见李耀、李友军：《三种方法做好类案监督》，载《人民检察》2005年第6期。

② 张相军：《论检察机关刑事诉讼监督手段和监督程序的完善》，载《烟台大学学报（哲学社会科学版）》2007年第4期。

③ 《法律监督要树立双赢多赢共赢理念》，载《检察日报》2018年5月14日。

式。检察机关的法律监督作为一种防错、纠错的程序性机制和制度安排，按照是否启动相应的刑事诉讼程序，可分为程序启动型监督和诉讼活动纠偏型监督，构建有梯度的刑事诉讼法律监督体系，形成有共同的价值目标、有纠有引、共同发力的刑事诉讼监督工作格局，需要不同类型不同解决方案。

刑事诉讼监督部门应当理顺监督体系，对当前普遍存在的纠正违法通知书、检察建议、情况通报等适用条件不清、滥用滥发、片面追求监督数量以及不敢不愿监督同时存在的情况，提出规制意见，明确适用要求，形成监督工作梯度。如将制发纠正违法通知书的条件严格限定于监督纠正个案当中，因严重违法影响案件定罪量刑，或者严重侵犯当事人权益的违法行为。探索和监察委互动，将监督纠正重大违法行为的纠正违法文书向监察委报备，加强对司法工作人员非法拘禁、刑讯逼供、非法搜查等侵害公民权利、损害司法公正行为的证据收集，为侦查工作打实基础。通过信息化建设，汇总梳理法律监督线索、文书和证据，对同一诉讼阶段、同一执法司法行为、同一办案组织等一个执法司法单元中发生的办案轻微违法和取证不规范问题，探索开展对监督对象的释法说理，通过检察建议引导办案规范，推动检察机关法律监督和执法司法机关内部监督的有机衔接。通过案例总结、向被监督单位通报阶段性办案质量情况，将监督情况向人大、政法委报备，凝聚强化法律监督、维护法律权威的合力。

(三) 规范诉讼监督案件办理和管理模式

张军检察长强调，"离开办案，检察机关什么权力也不能行使，谈监督就是空中楼阁。要在监督中办案，在办案中监督"。[1] 构建刑事诉讼监督机制必须以案件为导向，规范诉讼监督案件办理和管理模式。针对刑事诉讼监督部的监督案件类型，制定包含程序规范、证据规则、管理流程、质量标准、办案机制等要素的刑事诉讼监督案件办理细则，[2] 从而建立以案件办理为主线，以全面调查核实、准确认定事实、正确适用法律、依法规范监督、工作全程留痕、案卷规范呈现为要求的刑事诉讼监督案件管理体系，提升刑事诉讼监督的规范性水平，提高监督工作质量、强化检察官司法责任制。

---

① 参见史兆琨：《新时代新理念新发展系列述评之三：以办案为中心，开展法律监督新探索》，载《检察日报》2018 年 7 月 24 日。

② 韩晓峰、陈超然：《诉讼监督事项案件化的思考——以侦查监督为分析视角》，载《人民检察》2016 年第 21 期。

论检察法律监督的性质与理论方位

——从诉讼监督到行政监督

吴高庆　夏文忠[*]

本文所称的权力控制正是在以权力控制权力的理论基础上，国家权力对公权力的控制。检察权便是以国家强制力为保障，控制其他公权力的国家权力，而最重要的表现便是其法律监督的职能。

一、检察法律监督的性质

（一）检察法律监督的理论依据

"国家机器由简单、低级到复杂、高级，国家权力也由诸权不分逐渐走向权力分立，逐步形成由各种不同的国家机关分别行使各种不同权力的状况，使国家走向文明进步。"① 检察法律监督的重要理论依据便是权力监督理论。无论是君主专制时期，还是近现代民主政治时期，对国家权力的监督始终是政治生活的重要课题。"有了国家组织，便有了公共权力，有了公共权力，便有了对公共权力的监督，在存在国家组织的政治时代里，监督是人类社会的不朽主题。"②

在专制时代，行政是国家事务的全部，国家权力自上而下统一于行政权之中，没有立法、行政与司法的独立。司法机关与监察机关均属于行政权力的一部分，没有真正意义上的独立性。因而，专制时代的监督权也仅是行政权的自我监督，"所谓的权力监督只能来自于行政的内部，如现代时期的基于民主和分权而产生的横向外部权力制约不可能出现"，③ 其主体、内容、形式等均由

---

* 吴高庆，浙江工商大学法学院教授；夏文忠，浙江工商大学法学院研究生。

① 石少侠：《检察权要论》，中国检察出版社 2006 年版，第 3 页。
② 荣仕星、钟敏：《政坛永恒的话题——民主监督》，法律出版社 1998 年版，第 21 页。
③ 汤唯、孙季萍：《法律监督论纲》，北京大学出版社 2001 年版，第 187 页。

掌握最高权力的统治者定夺。权力监督完全可以看作是国家行政管理的方式之一，其存在的意义就是能够确保国家权力高效、正确地行使，以巩固专制统治秩序。

随着专制时代迈向民主政治时代，权力监督在主体、内容、形式及效果上均发生了变化，主要表现为权力监督体制由上对下式的内部单一监督模式转向平等主体的外部监督与纵向内部监督相结合的模式。而产生平等主体的外部监督的原因有两方面：一是生产力的发展，社会关系愈加复杂，国家权力必须进行更加细致的分工，且在各自领域中更有针对性与专业性；二是法治、平等与人权观念的兴起，为了保障平等地实现公民权利，必须摆脱专制集权式的人治，按照人民主权与法治原则，对国家权力进行分工，产生平等地位的权力主体，以改变国家权力的线性结构。也只有平等权力主体的出现，才能使平等权力主体的外部监督成为可能。平等权力主体的外部监督之所以值得信赖，并不是由于监督主体与被监督对象之间有隶属或领导关系，而是源于法律规定。

苏联对我国检察制度的影响非常深远，尤其在制度设计与思想蓝图方面为我国提供了可借鉴的经验。"十月革命"之后，列宁的法律监督理论伴随着苏联法律制度的创建逐步形成。1936年的苏联宪法贯彻列宁的法律监督思想，构建了上下隶属的检察领导机制，检察机关只对最高苏维埃负责。"列宁的法律监督理论回答了不实行三权分立的国家如何实现对权力的制约问题，对资产阶级公权制衡学说进行了扬弃，批判地继承其中的'制衡'思想。"① 在苏维埃大会是国家的最高权力机关的政体下，不是通过权力分立而是通过权力分工，实现了权力制衡，通过设立专门的监督机关，强化了权力监督，在对国家权力的约束机制上实现了权力制衡与权力监督的有机结合，与资本主义国家片面强调权力制衡相比，更具有科学性、现实性和有效性。

（二）检察法律监督的本质属性

事物的本质属性一般被理解为事物的内在规律性，是事物比较深刻的、一贯的、稳定的方面。

从权力控制角度而言，检察监督的本质属性是横向权力监督。现代检察制度的标志是控、审分离且公诉权独立存在。从专制时期到民主时期，国家权力制约机制由行政权内部的上对下的权力监督转变为平等或并列主体之间的横向监督，这种转变的产物最为典型的便是司法领域的检察监督。虽然我国在分权基础上创立了更具有针对性、专业性与典型性的监察机关，但检察机关仍然能

① 孔令望等：《国家监督论》，浙江人民出版社1991年版，第26页。

够通过检察建议、公益诉讼等方式行使法律监督职能。

具体而言，我国的权力监督形式主要有两种：一是上对下的监督，包括权力机关基于授权或委托，对被授权或委托行使权力的机关的监督和寓于各种管理之下受到的监督；二是平等或并列主体之间的监督，其一般基于法律的授权。在我国的政治权力结构中，全国人民代表大会是统一的、最高的国家权力机关，其他国家机关由它产生并对它负责。这些国家机关之间相互独立，互不隶属，共同接受全国人大的监督，这种监督即为权力机关上对下的监督。我国检察机关所拥有的检察监督权是全国人民代表大会统一行使的国家权力的一部分，是由全国人民代表大会授权得以行使的权力，所以必须受到全国人民代表大会的监督。而在检察机关与其他国家机关之间并不存在委托或授权的关系，它们之间只能是基于法律规定产生的横向监督。一般而言，我国的检察监督包括针对各诉讼阶段权力行使主体的诉讼监督，以及针对行政机关乱作为或不作为的行政监督。

而从诉讼角度而言，检察监督职能具有程序性。首先，检察监督职能能够引起刑事诉讼法关系主体的权利与义务发生变化。比如，检察机关督促侦查机关及时纠正办案中的违法行为，其权力源自法律的授权。其次，检察机关的具体监督方式都是由刑事诉讼法或《人民检察院刑事诉讼规则》规定的诉讼方式。比如，我国刑事诉讼法规定了检察机关采取抗诉的方式对错误审判进行监督。这里的诉讼方式是基于广义的刑事诉讼概念为基础理解的，即涉及侦查、起诉与审判的司法活动。检察监督职能必须遵循法定的程序，也正是因为这种程序性，使它与国家的其他职能机关形成了一定的监督关系，而且这种监督关系不具有凌驾于行政、审判等国家职能之上的可能性。程序性是诉讼的最主要特征，因此，检察监督的这种程序性是检察监督诉讼性的体现，检察监督是一种通过具体的诉讼职能而实现的权力。诉讼性使检察监督有其专门性与局限性，检察监督必须按照法律设定的内容、范围、手段、步骤进行，"正是程序决定了法治与恣意地人治之间的基本区别"。[①] 这种程序性特征在苏联时期就有所体现，列宁在创建独立的担负法律监督职责的苏联检察机关时指出，"检察机关和任何行政机关不同，它丝毫没有行政权，对任何行政问题都没有表决权"，"检察长的职责是使任何地方政权机关的任何决定都不同法律抵触，所以检察长有义务仅仅从这一观点出发，对一切不合法的决定提出异议，但是检

① ［英］麦考密克、［奥］魏因贝格尔：《制度法论》，周叶谦译，中国政法大学出版社 1994 年版，第 179 页。

察长无权停止决定的执行"①。我国在创建检察机关之时便借鉴了这一程序化思维，将检察监督纳入法律的限定之中。

随着大部分职务犯罪侦查权正式转隶至国家监察委，检察机关不再独享所谓的"刑事法律监督权"。作为国家与社会利益的代表，检察机关手握公诉职能的同时，仍享有具有独立地位的一般监督权和部分职务犯罪侦查权。一般监督权的含义有两方面：一方面是诉讼监督，即检察机关对侦查机关、法院等司法机关在诉讼活动中职权适用有无违法的监督；另一方面是行政监督，检察机关针对行政机关的行政行为是否存在违法作为或不作为的监督。

二、检察法律监督的传统领域：诉讼监督

我国宪法确定检察机关是法律监督机关，对刑事诉讼的各阶段权力主体均享有监督权，即检察机关在立案、侦查、审判、执行四个阶段均享有对行为机关的法律监督权，即通过检察建议、不予起诉、抗诉等行为督促行为机关自我纠正或强制整改其作出的违法行为。检察机关在行使监督活动之时也必须遵循诉讼规律，确保侦查机关、审判机关与执行机关高效合法地行使职权，推动国家刑罚权与保障人权的双重实现。

立案阶段，检察机关通过监督职权对是否应当进入立案程序的案件进行审查。具体而言，检察机关对于侦查机关应立案而不立案的案件，有权督促侦查机关作出立案决定；而对于侦查机关将不符合立案条件的案件纳入诉讼程序之中的行为，检察机关有权督促侦查机关予以终止违法行为，确保立案阶段的合法有效。立案是刑事诉讼程序的第一道关卡，如果侦查机关怠于行使立案权，将无法保证国家刑罚权的执行；而如果侦查机关滥用立案权，将侵害公民的合法权益，也会浪费司法资源，更有可能造成冤假错案的诞生。当前的司法活动中，检察机关对于侦查机关是相互制约、相互配合的关系，不具有隶属关系，也因此没有直接的指挥权。对于侦查机关的违法立案行为，检察机关出具的是带有部分约束力的建议，侦查机关即使不及时纠正违法行为也没有实质上的不利后果。但检察监督作为国家监督体系的重要组成部分，其代表的是国家与社会的公共利益，对于侦查程序的启动具有一定的引导作用。

侦查阶段，检察机关全程监督侦查行为是否符合法律规定，对于非法行为予以督促与纠正。需要明确的是，检察机关在侦查阶段的监督行为并非是针对办案人员全方面的监督，而是以审查侦查行为的合法性的方式进行监督。在审查逮捕环节，检察机关认为侦查机关的申请不符合逮捕要求的，应当作出不批

---

① 《列宁全集》第43卷，人民出版社1987年版，第195—196页。

准逮捕的决定；在审查起诉环节，检察机关认为案件不符合公诉要件的，可以退回侦查机关补充侦查或者直接作出不起诉处理；在案件审查阶段，检察机关可以主动排除侦查机关非法取得的证据，并对侦查机关提出检察建议。值得注意的是，检察机关排除非法证据的决定可以在检察环节作出，也可以在审判环节进行。对于侦查机关的违法收集证据行为，检察机关除了排除非法证据的使用，也可以向侦查机关及其上级机关提出纠正建议，或向监察委员会提交侦查人员涉嫌职务犯罪的线索。

审判阶段，检察机关行使监督职权除了检察建议之外，还能通过抗诉行为督促法院作出正确的事实认定与法律适用。提起公诉与上诉抗诉更体现检察机关的诉讼职能。换言之，检察机关在两审终审制的框架中，不再对法院的审判活动行使诉讼监督权，而主要行使国家公诉权。[①] 体现检察机关在审判阶段的监督职能更直接有效的方式则为再审抗诉。无论是民事诉讼、刑事诉讼，还是行政诉讼，检察机关如果认为法院的判决确有错误的，均可以通过提起再审抗诉来行使监督权。对于法院的生效判决，检察机关的再审抗诉具有特别的价值，即司法救济的最后一道防线。近些年来，通过检察机关提起再审抗诉，纠正了一批事实认定或法律适用错误的案件。例如，2016 年，全国检察机关对认为确有错误的民事行政生效裁判、调解书提出抗诉 3282 件，再审检察建议 2851 件；对认为确有错误的刑事裁判提出抗诉 7185 件。其中，对向检察机关申诉的谭某善案、沈某斤案、李某案、刘某强案、杨某武案等重大冤错案件，最高人民检察院和甘肃、天津、吉林、安徽等省市检察院经过认真复查，依法提出抗诉或再审检察建议，督促法院最终依法改判无罪。[②] 针对冤假错案的再审，检察机关提起抗诉在"以审判为中心"的制度改革背景下将有更大的制度空间与现实需要。

执行阶段，检察机关行使监督职能的主要方式是同步在场与责令重组合议庭。一般而言，减刑、假释或监外执行等措施变更了法庭作出的受刑内容、程度与方式，在一定程度上使受刑对象获得了利益。但罪犯受刑的前提是侵犯了某种法益，对其不正当宽恕是对原来受侵犯法益的二次伤害。为了统一行使国家刑罚权，减刑、假释或监外执行必须要有法律依据，且要经过严格的程序后方能得以执行，而这个过程也必须受到检察机关的监督。现阶段，监狱一般设

---

① 陈卫东、刘计划：《公诉人的诉讼地位探析——简评检察机关对法院的审判监督》，载《法制与社会发展》2003 年第 6 期。

② 参见曹建明：《最高人民检察院工作报告——2017 年 3 月 12 日在第十二届全国人民代表大会第五次会议上》，载《人民日报》2017 年 3 月 20 日。

有检察派驻点,检察人员对于罪犯的减刑、假释或监外执行活动享有在场权,对于不当的执行措施,检察机关可以责令执行机关重新核查是否满足减刑、假释或监外执行的条件,或申请重组合议庭对减刑、假释或监外执行进行裁决。

三、检察法律监督的新领域:行政监督

检察机关提起行政公益诉讼的讨论在 21 世纪初就如火如荼地进行着,"但是,检察机关对于行政机关的监督,一直没有法定的途径和桥梁"。[①] 直到 2017 年修改后的行政诉讼法将行政公益诉讼纳入条文之中,检察机关对行政行为合法性的诉讼监督才正式有了法律依据。针对环保、食药、国土等一系列应当由国家行政机关监管却违法监管或不监管的行为,检察机关有权向其提出检察建议或向人民法院提起行政公益诉讼。行政机关存在违法作为或行政不作为的情况时,检察机关优先使用"柔性"手段督促行政机关依法行使职权;而在行政机关拒绝纠正违法行为或拒绝依法履行行政行为之时,检察机关可以使用"刚性"手段,即依法行使诉讼,以司法手段补救被侵害利益。

(一) 行政公益诉讼是全面推进依法治国的应有之义

"国家积极作为论"强调国家在实现公共利益上的广泛责任,主张一种"经由国家的自由",即基于国家法治建设的主动努力,以权力制约权力,把权力关进制度的笼子里,[②] 检察机关提起行政公益诉讼制度便是这一理论的产物。在一般意义上,行政公益诉讼是指当行政机关或其他公权性机构的不作为或乱作为对公共利益造成侵害之时,法律容许无直接利害关系的检察机关为维护公共利益而向法院提起的行政诉讼的制度。[③] 行政机关乱作为或不作为,会导致法治政府依法行使公权力的目标落空,甚至会导致更严重的职务犯罪。在当前检察机关的职务犯罪侦查权转隶至监察委的情况下,检察机关更要落实行政公益诉讼制度,以引导行政权的合法有效运行,确保国家与社会的公共利益不被侵犯。行政公益诉讼相对于职务犯罪侦查而言,更侧重对公权力的事前监督。以司法行为将行政权限制在法律的笼子里,将有利于改变我国司法权相对弱势的地位,更有助于行政机关及其工作人员培养依法行政的制度性思维,从而保护国家与社会的公共利益不受侵犯。

---

① 杨建顺:《完善对行政机关行使职权的检察监督制度》,载《检察日报》2014 年 12 月 22 日。

② 肖建国:《民事公益诉讼的类型化分析》,载《西南政法大学学报》2014 年第 5 期。

③ 李坤英:《行政公益诉讼制度之建构——行政公益诉讼的原告问题》,载《华东政法学院学报》2004 年第 5 期。

由于行政权力本身就承担着维护或增进公共利益的职能，如果其乱作为或不作为，则发生侵害公共利益的可能性最大，因而以行政公益诉讼促使行政权力正确行使意义重大。① 行政公益诉讼案件的被侵害对象是不特定或多数人的合法权益。此类案件主要是由于行政机关的违法监管或不监管行为，因而检察机关有义务督促行政机关职权的正确行使，保障公权力在法律的范围内运行，避免对公民合法权益的侵害。作为法律的监督机关，在行政机关违法行驶职权之后，检察机关往往优先通过检察建议督促行政机关纠正违法行为，而行政公益诉讼因为具有较为严重的诉讼性，所以一般作为兜底手段使用。

（二）行政公益诉讼有利于改变"民告官"的弱势地位

在行政公益诉讼制度确立之前，检察机关对行政机关的监督集中于对国家公职人员的职务行为有无触犯刑法，对行政机关有无依法实施行政行为没有过问权。在行政行为伤害到民众、社会、国家时，只有直接利益受到侵害的行政相对人能以自己的名义向法院提起行政诉讼。然而，这种"民告官"的行为常常陷入泥泽。其一，原告资格确定困难，抽象行政行为的作为往往伤害到的是不特定或多数人，由谁来提起行政诉讼难以明确；其二，法院对于行政案件的立案审查往往较其他诉讼更为严格，相对人提起行政诉讼变得尤为困难；其三，作为被告的行政机关享有得天独厚的优势，在诉讼中更容易掌握主动权。原被告双方地位的不平等，容易导致司法的天平向行政机关倾斜。因此，建立行政公益诉讼，由检察机关代表国家与社会的公共利益监督行政机关尤有必要。

行政公益诉讼制度的确立，使检察机关可以有效弥补相对人诉讼能力的不足；有效地督促法院对行政机关的行政违法行为加以审理，并作出责令其履行法律职责的裁判结论；以国家强制力，强令行政机关履行职责，终止或纠正其继续实施侵犯相对人合法权益的行为。② 检察机关通过行使"一般监督权"，督促行政机关及时纠正违法行政行为或履行应有职责。检察机关在职务犯罪侦查权剥离后通过行使行政公益诉讼获得了新的监督权力，且这个权力更具有诉讼性，对增强检察权威具有重要意义。

（三）行政公益诉讼符合国际间法秩序

对于行政公益诉讼制度，在西方法治国家已有了较为成熟的体制经验。在

---

① 王太高：《论行政公益诉讼》，载《法学研究》2002 年第 5 期。

② 胡卫列、田凯：《检察机关提起行政公益诉讼试点情况研究》，载《行政法学研究》2017 年第 2 期。

英国，行政公益诉讼被称为"以公法名义保护私权之诉"，检察总长代表国王审查一切违法行为，包括行政机关的不法行径。一般情况下，检察总长可以依职权或依申请审查行政行为。如果是依申请审查行政行为，检察机关的诉讼主体资格便会转移至申请人，案件的进程如同私益诉讼一样进行。假使检察总长不同意当事人的申请，此案的诉讼便不能再被以任何方式提起。检察总长的自由裁量权不可谓不大。在美国，行政公益诉讼是司法审查制度的重要组成部分。其诉讼主体资格不局限于检察机关，只要是当事人能够证明其合法权益受到了其所请求审查的行政行为的侵害，他就被允许提起诉讼。在法国，最具典型与特色的诉讼制度称为越权之诉。其本质意思是公民或者团体组织的利益由于行政决定受到侵害，可以以自己的名义请求行政法院审查该项决定的合法性。在德国，行政公益诉讼的主体为检察官，其作为公益代表人的身份参与各级法院的行政诉讼，享有上诉权和变更权，本质上属于司法行政官。而在日本，行政公益诉讼被称作"民众诉讼"。日本的民众诉讼并不是为了保护个人的利益，而是为了保护法律秩序不受影响，其主要适用于选举诉讼与居民诉讼之中。

外国的行政公益诉讼虽然名称不一，但大致可总结出其内有的发展规律：其一，各国对提起行政诉讼的条件虽然宽泛不一，但总体趋势是只要行政相对人的利益受到所指控的行政行为的直接影响或间接影响，均享有提起行政诉讼的权利，即范围在不断扩大；其二，在因为行政行为直接或间接受到损失的相对人不愿意提起行政诉讼之时，对其有不利影响、但无直接或间接损失的普通民众可以为了国家与社会的公共利益提起行政诉讼；其三，受案行政行为从具体行政行为扩大到抽象行政行为；其四，严格受案标准，防止滥用诉权。国外的行政公益诉讼立法与实践经验值得我们汲取和借鉴。

四、检察监督行政之程序建构

我国目前行政公益诉讼的受案范围仅限于环保、食药、国土等领域，对于行政机关的其他违法行政行为，检察机关尚不能通过提起行政公益诉讼行使一般监督权。而在未来的制度演进中，受案范围、诉讼参与人、受案对象、受案标准等方面均可以向经验成熟的国家靠拢。检察机关在行政公益诉讼制度上的深度挖掘，意味着其法律监督权能在形式与内容上的丰富，更有利于树立检察监督的权威性。

（一）行政公益诉讼的提起：主动抑或被动

有学者认为：检察机关只能是被动地提起行政公益诉讼，即公民和其他社会组织如果认为行政行为侵害或将会侵害公共利益时，必须先向检察机关举报，检察机关经过初步审查后认为有提起诉讼的必要的则提起诉讼。人民检察院对行政主体作为或不作为侵害社会公共利益而无人起诉时，有权以国家公益人的身份提起诉讼，法院审理行政案件时如发现涉及社会公共利益的，应通知检察院参与提起诉讼。行政诉讼法规定，检察机关在履行职责中发现有行政机关违法行使职权或不作为现象的，可以在检察建议失效的情形下提起行政公益诉讼。"在履行职责中发现"意味着检察机关对于行政公益诉讼的提起必须对案情的基本事实有所了解、有所掌握。法律并无明文规定检察机关是否可以基于职权主动监督行政权的行使，但从立法目的而言，行政公益诉讼制度的确立便是为防止行政权的权力膨胀。许多行政行为的作出并没有直接的受害对象，如果检察机关只能被动地提起行政公益诉讼，则势必会导致许多违法行为得不到有效的纠正，因为没有直接被害人，检察机关只能是"坐以待毙"。不可否认，检察机关需要接受公民、法人和其他组织的检举或举报材料，在进行合法性审查之后，依法提起行政公益诉讼。但检察机关身负国家与社会利益代表人的身份，为防止行政权与行政工作人员的腐败、推动依法行政、构建法治型政府，必须主动扛起监督职责，对行政乱作为与不作为现象主动进行了解、调查与督促纠正。

（二）行政公益诉讼的受案范围：具体抑或抽象

一般认为，行政公益诉讼是检察机关针对行政机关的不作为或违法作为侵犯公共利益的行为提起的诉讼，其适用的案件范围应当是侵犯公共利益的具体行政行为。行政诉讼法主要将范围限定在"生态环境和资源保护、食品药品安全、国有财产保护、国有土地使用权出让等领域"之中。此处的"等"属于等内等，即就目前而言，检察机关仅能在这几项领域内提起公益诉讼。然而，不论是我国的立法初衷，还是世界大多数国家的经验，行政公益诉讼的未来指向必然是涵盖所有行政权覆盖的领域，即只要行政相对人的利益受到所指控的行政行为的直接影响或间接影响，均应当受到检察机关的监督。

而在当前比较受争议的问题是：抽象行政行为是否应当纳入检察机关监督的范畴之内？行政实践中，行政机关通过决策实施抽象行为侵犯公共利益的行为并不鲜见。这类事件中，受侵犯的对象并非直接是个人、组织或团体，而是国家与社会的公共利益。检察机关作为法律的守夜人，必然肩负起监督的重任。然而，规章以上的抽象行政行为，有立法监督予以规制，对违法的抽象行政行为，可以根据立法法的相关规定启动立法修正程序。出于行政效率的考虑，笔者认为，对于规章以下的抽象行政行为，应当纳入行政公益诉讼的受案范围之内。随着依法治国的深入推进，行政公益诉讼的受案范围也必然会随之扩大，以适应国家与社会对法治政府的希冀。

（三）检察建议的设置：前置抑或并举

检察建议应该置于行政公益诉讼之前，还是作为一种选择方式与行政公益诉讼并举，在学界引起过争论。马怀德教授指出："检察机关在行政公益诉讼中的身份应是公益的代表，如果简单地以法律监督机关的身份出现在公益行政诉讼中，体现不了公益诉讼特点。"[①] 笔者认为，检察机关在行政监督之中扮演的是公益代表人的身份，其监督目的是纠正行政机关的违法行为，保护国家与社会的公共利益，因而其职能手段更侧重于"纠正"而非"惩戒"。所以，考虑到司法资源的有限性，以及司法权的抑制性，在权衡之后，行政诉讼法将检察建议作为行政公益诉讼的前置程序纳入法律程序之中。只有在检察建议失效的前提下，检察机关才能提起行政公益诉讼，以司法手段督促行政机关纠正违法行为。至于检察建议与行政公益诉讼并举的观点：一方面，检察建议的行为效力与威慑力远不如行政公益诉讼强烈；另一方面，司法资源具有有限性，如果能通过检察建议这种相对简便且经济的行为完成纠正违法行政行为的工作，无疑能够避免造成司法资源的负累。因此，检察建议应该置于行政公益诉讼之前，且司法实践证明此种制度设置确实更有裨益。

而对于具体的法条设计，有学者建议应当在明确检察建议前置的前提下，规定检察机关行使检察建议的处理时间与层级，"人民检察院经审查后认为行政机关作出的行政行为损害公共利益的，应当向作出该行政行为的行政机关发出要求纠正的书面检察建议。收到检察建议的行政机关应当在 45 日内作出处理，并将处理情况书面回复发出检察建议的人民检察院。行政机关在 45 日内没有纠正的，人民检察院可以向被告行政机关的上一级行政机关或者监察、人事机关提出要求纠正的检察建议，也可以向人民法院提起诉讼"[②]。笔者认为，45 日作为前置程序的期限过长，因为违法行政行为的作出必然侵害到某一方的利益，拖长检察建议的时长势必会造成违法伤害的加剧。检察建议是否转为提起行政公益诉讼应当以行政机关的回复为准，而这个回复期限宜短不宜长，具体的规定应该综合考量司法实践再作决定。

（四）行政公益诉讼的举证责任：是否倒置

检察机关提起行政公益诉讼由谁承担举证责任，是实行民事诉讼上的

---

① 蒋皓：《特定情况检察机关可作公益诉讼原告》，载《法制日报》2014 年 12 月 11 日。

② 姜涛：《检察机关提起行政公益诉讼制度：一个中国问题的思考》，载《政法论坛》2015 年第 6 期。

"谁主张，谁举证"，还是实行行政诉讼意义上的"举证责任倒置"？举证责任由谁来承担应当由诉讼内在属性所决定。行政公益诉讼所针对的对象是行政机关违法行使职权或不作为的行为，其目的在于纠正违法行政行为，防止公共利益的进一步受损。应当说，行政公益诉讼仍然属于行政诉讼的范畴。当行政机关违反法律规定渎职时，允许特定主体借助于司法权维护公共利益，并监督行政机关依法行政。因此，应当与通常意义上的行政诉讼实行相同的证明责任。就此而言，行政公益诉讼在证明责任上，应当实行举证责任倒置制度，即检察机关只需向法院提交公共利益受到侵害的事实且该损害系行政机关的具体行政行为所造成的证据，作为被告的行政机关需要向法院提交证据，充分证明自己行为的合法性，即行政机关需证明自己依法行使职权，穷尽行政监管措施，或证明损害结果与具体行政行为之间没有因果关系，或存在法定的免责事由等，否则，就可能会面临败诉的风险。

（五）行政公益诉讼的调查与审查起诉：一般抑或特殊

检察实践中，公诉任务的繁重使检察机关对于主动纠察行政违法行为的旨趣捉襟见肘。一般而言，检察机关提起行政公益诉讼主要来源于公民、法人或社会组织的检举和揭发。因而，对于检举材料，检察机关必须要予以严格的审查，以及主动调查取证，才能进入下一步督促纠正行为。行政公益诉讼涉及利益重大，需要大量取证，且难度较高，应当参照刑事诉讼法的规定，赋予检察机关调查取证的权力，以应对行政机关的主动地位。有学者认为：人民检察院在接收到公民、法人与其他组织申请人民检察院提起行政公益诉讼的案件，应当在15日内给出是否受理的书面答复；人民检察院自受理后，应当进行必要的调查取证，并在60日决定是否提起行政公益诉讼。对于人民检察院不予受理的案件或决定不提起行政公益诉讼的，公民、法人与其他组织可以向作出该决定的上级人民检察院申请复议一次。笔者认为，此处可以与检察建议相关内容结合起来，人民检察院针对检举材料有一定的调查期限，如果认为确实有违法行政行为存在的，优先提出检察建议，在行政机关拒绝或忽视检察建议的情况下，检察机关有权提起行政公益诉讼。如果检察机关在提出检察建议之后，行政机关及时纠正违法行为，或者经过调查发现不符合行政公益诉讼条件的，应当及时向检举人送达不提起公益诉讼的决定书，而这个期限也同样参照前文所述，结合司法实践再进行具体考量。

长期以来，检察机关所面临的质疑主要源自宪法授予的法律监督定位。我国当代检察权的控权性与世界各国检察权相比，凸显了检察监督特色。而随着职务犯罪侦查权从检察机关剥离，其对其他权力机关的制约相较从前尤有弱化。在这样的背景下，检察机关必须遵循司法改革的脉络，明晰检察规律，重新定义自身的法律职能，方能避免当前出现的检察权威危机。检察机关的监督职能，主要表现在对侦查机关、审判机关与执行机关在刑事诉讼程序中的法律监督，以及对行政机关是否依法行使职权进行监督。行政监督职能在一定程度上加强了检察机关的监督能力。检察机关提起行政公益诉讼的程序在目前只能参照其他诉讼程序进行，在未来势必会形成独有的一套体系。对检察制度的改革，必须坚持顶层方针与司法实践相结合的方式。检察机关必须肩负起法律监督机关的职责，为国家法律统一实施保驾护航，保障国家与社会的公共利益不受侵犯。

检察机关办案问题研究

刘　慧　李盼盼[*]

"什么是办案"是检察机关落实司法责任制改革的基础问题。如果对检察机关办案的概念、类型、具体形态等问题认识不清晰，司法责任制改革便如无本之木，"谁办案谁负责，谁决定谁负责"的改革目标就难以实现。因此，"什么是办案"是检察机关亟待解决的重要课题，对深化司法责任制改革具有重要的理论和实践价值。

一、研究检察机关办案问题的重要意义

（一）有利于更好地落实司法责任制

办案是检察官行使检察权的具体体现和重要载体，也是落实司法责任制的前提和基础。按照中央政法委《关于严格执行法官、检察官遴选标准和程序的通知》，检察官遴选以办案业绩考核为主、考试为辅，侧重于客观量化的办案数量、质量和效果；领导干部入额后应当办理一定数量的案件；对检察官进行办案绩效考核时，办案质量和效率达不到考核标准的，应当退出员额。由此可见，检察官的一切活动都要围绕办案展开，只有对办案问题进行明晰，对检察官的办案质效评价才能有所依托，才能确保司法责任制落地生根。

（二）有利于更好地强化监督责任

检察机关作为国家法律监督机关，监督是其主责主业。长期以来，检察机关未将一些重要的监督活动案件化，检察机关履行监督职责的工作在评价过程中被遗漏，监督案件数量、质量和效果得不到客观量化。从北京市检察机关改革前的情况来看，监督工作呈现一定的下滑趋势，面临着一系列的"瓶颈"，亟待突破。当前，检察机关加强监督的使命感和宪法职责比以往任何时候都紧迫而重要，必须寻求有效的"补短板"之策。因此，有必要对检察机关办案的具体形态进行深入研究，将办理司法案件和监督案件分别呈现，凸显监督职

＊　刘慧，北京市人民检察院办公室主任；李盼盼，北京市人民检察院办公室干部。

能，落实监督责任，提升监督效果，解决司法案件与监督案件一手硬、一手软，监督职能弱化、边缘化的问题。

（三）有利于更好地规范办案活动

办案与办事是检察机关日常活动紧密相连的两个方面。长期以来，由于对办案概念笼而统之、大而化之，缺乏统一、明确的界定标准，容易出现办案与办事相互混淆的情形。如果将本应明确为办案的活动视为办事，必然导致办案行为规范性不足，随意性大，案件质量难以保证，检察机关的权威性和公信力受到质疑。如果将办事视为办案，则易造成办案概念的泛化，不宜凸显司法活动的专业性。所以，有必要对办案的要素进行澄清，在实践中厘清办案与办事的区别和界限，严格把好办案的事实关、证据关、程序关和法律适用关，促使办案活动更加规范。

二、办案的概念和基本要素

实践中，对办案概念的界定存在两种不同认识。一种是将办案概念作限制解释，认为只有直接承办案件才是办案的唯一形态。另一种是将办案概念作扩大解释，认为一切与案件有关的检察活动，都可以称为办案。笔者认为，这两种观点都有失偏颇，前者忽视了检察实践中不同办案形态的客观存在，容易自缚手脚、自我设限；后者与司法责任制的初衷不相一致。笔者认为，办案是指检察机关立足于监督、审查、追诉职责，在行使检察权的过程中所从事的产生法律效力并承担相应责任的司法活动。办案应当包括但不限于以下四个要素，如果一项检察活动不能同时具备这些要素，则不应称为办案。

（一）法律要素

司法行为必须以事实为依据，以法律为准绳。脱离法律依据的办案就不具有权力来源和合法性。因此，办案应当有法律依据。实践中，以规范性文件作为办案的依据，具有较强的办事色彩。虽然规范性文件能够对办案的内容、方法作出规定，但存在刚性不足、缺乏严谨性、统一性和严肃性等弊端。办案作为对公民人身财产等权利产生重大影响的司法行为，由法律进行调整和规范具有必要性。除了法律依据之外，由于近年来检察机关的职责呈现出不断丰富、发展、完善的特点，办案的依据可能在一定时期以国家特别授权的形式存在，待立法时机成熟之时，通过立法程序上升为国家意志，最终以法的形式固定下来。比如，经全国人大常委会授权，最高人民检察院从 2015 年 7 月起在北京等 13 个省区市开展为期两年的提起公益诉讼试点，检察机关在此期间办理了一大批公益诉讼案件。2017 年 6 月，十二届全国人大常委会作出《关于修改

〈中华人民共和国民事诉讼法〉和〈中华人民共和国行政诉讼法〉的决定》，正式确立检察机关提起公益诉讼制度，此后检察机关办理公益诉讼案件也具有法律上的依据。可见，法律的规定或国家的特别授权构成办案的正当性要素。

（二）责任要素

司法责任制改革是整个司法体制改革的"牛鼻子"。根据司法责任制改革的要求，检察官要在司法一线办案并对办案质量终身负责。司法责任，是指司法责任主体基于其所承担的司法职责，因在履行职责时存在违法违纪的行为而应承担的法律上的不利后果。司法责任是有权必有责、权责相统一法治原则的体现。[①] 检察官作为司法办案的主体，对案件行使决定权，也必然要对案件处理的不当后果承担法律上的责任。办案必须与责任相关联，不承担责任的检察活动不能称之为办案。检察官承担司法责任与检察辅助人员或司法行政人员承担工作责任有所不同。不能因检察机关的各项工作都是与办案相关，或是服务办案，就将检察辅助人员或司法行政人员所承担的工作责任与检察官所承担的司法责任画等号。

（三）程序要素

办案的程序性，也可称为办案的工作方法，是办案较之办事在严谨性方面的体现。如果将检察机关的一项活动称为办案，则必须经过特定的程序才能实现。缺乏程序性，易导致检察机关的许多活动不以办案的方式呈现，既不利于全面客观反映检察机关办案的本来面貌，体现工作量并反映工作质效，也不利于实现司法责任制所要求的检察官对办理案件的终身负责。笔者认为，检察机关办案的程序可以分为立案、办理、办结三个环节。此外，监督案件还需要有立案前的线索审查环节。这些环节是办案的必备程序，缺一不可。如果脱离程序环节从事检察活动，则不应称为办案。如长期以来，检察机关刑事执行检察业务由于程序性不足，许多核心监督业务以办事的方式推进，造成了监督随意性大、监督虚化等问题。为此，北京市检察机关提出刑事执行检察监督从"办事模式"向"办案模式"转变的工作思路，通过对刑事执行监督的程序化建构，监督案件质效明显提高。

（四）形式要素

形式要素是办案的外在显著特征。办案的形式要素包括以下几点：首先，办案要有期限，否则将会造成案件的拖沓和检察官责任心的弱化；其次，案件

---

① 参见陈光中、王迎龙：《司法责任制若干问题之探讨》，载《中国政法大学学报》2016 年第 2 期。

的办理必须以文书形式体现，且有明确的结论性意见；最后，必须将检察官的办案行为纳入检察机关的案件管理监督之下，在统一业务应用系统等案件管理监督系统中生成案号、案卡等案件信息，实现数字化统计、卷宗式归档，做到案卷上有号、系统中有痕、档案中有影。

三、研究检察机关办案问题必须遵循四个基本原则

（一）必须坚持法律监督机关的宪法定位原则

宪法是检察机关行使职权与进行活动的权力来源和基本出发点。[①] 我国《宪法》第 134 条规定："中华人民共和国人民检察院是国家的法律监督机关。"宪法将检察机关确立为国家法律监督机关，不仅是中国检察制度最鲜明的特色，也是中国司法制度乃至中国政治制度的重要特色。办案是检察机关实现宪法职责的手段，研究检察机关办案问题，必然要切实遵循检察机关的宪法定位，坚持把强化法律监督作为贯穿全部检察工作的一条主线，作为办案活动的中心。

（二）必须坚持与中央顶层设计相一致原则

司法体制改革深入推进的过程是将中央顶层设计和基层创造性探索相结合的过程，改革的进路以中央的改革方案和蓝图为指引。研究办案问题只有主动提高站位，准确吃透中央精神，才能与司法体制改革同频共振、相得益彰。改革以来，中央对司法责任制改革作了一系列明确的要求部署。习近平总书记指出，要紧紧牵住司法责任制这个牛鼻子，凡是进入法官、检察官员额的，要在司法一线办案，对案件质量终身负责。办案应当是中央改革要求之下的办案，脱离司法责任的办案必然失去其魂魄和精髓。

（三）必须坚持与检察机关领导体制相适应原则

检察机关自上而下的统一领导，是依法独立行使检察权的有效保障。"上命下从，上下一体"的领导体制能够克服和防止检察权部门化、地方化和分散化的倾向，保证检察工作的统一协调和运转高效，发挥检察机关整体优势，增强法律监督整体合力。研究办案问题，不能脱离检察机关领导体制的特点，片面强调"去行政化"等观点，否则将忽视检察权的特殊性，不利于理顺不同层级检察机关之间的关系，不能够正确把握检察长对检察官的授权关系，容易顾此失彼、走向极端。实践中，要强化上级检察院对下级检察院的领导，强

---

① 参见韩大元：《检察机关性质的宪法文本分析》，载《国家检察官学院学报》2005年第 3 期。

化检察长对各项检察工作的统一领导，注重加强检察机关上下之间、横向之间以及检察机关各内设机构之间的配合与协作，使检察系统形成有机统一整体，促进检察职能发挥更加充分，办案活动运转更加顺畅。

（四）必须坚持遵循检察工作规律原则

检察改革的本质是要剔除各项与检察规律不相符合的制度性障碍，按照检察规律的要求厘清和设定检察体制和检察机制的各要素。[①] 检察工作规律是办案实践中"看不见的手"，决定着办案的方式和方向。检察工作规律与审判工作规律不同，决定了检察机关的案件与法院的案件不能"同质化"对待。例如，对于办案量的测算，由于检察机关的案件类型多样，纵向维度多，一个犯罪行为在检察机关要经过控告申诉、批捕、公诉等多个程序，每个程序都应作为一个独立的案件，看似对案件进行了"重复"的计算，实则反映了检察工作的特点。因此，对检察机关办案问题的研究，要解放思想、创新思维、结合实际、大胆实践，破除"捆绑式"司法改革的局限性，走出一条遵循检察工作规律的改革创新之路。

四、检察机关办案分类的基本构想

检察机关办案分类就是根据不同的目的和标准对检察机关办案的不同形态进行划分和归类。办案分类是一个重要的基本理论问题，对于体现检察机关的职责定位、领导体制、决策机制及检察权性质和运行方式具有重要意义。过去的检察理论只是根据检察机关的具体职责对案件进行横向条块分割，划分为批捕案件、公诉案件、诉讼监督案件等。但这一分类标准过于单一，不宜体现办案的不同形态及不同主体在办案中的地位和作用。

笔者建议将办案划分为 3 种类型、6 种情形、106 种具体形态。这 3 种类型，从工作内容上，可以分为司法案件与监督案件；从责任承担上，可以分为承办案件与审批案件；从办理方式上，可以分为亲历案件与指导案件。第一种分类方法主要着眼于检察基本职能，不但传统的追诉是办案，审查和监督同样也是办案。第二种分类方法主要着眼于责任制，即"谁办案谁负责，谁决定谁负责"，审批审核要承担责任，因此也是办案。第三种分类方法主要着眼于检察官与案件的关系，有的办案是直接亲历，亲力亲为，有的办案可以指挥指令、指导督办，只要提出明确的意见，对案件最后处理发挥了实际作用，就要承担一定的责任，就是办案。

---

① 参见向泽选：《新时期检察改革的进路》，载《中国法学》2013 年第 5 期。

这 6 种情形并不穷尽检察机关办案的所有形态，且相互之间可以存在交叉重合，但是集中体现了检察机关的基本职责、司法责任制改革之下办案主体的权责界定及检察机关领导体制对办案的要求，对当前深化司法责任制改革和检察机关转型发展具有重要意义。

（一）司法案件与监督案件

1. 这一分类充分体现了法律监督机关的职责定位

依据《人民检察院组织法》第 20 条，检察机关的基本职责包括侦查、审查、公诉、监督。根据国家监察体制改革和公益诉讼改革的要求，检察机关的基本职责可以概括为："监督、审查、追诉。"① 监督职责指狭义的检察监督，主要包括诉讼监督，对限制人身自由和公民财产的强制措施的监督，对履职中发现的行政机关不作为和乱作为的监督等内容。审查职责主要包括对监察机关、侦查机关移送的犯罪案件进行审查，以及诉讼中需要检察机关审查把关、决定的事项进行审查等。追诉职责主要包括刑事追诉，提起民事公益诉讼和行政公益诉讼，以及其他需要检察机关提起或启动追究的程序。从办案角度来讲，检察机关履行追诉和审查职责，可以概括为办理司法案件；履行监督职责，可以称之为办理监督案件。

2. 这一分类满足了加强检察监督的现实需要

将两类案件各自呈现，并以独立的视角审视监督案件，与党和人民群众对加强检察监督工作的新要求新期待相契合。修改后的三大诉讼法相继赋予了检察机关办理监督案件的新的职责。党的十八届四中全会提出"完善检察机关行使监督权的法律制度"，要求检察机关对涉及公民人身、财产权益的行政强制措施进行监督，对行政机关违法行使职权或不行使职权的行为予以督促纠正，并探索提起公益诉讼，使检察监督超出传统的民事检察和行政检察工作范围，拓展到国家治理体系和治理能力现代化上来，打开了检察机关民事检察、行政检察新局面，为检察机关办理监督案件打开了全新的视野。

然而，从实践情况来看，监督案件仍然是检察机关的薄弱环节，不敢监督、不愿监督、不善监督、监督不规范的问题仍不同程度的存在。将司法案件与监督案件置于平行的案件类型，有助于有效纠正长期以来将监督案件不视为案件，将履行监督职责不视为办案的思维局限性和实践中检察机关监督不力、监督刚性不足的现实困境。

---

① 参见敬大力：《检察机关基本职责问题研究》，载《人民检察（首都版）》2017 年第 4 期。

3. 这一分类有助于检察机关正确处理不同案件之间的关系

一方面，司法案件与监督案件的特点不同。司法案件如审查批捕案件、不起诉案件更多地体现了检察权的司法权属性，这要求在案件办理方式上，进行"适度司法化"改造，适当引进对审听证要素，让对立双方能相互举证、抗辩，体现出司法的相关要素，检察机关兼听则明，保证案件办理质量。[①] 与之不同，监督案件更多地体现了检察权的监督权属性，且检察监督的效力主要表现为启动纠正侦查、审判、刑罚执行、行政行为违法或错误的程序。检察监督对程序的启动具有强制力，但并不对违法或错误直接作出实体性的纠正和处理。[②] 因此，与司法案件相比，监督案件的案件属性更容易被忽视，实践中更容易以办事模式处置。

另一方面，司法案件与监督案件并非简单的并列关系，而是存在逻辑上的递进关系。比如，侦查监督案件的核心是保证证据质量，为司法案件打牢证据基础；审判监督案件的核心是确保审判活动依法规范进行，为司法案件结果提供正当程序；执行监督案件的核心是确保司法案件结果被依法规范执行。

（二）承办案件与审批案件

1. 这一分类充分体现了检察机关的案件决策机制

我国法律关于"检察长统一领导人民检察院的工作"和"检察委员会在检察长主持下按民主集中制原则讨论决定重大案件和其他重大问题"的规定，赋予了检察长和检察委员会对检察机关所办案件负总责的责任。这就决定了重大案件和重要事项决定权仍应归检察长或检察委员会行使，而其他案件或事项的决定权则可赋予检察官行使。[③] 承办案件，是指检察官在检察长授权范围内对案件处理结果直接作出决定；审批案件，是指检察长或检察委员会对于未授予检察官决定的案件或事项进行审批审核、实质把关，以书面形式作出决定。

实践中，对审批审核案件是否应当属于办案存在不同认识，担心审批审核案件容易造成"审者不定，定者不审"的弊病，与司法责任制不相适应。笔者认为，承认审批审核是办案，正是司法责任制"谁决定，谁负责"原则的体现。检察长对案件进行审查批准或对案件处理决定进行审查核准把关，要对其决策部分承担责任。实践中，如果检察长不同意检察官的处理意见，可以要

① 参见敬大力：《检察机关基本职责问题研究》，载《人民检察（首都版）》2017 年第 4 期。

② 参见敬大力：《检察机关基本职责问题研究》，载《人民检察（首都版）》2017 年第 4 期。

③ 参见朱孝清：《司法的亲历性》，载《中外法学》2015 年第 4 期。

求检察官复核或提请检察委员会讨论决定，也可以直接作出决定。如检察官根据检察长的要求进行复核并改变原处理意见的，由检察长与检察官共同承担责任。如检察官坚持自己的意见，检察长认为确有必要时，可在办案时限许可的情况下将案件转交其他检察官办理或收归自己办理。由此可见，检察长不仅有案件决定权，更要对决定承担相应责任。

2. 这一分类有利于落实"抓两大、放两小"的授权原则

为了解决传统"三级审批"办案机制下层层负责、层层把关导致的效率低下、责任不明确等问题，北京市检察机关在司法责任制改革过程中提出了"抓两大、放两小"的授权原则，即将重大疑难复杂案件和可能影响其他执法司法机关判决、裁定、决定的诉讼监督案件的决定权仍保留给检察长（副检察长）、检察委员会；而将一般案件以及非终局性事项、事务性事项决定权授予检察官。这一原则实际上界定了审批案件与承办案件的范围，"两大"即审批案件，"两小"即承办案件。

随着改革的推进，北京市检察机关本着充分放权、应放尽放的原则，根据不同层级检察院办案职责、不同业务类别的性质和特点，综合考虑对当事人权利、其他执法司法机关的影响程度，逐步扩大检察官承办案件的范围，如将过去由检察长审批决定的一般案件的不批捕、不起诉决定权都授予检察官自主决定，更好地实现了检察官办案与定案相统一。

3. 审批审核的主体应限定为检察长（副检察长）和检委会

检察长主持检察委员会审议案件并按照审议结果决定案件，属于审批案件。改革后的内设机构负责人不再是审批审核的主体，否则势必又回到"三级审批"的老路上去。内设机构负责人的职责体现为行政管理和业务监督。虽然这种管理和监督应取消或弱化书面审批，但部门负责人仍要对本部门案件质量、司法规范进行整体把关和监督，可以通过组织研究涉及本部门的法律政策问题、统一同类案件的认定裁量标准、召开检察官联席会议讨论案件、开展案件质量互查、对检察官绩效进行考核、督促结案等方式对检察官司法办案进行管理。

（三）亲历案件与指导案件

1. 这一分类充分体现了检察机关的领导体制

上级人民检察院对下级人民检察院的领导权是由宪法和人民检察院组织法确定的，是检察机关依法独立行使检察权的体制保障。在司法责任制的原则之下，指导案件应限定为个案指导。宏观指导，如对司法办案中适用法律、执行政策问题开展理论研究、提出意见建议，发布指导性案例或起草业务规范性文件等形式，由于其并不对案件处理结果产生实质影响且对案件处理决定负责，因此不宜作为司法责任制之下的办案形态。

指导案件满足了办案实践的需要。随着改革后检察官主体地位和办案独立性增强，办案标准不统一、同案不同判、同案不同罚的问题也浮出水面。指导案件有利于促进执法标准的明确和统一，确保每一个决定都体现法律的统一性和权威性，实现执法办案政治效果、法律效果、社会效果的统一。

2. 指导案件包括上级检察院对下级检察院进行指导督办和检察官领导干部对案件进行指挥指令

第一种情形是指上级检察院对下级检察院的个案请示提出明确的答复意见，对案件的终极性处理决定产生实质影响，或上级检察院对下级检察院的决定作出撤销或变更的纠正。根据权责统一、权责一致的原则，既然上级检察院以具体指导的形式参与了案件办理的过程，并行使了决定案件处理结果的权力，那就应当对自己的处理结果负责。因此，对于指导案件的指令必须书面化，归入副卷，以便核查。

第二种情形是指检察官领导干部指挥指令案件。在省级院办案实践中，检察官领导干部办理重大疑难复杂案件时，虽然不直接承办案件或将一个案件从头办到尾，但切实发挥了指挥指令作用，决定案件的处理结果，且在检察机关的领导体制下，承办检察官对检察长（副检察长）的指挥指令应当服从。比如，在办理专案过程中，检察官领导干部虽不是直接承办人，但通过指挥指令、牵头组织协调，对于重要的事实、证据或罪名提出重大事实性意见，对于非法证据排除、发现漏罪、审查和提起公诉发挥实质性影响。因此，可以作为办案的类型之一。

3. 亲历案件是对检察官办案组的要求，而非对检察官个人的要求

亲历案件，是指检察官要带领办案组深入具体案件之中亲身经历、亲力亲为，才能准确认定案件事实并依法作出正确处理。办案组由检察官、检察官助理和书记员组成，如果以检察官个人亲力亲为、自己承担工作来界定办案则过于狭窄和偏颇。笔者认为，亲历案件可以划分为三个层次。一是检察官直接从事司法办案和检察监督，如从事讯问、询问、出庭等办案活动。二是检察官履行审核、把关、确认职责。团队办案模式下，许多办案和监督任务诸如对于事实和证据的审查工作都是由检察辅助人员去完成，检察官只是进行最终的证据采信和确认。三是检察官行使拍板决定的权力。办案的具体工作可以由检察辅助人员去从事，但是对案件处理意见的拍板决定必须由检察官作出。因此，根据亲历的程度不同，可以将亲历案件分为绝对亲历和相对亲历。绝对亲历，是指必须由检察官亲自承担，检察官助理不得代为承担。相对亲历，是指原则上由检察官亲自办理，可以由检察辅助人员协助办理。这一划分实质上也为检察辅助人员的权责划清了界限。

五、检察机关办案的具体形态

办案的具体形态是办案的 3 种类型、6 种情形在检察实务中的具体呈现。明确办案的具体形态便于在实践中实现对检察官的绩效考核。因此，在上述分类之下，以省级院为例，笔者提出检察机关办案包括 106 种具体形态。

（一）司法案件与监督案件的具体形态

1. 司法案件

共包括 23 种具体形态。根据检察机关"监督、审查、追诉"三项职责的划分，司法案件可以分为审查案件和追诉案件。审查案件包括：逮捕必要性审查；羁押必要性审查；不逮捕的复议复核审查；变更强制措施审查；立案审查；核准追诉审查；起诉审查；不起诉申诉审查；二审抗诉审查；审判监督程序抗诉审查；侵害律师执业权案件审查；非法取证案件审查；暂予监外执行审查；减刑、假释裁定审查；国家赔偿案件审查；司法救助案件审查；公益诉讼案件审查；民事监督案件审查；行政监督案件审查；民事执行监督案件审查。① 追诉案件包括：刑事公诉案件、民事公益诉讼案件和行政公益诉讼案件。

2. 监督案件

共包括 16 种具体形态。即诉讼监督案件，对涉及公民人身、财产权利的行政强制措施监督案件和对行政机关违法行使职权或不行使职权监督案件。其中，诉讼监督案件包括侦查监督、审判监督、执行监督等 12 种刑事诉讼监督案件，民事诉讼监督案件和行政诉讼监督案件。

（二）承办案件与审批案件的具体形态

鉴于实践中检察官承办案件是普遍形式，无进一步分类之必要，故笔者在此仅对审批案件的具体形态进行列举。

审批案件共包括 54 种具体形态。（1）审查逮捕类：逮捕、批准逮捕、追加逮捕、不批准（予）逮捕重大、疑难、复杂案件的犯罪嫌疑人；撤销逮捕；对公安机关提请复议、复核的案件作出处理；批准或不批准第三次延长侦查羁押期限；对重大、疑难、复杂案件介入侦查引导取证；向有关单位移送诉讼违法等监督线索，或者提出书面纠正违法意见以及检察建议；对上级院交办、督办、复查的案件或者事项的处理；对本院交办、督办、复查的重大、疑难、复杂案件或事项的处理。（2）公诉类：对一审判处死刑立即执行、一审对不认

---

① 参见王志坤：《论检察机关的审查职能》，载《人民检察（首都版）》2017 年第 6 期。

罪被告人判处死刑缓期执行、对罪与非罪存在较大争议等重大、疑难、复杂案件，决定二审出庭意见；（重大、疑难、复杂案件）决定不起诉、撤销不起诉、不起诉复核案件的处理意见；对本院决定督办、需要指定协商管辖、个案协调等案件或事项，对案件处理及工作安排作出决定；决定向检察机关以外的其他单位或部门移送案件监督线索，发出检察建议等书面监督文书；对改变本院二审出庭意见的二审判决、裁定，决定审查意见。（3）侦查监督类：重大、疑难、复杂的侦查监督案件或事项；通知公安机关立案或撤销案件；公安机关提请复议、复核的立案监督案件，检察官认为需要改变检察机关原处理决定的；向侦查机关（部门）发出纠正违法通知书或类案监督意见；对涉嫌构成犯罪的严重侦查违法行为，移送职务犯罪线索；向侦查机关提出的监督意见未被采纳，需进一步开展工作的；司法工作人员确有渎职违法行为，继续承办案件可能严重影响诉讼公正性，建议更换办案人的。（4）刑事审判监督类：提出书面纠正审理违法意见；提出类案监督意见；刑事二审程序中，对重大、疑难、复杂案件支持抗诉；刑事审判监督程序中，向省（自治区、直辖市）高级法院提出抗诉；刑事审判监督程序中，向最高人民检察院提请抗诉；建议法庭延期审理（两次以上）；撤回抗诉；下级院对撤回抗诉提出复议后，决定是否维持原撤回抗诉决定；对不服法院生效裁判的刑事申诉案件，属于重大、疑难、复杂案件的，依法决定不支持监督申请；对法院再审案件提出监督意见。（5）民事、行政检察类：对生效民事、行政及知识产权判决、裁定，损害国家利益、社会公共利益的民事调解、知识产权民事调解或行政赔偿调解案件，决定提出抗诉或提请抗诉；对审判程序中审判人员违法行为监督案件、执行活动监督案件，决定是否发出检察建议或纠正违法通知书；对重大、疑难、复杂案件决定不支持监督申请；对审判人员涉嫌渎职、违纪行为决定启动调查核实；对履职过程中发现的职务犯罪及其他违法违纪行为线索，决定移送相关部门；决定延长案件审查期限；对符合《人民检察院民事诉讼监督规则》第75条第5—7项情形的案件，决定终结审查；决定报请最高人民检察院提起民事、行政公益诉讼；认为法院对抗诉案件或检察建议案件的处理结果仍有错误，决定跟进监督；撤回、指令撤回、撤销抗诉、再审检察建议、检察建议等监督文书。（6）刑事执行检察类：对本院向公安机关、法院、监狱、司法局等被监督单位（部门）的刑事执行违法行为提出书面纠正违法意见或类案监督意见；司法工作人员确有渎职违法行为，继续承办案件严重影诉讼公正性的，建议更换办案人；提出停止执行死刑的建议；对本院直接办理的重大、疑难、复杂的刑事执行监督案件作出处理决定；向有关单位（部门）移送有关侦查人员、司法人员等违法犯罪的线索。（7）检察管理监督类：对重大、疑难、复杂的举报、控告、申诉及信访事项依法作出处理决定；对被举报人、投案自首人员采取紧急措施；对阻碍辩护人、诉讼代理人依法行使诉讼权利的控告，情况属实的，依法决定予以纠正、移送相关部门；对重大、疑难、复杂的刑事申诉、国家赔偿、国家赔偿监督、国家赔偿复议，依法作出处理决定；变更、撤销确有错误的原刑事案件处理决定；对国家赔偿监督案件，依法决定提出重新审查的意见；对国家赔偿复议案件，依法改变原赔偿决定；予以国家司法救助和对重大疑难复杂的国家司法救助案件不予救助；终止办理刑事申诉案件。

（三）亲历案件与指导案件的具体形态

1. 亲历案件

亲历案件，共包括 10 种具体形态。绝对亲历包括：依授权对案件或事项作出处理决定和对办案组进行组织、指挥和管理。相对亲历包括：全面审查卷宗和证据材料、监督线索材料等；开展重要的讯问、询问，组织听取辩护人、诉讼代理人等的意见；组织开展勘验、检查、鉴定等各种审查、调查活动，对重要事实、事项和关键证据，亲自进行审查、调查，对检察辅助人员开展的审查、调查活动，进行审核确认；主持公开审查、公开听证等；出席庭前会议，出席法庭审理；组织开展现场、临场监督，代表检察机关提出监督意见；代表检察机关宣布不起诉等处理决定；依授权签发法律文书。

2. 指导案件

指导案件，共包括 3 种具体形态：上级人民检察院对于下级人民检察院的个案请示提出明确的答复意见；上级人民检察院纠正下级人民检察院错误决定；检察官领导干部指挥指令办理重大疑难复杂案件。

六、与检察机关办案相关的几个问题

（一）要严格落实领导干部办案的要求

领导干部在具备检察官身份的同时，应然成为落实检察官办案责任制的主体，对于"入额的人必须办案"这一原则要求不具有豁免权。中央政法委《关于严格执行法官、检察官遴选标准和程序的通知》，明确要求领导干部入额后应当办理一定数量的案件，并带头办理重大疑难复杂案件，并对不同级别的领导干部规定了应当达到的办案量比例。笔者认为，领导干部办案是履行政治和法律职责的必然要求，必须真办案，杜绝伪办案、办凑数案，尤其要带头办理疑难、复杂、有影响性的案件。

（二）要进一步厘清各种办案类型之下的责任划分

司法责任制不仅要解决充分放权的问题，还需要解决谁来负责的问题。因此，有必要在上述分类之下，明确各类案件的责任主体。一是对于检察官带领办案组承办案件，由检察官独立承担责任。二是对于检察长（副检察长）或检察委员会审批案件，由检察长（副检察长）或检察委员会对决定事项负责，检察官对事实和证据负责。检察官向检察委员会汇报案件时，故意隐瞒、歪曲事实，遗漏重要事实、证据或情节，导致检察委员会作出错误决定的，由检察官承担责任；检察委员会委员根据错误决定形成的具体原因和主观过错情况承担部分责任或不承担责任。三是对于上级人民检察院指导案件，不采纳或改变下级人民检察院正确意见的，应当由上级人民检察院有关人员承担相应的责任。下级人民检察院有关人员故意隐瞒、歪曲事实，遗漏重要事实、证据或情节，导致上级人民检察院作出错误命令、决定的，由下级人民检察院有关人员承担责任；上级人民检察院有关人员有过错的，应当承担相应的责任。

（三）要尽快建立健全科学的办案绩效考核机制

绩效考评制度既是检察官进退流转、动态管理的重要参考，也是绩效奖金发放、等级晋升、培训、奖惩及公务员考核等事项的依据，对于深化权责统一、落实司法责任制具有重要意义。笔者建议，绩效考评要在注重考评基本内容统一性的前提下，尊重不同岗位职能的差异性，既有数量、质量的考察，也有效率、效果方面的评价，以期实现在正向激励之下的检察官有序进退留转。

（四）要进一步明确检察官联席会在办案中的作用

司法改革后，检察官联席会议成为办理疑难复杂案件的思想库、智囊团，有效缓冲、分解了检委会的工作负担，也通过常态化的业务交流培养锻炼了专业人才。实践中，在积极发挥检察官联席会议作用的同时，要有效防止制度异化。检察官联席会议是检察官办案的咨询程序而非审批程序，是选择性程序而非必经程序。要充分发挥其决策咨询、参考、服务等功能，而不能将其异化成办案必经程序或案件审核平台。唯有如此，才能积极发挥检察官联席会的"专家会诊"功效，实现检察官办案责任制的初衷。

七、结语

习近平总书记指出，没有正确的法治理论引领，就不可能有正确的法治实践。对检察机关办案问题的研究要结合中国国情和检察工作实际，构建有别于西方理论、有别于其他司法机关、有别于传统观念的检察话语体系，坚决不做西方理论的"搬运工"，不与其他司法机关搞"捆绑式"改革，也不因循守旧、墨守成规、照搬传统。唯有如此，才能在破解改革难题的同时促进中国特色社会主义检察制度更加成熟定型。

检察办案问题探究

孙春雨[*]

检察办案是检察机关司法改革的基础问题。它不仅决定着检察人员是否入额、入额之后干什么，干的工作要承担什么样的责任，而且决定着对入额检察官怎样考核、考核什么，也决定着入额检察官如不办理案件，是否要退出员额。对"检察办案"的界定还决定着检察机关内设机构如何设置，人员如何分类管理、检察官办案组织如何组建等一系列问题。因此，科学研究检察办案的内涵外延、特点、规律以及检察实践中涉及检察办案问题的解决路径，对于检察机关进一步全面深化司法体制改革，促进新时代检察事业科学发展均具有十分重要的理论和现实意义。

一、检察办案的概念和构成要素

（一）检察办案的概念

关于什么是"办案"，一般认为这个词语简单明了，无须作过多的解释和说明。查阅汉语词典，也没有给出比较清晰的解释。比如，《现代汉语词典》的解释，"办案"就是"办理案件"。[①]《现代汉语规范词典》的解释，"办案"就是"（司法机关、纪检监察部门等）办理案件"，[②] 与前者相比，加个主语。笔者认为，这一界定并没有对"办案"给出科学的概念。查阅许多关于"办案"的论文，如某某办案责任制研究、某某办案组织研究、某某办案问题探讨等，也鲜有阐述"办案"的概念的，只有个别学者就"办案行为"进行界定。如有学者认为，办案行为是检察人员执法行为的一部分，是检察人员处理案件相关行动的总和，包括案件的受理、证据的收集和审查、案件事实的认

---

* 孙春雨，北京市人民检察院法律政策研究室副主任。

① 《现代汉语词典》，商务印书馆 2007 年第 5 版，第 37 页。

② 李行建主编：《现代汉语规范词典》，外语教学与研究出版社、语文出版社 2004 年版，第 33 页。

定、案件处理意见的决定等。办案过程则是具体办案行为和期间的结合体，办案行为和过程是检察人员代表检察机关行使职权的表现。[①]

实践中，对办案概念的界定存在两种截然不同的认识：一种是将办案概念作限制解释，认为只有直接承办案件才是办案的唯一形态；另一种是将办案概念作扩大解释，认为一切与案件有关的检察活动，都可以称为办案。[②] 笔者认为，这两种观点均有失偏颇，不够科学全面。

笔者认为，对"检察办案"的界定，既要体现办案的一般规律，又要体现检察业务特点，更要符合司法改革的要求。办案的一般规律，是指办案是依据法定条件和程序，就案件事实和证据在综合分析推理的基础上，进行研判，并作出具有法律效力的裁决的行为过程；体现检察业务特点，是指要体现检察权兼具有的行政权、司法权、监督权的复合型权力的特性，以及检察机关上下级之间、检察机关内部检察长（包括副检察长）与检察官之间的"上命下从""内外一体"的特点；符合司法改革的要求，是指符合司法改革提出的检察人员分类管理，突出检察官的办案主体地位，推行"谁办案谁负责、谁决定谁负责"司法责任制等的要求。

基于以上考量，笔者认为，检察办案是指检察办案主体依据法定的条件和程序，在对案件事实证据进行推理判断的基础上，作出具有法律效力的决定并承担相应责任的行为过程。

（二）检察办案的构成要素

1. 要有适格主体

检察办案的实质是行使检察权的过程，既然是行使检察权，那么就必须由法律规定的适格主体进行，不具备办案主体资格和地位的检察人员不能行使检察权，更不能办理案件。根据中共中央办公厅印发的《关于加强法官检察官正规化专业化职业化建设　全面落实司法责任制的意见》[③]《检察官法》第2

---

① 上官春光：《检察业务管理视角下的办案过程和办案质量》，载《中国检察官》（司法实务）2010 年第 1 期。

② 刘慧、李盼盼：《检察机关办案问题研究》，载《人民检察（首都版）》2017 年第 9 期。

③ 2017 年 10 月 25 日印发。该《意见》"（七）规范权责配置"明确规定："未入额人员不得独立办案。"

条、①《人民检察院组织法》第 35 条的规定②以及司法改革的实际情况，司法改革后检察办案的主体应为入额检察官，③检察辅助人员、司法行政人员不是办案主体。

2. 要有法律依据

办案是法律适用行为，办案必须依照法律规定的主体、权限、程序、时限、方式进行，因此，办案要有法律依据，无法律依据的，不是办案。正如有的学者指出的，办案行为和过程的好坏，还要看其是否合法、是否及时以及行为的实效性、安全性、效率乃至办案行为的文明程度。这些都不是案件处理结果所能体现的，而且对检察业务来说又是必须考虑的因素。④

3. 要遵循法定程序

办案具有显著的程序性特征，程序的启动、进行、推进、流转、终结、回流都有明确的法律规定，基于程序正义的要求，办案必须遵循法定的程序，也只有严格遵循法定的程序，才是真正意义上的办案，否则，只能是违法办案或存在瑕疵的办案，需要承担一定的法律后果，应当被宣告无效或需要补正。

4. 要产生法律效力

办案要有处理结果，要就案件的事实和证据进行推理判断，作出法律裁决，产生法律效力，从而影响诉讼进程。仅仅辅助案件的办理，不具有法律效力，不影响诉讼进程的行为不是办案。

5. 要承担法律责任

"有权必有责、有责必追究"，司法责任制改革是整个司法体制改革的"牛鼻子"。根据司法责任制改革的要求，检察官要在司法一线办案并对办案质量终身负责。司法责任，是指司法责任主体基于其所承担的司法职责，因在履行职责时存在违法违纪的行为而应承担的法律上的不利后果。⑤司法责任是有权必有责、权责相统一法治原则的体现。检察官作为办案的主体，在对案件

---

① 《检察官法》第 2 条规定："检察官是依法行使国家检察权的检察人员，包括最高人民检察院、地方各级人民检察院和军事检察院等专门人民检察院的检察长、副检察长、检察委员会委员和检察员。"

② 《人民检察院组织法》第 35 条规定："人民检察院的检察人员由检察长、副检察长、检察委员会委员和检察员等人员组成。"

③ 这里的入额检察官包括入额的检察长、副检察长、检察委员会委员。

④ 上官春光：《检察业务管理视角下的办案过程和办案质量》，载《中国检察官》2010 年第 1 期（司法实务）。

⑤ 陈光中、王迎龙：《司法责任制若干问题之探讨》，载《中国政法大学学报》2016 年第 2 期。

的处理拥有一定的决定权的同时，也必然要对案件处理的不当后果承担相应的法律责任。办案必须与责任相对应，不承担责任的行为活动不能称之为办案。

6. 要符合形式要件

形式要件是办案的外在要求。办案的形式要件包括以下几个方面：首先，办案要有期间要求，要符合程序法的明确规定。违反期间要求，要承担法律后果。其次，办案必须以法律文书形式体现，且有明确的结论性意见。由于办案行为需要用相应的法律文书加以固定，办案过程有相对固定的环节，这使办案过程具有某些流程性的特点。① 最后，办案应纳入检察机关的案件管理监督之下，在统一业务应用系统等系统中生成案号、案卡等案件信息，实现数字化统计、卷宗式归档，做到时时处处留痕。

二、检察办案的特点和类型

（一）检察办案不同于公安办案和法院办案

公安办案和法院办案比较单一，容易理解和识别，相对而言，检察办案比较复杂、认识不尽一致。

我国的公安机关既是社会治安管理机关，也是刑事案件侦查机关。其对违反治安管理处罚法行为实施的处罚行为属于处理治安案件，不属于本文讨论的范围。其对刑事案件的初查、立案、侦查、采取强制措施、结案、侦查终结移送起诉等均系侦查人员依据事实、证据、法律对案件进行分析推理判断并作出相应的处理决定，进而影响刑事诉讼进程的活动，因此，当属办案无疑。

法院是国家的审判机关，负责民事、商事、知识产权、刑事等案件的审判工作，其对具体案件的受理、审查、立案、审判、执行均系法官依据案件事实、证据、法律对案件进行分析推理判断并作出裁决，从而影响案件诉讼进程的行为，因此，无疑也是办案。

公安办案和法院办案易于理解的原因在于他们的业务比较单一，一个是侦查，一个是审判，凡是围绕侦查的诉讼行为是办案，凡是围绕审判的诉讼行为也是办案，比较清晰。而检察机关的职能呈现多元化，既是一定案件的侦查机关，② 行使侦查权；也是公诉机关，③ 行使公诉权；还是一定意义上的司法机

---

① 上官春光：《检察业务管理视角下的办案过程和办案质量》，载《中国检察官》2010 年第 1 期（司法实务）。

② 《人民检察院组织法》第 20 条规定："人民检察院行使下列职权：（一）依照法律规定对有关刑事案件行使侦查权……"

③ 包括提起民事、行政公益诉讼。

关，行使一定的司法性审查权；更是法律监督机关，行使检察监督权。其中，侦查和公诉是办案不存在争议。将审查作为办案虽然存在一些质疑，但还是容易接受的。存在较大争议的是监督，由于检察监督是对侦查、审判、执行等办理案件行为的法律监督，其本身是否也属于办案备受质疑，而我们提出"检察监督由办事模式向办案模式转型""监督事项案件化办理"就是为了回应这一质疑。

笔者认为，在思考监督是否是办案这个问题上，不能简单用公安办案和法院办案来看待和套用。如细致分析，监督完全符合办案的概念特征，将其界定为办案没有障碍。因为，检察监督同样需要排查监督线索，需要就线索进行初步调查核实，如认为确需启动监督程序，也应当予以立案，立案后要进行调查核实，查明事实，收集证据，然后根据事实、证据以及法律有关规定决定进行监督的方式，无论是发纠正违法通知书、检察建议，还是提出抗诉，采取监督措施后还要有一些相应的跟进措施，以确保检察监督的实际效果。可见，监督有实施主体、有法律依据、有规定程序、有相应决定、有法律效力，自然应属于办案。

（二）检察办案的类型

检察办案的类型取决于检察机关管辖的案件的类型，从不同维度对检察机关案件进行的划分和归类决定着检察办案的具体类型。

1. 依据检察机关基本职责划分

可以将检察机关管辖的案件分为侦查案件、公诉案件、审查案件、监督案件，那么相应的检察办案就可以划分为侦查办案、公诉办案、审查办案、监督办案。

这里需要说明的是检察机关是我国的司法机关，司法机关承担的重要职责之一就是司法性审查，类似于法院的审查。依据我国刑事诉讼法的规定，检察机关承担诸多审查职责，比如，逮捕审查、羁押必要性审查、排除非法证据审查、起诉审查等，这些审查需要依申请或依职权启动，需要进行一定的调查核实，需要历经一定的程序，需要依据法律作出决定，作出的决定具有法律效力并影响诉讼进程，因此，将其归属于办案不存在问题。而将其作为独立的办案类型，主要考虑：一是凸显检察机关系司法机关的属性；二是实现检察事业转型发展的需要。应该说，对检察机关的司法属性、对检察审查的职能重视不够、关注不多，在一定程度上抑制了这一职能的发展，有必要将其放在与侦查、公诉、监督同等重要的位置，作为检察业务新的增长点进行统筹谋划发展。

审查案件具体包括：逮捕必要性审查，羁押必要性审查，不逮捕的复议复核审查，变更强制措施审查，立案审查，核准追诉审查，起诉审查，不起诉申诉审查，二审抗诉审查，审判监督程序抗诉审查，侵害律师执业权案件审查，非法取证案件审查，暂予监外执行审查，减刑、假释裁定审查，国家赔偿案件审查，司法救助案件审查，公益诉讼案件审查，民事监督案件审查，行政监督案件审查，民事执行监督案件审查。[①]

另外，这里的公诉不限于刑事公诉，还包括检察机关提起的民事、行政公益诉讼。因为，从性质上讲，检察机关提起民事、行政公益诉讼，其与案件本身并没有利害关系，在案件中没有自身利益，肯定不是案件的当事人（原告），只是出于维护公共利益考虑，才提起诉讼，检察机关在这些案件中处于公共利益代表人的地位，可见，民事、行政公益诉讼也属于公诉的范畴。实际上，我国有学者多年前就提出检察机关对行政执法活动的监督可以用行政公诉的方式，该学者说的行政公诉就是我们今天说的行政公益诉讼。[②]

监督案件，即诉讼监督案件，包括刑事立案监督、侦查监督、刑事审判监督、刑事执行监督等刑事诉讼监督案件，民事诉讼监督案件和行政诉讼监督案

---

① 参见王志坤：《论检察机关的审查职能》，载《人民检察（首都版）》2017年第6期。

② 该学者认为，检察机关对行政执法活动的监督可以用行政公诉的方式，理由是：（1）行政公诉，是指检察机关代表国家和公共利益，将行政主体侵犯公共利益的行政行为，提请人民法院进行审理和裁判的制度。它是公益诉讼的一种。其目的是维护公共利益、国家利益和社会整体利益；诉讼标的为行政主体有严重违法行为，发生或可能发生有损国家和社会公共利益的结果。（2）行政公诉制度是作为对行政复议、行政诉讼、行政赔偿诉讼等对具体行政行为的监督方式的补充而存在的。它主要是针对涉及公共利益、国家利益和社会整体利益的没有直接受害人，或者受害人数众多、分散，难以确定，或者受害人不敢起诉的行政违法案件。（3）检察机关提起行政公诉可以实现检察权制约、监督行政权，维护公法秩序的目的。也只有检察机关提起行政公诉，人民法院才能运用审判权撤销违法的具体行政行为或判决行政机关重新作出具体行政行为，从而制约行政权，实现检察监督权、法院司法权、行政权之间的良性互动。但是，基于私权自治的原则，作为公权力的检察监督权不应随意介入、干预私权的行使，应以私权主体发动模式优先。对于在现行法律体系内相对人完全能够以自力取得救济，则没有必要动用公共资源去维护个人利益；除非不存在适格的私权主体，或者在出现私权与行政权合谋损害国家利益或公共利益而无人发动时，或者适格主体迫于公权力压力无法行使权利时，才能启动检察监督。基于上述原因，以下案件适宜提起行政公诉：（1）行政决定违法，侵害国家、社会公共利益，没有具体行政相对人，如环境污染事件。（2）行政决定有利于行政相对人，但侵害国家和社会公共利益，相对人不起诉的，如税务机关越权减免税。（3）行政机关不作为损害公共利益的。（4）违背善良风俗的行政作为和不作为。（5）检察机关认为应当提起公诉的其他案件。（参见李征：《中国检察权研究》，中国检察出版社2007年版，第192—196页。）

件；也包括对涉及公民人身、财产权利的行政强制措施监督案件和对行政机关违法行使职权或不行使职权监督案件。

2. 依据检察业务上下级领导关系划分

（1）依据检察机关内部检察长、检察委员会与检察官之间的上下领导关系划分，可以将检察机关的案件分为检察官自行决定的案件、需要检察长审批的案件、需要检察委员会决定的案件，那么相应的检察办案就可以分为办理自行决定的案件、办理需要检察长审批的案件、办理需要检察委员会决定的案件。

这里需要说明的是检察长审批案件、检察委员会决定案件也是办案，因为按照司法责任制关于"谁办案谁负责、谁决定谁负责"的要求，检察长审批案件、检察委员会决定案件也要看事实、看证据，依法作出处理决定，既然有权作出处理决定，就要就决定本身承担司法责任，所以，笔者认为，检察长审批案件、检察委员会决定案件也属于办案的一种方式。

（2）依据检察机关上下级之间的业务领导指导关系划分，可将案件分为承办案件、指导案件、督办案件，那么相应的检察办案可分为办理承办案件、办理指导案件、办理督办案件。

这里需要说明的是指导案件、督办案件必须以书面形式进行，必须履行规定的程序，比如，对于需要上级检察机关检察委员会决定的案件，必须经过检察委员会研究决定。另外，还必须就案件作出书面决定，口头进行的、不作处理决定的，不是办案。

三、界定检察办案过程中需要注意的几个问题

（一）关于辅助办案是否是办案

辅助办案，是指检察辅助人员辅助检察官办理案件的行为。由于辅助人员不具有独立行使检察权的主体资格，其从事的只是检察官指令的告知权利、调查取证、案件记录等涉及案件某个环节或事项的事务性工作，不涉及对整个案件事实、证据的审查、分析、推理、判断，更无权就整个案件的未来走向作出具有法律效力的决定，所以，辅助办案的行为不是办案，也不应作为"办案"看待，只能称为"辅助办案"。

（二）关于管理和服务办案是否是办案

管理和服务办案，是指检察机关内部对案件流程的管理监控、对提请检察委员会研究决定案件的上会服务行为以及检察机关对外受理申诉、控告、受理案件、接待律师、当事人等检察服务行为。由于这些工作一般是程序性的形式

上的审查，一般不涉及对案件事实、证据的审查判断，不涉及作出具有法律效力的决定，所以，这些对案件的"过过手"的流转行为不具有"办案"的特征，不属于"办案"的具体类型。

（三）关于如何实现监督和审查的案件化办理

将检察机关行使法律监督权和司法性审查权归属于办案及具体的理由，在上文中已阐明。对此，有人会质疑，既然行使法律监督权和司法性审查权也属于办案，那么它们为何没有案号、不形成案卷，在案件系统中没有独立的位置和反映？笔者认为，这与我们传统上不重视这两项职能有关，更与我们以往对此两项职权的行使是否是办案在认识上有偏差有密切关系。既然我们现在认识到这一欠缺，试图通过对监督和审查的案件化办理来强调和彰显这两项职能的重要性和办案属性，那么，我们就要从内容和形式两个方面赋予其办案的内涵。在内容上，应当明确办案的主体、方式、程序、时限及救济措施。应当强化线索管理，明确初查的方式、立案的程序、立案后的调查措施、调查程序、调查时限、调查终结时依据事实证据和法律规定作出案件处理决定的形式和效力，以及保障决定有效执行的措施。在形式上，应当赋予其案号、要有专门的法律文书、要在办案系统有独立的位置，办案的每个过程和环节都要在系统中留痕。另外，案件要形成卷宗归档、留存、备查。只有这样，才能真正实现监督和审查的案件化办理，有力回应外界的质疑。

（四）关于如何落实对不同层级检察机关检察官的办案要求

中央司法改革的精神一直要求入额检察官必须办案，检察机关领导干部也不例外。中共中央办公厅印发的《关于加强法官检察官正规化专业化职业化建设　全面落实司法责任制的意见》中"（六）建立健全员额退出机制"规定："法官、检察官调离办案岗位、退休或者离职的，自然退出员额；办案绩效考核不合格的，应当在考核结果确定后3个月内退出员额。担任领导职务的法官、检察官不办案或者办案达不到要求的，应当退出员额。不分管办案业务的领导班子成员以及非业务部门负责人进入员额的，应当在入额名单公示结束之日起3个月内按照组织程序免去原有领导职务，调整到一线办案岗位，未按时调整的，应当退出员额……""（十）完善入额领导干部办案机制"进一步规定："担任领导职务的法官、检察官每年应当办理一定数量的案件，并带头办理重大复杂敏感、新类型和在法律适用方面具有普遍指导意义的案件。其中，庭（处、科）长办案量应当不低于本部门法官、检察官平均办案量的50%；基层法院院长、检察院检察长办案量应当不低于本院法官、检察官平均办案量的5%，其他院领导办案量应当不低于分管部门法官、检察官平均办案量的 30%；市地级法院院长、检察院检察长办案量应当不低于本院法官、检察官平均办案量的 5%，其他院领导办案量应当不低于分管部门法官、检察官平均办案量的 20%。严格领导干部办案量的统计标准。建立领导干部办案情况定期通报制度。"可见，检察官必须办案，而且办案必须达到一定的数量要求。这一点没有讨论的余地。

需要讨论的是不同层级的检察机关的检察官如何实现办案的要求。我国设有四级检察院，即最高人民检察院、省级人民检察院、地市级人民检察院和县级人民检察院。由于在诉讼中所处审级不同，各级检察院受理案件的范围、数量是不同的。县级人民检察院由于处在诉讼最前端，大量的一审案件由其办理，其办理案件的种类、数量是四级检察院中最多的，因此，对于县级人民检察院的入额检察官，无论是普通检察官还是领导干部均应当办案，而且应当直接、亲历办案。县级人民检察院受理的案件一般不是重大、疑难、复杂的案件，案件一般应由检察官依法自主决定，因而，县级人民检察院中的检察官领导干部除了审批少量案件外，应把主要精力放在亲自办理案件上。地市级人民检察院既是一定种类案件的一审机关，[①] 又是县级人民检察院办理案件的二审机关，所以其案件种类、数量相对饱和，那么其入额检察官，无论是普通检察官还是领导干部均应当办案。地市级人民检察院办理的一般为重大、疑难、复杂、敏感案件，所以，其办理的大多数案件不应由检察官自主决定，而应履行一定的审批程序或提请检察委员会研究决定，因此，地市级人民检察院的检察官领导干部主要的精力应当是指挥办案、审批、审核案件，并适当亲自办理一些案件。省级人民检察院由于处在审级的高端，其一审案件较少，[②] 二审案件也不多，而且基本上是特别重大、疑难、复杂的案件，一般需要提请检察委员会研究决定，由于检察机关上下级之间的业务领导、指导关系，其入额检察官应当尽可能办理一些案件，尤其是要注重办理指导案件，而其检察官领导干部除指挥、审批一些案件外，应当把主要精力放在提高本区域检察官执法水准、统一本区域执法标准等方面，一味要求其办案不符合实际情况。最高人民检察院处于诉讼审级的顶端，由它直接办理较少，[③] 要求其入额检察官直接办理案

① 比如，按照《刑事诉讼法》第 21 条规定："中级人民法院管辖下列第一审刑事案件：（一）危害国家安全、恐怖活动案件；（二）可能判处无期徒刑、死刑的案件。"

② 比如，按照《刑事诉讼法》第 22 条规定："高级人民法院管辖的第一审刑事案件，是全省（自治区、直辖市）性的重大刑事案件。"

③ 比如，按照《刑事诉讼法》第 23 条规定："最高人民法院管辖的第一审刑事案件，是全国性的重大刑事案件。"

件不太符合实际情况，也难以做到。笔者认为，最高人民检察院检察官的办案方式主要是领导、指挥、指导办案，而不是直接办案，其检察官领导干部不应要求具体办案，而是主要负责制订计划、采取措施提升全国检察官的综合素质和执法水准，制定司法政策、统一全国执法标准。

综上，对四级检察院"一刀切"地要求办案，不符合各级院审级定位和实际情况，而应结合具体情况具体处理。其实，中共中央办公厅印发的《关于加强法官检察官正规化专业化职业化建设，全面落实司法责任制的意见》已在一定程度上体现了这一点。该意见"（十）完善入额领导干部办案机制"中只对基层、地市级检察机关的领导干部提出了办案数量的硬性要求，而对省级检察院、最高人民检察院没有涉及，是符合实际情况的，实事求是的。

（五）关于检察官可否跨区办案

一般认为，检察官是由特定区域的人大常委会任命的，其履职的范围仅限于特定区域，如因工作需要调到其他区域，则要先免去其现有职务，再由其他区域人大常委会再行任命，方可履职，因此，检察官不能跨地区办案。笔者认为，以上只是从人事管理的角度对检察官任命的程序做法，并不意味着检察官就不能跨区域办理案件，检察官跨区域办案符合法律及司法改革的精神要求。主要理由是：（1）我国在办理案件时通常有指定管辖的做法，指定管辖本质上讲就是让甲地的检察官有权办理本应由乙地检察官办理的案件。可见满足一定条件，检察官可以跨区域办理案件。（2）从案件发生的规律看，在现代社会，很多案件的发生都涉及多个区域，甚至境外，很少局限在一个区域，即便是按照地域管辖的案件，只要涉及案件的犯罪行为地，犯罪结果地，犯罪嫌疑人、受害人、证人所在地，犯罪涉及赃款、赃物所在地，证据所在地等中有一个或多个涉及外部区域，那么，承办案件的检察官都有权到外区域行使办案权以查清案件。这本身也是一种跨区域办案。（3）从现行司法改革的精神看，是鼓励检察官跨行政区流动和办案的。司法改革中设立跨行政区划检察院就是为了防止地方干扰以公正办案，其检察官就可以办理跨行政区的案件。另外，司法改革强调检察官的省级统管，也是为了排除地方干扰办案，省级检察院可以在本行政区范围内统筹调配办案力量。这可以说是检察官在大行政区内跨小行政区办案。（4）按照检察官法，尽管各级检察机关的检察官任命主体不同，但都是中华人民共和国的检察官，代表国家行使检察权，维护的是国家利益、公共利益，而不是代表地方，维护被任命地方的利益。检察官虽然从属于某级检察机关，但是检察官也不是某个检察院的检察官，其行使的国家法律赋予的权力，只能代表和维护国家利益和公共利益，而不是维护某个检察院的利益。因此，从理论上讲，检察官有权办理跨行政区的案件。（5）从现实考虑，明确和鼓励检察官跨行政区办理案件，可以一方面充分利用宝贵的检察办案资源，实现办案资源向一线、案件高发地区倾斜；另一方面不仅可以有效缓解"案多人少"的矛盾，而且更能有效解决检察官入额后必须办案的问题。总而言之，无论从法律规定、司法改革的精神看，还是从办理案件的现实考虑，都应当允许和鼓励检察官跨行政区办理案件。

（六）关于如何计算办案的数量

在计算案件数量方面，有人质疑检察机关把一个案件拆开分段重复计算，比如，一个完整的案件，批捕环节算一个案件，公诉环节又算一个案件。笔者认为，该观点没有道理，无视检察工作的规律和特点。

检察工作规律与审判工作规律不同，决定了检察机关的案件与法院的案件不能"同质化"对待，也不能简单用法院的办案来套用检察办案。法院是审判机关，审判就是要对一个完整的案件在原被告双方均在场的情况下，就案件的事实、证据，依据法律程序进行判断，作出裁决。法院的办案一般来讲就是审理案件。而检察办案则不同，就刑事案件而言，检察机关是刑事诉讼中唯一一个职能贯穿和历经整个刑事诉讼程序的机关，从接受案件线索、初查、立案一直到执行，全程参与。按照我国刑事诉讼法的规定，检察机关行使职权的方式是分段进行的，不同诉讼阶段行使不同的检察权，例如，就同一案件而言，在采取强制措施阶段，它既有自行决定采取强制措施的权力，也有批准延长羁押期限的权力，还享有审查逮捕权、羁押必要性审查权；在提起公诉阶段，享有审查决定是否起诉的权力、自行补充侦查权；等等。然而，尽管就同一案件而言，这些权力可能是由一个检察院来行使的，但是基于前后诉讼程序相互制约的原理和考量，它们可能分别由职能不同的部门或检察官来行使，所以，检察机关的办案自然是分段进行的和分别计算的。这看似对案件进行了"重复"的计算，实则反映了检察工作的特点和规律。

综上所述，对检察办案问题的研究要结合我国国情，遵循检察工作规律，尊重检察工作实际，构建有别于西方理论、有别于其他办案机关、有别于传统观念的理论体系，既不能做西方理论的"搬运工"，也不能与其他司法机关搞"捆绑式"改革，更不应当人云亦云、故步自封、因循守旧、墨守成规、照搬传统、无所建树。只有这样，才能不断破解改革难题，深化实践探索，激发理论创新，增强理论自信、道路自信、制度自信、文化自信，促进中国特色社会主义检察制度更加成熟定型。

监督事项案件化的合理性及未来走向

夏　阳[*]

经过几年的理论和实践探索，推行监督事项案件化办理已成为一个检察理论和实务热点，并且被《"十三五"时期检察工作发展规划纲要》列为工作重点，即"探索实行重大监督事项案件化，加大监督力度，提升监督实效"。各种讨论和学术文章已有不少成果，并有不少地方进行实践探索。本文的研究主题在于：监督事项案件化办理的意义是什么？监督事项案件化办理的合理性和可行性如何？监督事项案件化的真正实现将为检察机关带来什么样的功能变革和影响？

一、监督事项案件化办理的意义

（一）突出检察权的法律监督属性

检察权在学术上有很多争议，如"行政权说""司法权说""法律监督权说""行政权和司法权双重属性说"等种种观点，学界已有较为充分的理论阐述。[①] 立足当下，只要检察机关在宪法上的法律监督机关地位不变，检察权中就毫无疑问地应有"法律监督属性"。传统观点认为，检察机关的法律监督属性必须依赖于实体权力，即"批准逮捕权""公诉权"乃至"职务犯罪侦查权"等实体权力，认为没有实体权力，即没有法律监督权力。其实，检察机关的法律监督权力与实体权力是紧密结合但又可独立存在的权力。之所以说"紧密结合"，是因为实体权力行使过程中能更为直观地发现监督线索，并能更强有力地对被监督对象发挥制约作用；但同时，检察机关应从"法律监督机关"的宪法定位出发，单独行使监督权力，这可以体现在两个方面：一是将在实体权力（如批捕权、公诉权）行使中发现的法律监督事项独立出来单独进行法律监督程序办理；二是对通过自行调查发现的需要进行监督事项独立

---

* 夏阳，重庆市渝中区人民检察院党组书记、检察长。
① 参见陈卫东：《我国检察权的反思与重构》，载《法学研究》2002年第2期。

进行法律监督事项办理。因此，突出检察权的法律监督属性，以法律监督权力的单独行使为依据，才能为监督事项案件化办理奠定理论基础。

（二）深耕监督主业的形势要求

检察权是一项综合性权力，检察机关的职能也是多样化职能并存，如批捕权传统上被认为是一项司法权，公诉权则被认为是行政权，民事、行政诉讼监督权则被认为是一项比较纯粹的监督权，公益诉讼权则被认为是一项公共利益代表权。这是检察机关显著区别于法院之处，法院主要职责就是审判以及判决执行，职能较为集中。比较之下，检察机关显示出两个"不足"：一是检察机关的监督职责无法像法院的审判职责那样显著和容易计量，尤其是在民事诉讼爆炸的背景下，法院的受理案件数量爆炸性增长，各种法官人均一年办案量几百上千件的新闻经常见诸报端，而检察机关承办的刑事案件局限于传统的批准逮捕、审查起诉案件，刑事案件数量变化平稳，致使法律监督职能效果没有被体现出来，从工作量上也无法反映出检察机关行使法律监督职能的效果；二是检察机关的监督职责完全是附带于实体权力而为，没有独立性，其整个流程办理、结果反馈、效果评测都存在随意性，缺乏规定性，从而让法律监督效果大打折扣。因此，不将监督主业独立出来做大做强，也就很难实现新形势下深耕监督主业的要求。

（三）培育检察机关新的业务增长点的要求

在国家检察体制改革之后，检察机关的职务犯罪侦查、职务犯罪预防职能转隶至监察机关，以往传统的"职务犯罪侦查权具有法律监督属性"的观点面临着挑战，检察机关需要培育新的业务增长点，如法律赋予的检察机关提起民事和行政公益诉讼职能。此外，我们也需要认识到，长期以来，检察机关的力量长期聚焦于职务犯罪侦查、批准逮捕和审查起诉三项主要权力职能，而对法律监督职能重视程度不够，法律监督职能的社会效果不够好。因此，"转隶就是转机"成为当下检察机关探索新业务增长点的责任与使命。目前，"转机"的探索主要有两个方面的途径：一是强化公诉权，如进行"捕诉一体"办案机制改革，构建起以公诉权为核心的"大控诉"格局，充分发挥批捕在控诉中的证据把关、诉前过滤作用，从而强化对侦查机关的监督制约；二是大力发挥公益诉讼作用，强化对国有资产流失、生态环境保护、食品药品安全方面行政机关的履职监督，做大做强公益诉讼，发挥好检察机关作为"公共利益代表"的作用。其实，在此之外，我们还可以将视角回到检察机关的法律监督职能上来，将法律监督职能做大做强，让宪法对检察机关是"国家法律监督机关"的定位名副其实。

二、监督事项案件化办理的可行性

(一) 监督事项具有"案件化"的特征

要推行监督事项案件化办理,首先需要论证监督事项具有"案件化"的特征。对于何为"案件"或"办案",人们有诸多不同认识,有人认为,只有直接办理一件批捕或公诉等案件才叫办案,所以,"领导直接办理案件"也通常被解释为领导应当直接、全程地办理一件批捕或公诉等案件。还有人认为,一切与案件有关的检察行为都叫"办案",所以,领导审批案件、参与讨论案件、控申接访、国家赔偿等都是办案活动。这其实是两种极度限缩和极度扩大的解释,都有失偏颇。笔者认为,以司法责任制改革为契机,结合检察机关的司法属性,对"案件"或"办案"的理解应为:只要在履行检察职责过程中从事的亲历性、完整性、效力性和承担相应责任性的司法活动,都是办案活动,而办案活动所针对的对象,就是一个案件。一项检察事务如果不能同时具备这些要素,则不能称为一个案件。审批案件之所以不能称为"办案",就是因为其缺乏亲历性和完整性,如果审批制通过亲历案件材料审查并作出决定,则可以称为"办案"。监督事项需要检察人员通过亲历案件办理或社会事件才能发现,又通过事实认定、法律分析才能作出案件结论,具有完整性,而对外发出检察建议、纠正违法通知书、提请抗诉、提起公益诉讼等事项,均为产生司法效力的活动,对于法律监督事项,相应检察人员均承担相应责任。因此,监督事项具有案件的特征,这是监督事项能够"案件化"办理的基础。

(二) 监督事项能够通过案件化方式来办理

一个案件会经历"发现(立案)—调查(侦查或审查)—作出决定—产生效果"这四个步骤,如公诉案件,会有"受案—审查—起诉(不起诉)—判决是否有罪(或被不起诉)"的完整过程;批捕案件,会有"受案—审查—批准逮捕(不批准逮捕)—逮捕羁押(或予以释放)"四个步骤。同样,对于监督案件,无论立案监督、侦查活动监督、审判活动监督、行政机关行政行为监督,均可以按照"立案—调查—作出监督决定—产生监督效果或得到被监督对象反馈"这四个流程进行,这四个流程也是作为一个案件化的基本流程要素。在办案流程之外,检察机关还应注重实体效果,办案的核心还是"依法办事",即"以事实为依据,以法律为准绳",以调查核实事件真相,以法律评判是非对错。检察机关是依法办案的机关,法律监督也一样,必须依法监督,这样才能达到习近平总书记所言的"努力让人民群众在每一个司法案件中都感受到公平正义"。

（三）监督事项能够产生具有案件办理的效果

长期以来，检察机关过于注重实体权力的行使，同时也在刑事诉讼中过于讲求"互相配合"从而使监督手段弱化，不敢监督、不会监督、不能监督的现象突出，使宪法赋予检察机关"法律监督机关"的职责成为"文本表达"与"实践脱离"的非正常现象。当把监督作为一个案件来办理时，除了遵循一个完整的案件流程，讲究程序意识外，还应关注监督效果。通常而言，检察机关的监督案件可分为诉讼监督和行政监督两种形态，诉讼监督通常包括（不）立案监督、侦查活动监督、（刑事、民事、行政）审判监督、刑事执行监督等事项；行政监督包括对行政机关强制措施的监督和行政机关履职情况的监督等事项。每一个监督事项都可以产生案件办理的效果，如进行侦查活动监督，如果发现需要监督的违法取证事项，必须提出纠正意见，并视违法程度要求侦查机关进行补正或进行非法证据排除，既保证侦查活动的正常进行，又保证犯罪嫌疑人的人权。这同时也说明，不产生监督效果的事项是不能称为一个案件的，也无法实现监督事项案件化。如对侦查机关轻微违法的口头纠违，既缺乏完整的办案流程，也不具有案件的效力特征，不能称为司法案件。

三、监督事项案件化办理的模式设计

（一）按对实体权力行使的影响程度区分办案流程

监督事项有的与检察机关案件处理实体权力紧密相关，比如，侦查活动监督、是否要进行抗诉的审判活动监督等事项，分别直接影响到证据是否采信、抗诉活动是否启动的重要问题，此种监督事项具有时间紧迫、影响重大的特征，必须在法定时间内予以解决。这种情况下，应由实体权力行使者直接办理监督事项，即承办批捕案件检察官进行侦查活动监督、承办公诉案件检察官进行是否提起抗诉的审判活动监督。另外，对于与检察机关案件处理实体权力可以适当分离的监督事项，则可以采取单独予以"立案—调查—决定—效果反馈"模式进行监督。比如，对于民事审判、行政审判监督，其监督对象一般都是判决已生效的案件，检察机关的监督应将其视为一个案件来办理。再比如，对于社会影响较大的行政机关乱作为、不作为案件，检察机关应依据其监督职责进行立案调查，单独以一个完整的案件形式进行办理。

（二）以是否是诉讼事项区分办案方式

法律监督职能的线索可以来源于检察机关在诉讼过程中发现的线索，也可以来源于当事人控告申诉、社会热点需要、其他机构移送等情况。这两者的办案方式显著区别在于调查核实权的行使程度，一般而言，检察机关在诉讼过程中发现的线索属于在诉讼过程中必须解决的问题，属于诉讼事项；而当事人控诉、社会热点需要、其他机构移送属于外部进入，虽然最后可能会涉及公益诉讼、诉讼监督等事务，但检察机关在进行线索管理、立案登记、调查核实等整个办案流程时，其调查核实更近似于一个侦查权行使的过程，办案难度更大、办案程度更为复杂、办案结果把控更需严谨。因此，诉讼事项需要检察官运用独立的法律思维进行办理，"单兵作战"即可搞定；而非诉讼事项则需要检察官进行"团队作战"，从而能应对更为复杂的监督事项。

四、监督事项案件化所带来的检察机关功能变革

（一）监督事项案件化将带来检察机关形象的变革

检察机关传统的办案模式局限于批捕和审查起诉，这两类案件虽然占据了检察机关承办案件的大部分，却只是检察职能中的一小部分。通常而言，检察机关承担批捕案件和公诉案件的人数一般在 2/5 左右，还不到一半，但却形成了检察机关只是"批捕机关"和"公诉机关"的印象，也形成了检察机关传统批捕、公诉办案部门与其他部门"忙闲不均"的格局。如果能将监督案件事项化，并设计一整套监督事项案件化办理的流程、认定标准，将极大提升检察机关其他职能的地位和形象，检察机关的"法律监督机关"的定位也将显得更为具体，从而带来了检察机关形象的变革。

（二）监督事项案件化办理将极大提升检察人员的法律业务水平

传统上，检察机关往往将监督事项视为办案的"副业"，除非发生影响实体案件办理才进行监督，而且监督手段也局限于发出纠正违法通知书、进行非法证据排除等手段，对被监督对象不会产生硬性约束。这种状况有部门"重配合、轻监督"的因素，也有检察人员自身业务水平不高、对被监督对象不了解的因素。当监督事项要以一个案件的形式呈现在司法活动中，势必要求办案人员认真对待每一个办案环节，对相关法律规定切实掌握，才能实现正确的监督，才能让被监督对象接受监督，才能形成良好的监督效果。"发现违法犯罪，是法律监督的前提条件。不知情、不进行必要的调查，就不可能启动相应的法律程序，就无从开展法律监督活动。"[1] 因此，部分检察人员局限于书面审查而忽视扎扎实实的调查活动的监督方式，无法让被监督对象乐于接受，只有经过扎实的案件化的调查活动，才能让被监督对象在扎实的调查证据面前接受监督制约。

---

[1] 谢鹏程：《检察权配置的原理》，载《国家检察官学院学报》2012 年第 4 期。

（三）监督事项案件化能更好地契合检察机关职能转型的契机

在国家监察体制改革的大背景下，部分职务犯罪侦查权转隶，但检察机关依然享有对诉讼活动监督中发现司法工作人员利用职权实施的非法拘禁、刑讯逼供、非法搜查等侵犯公民权利、损害司法公正的犯罪的侦查权，以及对于公安机关管辖的国家机关工作人员利用职权实施的其他重大犯罪案件，检察机关也会按需要进行立案侦查。检察机关在此类事务中，应将侦查权转型为符合检察机关最本位职能的"法律监督权"，承担起保障人权的"护民官"角色。检察机关应将其作为监督事项案件化的一种案件类型，依托原有的职务犯罪查办经验和流程，忠实承担其法律监督的职责。

（四）监督事项案件化将会优化检察机关的办案模式

如相关研究所言："立足于法律授权、改革要求和检察机关的宪法定位，检察机关的基本职责可以概括为'监督、审查、追诉'三项内容。三者之间既相互独立又紧密联系，全面准确概括了检察权的基本内容。审查和追诉是发现监督线索的重要途径，也是增强监督效果的重要保障。"[1] 当将监督事项案件化办理后，检察机关的主要职能将不仅仅以批捕案件、公诉案件为主，还包含了法律监督案件，其所有的检察活动也将被"监督、审查、追诉"三项内容所涵盖。检察官的办案方式，也将由"办事模式"向"办案模式"转变，"办事模式"下，没有严格程序，只追求片面解决问题，对程序和事实证据调查核实不足，且存在"软""虚"的问题。"办案"则是一种特殊的"办事"，讲求程序、讲求证据调查核实、讲求论证有力、结论公正，如有观点认为诉讼监督事项案件化应当包括"完善的程序规范、差异化的证据规则、严密的流程管理、科学的质量标准、完整的办案机制"五个要素。[2] 山东省济南市市中区检察院出台了《重大监督事项"案件化"工作细则》，建立了从监督线索受理、立案、调查核实、实施监督、跟踪反馈、复查复核到结案归档的完整流程。[3] 这样，在具体的检察权运行机制中，会牵涉检察官人均办案数量安排、内设机构设置、各个办案环节控制等问题。在当下捕诉一体背景下，同一检察官既要承办批捕案件，也要承办公诉案件，极大增强了对侦查机关的制约能力，也相应为法律监督创造了条件。此种情况下，应科学设计法律监督事项案

---

① 敬大力：《关于检察机关基本职责问题的再认识》，载《人民检察》2017 年第 11 期。

② 韩晓峰、陈超然：《诉讼监督事项案件化的思考——以侦查监督为分析视角》，载《人民检察》2016 年第 21 期。

③ 郭树合、徐艺菲：《舆情"苗头"成为办案线索》，载《检察日报》2017 年 6 月 11 日。

件化标准，将符合案件化标准的法律监督事项视为案件计入检察官的办案总量中，体现在检察官的办案水平和绩效考核中，从而提高检察官的法律监督水平、激发检察官的法律监督动力。

法律监督"案件化"应厘清的四个关系

钟 晋[*]

    执法办案是检察机关履行法律监督职能的基本路径。由此看来,"案件化"应是法律监督的当然之意,另行探讨法律监督的"案件化"这一课题似乎并无太多实际价值。但是,在检察工作实践中,法律监督陷入"事务化""边缘化""柔性化"等履职不充分、不平衡、不规范的现象普遍存在,法律监督工作"案件化"面临诸多现实问题。产生这些问题的原因极其复杂——既有法律监督职责过于抽象的难题,又有实践探索相对不足的短板;既有检察权宪法定位的变迁影响,又有具体法律监督行为的争议干扰;既有不想监督、不善监督的主观懈怠,又有权限不清、刚性不足的客观掣肘。法律监督的"案件化"事关检察工作全局,是行使检察职能的必要途径和外在表现形式。法律监督如果偏离"案件化"轨道,势必在根本上制约检察工作发展,对此问题值得深入研判,分析原因,找准对策。

一、淡化"法律监督"的"一般"与"特殊"之争——勿因法外之争耗虚功

    1982 年宪法明确"中华人民共和国人民检察院是国家的法律监督机关",依法授予其行使的职权便是属于"法律监督"的范畴,此属于实然的依法履职,至于"运动员"与"裁判员"分离等看似合理的应然理论可以作为将来立法修订的参考,不应该是检察机关去过分纠结的问题,也不应成为影响检察机关正常履职的心理障碍和外部阻力。"不争论""干实事",坚持依法办案、坚持制度自信,是法律监督"案件化"的基本思想准备。我们不妨解放思想,从宽泛的角度来定位"法律监督",加强外部监督、纠正违法有利于维护司法公正,即使是加强内部监督、提高自身素质也有利于维护司法公正。如果在推进法律监督"案件化"时,首先陷入什么是"法律监督"的概念之争,必将

---

    * 钟晋,湖南省湘潭市人民检察院副检察长。

是自寻烦恼。从西方和我国检察制度发展史来看，便可知法律监督的"概念之争"实应淡化。

（一）西方检察权的缘起

检察职能是检察机关本身具有的功能或者应起的作用，是检察机关职权发挥作用的主要方向，是由其性质和地位决定的。[①] 现代意义上的检察一词对我国来说是件"舶来品"。检察制度起源于 13 世纪的法国，当时法国国王腓力四世改变以当事人自诉为主的弹劾主义诉讼模式为国家主动追诉的职权主义模式，从而扩大王权、战胜教权。在国家主动追诉的职权主义模式下，原先代表国王私人处理与诸侯发生的有关财政、税务和领土问题纠纷的"国王的律师和代理人"改为检察官，作为国家的专职官员逐渐具有了以政府公诉人的身份听取私人控告、进行侦查、提起诉讼、支持公诉以及抗议法庭判决并代表国王监督地方行政当局的职能，成为国王在各地的耳目。以公诉权为核心的西方检察制度建立以后，侦查权和诉讼监督权也逐步发展起来。在西方检察权的发展过程中，资本主义国家对公诉权是一直不断强化的。与法院的审判系统相对应，各国均自上而下建立起一套完整而独立的检察体系。检察权中的公诉权不断张扬，促进和带动了另外两个权能的诞生与发展，其一是侦查职能；其二是诉讼监督职能。[②] 由此可见，就检察职能的本源而言，公诉职能是检察机关的本源职能，侦查职能和诉讼监督职能由公诉职能派生或者衍生出来。并且，西方检察制度中也从未给检察机关精准确立过一个法律监督机关的职能定位。

（二）旧中国检察权的架构

我国检察制度肇始于清末变法时期，晚清政府引进了西方的检察制度，在各级审判机构中设立独立的检察厅，行使公诉职能和诉讼监督职能，从而确立了控审分离的原则。但是随着清政府的覆亡和变法的夭折，现代意义上的检察职能并未得到有效行使，但仍有检察官的设置，只是在机构上审检合署。国民政府根据孙中山先生提出的"五权宪法原则"，还设立监察院，作为民国中央政府的最高监察机关，行使弹劾权、纠举权和审计权，查处公务人员违法失职之罪行，即进行弹劾和惩戒；对于总统和副总统，亦可提出弹劾案。国民政府

①　参见钟欣悦、钟德刚：《检察院组织法的修改与检察职能范围的调整》，载《山西省政法管理干部学院学报》2014 年第 4 期。

②　参见刘树选、王雄飞：《关于中西检察权本源和属性的探讨》，载《国家检察官学院学报》2002 年第 4 期。

时期虽称为监察院，但行使弹劾权、纠举权和审计权。新民主主义革命时期，人民政权对政府公职人员的监督主要通过国家政治保卫局和中央社会调查部等党政机构来实现。① 但值得注意的是，监察院、国家政治保卫局、中央社会调查部等机构都不属于司法机关。

（三）新中国检察权的建立

新中国成立初期，根据《中国人民政治协商会议共同纲领》第19条的规定，在县市以上的各级人民政府内，设人民监察机关，以监督各级国家机关和各种公务人员是否履行其职责，并纠举其中之违法失职的机关和人员。人民和人民团体有权向人民监察机关或人民司法机关控告任何国家机关和任何公务人员的违法失职行为。人民监察机关监督国家机关及其公务人员，行使纠举权。此时专门的法律监督机关称为人民监察机关，而不是检察机关。

新中国成立后，我国对苏联检察模式与理论高度借鉴。一方面，学习列宁有关社会主义法制和检察制度的理论，并以此作为新中国检察制度的指导思想；另一方面，接受苏联政法专家或法学家来华对中国法制建设包括检察制度建设的指导。根据1949年《中央人民政府组织法》和1951《中央人民政府最高人民检察署暂行组织条例》，一种新型的中国检察制度确立起来。废除旧法统的审检并署结构，采用审检并立且检察机关独立的体制。1954年通过的《人民检察院组织法》进一步完善了检察院对侦查机关的侦查监督；1979年通过的《人民检察院组织法》又增加了检察机关的职务犯罪侦查权和一般犯罪的法定侦查权，并进一步明确地表明了检察机关的性质是法律监督机关。

---

① 参见钟欣悦、钟德刚：《检察院组织法的修改与检察职能范围的调整》，载《山西省政法管理干部学院学报》2014年第4期。

表 1　我国宪法对检察制度的规定

	检察职能	上下关系	具体职权	公检法关系
1954 年宪法	第 81 条第 1 款：中华人民共和国最高人民检察院对于国务院所属各部门、地方各级国家机关、国家机关工作人员和公民是否遵守法律，行使检察权。地方各级人民检察院和专门人民检察院，依照法律规定的范围行使检察权。	第 81 条第 2 款：地方各级人民检察院和专门人民检察院在上级人民检察院的领导下，并且一律在最高人民检察院的统一领导下，进行工作。 第 83 条：地方各级人民检察院独立行使职权，不受地方国家机关的干涉。 第 84 条：最高人民检察院对全国人民代表大会负责并报告工作；在全国人民代表大会闭会期间，对全国人民代表大会常务委员会负责并报告工作。	第 89 条：中华人民共和国公民的人身自由不受侵犯。任何公民，非经人民法院决定或者人民检察院批准，不受逮捕。	
1975 年宪法	第 25 条第 2 款：检察机关的职权由各级公安机关行使。		第 28 条第 2 款：公民的人身自由和住宅不受侵犯。任何公民，非经人民法院决定或者公安机关批准，不受逮捕。	
1978 年宪法	第 43 条第 1 款：最高人民检察院对于国务院所属各部门、地方各级国家机关、国家机关工作人员和公民是否遵守宪法和法律，行使检察权。地方各级人民检察院和	第 43 条第 2 款、第 3 款：最高人民检察院监督地方各级人民检察院和专门人民检察院的检察工作，上级人民检察院监督下级人民检察院的检察工作。最高人民检察院对全	第 47 条第 2 款：任何公民，非经人民法院决定或者人民检察院批准并由公安机关执行，不受逮捕。	

	检察职能	上下关系	具体职权	公检法关系
1978年宪法	专门人民检察院，依照法律规定的范围行使检察权。人民检察院的组织由法律规定。	国人民代表大会和全国人民代表大会常务委员会负责并报告工作。地方各级人民检察院对本级人民代表大会负责并报告工作。		
1982年宪法	第129条：中华人民共和国人民检察院是国家的法律监督机关。第131条：人民检察院依照法律规定独立行使检察权，不受行政机关、社会团体和个人的干涉。	第132条第2款：最高人民检察院领导地方各级人民检察院和专门人民检察院的工作，上级人民检察院领导下级人民检察院的工作。第133条：最高人民检察院对全国人民代表大会和全国人民代表大会常务委员会负责。地方各级人民检察院对产生它的国家权力机关和上级人民检察院负责。	第37条第2款：任何公民，非经人民检察院批准或者决定或者人民法院决定，并由公安机关执行，不受逮捕。第40条：中华人民共和国公民的通信自由和通信秘密受法律的保护。除因国家安全或者追查刑事犯罪的需要，由公安机关或者检察机关依照法律规定的程序对通信进行检查外，任何组织或者个人不得以任何理由侵犯公民的通信自由和通信秘密。第41条第1、2款：中华人民共和国公民对于任何国家机关和国家工作人员，有提出批评和建议的权利；对于任何国家机关和国家工作人员的违法失职行为，有向有关国家机关提出申	第135条：人民法院、人民检察院和公安机关办理刑事案件，应当分工负责，互相配合，互相制约，以保证准确有效地执行法律。

续表

	检察职能	上下关系	具体职权	公检法关系
1982 年宪法			诉、控告或者检举的权利，但是不得捏造或者歪曲事实进行诬告陷害。对于公民的申诉、控告或者检举，有关国家机关必须查清事实，负责处理。任何人不得压制和打击报复。	
1993 年、1999 年、2004 年、2018 年宪法修正案（略）				

（四）检察权宪法定位的变迁

历次宪法的修正，对检察权的基本定位、检察机关上下级关系、具体检察职权赋予、公检法三家关系等均有大的变动。1982 年宪法首次明确"中华人民共和国人民检察院是国家的法律监督机关"，但"法律监督"的具体内涵和外延一直争论不休。

同时，1982 年宪法首次规定"人民法院、人民检察院和公安机关办理刑事案件，应当分工负责，互相配合，互相制约，以保证准确有效地执行法律"。从检察权的历史沿革来看，检察权主要在刑事诉讼领域运行，如果公检法三机关在刑事诉讼中"分工负责、互相配合、互相制约"，其"法律监督"属性又如何体现？

许多人论及公检法三机关的宪法关系时，人们第一反应往往是现行《宪法》第 140 条的规定，即："人民法院、人民检察院和公安机关办理刑事案件，应当分工负责，互相配合，互相制约，以保证准确有效地执行法律。"而对第 134 条"中华人民共和国人民检察院是国家的法律监督机关"不予重视。有人指出，"这两个宪法条文体现了检察机关既是国家的法律监督机关又是刑事诉讼中的一个诉讼机关，检察院履行法律监督职能时，与法院和公安机关之间形成法律监督关系；当其行使诉讼职能时，与法院和公安机关之间形成互相制约的关系"。① 但是，检察机关兼有监督一方角色与诉讼一方角色，如何有效实现准确的"身份切换"却是一个极其困难的问题，而解决这个问题也是实现法律监督"案件化"的前提。

从理论上分析，"监督"与"制约"似乎容易区分。两者虽然都是权力的控制和约束机制，但控权机理不同：一是监督产生于授权，而制约产生于分权或权力分工。二是监督呈纵向性、单向性特点，制约呈横向性、多向性特点。三是监督具有主动性，制约具有依赖性。监督权以纠正被监督者权力运行过程中的错误为目的，因此，在法律有明确授权的前提下，监督权即可主动行使。而制约权的发生依赖于与同一体系相关权力之间的权能转换和"激活"机制。

二者在诉讼程序中也有截然不同的表现形式：第一，人民检察院在行使侦查、审查批捕、审查起诉、出庭公诉、监督刑罚执行等职权过程中，与审判机关、监狱机关、国家安全机关、公安机关等国家机关形成一定的制约关系。首先，检察机关和公安机关之间的互相制约主要体现在逮捕制度和审查起诉制度中。在这一对互相制约的关系中，公安机关和检察机关虽同为指控犯罪的一方，但公安机关对犯罪嫌疑人采取逮捕强制措施和移送起诉的权力，受到检察机关批准或不批准逮捕、审查决定起诉或不起诉权力的制约；检察机关的上述权力也受到公安机关复议复核权的反向制约。其次，检察机关与审判机关的相互制约主要体现在刑事公诉案件中。在刑事公诉案件中，法院的审判范围应当与起诉的范围一致，不应超越起诉的范围；检察机关认为法院的裁判确有错误，可以提起抗诉。法院对检察机关的制约包括：法院对检察机关提起公诉的案件在审理后认为证据不足或在法律上不构成犯罪的，可以作出无罪判决等。第二，三机关之间除上述的诉讼制约关系外，人民检察院对刑事诉讼的法律监督属性仍非常明显，其内容主要包括立案监督、侦查监督、审判监督和刑罚执行的监督。一是立案监督。根据刑事诉讼法的规定，检察机关认为公安机关对应当立案侦查的案件而不立案侦查的，或者被害人认为公安机关对应当立案侦查的案件而不立案侦查，向检察机关提出的，检察机关应当要求公安机关说明不立案的理由。检察机关认为公安机关不立案的理由不成立的，应当通知公安机关立案，公安机关接到通知后应当立案。二是侦查监督。检察机关主要是通过对公安机关的专门调查工作和适用强制措施活动中的违法情形发出纠正违法通知书，以及对构成犯罪的公安人员的立案追究等方式，体现检察法律监督权

---

① 聂建华：《探究公检法三机关的宪法关系》，载《法制日报》2012年2月29日。

对侦查权的单向监控和纠错。三是审判监督。根据《刑事诉讼法》第 209 条的规定:"人民检察院发现人民法院审理案件违反法律规定的诉讼程序,有权向人民法院提出纠正意见。"四是执行监督。人民检察院对法院、监狱、公安机关看守所和派出所等刑罚执行机关执行刑罚的活动以及刑罚的变更是否合法进行监督。如果发现有违法情况,提出纠正意见。

从上述理论分析来看,诉讼监督和诉讼制约是两种不同的法律关系,也有人指出检察机关在司法实践中重制约而轻监督,致监督被制约所遮蔽甚至用制约代替监督。但我们不能仅从口号上呼吁"检察机关的诉讼监督比诉讼制约更迫切",制约与监督在本质上都是宪法职责的履行,从一定层面上,制约和监督均能起到促进公正执法的作用。完全将现行《宪法》第 134 条和 140 条的规定割裂,甚至将"制约"与"监督"对立开来,既不现实也不利于实际工作。

(五)当前改革给检察权带来的挑战

一是审判中心主义改革。检察机关作为刑事诉讼一方主体,在"审判中心主义"改革强力推进之时,适应庭审实质化等要求的能力尚有诸多问题,其监督职能的实现更面临艰巨的挑战。二是监察体制改革。对于国家公职人员的法律监督,原以查处贪污贿赂、失职渎职以及预防职务犯罪等职权来体现,而上述职能已经大部分整合至监察委员会,检察机关如何与时俱进,正确把握法律监督的"主战场"刻不容缓。三是公益诉讼、涉法涉诉信访等改革举措。在刑事诉讼领域之外,检察权对于民事刑事诉讼领域的法律监督如何深入破题也待深入研究。

二、注重"案件"与"事件"的区别——勿过分延伸检察职能

"案件"与"事件"系种属概念,后者比前者的外延更为宽泛,其本质区别在于是否涉及法律监督权的依法行使。案件不仅是法律监督的载体,也是法律监督的界限。凡是于法无据,不能依托办案方式来处理的事件,不宜纳入法律监督的范畴。法律监督的"案件化",必须坚持"以法治思维和法治方式"处理问题,将监督事项纳入法治轨道。

"案件"办理应当于法有据、办结应有明确的法律效果。检察机关作为司法机关,不能偏离办案主责主业而忙于事务性工作,检察官更不应做御史言官。有人认为,早在我国汉代,就设立了御史台,负责监察百僚,纠检犯官。至明清,废御史台,设都察院,通常弹劾与建言。下设都御史、副都御史、监察御史。因此,御史言官的部分职责即等同于检察职能。但笔者认为,御史言官乃古时行政系统内的内部制约机制,与近现代检察制度并无渊源。且从历次

宪法修订的表述来看，1954 年宪法及 1978 年宪法曾有"最高人民检察院对于国务院所属各部门、地方各级国家机关、国家机关工作人员和公民是否遵守法律，行使检察权"的表述，看似有着宽泛的监督权，但是监督的内容限定于"是否遵守法律"，监督手段并非批评、建议等非强制性的谏议举措，而是具备国家强制力的法律行为。

特别是监察体制改革后，过于热衷于谏议举措将会与监察权发生冲突。今人如果仍想一厢情愿地探寻检察机关法律监督权的"本土渊源"，将一件"舶来品"论证成"家传古董"，并想延续牵强附会"监督与监察不分""案件与事件不分"的"古风古韵"，必然与时代要求背道而驰。因此，法律监督的"案件化"要求检察机关聚焦执法办案，法律监督工作名副其实的"成品"应是彰显法律效果的司法案件，而不是宽泛而无法检验成效的建言献策。

三、划清"案多"与"事多"的界限——勿被"案多人少"的表象蒙蔽

当前，各级检察机关基本都在声称面临案多人少的矛盾，但认真比照研究，许多地方并非是"案多"，充其量是"事多"，而所谓的"事多"也未必是"事则有益、事则有功"。相比干警人数相差并不太大的法院系统而言，检察系统的办案总量和人均办案数要远低于法院。特别是地市级以上检察院的办案任务差距更加明显，省市两级检察院人大报告中也基本未曾报告过本级机关直接办理的案件数量，而各级法院在报告中都对本级逐年增长的办案数有详细表述。

表 2　湖南省法院 2012—2016 年度办案数

年度	全省审（执）结各类案件数	省高法本级审（执）结各类案件数	审结刑事案件
2013	36.07 万件	4861 件	3.87 万件，其中贪贿、渎职案 702 件 1008 人
2014	41.76 万件	5370 件	4.35 万件，判处罪犯 4.45 万人，其中贪贿、渎职案 859 件 1258 人
2015	53.32 万件	6763 件	4.70 万件，判处罪犯 4.93 万人，其中贪贿、渎职案 866 件 1222 人
2016	61.4943 万件	7437 件	41869 万件 56932 人，其中贪贿、渎职案 944 件 1371 人

湖南省检察机关 2013—2016 年度办案数

年度	职务犯罪	批捕	不批捕	提起公诉	不起诉
2013	贪贿 1235 人、渎职 566 人（共 1801 人）	37928 人	不构成犯罪、证据不足不批捕 6240 人、运用刑事和解不批捕 1142 人，（共 7382 人）	54485 人	不构成犯罪、证据不足不起诉 1794 人，运用刑事和解不起诉 2615 人，（共 4409 人）
2014	1380 件 1794 人	37345 人	14296 人	55165 人	7856 人
2015	1593 件 2105 人	37248 人	运用刑事和解不批捕 1551 人	56089 人	运用刑事和解不起诉 2472 人
2016	贪贿 1065 人、渎职 467 人（共 1532 人）	34236 人	对不构成犯罪或证据不足的决定不批捕 14859 人	56029 人	对不构成犯罪或证据不足的决定不起诉 8748 人

（注：根据湖南省"两院"各年度人大工作报告原始数据整理）

虽然检法两院的案件性质有所不同，但工作总量的差异对比，能从上述数据中得出清晰结论。多地检察机关面临的并不是真正的"案多人少"问题，应该在很大程度上是"人浮于事""资源消耗大而效率低"，单纯依赖"输血式"的增编加人无法从根本上解决问题。检察机关要避免陷于事务性工作而荒废执法办案，更应从省市两级检察机关率先垂范。

需要特别指出的是：一是检察机关八成以上案件在基层，而市以上检察机关本级直接办案数量在每年的人大报告中很少提及，而法院对于市级以上直接承办的案件数量往往有明显量化的数字，这不仅仅是单纯的本级机关工作量问题，更涉及上级机关对下级机关的领导力问题。检察机关上下级之间是领导关系，上级检察机关对于具体案件的指导数量及领导力度本应强于法院，但检察机关的业务领导反而呈现相对弱于法院的态势。而上下级法院虽然仅是指导关系，但基于个案之间裁判结果的业务联系，使上下级之间对案件的认识分歧可以直接反馈到具体的案件处理意见之上，并以裁判文书的形式促进处理意见的明确性、程序性、权威性，大量的司法解释、司法规范性文件、指导性案例也是在上述案件惯性流转的过程中不断积累和丰富。因此，为避免检察机关领导关系"虚化"为指导关系，上下级检察机关的指导也应实现"案件化"。

四、理顺"守常"与"应变"的关系——勿陷入"伪创新"的迷局

提倡法律监督的"案件化"是解决当前问题的创新，也是把握主责主业的回归。"天地之德不易，天地之化日新"，世事有变亦有不变。守常，就是把握事物发展规律，对长期制约检察工作发展的根本性问题常抓不懈，如执法水平、管理机制、队伍素质、保障条件等。应变，就是针对事物演变新情况，及时解决新问题，如党的十八届四中全会规定的公益诉讼、刑事诉讼法规定的新增职能等。每个新问题的应对都与根本性问题的解决息息相关，守常治本、应变治标，二者结合才能标本兼治。在守常与应变的关系中，应特别注重树立正确的创新思维——创新要以实事求是为基础而不是与之脱离，创新是手段而不是目的，创新是为了固本培元而不是为了标新立异。历年来检察改革中的创新举措取得了诸多成就，但也应注意防范以下现象：

一是创新机制化。依靠集中计划和指导进行创新，不注重创新活动规律，创新是在不断摸索和试错过程中的认知成果，具有偶然性、难以预测性，牛顿与掉落的苹果也是在偶然的时空不期而遇，"批量生产"式的创新难成经典。

二是创新形式化。内容的模仿和复制现象多，不切实解决实质性问题，创新成果的生命力不强，并且挤占其他常规工作的资源份额。

三是创新应景化。热衷于政策法规确定的新增职能、较易获取"眼球效应"的社会热点等新问题，方法上也偏重于增机构、加人员。检察机关的核心任务是执法办案，法律监督的"案件化"应围绕这一核心把准矛盾发展变化的脉络，避免因"应变有余、守常不足"而出现与核心任务偏离、人财物成本浪费、内部管理成本增加、弱化基层基础等弊端。

因此，法律监督的"案件化"应当立足长远，久久为功。

办事模式演进为办案模式的
必要性分析与实现路径

——对检察机关提升刑事诉讼监督效能的研究

陈　赛[*]

检察机关是我国宪法明确定位的法律监督机关，承担着对刑事诉讼等诉讼程序实施监督的重大职责。目前，在监督过程中，除法律明确规定依照刑事诉讼程序予以立案侦查、起诉、审判的监督类案件外，如对于徇私枉法犯罪予以侦办等，其余监督事项缺乏严密的程序规定，检察机关以办事模式而不是办案模式在履行监督权限。实践中，部分检察机关认识到办事模式的弊端，试图推动诉讼监督工作由办事模式向办案模式转变。[①] 为此，有必要探究办事模式之现状，并分析采取办案模式的必要性及实现路径。

一、刑事诉讼监督办事模式的概念和弊端

刑事诉讼监督办事模式，是指现阶段除了直接立案侦查职务犯罪案件外，主要监督业务基本是就事论事，缺乏程序启动、查处办法、查处结果等严密的程序要求，其监督载体通常只有一份检察建议或纠正违法通知书而已。《新华字典》解释，办，指处理；事，指自然界和社会中的现象和活动；案，指有关法律诉讼和违法的事件。据字面意义解释即可发现办事与办案的区别。

第一，从办理的起点看。办事，是指处理事情的开始，一般缺乏明确的条件和程序。办案的开始，就侦查程序来讲，需要立案程序，而立案程序的启动又有着有犯罪事实可能要追究刑事责任的明确要求，严谨性迥然不同。

第二，从办理的过程看。办事讲求的是事情的有效处置、实现行为人的目

＊　陈赛，天津市人民检察院第三检察部检察官。

①　刘楠、徐霞：《从"办事模式"到"办案模式"》，载《检察日报》2016 年 9 月 14 日。

的，办案讲求的是用正确的手段查明案件真相并作出处理。因此办事对于程序的要求较低甚至没有程序要件，办案必须考虑实体与程序的双重正义。

第三，从办理的结果看。办事追求的是实现行为的目的，办案追求的则是实现查明案件事实真相、处理具体问题，事情是否成功其判断要素众多且容易走向主观化的深渊；案件是否正确办理，则能够为其设置更加严密的判定标准，更趋向于客观性。结合办事与办案语义之区分，现存办事模式存在以下弊端。

（一）程序启动缺乏明确标准

依程序启动是诉讼文明标志之一。刑事诉讼法、民事诉讼法、行政诉讼法均对国家机关实施法定行为设定了明确的启动标准和启动条件。例如，刑事案件再审就有明确法定启动要求"有新的证据证明原判决、裁定认定的事实确有错误，可能影响定罪量刑的"等五项具体标准。刑事诉讼监督的线索主要来源于当事人的申诉、检察机关主动发现等，但是无论收到哪类线索，具备什么必要的条件、标准，由谁遵照什么程序展开事情的调查，发起"办事模式"，均没有明确的规定。

（二）办理过程缺少严谨程序

办事模式往往体现为在审查报告等电子文书中提出意见，报批后直接出具一份检察建议或者纠正违法通知书予以终局的方式。这种处理过程缺少严谨的程序要求，具体有两种表现。一是办事过程缺少卷宗支撑。在办事模式下，诉讼监督工作缺乏流程意识和卷宗意识，在诉讼监督完成后没有形成一整套卷宗材料，往往只是体现终局性的检察建议等终局性文书，[1] 难以观察、复查办事过程的发端、调查过程、调查方法、处理依据等。二是办事过程容易出现重复监督的现象。诉讼监督过程是一个动态变化的过程，检察机关多个部门对同一事项同时履行立案监督、追诉漏罪漏犯监督、纠正违法监督等，在办事过程中，对于同一事项如侦查机关违法取证的行为，侦查监督部门发放纠正违法通知书后，公诉部门审查案卷发现了同样问题，又发放纠正违法通知书，凸显了办事模式重复监督的问题。

（三）办理过程欠缺全面调查

全面调查，意即对于与形成结论相关的证据全部进行调查判断，在此基础上形成评判意见的调查方法。办事模式下，对于诉讼监督的事项一般采取在案

____

[1] 葛晓峰、陈超然：《诉讼监督事项案件化的思考——以侦查监督为分析视角》，载《人民检察》2016 年第 21 期。

卷中发现、询问涉案人员等方法，调查手段比较单一、调查内容不够全面、调查过程具有随意性。例如，某区公诉部门在审查一起抢劫犯罪案件过程中，发现辨认笔录没有见证人签字，即根据刑事诉讼法规定制发纠正违法通知书，公安机关予以复函称"辨认人系监狱在押人员，监狱明确提出不准许民警以外人员进入，不准许见证人进入"，此纠正违法通知书的制发即未能起到预期效果，也凸显了办事模式下，难以实现全面调查的问题。

（四）办理终结缺失明确标准

有始有终的终结性判断是诉讼文明的又一标准，终结标准是这样一种标准，它限定诉讼程序进行到何种程度、何种时候应当给予相关主体以确定性的答复。例如，公诉案件要求达到案件事实清楚，证据确实、充分的标准，就应当在法定期限内提起公诉，否则就应当作出不起诉决定。终结标准有利于防止程序的过度拖延，有利于避免行为主体的恣意。然而办事模式缺乏这样一种标准，实践中，我们看到有些监督事项终局遥遥无期，有些监督事项终结得却又迅速草率。例如，某区侦查监督部门在办案过程中，发现侦查机关遗失了诈骗犯罪嫌疑人使用赃款购买的手机，承办人经科室负责人同意将该监督事项提交检察委员会研究，检察委员会意见存在分歧，有人认为手机并非关键性证据，不需监督，有人认为手机既然扣押就应当随案移送并找回，应当监督，由于未形成统一意见而审查逮捕期限较短，遂作出逮捕决定，但是对于该监督事项，再无相关处理进展。

（五）办理效果难以有效评判

对终局性认定进行评价是诉讼文明的标志之一。这种评价无论是来自内部还是外部，起到的最主要的作用就是形成倒逼机制，使行为主体从程序发动到处理过程直至形成结果，都会以谨慎、科学的态度尽责尽职。然而，办事模式下对于效果难以实现有效评判。这是因为，首先，办事模式下各种行为缺少有效的制度、法律制约规范。其次，办事模式下没有形成可供评判的卷宗等文书。最后，评判制度本身亦不健全。因此，办事模式下，可能导致监督主体有所松懈，更有甚者对于具备可查性的监督线索难以给出正确监督意见。仍以上述针对辨认笔录制发纠正违法通知书为例，监督主体未能全面调查事件过程，监督行为缺乏合理性与针对性，但是对于这种监督行为本身缺少事后的评判机制，缺少对于监督主体的督促机制。

目前，检察机关同样意识到了刑事诉讼监督疲软这一困境。诚然，我们看到监督线索来源较少、线索质量不高是监督效果不理想的原因之一，但是，办事模式这种监督方法与生俱来的启动无标准、过程不严谨、结果难监督的弊端，更是监督疲软的内因和根源。《"十三五"时期检察工作发展规划纲要》更是明确提出"探索实行重大监督事项案件化，加大监督力度，提升监督质效"的要求。为此，我们应当对症下药，致力于推动办事模式向办案模式的演进。

二、刑事诉讼监督采用办案模式的制度意义

（一）有利于提升监督者监督责任意识

办案工作被视为检察机关的工作核心，对于办案工作的理解，很多人还是局限于审查案卷、制作审查报告、提出准确的定性量刑意见、提出准确的审查逮捕意见等。这种局限的办案观导致诉讼监督工作并未摆在核心位置。采用办案模式进行诉讼监督，有利于提升诉讼监督的作用，提升监督者责任意识。同时，从正面看，办案模式程序高度严密，从涉案线索受理到涉案线索处理结果，均能够实现量化考核，激励监督者善于发现处理监督线索。当下我们正在推进员额制管理和司法责任制，办案模式下，监督线索处理会具体化为一个个案件，会量化为员额检察官的绩效。从反面看，办案模式由于全程留痕，且对于监督过程与监督结果均能够实现倒查，又可以形成有效的倒逼机制，促使监督者提升责任意识。

（二）有利于调整内部关系避免重复监督

重复监督的根源在于信息流动不顺畅。办案模式下，我们可以对于监督线索统一编制唯一性案号，录入各监督部门均可使用的信息平台，实现监督信息共享。同时，办案模式下对于同一类监督事项可以有效分析监督数据，形成同类问题指导性、规范性意见。

（三）有利于提升刑事诉讼监督整体效果

办事模式下，由于没有覆盖全过程的严谨的程序要求，监督者大多满足于单一的调查手段实施监督。例如，在制发纠正违法通知书的过程中，调查手段往往集中于阅卷审查证据材料、电话沟通侦查人员等，调查方法简陋陈旧，不能够全面收集线索证据。在办案模式下，监督者主观意识中将监督线索作为案件去办理，按照程序逐步推动，从立案到调查再到形成调查结果，有严格的标准和要求，监督者有丰富的调查手段，会变被动调查为主动调查，变片面调查为全面调查，进而实现监督全过程提质提效。例如，发现监督线索后，予以立案，即按照监督程序办案程序逐步推动，会按照案件标准对待监督工作，提升监督效果。

（四）有利于形成独立系统化的诉讼监督制度体系

检察机关的职能是办理案件，检察机关的职责集中于诉讼案件办理与诉讼监督两类。前者全程受到法定诉讼程序的严格控制，如审查起诉工作，受理案件、审查起诉、出席法庭支持公诉、裁判结果审查，均有法律、法规、司法解释予以精细化规定，检察机关办理刑事案件方体现出高度严谨性。采用办案模式规范诉讼监督工作，使办案模式下发现的监督线索办理，都能够纳入严谨的程序规范中来，比如，诉讼监督立案的标准是什么、立案的程序是什么、调查的方法是什么、调查的时间要求、调查终结的标准是什么等，均以办理案件的高度进行规制，实现精装修、精细化，有利于诉讼监督职能与诉讼案件办理职能相互独立、共同发展，实现检察机关两手都要抓、两手都要硬的工作目标。

三、刑事诉讼监督办案模式的制度要素

办案模式的制度要素，是指办案模式应当具备哪些方面的因素，才能够作为一项行之有效的制度规范进行运转。这类似于我们的工程建造，在建造房屋时，对于四梁八柱等重要性、主体性构成要件，要有预先了然于胸的设计，才能够为后续具体实现路径铺平道路。

（一）内外协调的体制机制

内部协调机制的核心，首先是确立高效运转的办案组织。当前我们实施检察官员额制，诉讼监督办案模式要求处理监督事项的主体应当为检察官或者检察官办案组织。为此，应当综合考虑案件难易程度，就办案检察官数量、级别、办案能力作出规范。其次是建立高效运转的内部衔接、配合机制。检察机关是法定的法律监督机关，监督职能贯穿于各个部门，在办理诉讼监督案件的过程中，只有实现充分的信息共享才可能避免重复监督的情形发生。为此，我们需要统一化的信息交流、共享平台，让公诉、侦监等部门分享监督信息。

外部监督的关键是建立多样化的监督者对外调查手段体系。以法定形式赋予监督者调查取证的能力，如询问证人、调取物证、书证等多样化的调查手段，来满足监督者能够对外有所作为的基础条件。

（二）严密高效的程序控制

办案模式要求诉讼监督行为高度程序化，程序化是办案模式的灵魂。程序化有助于实现诉讼监督效果的全面提升。我们要构建的办案模式，是一种各个节点均覆盖严密程序的模式。例如，从诉讼监督的立案，到调查结果的产生，均要有明确具体的程序规定。这里要注意两点：一是办案模式的程序化，与检察机关办理诉讼案件的程序不能等同，两者由于职能不同、处理的事务不同，

不具备同等性，诉讼监督要有一套自己独立的程序体系。二是办案模式的程序化有自己的独立价值。程序化不单单是保障办案模式结果的合理性，也有利于保障诉讼监督过程中的合理性。例如，受到限制的调查手段、清晰明确的结案期限等。

（三）实事求是的证据标准

证据标准包含证据的证明力、证据需要达到的证明程度等具体标准，证明标准的设置，有利于监督者在诉讼监督的各个环节清晰把握规范要求，避免程序滥用与不作为的发生。证据标准的差异化，意即在诉讼监督办案模式下，对于办案过程中的各个环节，应当根据本环节的具体职能、特点设置不同的证明标准，以符合办案规律。刑事诉讼办案程序证明标准亦具有层次性，这种层次性主要体现在不同的诉讼阶段采取不同的证明标准，[①] 例如，刑事诉讼侦查立案程序，作为刑事诉讼的发端程序其证明标准即为有犯罪事实需要追究刑事责任，而法院审判的标准则是犯罪事实清楚，证据确实、充分。这是因为在立案环节，侦查机关能够掌握的案件证据从质到量上均比较少，并且侦查环节要求从速启动，有时过度强调证据的质量反而会影响侦查活动的开展。但是到了审判环节，案件事实和证据都得到了固定，审判人员有充分的证据支撑来作出决定，其证明标准适用最高要求亦符合审判规律。

（四）科学有效的质评体系

质评体系是对诉讼监督行为的外部督促，是对于监督行为的再监督。质评体系作为外力系统，起到规范、督促监督者的重要作用。这里讲的实事求是，是指办案模式下的质量评价体系应当结合诉讼监督行为的具体特点，切合监督实践本身设置监督体系。这就要求我们注意：

一是质评体系要能够考察监督者的主动性。诉讼监督是一种积极主动的检察职能，线索来源是控告申诉部门接到的当事人的举报或申诉，以及批捕、公诉部门在办案时发现的违法现象等，[②] 这就要求监督者有所作为、主动作为，而不是关门监督、被动监督。二是质评要注重监督过程的质量考察。质评体系不能仅仅关注诉讼监督的结果、效果，要注重评价监督行为本身是否符合规定、是否收集了充分的证据、是否符合监督时效要求等。三是质评要建立合理性的诉讼监督结果考察标准。对于诉讼监督的结果，要客观判断，有的部门根据本阶段的现有证据，经过论证作出了追诉漏犯的决定，但是该漏犯被法院判

---

① 徐阳：《刑事诉讼证明标准层次论质疑与修正》，载《河北法学》2003 年第 7 期。
② 季美君、单民：《论刑事立案监督的困境与出路》，载《法学评论》2013 年第 2 期。

决无罪，不能据此推定监督结果质量不高，要客观分析作出判决无罪的原因、追诉漏犯决定时的证据情况。

（五）覆盖全程的规范管理

全过程规范管理与质评体系并非同一概念。规范管理，是指在办案模式下，诉讼监督行为在各个节点所形成的办案工作痕迹，应当组成案卷材料，并对诉讼监督全过程的信息统一归口、统一使用。应当说规范管理是为质评做前期准备工作，规范管理是保存诉讼监督过程中形成的证明材料，质评是根据这些证明材料来评价诉讼监督的整体质量。因此，规范管理覆盖诉讼监督行为的全过程，包括立案、调查、报告、形成监督意见等，规范管理必须依托大数据平台，对诉讼监督的线索收集、案卡填录等进行实时跟踪、记录。

四、刑事诉讼监督办案模式的实现路径

刑事诉讼监督办事模式向办案模式演化，其影响因素众多，如监督者理念的更新转变等，本文从制度化建设出发，从刑事诉讼监督办案模式转变的体制构建这一角度，重点阐述如下建议：

（一）明确办案模式的适用条件

所谓办案模式的适用条件，意即对于进入诉讼监督视野的线索，是否全部适用办案模式予以办理的问题。当前检察机关诉讼监督线索来源比较广泛，按照来源区分，可以划分为自行（职权）发现、当事人举报、第三人告知等，按照重要程度分，可以区别为重大诉讼监督线索、一般诉讼监督线索等。采用办案模式处理诉讼监督线索后，检察机关会投入大量的人财物力，按照诉讼经济原则的要求，建议将重大诉讼监督事项采取办案模式处理，而重大诉讼监督事项的判断标准，可以采取综合事项内容，评判其对于程序公正、实体公正的影响程度，进而作出区分的办法。例如，侦查人员在扣押物品的时候已邀请见证人在场，只是由于工作疏忽忘记由见证人在扣押清单上签字，此监督事项属于一般诉讼监督线索，没有对程序公正造成实质损害，可以不再采用办案模式处理。

（二）设置全流程精密化的办案程序

既然把诉讼监督由办事演进为办案，就要遵守案件办理的规律。其中重要的要求就是办案模式要采行高度精密的程序化设计。一要坚持程序设计的精密化，具体规定权力主体、行为方式、时效等内容。二要坚持程序设计的全程化。从受理到作出监督决定都要有明确的规定。三要坚持程序设计的合理化。设计程序既要有利于诉讼监督的开展，不自缚手脚；又要坚持公正理念不侵犯

公民权利。参照诉讼案件的程序设计及诉讼监督实践，建议将诉讼监督区分为线索受理和发现、线索初查和处置、立案处置、调查程序、作出结论、复议复核等具体环节。针对每一个环节，要实现程序设置的精装修，以线索受理为例，要根据实践具体情形，明确线索受理的主体、受理的条件、线索可查性的判断标准、受理文书的制作、是否受理的告知、受理的时效要求等。

（三）建立独立完备的信息化系统

大数据信息平台是办案模式的有力支撑，当前检察系统研发了统一业务应用软件，这是办案模式的有效承载与支撑，建议在现有基础上做好以下"五化"要求：

一是诉讼监督信息系统独立化。诉讼监督案件信息系统在统一业务应用软件内，应当是与诉讼案件信息系统并列的子系统，二者互不交叉而并存。二是诉讼监督系统信息共享化。诉讼监督案件一般会依托于诉讼监督线索，呈现出多个监督主体如公诉、批捕、控申部门各自介入的情况，应当将该监督线索的办理全流程对各监督主体予以公开，避免重复监督。三是信息填录规范化。可以设置填录型与选择型两种模式，对于描述性内容如案件基本情况等，可以使用填录型，对于日期等可以使用选择型以提升填录规范化程度。四是信息填录即时化。各监督主体随时填录信息，诉讼监督信息系统应当是动态变化随时更新的系统。五是信息填录具体化。为此，可以设置示范填录页，以范例方式指引监督人员填录信息，同时，在填录项后可以注明填录要求，如需要填录监督线索的来源、收到线索时间要具体到小时等。

（四）强化内功提升监督权限

检察机关诉讼监督效能的提升，要靠外力辅助如群众举报线索质量的提高、新闻媒体的跟踪报道等，但更重要的是强化内功修为，为此要作好以下三方面工作：一是拓展监督信息摄取范围。监督者对被监督者的监督建立在监督者对被监督者行为知情的基础上，蒙上眼睛关在屋子里是实现不了监督的，为此，应当加快建设侦查机关、检察机关、审判机关等部门横向信息共享平台，检察机关的监督触角要以信息化为依托，横向延伸。二是要明确检察机关诉讼监督的调查方式和调查内容。建议以公检法司联签文件等方式，确定检察机关在诉讼监督过程中，相关当事人应当配合并提供证据，检察机关有权要求相关人员予以配合，并可辅助制作言辞笔录、扣押物品文件等具体取证手段。如查阅、摘抄、复制行政案卷的权力、询问权、调查权等。[①] 三是增强监督结果的

① 杜承秀：《执法检察建议机制法治化问题探析》，载《政治与法律》2018年第1期。

刚性和多样性。如最高人民法院、最高人民检察院、公安部、司法部2016年8月发布的《关于进一步加强社区矫正工作衔接配合管理的意见》第9条规定"人民检察院应当加强对社区矫正交付接收中有关机关履职情况的监督，发现有下列情形之一的，依法提出纠正意见……"，然而，却没有明确检察监督的法律后果。① 若仍然单纯采取检察建议和纠正违法的方式易造成监督疲软，为此，可以由员额检察官在报请检察长同意后，制发建议违纪处理、违法处理、犯罪处理建议书的方式，分别送达对应权力机关，提升诉讼监督结果刚性。

---

① 张兆松：《刑罚交付执行面临的监督困境及破解》，载《人民检察》2017年第16期。

检察监督事项案件化办理机制研究

——以山东省烟台市牟平区人民检察院的创新实践为样本

孙延杰[*]

一、检察监督事项案件化办理的现状评估

自从 2016 年时任最高人民检察院检察长曹建明同意和《"十三五"时期检察工作发展规划纲要》中提出"探索实行重大监督事项案件化，加大监督力度，提升监督实效"后，理论界和实务界对监督事项案件化办理展开了重点探讨，山东济南、湖南长沙、江苏无锡、甘肃兰州、广东深圳[①]等地都摸索出比较成熟的经验。笔者归纳目前理论和实务界的观点做法，发现法律监督事项案件化办理呈现以下特点：

（一）案件化办理的范围局限于"重大监督事项"

从各地实践看，法律监督事项案件化办理仅限于对"重大监督事项"实行案件化办理。所谓"重大监督事项"，一般界定为已经电视（台）、报纸、互联网等新闻媒体曝光，社会影响大的重大案件或事件；已经在互联网等网络媒体炒作，社会舆论高度关注的重大案件或事件；已经或可能引起严重群体性事件或维稳事件，矛盾焦点突出的重大案件或事件；人大代表或政协委员联名向检察机关提出明确监督要求的重大案件或事件；辩护律师、当事人及其家属向检察机关反映的重大案件或事件；领导批示或上级交办、督办的重大案件或事件；以及突发公共事件等其他需要监督的重大事件或案件。[②]

---

① 毛勇：《重大监督事项案件化办理模式有关问题探析》，载《齐鲁检察论坛》2017年第 12 期。

② 齐美：《重大监督事项"案件化"办理模式程序设计及协作机制研究》，载《齐鲁检察论坛》2017 年第 12 期。

（二）案件化办理多局限于"侦查监督"诉讼阶段

多地出台的案件化办理细则明确规定"案件化办理"是指在审查逮捕、立案监督、侦查活动、两法衔接等执法办案活动中，将重大监督事项作为独立案件办理，建立从监督线索受理、立项、调查核实、实施监督、跟踪反馈到结案归档的完整流程。从而把案件化办理基本限定在侦监科（处）诉讼环节，将其他诉讼环节以及民行、控申、执检等监督事项排除在外。

（三）案件化办理的刚性监督手段仍然不足

多数地区更注重监督流程和法律程序的重塑，重点着眼于建立从监督线索受理立案、调查核实、实施监督、后续跟踪反馈到结案归档的完整流程。而对如何增强监督刚性约束、体现法律监督权威、收到监督实效缺乏深入关注，特别是对退而不查、检察建议被束之高阁等老大难问题缺乏有效监督对策。

2017 年年底，牟平区检察院党组把建立检察监督事项案件化办理新机制确定为全院检察工作创新发展的新支点，经过对法律监督的理论依据、有关宪法法律规定、上级内部规定、外地先进经验、专家学者观点等方面的梳理和研究，在多次座谈研讨的基础上，认为目前多数地区把监督事项局限于"重大"和"侦查监督"环节的做法虽然无可厚非，但已经失之偏颇。实践中，检察监督事项案件化办理实际上已扩展到公诉、执检、民行、控申等各个业务部门。从全国统一业务应用系统看，法律规定的监督事项在统一业务系统基本都有案件化办理的设置，有的设置比较完善，各业务条线也是按照设置开展案件化办理的。如立案（撤案）监督案件、羁押必要性审查案件、刑事赔偿案件、妨害诉讼权利控申案件等，都经过受案或者立案、调查核实、调查终结、案件讨论、最终处置等程序，都在统一业务系统内流转，最后都参照诉讼档案管理规定独立装订纸质卷宗。但毋庸讳言，有些监督事项程序设置还太简单，调查取证太过单薄，监督效果较差。还有的监督活动如追捕追诉、退回补充侦查的程序设置没有独立出来，还是嵌入依附于原案件中。

基于上述认识，牟平区检察院党组把检察监督事项案件化办理扩展到除诉讼活动以外的所有法律监督事项，覆盖所有业务条线。具体范围包括刑事侦查监督案件、刑事审判监督案件、刑事执行检察监督案件、民事监督案件、行政监督案件、控告申诉检察监督案件，其中每一类案件又细分为 5—13 种案件，共计 41 种案件。如刑事审判监督案件分为 6 种：监督纠正审判活动违法的；对错误的判决裁定提出抗诉的；提请上级检察院抗诉的；对证据合法性调查进行监督的；对强制医疗案件的监督；依照法律进行的其他监督工作。

事实证明，这一认识完全契合张军检察长提出的强化法律监督思路，符合基层检察院实际，因为毕竟区县域范围内鲜见所谓的"重大"监督事项。今年3月，山东省检察院推出的强化321工作（即增强抗诉、纠正违法、检察建议3项监督手段的刚性权威，健全监督事项案件化办理、案件办理诉讼式审查2项监督新模式，以及类案监督这1项工作），也并未提出只对"重大监督事项"实行案件化办理。

二、检察监督事项案件化办理的原则

针对过去检察监督事项"非案件化"办事模式存在的监督启动程序不明确，监督随意性大、办理规范化程度不高、证明标准不明确、不注重监督效果等诸多弊端，牟平区检察院明确提出了检察监督事项案件化办理的三项基本原则。

（一）坚持诉讼和监督相分离

审查逮捕、审查起诉、公益诉讼、刑事附带民事诉讼等是通常意义上的诉讼活动，检察监督事项仅限于检察机关依照法律规定履行监督职责的活动，不包括上述诉讼行为，也不包括院内开展的案件评查、流程监控等内部监督工作。诉讼活动与监督活动虽然互相联系，但各有内在规律，应区别对待，遵循不同的法律程序。

（二）坚持全面实行案件化办理

彻底扭转把审查逮捕、审查起诉等工作称之为办案，将其他检察监督事项视为事务性工作的片面思想，凡依照法律开展的检察监督工作，都实行案件化办理，实现从监督线索发现、立案受理、调查处置到结案立卷归档的办案全过程；全部在统一业务应用系统生成案号，全流程网上运行留痕，由检察机关案件管理部门统一进行流程质量监控。

（三）坚持实体与程序并重

严格按照最高人民检察院执法办案规范及统一业务应用系统设置的监督程序开展各项检察监督活动，并在实践中创新监督模式，确保每项监督活动纳入规范化程序，以程序公正保证监督公平正义。同时要根据不同类型监督案件的特点，以调查核实、举证质证为重点制定办案质量标准和证明标准，坐实监督内容，防止监督虚化，确保检察监督工作质量。

三、检察监督事项案件化办理的程序和制度设计

从各地的探索实践看，严密的程序与制度设计是案件化办理的重中之重。今年年初，牟平区检察院确立了党组顶层设计、成立321工作领导小组及专班

推进、业务部门干警全员参与的案件化办理总体路线图，经过先期调研、外出学习、查阅法律、研究研讨、党组调度、拟定初稿、征求意见、检委会讨论通过等程序，边探索边实践，历时数月制定完成了《烟台市牟平区人民检察院检察监督事项案件化办理实施办法（试行）》及《刑事立案监督案件办理细则》《侦查活动监督案件办理细则》《民事诉讼监督案件办理细则》《检察建议工作细则》等9个配套实施细则，新创制检察监督通用法律文书8份，各业务条线均制定了监督事项案件化办理流程图。7月份以烟牟检发〔2018〕18号文件的形式向全院发文实施，初步构建起检察监督事项案件化办理工作新机制。新机制除了确立案件化办理的原则，明确了案件化办理的范围外，核心内容是规定了检察监督事项案件化办理的通用程序，即受案立案、调查核实、调查终结、案件讨论、最终处置、监督决定执行、跟踪反馈、结案归档的完整流程体系。这也是目前各地普遍认可的案件化办理程序，笔者对程序各个节点的内容不再赘述，仅列举设计程序时重点考虑的问题与实务界共同商榷。

（一）兼顾普遍与特殊，处理好总与分的关系

检察机关法律监督的范围广、事项多，有监督的普遍共性，也有类案个案的特殊性。牟平区检察院本着适用、管用、好用的原则，紧密结合检察监督实际精心设计案件化办理流程。既考虑普遍性，制定全院适用的《烟台市牟平区人民检察院检察监督事项案件化办理实施办法（试行）》；又考虑各业务条线监督案件具体情况，以总办法为统领，制定侦监、公诉、民行、执检、控申各部门实施细则。既有办法细则条文，又有各业务条线办理流程路线图，从而具备了良好的可操作性。

（二）勇于改革创新，创制通用文书

规范严密的案件化办理程序离不开配套的法律文书，但目前统一业务系统中相应的文书设置尚不完善。因此，适应监督需要，创新法律文书势在必行。牟平区检察院新创制8份通用法律文书，办理案件中采取扫描挂附件的方式上传到统一业务应用系统。在受案立案环节创制新文书《检察监督案件线索移送表》，主要用于内部部门间的线索流转；在调查核实阶段新增《检察监督案件调查笔录》；在案件调查终结阶段新增《检察监督案件调查报告》；在案件处置环节规范了《检察建议》的格式；在跟踪监督决定执行环节新增《关于某某案有关情况的通报》《关于某某案有关情况的报告》《移送监察委案件线索登记表》，分别针对被监督单位上级机关、人大机关和监察委。

（三）注重案件质量，明确证据标准

"以证据为核心"是保证监督案件质量的关键；同时，由于监督事项的违

法标准不同，证明要求也不尽相同，探讨各类监督案件的证据规则十分必要。为确保监督事项案件化办理质量，牟平区检察院对调查核实证据手段作出严格周密规定：（1）询问有关办案人员、行政执法人员和当事人及律师；（2）查阅、复制公安、法院受案、不立案、撤销案件、行政处罚、民事行政裁判等相关法律文书及案卷书面材料；（3）查阅行政执法机关台账、行政处罚案卷等；（4）调取、审查其他有关书面材料；（5）要求相关专门人员提供有关材料；（6）组织勘验、检查、鉴定等其他调查核实方式。另外，牟平区检察院也对部分监督案件的证据规则进行了研究，如在刑事执行检察监督案件办理细则中对证据种类和范围、证明力大小、取证方式、证明标准作出了粗略说明。

（四）坚持问题导向，突出监督刚性

检察监督事项案件化办理的初衷和目的都是增强监督刚性，树立法律监督权威，解决长期以来法律监督弱化的被动局面。牟平区检察院聚焦监督刚性，创新监督方式，对监督活动中经常遇到的退而不查、对检察建议置之不理、对纠正违法敷衍应付等老大难问题，规定可以采取联席会、听证会、公开送达、向其上级通报、向人大报告、向监察委移送线索等方式督促监督决定的执行。

四、检察监督事项案件化办理的刚性与权威

监督刚性与权威无疑是检察监督事项案件化办理的"牛鼻子"，扭住"牛鼻子"的三条"穿鼻绳"就是检察建议、书面纠正违法和抗诉。牟平区检察院努力探索案件化办理刚性权威的实现路径，在案件化办理实施总办法及配套的 9 个实施细则、8 份新增文书中，有两个细则《检察建议工作细则》《书面纠正违法工作细则》，三份新增文书《关于某某案有关情况的通报》《关于某某案有关情况的报告》《移送监察委案件线索登记表》，与监督刚性直接相关。牟平区检察院把检察建议、书面纠正违法和抗诉作为实现案件化办理监督刚性的最重要手段，边探索边实践，已按照新机制新模式办理监督案件 46 件，取得良好监督效果。其中，最具代表性的是唐某某监督检察建议案、于某某收监执行纠正违法案和贾某某抗诉案，笔者期望这三起案件能启发各地对增强监督刚性和权威的深入思考。

（一）增强检察建议的刚性

唐某某监督检察建议案。牟平城区沿河路东西两侧各有一个农贸市场，西边是庙沟市场，东边是正阳市场。两个市场都争抢摊贩到各自的市场去摆摊，都想争夺在沿河路占道摆摊摊贩的管理权，所以两家市场的管理人员不断发生冲突。先是庙沟市场管理员唐某某纠集多人对正阳市场管理员孙某某随意殴打

致轻伤，时隔不久双方管理人员数人又持镐棒、铁棍、匕首斗殴，双方各有人员受伤。牟平区检察院在办理该案过程中开展侦查监督欲追捕一名犯罪嫌疑人，按照监督事项案件化办理程序受案立案后，办案人员展开调查核实工作，收集追捕证据。但随着调查的深入，办案人员发现两个市场间案件频发的背后是严重的监管缺位，牟平区城市管理局负有不可推卸的责任，遂对城管局履职情况一并纳入调查范围。调查发现，近几年正阳市场与庙沟市场因沿河路两边的商贩摆摊等问题冲突不断，并多次发生寻衅滋事、聚众斗殴案件，沿河路乱摆乱卖、占道经营，堵塞了交通，严重影响了群众的正常生活和城市的正常秩序。牟平区城市管理局作为牟平区城市管理行政执法单位，对两市场多次发生扰乱治安的行为以及乱摆摊占道经营的相关人员没有及时移送司法机关处理或者进行行政监管及处罚，存在监管不到位、巡查不力的问题，最终导致发生寻衅滋事、聚众斗殴等严重犯罪问题。在全面细致调查的基础上，办案人员写出有理有据的调查终结报告，经过集体讨论并经检察长决定，按照《检察建议工作细则》的规定，向烟台市牟平区城市管理局发出检察建议书。建议书共计2000多字并附有23页有关法律规定和证据材料。建议根据《行政处罚法》及《烟台市城市管理行政执法实施办法》，指出牟平区城市管理局具体的失职问题，并提出六条针对性建议。一要完善城市管理工作的监督、考核制度，压实领导责任，推行分片管理责任制，并将管理的绩效与个人的奖惩、晋升直接挂钩。二要严格执法，令行禁止。通过严管重罚引导占道业户遵纪守规。三要加快市场建设，为低收入人群和小贩提供便捷的商品交易场所，为小贩提供租赁手续简便、费用低廉的入室经营条件。四要加强城管队伍建设，动员组织社会力量参与城市管理，缓解城管部门巡查力量不足的困难。五要"疏堵结合、规范管理"，在市区合理设置多个临时摆卖摊点，并明确规定摆卖的时间、地点、方式和摆卖种类。六要营造良好的城市管理舆论环境，加大城市管理法律法规的宣传力度。为增强检察建议的严肃性，牟平区检察院邀请一名人大代表到场，派出两名检察官对检察建议公开宣告送达，并强调牟平区城市管理局要研究整改落实措施，将落实情况15日内反馈检察院；如未及时反馈，检察院要报告区人大常委会。牟平区城市管理局接到检察建议后迅速行动，先后召开三次局党委会，专题讨论整改措施，并按时书面反馈了贯彻落实检察建议的报告。报告共计3000余字，分沿河路市场执法回顾、存在的问题及原因、整改措施、当前采取的应急举措、反思与思考五个部分。此后，牟平区检察院又按照报告进行了回访调查，发现检察建议得到全面落实，特别是牟平区城市管理局协调各方，使两个市场都建成了大棚式交易市场，摊户入室经营，沿河路恢复了往日的通畅，市场恢复了正常秩序，受到广大群众和业户的好评。

（二）增强书面纠正违法的刚性

于某某收监执行纠正违法案。于某某因犯故意伤害罪于2012年被牟平区人民法院判处有期徒刑10年，后看守所因其"左下肢萎缩"疾病拒绝收押，致使于某某取保候审流落社会多年，一直未送交监狱执行刑罚。牟平区检察院将此案立为刑事交付执行违法案件后，按照《书面纠正违法工作细则》的规定，启动违法调查程序，经过调查核实、撰写调查终结报告、集体讨论案件等程序，最后由检察长决定，对公安机关发出《纠正违法通知书》，督促立即将于某某抓获送监，并在7日内回复执行情况。但公安机关以于某某逃匿和下落不明为由，未积极执行检察机关的监督决定。牟平区检察院重申，不久前于某某还在其姐姐家的养鸡大棚出现过，公安机关应加大抓捕力度，想方设法将于某某抓获归案。否则，区检察院将把有关渎职线索移交区监察委。最终，当地派出所组织精干力量，实行昼夜蹲守，在其姐家将某抓获，依法送看守所收押，并成功移交监狱执行刑罚。

（三）增强抗诉监督的刚性

贾某某抗诉案。牟平区检察院把敢抗、抗准、改判作为抗诉准则，做到应抗尽抗，抗就抗赢。今年已对3起刑事案件提出抗诉，成功改判1起。目前正在办理贾某某抗诉案，牟平区检察院在一审公诉中指控被告人贾某某指使刘某某（已判刑）于2016年6月30日、7月8日，先后两次通过邮寄装有自制定时燃烧装置的包裹等手段，对烟台市牟平区百世汇通货车实施纵火，火灾造成快件、货车等损毁，损失共计价值人民币16880元。但牟平区法院审理认为，贾某某指使刘某某放火事实只有刘某某的指证，证据链条不完整，无法证实贾某某涉嫌放火，该起事实不予认定，以另外涉嫌的寻衅滋事等罪名判处贾某某有期徒刑7年。牟平区检察院经过集体讨论并多次与法院沟通后，最终认为，贾某某指使刘某某实施放火的事实已被烟台市莱山区人民法院在刘某某放火案判决中予以认定；且刘某某与被害人并不相识，没有放火的理由，而贾某某与被害人同时经营快递业务，为打压竞争对手指使他人纵火。因此，牟平区检察院果断提出抗诉，对这起有理有据、完全符合抗诉条件的案件将随时跟进，不排除寻求专家学者、当地人大常委会等帮助的可能性，以充分实现抗诉的监督刚性。

程序性裁判视域下重大
监督事项案件化的几个问题

钟国华[*]

作为新时期侦查监督法治化、现代化的工作主题，最高人民检察院 2016 年提出了"重大监督事项案件化"的概念。这是检察机关在新的历史条件下，适应以审判为中心的刑事诉讼制度改革，完善检察监督体系和侦查监督办案模式，提升侦查监督工作法治化现代化水平的一项重大战略部署。经过两年多的试点，重大监督事项案件化工作在试点单位取得了重大进展，在相关制度建构及办案经验积累方面均取得明显成果。但是，理论界或实务界对于重大监督事项案件化的研究均集中于程序的具体运作方式及法理依据，对该程序的本质、诉讼模式及制裁方式的研究存在不足。笔者拟从程序性裁判理论出发，对重大监督事项案件化办理的本质、模式及制裁方式问题进行初步探讨，以求教于方家。

一、重大监督事项的本质

对于检察机关中的侦查监督而言，无论多么重大的监督事项，仍然无法脱离诉讼监督的范畴。侦查监督的概念有广义、狭义及折衷三说，其中，折衷说将侦查监督理解为对侦查权的主要控制形式，包括审查批捕、立案监督和侦查活动监督。[①] 其中，审查批捕既有对侦查结果的实体审查——审查犯罪嫌疑人是否构成犯罪及是否具有社会危险性，亦有对侦查过程的程序监督。而侦查活动监督则是对侦查机关的侦查行为及侦查程序的合法性审查。狭义上的侦查监督只是指立案监督及侦查活动监督，而不包括审查批捕（当然审查逮捕的同时也会实施侦查监督），检察机关中的控告申诉、侦查监督部门及公诉部门都

---

* 钟国华，广东省广州市天河区人民检察院第一检察部检察官。

① 左卫民、赵开年：《侦查监督制度的考察与反思——一种基于实证的研究》，载《现代法学》2006 年第 6 期。

可以实施这两种监督。

限于篇幅，本文所述侦查监督，限于侦查监督部门所实施的。无论是立案还是侦查，都属于广义上的刑事侦查行为，故侦查监督就是对侦查机关的侦查行为进行程序合法性审查。而侦查行为与审查起诉均属于法庭开庭审理前的审判前程序，故侦查监督实质上就是对侦查这一审判前程序的合法性进行程序性裁判，只不过这种程序性裁判在欧美国家一般由法院来实施，而在我国则由检察机关进行而已。根据侵权情况和危害结果，程序性违法行为可以分为：技术性违法、一般性侵权违法及宪法性侵权。①其中，技术性违法又称手续性违法，一般是指欠缺形式要件的程序违法行为，例如，对于侦查机关而言，负责勘验的民警及勘验见证人没有在案发现场勘验笔录上签名，就是一种技术性违法。而侦查机关的一般性侵权违法是指某一侦查行为侵犯了当事人的人身权利和诉讼权利，②如侦查人员的刑讯逼供、非法拘禁或非法搜查等行为就分别侵犯了犯罪嫌疑人的人格尊严、人身健康、人身自由及住宅安宁权等权利。而宪法性侵权类程序性违法行为不仅导致犯罪嫌疑人、被告人的人身自由等宪法性权利受到任意践踏，而且破坏了宪法所确立的法律秩序，属于最为严重的、影响最为恶劣的程序性违法行为。③这方面的典型案例莫过于深圳市一名民警为了立功故意设局制造一个刑事案件陷害某涉黑人员并当场将其枪杀。《人民检察院刑事诉讼规则》（以下简称《刑诉规则》）第552条明确规定，人民检察院发现刑事诉讼活动中的违法行为，对于情节较轻的，由检察人员以口头方式提出纠正意见；对于情节较重的，经检察长决定，发出纠正违法通知书。对于带有普遍性的违法情形，经检察长决定，向相关机关提出检察建议。构成犯罪的，移送有关机关、部门依法追究刑事责任。很显然，侦查监督部门纠正违法形式的不同，取决于侦查机关程序违法行为对犯罪嫌疑人基本权利及诉讼权利侵害的严重程度。基于同样的道理，重大监督事项的重大，也只是指违法侦查行为对犯罪嫌疑人的权益产生了较为严重的侵害，重大监督事项只能是侦查监督对象中的其中一小部分。因此，山东省济南市市中区检察院在审查一起强奸案时，发现侦查机关提供的扣押清单上没有见证人和持有人的签名，遂按照监督事项案件化办理模式迅速启动调查核实程序并发出《书面纠正违法通知书》准确高效地给予纠正。④该院这样的做法曲解了重大监督事项的本质，并滥用

---

① 陈瑞华：《刑事诉讼的前沿问题》，中国人民大学出版社2013年版，第233页。
② 陈瑞华：《刑事诉讼的前沿问题》，中国人民大学出版社2013年版，第236页。
③ 陈瑞华：《刑事诉讼的前沿问题》，中国人民大学出版社2013年版，第236页。
④ 刘晓群：《办理重大监督事项就像办案子》，载《济南日报》2017年7月20日。

了侦查活动监督权，对原本只应该通过口头或发出《侦查活动监督通知书》进行纠正的手续性违法行为，也当作重大监督事项进行监督，这样不仅违背了重大监督事项案件化办理举措的改革原意，浪费了司法资源，还使侦查监督的启动与实施因过于轻率而显得不够严肃，难以让被监督的侦查机关心服口服，亦有损检察机关法律监督的公信力和权威性。至于重大监督事项案件化办理的监督事项的范围，理论界及实务界有不同看法，但笔者认为，《刑诉规则》第567条已较为明确地规定了检察机关实施侦查活动监督的主要范围是包括刑讯逼供在内的15类侦查违法行为，这15类侦查违法行为，除了"应当退还取保候审保证金不退还"等违法严重程度相对较轻，能否列入重大监督事项案件化办理，还需要结合案件性质、案件情节及违法侦查后果的严重程度来认定外，其他侦查违法行为均应因为严重违背程序正义原则且违法后果严重而列入重大监督事项案件化办理范围。这些侦查违规行为，再加上那些严重侵犯当事人权益的应当立案不立案及不应当立案而立案或者以刑事手段介入民事纠纷等程序的违规行为，已经几乎可以较为完整地确立重大监督事项的范围。日后若要纳入新的违规侦查行为作为重大监督事项，则应当参照上述侦查违法行为对犯罪嫌疑人的基本权利及诉讼权利的侵犯的严重程度来界定，不能随意将侵权并不严重的侦查违规行为纳入重大监督事项，以免导致重大监督事项的泛滥化，继而降低重大监督事项案件化办理的严肃性和权威性。

二、重大监督事项案件化的司法审查模式

学界及理论界一般认为，检察机关旧有的诉讼监督工作模式是一种"办事模式"，[①] 该模式具有单向、封闭、书面、间接审查的行政化特征。有人认为，侦查监督工作中探索重大监督事项案件化，建立从线索受理、立案、调查核实、实施监督、跟踪反馈、复议复核到结案的完整流程，是侦查监督"知情、调查、纠正、反馈"这一内在规律的基本要求。[②] 这样的观点当然是正确的，但它只看到了重大监督事项案件化办理对促进侦查监督工作规范化及现代化的意义，未关注到该举措对侦查监督工作法治化的重大价值。以程序性裁判的视野进行观照，不难发现重大监督事项案件化办理符合"以审判为中心的刑事诉讼改革"的要求，不仅实现了侦查监督从"办事模式"到"办案模式"

---

① 韩晓峰、陈超然：《诉讼监督事项案件化的思考——以侦查监督为分析视角》，载《人民检察》2016年第21期。

② 於乾雄、马珂、黄露：《推进重大监督事项案件化若干问题思考》，载《中国检察官》2017年第7期。

的转变，而且在诉讼模式上也发生了重大改变，从实质上构建了侦查监督的程序性争议司法裁判模式，明显具有贯彻直接言辞原则对程序性违法行为进行实质司法审查的特点：

（一）重大监督事项案件化办理程序事实上具备程序性裁判中的控、辩、裁三方构造

理想的诉讼构造是控辩双方对抗，审判居中裁判。在欧美国家，对于程序性争议，一般由法官在庭前会议或专门的程序性听证中当面听取控方及辩方的举证、质证及陈述后居中作出裁决。而在重大监督事项案件化办理程序中，虽然该程序并非以开庭听证的方式实施，但检察官实质上充当了居中裁判的"预审法官"的角色，是程序性违法行为的司法审查者。犯罪嫌疑人则是"程序性原告"，对侵犯其权利的程序性违法行为向检察官提起控告，并要求检察官确认其控告并对侦查机关实施程序性制裁。而侦查机关则居于"程序性被告"的地位，会就上述程序性违法的指控进行辩护。既然重大监督事项案件化办理具有明显的司法审查特征，作为程序性原告的犯罪嫌疑人及程序性被告的侦查机关，当然都可以就检察官的程序性裁决提出上诉——即向检察官所在的检察机关或其上级检察机关进行复议或申诉，由被申诉机关对检察官的程序性裁决进行司法复查。至于犯罪嫌疑人及侦查机关能否就上述程序性裁决向法院申请司法复核，笔者认为从法理上来说应该赋予他们这样的权利，毕竟相对于检察机关的内部复核及上级复查，法院对检察机关的程序性裁决的司法审查相对更为中立和权威。但是，鉴于我国目前尚未建立法院对审判前程序的司法授权与司法审查制度，笔者认为对上述程序性裁决的司法审查，暂时只能留到庭前会议或者正式的开庭程序中，此时法官依然可以对上述程序违法行为实施中立的司法审查，以确认其违法的性质和严重程度。

（二）重大监督事项案件化办理程序具有较为明显的职权主义色彩

该程序无论是因犯罪嫌疑人或其辩护人控告、申诉，抑或是检察机关在办案过程中发现线索而启动，检察机关均可依据《刑事诉讼法》第57条之授权，主动实施诸如询问犯罪嫌疑人、侦查员及调取同步录音录像等证据的调查核实行为，并根据调查核实获得的直接证据进行程序性裁决。有人认为，这种"法律监督调查权"既不能止于对相关证据材料的"复核"，但也不是法定的"侦查权"，而是类似于或等同于"初查"那种性质的权力。① 但在笔者看来，

---

① 王珍祥：《推进侦查监督工作案件化的机制构想》，载《中国检察官》2016 年第 10 期。

检察机关在履行上述程序的过程中，以积极主动的作为来行使宪法和刑事诉讼法赋予的法律监督权，明显是依照职权主动实施的行为，具有明显的职权主义色彩。而且，检察官的这种调查核实行为，与法官在刑事审判过程中依职权主动调取新的证据类似，都是为了最大限度地还原事实真相，只不过此处需要还原的是程序运作的事实而非案件实体事实。因此，检察官在重大监督事项案件化办理程序中的调查核实行为，本质上就是一种广义上的侦查行为，只不过他要查明的是侦查机关履行侦查程序的真实过程。

（三）重大监督事项案件化办理程序具有实质审查的司法属性

该程序改变了以往检察官的"坐堂问案"，只依据案卷呈现出来的程序性证据来审查侦查程序合法性的做法，通过当面听取当事人及侦查员等人的意见，并调取相关证据进行核实，事实上实现了根据言词而非笔录以及检察官调取的其他原始证据，对程序合法性进行直接司法审查，从而在重大监督事项的监督问题上实现了侦查监督的实质化。

三、重大监督事项案件化办理的程序性制裁方式

一般而言，程序性制裁是司法机关通过认定侦查、公诉行为违反法律程序，并宣告程序违法行为的结果无效来实现。程序性制裁方式包括非法证据排除、终止起诉及撤销原判发回重审等方式。[1] 检察官经由实施重大监督事项案件化办理程序，最终认定侦查机关的侦查行为存在重大违法情形，同样可以根据该行为对当事人基本权利及诉讼权利的侵害大小亦即违法的严重程度来对侦查机关实施程序性制裁。鉴于侦查是一种审判前程序，检察机关的法律监督是一种事后监督，上述程序性制裁亦是对审判前程序的事后制裁。因此，重大监督事项案件化办理的制裁方式主要包括非法证据排除而不包括审判阶段的终止起诉及撤销原判发回重审。除了非法证据排除这种制裁方式，重大监督事项案件化办理的程序制裁方式一般还包括发出纠正违法通知书，建议公安机关更换办案人员，建议公安机关对侦查人员实施纪律惩戒以及对在司法过程中涉嫌徇私枉法、诬告陷害等刑事犯罪的侦查人员启动刑事追诉程序。具体分析如下：

其一，经重大监督事项案件化办理程序查明侦查机关有刑讯逼供等严重程序违法行为后，检察机关既应向侦查机关发出《纠正违法通知书》，也应当在审查逮捕或者审查起诉等办案流程之中，依照刑诉法及相关司法解释将上述经由刑讯逼供等违法侦查行为获取的证据，作为非法证据直接予以排除，从而既

---

[1] 陈瑞华：《刑事诉讼的前沿问题》，中国人民大学出版社2013年版，第236页。

认定侦查行为违法，也宣告该行为的结果——证据绝对无效，不得作为定案依据。

其二，对于违反刑事诉讼程序但后果相对较轻的违法侦查行为，则可以认定该行为相对无效，并在发出《纠正违法通知书》的同时，要求侦查机关作出合理解释或予以补正。实施这一类程序性制裁，应当主要针对如下明显违法但对当事人的权利侵害没有刑讯逼供那么直接和严重的违法侦查行为：应当退还取保候审保证金不退还的；应当依法告知犯罪嫌疑人诉讼权利而不告知，影响犯罪嫌疑人行使诉讼权利的，如没有告诉未成年犯罪嫌疑人其接受讯问时应当有合适成年人到场，等等；讯问犯罪嫌疑人依法应当录音或者录像而没有录音或者录像的；对犯罪嫌疑人拘留、逮捕、指定居所监视居住后依法应当通知家属而未通知的等。

其三，对于侦查人员应当回避而不回避的程序违法行为，检察机关经由重大监督事项案件化办理程序查实后，除了向侦查机关发出《纠正违法通知书》说明违法的原因外，还应当要求公安机关更换侦查人员。同时，对于那些工作责任心不高，导致应当收集而且能够收集的关键证据未能及时收集固定的侦查人员，检察机关还可以通过发出检察建议要求更换侦查人员或者要求该侦查人员调离司法警察岗位的形式，对侦查机关进行监督。

其四，对于侦查机关涉嫌犯罪的行为启动刑事追诉程序。对构成刑事犯罪的刑讯逼供等违法侦查行为实施监督，是检察机关对违法程度最严重的程序违法行为实施的最严肃、最有力的重大监督事项。在实施这类监督的案件化办理时，无疑对于是否具备立案条件、何时启动监督程序及如何进行调查核实，应该比办理其他类型的重大监督事项案件，有更为严格周密的程序，防止对尚不构成刑事犯罪的违法侦查行为启动刑事追诉。

侦查活动重大监督事项案件化
机制若干问题研究

安素洁　熊　伟　董成帅[*]

重大事项监督案件化理论与实践起步相对较晚，2016 年最高人民检察院出台的《"十三五"时期检察工作发展规划纲要》首次提出要"探索实行重大监督事项案件化，加大监督力度，提升监督实效"。这是"重大监督事项案件化"一词首次出现在规范性文件中。同年 11 月，时任最高人民检察院检察长的曹建明同志在十二届全国人大常委会第二十四次会议上作《最高人民检察院关于加强侦查监督维护司法公正情况的报告》时表示，要探索重大监督事项"案件化"办理模式，建立从监督线索受理、立案、调查核实、实施监督、跟踪反馈、复议复核到结案的完整流程。2017 年，曹建明同志在全国检察长会议上再次强调"要探索重大监督事项'案件化'办理模式"。2018 年最高人民检察院张军检察长进一步强调，要以办案为中心，开展法律监督新探索。目前，重大监督事项案件化的试点工作在全国范围内铺开，各级检察机关先后出台了相应的实施细则，正式展开了重大监督事项案件化的探索工作。

本文将重大监督事项案件化机制研究的侧重点放置于对侦查活动的监督上。侦查活动监督向来是学界的热点，有大量的研究成果，然而这些研究成果的重点一般都集中在检察职能的调整、检警关系重构等方面，而对于监督程序特别是重大监督事项案件化的研究则处于明显滞后的状态，既没有成为研究的热点与重点，也没有形成统一的认识。笔者认为，在推进重大监督事项案件化的过程中，总体上尚有四个方面的问题亟待厘清与解决，即重大监督事项的基本要素及范围界定、案件化证据标准的确定、调查核实权的赋予和规制以及相应的程序设计等问题。笔者结合已有研究成果与实践经验，对存在的问题进行分析探讨，并提出相应对策，是本文主要的写作目的。

---

[*] 安素洁，重庆市人民检察院法律政策研究室检察官助理；熊伟，重庆市人民检察院第二分院第一检察部检察官；董成帅，重庆市北碚区人民检察院第二检察部检察官助理。

一、我国侦查活动监督的现状及存在的问题

侦查活动具有的单方性、秘密性的特征是不言而喻的。侦查机关拥有强大的国家权力，导致了侦查活动很容易侵犯公民权利。因此，对侦查权实行司法审查，以司法权制约侦查权，成为现代法治国家的基本原则。在我国，检察机关作为准司法机关、法律监督机关，被赋予了监督侦查活动的职责，承担着司法审查职能。在司法体制改革和国家监察体制改革的双重背景下，检察机关的职权面临着调整与优化。总体上看，检察职能是朝着强化法律监督的方向进发的，着重于法律监督，尤其是诉讼监督，使检察权更纯粹、更专业，从而回归宪法对检察权的本质定位。进一步凸显检察机关诉讼监督职能，是检察机关的宪法定位所决定的，也是具有中国特色的检察权重构与发展的应然方向。就侦查活动监督而言，作为法律监督的重要内容，被提高到前所未有的高度，实现侦查活动监督的法治化、有效化，是转变检察职能的核心内容之一。然而，目前我国侦查活动监督的现状还存在如下一些问题。

（一）侦查活动监督处于侦查监督的最薄弱环节

侦查监督的"三驾马车"（审查批准逮捕、立案监督、侦查活动监督），存在着发展不均衡的问题。相对而言，审查批准逮捕一直被视为检察机关的核心职能，运行与发展得比较成熟，加之批捕与否能够对公安机关产生一定的利益触动，因而它是三驾马车中情况最为理想的。而立案监督与侦查活动监督则是侦查监督中的薄弱环节，面临着诸多问题与困境，其中，侦查活动监督最为薄弱，检察机关对公安机关侦查活动监督的力度极为有限。可以说，时至今日，除了审查批准逮捕以外，检察机关几乎还没有找到有效制约公安机关、监督侦查活动的途径。[①]

（二）侦查活动监督的体系、机制不健全

对侦查活动监督不力，除了客观原因以外，很大程度上在于侦查活动监督体系、机制不健全，尤其是涉及侵害公民基本权利重大监督事项的，还没有一个科学的程序来加以规制。在对侦查活动进行监督的过程中，检察机关可能会发现轻微的违法侦查行为，如没有进行权利告知等，这类轻微违法行为对犯罪嫌疑人权利影响不大，口头通知纠正即可。而对于严重违法侦查行为，如刑讯逼供、剥夺当事人辩护权、以欺骗的方式使犯罪嫌疑人认罪认罚等行为，是对基本权利的侵害，这也是本文的研究对象——"重大监督事项"。很显然，这

① 陈瑞华：《刑事诉讼中的问题与主义》，中国人民大学出版社2013年版，第94—96页。

些重大监督事项兹事体大，直接触及了刑事诉讼的基本底线，理应有规范、严格的运行模式。

（三）对重大侦查活动违法的监督尚处于"办事模式"

我国检察机关对于重大监督事项的办理模式，尚处于"办事模式"，而非"办案模式"，缺乏案件化的运作机制。或者最多只是把重大监督事项视为案件，但整个运作过程却完全不具备案件的基本要素。

所谓的"办事模式"，主要表现为办理重大监督事项的启动程序不规范，缺乏制度性的规制；受理条件不明确，是否受理取决于考核需要而非监督需要；监督过程过于粗糙、随意性过强，对违法事实的调查程序不规范，办理期限没有规定，也没有完整的程序控制；证据收集标准不统一，证明到何种程度认识不一，结案标准也不清晰；监督结束后也无须制作案件卷宗，监督过程难以留痕，无法进行案件质量监督等。很显然，这是一种不规范的模式，对公安机关侦查活动进行监督的过程体现出的办案属性、司法属性不足。在"办事模式"下，监督程序不具有独立性，而是依附于诉讼程序来展开的，在实践中，检察机关对侦查活动的监督，大多数是在审查逮捕过程中附带发现的，没有独立的办理程序，以非司法的方式来从事司法工作，这也不能不说是一个悖论。在这一模式下，一方面，检察机关没有被充分赋予"办案"所需要的权力，直接影响监督效果；另一方面，也可能会因监督过程缺乏程序控制而导致权力滥用，不符合公权力运行的基本原理。事实上，只要一直处于"办事模式"下，就基本上不可能被赋予所需的权力，也不可能让重大事项监督在法治的轨道下运行。因此，实现重大事项监督从"办事模式"到"办案模式"的转变，对程序进行案件化改造，是当前侦查监督面临的一个紧迫而又重要的难题。

二、侦查活动重大监督事项案件化机制的目标及意义

从理论上讲，所有的侦查监督工作都有必要以案件化的模式来运行，但考虑到诉讼经济以及实际需要，我们目前没有必要、也没有足够的能力实现全面的案件化。而重大监督事项是违法侦查行为中最为严重的部分，涉及侵害重大诉讼权利，直接影响到司法公正，甚至有可能导致错案，当然有必要通过程序控制以及实体性规定，这也是最具紧迫性的内容。因此，在目前的条件下，先考虑重大监督事项的案件化问题，是比较符合实际情况的。

从宏观的角度来看，实现重大监督事项案件化主要有三大目标：一是重大监督事项办理过程要有程序化形态，程序是司法的外在表现，要设计科学的办案程序，将重大监督事项纳入程序的轨道中来；二是调查结果要有证据化形

态，在办理重大事项监督过程中，要以规范化的程序来控制调查过程，贯彻一定的证据裁判原则，监督建立在证据的基础之上；三是监督结果要有痕迹化形态，通过案件化改造，使监督工作能够全程留痕，责任明晰。推进重大监督事项案件化，有利于规范侦查活动监督过程的规范化，提高监督质量，增强司法公信力，进一步聚集监督主业，以严密的程序规范、证据规则和管理流程，促使侦查活动监督工作向规范化、精准化和制度化的方向迈进，这也是强化检察监督、促进依法侦查的必然选择。①

三、重大监督事项案件化机制下检察机关的调查核实权问题

要确定是否属于违法侦查行为，甚至是重大监督事项，需要建立在证据的基础之上，而证据的取得则需要通过调查核实权来实现。因此，检察机关在进行侦查监督时，调查核实权是一个重要的问题，尤其是重大事项监督，调查核实权甚至直接决定了监督的成败。

（一）调查核实权的现状

侦查活动监督要建立在证据的基础之上，就离不开调查核实手段，可以说，能否调取到充分的证据，直接决定了监督的成效。目前，我国公安机关拥有强大的侦查权力，而检察机关针对侦查行为的监督权则存在刚性不足、措施有限的困境，难以及时、有效地调取相关证据。②

在实践中，检察机关针对违法侦查行为展开的调查核实工作也是不太理想，一般就是口头询问侦查人员了解情况，至于其他的调查核实措施很少运用到。检察机关侦查监督部门业务量较大，人少案多的矛盾突出，加之"办事模式"的制约，很难按照办案的模式来开展调查核实工作。还有一些检察人员，在挖掘侦查活动监督线索和主动开展调查核实工作方面下功夫不够，措施不够有力，效果不明显。③ 这样，调查核实的效果可想而知，不仅影响了监督的效果，还影响了司法公信力。一直以来，违法侦查行为层出不穷，也不单单是侦查机关的问题，检察监督的程序运行不规范、"办事模式"取代"办案模式"也是其中的一个重要原因。

① 庄永廉、万毅等：《如何深入探索重大监督事项案件化办理》，载《人民检察》2017年第15期。

② 梁田、谭金生、肖波：《违法侦查行为投诉处理机制实务探究——以检察机关法律监督为视角》，载《西南政法大学学报》2013年第6期。

③ 元明：《侦查监督活动实务研究》，载《人民检察》2014年第14期。

（二）调查核实的制度设计

一是调查核实权的对外效力。一直以来，由于司法解释没有明确规定相关机关和个人应当配合，以及不配合的不利后果，使检察机关调查核实权缺乏立法保障，遇到不配合的情况时难以有效应对。因此，有必要在立法层面或者对外效力更强的政策文件中明确调查核实对象的配合义务，如有不配合的，应当给予一定的惩戒，甚至是强制性取证。[①] 在立法没有明确规定的情况下，各地可以探索通过公检法联席会等形式，就检察机关调查核实权问题达成共识，争取其他部门的支持。

二是调查核实权的程序控制应当适应司法责任制改革。司法责任制改革之后，检察机关的办案程序司法属性明显增强，行政属性则相应地淡化，检察官的办案主体地位越来越突出。而相关规定都是在司法责任制改革之前出台的，无法考虑到司法责任制改革的情况需要。如检察官要开展调查核实工作时，需要经分管副检察长或检察长批准方可进行，仍然是一种行政审批模式。因此，笔者认为，有必要结合司法责任改革，对调查核实工作内容进行重新梳理，明确检察官与检察长的权限划分，对于启动调查核实程序、开展一般的调查核实工作，由检察官决定即可，检察长仅保留少量的重大的事务。

三是注意比例原则。检察监督是公权力对公权力的监督，检察机关行使调查核实权是行使公权力的过程，应当综合侦查违法行为的性质、情节、后果以及实际需要等因素，适用相应的调查核实措施，体现出检察权运行的理性与谦抑。检察机关启动调查核实程序，应当以必要性为启动前提，只有那些有必要通过调查核实的事项，才需要启动调查核实模式，对于那些轻微的、口头释明即可的事项，则无须启动调查核实。至于采取哪些调查核实措施，还要考虑违法侦查行为的违法程度，一般而言，违法程度越高，调查核实措施的强度和刚性也就越强。[②]

四、重大监督事项案件化机制下检察机关对证据认定问题

刑事诉讼的核心在于证据，无论是审判，还是侦查监督，都是建立在证据的基础之上。对于重大监督事项，需要解决的是相关侦查行为是否有重大违法情形，如何证明违反了法律规定，检察机关必须在严谨、细致的调查取证的基

---

① 李卫东、维英、石一鸣：《侦查监督制度相关问题实证研究》，载《人民检察》2010 年第 10 期。

② 万春：《侦查监督工作贯彻新刑诉法若干问题》，载《国家检察官学院学报》2013年第 1 期。

础上加以认定。

（一）关于证明责任

事实上，证明责任、证明标准都是法庭审判的概念，只有由控、辩、审三方构成的审判程序，才存在证据法意义上的证明责任和证明标准的问题。在重大事项监督案件化的问题研究中，笔者借用了这些概念，运用证据法范畴的概念对相关问题进行探讨。在重大监督事项案件化中所谓的证明责任，是指监督者对于侦查行为是否违法所要承担的提出证据并证明到一定程度的责任。

在侦查监督活动中，监督的对象是侦查机关的侦查行为，目的在于确定侦查行为是否合法。但是实施违法侦查行为的主体究竟是谁、违法侦查行为是否存在、违法侦查行为造成了何种损害结果等，都需要检察机关调查取证来加以证明。换言之，侦查行为违法的结论必须建立在证据的基础上。检察机关在对侦查活动进行监督时，要指控侦查机关所实施的侦查行为存在违法情形，由谁来提出证据加以证明？在实践中，对这一问题有不同的理解，有观点认为，应当参照非法证据排除程序中的规定，实行举证责任倒置，也就是检察机关提出初步的证据，证明侦查行为在合法性方面存在疑虑，由侦查机关举证证明其实施的侦查行为合法，如果侦查机关不能充分地证明其侦查行为合法，那么就可以认定侦查行为违法。与此相反，也有观点认为，既然是检察机关提出的监督问题，就应当由检察机关承担证明责任。

笔者认为，在对侦查机关侦查行为进行监督时，涉及重大监督事项的，应当由检察机关承担证明责任较为适宜，主要理由有三：

第一，重大监督事项的证明不存在非法证据排除程序中证明责任倒置的理论与现实基础。在非法证据排除程序中，一般是由辩方提出非法证据排除的申请，检察机关作为被控诉方，由于辩方的取证能力限制，很难获取到有效的证据来证明侦查行为违法，因而有必要将证明责任转移至拥有国家强制力保障取证的控方。在检察机关进行侦查活动监督时，并非是弱小的公民对抗强大的国家机关，而是双方都是国家机关，都拥有使用足够强大的取证能力，由检察机关自行承担证明责任并不会导致监督工作无法进行下去。只要权力配置合理、程序设计具有可操作性，检察机关自行调查取证是完全可以胜任监督需要的。

第二，由检察机关自行承担证明责任，有利于保证效率。在我国，检警关系被比喻为"铁路警察、各管一段"，[①] 检察机关并不能对警察进行指挥，这就导致了检警互动方面会存在效率问题。在我国，公安机关拥有超高的政治地

①　陈鹏飞：《以审判为中心背景下的侦诉关系》，载《理论导刊》2015年第7期。

位，在国家政治生态中极为强势，检察机关实际上很难对公安机关形成有效的制约。对于重大监督事项，往往涉及公安机关严重的程序违法，公安机关会天然地存在抵触心理，很容易出现不配合、不理会的情况。如果将证明责任施加给公安机关，等待公安机关自行取证证明自己的侦查行为违法，实际上是不现实的，很有可能会拖而不决，造成监督效率低下。

第三，检察机关能够胜任取证工作。检察机关作为法律监督机关，长期从事刑事诉讼工作，具有办案经验与法律素养方面的优势。同时，检察机关也拥有具有强制力为保障的侦查权，可以采取多种侦查措施，并不存在取证能力不足的问题。与公安机关相比，检察机关虽然在人员配置、侦查手段配备方面较弱，但侦查程序违法一般只是程序性违法，取证程序和难度相对较小，检察机关完全有能力胜任的。

（二）关于证明标准

证明标准，也是一个法庭审判时的概念，是指裁判者认定某一案件事实是否成立所要达到的程度。笔者本文虽然借用了证明标准这一证据法学概念，但本文中所说的证明标准，并非是要将重大监督事项置于控、辩、审三方构造中，而是借用这一概念，探讨检察机关在进行重大事项监督时所要达到的证明程度，即检察机关证据能够证明到何种程度，就可以认定侦查行为严重违法。在证明标准的概念中，有严格证明和自由证明之分。顾名思义，严格证明即对证明所要达到的程度较高，一般认为，要确定被告人有罪才适用严格证明标准，要达到排除合理怀疑的程度才算是完成了严格证明。而自由证明则是指证明程度相对较低的证明标准，一般认为，只要法官在心证上认为"很有可能"或者是"大致相信"，就可以认定某一案件事实的成立。也有学者将严格证明与排除合理怀疑相等同，将自由证明与优势证明标准相等同，虽然这一观点不一定完全正确，但总体上也是可以这样理解的。在其他国家或地区，一般情况下，定罪适用严格证明标准，量刑以及程序性裁判则适用自由证明标准。[①]

具体到重大事项监督方面，究竟采取哪种证明标准？笔者主张采取自由证明标准，将案件事实证明到"很有可能"的程度即可。虽然检察机关侦查活动监督并不是程序性裁判，但我国检察机关的立法定位是法律监督机关，实际上承担着西方国家法院才能承担的某些职能与角色，这就使侦查活动监督实际上在某种程度上带有一些程序性裁判的色彩。侦查活动的监督要解决的并不是被告人的刑事责任问题，而是程序性的争议，因此没有必要设置过于严格的证

---

① 陈瑞华：《刑事证据法学》，北京大学出版社 2012 年版，第 250—252 页。

明标准，甚至有些问题加以释明即可。

在非法证据排除程序中，法官只有在确认和不能排除存在非法取证情形下，才能排除有关证据，这里同时设置了两种情形：确认和不能排除。这里实际上又有两种形态：积极的证明标准和消极的证明标准，对于前者，裁判者在内心对某一事实是否存在形成确认的情形下作出裁判；对于后者，裁判者在不能排除违法侦查的情形下作出裁判。对于重大监督事项可能涉及的严重违法侦查行为，如果实施消极的证明标准，则标准把握上存在困难，也可能会导致检警关系的紧张，并且，认定侦查行为违法并不是检察机关的专责，在审判过程中的非法证据排除程序，也是间接地对侦查活动进行监督的有力途径。在侦查环节，各项侦查活动尚在进行中，证据链也未闭合，如果检察机关采取过低的标准来对侦查活动进行监督，势必会造成侦查效率的降低，从而导致侦查价值难以实现。在侦查环节，检察机关应当保持最低限度的监督，着重监督那些严重侵害公民权利、损害司法公信力的违法侦查行为，在追诉犯罪与人权保障二者之间寻求一个可能的平衡点，保持一定的谦抑性也是相对合理的。因此，笔者倾向于积极的证明标准，即检察机关必须通过调查取证，在收集到充分的证据的基础之上，内心已能确认侦查行为违法，才能作出相应的结论。

五、重大监督事项案件化机制的程序设定问题

（一）重大监督事项的范围界定

重大监督事项的案件化，首先就是要解决哪些违法侦查行为才可以纳入重大监督事项范围。重大监督事项的关键词就在于"重大"，其涉及较为重大的法益，需要以案件化的方式来运行。上文已经提及，重大监督事项一般是指严重违法的侦查行为，因此，判断是否属于重大监督事项，需要从违法程度的严重性和侵害法益的程度等方面来加以考察。要判断侦查违法行为是否严重。一般而言，侵害公民基本权利，违反刑事诉讼基本原则的情形，可以认定为重大监督事项。常见的有两类：一是侵害公民人身权利和财产权利的违法侦查行为，如非法讯问、非法采取强制措施、超期羁押、非法查封、扣押等；二是侵害公民重大诉讼权利，影响司法公正的违法侦查行为，如申请回避的权利、使用本民族语言进行诉讼的权利、辩护权等。当侵害以上重大权益时，无论侦查人员主观上是故意还是过失，均应属于重大监督事项，进行案件化办理。

（二）关于办案期限

侦查监督是刑事诉讼的必要环节，从某种意义上讲，侦查监督对侦查行为

具有一定的依附性，无侦查行为则无侦查监督，这在审查逮捕案件中体现得尤为明显。将重大监督事项案件化改造之后，应否确定办案期限？答案当然是肯定的，迟来的正义非正义，对于重大违法的侦查行为，只有在合理的期限内予以纠正，才能起到权利救济、防止再次违法的效果。鉴于实践中的不同情况，办案期限的确定应根据侦查违法行为和侵害公民权利的严重程度而作出阶梯性规定，对于情节相对轻微的，可以 7 日作为办案期限，如违法查封、扣押，违反未成年人诉讼规定等情形的违法侦查行为。此类违法行为较为直观，调查核实相对简单，可在查证属实后及时提出纠违意见，公安机关也可迅速作出回应和纠正。对于情节严重的，可以 15 日为办案期限，如伪造证据、非法取证等侦查违法行为，此类行为调查核实难度较大，同时可能涉及对侦查人员的追责等问题，可能遇到的阻力较大，公安机关配合意愿相对较低，因而有必要设定较长的办案期限。此外，办案期限的规定不应一刀切，为了适应实践中可能出现的特别重大、复杂等情形，在 15 日都无法办结的，在履行一定的审批程序后，可以适当的延期。

（三）办案权限与结案标准

司法责任制改革后，检察官的权限和独立性大大提高，对于提高办案效率，增强责任心和荣誉感有积极作用。按照权力清单规定，包括审查批准逮捕、立案监督、追捕追漏等一系列审批权限已下放至检察官，但仍有包括发出书面纠正违法通知书在内的部分审批权限仍然作为保留权限而需要审批。对于重大监督事项，办案权限如何配置，是一个极具技术性的难题。笔者认为，对于立案、开展一般的调查核实工作、口头纠正违法等程序性事项，可以由检察官完成。而对于重大调查措施，如询问公安机关负责人、接触重要证人等事项，需要由检察长（或者分管副检察长）审批；向公安机关发出书面纠正违法通知书的，目前还是适宜由检察长（或分管副检察长）审批，这主要是考虑到书面纠正违法通知书是以检察机关的名义发出的，代表着检察机关的意志，且纠正违法通知是检察机关公安机关侦查行为的否定，存在较大的利害冲突，无论是从司法工作的严肃性，还是现实情况来看，都应当作为检察长的保留权限。

至于结案标准的问题，从案件办理的角度讲，文书宣告意味着可以结案，但以书面纠违通知书发出作为结案标准，明显与重大监督事项案件化办理所要达到的目标不符。公安机关收到检察机关书面纠违通知书后就及时回复并积极改正，这是一种理想状态。现实情况是公安机关出于追责等原因，对于某些重大监督事项的改正往往采取消极、拖延的态度，不回复或只回复不改正的现象较为多见。① 笔者认为重大监督事项的结案标准应当分两种情况分别对待。对于已无法进行改正的重大纠违事项，如物证提取、扣押时无见证人在场且未进行同步录音录像的，公安机关收到书面纠违通知书后查证属实，及时回复发出书面纠违通知书的检察机关即可；对于能够改正的重大监督事项，如应当发还的财物未及时发还的，应以公安机关改正时作为结案标准。此时结案标准较高，但具有很强的合理性，要求检察机关发出书面纠违通知书后，应积极与公安机关沟通，达到监督与协作的有机统一，敦促公安机关及时改正，以达到重大监督事项案件化的目的。

（四）立卷归档

立卷归档，是针对目前不立卷、不归档的情形而言的。虽然有些检察机关也有立卷归档，但标准不一，规范性严重不足。要求对重大监督事项的办理进行立卷归档，是为了让监督过程能够全程留痕，能够接受案件质量监督，从而约束公权力的运行，不断提高办案质量。具体而言，主要有以下内容：一是要做到一案一号、一案一卷，使案件管理更加清晰；二是卷宗内容，应当包括接受线索通知书、不予立案情况说明书、立案决定书、调查笔录、询问笔录等证据材料、调查报告、纠正违法文书、反馈回函、整改措施等材料；② 三是卷宗评查，在案件卷宗制作完成后，应当交由案件管理部门（或者其他从事案件质量监督管理工作的部门）进行评查，接受第三方的监督。

---

① 冯英菊：《侦查监督实践中存在三个突出问题》，载《检察日报》2010 年 1 月 24 日。
② 於乾雄、马珣、黄露：《推进重大监督事项案件化若干问题思考》，载《中国检察官》2017 年第 13 期。

对检察机关调查核实权统一规制的思考

朱　里*

检察机关行使调查核实权不仅发生在对刑事案件的立案监督、侦查活动监督过程中，也存在于民事诉讼监督和行政诉讼监督中。对该权利行使的原则、程序、方式等规定，散见于各部门法律法规、检察机关内部规范性文件中，内容并不完善亦不统一。对于检察机关履行法律监督职责在实操层面所倚仗的重要权力，是否应当考虑，至少先在检察机关内部规范性文件中，无论民刑或行政，对调查核实权有一个基本统一的规制。

一、现行法律法规对调查核实权的规定

从目前的规定看，检察机关在立案监督、侦查活动监督、民事诉讼监督、行政诉讼监督中均有进行调查核实的权利，对其的规制在各个层级的法律中均有一定涉及。

（一）法律中对调查核实权的规定

2013 年生效的民事诉讼法、人民检察院组织法、刑事诉讼法均新增加了对检察机关行使调查核实权的规定，这使检察机关的调查核实权在国家基本法层面获得了法律依据。

《民事诉讼法》第 210 条规定："人民检察院因履行法律监督职责提出检察建议或者抗诉的需要，可以向当事人或者案外人调查核实有关情况。"《刑事诉讼法》第 57 条，明确赋予了检察机关对非法取证行为的调查核实权。

《人民检察院组织法》第 21 条规定："人民检察院行使本法第二十条规定的法律监督职权，可以进行调查核实，并依法提出抗诉、纠正意见、检察建议。有关单位应当予以配合，并及时将采纳纠正意见、检察建议的情况书面回复人民检察院。"

---

* 朱里，北京市人民检察院第一分院第七检察部检察官助理。

（二）司法解释中对调查核实权的规定

调查核实权并非侦查活动监督所需的独创手段，也不是突出监督主责主业后的成果，实际上其最初萌芽于民事诉讼监督工作的实际需要。①

早在 2001 年，最高人民检察院颁布《人民检察院民事行政抗诉案件办案规则》，其中第 17 条、第 18 条用法律的形式正式确立了人民检察院在民事、行政案件的审查监督过程中享有的调查权。这一权利最初并未获得法院的积极认可，而引发更多的是质疑。随着社会进步、司法理念的更新以及诉讼活动的需要，检察机关的监督得到社会更多的关注和包括法院在内的机关单位的支持。

2011 年"两高"联合颁发《关于对民事审判活动与行政诉讼实行法律监督的若干意见（试行）》，第 3 条明确了三种情形下人民检察院可以向当事人或者案外人行使调查核实权。

在 2013 年民事诉讼法确认检察机关的调查核实权后，2013 年 11 月施行的《人民检察院民事诉讼监督规则》（以下简称《民诉规则》）和 2016 年 4 月施行的《人民检察院行政诉讼监督规则》（以下简称《行诉规则》）均规定因履行法律监督职责提出检察建议或者抗诉的需要，检察机关在法定情形下，可以向当事人或者案外人调查核实有关情况，《民诉规则》还专列"调查核实"一节对该权利的行使进行了相对全面的规范。

刑事领域较早规定调查核实权的司法解释类文件是 2010 年"两高三部"颁布的《关于对司法工作人员在诉讼活动中的渎职行为加强法律监督的若干规定（试行）》。2019 年《人民检察院刑事诉讼规则》（以下简称《刑诉规则》）将刑事诉讼法明确的人民检察院对于刑事诉讼活动中涉嫌违法的事实的调查核实方式予以细化，第 551 条规定了共 10 种方式：（1）讯问、询问犯罪嫌疑人；（2）询问证人、被害人或者其他诉讼参与人；（3）询问办案人员；（4）询问在场人员或者其他可能知情的人员；（5）听取申诉人或者控告人的意见；（6）听取辩护人、值班律师意见；（7）调取、查询、复制相关登记表册、法律文书、体检记录及案卷材料等；（8）调取讯问笔录、询问笔录及相关录音、录像或其他视听资料；（9）进行伤情、病情检查或者鉴定；（10）其他调查核实方式。

在刑事立案监督领域，2010 年 10 月起试行的最高人民检察院、公安部

---

① 康猛：《民事诉讼监督中调查核实权的行使与保障》，载《辽宁警察学院学报》2018 年第 1 期。

《关于刑事立案监督有关问题的规定（试行）》明确了检察院开展调查核实的方式主要有两种，一是询问办案人员和有关当事人，二是查询、复印相关登记表册和案卷材料。《刑诉规则》规定确立的两种调查核实方式全部认可，明确于第551条。

近两年涉及调查核实的司法解释主要是2017年"两高三部"联合印发的《关于办理刑事案件严格排除非法证据若干问题的规定》第14条对犯罪嫌疑人及其辩护人申请排除非法证据并提供相关线索或者材料的情况，要求检察院应当调查核实。

（三）内部规范性文件对调查核实权的规定

2000年，《人民检察院立案监督工作问题解答》（以下简称《立案解答》）发布。该解答提出人民检察院在立案监督过程中，应进行必要的审查和调查。需要调查时，调查的方案要报审查逮捕部门负责人和主管检察长批准；调查要严格依法进行，严禁使用强制措施等。

2013年，最高人民检察院原侦监厅制定《关于侦查监督部门调查核实侦查违法行为的意见（试行）》（以下简称《侦监厅意见》）。应该说，《侦监厅意见》将调查核实权在刑事诉讼中的适用范围从对非法取证扩展到更广泛的侦查活动监督领域。

各地检察机关对调查核实权也进行了积极有益的探索，以北京检察机关为例，在下发的《北京市检察机关检察监督规程（试行）》（以下简称《北京监督规程》）中，无论是刑事侦查监督、刑事审判监督、[①] 刑事执行监督还是民事诉讼监督、行政诉讼监督，均有涉及调查核实权的规定。值得一提的是，监督规程的总则部分在检察监督工作流程一章，统一对调查核实权进行了规制。

二、统一规制调查核实权的必要性和可行性

统一规制调查核实权并不是指让刑事诉讼、民事诉讼和行政诉讼中的调查核实权完全一致，而是指在一个大框架下，对调查核实权的核心问题、共性问题予以明确、给予规范。

（一）调查核实权统一规制的必要性

首先是维护检察监督权威、树立依法监督形象的需要。检察机关是法律监督机关，无论在刑事诉讼、民事诉讼还是行政诉讼中，行使调查核实权的目的都是实现检察机关对诉讼活动的监督。监督是宪法赋予检察机关的职责，调查

---

① 审判监督部分使用的是"调查"一词。

核实权来源于监督权。如果对基本问题不予以统一规制，散落在各个法律法规、规范性文件中的内容一旦出现自相矛盾之处，将被人诟病，有损检察监督权威。

其次是加强检察监督、充分行使权利的需要。全面了解监督事项的各方面情况是正确履行监督职责的前提。从一定意义上讲，调查核实是监督的应有之义，只有利用好调查核实等抓手，检察监督才是有生命力的监督，才能切实起到促进司法工作和维护司法权威的作用。

最后是调查核实权完善、发展的需要。调查核实权从产生、行使到基本覆盖三大诉讼监督领域，并不是一帆风顺、自然而然的过程。从目前的立案规定看，在基本法层面调查核实仅被适用于民事诉讼监督和刑事非法取证行为中，但从实践需要看，只要有检察监督的领域，就需要被赋予调查核实权。因此，权利本身发展的需要也亟待核心问题有一致明确的规定。

（二）调查核实权统一规制的可行性

散落于各个法律规章中调查核实权实质上就是一种权利、一个权力，只是由于在法律文本中出现时间的早晚，由于监督事项不一样产生了在具体行使调查核实权的细节差异。

调查核实工作一直以来都是监督工作中的重中之重，实践中，小到借阅检察机关原承办人的审查报告，打探侦查机关、审判机关承办人电话，联系具体办案人员，大到调取案卷卷宗材料、委托相关机构进行鉴定等，都是调查核实工作的一部分。近些年，随着对检察机关监督接纳程度的提高和监督工作不断向纵深发展的大局势，检察机关本身积累了大量开展调查核实工作的做法和经验，这些为统一规制调查核实权奠定了丰富的实践基础。

同时，最高人民检察院颁布的三大诉讼规则均已对调查核实权的有关问题予以了明确，包括北京市检察机关在内的各地检察机关也在积极地以内部规范性文件的方式指导各地检察官充分行使调查核实权。法律文本上和实践做法上的探索积累都使统一规制调查核实权具有可实现性。

三、调查核实权可统一规则的基本问题

对于调查核实此类操作性很强、主要回应实践需求的权力，在规范初期，应着重关注如何行使权力，即关注在调查核实权下，哪些事情，检察机关可以做，哪些不能做；可以做的如何做，走什么程序，审批决定权在哪。

（一）行使方式，即具体可以采取的调查核实措施

《刑诉规则》《民诉规则》都规定了几种调查核实方式。规制权力行使方

式时，可采用许可式和禁止式相结合的体例。一方面，严禁在调查核实过程中限制调查对象的人身自由，不得采取查封、扣押、冻结财产等强制性措施。

另一方面，建议将可能用到的调查核实方式都先统一规定下来。这样一是避免不同监督类型事项需要的调查核实手段超出一般规定。如涉及刑事侦查监督、执行监督的调查核实，可以讯问犯罪嫌疑人，民事监督事项则肯定不涉及此种方式，但可以在统一部分规定此种调查方式。

二是为调查方式的发展提前创造一定空间。如《民诉规则》未将听取审判机关、审判人员意见列入调查核实措施。《行诉规则》第 13 条则明确在通过阅卷以及调查核实难以认定有关事实的情况下，可以向相关审判、执行人员了解有关情况，听取意见。这样的规定，一方面体现了行政监督中有"向相关审判、执行人员了解有关情况，听取意见"的需要，另一方面又未名正言顺地将其纳入调查核实的方式。在刑事监督领域，询问办案人员是常用手段，这一方式在民事监督领域应有适用的可能和必要。一则听取审判人员意见，相当于给被监督方提供说明、解释及辩驳的机会。二则卷宗等书面材料未必能全面反映监督事项全貌及变化发展的过程。听取审判人员意见，有助于更加全面、客观地了解监督事项情况。

（二）行使时机，即在什么情况下可以行使调查核实权

现行《民诉规则》《行诉规则》规定在"因履行法律监督职责提出检察建议或者抗诉的需要"时，可以开展调查核实工作。《刑诉规则》明确的是对非法取证行为以及立案监督程序中的调查核实权。

就《民诉规则》《行诉规则》而言，"提出检察建议或者抗诉"实为对监督事项的最终处理结果。作出这一决定，需要依赖于通过调查核实，了解监督事项的具体情况。虽然理解此处规定的本意在于严格限制调查核实的行使，但仍有因果倒置之嫌。

就刑事监督而言，无论司改前后，无论监督与办案是否适当分离，有无独立的侦查监督、审判监督等部门，对于办案中发现的问题，也包括监督线索，在实践中，承办人或检察官常常采取询问办案人员意见，调取、查阅相关案件材料等方式调查案件中存在的问题。也就是说，实践中运用调查核实的情形，绝对不仅仅针对可能存在的非法取证行为，还可能涉及管辖违法、回避违法、强制措施违法、侵害辩护与代理权益等。因此，只要是在履行法律监督职责需要时，就可以行使调查核实权。

（三）行使的启动权，即由谁决定可以行使调查核实权

《民诉规则》第 70 条规定需要调查核实的，由承办人提出，部门负责人

或者检察长批准。《侦监厅意见》要求调查核实工作需经分管副检察长或者检察长批准。《北京监督规程》将调查核实的启动权基本赋予检察官。

笔者认为，调查核实的启动决定权应基本下放给检察官，原因在于调查核实就是法律监督的应有之意，在监督中调查核实就是自然而然的事情。在司法改革深入开展的大背景下，"谁办案、谁负责"，检察官能决定对案件等的最终处理结果，此类履职过程中的权力应交由检察官自行决定。

同时，可以将其中一些调查方式行使的审批权交由检察长行使。这类需要由检察长审批的调查方式主要有两类，一类是行使不当可能给原案件办理造成不良影响的，如专门为侦查监督而开展的讯问犯罪嫌疑人工作；另一类是需要额外支出办案经费，有公款支出的调查行为，如委托鉴定机构进行评估、鉴定、审计的。

（四）对权力行使原则的认识

《侦监厅意见》第 3 条首次提出了开展调查核实工作的原则为"依法、规范、公正、及时、高效、保密"。《北京监督规程》充分吸收该规定，将调查核实的原则调整为"依法、规范、公正、安全、高效、保密"。

"依法、规范、公正"作为司法工作的原则，可以说放之四海而皆准。如果在调查核实从属的检察监督工作中，在调查核实权从属的检察监督权已经明确了"依法、规范、公正"等要求时，除了再次强调、突出外，单独列明的必要性有待商榷。此外，规定"保密"原则是否合适，此"保密"是针对何方而言？2000 年《立案解答》的确提出"调查要秘密进行，不暴露意图，一般不接触犯罪嫌疑人"，但是《刑诉规则》第 72 条第 3 款明确规定"人民检察院决定调查核实的，应当及时通知公安机关"，原《侦监厅意见》也有类似规定。一般情况下，在保证司法公开、公正的同时，需按照国家法律政策以及工作要求，做好案件保密工作。提到权力行使，一般会强调侦查权的保密性，而调查核实又是区别于侦查权的一类权力。此"保密"与工作保密要求、与侦查权的秘密性有何区别，其具体含义有待进一步明确。

规定权力行使原则的意义之一在于在出现争议性问题，未尽事宜时，可以依据原则进行评判、取舍，原则也应为权力行使提供基本指引。若统一规制原则，在文件的规范性上无疑是可行的，但是确定原则之前，应该对调查核实权开展更加深入的研究。原则不能太原则，更不能语焉不详。建议在达成更深层次共识的基础上，再统一规制原则。

侦查活动监督中调查核实权的适用

王秋杰[*]

D 院审查逮捕部在办理公安局于 2016 年 8 月 30 日提请审查逮捕的犯罪嫌疑人刘某某故意伤害案中，在电话核实证人证言过程中，证人王某某称从未到过派出所，未担任过证人，证人刘某某联系电话为空号，无法核实证据程序合法性及内容客观性，在案件办理过程中对证人王某某证言予以排除。审查逮捕部认为公安机关可能存在伪造证据行为，并将该线索于 2016 年 9 月 6 日移送侦查监督部。侦查监督部检察官通过审查侦查卷宗、询问相关人员、调取相关材料，发现公安局在侦查过程中存在没有全面及时查找证据、未如实记录关键证人的身份、取证固证不力等违法行为，并向公安机关发出纠正违法通知书。

在以审判为中心的诉讼模式下，检察机关必须发挥审前程序的主导作用，加大对公安机关侦查活动的监督，注重调查核实的适用。基于此，调查核实的相关规定应当根据改革的变化作出相应调整、拓展线索来源、灵活运用调查方法、加强处理结果的跟踪反馈。

一、侦查活动监督中调查核实权的线索来源

（一）线索来源的分类

检察机关启动调查核实权的前提是侦查人员存在以非法方法取证的行为，对于此种情形，检察官如何掌握。在实践中，需要有两种途径：一是检察官依职权在工作中自行发现；二是根据报案、控告、举报。检察官主要依赖于审查逮捕、审查起诉工作完成，在调阅案件证据的过程中善于发现侦查取证活动存在违法情形。

（二）发现渠道的狭隘

尽管检察机关发现侦查活动违法有两种渠道，可是在实践中运行的效果不

---

* 王秋杰，北京市大兴区人民检察院第三检察部检察官。

理想。有人进行过统计，"在违法线索来源上，诉讼参与人申诉或控告的仅占9%"。① 可见，当事人一方提出的申诉控告的比例很低，难以挑起检察机关发现违法侦查行为来源渠道的大梁。因此，检察机关发现违法侦查行为主要依靠在审查批捕和审查起诉中自行发现。在审查批准逮捕环节，检察机关发现违法侦查行为主要通过审查案卷材料、讯问犯罪嫌疑人、询问证人、听取辩护律师意见。单纯查阅案卷材料的弊端是显而易见的，"公安机关在报送材料时往往是有选择性的，侦查活动中很多违法犯罪情况并不能反映到案卷中"。② 实践中，检察机关发现违法侦查行为的渠道往往是讯问犯罪嫌疑人和听取辩护律师的意见。可是，根据刑事诉讼法的规定，检察机关并非每起案件都要讯问犯罪嫌疑人。"检察院即使收到律师提供的意见，若检察人员不予答复、不置可否或者敷衍了事，律师也无从救济，律师的辩护意见自然也就毫无影响力可言。"③ 因此，检察机关在审查批捕环节发现违法侦查行为的渠道太过狭隘。在审查起诉阶段，检察机关发现侦查违法的渠道也同样狭隘。

（三）保障调查核实权的线索来源

1. 履行告知义务，从源头获取线索

犯罪嫌疑人往往是刑讯逼供的受害者，对违法取证有着切身的经历和感受，最能完整的反映违法取证的经过和具体手段，犯罪嫌疑人的控告、申诉、举报是获得违法取证线索的最重要途径。在审查批捕、审查起诉阶段，检察官应当严格遵循相关规定，在讯问犯罪嫌疑人时，"及时告知排除非法证据的申请权利，告知诉讼权利和认罪认罚的法律后果，并记录在讯问笔录中"。④ 犯罪嫌疑人只有知晓权利，才会依法行使权利，积极提供侦查人员涉嫌违法的证据或线索。同时，证人的作用也不能忽视，证人往往是暴力取证的亲历者，对侦查人员的取证过程和方式最为了解，因此，检察官也应重视做好证人的工作。另外，驻所检察人员在日常工作中与犯罪嫌疑人谈话时，多向其宣传检察职能，询问侦查人员的取证行为，接受嫌疑人的举报或控告。

---

① 元明、朱荣力：《修改后刑诉法新增侦查活动监督工作实证研究》，载《人民检察》2014年第5期。

② 陈卫东、赵恒：《人权保障视角下的侦查监督改革》，载《人民检察》2014年第9期。

③ 叶青：《审查逮捕程序中律师介入权的保障》，载《法学》2014年第2期。

④ 北京市怀柔区人民检察院课题组：《侦查活动监督中调查核实权的完善路径》，载《中国检察官》2017年第9期。

2. 认真审查，强化部门间沟通

在强调检察机关侦查活动监督线索来源时，还有一点不能忽视，就是内部相关部门的协调配合。如负责捕诉的部门在审查逮捕、审查起诉工作中发现公安机关侦查活动存在问题，应当把线索及时移送负责检察管理监督的部门，由其移送负责侦查监督的部门。负责刑事执行检察的部门在驻所检察工作中发现侦查活动监督线索的也应当及时移送负责检察管理监督的部门，由其移送负责侦查监督的部门。因此，强化检察机关内部各相关部门的配合，发现侦查活动监督线索的必须及时移送，不得耽误，拓展侦查活动监督的线索来源，为启动调查核实奠定基础。

3. 做好宣传，扩大线索来源

为拓宽侦查活动监督的线索来源，离不开广大群众的参与，群众的支持和配合是做好侦查活动监督工作的重要依靠。因此，检察机关必须借助多种方式进一步强化法治教育，增强群众的法治观念，使其勇于监督、善于监督。通过媒体等各种方式大力宣传检察机关侦查活动监督的职能，充分利用"检务公开""举报宣传周"等形式及广播、电视甚至网络等媒体宣传检察机关侦查活动监督的职能，让群众知悉检察机关的职能，发现问题敢于向检察机关反映。

二、侦查活动监督中调查核实的方法

（一）调查方法的规定

"由于《刑事诉讼法》没有进一步规定检察机关可以采取何种侦查措施，加之受三机关分工负责、互相配合、互相制约的影响，检察机关除阅卷之外很难采取有效的调查措施。"[①]《人民检察院刑事诉讼规则》第551条规定检察机关对非法取证行为的调查核实手段有：（1）讯问询问犯罪嫌疑人；（2）询问证人、被害人或者其他诉讼参与人；（3）询问办案人员；（4）询问在场人员或者其他可能知情的人员；（5）听取申诉人或者控告人的意见；（6）听取辩护人、值班律师意见；（7）调取、查询、复制相关登记表册、法律文书、体检记录及案卷材料等；（8）调取讯问笔录、询问笔录及相关录音、录像或其他视听资料、（9）进行伤情、病情检查或者鉴定；（10）其他调查核实方式。共10种方式。《关于侦查监督部门调查核实侦查违法行为的意见（试行）》第5条规定了10种调查核实的方式：讯问犯罪嫌疑人、询问办案人员、询问证

---

① 陈卫东主编：《遏制酷刑的三重路径：程序制裁、羁押场所的预防与警察讯问技能的提升》，中国法制出版社2012年版，第119页。

人、被害人或者其他诉讼参与人、询问在场人员或者其他可能知情的人员、听取辩护律师意见、查看、调取讯问笔录、讯问录音、录像、查询、调取犯罪嫌疑人出入看守所的身体检查记录及相关材料、查阅、调取或者复制相关法律文书或者案件材料、伤情、病情检查或者鉴定等。

（二）调查方法存在的问题

司法实践中，检察机关采取上述调查手段对违法侦查活动进行核实面临很多困难：

1. 伤情鉴定过于滞后

当犯罪嫌疑人提出自己遭受刑讯逼供的控告，检察机关接受控告并着手处理。可因时过境迁，犯罪嫌疑人被刑讯逼供所形成的伤口已基本愈合，进行的身体检查与伤情鉴定是无法支持犯罪嫌疑人的控告主张的，况且侦查人员一般不会承认自己实施了刑讯逼供行为。

2. 同步录音录像制度在实施中存在"选择性录制"的问题

"录制人员在侦查人员通过讯问谋略甚至使刑讯逼供等非法方法彻底制服犯罪嫌疑人进而确保后续审讯万无一失以后，才正式开始实施录音录像。"①因此，即使案件有同步录音录像资料，经过侦查人员的"漂白"和"彩排"，也不会反映存在刑讯逼供等违法行为。显然，检察人员借助同步录音录像资料调查核实侦查违法行为的途径难以达到目的。

3. 利益的同体性使相关人员不予配合

对刑讯逼供等非法取证行为知情的往往是侦查办案人员的同事或看守所的接收民警，但出于共同追诉犯罪的心理，这些人员一般不会配合检察机关的调查，如实反映情况，有的甚至还会内部袒护，出具假证明、假说明，阻碍调查取证的顺利进行。

4. 调查核实的时间没有保证

现行法律并没有专门规定检察机关对非法证据进行调查核实的诉讼期间，导致该工作无时间保证。办案的检察官意欲对非法证据进行调查核实，只得在有限的诉讼时间内专门抽时间把调查核实工作完成。缺乏时间的保证，调查核实的效果可想而知。

（三）灵活运用调查方法

对于侦查违法行为，检察人员调查核实必须注重方法，避免影响侦查活动

---

① 王超：《全程录音录像制度的功能异化——以侦查讯问录音录像的选择性录制与播放为视角》，载《华中科技大学学报（社会科学版）》2014年第1期。

的正常开展，同时也要保守案件秘密，注意多种方法的综合运用，争取调查核实取得最大实效。

1. 讯问犯罪嫌疑人

在办案过程中，检察人员不能把提讯仅看成一道可有可无的程序，必须依照法律规定做好对犯罪嫌疑人的讯问，认真听取其供述和辩解，对无罪和罪轻的辩解应当认真调查核实。在审查逮捕、审查起诉过程中第一次讯问犯罪嫌疑人时，应当讯问其供述是否真实，并计入笔录。对被羁押的犯罪嫌疑人要结合提讯凭证的记载，核查提讯时间、讯问人与讯问笔录的对应关系。相关规定赋予了负责刑事执行检察的部门调查核实非法证据职责，进一步强化了检察机关对侦查取证活动的监督。人民检察院派驻看守所检察人员承担对讯问合法性进行调查核实，实现了监督关口前移，有助于解决当前刑讯逼供发现滞后、调查取证困难、证据易于灭失等问题。

2. 调取录音录像资料

排除人为因素，同步录音录像资料应是对侦查讯问活动的最直接和最客观的记载。录音录像的调查核实主要看光盘制作是否规范、讯问程序是否合法、讯问内容与笔录是否一致、录音录像是否完整等四个方面。对于公安机关随案移送或者检察机关调取的讯问犯罪嫌疑人录音、录像，认为可能存在非法取证行为的，检察人员应当对有关录音、录像进行审查。至于审查录音、录像的范围应根据案件情况而定。在审查的过程中，检察人员有权要求侦查人员对于录音、录像的次数、效果等问题进行解释。

3. 调取犯罪嫌疑人身体检查记录及相关材料

身体检查记录是犯罪嫌疑人健康情况的客观反映，检察机关通过调取身体检查记录可了解和掌握犯罪嫌疑人是否遭受了刑讯逼供等不法侵害。相关书面材料主要包括犯罪嫌疑人出入看守所的身体检查记录、驻所检察室谈话记录、看守所提讯登记、监控视频等。

4. 伤情鉴定

针对刑讯逼供或者暴力取证等侦查违法行为，有必要进行伤情、病情检查或者鉴定，以确定犯罪嫌疑人或证人是否受伤及被伤害的程度。伤情鉴定意见结合录音录像、知情人员的证言等证据，可以认定是否存在非法取证行为，为案件后续公正处理以及侦查人员是否涉嫌犯罪等决定提供依据。

5. 询问相关知情人员

询问办案人员，核实其侦查过程，主要包括是否有刑讯逼供行为，是否有暴力、威胁、引诱、欺骗等非法取证行为，受害人的伤情是否在侦查环节形成，有瑕疵的物证、书证是否能够补正或者作出合理解释等。例如，在实践当中，经常出现的在抓捕犯罪嫌疑人的过程中，犯罪嫌疑人抗拒抓捕或者逃跑过程中造成的人身伤害，这不属于刑讯逼供。询问在场人员及相关证人，能够比较客观的反映侦查人员的违法取证行为，特别是存在刑讯逼供、暴力取证等违法侦查情形而录音录像资料缺失或不完整时，知情人员的证实尤为重要。

三、侦查活动监督中调查核实权的保障

检察机关调查核实权意欲顺畅运行，离不开坚实的保障机制，需要有人来操作、需要协调沟通、需要有效制约。

（一）人才

在检察机关内设机构改革后，侦查监督的业务仍然存在，只会加强，不能削弱。因此，在检力资源配置上，必须保障侦查监督业务的人员充足，注重人员能力素质与侦查监督业务相匹配。加强人员的培训，定期举办素能培训，进行技能比武和岗位练兵，增强侦查监督工作、调查核实工作的能力和水平。同时，探索跨岗交流，通过实行检察人员到公安机关侦查部门轮岗交流，熟悉掌握侦查方法与技巧，做到知己知彼，方能百战不殆，确保调查核实的成效。另外，为充分调动办案人员的积极性，挖掘内在潜力，需要建立科学合理的奖惩机制。"将调查核实权列入检察官及检察官助理的责任清单，并制定严明的奖惩措施，激励和督促检察人员积极办案、依法办案，确保侦查监督和调查核实取得实效。"[1]

（二）协调

1. 内部配合

侦查监督业务是检察工作的一部分，仅仅依靠部分人或个别部门是很难开展的，必须加强部门间的配合，举全院之力，形成监督合力。以目前 D 院机构设置现状为例，具体业务部门在办案中发现的诉讼违法线索，属于一般性事项的，自行办理；属于重大诉讼违法，需要调查核实、进行案件化办理的，应移交侦查监督和刑事审判监督的部门办理。同理，负责刑事执行检察等部门在工作中负责收到或发现侦查违法行为线索的，应当及时移交侦查监督部门。

2. 外部协调

就侦查活动监督中的调查核实而言，检察机关需要做好与公安机关、监察委的外部协调工作。建立公检联席会，定期向公安机关通报检察机关调查核实

---

① 北京市怀柔区人民检察院课题组：《侦查活动监督中调查核实权的完善路径》，载《中国检察官》2017 年第 9 期。

工作开展情况及结果，并就侦查活动存在的问题提出改进意见，构建监督和被监督的良性关系。检察机关应与当地监察委无缝化衔接。对于在工作过程中发现公安机关办案人员有徇私舞弊等违法违纪行为或涉嫌职务犯罪的，应当将相关线索移交本院负责检察管理监督的部门，由其移送监察委员会处理。

（三）制约

法律规定检察机关经调查核实确认公安机关存在刑讯逼供等非法取证情形的，应当提出纠正意见。但是，检察机关应在多长时间内提出纠正意见，公安机关接到意见后不予纠正，检察机关如何应对，法律对这些问题并未细化。"现有立法规定刚性不足，纠正意见是否具有强制执行力立法语焉不详，导致检察机关调查核实的结果缺乏强制执行力。"① 因此，为确保检察机关的调查核实权落地生根，必须明确调查核实的效力。对于侦查人员在取证过程中出现的轻微违规、违法行为，尚不足以用书面纠正的，由检察官予以口头纠正。对于常见、多发或是严重的违规、违法行为，检察机关应依法向公安机关发出综合类检察建议书、纠正违法通知书，公安机关必须在限定时间内落实，并将落实情况向检察机关予以反馈。如果公安机关不予落实的或拖延落实的，检察机关应将此种情况向上一级检察院报告，由其要求同级公安机关落实。同时，检察机关还可将此种情况向同级监察委报送，由其审查公安机关是否存在违法违纪问题。

① 闵春雷等：《东北三省检察机关新刑诉法实施调研报告》，载《国家检察官学院学报》2014 年第 3 期。

对检察监督案件化办理的思考

——以刑事审判监督违法案件的立案标准为视角

田　野*

党的十八届四中全会提出"完善检察机关行使监督权的法律制度""加强对刑事诉讼、民事诉讼、行政诉讼的法律监督",对检察机关充分履行检察监督权提出了更高的要求。最高人民检察院在《"十三五"时期检察工作发展规划纲要》中指出,"探索实行重大监督事项案件化,加大监督力度,提升监督实效",为检察机关落实新一轮司法改革要求,更加充分地履行检察监督权指明了方向,具有重要意义。这项重大工作部署,是遵循检察监督规律的体现,是聚焦检察监督主业的有力举措,有利于形成检察监督职能和办案职能齐头并进、协调发展的局面,既是深化司法体制改革、推进检察改革的逻辑结果,也是依法公正规范行使检察监督权,补强监督"短板",提升检察监督法治化水平和司法公信力的现实需要。

刑事审判监督权是检察监督权的重要组成部分,处于刑事诉讼流程后序后位,肩负着"对刑事审判活动及司法裁判是否符合法定程序和法定标准进行审查监督,发现并纠正违反诉讼程序及诉讼标准的诉讼行为和司法裁判、保证刑事审判权依法正确行使"[1] 的重任,是守护司法公正的最后防线。传统上,刑事审判监督与公诉职能"捆绑"运行,导致公诉成为硬任务、监督成为软任务,监督成效不够理想。北京市检察机关以深化司法责任制改革为契机,按照监督职能与诉讼职能适当分离的原则,在公诉部门之外单独设立刑事审判监督部门,通过优化职能配置,集中统一行使刑事审判监督权,并探索对重大监督事项实行案件化办理,推动检察监督由传统"办事模式"向"办案模式"与"办事模式"相结合的方向转变、转型,为解决监督弱化、虚化问题,实

---

* 田野,北京市人民检察院第十检察部检察官。

① 向泽选:《刑事审判监督的制度缺陷和完善》,载《国家检察官学院学报》2006 年 8 月第 14 卷。

现监督提质增效提供了可复制、可推广的"北京方案"。

一、检察监督案件化的内涵

(一) 检察监督的内涵

较之以往使用更多的"法律监督"概念,"检察监督"一词近年来在检察理论研究和实务领域"出镜率"颇高,笔者认为,这一转变是中国特色社会主义检察制度更加成熟定型的缩影。"法律监督"一词虽然揭示了检察机关的性质,但无法直接回答检察机关具体包括哪些职权和职能。正如王桂五同志所说,"检察机关的法律监督实质上是国家权力机关实行法律监督的一种间接形式,……国家权力机关要善于运用两手抓的方法,即一手抓检察机关的专门法律监督,把检察监督作为经常的手段来运用"[①],从上述论述可知,与法律监督这一相对抽象的概念相比,检察监督一词更加形象具体地揭示了检察机关实现法律监督目的的手段和方式,使探讨检察职能运行问题时指向更明确,与检察监督体系超越纯粹诉讼监督范畴,不断拓展、日趋丰富的发展态势保持了内在一致,因而有了更多的语境空间。

关于检察监督概念的外延,最高人民检察院"十四检"会议作出充分阐释,认为应涵盖检察机关所有的职能和制度,是最为广义上的检察监督。但在本文中,为了与法律监督这一上位概念有所区分,更加突出近年来中央加强检察监督的精神实质,对检察监督外延作狭义的限定,即剥离最广义检察监督体系中的传统司法办案职能,将其界定为诉讼监督以及党的十八届四中全会以来新增的对行政权的监督等监督职能。

(二) 对传统检察监督模式的反思

根据《现代汉语规范词典》,模式是指"作为标准的结构或样式",是解决某一类问题的方法论。模式具有一般性、简单性、重复性、结构性、稳定性、可操作性等特征。由此,检察监督模式就是在长期的检察实践中客观形成的、较为稳定、带有普遍性的监督方法体系以及其折射出的检察监督生态,检察监督模式由每名检察官的履职行为汇聚而成,又反过来在监督理念、行为模式和职业习惯上影响着每名检察官。长期以来,检察监督依附于诉讼活动展开,工作模式带有较浓厚的"办事模式"色彩,特点是监督规范性程度不高、监督程序不够健全、时限缺少刚性约束,考评缺乏可操作性标准。具体表现有三:一是在工作理念方面,重实体轻程序、重结论轻过程的倾向和问题普遍存

① 王桂五主编:《中华人民共和国检察制度研究》,法律出版社1991年版,第166页。

在，监督程序意识、证据意识、时效意识、法律适用意识不强。因制度规范不够健全完善，监督易陷入经验主义误区，不能完全体现刑事诉讼法正当程序原则。① 二是在具体工作流程中，调查收集证据、审查证据分析、法律适用论证等司法活动运行必备要素不健全，结案标准不明确，监督处理结果易于流产，缺乏监督时限约束，影响监督的严肃性和权威性。三是在监督业务载体方面，监督事项没有纳入统一的案件管理系统，没有案件编号和卷宗，没有向档案部门归档，监督工作常常"不留痕迹"或"一张纸监督"，无法真实全面反映监督过程及效果，监督办案责任制流于形式。

以上监督模式的弊端显而易见：（1）由于监督缺乏制度规范，监督可操作性较差，监督随意性较大，无法保证监督质量；（2）由于缺乏程序和时限制约，出现违法情形时是否真监督、能否及时、用"心"监督都存在较大弹性，监督效果难以尽如人意；（3）由于缺乏案件化的考评机制，监督的数量和效果成为"糊涂账"，检察官的履职水平和业绩难以评估；（4）由于缺乏必要的调查取证、证据评估、法律适用论证等环节，在提出检察建议、纠正违法通知书时缺乏针对性和说服力，监督做不到有理有力，公信力不足，被监督单位能否接受监督、纠正诉讼违法问题殊难预料。

有观点指出，诉讼监督线索发现难、调查核实难、监督处理难这三个"老大难"问题一直困扰着检察监督工作，② 该困境固然与现行法律规范中关于检察监督的内容、范围、手段、措施等方面规定不健全有关，但究其本质，就事论事、案件化基本要素缺失的"办事模式"才是导致监督过程不规范、监督结果不理想的"病根"，由此折射出的则是对检察监督规律的漠视和违背。传统上，我们将司法办案与检察监督简单地"合二为一"，搞"混业经营"，模糊、淡化了检察监督独特的法律地位，导致其沦为"副业"和"软任

---

① 起源于英国的正当程序原则被认为现代刑事司法过程中应当贯彻的一条准则，其主要内容包括程序法定、程序人道、程序中立、程序平等参与、程序自治、程序公开等，检察机关作为司法机关属性毋庸置疑，检察监督职能运行自然也应遵守正当程序原则。笔者认为，程序法定、确定统一、规范的监督程序对于检察监督的意义有三：一是可以保证监督程序的确定性和可预见性，使程序参与人在参与具体程序之前能够对自己在程序中所处的地位和所拥有的权利及应尽的义务有明确的了解，有利于程序参与人、被监督者实现自己的诉讼权利和实体权利；二是可以保证监督程序具有使用的普遍性和平等性，即"同种情况同种对待"，防止出现程序使用上的特权和歧视现象；三是保证监督的规范性和稳定性，预防和避免监督者行使监督权过程中的恣意和"任性"。

② 参见黄河：《新时期侦查监督法治化现代化主题的解读》，载最高人民检察院侦查监督厅编《侦查监督指南》2015年第2辑，中国检察出版社2015年版，第15页。

务"。在以审判为中心的诉讼制度改革、以司法责任制为核心的司法体制改革、以完善检察监督体系为目标的检察改革背景下,传统检察监督"办事模式"无以为继,转型迫在眉睫。理念一新天地宽,对办事模式的反思催生了对检察监督模式的变革需求,积极适应司法体制改革、诉讼制度改革要求,遵循检察监督客观规律,对办事模式实行"案件化"改革,被理论和实践证明是兴利除弊的科学方案。

(三)检察监督"案件化"的内涵

探讨"案件化"概念,须首先界定何为"办案"。对"办案"的定义和评价,是改革后检察机关无法回避的理论和实践难题,直接关系到中央关于检察官办案责任制要求能否落实到位以及检察官办案绩效如何评价等深层次、关键性问题。检察语境中的办案有广义和狭义之分。在本轮司法责任制改革前,狭义办案一般理解为司法办案,亦即办理诉讼案件。广义办案则涵盖检察官所有履职活动。习近平总书记指出:"凡是进入法官、检察官员额的,要在司法一线办案,对案件质量终身负责。"这里的办案即广义的办案,既包括办理诉讼案件,也包括开展检察监督等检察官其他履职活动。习总书记上述讲话指明,为彻底落实司法责任制,检察官要充分发挥办案主体作用,以办案为天职、以办案为中心,将办案作为检察官选任、履职、考核及退出的关键依据,深入一线、按照司法亲历性的要求和法治化的标准程序办案,不仅适用于传统的司法案件,也适用于检察监督工作,办案与监督同样重要,监督决不能弱化、成为办案的附庸。改革实践中检察监督活动同样应纳入检察官权力清单和责任清单,对以往重办案、轻监督观念和痼疾进行"拨乱反正"也彰显了这一点。

基于上述分析,本文将检察监督"案件化"内涵界定为,在司法责任制改革背景下,针对传统的检察监督较之司法办案相对弱化、虚化、边缘化,规范化程度不高等问题,提出的按照司法办案标准和模式对检察监督传统办事模式的一种改造方案、改革路径,目的是提升检察监督法治属性、彻底落实司法责任制,做法是将检察监督工作中符合"案件化"办理要求的监督事项作为案件来办理,还原其本来的案件属性和特征,成为监督案件。在实操层面,就是按照办案的程序和要求,建立决定受理、登记编号、调查核实、实施监督、作出决定、跟踪反馈、立卷归档等办理流程,并以此为中心,建立一整套服务于检察监督办案的配套工作制度机制,实现监督的统一性、规范性、准确性,提高检察监督的监督质效和权威。

由此,围绕检察职能范围、检察工作规律和司法责任制改革精神要求,狭义"办案"的外延也应拓展为包括办理诉讼案件和监督案件两部分内容,前者包括审查逮捕、公诉类案件、职务犯罪检察类案件等,后者则包括立案监督、侦查活动监督、刑事审判监督、刑事执行检察等诉讼监督类案件，民事检察类案件，行政检察类案件等。

二、检察监督"案件化"办理的实现路径及其意义

（一）检察监督"案件化"办理的实现路径——重大监督事项"案件化"

实践中，检察监督大致分为两种情形：一是发现存在轻微违法情形；二是发现严重违法及以上情形。

上述监督事项特别是第一种情形数量庞大，如果全部作案件化处理，既不能区分监督重点，又将导致有限的司法资源不堪重负，"大事奏请裁定，小事立予昭雪"①，办案繁简分流的历史经验可资借鉴，科学合理地确定重大监督事项的范围并据此作分流处理，是实现诉讼公正与效率有机平衡的客观要求。具体的分流原则应当遵循比例原则，科学区分被监督事项的性质、情节、后果，在违法程度上准确界定执法瑕疵、一般违法、重大违法和涉嫌犯罪几个层次，进行合理分流，把违法情形的严重程度作为定性"重大监督事项"的重要标准，如某一监督事项达到严重违法程度就要交由专门的检察监督部门办理，成为诉讼监督案件。对于轻微违法情形则采取提出口头纠正意见或者建议，采取"短、平、快"的方式及时跟进监督，无须按照案件化程序办理，二者繁简分流，做到监督手段、案件办理和违法行为相匹配。

（二）推进重大监督事项"案件化"的意义

首先，这是坚持检察机关职能两大主线、实现监督与办案协调发展的必然要求。张军检察长指出，检察机关是党领导下的法律监督机关和司法机关，检察监督和司法办案是检察机关的两大主责主业，检察机关要做好新时代人民满意的答卷，就应当紧紧把握这一职责定位，全面履职。不仅要通过司法办案惩治犯罪，还要聚焦监督主责主业，充分行使检察监督权对行政权、审判权给予必要的监督制约，保障法治统一。推进重大监督事项"案件化"，用办案的程序、要求、规格来对严重破坏司法公正的行为实施强有力的监督，能够有效防止公权力恣意任性，充分彰显检察机关的监督品性，捍卫法治秩序。

其次，这是提高检察监督法治化水平，规范监督权运行的必然要求。检察机关是推进依法治国的重要力量，检察权运行也应当体现依法治国、依法司法的要求，作出表率。为此，检察监督权首先应当依法依规按程序进行。传统的办事模式下，检察监督一定程度上处于"有职权无程序"的状态，与依法司法

---

① 钱大群：《中国法制史教程》，南京大学出版社1999年版，第355页。

的要求不相适应。实行重大监督事项"案件化"的改革，按照办案的标准和流程来规范监督行为，能够提升监督的规范性，促进监督标准趋于统一、监督程序更加规范、监督过程客观留痕，监督履职更加公开透明，使检察监督权的法治属性得到明显提升，更易被监督者认同和接受检察监督，监督公信力得以实现。

最后，这是落实检察官责任制、促进监督能力提升的必然要求。习近平总书记指出，司法责任制是深化司法体制改革的牛鼻子。能否真正落实司法责任制、检察官责任制，关键看检察官办案职责和办案清单是否明晰，是否深入一线承办案件，办案数量和质量是否达标，检察官是否对所办案件终身负责。传统的办事模式下，检察官虽然也开展了大量监督工作，但因监督和考核标准不明导致检察官监督质量无从评价，公正司法内生动力不足。实行重大监督事项"案件化"，有利于厘清和强化检察官办案责任，监督工作有了案件化办理要求这把尺子，"留痕"让办案终身负责不再是一句空话，客观上能倒逼、促进检察官不断提升业务能力，更加优质高效履行检察监督职能，从而使检察的办案主体地位得到充分的发挥。

三、重大监督事项"案件化"的实践探索

在推进重大监督事项"案件化"改革方面，北京市检察机关实践探索开展较早，于2015年率先提出重大监督事项实行案件化办理的思路，并在刑事执行检察领域先行先试，首先从论证理论上解决了刑事执行监督案件的概念、实行办案模式的必要性和可行性、办案模式的法治化要素等问题，2016年，在充分调研的基础上，在业务实践层面陆续制定办理被监管人死亡监督案件，撤销缓刑、假释和收件执行监督案件，减刑假释监督案件三方面办案规范，"办案模式"在刑事执行检察领域落地生根，因工作成效显著，得到最高人民检察院的充分肯定。

2017年年底，在总结刑事执行检察领域探索经验的基础上，北京市检察院部署在市检三分院、朝阳等院开展检察监督"制度化、规范化、程序化、体系化、信息化"[①] 为目标的"五化"建设试点工作，并将重大监督事项案件

---

① 制度化是指通过编制统一的检察监督工作规程、案由、立案标准等，推动完善立法，解决"有职权无程序"的问题；规范化是指健全检察监督线索受理、审查、立案、调查核实、纠正处理、跟踪反馈、结案归档等全流程工作标注和程序；程序化是指明确对检察监督线索进行案件化处理的范围、标准、案由和流程，确保全面查清诉讼违法，深化监督效果；体系化是指明确检察监督的内涵外延，统筹推进三大诉讼监督职能和工艺诉讼等工作，健全完善检察监督工作体制、制度、机制、方式和程序；信息化是指研发检察监督业务应用系统，推动检察机关办案网络与执法司法机关办案网络互联互通，有效服务职能发挥。

化办理作为检察监督"五化"建设试点的重点任务，在整个检察监督工作领域全面推开，采取的做法和成效主要包括：

一是制定《检察监督线索管理办法》，从源头上管理检察监督线索。依托检察服务中心、案件管理中心、检察管理监督平台，对群众反映、其他机关移送或办案中自行发现的各类监督线索，实行统一归口集中管理，按照线索受理→评估审查→线索分流→办结反馈的流程，实现了检察监督线索的统一受理、统一分流和跟踪监督。

二是提炼形成检察监督案件案由与立案标准。按照"抓大放小、突出重点"的原则，立足重大监督事项"案件化"办理，详细梳理出 581 种诉讼违法或行政违法情形，制定《检察监督案件案由与立案标准》，形成了涵盖侦查监督、刑事审判监督、刑事执行监督、民事诉讼监督、行政诉讼违法和行政机关违法行使职权或不作为等六大类案件的 132 个具体案件案由，并参照诉讼案件的立案标准，以列举形式细化明确每个监督案件的立案标准，实现了检察监督案件案由与立案标准的从无到有。

三是研究制定《检察监督规程》，规范调查核实职权运行程序。明确调查核实的主体、重点内容、程序步骤、终结处理以及时间期限等要素，区分不同监督领域分别加以规范，明确各个监督领域、各类监督案件运用调查核实权的范围、方式、手段、程序和处理方式，形成了一套完整、规范、明确的调查核实权行使程序。

四是针对部分检察监督线索审查办理无法定时限要求、办理期限把握不统一等问题，探索建立检察监督案件办理时限制度，明确规定相关监督部门应当自收到移送的检察监督线索之日起，3 个月内办结相关案件，并向检察管理监督部门书面回复办理结果；情况复杂，到期不能办结的，经报请批准可以延长办理期限，但最长不得超过 3 个月。对于移送的检察监督线索，相关监督部门在规定的时间内没有回复办理结果的，检察管理监督部门进行催办。通过建立办案时限、跟踪催办，提高了检察监督线索的审查办理效率，实现了检察监督线索的全程留痕管理和全程动态监督。

实践证明，推行以重大监督事项为核心的检察监督"五化"建设解决了检察监督工作有职权无程序、随意性强等难题，提升了检察监督工作的规范化程度和监督实效。以刑事审判监督领域为例，通过审判监督的"五化"试点，全市已基本形成了检察监督重大事项"案件化办理"的规范体系。监督案件办理程序更加规范，监督效果更加突出，截至 2018 年 8 月，共立案办理监督案件 58 件，较去年同期增长了 286%；制发监督意见 74 件次，较去年增长了 221%。

四、刑事审判监督工作领域实行重大监督事项"案件化"的思路

有观点认为，检察监督重大监督事项"案件化"应当包括完善的程序规范、差异化的证据规则、严密的管理流程、科学的质量标准、完整的办案机制五个基本要素，[①] 本文赞同上述观点，围绕上述要素，刑事审判监督工作领域实行重大监督事项"案件化"应着力把握三方面：

（一）明确重大监督事项"案件化"的案由与立案标准

确定立案标准是重大监督事项"案件化"实践操作的前提。前文述及，重大监督事项，主要体现的是重大违法情形，只有出现严重违法情形，才是需要案件化处理的重大监督事项。具体而言，对于刑事审判监督工作，应当结合刑法、刑事诉讼法和《人民检察院刑事诉讼规则》确定的基本职能来考量和分析。

具体而言关注三方面内容：一是在重大违法活动外延方面，根据《人民检察院刑事诉讼规则》的列举，应包括刑事审判活动违法、刑事裁判错误领域，同时，鉴于减刑假释裁定在实行开庭审理改革后，已演变为一种实质审理活动、不再是对监管执行效果简单确认的实际，应将对审判机关减刑假释裁定的监督一并纳入审监工作职能、一并纳入刑事审判监督的业务范畴，因而，"减刑假释裁定不当案"也应纳入刑事审判监督"案件化"范畴。

二是在重大违法活动的案由方面，同样应作科学合理的界定。案由是司法机关对诉讼案件所涉及的法律关系的性质进而概括形成的案件名称。检察机关在办理刑事、民事等司法案件时都有具体案由，办理监督案件也应当有案由。结合北京市检察机关的相关实践，应按照"规范性、明确性、特定化"的标准提炼出重大、复杂诉讼违法行为的案由以及每一类诉讼违法行为的类名称，确保监督案件名称简明、特点突出。如结合《人民检察院刑事诉讼规则》第570条的规定，刑事审判活动违法案领域就可划分为"管辖错误监督案、法定期限违法监督案、审判组织违法监督案、执行回避规定违法监督案、妨害当事人诉讼权利监督案、违反公开审理规定监督案、违反开庭审理规定监督案、法庭审理程序违法监督案、违法行使职权监督案"等。

三是精细化界定立案标准。在刑事审判监督"案件化"的具体案由中，每个案由是否成案，在形式上应当具备明确的操作性标准，在实质上则应具备

---

① 参见韩晓峰、陈超然：《诉讼监督事项案件化的思考——以侦查监督为分析视角》，载《人民检察》2016 年第 21 期。

类似于刑法分则的犯罪构成要件。如，针对刑事判决裁定错误领域案件中的"数罪并罚错误监督案"，通过对散见于刑法、司法解释中以及司法实践中易于出现严重违法的情形的总结、提炼和概括，可以参照刑法分则关于基本罪状（即对具体犯罪成立条件的描述）的描述方式，将此类案件的基本罪状概括为以下6种情形：（1）数罪并罚时管制刑期超过3年，拘役刑期超过1年的；（2）数罪被分别判处有期徒刑和拘役时，没有执行有期徒刑而是分别执行的；（3）数罪并罚时对种类相同的附加刑未予合并执行，或者对种类不同的附加刑未予分别执行的；（4）判决宣告以后，刑罚执行完毕以前发现的漏罪或者又犯新罪的并罚方法适用错误的；（5）犯罪分子被裁定减刑后，在刑罚执行完毕以前，又被发现漏罪或者犯新罪，判决数罪并罚时将原减刑裁定减去的刑期计入已经执行的刑期的；（6）数罪并罚违反刑法时间效力规定的。情形（1）、（2）、（3）描述的分别是同一刑种并罚，有期徒刑与拘役并罚、数罪并罚中的附加刑执行问题，情形（4）、（5）分别是漏罪与新罪两种并罚情形以及在减刑前提下两种情形的适用问题，情形（6）描述的是数罪并罚的实践效力问题。上述6种情形基本上概括了数罪并罚在司法实践中易于发生问题的"重灾区"，每一条罪状中描述的程度都足以产生严重违法后果，即在罪犯实际执行刑期单纯因为刑罚裁量出错而偏离应执行刑期，程度上符合严重违法程度，具备上述情形之一，就应以"数罪并罚错误监督案"立案并启动案件化办理。

（二）在办案流程要实现形式上办案化与实质上办案化的有机统一

在司法机关日常办案中，办案的形式要件是司法办案活动必须按照正当程序进行，而实质要件则是证据规则和证据标准体系的运行。在司法实践中，对于一般刑事犯罪案件，从侦查、逮捕到公诉、审判各个环节，证据的收集、固定、排除、运用以及证据标准，证明标准的把握都是工作的重中之重。传统的司法办案，从取证、举证到质证、认证，都有相对成熟的证据规则和成熟的办案模式。比较而言，刑事审判监督重大监督事项并非传统意义上的案件，实行"案件化"的要求，就是要将其当作案件来办理，特别是要重视证据的收集、固定、排除和适用以及有关证据规则的构建，用案件化的标准"锻造"检察监督案件，使其在形式和实质上都具备办案的要件与特征，做到"形神兼备"。

形式上的案件化，就是建立起符合案件办理要求的一整套正当程序和管理流程，形成线索受理、立案、调查核实、审查决定、实施监督、跟踪反馈、复议复核、结案、归档的完整办案流程。在此基础上，以反映司法办案过程的案件卷宗为载体，以录入项目和指标完备的统一业务应用系统为依托，将案件留痕的每个关键性节点都纳入案件监督视野，实现监督信息全程、动态、实时流转与监控。

实质上的案件化，就是检察监督活动需要贯彻证据裁判原则，紧紧围绕证据来展开。证据裁判原则要求监督案件认定的违法行为必须以证据为前提，在办理监督案件过程中，通过收集、审查、判断证据来调查核实被监督对象的违法行为是否存在、违法行为造成了何种损害后果，这是重大监督事项案件化的必然要求。在刑事审判监督领域，严重违法主要分布在刑事审判活动、刑事判决裁定活动和减刑、假释裁定活动中，就违法行为展现的阶段来看，刑事审判活动发生在审判活动过程中，体现为"进行时"，刑事判决裁定活动和减刑、假释裁定活动发生在广义的审判活动后，体现为"完成时"，就违法问题的性质来看，刑事审判活动违法案多属于影响诉讼公正和当事人诉讼权利的程序性问题，刑事审判裁定活动和减刑、假释裁定违法案则更多地触及罪犯的定罪、量刑和刑罚执行幅度等实体问题，两类违法活动的性质和监督实效性特点决定了必须针对不同事项建立差异化的证据规则，包括证据种类和范围、证明力大小、取证方式、证明标准等内容，通过这些来调整和约束重大监督案件办理的证明行为。检察监督结论的作出也建立在证据基础上，通过监督事项调查结果的证据化，进一步增强检察机关监督结论合理性和权威性。

（三）完善配套工作机制，提升体系化办案效果

1. 推进审判监督案件机构专门化

传统以来，刑事审判监督职能分散在公诉部门、控告申诉部门、刑事执行检察部门，在行使相同属性的职能时，多头对外，标准不一，不利于统筹监督资源和力量，对发现的监督线索进行统一过滤、合理分流从而实行办案化管理。北京市检察机关在内设机构改革过程中，通过优化职能配置，成立专门的刑事审判监督部，集中统一行使上述职能，实现了对整个诉讼流程的通判把握，在监督理念、监督事项、监督方式、工作机制等方面形成了一套不同于公诉的刑事审判监督制度，逐步构建以办案化的监督模式——以抗诉为中心、辅之以检察建议、纠正违法意见、类案监督、专项监督等多种监督方式并存的刑事审判监督体系，实现了监督视野专注化和监督力量专业化，推动检察监督工作由传统的"办事模式"向"办案模式"与"办事模式"相结合，并实行合理分工的方向转型发展，内设机构改革后，这些改革成果得到确定和巩固。

2. 增强监督工作公开性，提升监督公信力

实践证明，检察工作越公开就越有权威和公信力，就越能赢得群众支持，反之，就可能产生各种质疑，给检察工作造成被动和损害。在条件允许的情况下，应当选取部分监督案件实行公开化办理模式，主动邀请人大代表、政协委员、人民监督员对监督案件进行评议，公开监督过程和监督意见，实现"兼

听则明"。同时，要探索对监督意见使用公开宣告程序，邀请代表及诉讼当事人参加，在固定的地点，由办案部门检察官介绍检察监督案件的来源、宣布监督案件的办理情况和检察监督决定，听取被监督机关的意见，办理监督文书的签收手续等。一方面，在形式上增强了监督仪式感；另一方面，"形式为内容服务"，在实质上令被监督机关更加重视和信服检察机关的监督意见，从而更加有效地落实监督意见。

3. 加强办案资源统筹和外部沟通常态化机制，形成监督合力

鉴于刑事审判监督职能的多元化，其线索也一定程度上呈现碎片化、无序化的特点，信息的真实性、线索查办的价值都难以判断，建议由线索提供方、案件管理监督部门、诉讼监督部门等抽调人员组成监督线索评估研判中心，定期对线索储备系统内新增的监督线索集中评估，确定级别类别设置标签，不仅方便线索分流，而且可以在信息化手段大数据方法的支持下，为刑事审判监督办案工作提出研判意见，供改进工作参考。刑事审判监督职能与多个业务部门存在交集，在强调司法办案与诉讼监督适当分离的同时，有必要在证据收集、法律适用等方面加强工作衔接，以减刑假释裁定活动监督为例，刑事审判监督不直接深入监管一线，因此，发现裁定可能不当的监督线索，必须在负责刑事执行检察的部门的支持配合下深入"高墙"之内开展调查取证工作，否则只能将"案件化"办理停留在书面审层次，办案仍旧是一句空话。与此同时，在处理法院等被监督机关的外部关系方面，虽然办理监督案件是单项的抗诉，或者是提出纠正意见或建议，但是这种单向性并不意味着监督能够高高在上，与被监督机关是零和博弈，恰恰相反，由于除抗诉之外，其他的监督手段多不属于实体处分，其落实与否需要被监督机关的理解和配合，才能实现共赢多赢互赢得良好局面。检察机关应借助列席审委会、诉讼监督工作通报会、相互培训业务交流等载体，加强同审判机关的沟通，不断促进双方在证据采信、办案标准、法律适用等方面增进理解，达成共识，减少被监督机关发生严重诉讼违法的概率，防患未然，节约司法资源，实现更高层次的监督。

此外，在机制建设方面，笔者还建议以案件化为导向，综合用好通报、类案监督等监督方式，根据监督需要、不断完善监督方式；建议充分运用好检察官联席会机制，在办理重大疑难监督案件时，发挥检察官联席会作为疑难复杂个案"会诊室"、类罪处理"思想库"、业务交流"学习角"的作用，既突出检察官主体地位又充分发挥集体智慧优势，统一法律适用标准、保障案件办理质量；建议注意收集汇总有关检察监督的优秀案件、精品案件等案例信息，重点围绕基本案情、监督过程、监督效果等核心要素编纂案例汇编，为推进检察监督案件化工作实践提供有效示范和指引。建议更新理念，推进"司法＋科

技"深度融合，将办理监督案件的工作流程全部纳入统一的办案系统，更多地依托信息化手段，提升线索流转效率和案件监督质量，在上级有关机关的支持下，推进与被监督机关的数据互联互通、信息共享、情报交换，拓展监督线索发现渠道，等等。当然，当实践探索和经验积累到一定程度时，应推动检察监督立法化，通过建立专门的"检察监督法"，进一步明确、固化检察机关的检察监督职能、监督手段和程序，被监督者接受监督的义务及相应的法律后果等，构建更加科学完善的检察监督体系，推动检察监督制度更加体系化、定型化、成熟化。

论侦查监督案件化办理的证据规则

郑　烁[*]

　　侦查监督是检察机关在刑事诉讼活动中落实法律监督宪法定位、行使法律监督职能的重要途径与关键环节，其内涵有广义与狭义之分。广义上的侦查监督，兼具办案与监督两种属性，具体包括审查逮捕、立案监督、侦查活动监督三项职能，一般被概括为"一体两翼"，其中审查逮捕为主体，立案监督与侦查活动监督为两翼。[①] 狭义上的侦查监督，仅含立案监督与侦查活动监督两项职能，是检察监督体系的重要组成部分。为准确论述，本文所称侦查监督即为其狭义概念。

　　近年来，虽然我国侦查监督工作在规范侦查活动、保障诉讼权利、防范冤错案件等方面取得了一定成绩，但是其行政化、封闭化的行权方式一直为学界及实务界所诟病，甚至被形象地喻为"办事模式"。侦查监督"办事化"存在启动程序不规范、证据调查不充分、结案标准不明确、监督流程不顺畅、监督质效不理想等突出问题，是导致实践中出现随意性监督、无序性监督、选择性监督的根源所在。[②] 有鉴于此，最高人民检察院在《"十三五"时期检察工作发展规划纲要》中明确指出，要"探索实行重大监督事项案件化，加大监督力度，提升监督实效"。其中，侦查监督案件化办理就是探索实行重大监督事项案件化的核心内容之一，有利于切实提升侦查监督工作的程序化、规范化、精细化水平。当然，这里必须明确指出，侦查监督案件化是侦查监督领域中优化资源配置、实现繁简分流的一项重要举措，其并非是将所有的侦查监督事项都进行案件化办理，相反，只是针对一些重大的侦查监督线索、事项，立足程序规范与证据规则的双重维度，实行案件化办理。在以审判为中心的刑事诉讼制度改革、以司法责任制为核心的司法体制改革、以完善检察监督体系为目标

---

　　* 郑烁，北京市大兴区人民检察院第一检察部检察官助理。
　　① 朱孝清：《侦查监督的工作格局》，载《人民检察》2013 年第 14 期。
　　② 韩晓峰、陈超然：《诉讼监督事项案件化的思考——以侦查监督为分析视角》，载《人民检察》2016 年第 21 期。

的检察改革叠加运行背景下，推行侦查监督案件化办理模式无疑是破解当下侦查监督难题的关键之举。

一、程序之维：侦查监督案件化的创新发展

传统的侦查监督工作模式被概括为"办事模式"，行政色彩浓重，司法化、规范化、体系化不足，证据规则阙如。侦查监督的程序启动随意，线索的受理、审查、证据的收集、认定、结论的形成、宣告等均无明确程序规范与质量标准。在"办事模式"下，"检察人员习惯于坐堂办案，在案卷中发现监督线索、在电话机里核实监督线索，在办公桌上制发监督文书，监督工作足不出户"。[①] 这不仅影响侦查监督的质效，而且可能减损检察监督的权威性与公信力。鉴于此，推动侦查监督由"办事模式"向"办案模式"转变，被列为新时代完善检察监督体系的重要内容，有利于检察机关更好地聚焦主责主业。当前，北京、广州、长沙、济南、无锡等部分先行试点地区的案件化改革探索，已为侦查监督工作注入了"程序化"的有益因子，[②] 这种创新发展主要表现在以下三个方面：

（一）办案载体卷宗化

传统的侦查监督"办事模式"对于检察人员办理侦查监督线索、事项，并无严格的形式要求。检察人员无须对调查核实过程中收集的各种证据材料、作出的最终决定以及跟踪反馈、复议复核等工作性文书进行立卷归档。与此不

---

① 韩晓峰、陈超然：《诉讼监督事项案件化的思考——以侦查监督为分析视角》，载《人民检察》2016 年第 21 期。

② 自 2016 年以来，为切实提升侦查监督工作质效，北京市、广州市、长沙市、济南市、无锡市检察机关在探索创新侦查监督案件化办理过程中，对办案模式的程序规范、办案机制、运行流程等进行了多方位的程序化探索，改革成效显著。具体参见敬大力：《强化首善意识 坚持首善标准 把握两个"主基调"抓住三个"进一步"》，载《人民检察》2016 年第 4 期；刘慧：《检察监督的内涵及体系化建设》，载《人民检察》2016 年第 23 期；李辰：《检察监督视野下重大监督事项案件化办理制度的建构》，载《法学杂志》2018 年第 8 期；刘莺莺：《重大监督事项案件化办理的路径探索》，载《中国检察官》2018 年第 2 期（上）；张吟丰、张佳莉、张武：《湖南长沙：重大监督事项案件化办理的一年实践》，载《检察日报》2018 年 6 月 21 日；郭树合：《重大监督事项有了流程图——山东济南：重大监督事项实施"案件化"办理》，载《检察日报》2017 年 8 月 3 日；胡洪平：《探索建立重大监督事项案件化办理模式》，载《检察日报》2018 年 6 月 27 日。

同，做好立卷归档工作，是侦查监督案件化办理的应有之义和必然要求。① 侦查监督"办案模式"普遍要求对开展侦查监督工作所涉及的各类文书必须立卷归档，一是要确保重大监督事项案件化办理全程留痕，二是有利于进一步提升侦查监督案件化办理的规范程度。试点检察机关的先行探索实践，均明确规定了要做好侦查监督案件化办理的立卷归档工作。

比如，江苏省江阴市检察院结合自身实际，探索建立了重大监督事项案件化办理的"三二一"模式。其中的"一"就是指必须建立"一案一档"，实现重大监督事项案件全程留痕。"及时收集保存重大监督事项案件办理过程中产生的各类文书、书证物证，对视听资料及时刻录成光盘留档，确保办案痕迹的完整性。锁定办案重点环节，将各环节制作的法律文书和调取到的证据及时扫描上传至检察机关统一业务应用系统，确保案件办理过程清晰可见，时间节点有据可查。做好每一个重大监督事项案件纸质档案的编制、分类、排列和归档工作，确保档案归档存放安全有序，对档案的收进、移出、保管、查阅等情况及时进行更新记录，同时实现与检察机关统一业务应用系统中的数据比对，让每一起重大监督事项案件都经得起历史考验。"②

（二）办案流程规范化

规范化是司法办案活动最重要的外在特征。严格规范司法一直是检察机关履行法律监督职能的明确要求。侦查监督案件化办理，同样强调侦查监督事项办案流程必须规范化，严格依照既定程序启动和运行侦查监督权。为此，制度上必须设定侦查监督事项办理的具体标准、步骤和期限等，其要点包括：一是程序启动的条件和标准；二是程序运行的构造和形式；三是程序终结的条件和标准。③ 相关试点检察机关为确保侦查监督案件化办理结论的准确性、权威性，均从程序规范角度对侦查监督的办案流程作出明确规定。

比如，北京市检察机关在推动侦查监督案件化办理过程中，明确要求实施严格的办案流程监管，较好地解决了随意性监督、规范性不足的问题。"将侦查监督案件办理的标准程序嵌入统一业务应用系统，每一件侦查监督案件都在统一业务应用系统中生成独立的案卡、案号，其后的办理严格按照业务程序，

① 王珍祥：《推进侦查监督工作案件化的机制构想》，载《中国检察官》2016年第10期（上）。
② 胡洪平：《探索建立重大监督事项案件化办理模式》，载《检察日报》2018年6月27日。
③ 万毅、韩晓峰、龚培华：《如何深入探索重大监督事项案件化办理》，载《人民检察》2017年第15期。

一个节点一个节点地往下走，每一个节点都及时填录相应的案卡，生成相应法律文书并归入电子卷宗，实现办案信息适时、动态和全程监控。"① 由此可见，将办案流程纳入检察管理监督体系，有利于进一步提升侦查监督的办案质效。

（三）办案机制立体化

侦查监督办案机制内涵丰富，包括侦查监督案件化的权力运行、程序监管、标准评估、机制协调保障等多重内容。立体化的侦查监督办案机制，是确保侦查监督案件化办理质效的关键环节。相关试点检察机关注重建构立体化的侦查监督办案机制，从多个层面推动侦查监督办案机制逐步优化完善、成熟定型。

例如，北京市检察机关遵循检察监督与司法办案适当分离的理念，设立专司侦查监督职能的业务部门，推动侦查监督办案专业化建设；建立"两机制、一平台"，解决侦查监督线索发现难的问题；② 与此同时，还与北京市公安局联合制定《侦查活动监督衔接配合实施办法》，明确规定公安机关对侦查监督调查核实工作的配合义务，解决调查核实难的问题。此外，长沙市检察院为打造立体化侦查监督办案机制，已与公安机关、多家行政机关会签了《侦捕诉衔接机制》《立案监督、侦查活动监督调查核实办法》《检警联席会议制度》《两法衔接提前介入制度》等多个机制，就捕后及存疑不捕后的消极侦查行为、犯罪线索移送等进行案件化监督达成监督共识。③ 侦查监督"办案模式"注重以协调、沟通为手段，有利于强化检察机关审前程序中的主导、把关和过滤作用。

二、证据之维：侦查监督案件化的困境短板

程序化与证据化是真正实现侦查监督案件化办理的两项核心要素，缺一不可。程序规范、证据规则在推动侦查监督工作模式转型发展过程中，本应双向

---

① 谢伟：《侦查监督创新的北京实践》，载《第十四届国家高级检察官论坛论文集——深化依法治国实践背景下的检察权运行》，中国检察出版社 2018 年版，第 164—170 页。

② 建立"两机制、一平台"是指建立"派驻公安机关执法办案中心检察室机制""审查逮捕案件同步审查机制""'两法衔接'案件信息共享平台"。具体参见方洁、郭晓东、刘轩：《改革背景下侦查监督工作的发展与完善》，载《第十四届国家高级检察官论坛论文集——深化依法治国实践背景下的检察权运行》，中国检察出版社 2018 年版，第 135—145 页。

③ 张吟丰、张佳莉、张武：《湖南长沙：重大监督事项案件化办理的一年实践》，载《检察日报》2018 年 6 月 21 日第 2 版。

互动、均衡发展。然而当前的检察改革试点，无论是在改革观念上，还是在实践探索中，均存在"重程序、轻证据"的突出问题，尤其对于侦查监督事项调查结果的证据化，强调不够、重视不足。[①] 客观而言，程序规范的逐步完善，确已推动侦查监督"办案模式"在办案范围、办案载体、办案流程、办案机制等方面取得了一定成绩。但是，与此同时，"重程序、轻证据"的问题确也导致侦查监督案件化证据规则发展迟缓，严重滞后于程序规范的完善，已成为制约侦查监督办案质效的"瓶颈"所在。

（一）证据体系缺失

证据不仅是司法办案之基，更是检察监督之基。推动侦查监督案件化办理，不仅离不开证据的支撑，而且需要围绕侦查违法情形的认定，建构一整套独立的侦查监督案件化证据体系。具体而言，这种证据体系应当契合侦查监督的职能特点、遵循侦查监督的运行规律，以调查核实权的行使为中心，涵盖证据收集、证据审查、证明方式、证明标准等内容。

然而，当前无论是法律、司法解释，还是顶层条线业务部门的指导性文件，抑或是基层检察试点的实践探索，均未对侦查监督案件化办理的证据体系作出明确规定。现有的与证据相关的规定，仅见于调查核实权的行使方式层面。例如，2013 年年底，原最高人民检察院侦查监督厅制定下发了《关于侦查监督部门调查核实侦查违法行为的意见（试行）》（以下简称《意见》）。其中第 5 条明确规定了检察人员在侦查监督过程中行使调查核实权可以采取的十种方式，具体而言包括"讯问犯罪嫌疑人；询问证人、被害人或者其他诉讼参与人；询问办案人员；询问在场人员或者其他可能知情的人员；听取辩护律师意见；查看、调取讯问笔录、讯问录音、录像；查询、调取犯罪嫌疑人出入看守所的身体检查记录及相关材料；查阅、调取或者复制相关法律文书或者案件材料；进行伤情、病情检查或者鉴定以及其他调查核实方式"。

此外，当前先行试点侦查监督案件化办理的检察机关，所出台的相关规范性文件仍多以上述规定为主，尚无侦查监督案件化证据体系方面的创新与发展。[②]

（二）取证规则阙如

有学者指出："重大监督事项案件化要具有一般案件的实体要素、证据要

---

① 万毅、韩晓峰、龚培华：《如何深入探索重大监督事项案件化办理》，载《人民检察》2017 年第 15 期。

② 从北京、长沙、济南等试点地区的相关规范性文件以及媒体报道的相关案件中，尚未发现上述试点地区已建构独立的侦查监督案件化证据体系。具体可参见前文相关注释。

素和程序要求，形成流程规制，始于线索受理，终于认定处理，有严格的立案条件、清晰的取证规则、明确的认定标准以及规范的处置意见，监督活动全程留痕，可追溯，可评价，凸显检察监督的属性。"① 由此可见，合法规范、清晰明确的侦查监督取证规则，是推动侦查监督案件化办理的关键环节。

然而，遗憾的是，当前理论界与实务界对于侦查监督"办案模式"的取证规则，关注不够、重视不足，未能结合重大侦查监督事项的特点、规律，建构类型化、精细化的取证规则。

（三）证据审查随意

侦查监督中的证据审查是指在对调查核实收集的证据进行分析论证的基础上，对违法侦查行为是否成立、是否重大以及如何纠正进行的审查判断。证据审查是否合法、规范，是否实质、精准，直接关乎侦查监督案件化、诉讼化的程度及办案质效。

建构侦查监督办案模式的证据审查规则极其重要，但当前相关指导性文件以及先行试点的基层检察改革中，缺乏精细化的案件化证据审查规则，对侦查监督办案过程中的证据审查总体思路、证据审查方式、个证证据能力以及证明力等内容重视不足。

（四）证明方式模糊

证明方式亦称证明方法，是证据制度中司法证明层面的重要内容，与证明对象密切相关。在司法办案过程中，证明对象不同，往往证明方式也不同。② 检察监督领域亦不例外，监督职能的准确行使同样需要科学的证明方式作为支撑。因此，推动完善侦查监督案件化办理，应当以不同种类的证明对象为参照，建立差异化的证明方式，厘清严格证明与自由证明各自的适用范围。

然而，遗憾的是，当前相关指导性文件以及侦查监督"办案模式"的先行改革试点中，未能区分不同的侦查违法情形，建构起差异化、层次化的证明方式。质言之，当下试点探索中的侦查监督"办案模式"，模糊了严格证明与自由证明的适用范围，这也是导致监督随意、监督不力的重要原因之一。

（五）证明标准不清

所谓证明标准，通常是指承担举证责任的诉讼一方针对待证事实提出证

---

① 万毅、韩晓峰、龚培华：《如何深入探索重大监督事项案件化办理》，载《人民检察》2017 年第 15 期。

② 陈瑞华：《刑事证据法学》（第二版），北京大学出版社 2014 年版，第 269 页。

据、进行论证所要达到的程度。① 一般认为，证明标准系司法办案领域一项特有的标准与规则。但是，在完善检察监督体系的当下，优化侦查监督"办案模式"同样需要科学、明确的证明标准，并将其贯穿调查核实权行使的全过程，以提升侦查监督的权威性与公信力。

侦查监督案件化办理是围绕违法侦查情形的认定来开展的。因此，侦查监督"办案模式"所对应的证明标准，应当是检察机关以侦查机关可能存在的重大侦查违法情形为待证事实，通过行使调查核实权收集证据、审查判断证据，达到所要的证明程度。

那么，侦查监督的证明标准与司法办案的证明标准，在证明程度上是否具有对等性？侦查监督"办案模式"下，面对不同种类的重大侦查违法情形，证明标准是否一致？层次化的证明标准在侦查监督视域下，是否科学、合理？当前相关的指导性文件以及部分检察机关的先行试点中，均未对上述重要的证明标准问题进行分析、论证和规定，客观上加剧了侦查违法认定标准不清、侦查监督结案标准不明的现实窘境。

三、总体思路：侦查监督"办案模式"的立体化推进

实现侦查监督由"办事模式"向"办案模式"的跨越式发展，必须明确总体思路，厘清侦查监督案件化的核心要素组成及其各自的功能定位。当前，理论界与实务界对此问题认识不一，未有定论。一种观点认为，侦查监督案件化办理应当以程序为核心，通过程序性完善推进办案规范化，延伸监督视角。证据规则只是程序规范中案件办理阶段的内容之一，既可以被视为程序规范的一部分，也可以被视为程序规范的配套措施。② 另一种观点认为，侦查监督案件化办理包括程序规范、证据规则、管理流程、质量标准、办案机制五项核心要素。证据规则只是五要素之一，同时，管理流程、质量标准、办案机制具有各自的独立价值，不应纳入程序规范范畴，因此，上述五要素同等重要、缺一不可。③ 客观而言，上述两种观点均有其合理性。但是，结合当前侦查监督案件化改革探索的理论与实践，笔者认为，应当秉持以证据为中心、以程序为保障、以案例为指导的立体化推进思路，才能有助于侦查监督"办案模式"的

---

① 陈瑞华：《刑事证据法学》（第二版），北京大学出版社2014年版，第295页。

② 王延祥：《重大监督事项"案件化"的思考》，载《第八届刑事诉讼监督主题研讨会论文集：检察监督制度的法律完善——以刑事诉讼监督为视角》。

③ 韩晓峰、陈超然：《诉讼监督事项案件化的思考——以侦查监督为分析视角》，载《人民检察》2016年第21期。

实质性完善。

（一）以证据为中心

规范化、实质化、精细化是侦查监督"办案模式"的价值导向与基本要求。其中，实质化是"办案模式"的核心所在。构建以证据为中心的侦查监督工作新模式，是实现侦查监督"办案模式"实质化的根本所在，不仅契合检察监督职能的发展要求，而且有利于新时代检察机关更好地聚焦主责主业。

侦查监督"办案模式"应当以证据为中心，立足证据裁判原则基点之上，围绕重大违法侦查情形的认定，建构起一整套区分于司法办案而相对独立的，涵盖取证规则、证据审查规则、证明方式、证明标准等在内的证据体系。

坚持以证据为中心形塑侦查监督工作新格局，并非忽略、否定程序保障与案例指导的作用。在推进侦查监督"办案模式"转型发展过程中，证据中心是程序保障与案例指导的坚实基础，程序保障是证据中心与案例指导的重要依托，案例指导是证据中心与程序保障的提炼升华，三者相辅相成、缺一不可。

（二）以程序为保障

程序规则是实现侦查监督"办案模式"规范化的重要保障。正如前文所述，当前部分先行试点地区的案件化改革探索，已对侦查监督工作模式进行了程序性完善，主要体现在办案载体卷宗化、办案程序规范化、办案机制立体化三个方面。程序规范的构建已助推侦查监督工作步入案件化办理正轨，为后续实现证据中心的跨越式发展以及典型案例指导的提炼总结提供了可靠保障。

未来，侦查监督"办案模式"的精细化发展有赖于程序规则的进一步完善。具体而言，应当进一步推进案件化内部流程管理与外部程序再造的融通。[1] 例如，可以结合检察信息化建设，积极推进"智慧侦监"试点，建立侦查监督数据库，充分利用大数据作用，拓宽重大侦查违法线索发现渠道；[2] 可以开展办案决定宣告程序的正规化、仪式化探索；还可以创新侦查监督案件化办理的分析通报机制，提升监督的公正性、权威性和实效性，等等。

（三）以案例为指导

以案例为指导，是侦查监督案件化办理坚持证据中心、程序保障的必要配套。建立侦查监督"办案模式"典型案例发布制度，不仅有利于通过强化案

---

[1] 黄河、赵学武：《侦查监督的现状、问题和发展方向》，载《人民检察》2016年第21期。

[2] 张志杰：《全面依法履行侦查监督职能担当新使命展现新作为》，载《人民检察》2018年第3期。

例指导明确案件化办理的思路和内涵，而且有利于区分情形实施精准监督，提升案件化监督的可操作性。此外，以典型案例为指导，通过案件化监督促进侦查活动合法规范，有利于提升检察监督的权威性和公信力。

具体而言，侦查监督"办案模式"的典型案例发布，必须以精细化为价值导向。鉴于立案监督和侦查活动监督在监督内容、监督要求等方面存在差异，因此，应当建立类型化的案例发布与指导制度。此外，应当围绕当前侦查监督工作的难点、开展案件化监督的全过程以及取得的成效、意义，选好典型案例。在具体案例的撰写体例上，应当突出证据中心导向，重视对所涉案件化监督证据规则的概括分析，充分反映案件化监督的亲历性与实质性。同时，还应当在个案层面，注重对"办案模式"的程序创新进行提炼总结。

四、具体路径：办案模式的证据规则细化

如前文所述，证据中心、程序保障是推动侦查监督"办案模式"转型发展的两项重要因素，本应双向互动、均衡发展。但是，当前的监督案件化改革试点中，"重程序、轻证据"问题尤为突出，主要表现为取证规则缺失、证据审查随意、证明方式模糊、证明标准不清。

因此，实现侦查监督"办案模式"的规范化、实质化与精细化，应当坚持证据中心的发展路径，立足证据裁判原则基点之上，细化"办案模式"监督的证据规则，具体包括构建类型化证据收集指引、完善实质化证据审查方法、建立差异化证明方式以及明确统一证明标准四个方面。

（一）构建类型化证据收集指引

收集、调取证据是侦查监督"办案模式"下检察机关行使调查核实权的必经程序。细化侦查监督案件化办理的证据规则，首先需要以不同种类的侦查违法情形为参照，构建类型化的证据收集指引。

根据监督内容之不同，侦查监督分为立案监督和侦查活动监督两种。其中，立案监督主要针对"当立而不立"以及"不当立而立"两种违法侦查情形。而侦查活动监督所针对的违法侦查情形较多。按照2019年《人民检察院刑事诉讼规则》第567条之规定，侦查活动监督包括对侦查取证活动的监督、对强制措施的监督、对侦查措施的监督、对妨害当事人依法行使诉讼权利的监督这四大类共十六种具体违法侦查情形的监督。推动侦查监督"办案模式"的转型发展，应当以上述两类立案监督以及四大类侦查活动监督为参照，构建与此相对应的类型化证据收集指引。

对于构建"办案模式"下类型化证据收集指引的试点改革中，广州市白云区检察院的相关探索创新具有一定的启发和借鉴意义。白云区检察院结合重

大监督事项案件化办理的工作实际，针对非法证据、刑讯逼供、不当变更羁押措施这三类在实践中较为突出的重大侦查监督事项，规定了案件化监督证据指引。① 例如，证据指引中明确规定，调查不当变更羁押措施的，应当注重在医院调查和在看守所调查两种调查相结合。具体而言，在医院调查的方法包括调查犯罪嫌疑人既往病史、病历（从病历的版本考察既往病史是否真实）、调取医院的挂号、收费、检查、开药记录、向急诊医生、病历上列明的医生调查取证等六种方法。而在看守所调查的方法包括：向看守所医生调查取证、调取看守所内犯罪嫌疑人的入所体检记录、病情记录、查看犯罪嫌疑人发病时监仓的监控录像、向同案犯、犯罪嫌疑人家属调查取证、调取短信、微信等通讯记录以及向同仓的其他在押犯罪嫌疑人调查取证等七种方法。

构建类型化的证据收集指引，能够为后续调查核实中的审查判断证据以及准确认定违法侦查情形奠定基础，有利于实质化推动侦查监督"办案模式"的发展完善。

（二）完善实质化证据审查方法

侦查监督案件化办理过程中，证据审查方法是否科学、合理，不仅直接关系着侦查违法情形以及违法程度的认定能否准确，而且直接影响着检察机关侦查监督工作的质效与权威。

推动侦查监督"办案模式"的转型发展，应当坚持证据裁判原则，建立以客观性证据为核心的证据审查模式，完善证据审查方法。具体而言，在审查判断证据、调查核实重大侦查违法情形过程中，应当建立以亲历性审查为主导、以专业性审查为支撑、以诉讼化审查为保障的多层次、立体化的证据审查体系。

亲历性审查是指检察官对于认定重大侦查违法情形存在与否的关键性证据，应当亲历亲为，亲自核查，强调身到与心到的统一。② 亲历性审查尤其适用于针对关键性言词证据的复查、复核以及现场复勘等工作。

专业性审查是指检察官针对侦查监督工作所涉的专业性疑难问题，应当充分借助技术专家以及现代科技等"外脑"作用，进行专业同步辅助审查，以提升侦查监督案件化办理的质效。专业性审查主要适用于有关侦查违法情形认定的伤情鉴定意见、视听资料、电子数据等证据。

诉讼化审查是指侦查机关对于重大侦查违法情形的认定存在异议时，检察

---

① 刘莺莺：《重大监督事项案件化办理的路径探索》，载《中国检察官》2018 年第 2 期（上）。

② 朱孝清：《司法的亲历性》，载《中外法学》2015 年第 4 期。

机关可以组织公开听证，充分听取侦查机关、案件当事人及其辩护律师、代理人的意见。必要时，可以邀请相关专家、学者以及其他与侦查活动有关的人员参加听证，并听取上述人员的意见。

（三）建立差异化证明方式

鉴于证明方式与证明对象密切相关，因此，在推动完善侦查监督案件化办理过程中，应当以前文所述的两类立案监督以及四大类侦查活动监督作为不同种类的证明对象，并以此为参照，建立差异化的证明方式，区分严格证明与自由证明的适用范围。

以侦查活动监督为例，针对刑讯逼供、暴力取证、伪造、隐匿、销毁证据等重大侦查取证违法情形，以及违法采取或解除查封、扣押、冻结措施、违法决定、执行、变更、撤销强制措施等侦查性强制措施重大违法情形，均应当坚持严格证明方式，突出监督工作的亲历性。而对于阻碍当事人诉讼权利行使的重大侦查违法情形，在案件化办理过程中可采取自由证明方式，简化证明要求，以节约司法资源，提升监督效率。

（四）明确统一证明标准

侦查监督工作模式的转型，并不是将所有侦查违法情形全部纳入侦查监督案件化办理范围，这在客观上既不现实，也不允许。推动侦查监督工作的转型发展，是指将重大侦查违法情形纳入侦查监督的"办案模式"，而对于情节较轻的侦查违法行为，仍以侦查监督的"办事模式"处理即可。正是基于上述分类办理原则，使侦查监督"办案模式"的证明对象不同于侦查监督的证明对象。侦查监督"办案模式"的证明对象针对的是重大侦查违法情形的事实认定，而侦查监督的证明对象并不限于此。因此，由于证明对象不同，二者所涉及的证明标准亦不同。①

重大侦查违法行为不仅严重侵犯当事人的合法权益，而且严重损害司法公正。鉴于此，笔者认为，在侦查监督"办案模式"视域下，重大侦查违法情形的认定应当坚持"事实清楚，证据确实、充分"的证明标准，保持与司法办案证明标准的对等性，这也是实质化推进侦查监督"办案模式"的根本所在。如果降低"办案模式"的证明标准，则极易导致检察机关对于重大侦查

①　由于侦查监督所涉监督对象既包括重大侦查违法情形，也包括一般性侦查违法情形，因此，侦查监督的证明标准应当具有一定的层次性和递进性。至于侦查监督的"办案模式"，因其所涉监督对象只包括重大侦查违法情形一种，因此，笔者认为其证明标准应当明确、统一。

违法情形认定失实，一定程度上可能还会加剧监督结案标准不明的困境。这既不利于塑造良好的检警关系，更不利于维护检察监督的权威性与公信力。因此，明确统一证明标准，对于规范化、实质化、精细化推动侦查监督"办案模式"的转型发展，意义重大。

案件类型及标准

论诉讼监督案件的独立性

李继华[*]

自以办案为中心的司法责任制改革以来，关于"什么是案件""什么是办案""什么是诉讼监督案件""如何办理诉讼监督案件""办案与监督的关系"等，成为检察机关讨论争议的热点问题，也是值得研究的理论和实践问题。

一、检察案件的概念和分类

检察机关履行法律监督职能的主要方式是办理案件。检察案件，就是检察机关依照法律规定办理的各类案件。检察机关办理案件的根据和检察案件的类型，均来源于检察权和检察权的分类。我国关于检察权分类的主流观点是将检察权分为四类，即职务犯罪侦查权、批准和决定逮捕权、公诉权、诉讼监督权。[①] 与检察权分类相对应，检察案件的类型，可以分为职务犯罪侦查案件、批捕案件、公诉案件和诉讼监督案件四种类型，前三种案件包括新授予检察机关办理的公益诉讼案件都具有诉讼属性，可以统称为诉讼案件，因此，可以将检察案件分为两大类，即诉讼案件与诉讼监督案件。

对于诉讼案件，一直以来检察机关均作为案件办理，其概念和类型基本没有争议。对于诉讼监督案件，最高人民检察院《"十三五"时期检察工作发展规划纲要》提出"重大监督事项实行案件化办理"的命题，其概念是否独立存在，其案件类型范围如何确定，其是否应作为案件办理以及如何办理，尚存在较大的争议，是迫切需要研究和达成共识的问题。

二、诉讼监督案件的概念和分类

(一) 诉讼监督案件的概念

诉讼监督案件来源于诉讼监督权。诉讼监督权，是指检察机关依照法律规

---

* 李继华，北京市人民检察院第五检察部主任。
① 谢鹏程：《检察权的结构》，载《人民检察》1999 年第 5 期。

定对诉讼活动实行监督，发现和纠正违法的权力。①《中华人民共和国宪法》第 134 条规定："中华人民共和国人民检察院是国家的法律监督机关。"《中华人民共和国人民检察院组织法》第 20 条规定了检察院的职权，包括对公安机关的侦查活动是否合法实行监督，对人民法院的审判活动是否合法实行监督，对刑事案件判决、裁定的执行和监狱、看守所、劳动改造机关的活动是否合法，实行监督。

一般认为，宪法赋予检察机关的法律监督权是广义的法律监督权，包含了侦查权、批准和决定逮捕权、公诉权、诉讼监督权和其他职权（如司法解释权）。而检察院组织法所列举的诉讼监督权，不包含侦查权、批准和决定逮捕权和公诉权。传统上检察机关对绝大部分的诉讼监督事项（抗诉除外）没有作为案件办理，也就没有诉讼监督案件的概念和类型之说。近年来，北京检察机关率先探索诉讼监督办案模式之后，诉讼监督案件的概念、案由和类型的界定随之成为值得研究的命题。所谓诉讼监督案件，是指在诉讼过程中发生的，需要检察机关开展审查调查，以确认诉讼活动是否合法，以及相关机关和个人是否应负责任的重大事项和违法违规事件。

（二）诉讼监督案件的分类

按照不同的标准，可以将诉讼监督案件划分为不同的类型。一是以诉讼种类为标准，可以分为刑事诉讼监督案件、民事诉讼监督案件、行政诉讼监督案件。② 二是以诉讼阶段为标准，可以分为立案监督案件、侦查监督案件、审判监督案件、执行监督案件。三是以诉讼权能为标准，可以分为抗诉案件、检察建议案件、纠正违法案件。四是以监督客体为标准，可以对诉讼监督案件进行如下分类：

第一类是诉讼违法案件，包括刑事立案违法、侦查活动违法、刑事审判违法、刑事执行违法、民事审判违法、民事执行违法、行政审判违法、行政执行违法。检察机关发现诉讼过程中出现违法行为时，就引起诉讼监督案件程序的启动。诉讼违法案件是诉讼监督案件的主要类型和办案重点。

第二类是判决裁定错误案件，包括刑事判决（裁定）错误、刑事执行裁定错误、民事判决（裁定）错误、行政判决（裁定）错误。判决裁定错误包括实体错误和程序错误，依法应当予以纠正，引起抗诉等纠正程序的启动。办理抗诉案件和纠正不当减刑、假释裁定，是相关诉讼法规定的法定程序。

---

① 朱孝清、张智辉主编：《检察学》，中国检察出版社 2010 年版，第 398 页。
② 朱孝清、张智辉主编：《检察学》，中国检察出版社 2010 年版，第 399 页。

第三类是重大事项案件，当某一诉讼和执行活动涉及当事人的生命剥夺、人身自由状态变更等重大事项时，作为诉讼监督案件办理。如刑事执行监督案件中的死刑执行临场监督案件、羁押必要性审查案件、减刑假释监督案件、撤销缓刑假释暂予监外执行收监执行案件等 19 个案由，已被最高人民检察院统一业务应用系统执检子系统确定。该类案件不以诉讼活动存在违法或者判决裁定错误为前提，而因事关重大而启动监督案件程序。其实质是对重大诉讼事项的合法性审查确认。

以监督客体作为分类标准，是借鉴刑事案件以犯罪客体作为标准区分不同罪名、不同犯罪类型，有利于确立诉讼监督案件的案由、类型、立案标准、办案模式和办案规程等制度体系。

三、诉讼监督案件的独立性

由于检察机关传统上仅把判决裁定错误的抗诉事项作为案件办理，不把诉讼监督事项作为案件办理，而以办事模式行使大部分的诉讼监督权，导致不少人认为不存在诉讼监督案件，或者认为诉讼监督案件依附于诉讼案件（尤其是刑事诉讼监督），不具有独立案件的性质地位。本文认为，诉讼监督案件具有不同于诉讼案件的性质和特征，是本质上不同于诉讼案件的一类独立案件。

（一）诉讼监督案件的独立性来源于检察机关的法律监督属性

人民检察院是国家的法律监督机关的宪法定位，赋予检察机关法律监督职能，而不仅仅是批捕、公诉等司法诉讼办案职能，这是我国检察制度与西方检察制定的最大区别。实现法律监督职能方式既包括行使批捕权、公诉权和有关刑事案件侦查权，也包括行使诉讼监督权，把重大诉讼监督事项作为案件办理，是实现诉讼监督职能的方式之一。

（二）诉讼监督案件具有不同于诉讼案件的独立客体

区分不同案件类型的根据是案件客体不同。诉讼案件的同类客体是诉讼，是相关当事人、诉讼参与人的纠纷。诉讼监督案件的同类客体是诉讼过程、诉讼结果是否公正合法。以刑事诉讼案件与刑事诉讼监督案件为例，可见两类案件的客体显著不同：办理刑事诉讼案件，针对的是犯罪嫌疑人、被告人是否构成犯罪，构成什么犯罪，是否应负刑事责任，处以何种刑罚的过程；办理刑事诉讼监督案件，针对的不是犯罪嫌疑人、被告人是否构成犯罪，而是相关机关办理刑事案件的过程和结果是否公正合法，即刑事诉讼过程中是否存在诉讼违法行为和判决裁定结果错误。

（三）诉讼监督案件具有不同于诉讼案件的特征

一是案件结构不同。以刑事诉讼案件为例，通常由控辩审三方构成，犯罪嫌疑人、被告人是刑事诉讼案件的当事人和重要诉讼参与人，具有诉讼主体地位；在刑事诉讼监督案件中，尽管案件处理结果与犯罪嫌疑人、被告人、服刑罪犯有利害关系，但他们通常不是刑事诉讼监督案件的当事人，不具有诉讼监督的主体地位。如在刑事立案监督和侦查活动监督案件中，居于案件当事人地位的是侦查机关和检察机关，犯罪嫌疑人、被害人在监督案件中处于证人的角色；在刑事执行违法监督案件中，居于案件当事人地位的是看守所、监狱等刑事执行机关和检察机关，犯罪嫌疑人、被告人、服刑罪犯不具有当事人地位；除了抗诉案件和减刑假释案件外，在刑事诉讼监督案件中，通常没有辩护人和审判人员的角色。二是程序启动不同。诉讼监督案件体现了主动型检察权，检察机关发现诉讼违法或者其他应当启动立案程序的情形时，主动进行立案调查或审查，不受其他机关行使权力的限制（减假暂案件例外，但发现应当减刑假释暂予监外执行未提请的，检察机关依然可以启动监督程序），体现了检察机关法律监督的积极性和能动性。诉讼案件体现了被动型检察权，必须由侦查机关报请批准逮捕或者移送审查起诉后，检察机关才能行使批捕权和审查起诉权，不具有主动性。三是法律效果不同。办理诉讼监督案件提出检察建议、纠正违法通知书、通知立案决定书等，都是一种建议权，即检察机关不能对监督事项直接作出决定，且检察机关的纠正或者建议对被监督单位并没有实体的强制力，结果如何检察机关无法控制，即使是立案监督、抗诉、纠正减刑假释不当等能够产生程序性强制力，但纠正行为也需要被监督单位自行作出。诉讼案件中检察机关可以直接作出决定，决定是否逮捕或者起诉，是否变更强制措施，无须其他机关单位的配合。

（四）诉讼监督案件与诉讼案件的交叉与转化

对于抗诉案件而言，其具有诉讼和监督双重属性，但在性质上更倾向于监督属性。抗诉案件之所以在诉讼案件的基础上又成为案件，程序启动的根本原因是原审的判决和裁定确有错误，二审、再审的目的是确认原审判决裁定是否确有错误，这与原审诉讼案件的审理目的完全不同。按照主要属性决定事物性质的规则，将抗诉案件归类为诉讼监督案件更为科学。对于诉讼违法类型的监督案件，如果违法程度达到了触犯刑法规定的标准，则诉讼违法监督案件转化为刑事诉讼案件，如监管人员对在押的犯罪嫌疑人、被告人和服刑罪犯的体罚虐待行为，没有达到情节严重的，作为刑事执行违法案件办理，由检察机关提出纠正违法意见；情节严重造成严重后果的，达到《刑法》第248条规定的虐待被监管人罪标准的，则以虐待被监管人罪的刑事案件立案侦查，追究监管人员的刑事责任。

四、诉讼监督案件独立性的实现路径

传统上检察机关对于诉讼监督案件，除了将抗诉案件作为案件办理，对其他监督事项并不作为案件办理，而是以办事模式行使诉讼监督权，这严重影响了诉讼监督的质量效果。遵循诉讼职能与诉讼监督职能适当分离的原则，[①] 切实转变诉讼监督工作从属于办理诉讼案件的传统观念，在理论和实践中确立诉讼监督案件的独立性地位，构建办理诉讼监督案件的独立案件体系和办案模式，是检察机关诉讼监督职能依法充分实现的基本保障和可行路径。

（一）制定独立的诉讼监督案件办案规范

司法诉讼案件的办理，有刑法规定的完备的罪名体系，有刑事诉讼法及刑事诉讼规则规定的程序标准，民事诉讼和行政诉讼案件的案由体系和诉讼程序也比较完备；而办理诉讼监督案件则缺乏关于诉讼监督案件的案由、类型、程序、标准的规范性文件。现有的关于开展诉讼监督工作的刑诉法、刑诉规则和其他司法解释，对诉讼监督的规定要么比较笼统，要么缺乏法治要素，没有受理和立案标准、办案期限、办案方式手段、结案标准、办案文书、卷宗归档的相关规定，而这些因素正是诉讼监督案件之所以称为案件的最低标准。即使是作为案件办理的刑事抗诉案件，通常也是依附于刑事诉讼案件，虽然有独立的抗诉书案号，但是一般没有单独立卷、单独归档。检察机关亟须制定统一的办理诉讼监督案件的规范性文件，用于指导办案，实现办案的规范化、程序化，解决检察监督有职权无程序的问题。[②] 北京市人民检察院 2018 年 1 月制定的《检察监督规程（试行）》和《检察监督案件案由与立案标准（试行）》，率先作了这方面的探索，在实践运行中得到了良好的验证，得到了全国检察同行的高度认可。

（二）构建诉讼监督案件的办案模式

诉讼监督案件的办案模式，就是摒弃传统上诉讼监督无案卡、无案号、无立案、无案卷、无结案文书、无期限、无流程等办事模式的弊端，建立诉讼监督案件的案由、受理、立案、审查调查、期限、文书、流程、标准等法治化要

---

① 敬大力：《实行"两个适当分离"，优化检察职能配置》，载《人民检察》2010 年第 24 期。

② 敬大力：《司法体制改革应当注意的几个问题》，载《人民检察》2018 年第 9 期。

素的办案规范, 按照规范的流程和标准办理监督案件。^① 办理诉讼监督案件, 特别要重视审查案件和调查收集证据的实质化, 把好办理诉讼监督案件的事实关、证据关、程序关、法律适用关和司法政策关, 使办理诉讼监督案件向规范化、实质化和精细化的方向发展, 不断提升办理诉讼监督案件的质量和效果。

（三）建设独立的诉讼监督案件办案系统

检察机关统一业务应用系统是办案的信息化载体, 所有案件均应在系统内登记办理, 这是最高人民检察院对办理司法诉讼案件的硬性规定。由于办理诉讼监督案件的探索起步较晚, 系统开发滞后, 很多类型的诉讼监督案件进不了办案系统, 成为制约办理诉讼监督案件突出问题之一。高检院刑事执行检察厅于 2016 年 12 月上线运行了全国检察机关业务应用系统执检子系统, 将羁押必要性审查案、刑事执行违法监督案等 19 个案由的刑事执行监督事项作为案件办理, 开创了诉讼监督案件网上统一办案系统的先河, 取得了良好的效果。其他类型的诉讼监督案件, 也需要建立独立的网上办案系统, 保证办案系统的流程设计、办案文书、查询统计、档案管理、案例法规数据库等, 均符合诉讼监督案件办案规律和办案规范。

---

① 李继华:《刑事执行检察应构建"办案"模式》, 载《检察日报》2016 年 11 月 20 日。

检察监督视野下重大监督事项
案件化办理制度的建构

北京市人民检察院第三分院课题组[*]

最高人民检察院《"十三五"时期检察工作发展规划纲要》指出："探索实行重大监督事项案件化,加大监督力度,提升监督实效。"探索检察监督重大事项案件化办理,就是围绕"完善检察机关行使监督权的法律制度"这一中央要求,紧密结合检察监督职能发展变化情况,在现行法律框架下健全完善检察监督工作体制、制度、机制、方式和程序,着力破解检察监督"信息知情难、调查核实难、监督纠正难""监督虚置化、效果不突出""有职权无程序"等难题,进一步巩固、强化检察监督职能。探索重大监督事项案件化办理机制,既是新时代背景下完善司法责任制和检察监督体系的需要,又是推动检察监督工作由"办事模式"向"办案模式"转变的重要举措。①

一、重大监督事项案件化的内涵

2018 年 1 月 24 日,最高人民检察院原检察长曹建明在全国检察长会议上发表题为《以习近平新时代中国特色社会主义思想为指导,奋力开拓新时代人民检察事业新局面》的讲话,明确提出"探索重大监督事项案件化办理模式,大力推进类案监督,加大跟踪监督力度,确保监督权威,善于总结行之有效的监督方式和程序,推动检察监督体系化法制化"。据此,重大监督事项案件化内涵的界定,不应局限于侦查活动监督领域或者诉讼监督领域,应从整个

---

[*] 本文系北京市人民检察院 2018 年度重点课题《检察监督事项案件化办理实证研究》(课题编号:BJ2018A31)的阶段性研究成果。课题组成员:张铁军,时任北京市人民检察院第三分院检察长;李辰,北京市人民检察院第二分院副检察长;宋文国,北京市人民检察院第三分院第八检察部主任;谢伟,北京市人民检察院第三分院第八检察部检察官助理;徐冉,北京市人民检察院第三分院审查逮捕部检察官助理。

① 万毅、韩晓峰、龚培华:《如何深入探索重大监督事项案件化办理》,载《人民检察》2017 年第 15 期。

检察监督体系的范畴去探索。检察监督体系并不是一个僵化封闭的体系，而是一个全面开放的体系。随着党的十八大以后党中央进一步重视发挥检察机关的权力制约功能，以及刑事诉讼法、民事诉讼法、行政诉讼法的修改和完善，检察监督体系已从侦查活动监督逐渐向刑事执行监督、行政强制措施监督、法院调解与执行监督、公益诉讼等领域拓展。[①] 形成了包括刑事诉讼监督（刑事侦查监督、刑事审判监督、刑事执行监督）、民事诉讼监督、行政诉讼监督、公益诉讼等领域的综合监督体系。为此，本文探讨的重大监督事项案件化，涵盖刑事诉讼监督（包括刑事侦查监督、刑事审判监督、刑事执行监督）、民事诉讼监督、行政诉讼监督、公益诉讼等领域赋予检察机关的监督事项。

（一）重大事项的理解

检察监督事项涉及多个领域、多种类型、多种违法情形，如果将全部监督事项都进行案件化办理，既不能区分监督重点，又耗费大量的司法资源，因此，科学合理地确定重大监督事项的范围就显得十分必要。对于重大监督事项的界定，理论界、实务界存在认识上的差异。有观点认为，重大监督事项，主要体现的是影响重大，如山东省济南市市中区人民检察院出台《重大监督事项案件化工作细则》时，将重大监督事项分为以下 6 种影响重大的情形：一是经电视、报纸等新闻媒体曝光，社会影响大的重大案件或事件；二是在互联网等网络媒体散播，社会舆论高度关注的重大案件或事件；三是人民群众反映强烈、严重影响社会和谐稳定的重大案件或事件；四是辩护律师、当事人反映强烈、严重影响社会和谐稳定的重大案件或事件；五是上级交办、督办的重大案件或事件；六是其他需要监督的重大案件或事件。还有观点认为，重大监督事项，主要体现的是重大违法情形，只有出现严重违法情形，才是需要案件化办理的重大监督事项，对于情节轻微的违法情形，可以采用口头纠正的方式用"办事化"模式予以纠正。[②]

笔者认同第二种观点，认为检察监督主要针对的是在侦查监督、刑事审判监督、刑事执行监督、民事诉讼监督、行政诉讼监督以及公益诉讼活动中，对执法、司法机关及其工作人员的违法行为的监督。重大事项也应该根据违法行为来确定，即按照比例原则，根据违法情形的严重程度来确定监督事项案件化办理的范围，被监督对象出现了重大违法行为，就属于重大监督事项。至于其他的轻微违法情形，按照口头纠正的"办事模式"进行办理，无须按照案件

---

① 刘慧：《检察监督的内涵及体系化建设》，载《人民检察》2016 年第 23 期。

② 於乾雄、马珣、黄露：《推进重大监督事项案件化若干思考》，载《中国检察官》2017 年第 7 期。

化程序办理，以期实现检察监督案件的繁简分流。置于检察监督工作中（如刑事执行活动监督）例行的、常态化、程序化的事项或工作，就不属于"重大事项"的范畴。

（二）案件化的理解

在司法机关日常办案中，案件化的外在表现形式为案件办理的程序化，就是司法办案活动必须按照正当程序进行。案件化的内在表现形式为证据化，就是司法办案活动必须围绕证据来展开，需要用一套统一的证据规则体系来保障案件办理的质量。重大监督事项并不是传统意义上的案件，现在提出重大监督事项案件化办理，就是要把它当作"案件"来办理，那么重大监督事项的案件化，也离不开程序化和证据化，即离不开形式上的案件化和实质上的案件化。

形式上的案件化，是指重大监督事项的程序化，即重大监督事项案件化办理，需要按照正当程序来运行。现有的检察监督规范并没有设置统一的线索受理审查、立案、调查核实、决定、宣告、跟踪督促反馈等监督程序，普遍存在无案号、无卷宗、无时限的"三无"尴尬局面，导致检察监督过程虚化，易出现流程衔接不畅的问题。特别是立案启动程序的缺失，导致某些违法行为得不到监督纠正而在执行机关自行消化；调查时限的缺失，导致调查工作久拖不结；跟踪督促程序的缺失，导致检察建议书、纠正违法通知书等监督结果得不到保障，严重影响检察公信力。因此，实现重大监督事项案件化办理，首先要在形式上建立一套符合监督程序运行的案件办理流程，形成涵盖检察监督线索移送、受理审查、立案、调查核实、决定、跟踪反馈、结案归档等全过程、全方位的监督程序。①

实质上的案件化，是指重大监督事项的证据化，即重大监督事项案件化办理，需要贯彻证据裁判原则，监督活动紧紧围绕证据来展开。证据裁判原则要求监督案件认定的违法行为必须以证据为前提，在办理监督案件过程中，通过收集、审查、判断证据来调查核实被监督对象的违法行为是否存在，这是监督活动案件化的必然要求。而且，由于不同种类案件的违法行为不同，证明标准也不尽相同，证据的收集、固定和运用也不尽相同。在重大监督活动案件化的过程中，需要根据不同的案件类别，建立差别化证据规则，并通过这一规则调整和约束重大监督案件办理的证明行为。当然，检察监督结论的作出也必须建

---

① 韩晓峰、陈超然：《诉讼监督事项案件化的思考——以侦查监督为分析视角》，载《人民检察》2016 年第 21 期。

立在证据的基础之上，强调监督事项调查结果的证据化，主要是为了增强检察机关监督结论的合理性，进而增强监督结论的权威性。

总之，重大监督事项案件化办理，就是指在刑事诉讼监督（侦查监督、刑事审判监督、刑事执行监督）、民事诉讼监督、行政诉讼监督、公益诉讼等领域内，对被监督对象的重大违法行为，按照统一的证据标准和程序要求进行监督的司法活动。

二、重大监督事项案件化办理的法理依据

（一）我国宪法赋予了检察机关法律监督职责

我国《宪法》第 134 条规定："中华人民共和国人民检察院是国家的法律监督机关。"我国宪法把人民检察院确定为国家法律监督机关，专司法律监督职能，以维护国家法律的统一正确实施、维护社会公平正义的实现，保证国家权力在法治轨道上正确运行，这充分反映了我国宪政体制下加强对权力制约的客观要求，是我们党探索符合国情的社会主义民主政治和权力监督制度的伟大创举，不仅是中国检察制度的特色，也是中国司法制度乃至中国政治制度的重要特征。在新时代改革叠加背景下，能否坚持检察机关的宪法定位，关键取决于能否聚焦检察监督主责主业并取得新成效、新突破。也就是说，如何把检察监督的任务落实到实处，把检察监督的任务由"软"变"硬"，是当前摆在检察机关面前的一大问题。长期以来，检察机关实际上是以行政化方式行使检察监督权，以"办事"而不是"办案"的方式来办理检察监督业务，从而造成了检察机关在检察监督事项行使方式的行政化，导致检察监督办理过程不规范，减损了检察机关检察监督的刚性和执行力。在党的十九大报告提出"加强宪法实施和监督"的背景下，检察机关应正确认识和把握法律监督机关的宪法定位，优化检察监督职能行使方式，充分发挥好宪法赋予的检察监督的职权。实行重大事项案件化办理，就是从全面依法治国的战略高度、从法律监督的宪法定位出发，深刻认识检察监督工作的重要地位和作用，在宪法和法律规定框架下，在法治的轨道中推进检察监督办理方式从检察监督方式由"办事模式"向"办案模式"转型，从而完善检察监督格局，切实提升检察监督工作实效和水平。

（二）三大诉讼法的修改，丰富了检察监督的职能

我国《刑事诉讼法》第 8 条规定：人民检察院依法对刑事诉讼实行法律监督；我国《民事诉讼法》第 14 条规定：人民检察院有权对民事诉讼实行法律监督；我国《行政诉讼法》第 11 条规定，人民检察院有权对行政诉讼实行

法律监督。刑事、民事、行政三大诉讼法都赋予了检察机关法律监督职能，随着三大诉讼法的修改，检察监督在监督内容、监督方式、监督机制等方面又有了新发展。比如，2012 年的刑事诉讼法增加了涉及侦查监督、审判监督和执行监督等 12 个方面刑事诉讼监督的规定和任务，使检察机关刑事诉讼监督更加完善。修改后的民事诉讼法将民事诉讼检察监督的范围从"民事审判活动"扩展至"民事诉讼活动"，将检察建议明确规定为民事诉讼检察监督的方式之一，赋予检察机关调查核实权。在行政诉讼检察监督方面，检察机关对审判程序中审判人员的违法行为的监督是新增监督职能，检察建议、同级监督是新增监督方式。刑事、民事、行政三大诉讼法的修改完善，对监督领域进行了科学的划定，为监督的方式和路径选择建立了框架，进一步厘清了检察机关诉讼职能与法律监督的关系，为实现重大监督事项案件化办理奠定了基础。

（三）"两高"司法解释，明确提出了监督案件概念

有观点认为，案件本质在于引起诉讼的法律纠纷，[①] 即案件属于诉讼事件，而对侦查活动、审判活动和执行活动的监督不属于诉讼事件，故无法将监督事项按照案件来办理。《现代汉语词典》将"案件"解释为："有关诉讼和违法的事件。"[②] 由此可见，案件能够分为诉讼事件和违法事件。结合检察机关的职权特点，可将检察机关办理的案件概括为诉讼事件和违法事件两类。检察机关依法履行审查逮捕、公诉等职权行为都是参与"诉讼"的行为，处理的是诉讼事件，对侦查活动、审判活动和执行活动等的监督虽然本身不属于诉讼事件，但针对的是在侦查监督、审判监督和执行监督活动中，对执法、司法机关及其工作人员的违法行为尤其是犯罪行为进行监督，被监督对象的违法行为必然会引起法律关系的变化，导致一定的后果，当然属于违法事件。既然被监督对象的违法行为属于违法事件，就能够按照案件来办理。同时，最高人民法院、最高人民检察院于 2016 年 11 月联合印发的《关于民事执行活动法律监督若干问题的规定》第 4 条规定："对民事执行活动的监督案件，由执行法院所在地同级人民检察院管辖。"这不仅提出了"民事执行监督案件"的概念，而且明确了案件管辖的检察院，为重大监督事项案件化办理提供了充分的法律依据。同理，对侦查活动、审判活动和执行活动的监督虽然本身不属于诉讼事件，但针对的是违法事件，无论这个违法事件会不会引起一个诉讼事件，侦查监督案件、审判监督案件、执行监督案件也应当成为一个法律概念，能够按照

---

① 边慧亮：《刑事诉讼三元本质论》，载《理论探索》2015 年第 5 期。

② 中国社会科学院语言研究所词典编辑室编：《现代汉语词典》，商务印书馆 2012 年第 6 版，第 10 页。

监督案件办理。

三、重大监督事项案件化办理的意义

（一）实行重大监督事项案件化办理，有利于推进聚焦监督主责主业，强化检察监督职能

检察机关是我国宪法规定的法律监督机关，强化检察监督职能是全面履行法律监督宪法职责的要求。长期以来，法律法规对诉讼程序的规定相对具体、完备，对监督工作的规定则相对原则、薄弱，相当一部分监督规则附属于诉讼规则，没有形成独立的检察监督规则。检察监督以"办事模式"开展工作，主要监督业务基本就是就事论事，监督载体通常只有一份检察建议或纠正违法通知书，没有案卡、案号、业务卷宗、业务档案，监督启动一定程度上存在随意性，没有固定程序，没有评价标准，这些问题导致检察监督工作过程虚化，在一定程度上制约了检察监督工作的健康发展，也影响了检察监督工作的实际效果。实现重大监督事项案件化办理，通过建立严密的程序规范、证据规则和管理流程，实现检察监督的环节具体化、要求明确化、标准统一化，有利于强化监督主责主业，进一步提升检察监督工作的精细化水平，在诉讼职能与监督职能适当分离的基础上，推动检察监督职能与诉讼职能齐头并进、协调发展。

（二）实行重大监督事项案件化办理，有利于提升检察监督工作法治化水平，进一步提升检察公信力

检察监督工作由于缺乏专门的立法，一直处于"有职权无程序"的状态，主要依据各业务条线的规范性文件开展工作，统一性、体系性不强，监督的弹性、随意性较大，实践中不乏凑数监督、降格监督、选择性监督的问题，这些问题严重影响了检察机关法律监督活动的严肃性和实效性，影响了检察工作的法治化水平和检察公信力。实行重大监督事项案件化办理，对于当事人申请或者相关人员控告、举报而提出的监督诉求，通过立案程序纳入法治轨道，从程序上对当事人以及社会有关方面作出回应，有助于强化检察机关开展诉讼监督的责任感和严肃性。对发现的诉讼活动违法情况展开正式调查，并进而纠正违法，有助于更大程度上增强检察机关的司法公信力。通过程序确定和监督标准的统一，能够克服和防止诉讼监督的随机性，使诉讼监督更加有效地实现其目的，赢得公众（包括侦查机关、审判机关等被监督对象）对检察监督的心理认同和尊重，从而提升检察工作的公信力，满足人民群众对公平正义的社会期待。

（三）实行重大监督事项案件化办理，有利于延伸监督职能，推进法治国家建设

党的十八大以来，随着全面依法治国被纳入"四个全面"战略布局，中央更加重视检察机关发挥监督作用，不断突破诉讼监督的传统工作领域，逐渐向监督行政执法、监督行政强制措施、监督法院调解、执行，以及开展违法行为调查等领域拓展，检察机关在国家治理体系的地位和作用越来越凸显。但目前的检察监督工作还有很多不足，与十八届四中全会提出的"完善检察机关行使监督权的法律制度"的要求不相适应。实行重大监督事项案件化办理，可以"远距离"审视社会治理中的薄弱环节和主要问题，通过刑事、民事、行政等监督事项案件化审查并作出决定，示范和引导规范执法、诚实信用、依法行政的规则和观念，促进社会治理机制的形成和完善，使客观的法意旨贯通、渗透于社会生活的各个领域，推进法治国家建设。

四、重大监督事项案件化办理机制的建构

重大监督事项案件化的概念提出来以后，不少地方都进行了有益的探索，比如山东省济南市检察院按照不同监督事项，制定了《刑事立案监督案件办理细则（试行）》和《侦查活动监督案件办理细则（试行）》；上海市检察机关制定了《社区检察诉讼监督案件化办理工作细则》，在社区矫正检察监督工作中实行监督事项案件化办理，这些地区检察机关在试行重大监督事项案件化办理模式时，取得了一些成绩，总结了宝贵的经验。但从检察监督体系化的角度看，都只是在某个监督领域对传统监督方式的零敲碎打，不是从整体上对检察监督工作办案模式进行转变。为此，2017 年下半年，北京市检察机关提出了"检察监督五化建设"，[①] 让"五化"建设成为全面推进检察监督体系建设的总纲和指引。笔者认为，重大监督事项案件化并不是对传统监督方式的零敲碎打，而是对检察监督工作从整体上进行模式转变，实现检察监督从"办事模式"向"办案模式"转变，需要建立一套科学体系化的制度，来保障重大监督事项案件化办理工作顺利进行，[②] 笔者将结合北京市检察机关"检察监督五化建设"工作经验，系统阐述重大监督事项案件化办理的制度建构。

（一）制定专门的检察监督法律法规

近年来，虽然检察机关法律监督工作在不断发展，但并未建立起独立的监

---

① 检察监督五化建设是指检察监督工作的制度化、规范化、程序化、体系化、信息化。

② 敬大力：《强化首善意识　坚持首善标准　把握两个"主基调"　抓住三个"进一步"》，载《人民检察》2016 年第 4 期。

督规则，检察监督制度规定均散见于刑事诉讼监督、民事诉讼监督、行政诉讼监督、公益诉讼等制度规范之中。检察监督工作附属于诉讼程序，易出现检察监督工作与诉讼工作相混同的现象，模糊了检察监督工作的法律地位。现有法律法规以及检察机关内部规范对检察监督的规定相对原则，配套机制匮乏，呈现出明显的零散化、碎片化的特征，缺乏对检察监督规范的系统化统筹，缺乏对共性监督规律的归纳梳理，缺乏对个性监督要求的程序规范，在一定程度上制约了检察监督工作的健康发展，也影响了检察监督工作实际效果。

检察监督的立法化是检察实践的迫切需要，只有通过统一的监督立法，固化、确立相关检察监督制度，才能从根本上解决检察机关在开展检察监督工作中遇到法律依据不足、监督不力等共性问题，有效破解检察机关检察监督效力弱的难题。为了使检察监督制度体系化、定型化、成熟化、法律化，检察监督组织体系更科学、检察监督职权体系更完备，建议制定专门的《检察监督法》，①或由全国人大常委会出台关于加强检察监督的决议或者决定，进一步明确检察机关的检察监督职能，重点规定检察监督的发现机制、检察监督手段、被监督者接受监督的义务及相应的法律后果、检察监督程序的细化等内容，健全检察监督的科学运行机制。

（二）明确监督案件的案由与监督标准

案由是司法机关对诉讼案件所涉及的法律关系的性质进行概括后形成的案件名称。无论是办理民事案件，还是办理刑事案件，都有具体的案由，办理监督案件当然也应该有案由。建议在借鉴刑法罪名的基础上，按照"规范性、明确性、特定化"的要求，对每一项重大违法行为的性质进行分类，并将每类违法行为的核心争议焦点进行提炼，确定每件监督案件的案由。如人民检察院发现侦查机关收集和保管证据过程中，有帮助当事人伪造证据的行为，可以确定为伪造证据监督案，等等。案由的确立，有利于检察机关在办理监督案件时准确确定案件的诉讼争点和正确适用法律，有利于案件管理部门对受理案件进行分类管理，提高案件统计的准确性和科学性，对于实行重大监督事项案件化办理具有重大意义。

实践中，因为缺乏统一的立案标准，一些检察机关片面追求考核业绩，也出现制发检察建议适用范围过于宽泛、追求数量不讲质量等问题，影响检察机关法律监督活动的严肃性、实效性，进而影响了检察监督的公信力。实行重大监督事项案件化办理，就要对不同事监督项建立差异化的监督标准，让不同的

---

① 汤唯建：《检察监督立法的外部关系与内部关系》，载《人民检察》2011年第9期。

监督事项按照不同标准开展监督工作。具体而言，就是应当详细梳理出侦查监督、刑事审判监督、刑事执行监督、民事诉讼监督、行政诉讼监督、公益诉讼等六大监督领域内存在的诉讼违法情形，依据"抓大放小，突出重点"的原则，从中梳理出重大违法情形，并明确相应的监督标准，推动监督工作由"办事模式"向"办案模式"成功转型。

（三）制定完备的检察监督程序

当前检察监督工作虽然在不断发展，但监督案件办理采用的是行政色彩的"办事模式"，监督程序与诉讼程序混同，纠正违法、追加逮捕等大部分监督工作附属于诉讼程序，监督案件在线索受理、调查核实、监督纠正、跟踪督促等多个环节都没有完备统一的程序，容易出现监督流程不畅的问题。实现重大监督事项案件化办理，就是要将监督程序与诉讼程序分离，建立体系化的监督运行机制，实现从线索管理、立案、调查到决定、跟踪反馈、结案归档的全流程管理。

1. 线索统一管理

当前监督线索存在多头受理、分散管理、总量不明等问题，实行重大监督事项案件化办理，首先就是要加强监督线索统一管理，建议由各院检察管理监督部门（案件管理部门）统一负责监督线索的受理工作，实行监督线索的统一登记、录入、分流。具体来说就是，检察监督管理部门统一受理监督线索，完成线索的登记录入工作后，根据监督线索涉及的监督类型，分别将各类型的监督线索移送至相关监督部门办理。如将违反刑事诉讼法有关立案和侦查活动规定的检察监督线索移送侦查监督部门办理，在刑事审判活动中违反刑事诉讼法的检察监督线索移送刑事审判监督部门办理，有关刑事申诉、刑事赔偿、申请司法救助等检察监督线索移送检察管理监督部门（控告申诉部门）办理，在刑罚执行及监管活动中违反刑事诉讼法的检察监督线索移送刑事执行检察部门办理，在民事审判、民事执行活动、民事公益诉讼中违法法律规定的检察监督线索移送民事检察监督部门办理，在行政审判活动、行政强制执行、行政公益诉讼中违法法律规定的检察监督线索移送行政检察监督部门办理，涉及未成年人的检察监督线索移送未成年人案件检察部门办理，等等。

2. 设置立案程序

在现有的监督案件办理过程中，因为缺乏立案程序，监督案件没有案号，无法进行统一管理，容易出现选择性监督的问题。立案是启动办案程序的标志，对于符合立案情形的案件，应当进行立案登记，并出具与立案情形相关的配套文书。如对于符合立案标准的监督事项，可制发立案决定书、立案情况告知书等法律文书，对于不符合立案标准的监督事项，可制发不予立案情况说明书。同时，监督案件以一个违法事实或同类监督事项为基本单位，实现案号管理，实行一案一号，一号一卷。

3. 确定调查核实手段

办理监督案件的过程，主要就是对于可能存在的重大违法情形进行调查取证的过程，即办案人员应通过收集、审查证据来调查核实违法行为是否存在。刑事诉讼法规定检察机关的立案监督、侦查监督、审判监督和执行监督权限。《人民检察院刑事诉讼规则》在第 551 条中规定了人民检察院对于涉嫌违法的事实可以采取以下方式进行调查核实：（1）讯问询问犯罪嫌疑人；（2）询问证人、被害人或者其他诉讼参与人；（3）询问办案人员；（4）询问在场人员或者其他可能知情的人员；（5）听取申诉人或者控告人的意见；（6）听取辩护人、值班律师意见；（7）调取、查询、复制相关登记表册、法律文书、体检记录及案卷材料等；（8）调取讯问笔录、询问笔录及相关录音、录像或其他视听资料；（9）进行伤情、病情检查或者鉴定；（10）其他调查核实方式。

4. 明确监督方式

对调查终结的案件，根据调查核实获取的证据来确认是否存在违法行为，并依据违法行为的严重程度，进而决定采取何种纠正违法方式，属于重大监督事项的，要采取"办案模式"来处理，依据违法行为的性质科学合理地选择具体的书面监督方式；对于轻微的违法行为，采取口头纠正的"办事模式"处理。这是检察监督的核心环节，要求对违法行为性质的判断要准确，监督纠正方式要适当。通过对现有法律法规进行梳理，重大监督事项案件化办理可以依法采取如下几种监督方式：（1）通知公安机关立案或撤案；（2）提出纠正违法意见；（3）提出检察建议；（4）提出再审检察建议；（5）提出检察意见；（6）提出或者提请上级院抗诉；（7）建议更换承办人；（8）通报；（9）法律规定的其他方式。①

5. 监督决定公开宣告

诉讼程序的重要特征在于其规范化和仪式化，而规范化和仪式化的诉讼程序反过来会增强其决定的权威性。推行重大监督事项的案件化，实质上就是主张检察监督权行使方式的诉讼化，即以诉讼化的方式行使检察监督权，这意味着检察监督工作部门一旦经过调查核实得出结论，其检察监督决定的宣告应当采取一种规范化、仪式化的程序来进行。确定检察监督决定公开宣告制度，关键在于明确公开宣告的人员、场所、程序。检察监督决定公开宣告的人员一般

---

① 王守安：《法律监督方式与检察院组织法的修改》，载《国家检察官学院学报》2015 年第 2 期。

包括检察官、检察官助理、书记员、司法警察、被公开宣告的对象或者被监督对象及其他相关参与人参加。根据检务公开的需要，还可邀请人大代表、政协委员或者其他相关人员旁听宣告。检察监督决定公开宣告的场所，主要是指在检察院进行宣告，根据工作需要，也可以到被监督单位进行检察监督决定的宣告。在检察院进行公开宣告的，建议设立专门的检察监督宣告场所，用于公开宣布告知检察监督工作的结果。检察监督决定宣告程序，一般应当由介绍检察监督案件的来源、宣布监督案件的办理情况和监督结果（检察监督决定）、听取被监督机关的意见、办理监督文书的签收手续等部分组成。

6. 监督决定的跟踪督促反馈

跟踪督促反馈程序的缺失，导致察建议书、纠正违法通知书等监督决定的落实得不到保障，严重影响检察公信力。在重大监督事项案件化办理过程中，对于发出的监督决定，不能一发了之，要注重跟踪收集被监督机关的反馈意见，全面及时了解被监督单位在落实监督要求方面采取的举措、存在的困难和取得的实效，保障检察机关监督决定落到实处。此外，在实行重大监督事项案件化办理的过程中，应适时总结分析监督案件规范办理中存在问题、取得的成效，以促进检察监督水平不断提高，切实优化监督效果，维护公平正义，彰显检察权威。

7. 案卷归档

做好立卷归档工作是重大监督事项案件化办理的应有之义和必然要求，既是对办理过程中调取的各类证据材料的汇总梳理，又可以倒逼办案人员进一步树立办理检察监督案件的规范意识，确保调查和决定程序规范、合法。笔者认为，纳入检察管理监督部门统一编号的监督线索，不论是否立案，办结后均应立卷且"一号一卷"。对于检察监督部门不予立案的检察监督线索，卷宗中应包含检察监督线索备案表、检察监督线索接收通知书、线索不予立案理由说明书等文书和材料；对于检察监督部门予以立案的检察监督线索，卷宗中除包含检察监督线索备案表、检察监督线索接收通知书外，还应当包括立案决定书、自行收集调取的证据材料、调查笔录、审查报告、检察官联系会议讨论笔录、检察监督决定文书、公安机关等被监督机关的回函等材料。办案人员应当在案件办结后及时将该案调查核实和审查处理的情况装卷，形成卷宗材料备查。通过上述规范归档来促进检察监督案件规范化办理，并以此作为开展案件质量评查及对办案人员进行考核的依据。随着重大监督事项案件化办理的不断深入，还应进一步明确各类监督案件卷宗归档的必备内容、材料顺序，制定出具体的卷宗归档要求，以实现对检察监督案件的科学管理。

（四）监督案件的办案机构专门化

目前，检察机关监督职能由多个部门行使，比如，刑事诉讼中立案监督、监督行政执法机关移送涉嫌犯罪案件、侦查活动监督、审判监督职能涉及审查逮捕、公诉、未成年人检察、审判监督等部门，呈现"条块分割、多头监督"的状况。建议在检察机关推进内设机构改革中，优化监督职能配置，将办案职能与监督职能适当分离，重新整合检察机关内部监督资源，由专门机构负责监督工作，并以案件化进行办理。通过优化监督资源配置，实现监督工作从"兼职"向"专职"转变，从根本上解决监督力量分散的问题，提升监督效能。这一点，北京市检察系统已进行了相关改革，并且取得了一定成效。2016年下半年，"深耕监督主业"已在北京检察系统内部被频频提及，北京市三级检察机关按照诉讼职能和监督职能适当分离的原则优化内设机构，成立了专司监督职能的侦查监督部和刑事审判监督部，实现了民事检察、行政检察的单独分设。到2016年年底，北京市检察机关全面扭转了诉讼监督工作下滑势头，主要监督数据止跌回升。①

（五）加强信息化建设

信息化是检察监督工作的技术支撑。当前，以大数据、云计算、人工智能为代表的新一轮科技革命扑面而来，并快速渗透到司法在内的各个社会领域。然而，检察监督工作却存在着信息化程度不高、科技应用不充分等问题，与监督工作对技术辅助办案的迫切需求不相适应，与"司法＋科技"的检察工作发展趋势不相适应。推进检察监督的信息化建设，就是要注重运用科技手段创新监督模式，提升信息化服务辅助检察监督工作的能力和水平，充分发挥科技力量支撑检察监督职能的作用。应当坚定不移地推进检察监督办案系统建设，依托全国检察机关统一业务应用系统，优化统一业务系统相关监督模块，将监督案件的线索受理、审查、立案、调查核实、决定、宣告、跟踪反馈、归档等工作流程全部纳入统一的办案系统，提升线索流转效率，实现对监督案件办案工作的全面、动态、实时监控。研发监督办案辅助系统，将证据合法性、程序合法性审查标准嵌入办案软件，探索自动化、智能化的证据摘录，智能生成监督案件文书，有效服务支撑检察监督职能发挥，提升类案监督水平。加快推进"两法衔接"信息共享平台建设，推进与执法司法机关办案网络互联互通，推动将行政机关移送涉嫌犯罪案件情况纳入政府和有关部门的综合考核评价体系。

---

① 闫俊瑛、余浩、王宏平：《检察院：高标准推进各项改革完善检察职能》，载《北京人大》2017年第7期。

刑事诉讼监督案件化若干问题研究

贺　卫　杨宏亮[*]

　　刑事诉讼监督事项案件化，应当是指检察机关在行使职权过程中，对于所管辖的监督事项，按照司法办案的基本规律和程序要求，作为独立案件办理，所形成的监督业务事项受理审查、决定立案、调查核实、实施监督、跟踪反馈到结案归档的完整流程。监督事项案件化是由检察机关的基本属性、司法问责的要求、司法活动的规律所决定的。有助于增强监督规范，有助于增强监督责任，有助于增强监督效能，有助于增强监督公信。

一、刑事诉讼监督事项案件化的工作现状

　　近年来，随着我国法制建设的推进和法律法规的完善，以及检察机关法律监督意识的增强和法律监督能力的提升，检察机关特别是地方各级检察机关积极投入平安中国、法治中国建设，忠实履行宪法法律赋予的职责，在强化诉讼办案的同时，切实强化各项法律监督工作，尤其是党的十八大以来，刑事诉讼监督以及案件化办理工作有了长足的发展和进步，但也存在一些问题。

　　一是监督办案的理念还存在偏差。司法实践中，一些地方和有些干警担心被害方缠访闹访，担心影响与侦查、审判、执行机关的关系，重打击轻保护、重实体轻程序、重口供轻客观证据、重有罪证据轻无罪证据、重配合轻监督等观念仍不同程度的存在。司法实践中，关于何为"案件化"目前在理念和认识上还存在偏差，往往对于程序设计上是不是一定要有立案程序，启动办案的"审批表"是否应表述为"立案表"，一些干警认为无所谓，总认为办理过程已经审批，手续齐全，而且有证据材料和办结报告，就已是"案件化"了。

　　二是监督办案机制还不够完善。由于立法对于有些监督事项过于原则、单一，操作性不强，有的甚至还没有具体的法律监督规定。例如，侦查监督与公

---

　　*　贺卫，上海市黄浦区人民检察院检察长；杨宏亮，上海市宝山区人民检察院第六检察部检察官。

安机关内部执法监督衔接还不够顺畅，侦查监督"信息知情难、调查核实难、纠正处理难"尚未得到有效破解。又例如，重大刑事犯罪案件讯问合法性核查工作尚未建立有效机制。由于对"案件化"内涵缺乏统一明确的理解和认识，在推进"案件化"工作过程中所建立的办案机制，有的还缺乏立案程序；① 在统一业务系统设计中，存在案卡设置不清晰、功能设置不合理、监督事项不全面、监督流程不完整等问题，对于受理的监督线索，只要采用"提案"的方式，有的就可以进入案件办理程序，尚未设置"立案"程序。② 此外，传统封闭式办案、书面式审查模式已不适应法治建设要求，介入侦查、引导取证、非法证据排除尚未完全落实，法律监督工作信息化水平不高。

三是监督办案的综合管理还不适应要求。长期以来，检察机关法律监督事项办理主要采取的是办事模式，因此，在统一业务系统中有很多监督事项还没有作为案件处理，软件在案卡的内容录入以及统计功能的设置上，是以"非案件化"模式设计的。统一业务系统确定的监督案件的范围和种类尚不能满足实际需求。③ 与此同时，检察机关的检察统计项目也尚未将所有的监督事项作为案件化处理，导致检察统计系统无法直接生成监督业务数据。此外，案卷化是案件化的必然要求，但司法实践中对此重视程度不高。由于《人民检察院诉讼档案管理办法》是 2000 年起实施的，当时还没有提出法律监督案件化的概念和要求，所以，导致监督案件有的卷宗材料内容不齐整，有的甚至根本没有独立的卷宗材料，有的地方则将制发的"纠正违法通知书"、纠正违法检察建议文书，直接按照文书档案编号汇总归档。

---

① 例如，2017 年，山东省济南市人民检察院在探索开展重大监督事项案件化办理时，分别制定的《刑事立案监督案件办理细则（试行）》和《侦查活动监督案件办理细则（试行）》中，并没有将立案程序纳入其中，但在介绍做法时，仍然将两项工作称之为"监督事项案件化"办理。

② 例如，目前刑事检察部门办理的立案监督和侦查活动监督案件，在统一业务应用系统中，仅设置有受案号（如沪宝检立监受〔2017〕31011300014 号）和统一受案号（如31011320170075200），由于没有建立立案程序，所以，尚没有立案号。

③ 上海市检察机关已于 2017 年 11 月印发了具有探索性意义、适用于全市检察机关的《关于确定上海市检察机关案件种类的意见（试行）》（上海市人民检察院检察委员会 2017 年第 11 次·总第 615 次会议通过），共确定了 14 大类 126 种案件：其中 1. 控告申诉检察类，有 14 种；2. 职务犯罪侦查类，有 10 种；3. 职务犯罪预防类，有 3 种；4. 审查逮捕类，有 7 种；5. 审查起诉类，有 9 种；6. 未成年人特殊检察类，有 7 种；7. 刑事执行检察类，有 19 种；8. 刑事诉讼监督类，有 24 种；9. 民事检察类，有 8 种；10. 行政检察类，有 8 种；11. 公益诉讼类，有 4 种；12. 检委会业务类，有 2 种；13. 案件管理监督类，有 4 种；14. 通用类，有 7 种。据统计，涉及监督案件的共有 9 类、59 种案件。

存在上述情况的主要原因：

一是对于促进监督环境改变还存在畏难情绪。由于法律监督是一种程序性监督，不具有实体性处分权。而且，长期以来检察机关与被监督对象之间存在重配合轻监督、监督不配合、配合不监督的现象，要采取先立案再监督的"办案"模式开展工作有一定的认识障碍和工作阻力。因此，法律监督存在不敢监督、不善监督的问题，检察机关法律监督的能力和水平也参差不齐，导致检察机关与监督对象的执法协作机制运行不够顺畅，法律监督办案机制运行不规范、不到位。

二是对于主责主业的认识还存在偏差。虽然检察机关的宪法定位是国家的法律监督机关，但事实上法律监督的绝大部分活动具有附属于诉讼活动的天然特性。与此同时，长期以来检察机关被赋予的主要职能是打击犯罪、维护国家安全和社会稳定。多年来，虽然已经意识到要突出监督职能，但仍然难以摆脱其运行的规律和轨迹，难以突出法律监督这一主责主业。从司法实践来看，由于认识上的偏差，导致法律监督在整个法律规章的架构中始终处于包含和交织状态，无形中形成诉讼和监督业务一重一轻，办案总量上一多一少的状态，无法全面树立起人民检察院系法律监督机关的角色和形象。

三是对于监督办案的研究还不够深入。长期以来，由于检察学作为一个学科的发展还尚不充分和不成熟，有关法律监督的研究和争论，多局限于从宏观体制上和国家职能上分析其性质、合理性和根据，而对于法律监督是一种什么样的法律关系缺乏系统的理论分析。① 由此，尚未能够从法律监督关系的角度，以及法律监督关系的主体、客体和内容等方面展开充分深入的研究，尤其对法律监督关系的内容缺乏足够的理论认识和实践思考。对于法律监督的程序、手段和保障措施的法律化，其中包括法律监督事项的案件化未能够提出科学的理论依据和体系化方案。

二、刑事诉讼监督案件化办理机制的完善

坚持全面深化司法改革，坚持和完善中国特色社会主义司法制度，更好满足人民在执法司法方面日益增长的需要，努力让人民群众在每一个司法案件中

---

① 法律监督关系的内容就是检察机关的权力和责任以及接受法律监督的主体的义务和责任。法律监督的权力和接受法律监督的义务和责任，构成了法律监督关系的主要内容。它们实际上是法律监督的程序、手段和保障措施的法律化。法律监督关系内容是否完整是法律监督的手段、程序和保障措施是否健全的反映。参见谢鹏程：《法律监督关系的结构》，载《国家检察官学院学报》2010 年第 3 期。

感受到公平正义，是新时代检察机关的政治责任。为此，加快推进刑事诉讼监督事项案件化体系建设，首先需要在工作及制度设计的理念上适应新形势，符合新要求。应当牢固树立主责主业、依法规范和谦抑理性的理念，不断提高监督办案的规范化、法治化水平。

（一）监督事项案件化的流程及机制完善

全面实现监督事项案件化，必须建立健全严密的办案程序和工作机制。从体例上，既要有总体的框架结构，又要与人民检察院刑事诉讼规则有一定的区分，体现一定的边界。例如，在制定完善办案规则时，在表述上应将诉讼规则与监督规则摆在同一个层面。在结构布局上，应将诉讼办案程序与监督办案程序适当分离。在制定的主体上，有的可以采取最高人民检察院单独制发，有的可以会同最高人民法院、公安部、司法部等有关单位联合制发。在办案程序的内容上，应当包括案件（线索）的受理、立案、调查核实、审查决定、监督实施、跟踪反馈、复议复核和结案归档等。根据当前检察机关刑事诉讼监督工作现状，应重点建立健全以下程序机制：

一是以事立案的案件办理启动机制。在深化司法改革、注重司法规范和公信的法治环境下，立案程序有着其突出的司法价值和现实基础，而且，"程序型启动"也是司法活动的基本规律。作为国家的法律监督机关，检察机关应当积极吸纳正当程序理念，把握并遵循监督规律，建立健全刑事诉讼监督启动程序。

长期以来，司法机关在刑事犯罪追诉活动中，往往在初步查明犯罪嫌疑人之后采取"以人立案"的模式，但也有"以事立案"的。[①] 法律监督的主旨在于确保法律的正确统一实施，其重点针对的是法律的实施和违法事实及其行为。基于法律监督工作的这一特点，建议借鉴刑事诉讼中的"以事立案"的模式，应当看到"以事立案"这一立案模式及其在法律监督中的独特优势和巨大价值。运用以事立案，能够使监督工作及时进入办案程序，有利于检察人员依法及时使用法律赋予的相关措施获取并核实证据材料，查明案件事实，防止证据灭失和违法事实进一步扩大。同时，以事立案对事不对人，有利于克服办案阻力和工作被动，提高办案效率。可以根据检察机关开展监督的不同事项，实行两种不同的"以事立案"模式：

一种是材料充分的立案模式，即只要受理的案件线索具备法律规章所规定

[①] "以事立案的法律依据"：《刑事诉讼法》第109条规定：公安机关或人民检察院发现犯罪事实或犯罪嫌疑人，应当按照管辖范围，立案侦查。也就说，既可以依据犯罪事实立案，也可以依据犯罪嫌疑人立案。

证据材料的要求的，就可以作出立案决定，进入案件办理程序。特别需要指出的是，对于目前采取受理与审理分离模式的监督案件，仍然应当设置立案程序。不能因为受理时作了一定的审查，就自然延续到后一道环节，直接进入办理程序。例如，侦查监督部门对于由控告申诉部门受理的监督线索，在统一业务系统中通过提案后，经过初步审查即应作出立案或者不立案的决定。

另一种是结果充分的立案模式，即对需要监督的事项经过初步调查和事实证据的审查，认为有违反相关法律法规的事实，需要予以纠正并追究相关人员责任的，再作出予以立案或者不立案的决定，对于决定立案的，正式进入监督办案的程序。

对于经审查决定不予立案的，同样应当制作《不立案决定》文书。需要通知有关当事人的，应发送当事人，并做好释法说理等工作。

二是监督案件证据标准数据化、模型化机制。善于运用互联网技术和信息化手段助推司法办案，是本轮司法改革的重点和亮点之一。检察机关应当深刻认识科技信息化在检察工作中的战略性、基础性、全局性地位，勇立时代潮头，主动拥抱大数据、人工智能新时代，全面推进智慧检务建设，以信息化引领检察工作创新升级发展，大力推进现代科技在司法改革和刑事诉讼监督工作中的应用。

"推进检察大数据行动指南、检察人工智能创新指南落地实施，推进跨部门大数据办案平台建设，与相关部门共同运用现代科技实现基本证据标准数据化、模型化。加快推进智能辅助刑事案件办案系统建设，提升司法办案现代化水平。"① 是当前以及今后一个时期深化司法改革的重点工作之一，而且有的已经进入具体实施阶段，并取得初步的成果。在着力构建刑事案件办案辅助系统的同时，尽快启动监督事项案件办理辅助系统的研究与建设。全面梳理并系统总结多年来检察机关开展监督办案、办事的工作和案例，就开展监督事项案件化办理的基本证据材料及证据规格要求，采取数据化、模型化的方式，建立具有基本证据标准指引、单一证据校验、办案风险评估和全案证据审查判断、非法证据审查排除等功能的智能辅助办案系统，力争超前谋划，实现"弯道超车"，为全面提升刑事诉讼监督事项案件化办理工作的能力和水平创造条件、提供保障。

---

① 王治国、郭洪平：《深化12309平台建设，打造"一站式"检察为民综合服务平台》（摘自最高人民检察院曹建明检察长于2017年11月1日在十二届全国人大常委会第三十次会议上作的《最高人民检察院关于人民检察院全面深化司法改革情况的报告》），载《检察日报》2017年11月2日。

三是监督办案的调查核实工作机制。刑事诉讼监督权的正常行使必须辅之以必要的措施与手段。而调查核实权的设置，正是保证监督工作有效运行的关键要素。调查核实权的设置和行使，有利于确保程序正义与实体公正相协调，有利于避免监督办案的盲目性，有利于维护法律监督的严肃性和权威性，有利于提高办案的效率和质量。

该机制实施以来，司法实务部门对法律监督中调查核实权的行使总体上较为重视，从正面的角度看，检察机关行使调查核实权有了明确的法律依据，实践中由于运用把握得当，在一些案件办理中进一步查清了案件事实、夯实了监督依据，也进一步提升了息诉答复效果，检察干部运用调查核实措施的能力有了提高，但也不同程度的存在一些问题和不足。为此，应建立健全调查核实工作机制：

一方面应注重调查核实规则的制定及程序规范。检察机关应当制定最高层级的司法解释，比如，像最高人民检察院制定的《人民检察院检察建议工作规定》一样，对调查核实权的行使提供有效的司法保障。一是调查核实工作的决定。应当与司法责任制改革的要求相适应，将一般案件的调查核实权交给检察官行使。重大案件由案件承办检察官报经检察业务部门的分管检察长批准为宜。二是调查核实的实施规范。为确保获取的证据的合法性，应做到以下方面：（1）调查取证时应当出示相关证件；（2）调查取证应当由两名以上的检察人员进行；（3）调查获取的证据要依法保存；（4）书证、物证等应当制作证据清单，一式两份由当事人签名；（5）证人证言应当当场与证人核对，并由其签名等。三是调查核实的办案期限。《人民检察院检察建议工作规定》第75条规定检察官一般应在2个月以内完成检察建议事项的调查核实，情况紧急的，应当及时办结。另外，存在鉴定、评估、违法行为调查等特殊情况，监督案件无法在规定期限内审结，则应允许由本院检察长批准而适当延长。四是调查核实取得证据的效力和认定。应当明确，检察机关调取的证据当然具有证明案件事实的效力，它与其他诉讼主体提供的证据在证明力上没有强弱之分，只是在证明对象方面有所区别。并应该经过双方当事人质证才能作为证据使用。

另一方面应注重强化调查核实权行使的刚性保障。例如，应当进一步扩大检察机关的调查核实权。由于调查核实是检察机关开展监督认定违法的前提，而刑事诉讼法在第57条规定了检察机关的调查核实权，其范围远远不够。为保证检察机关及时有效地发现并核实侦查、审判、执行中存在的违法情形，从检察权的内在含义出发，应当进一步扩大检察机关调查核实权的适用范围，并对调查核实的程序作出具体规定。又如，《人民检察院组织法》第21条规定了人民检察院行使法律监督职权，可以进行调查核实，并依法提出抗诉、纠正意见、检察建议。有关单位应予以配合，并及时将采纳纠正意见、检察建议的情况书面回复人民检察院。同时，应当赋予检察机关建议更换办案人员的权力。检察机关在监督办案过程中，如果发现有关人员在办案过程中存在严重违法行为，不宜继续办理某一案件的，应当有权建议有关机关更换办案人员。

（二）监督案件的类型及程序适用完善

检察机关开展刑事诉讼监督涉及的各类事项总体上都属于程序性违法问题，而且类型具有多样性、复杂性特点。各种被监督事项的违法程度及标准不同，证明要求也不尽相同。例如，对于羁押期限违法，无须适用严格的调查程序，一般采用自由证明标准即可。而对于非法证据排除，一般应当采取严格证明标准，必须经过严格的调查核实程序，才能证明侦查行为违法。因此，监督事项案件化应当在规范基本程序的基础上，有必要建立健全不同案件类别的办理程序，以合理配置和运用司法资源，提高法律监督的效率和效果。

1. 监督案件的类型

界定案件的类别，有助于认清监督工作的运行现状，进一步把握监督工作的方向，也有助于厘清监督工作的思路，科学构建监督工作的程序机制。目前，检察机关尚未对立案的监督案件的范围和种类全面作出明确界定，[①] 但总结分析检察实践的办案状况，监督案件主要有以下类型：

一是从案件的关联角度看，可以将监督事项分为交织性案件、独立性个案和复合型类案。其中交织性案件，主要是指依附于刑事诉讼案件而产生的单个监督事项，表现为监督事项作为诉讼内法律监督的有机组成部分。例如，审查逮捕、起诉中的追捕、追诉以及抗诉案件。独立性个案，主要是指因某种事由针对某一个案而启动程序的监督案件。检察机关的监督事项，主要表现为个案监督。例如，刑事执行检察工作中的羁押必要性审查案件，也有依犯罪嫌疑人、罪犯、辩护律师提出申诉，要求纠正公安机关侦查活动、人民法院审判活动中违法行为的案件。复合性类案，是指针对一类违法情况开展的监督事项，包括对法律政策适用、执法平衡等一类问题的监督。如公安机关证据收集、强制措施、诉讼权利保障等方面的违法行为；审判机关的违法审判活动，如对一类案件的量刑失衡，或者审理超期、违法请示；刑事执行中的一类违法问题。类案监督事项来源于交织性和独立性案件，又不同于个案，两者密切相关，交

---

① 虽然，上海市人民检察院等有的地方对监督案件的范围和种类作出了规定，但还是应从顶层设计和统一规范的角度，由最高司法机关采取司法解释的方式出台适用性规定，以增强法律监督的权威性和严肃性。

织性案件和独立性个案是类案监督的基础。

二是从案件的启动因素看，可以将监督事项分为依申请启动和依职权启动。依申请启动的案件是指由当事人依法提出申请而办理的监督案件，例如，刑事申诉案件，是由当事人直接提出申请而启动的。依职权启动的案件是指由检察机关提出意见而启动办理程序的监督案件，例如，检察机关在办理审查逮捕案件中发现的立案监督案件，检察机关可以直接启动监督程序。根据法律规章规定，有些监督事项既可以依申请启动，又可以依职权启动，例如，羁押必要性审查案件。①

三是从案件的结案方式看，可以将监督事项分为终结审查、中止审查和终止审查案件。基于法律监督案件在立案后可能遇到的各种难以预见的情形，促使监督案件的办理进程和监督现状发生变更，可以立足监督规律和司法实践，对于法律监督各类案件结案方式作出规范。其中，终结审查一般较易把握，即立案后经过一定的调查取证和核实工作，检察机关认为案件已满足审查终结的要件，就进入结案环节，并且必须提出相应的监督意见或者作出监督决定；中止审查一般是指办案程序的暂时停止，即立案后出现特殊情形，案件继续审查缺乏条件而作出的临时性决定。中止审查的，应当制作《中止审查决定书》，并发送当事人。中止审查的原因消除后，应当恢复审查；终止审查一般是指案件立案后出现的特殊情形，导致监督的条件或者必要性消失，所作出的案件终止性决定。② 终止审查的案件不用作出任何的监督决定和意见。但终止审查的案件，仍然应当制作《终止审查决定书》，需要通知当事人的，应当发送当事人。

四是从案件的危害程度看，可以将监督事项分为重大监督事项案件和一般监督事项案件。目前，尚没有明确的立法和司法解释对重大监督事项作出规定，也没有确定的标准予以界定。但结合司法实践以及各地对重大监督事项案件化办理的探索来看，可以从对诉讼活动的影响、对当事人权益的影响、对民生和社会秩序的影响以及上级机关和人大、政协等有关单位领导关注的等多个

---

① 《人民检察院办理羁押必要性审查案件规定（试行）》第7条规定，犯罪嫌疑人、被告人及其法定代理人、近亲属、辩护人申请进行羁押必要性审查的，应当说明不需要继续羁押的理由。同时，《人民检察院刑事诉讼规则》第575条规定，负责捕诉部门依法对侦查和审判阶段的羁押必要性进行审查。经审查认为不需要继续羁押的，应当建议公安机关或者人民法院释放犯罪嫌疑人、被告人或者变更强制措施。

② 目前，于2013年9月23日由最高人民检察院第十二届检察委员会第十次会议通过的《人民检察院民事诉讼监督规则（试行）》中对于这种情况使用的是"终结审查"概念。但用"终结审查"与司法实践中一般意义上的案件审查终结较容易混淆，还是用"终止审查"较为合理。

维度，来界定和把握重大监督事项包含的范围及情形：（1）直接涉及犯罪嫌疑人、被告人人身权利的监督事项（其中包括：刑事申诉类案件、羁押必要性审查类案件以及减刑、假释、暂予监外执行类案件）。（2）严重影响公民财产权利的监督事项。（3）存在严重违法并产生重大后果的监督事项。（4）经新闻媒体报道引起网络舆情的监督事项。（5）涉及民生民利，有可能引发上访或已经引发上访的监督事项。（6）上级交办、督办的监督事项。（7）就同类问题展开监督的工作事项。（8）其他认为属于重大事项的监督案件。

除上述确定的重大监督事项外，检察机关在审查监督事项时，都可以作为一般监督事项来认定和办理。

五是从案件的形成主体看，可以将监督事项分为内部监督案件和外部监督案件。内部监督案件主要是指产生于检察机关内部办案环节的监督事项，例如，流程监管过程中发现的超过法定办案期限仍未办结的监督案件，查封、扣押、冻结、保管、处理涉案财物不符合有关法律和规定的监督案件；外部监督案件则是指检察机关之外的司法机关行使职权过程中形成的并属于检察机关管辖的监督事项。

基于以上对监督案件类型的研究与认识，建议采取司法解释的方式，就监督案件的范围以刑事检察监督、民事行政检察监督、刑事执行检察监督、刑事申诉检察监督和内部检察监督等五类，分别确定所应办理的案件种类。其中，刑事检察监督案件主要是指立案监督、侦查活动监督和审判活动监督案件；[①]民事行政检察监督案件主要是指民事检察监督和行政检察监督案件。[②] 刑事执

---

① 一般应包括立案监督线索受理审查案件、立案监督案件、立案监督复议案件、立案监督复核案件、商请公安机关督促立案监督案件、自侦不立案复议案件；适时介入侦查案件、强制措施违法情形监督案件、专门调查活动违法情形监督案件、追捕案件、追诉案件、报请核准追诉案件、核准追诉案件、证据合法性调查案件、变更强制措施审查案件；二审抗诉案件、审判监督抗诉案件、法院决定再（提）审案件、撤回抗诉复议案件、职务犯罪一审判决监督案件、审判活动违法情形监督案件、没收违法所得启动监督案件、检察前终结诉讼监督案件、刑事执法活动监督案件。

② 一般应包括生效民事判决、裁定、调解书监督案件、民事执行监督案件、民事审判程序中审判人员违法行为监督案件、民事复查纠正案件、民事跟进监督案件、民事督促履行职责案件、民事支持起诉案件、民事虚假诉讼案件、生效行政判决、裁定、调解书监督案件；生效行政判决、裁定、调解书监督案件、行政执行监督案件、行政审判程序中审判人员违法行为监督案件、行政复查纠正案件、行政跟进监督案件、行政督促履行职责案件、行政支持起诉案件、行政虚假诉讼案件。

行检察监督案件以目前最高人民检察院统一业务系统中规定的共有 19 种。[①]
刑事申诉检察监督案件主要是指对于人民法院、人民检察院所作出的决定而提出申诉的案件和赔偿监督类案件。[②] 内部检察监督案件主要是指案件管理过程中办理的流程监督案件。[③]

2. 程序分类与适用

检察机关监督事项案件化系统构建尚处于起步探索阶段，为了确保监督办案的质量和效率，确保程序的规范有序运行，既应严格按照法定的程序和规范要求办理各类案件，提升监督的严肃性和权威性。也应结合监督案件的实际，简化必要的工作程序，减少不必要的工作投入，有效提高工作效率。在程序的设置上，按照实事求是的原则，建议借鉴刑事诉讼中的"简繁分流"程序，并结合监督事项案件化实际，以普通程序为主、以简易程序为辅，形成监督事项案件化办理的基本格局。对于前文所述的八类案件，原则上应严格按照普通程序办理。而且，特别重大的监督类案件，应当由检察官办案组办理。除此之外的，可以简化必要的程序和工作方式、内容，其中可以在以下工作方式和内容上予以简化：

一是办案组织。根据履行职能的需要，对于适用简易程序办理的监督案件，规定应当由独任检察官办理。由独任检察官办案的，可以配备必要的检察辅助人员。

二是启动程序。对于适用简易程序办理的监督案件，独任检察官可以直接决定立案以及分案处理。

三是开展调查核实。独任检察官有权直接启动调查程序，开展取证核实、查阅文件材料、讯问相关人员等工作。

四是制发监督意见。对于监督案件中轻微的违法问题可以直接提出纠正意见，对一般的违法问题也可以直接制发相关文书。

[①] 一般应包括羁押必要性审查案件、羁押期限审查案件、减刑、假释提请中审查案件、减刑、假释提请审查（开庭）案件、法院裁定审查案件、暂予监外执行提请审查案件、暂予监外执行决定审查案件、收监执行提请审查案件、收监执行裁（决）定审查案件、财产刑执行违法（违规）案件、临场监督执行死刑案件、事故检察案件、被监管人死亡检察案件、刑事执行监管活动违法（违规）案件、指定居所监视居住执行违法（违规）案件、强制医疗执行违法（违规）案件、强制医疗启动、解除监督案件、监外执行（社区矫正）执行违法（违规）案件、重大案件侦查终结讯问合法性核查案件。

[②] 一般应包括刑事申诉审查案件、刑事申诉指令抗诉案件、刑事申诉提请抗诉案件、刑事申诉发回重审案件以及阻碍依法行使诉讼权利或本院办案行为违法的控告或申诉案件；刑事赔偿及民事行政诉讼赔偿监督案件、行政赔偿监督案件。

[③] 一般应包括不予受理案件、流程监控案件。

五是审核程序。对于适用简易程序办理的监督案件，一般无须提交上一层级审核。以院名义制发有关监督文书的，可以规定由部门负责人审核。

六是内部法律文书。对于适用简易程序办理的监督案件，可以采取格式化的形式，简化内部立案、结案报告等文书。

（三）监督事项案件化业务管理及软件完善

推进监督事项案件化工作，离不开规范有效的业务管理和统一业务系统提供保障。

1. 完善监督案件的流程管理

各级检察院案件管理部门应当充分发挥内部监管职能，不仅应运用统一业务系统，强化对业务部门办理监督案件的办案期限、办案流程、文书制作等进行全程、动态、同步监督，对于流程管理过程中发现的检察环节司法不规范问题，可以视情况采取口头提醒、网上提醒、发出流程监控通知书、办案质量评查通报、录入检察人员司法档案等方式，及时予以解决和记载。同时，做好立卷归档工作是监督事项案件化管理的题中之义和必然要求，可以倒逼办案人员进一步树立规范办理监督案件的意识，确保办案程序规范、合法。为此，应切实按照《人民检察院诉讼档案管理办法》，① 进一步明确各类监督案件卷宗归档的必备内容、材料顺序，细化制定具体卷宗归档要求。② 司法行政部门应加强档案管理，督促各业务部门及检察官严格执行落实立卷归档的相关规定，以实现对监督案件的全面科学管理。

2. 完善监督案件质量评价体系

在落实司法改革任务要求，突出检察官监督主体地位的同时，必须把握监

---

① 最高人民检察院、国家档案局于 2016 年 10 月发布的《人民检察院诉讼档案管理办法》和《人民检察院诉讼文书材料立卷归档细则》两个规章，于 2018 年 1 月正式实施。两个规章较 2000 年起实施的《人民检察院诉讼档案管理办法》和《人民检察院诉讼文书立卷归档办法》有了很大的进步。其中，对涉及法律监督事项的案件作出了较大范围的规定，其中，刑事诉讼监督案件有 16 种；刑事申诉审查、复查和赔偿监督类案件 7 种；民事行政检察监督类案件 6 种。

② 由于法律监督案件化的演化发展和认识统一，将有更多的监督事项被纳入案件化管理的范畴。目前，最高人民检察院有关档案管理的规定中只涉及 29 种监督案件，而上海市检察院制定的《关于确定上海市检察机关案件种类的意见（试行）》，共涉及各类监督案件 59 种。此外，监督事项的简繁复杂情况差异较大，有的监督案件形成的证据等所有材料少则几份、多则十几份，导致各种案件卷宗立卷方面必然存在困惑，都需要予以解决。例如，对于有些监督类案件证据材料较少的，是单独立卷，还是合并立卷？即使合并立卷，也必须明确立卷的模式和具体要求。

督工作属性和规律，坚持监督案件数量、质量、效果的有机统一，研究制定监督案件办理标准，以及监督业务考核评价核心指标和司法责任追究管理办法，充分考虑不同类别监督案件的质效，科学评价检察官行使刑事诉讼监督权的能动性、规范性和公正性，引导检察人员积极开展法律监督工作，以切实强化和落实司法责任制。

3. 完善统一业务系统软件程序

2012 年 8 月起最高人民检察院研发和部署的全国检察机关统一业务应用系统，运用现代科技手段，实现执法信息网上录入、执法流程网上管理、执法活动网上监督、执法质量网上考评，构建了一个纵向贯通、横向集成、互联互通的信息网络平台，并已经过多次修改升级、不断完善。但是，根据法律监督案件化体系构建的新要求，基于以往监督业务流程主要是依据办事模式而设计的，因此，需要在办案模式的框架要求下继续对软件系统的有关程序及流程进行升级改造。（1）应对目前尚未纳入统一业务系统管理的监督案件种类，通过软件模块设计和改造予以解决，做到所有监督案件全部纳入系统管理。（2）应对尚未设置立案程序的办理事项全面设置立案或者不立案决定程序。（3）应对系统的统计功能以及业务报表内容进行修改、充实和完善，建议在自动生成各类监督案件案号的基础上，再赋予其自动生成监督案件总序列号的功能，为及时全面统计监督业务总量提供便利，从而打造更加契合法律监督事项案件化体系建设要求的信息化平台。

重大监督事项案件化办理模式探析

王根长[*]

在当前以审判为中心的刑事诉讼制度改革、以司法责任制为核心的司法体制改革、以完善检察监督体系为目标的检察改革多重背景下，实行重大监督事项案件化办理模式，是规范监督行为、完善监督体系、提升监督质效的可行路径，更是检察机关强化法律监督的一个重要实践课题。各地检察机关以侦查监督部门为主体在刑事诉讼监督中开展重大监督事项案件化办理试点探索，但在案件范围、立案条件、监督标准、程序设计、办理依据等方面存在较大差异。检察机关应如何科学合理设计重大监督事项案件化办理制度，关系到该制度在实践中的价值实现以及强化法律监督、维护检察权威等核心理念的贯彻落实。

一、实行重大监督事项案件化办理的理论依据

（一）程序正义的要求

程序正义观念起源于英国的"自然正义"，发展于美国的"正当程序"。可以说"正当程序"是程序正义原则的切实体现。一种法律制度或者法律程序只有具备了某种价值上的合理性，能够直接或者间接保证某种价值的实现，才是公正、合理、正义的，才会被人们所承认并受到尊重。时至今日，随着正当程序已经发展成为一个超越国家和法系界限的、具有普适意义的法律概念与价值，程序公正逐渐获得普遍认可和尊重并与实体公正一同成为我国司法的主要目标和价值追求。[①] 在法治实践中，程序正义具有较为重要的价值，在维护社会的公平正义方面发挥了非常重要的作用。长期以来，侦查监督工作的事项性特征较为明显，启动、审查、处理程序相对随意、模糊。实行案件化办理模式，最大的特征就是程序化，通过建立受理、审查、立案、调查核实、审

---

[*] 王根长，广东省汕头市人民检察院法律政策研究室负责人。

[①] 卞建林、李晶：《关于加强诉讼监督的初步思考》，载《国家检察官学院学报》2011 年第 1 期。

核决定、复议复核、结案归档等较为完整的办理流程，实现程序公平正义的价值。

(二) 遵循刑事诉讼监督规律

所谓刑事诉讼监督规律，主要是指为实现维护刑事法治统一、权威和尊严的目的，监督主体和被监督主体在刑事诉讼法律监督关系中所必须遵循的根本活动法则。[①] 在刑事诉讼监督中，监督主体是检察机关，被监督主体是侦查机关、审判机关和刑罚执行机关等国家公权力机关，监督客体是被监督主体的诉讼违法行为。刑事诉讼监督的行使模式是单向的，对诉讼活动中的违法行为提出监督意见，应当遵循刑事诉讼监督的基本规律。一般认为，刑事诉讼监督的内容主要包括："知情、调查、确认、纠正、反馈。"[②] 侦查活动监督作为刑事诉讼监督的范畴，实行案件化办理模式，应当遵循诉讼监督规律，合理配置监督职权，构建独立统一的诉讼监督规则，推动诉讼监督职能与诉讼职能的协调发展。

(三) 符合诉讼监督谦抑原则

诉讼监督的谦抑性来源于权力谦抑原则，要求科学界定诉讼监督的内涵和外延，不能恣意扩张诉讼监督权力的界限，其旨在寻求一种更能调动被监督方主体意识、获取被监督方内心认同的监督方式，实现监督效益的实质提高，其落脚点仍然在于强化诉讼监督。[③] 理论上讲，检察机关对整个诉讼活动过程都应当开展监督，对发现的任何诉讼程序和实体中的瑕疵、违法行为等均应按照相关制度及审批程序予以监督纠正，但这样不仅容易将简单问题复杂化，浪费司法资源，也难以获得被监督主体的广泛认同。在侦查活动监督中，科学合理界定案件化办理范围，对属于"重大监督事项"才启动案件化办理程序，也是诉讼监督谦抑原则的重要体现。

---

① 范宏昕:《刑事诉讼监督规律之探析》，载《时代法学》2014 年第 6 期。

② 关于刑事诉讼监督规律的内容，有的专家学者表述为"知情、调查、纠正、反馈"，有的强调"发现、核实、纠正"，有的将依法、有效、平衡协调作为重要内容。参见俞波涛:《新形势下的检察工作趋势与发展》，载《人民检察》2014 年第 4 期；龙宗智:《探讨检察规律深化理论研究》，载《人民检察》2011 年第 3 期；范宏昕:《刑事诉讼监督规律之探析》，载《时代法学》2014 年第 6 期。

③ 程晓路:《检察机关诉讼监督的谦抑性》，载《国家检察官学院学报》2012 年第 2 期。

二、实行重大监督事项案件化办理的功能价值

(一) 强化诉讼监督意识

长期以来，审查逮捕案件、立案监督、侦查活动监督作为检察机关侦查监督部门的"一体两翼"职能，审查逮捕案件成为主要业务抓手，立案监督、侦查活动监督作为"两翼"却被忽视为"副业"，没有得到足够重视，再加上平时审查逮捕案件多、人手不足，实践中的立案监督、侦查活动监督工作往往处于应付状态，弱化了监督主责主业。实行重大监督事项案件化办理，结合司法责任制改革要求，明确检察官在监督活动中的办案权限，科学认定监督案件的司法责任；明确办案数量与员额检察官的绩效考核紧密相连，使监督业务作为员额检察官绩效考核量化的参考依据，有利于充分调动办案人员工作积极性，树立监督也是办案的意识，真正聚焦监督主责主业。

(二) 规范诉讼监督行为

作为国家的法律监督机关，检察机关"如何把诉讼职能履行好，又把监督职能履行好，这是涉及检察制度和检察工作的根本性问题"。[1] 相较于较为完备成熟的刑事诉讼规则，诉讼监督方面的规定则较为原则和薄弱，大多隐含于刑事诉讼程序中，法律并没有对刑事诉讼监督进行专门独立的程序设计，模糊了刑事诉讼监督应有的法律地位，导致实践中诉讼监督随意性较大、操作性不强、标准不统一。实行重大监督事项案件化办理，通过建立严密的程序规范、证据规则和管理流程，形成独立统一的监督规则和标准，有利于促进依法监督、规范监督。

(三) 提升诉讼监督质效

实行重大监督事项案件化办理模式，改变以往只在审查逮捕工作中履行立案监督、侦查活动监督职能的局限状态，由专门办案组或专门机构对重大监督事项按照规范流程开展调查核实，并运用一套科学的监督标准依法作出监督判断，做到监督处处留痕，有助于提升监督工作水平，确保监督办案质量和监督品质，赢得公众包括侦查机关对检察机关诉讼监督的心理认同和尊重，树立检察监督权威和公信力。

---

① 顾永忠：《理性协调双重角色正确处理四个关系》，载《人民检察》2014年第3期。

三、实行重大监督事项案件化办理的基本原则

（一）监督法定原则

依法行使职权是法治的内在要求。检察机关必须在法律规定的职权范围内，按照法律规定程序行使检察权，检察活动必须具备程序合法性和实体合法性。[①] 实行重大监督事项案件化办理，也必须严格依照法律的授权和法律规定程序开展，防止滥用职权或有法不依。检察机关必须树立依法监督观念，自觉运用法治思维和法治方式界定重大监督事项案件化办理的各项标准，对重大监督事项案件化办理的每一个流程做到于法有据。

（二）监督必要原则

相对一般的事项办理方式，重大监督事项案件化办理流程严格、办理周期较长、投入办案资源及成本较高，检察机关不可能对所有的侦查违法行为都实行案件化办理，应从兼顾效率和公正的角度，科学合理界定案件化办理范围，对那些有必要采用案件化办理模式的侦查监督事项，才启动案件化办理模式开展监督办案。如对严重的违法取证行为、侵害当事人人身财产权利的侦查行为、侵害当事人诉讼权益的侦查行为等应当实行重大监督事项案件化办理；对于简单的法律文书缺漏、不规范等轻微诉讼违法行为及瑕疵等，则没有必要进行案件化办理。

（三）监督公开原则

监督公开的重要意义在于增强监督透明度和知晓度，获得被监督者的信任感和认同感，同时也促使监督者增强工作责任心，并廉洁自律、严格依法监督。实行重大监督事项案件化办理，作为一项监督机制创新，应当公开其监督流程，让被监督对象知晓该制度的意义、功能、价值等；应当公开监督过程，增加当事人的参与度，提供一个充分讲述事实和表达意见的机会，促进查明事实、充分掌握证据，防止错误监督；应当公开监督结果，并将监督意见或决定抄送有关部门，增强监督的法律效果和社会效果。

四、实行重大监督事项案件化办理的制度设计

（一）合理界定监督案件范围

对于如何界定重大监督事项案件范围的问题，有的认为主要考虑三个方面

---

① 朱孝清、张智辉：《检察学》，中国检察出版社 2010 年版，第 452 页。

的因素：严重的违法取证行为；严重侵害当事人人身权利、财产权利的侦查行为；严重侵害当事人诉讼权益的侦查行为。① 有的认为要根据监督比例原则，把握四个方面：违法行为的严重程度；违法事实查证的难易程度；违法行为的恶劣程度；监督措施的严厉程度。② 有的认为要结合诉讼行为违法的严重程度和监督措施的严厉程度来合理确定。③ 应该说，从违法的严重性及监督措施的严厉性角度界定案件化办理范围，基本上已形成统一认识，但对于何谓"严重"及"严厉"，仍然是一个较难界定的问题。实践中，一个较轻的违法行为或者侦查瑕疵也可能对原案件造成严重影响，也可能带来严厉的监督措施。笔者认为，从依法有据、违法行为严重性及兼具监督效率等综合考虑，根据刑事诉讼法、《人民检察院刑事诉讼规则》等有关规定，可依法界定重大监督事项案件范围为：公安机关应当立案不立案及不应当立案而立案两种事项；《人民检察院刑事诉讼规则》第567条规定的16种侦查活动监督事项；违法决定、执行、变更撤销强制措施事项；行政机关不依法移送涉嫌犯罪案件事项；阻碍诉讼权利行使事项等。

（二）规范监督办案流程

案件化办理的一个重要特征就是要具备一般案件办理的流程要素，建立规范的办案程序。为此，应当从制度上设定重大监督事项办理的具体标准、步骤和期限等，具体可借鉴一般案件办理程序，建立受理、审查、立案、调查核实、审核决定、复议复核、处理决定、结案归档等较为完整的办理流程，明确启动各程序环节的条件和标准。具体而言，应当实行线索受理编号登记；明确线索审查期限；确定立案及不立案的标准；立案后开展调查的期限；审核决定报批程序；明确复议复核期限；作出处理决定依据，等等。同时，应对各办理环节设定相应的文书标准，如《案件受理登记表》《立案决定书》《审查意见书》等，确保整个监督流程的顺畅进行。建立案件卷宗规范，整个监督过程都在卷宗中体现，切实做到监督过程处处留痕，促进重大监督事项案件化办理过程的规范化。

① 万毅、韩晓峰、龚培华等：《如何深入探索重大监督事项案件化办理》，载《人民检察》2017年第15期。

② 万毅、韩晓峰、龚培华等：《如何深入探索重大监督事项案件化办理》，载《人民检察》2017年第15期。

③ 於乾雄、马珣、黄露：《推进重大监督事项案件化若干问题思考》，载《中国检察官》2017年第7期。

（三）设定监督立案条件

刑事诉讼监督开展前的立案作为一种程序性的审查决定，是整个诉讼监督程序的起始点，立案本身的实质目的是启动监督活动。立案意味着监督工作法律意义上的启动，一旦启动，非法定事由不能随意中断或终止。因此，有必要设定重大监督事项案件化办理的立案条件，明确何种条件下应当立案开展调查，否则不予立案调查。有学者认为，诉讼监督的立案条件应当经过审查必须是认为存在或者可能存在违法行为和事实，既指程序性的违法，也包括实体性的问题，并应达到一定的严重程度。① 笔者认为，立案是对严重违法行为已经发现或存在重大嫌疑的一种法律认定，是启动正式调查程序的法律行为，应当严肃对待，对线索受理后经初步调查认为侦查机关或侦查人员可能存在前述重大事项监督案件范围的情形之一，需依法以书面方式提出纠正违法的意见或建议的，经领导审批后应当立案调查。

（四）保障监督法律效力

在侦查活动监督中，根据违法行为的情节和性质不同，检察机关主要通过要求说明不立案理由、通知立案、口头或者书面纠正违法、提出检察建议等手段进行。这一看似种类繁多、轻重有别的诉讼监督手段体系在实践中往往效果并不尽如人意，监督手段所形成的强制力不够、执行力不强、权威性不高，难以保障监督的法律效力。其主要原因在于法律尚未明确不执行检察机关法律监督意见相应的制约或惩处措施等法律后果。② 司法实践中，公安机关反复出错、屡纠不改的情况时有发生。"一个法律制度，如果没有可强制实施的惩罚手段，就会被证明无力限制非合作的、反社会的和犯罪的因素，从而也就不能实现其在社会中维持秩序与正义的基本职能。"③ 因此，从权力制衡的角度看，应当设置相应的处理程序和惩处措施，保障重大监督事项案件化办理的法律效力。笔者认为，对于重大监督事项立案后的处理决定拒不执行的，检察机关可

---

① 杨宏亮：《检察机关刑事诉讼监督中的立案问题》，载《上海政法学院学报（法治论丛）》2014年第4期。

② 如《刑事诉讼法》第100条规定"人民检察院在审查逮捕工作中，如果发现公安机关的侦查活动有违法情况，应当通知公安机关予以纠正，公安机关应当将纠正情况通知人民检察院"。但是并没有规定公安机关不将纠正情况通知检察机关的后果。《人民检察院组织法》第21条规定："有关单位应当予以配合并及时将采纳纠正意见建议的情况书面回复检察院。"

③ 博登海默著：《法理学法哲学与法律方法》，邓正来译，中国政法大学出版社1999年版，第340页。

建议更换侦查人员，同时应抄送纪检监察部门，作为党政纪处理的参考依据；对于侦查取得的证据，应作为具有非法证据重大嫌疑启动排除程序。

（五）设立专门监督机构

当前，检察机关树立监督主责主业观念，不断强化法律监督，推进诉讼职能与诉讼监督职能的适度分离，也越来越得到广泛认可。[①] 将诉讼监督职能从诉讼中独立分离出来，由检察机关内设的专门部门行使监督职权，负责承办重大监督事项案件，既有利于监督的专业化，也有利于避免诉讼配合的实质干扰。同时，要优化监督职能配置，配足人力，畅通监督渠道，真正将专门监督落到实处。此外，刑事诉讼法仍保留了人民检察院对司法工作人员的侦查权，即人民检察院在对诉讼活动实行法律监督中发现司法工作人员利用职权实施的非法拘禁、刑讯逼供、非法搜查等侵犯公民权利、损害司法公正的犯罪，可以由人民检察院立案侦查。建议对司法工作人员的侦查权也由监督部门行使，增强监督威慑力，确保重大监督事项案件化办理的实效。

---

① 范宏昕：《刑事诉讼监督规律之探析》，载《时代法学》2014 年第 6 期。

重大监督事项"案件化"办理模式
有关问题探析

毛 勇[*]

强化检察监督是党和人民对检察机关的殷切期望,也是检察事业长远发展的根本所在。最高人民检察院《"十三五"时期检察工作发展规划纲要》中明确提出"探索实行重大监督事项案件化,加大监督力度,提升监督实效"的要求。近年来,最高人民检察院立足新时代强化法律监督工作作出了系列安排部署,其中强调检察机关要积极探索重大监督事项"案件化"办理工作模式。本文拟通过对重大监督事项"案件化"办理的概念特征、范围界定、程序操作等问题进行探析,提出一些粗浅认识,以期对该工作机制的规范运行有所裨益。

一、重大监督事项"案件化"办理模式的概念及特征

长期以来,检察实践中侦查监督部门对立案监督、侦查监督、"两法衔接"中发现的监督事项、线索的监督力度相对薄弱,监督程序不够规范,导致部分监督事项虚化、弱化,监督效果欠佳。因此,在当前落实司法责任制改革背景下,侦查监督工作尤其需要探索对重大监督事项采取"案件化"办理的模式,进而提升监督工作规范化、增强侦查监督的刚性约束力。可以说,重大监督事项"案件化"办理模式是针对以往监督事项传统办理方式的重大探索,也是诉讼监督工作机制的一次转型和变革。如何理解重大监督事项"案件化"办理?其含义是什么?这是我们亟须面对和回答的问题之一。目前,实务界、理论界对此还没有形成十分明确的含义界定,尚在探究完善之中。目前,有检察同仁提出的观点认为,重大监督事项"案件化"办理模式,是指检察机关侦查监督部门在审查逮捕、立案监督、侦查活动监督、"两法衔接"等执法办案活动中,将重大监督事项作为独立案件办理,建立从监督线索受

---

* 毛勇,山东省邹城市人民检察院检察业务管理部主任。

理、立案、调查核实、实施监督、跟踪反馈、复查复核到结案归档的完整流程。① 笔者对此观点持赞成意见。依据此观点和侦查监督部门对监督事项"案件化"办理模式有关探索，笔者认为可以将重大监督事项"案件化"办理模式的特征作如下理解：

一是主体的特定性。从主体看，重大监督事项"案件化"办理模式的工作主体是检察机关的侦查监督部门，只有侦查监督部门能够依职权开展这项工作，目前的实践也是如此。随着检察机关内设机构改革的全面推开，业务部门的整合、分设，重大监督事项"案件化"办理的工作主体将呈现多元化的趋势。

二是事项的相对性。从适用范围看，仅限定于重大监督事项可以适用"案件化"办理模式。从实践和监督效果看，只有针对重大监督事项适用"案件化"办理，才能凸显监督力度和效果。例如，对于立案监督事项、侦查机关干警严重违法侦查行为等，应当适用"案件化"办理模式。对于一般轻微监督事项，如，法医鉴定签名不全、现场勘验笔录无见证人等违法情形，一般不适用"案件化"办理模式，应当以口头或书面纠正为主，避免不必要的司法资源浪费以及流程时间的延迟，从而提升监督效率。

三是程序的规范性。从程序上看，与以往传统监督模式不同，"案件化"办理模式规定的程序更加严格、更加规范，一旦启动监督事项"案件化"模式办理，就必须经过线索受理、立案、调查核实、实施监督、跟踪反馈、复查复核等环节，才能视为一个独立案件办理完毕。与以往传统监督事项办理模式相比，案件化办理的规范化程度更高，更能体现程序公正的现代司法理念。

二、重大监督事项范围界定上应把握的几个原则

在探索重大监督事项"案件化"办理模式过程中，实务界、理论界对于重大监督事项范围认识有所不同。从理论与实践层面上看，只有明确界定哪些事项属于重大监督事项，才能推动"案件化"办理模式的规范、有序开展，这也是值得实务界、理论界深入探讨的问题之一。目前，从笔者了解的多数观点看，对于侦查机关应当立案而没有立案的事项列入重大监督事项范围基本没有异议；对于不应当立案而立案的事项虽然属于重大监督事项，但是否全部纳入重大监督事项的"案件化"办理范围，则观点不一。另外，有的观点认为

---

① 《济南市市中检察院出台〈细则〉重大监督事项"案件化"》，载 http：//news. si-na. com. cn/c2017－06－11/doc－ifyzhpq6564646. shtml。

违法事实清楚、违法行为造成后果不大的不应纳入，但违法事实清楚，且违法行为造成后果严重、负面影响恶劣的一些特殊情况则应当纳入。据媒体报道济南市市中区检察院出台的《重大监督事项"案件化"工作细则》规定了 6 类情况，列入重大监督事项的范围：经电视（台）、报纸等新闻媒体曝光，社会影响大的重大案件或事件；在互联网等网络媒体散播，社会舆论高度关注的重大案件或事件；人民群众反映强烈、严重影响社会和谐稳定的重大案件或事件；辩护律师、当事人及其家属向检察机关反映的重大案件或事件；上级交办、督办的重大案件或事件；其他需要监督的重大案件或事件。[①] 笔者对于该《重大监督事项"案件化"工作细则》的范围界定基本持赞同态度。但笔者认为，在重大监督事项范围界定上还应当注意把握以下原则：

一是依法性原则。即在遵循法律法规要求的前提下，把一些严重违反刑事诉讼法及相关法规、司法解释规定的侦查行为纳入适用"案件化"办理的"重大监督事项范围"，依法予以监督，体现监督的权威，达到维护法律正确实施的目的。如，对于控告、举报的刑讯逼供、暴力获取证据等监督事项，应明确纳入"案件化"办理模式。《刑事诉讼法》第 8 条规定：人民检察院依法对刑事诉讼活动实行法律监督；《人民检察院刑事诉讼规则》（以下简称《刑诉规则》）第 567 条、第 570 条分别对侦查活动监督范围、审判活动监督监督范围进行了明确界定。

二是重大性原则。案件化办理意味着程序更加复杂、严谨，必然会耗费更多的司法资源。尤其在当前检察机关案多人少矛盾十分突出的情况下，合理确定诉讼监督事项案件化办理的范围就显得更加重要。高检院侦监厅副厅长韩晓峰等人的观点认为，应当按照比例原则，坚持突出重点，有需求、讲方法、重成效，根据诉讼行为违法严重程度来确定诉讼监督事项案件化的范围，只对重大诉讼违法行为实行案件化办理。[②] 因此，在"案件化"办理模式实际运行中，要根据比例原则，结合诉讼行为违法的严重程度、惩罚措施的严厉程度来确定监督事项案件化的范围，对于轻微诉讼违法行为，没有必要进行案件化管理，对于重大诉讼违法行为，有必要建立案件化办理模式。[③] 由此，虽然《刑

---

① 济南市中院：《重大监督事项"案件化"工作细则》，载 http：//news. sina. com. cn/c2017 - 06 - 11/doc - ifyzhpq6564646. shtml。

② 参见韩晓峰、陈超然：《诉讼监督事项案件化的思考》，载《人民检察》2016 年第 21 期。

③ 参见黄河、赵学武：《侦查监督的现状、问题和发展方向》，载《人民检察》2016 年第 21 期。

诉规则》第 567 条对于侦查活动监督范围列举 16 项监督内容，但在实践操作中，要注意把握对其中具有严重违法行为，且危害后果较大的事项采取案件化办理，从而保证监督的实效。

三是特殊性原则。确定重大监督事项案件化办理的范围，要立足实际，不要采取教条、机械的做法。对于新闻媒体曝光、互联网等网络媒体散播等社会影响大、社会舆论高度关注的重大案件或事件，虽然可能不涉及侦查活动、审判活动违法行为或情形，鉴于其社会影响大、群众关注程度高，因而亦有必要纳入诉讼监督事项案件化的范围。例如，长沙市天心区检察院对 2018 年 3 月 16 日晚上湖南经视频道大调查节目播出的"臭肉流向长沙多家知名粉店，赶紧看你家附近的粉店有没有上榜"的新闻，在联系当地食品药品监督管理局后，证实新闻报道属实后，该院启动了重大监督事项"案件化"办理程序。笔者认为，在监督事项通过严格程序的案件化办理后，即使有些监督事项虽然未发现或不存在侦查活动、审判活动监督的法定情形以及应当监督立案等情形，但能够查明事实、还原真相，提供给社会各界及人民群众有信服力的结论，则更加有利于提升司法机关的公信力。

三、"案件化"办理模式程序操作应注意的问题

探索重大监督事项"案件化"办理模式，是检察机关法律监督工作的一项重大工作机制改革。要保证这项改革的有效实施，需要在办理模式的程序操作完善上下功夫，力求设计合理规范。从高检院部署要求以及各地探索此项工作机制的实践看，主要包含下列程序：监督线索受理、立案、调查核实、实施监督、跟踪反馈、复查复核、结案。笔者认为，在重大监督事项"案件化"办理运用前述程序中，应当重点规范以下问题：

一是规范监督线索受理程序。线索受理是发现违法行为、启动案件程序的前提条件，也是重大监督事项"案件化"起源。因此，在线索受理阶段，应当明确案管部门为线索受理的唯一部门，统一线索受理的"入口"，避免责任不清，多头管理的混乱现象，进而实现监督事项案件化办理工作的规范、有序。实际操作中，侦监、公诉、控申、检察室等有关部门在接到、获悉有关材料或线索，应及时进行审查、评估，认为有初查价值的，应交由案管部门在统一业务应用系统中统一受理，并由检察长指定侦查监督部门检察官办理。

二是规范立案程序。在检察长指定侦查监督部门检察官办理重大监督事项后，该检察官应当及时对监督事项线索进行审查，对于符合重大监督事项"案件化"办理范围、立案标准的监督事项，制作审批表，经检察长批准后，移送案管部门登记立案、计入台账、录入案卡，启动重大事项"案件化"办

理工作。

三是规范调查核实程序。调查核实,即通过获取证据,确认违法事实成立与否,是重大监督事项"案件化"办理的关键性阶段。应当要求侦查监督部门承办检察官在重大监督事项登记立案后,必须在规定期限内开展调查核实工作。根据诉讼监督的一般规律,调查核实期限应限定在 7 日以内为宜,时限规定过长,可能会导致贻误监督最佳时机。实际操作过程中,调查核实前,承办检察官应当首先制订调查实施方案,列明调查核实的方法、步骤、调查人员配备、分工等,经检察长批准启动调查核实程序;其次,根据最高人民检察院侦监厅 2013 年 10 月制定的《关于侦查监督部门调查核实侦查违法行为的意见(试行)》中规定的调查核实的原则、范围、方法等进行调查核实工作;对于行政执法机关的核实调查,可以询问行政执法机关的有关人员,了解相关监督事项情况,查阅、复制行政执法机关的案卷材料,监督行政执法机关做好"两法衔接"工作。最后,承办检察官完成调查核实后,应当制作调查核实报告,向检察长报告调查核实情况,提出监督意见。

四是规范实施监督程序。在调查核实的基础上,承办检察官应当根据查明违法行为的具体监督情形,提出相关的监督意见,经检察长批准后,制发相应的法律文书,对违法主体实施监督。监督方式主要有以下 5 种:(1)对于公安机关已经立案侦查的,以提前介入的方式引导侦查取证,并对侦查活动是否合法实行监督;(2)对于公安机关应当立案而不立案,不应当立案而立案的,按照刑事立案监督程序进行监督;(3)对于公安机关侦查活动的监督,按照侦查活动监督程序进行;(4)对于审判机关审判活动的监督,按照审判活动监督程序进行;(5)对于行政执法范畴的,按照行政执法和刑事司法"两法衔接"规定办理。实施监督的法律文书主要有:检察建议、纠正违法通知书、纠正非法取证意见书、要求说明立案理由通知书、要求说明不立案理由通知书、纠正审理违法意见书等,可根据监督的实际情况选择使用。

五是规范跟踪反馈程序。实施监督阶段,侦查监督部门承办检察官应当及时对监督事项进行跟踪,要求公安机关、审判机关以及行政执法机关进行反馈。实际操作中,建议承办检察官在一般情况下可以采取口头或书面督促的方式,但对于多次督促仍不反馈的经检察长批准,应当建议其上级主管部门进行督促反馈。

六是规范复查复核程序。重大监督事项"案件化"办理中,对于被监督单位对检察机关的监督意见提出异议的,应当更换承办人审查;对于上级检察机关收到被监督单位复核意见的,应当由检察长指派检察官审查。

七是规范结案程序。承办检察官在重大监督事项办理完毕后,应当及时在统一业务应用系统中完成结案流程，并将各个阶段、环节所开展的工作情况进行书面记录、整理，并将相关法律文书、案件审查意见、被监督单位反馈意见等进行归档，进而完成重大监督事项"案件化"办理的整个过程。

检察机关重大监督事项案件化实证研究

许凤学[*]

　　"监督"和"制约"是控制国家权力的两种有效方式，"制约"产生于"分权"，体现为两个权力主体之间的分工和牵制，具有对向性，其优势在于权力控制效果明显，但运行效率较低。"监督"，有监察、督促之意，体现为一个权力主体对另一个权力主体的约束和监控，具有单向性，其优势在于权力控制效率较高，但效果较弱。① 我国检察机关是法律监督机关，除了审查逮捕权、审查起诉权两种手段制约侦查权外，其他权力控制都是通过监督实现的，如拘传、拘留、取保候审、监视居住等强制措施，均由侦查机关内部自我授权、自我执行，检察机关只能是外部督促、引导以及纠正方式对其实施控制的。从实践运行情况来看，逮捕是控制侦查权最充分、具体的手段，一方面是因为"制约"本身的有效性，另一方面是因为对侦查权实现了同步控制，而其他监督手段因为具有被动性及滞后性的弊端，无法真正监督侦查机关的违法侦查。② 为改变这种监督不足情况，实践领域进行了富有成效的探索，先后有"提前介入""检察引导侦查"以及"重大疑难案件检察机关听取意见和建议制度"，从运行情况来看，介入、引导活动虽实现了动态、同步监督，但仍然是配合为主、监督为辅。③ 主要原因一方面在于提前介入诞生之初的直接目的是形成侦检合力，追求打击效果，这一倾向和思维一直延续至今；另一方面在于这种介入兼具实体审查、程序审查双重功能，实体审查关注如何完善证据体系以准确认定事实，程序审查则是纠正侦查违法行为以加强人权保障，这种角

---

① 参见陈国权、周鲁耀：《制约与监督：两种不同的权力逻辑》，载《浙江大学学报（人文社会科学版）》2013年第11期。

② 参见宋英辉等：《刑事诉讼原理》（第三版），北京大学出版社2014年版，第180页。

③ 笔者曾对L省市、县两级检察院2015—2016年1026件提前介入案件进行统计分析发现，提前介入启动原因主要是基于侦查机关主动提请，目的是"法律咨询"，比例达90%以上；因程序违法提出纠正意见的案件仅有25件，比例不足2.5%。

色冲突势必会造成一方偏废。作为国家公诉机关，检察机关对侦查机关提请逮捕的案件，更多的是从保证公诉质量的角度进行审查，而不可能站在完全中立的角度对侦查机关和嫌疑人的利益给予兼顾和平衡。①

可见，为提高侦查监督质效，建立一种独立、专门针对侦查程序违法的监督机制显得极为必要。2016 年 9 月 1 日《"十三五"检察工作发展规划纲要》（以下简称《纲要》）在"推动建立新型良性互动检警关系"中提出了"探索实行重大监督事项案件化，加大监督力度，提升监督实效。"2016 年 11 月 5 日《最高人民检察院关于加强侦查监督、维护司法公正情况的报告》（以下简称《侦查监督报告》）进一步明确了重大监督事项案件化的基本内容："针对一些侦查违法行为监督不规范、不到位等问题，探索重大监督事项案件化办理模式，建立从监督线索受理、立案、调查核实、实施监督、跟踪反馈、复议复核到结案的完整流程。"重大监督事项案件化工作模式的提出，是进一步加强和完善侦查监督工作的重要举措，具有重要的现实意义，但该项工作的理论研究并不充分，有必要在理论和应用层面进行系统的分析。

一、重大监督事项案件化的基本内涵

（一）重大监督事项案件化的含义

关于重大监督事项案件化的含义，理论层面尚无权威概括，为准确阐述，需要厘清以下四方面问题：

1. 重大监督事项案件化的对象

根据《侦查监督报告》的要求，重大监督事项案件化办理模式是要针对"一些侦查违法行为监督不规范、不到位等问题"，可见，其对象主要是一些侦查违法行为。根据《刑事诉讼法》第 108 条第 1 项规定："侦查是指公安机关、人民检察院对于刑事案件，依照法律进行收集证据查明案情工作和有关的强制措施。""重大"应理解为对自由、财产等基本权益造成严重影响的侦查行为。因此，重大监督事项案件化的对象又可细化为对严重的调查手段违法和强制措施违法。

2. 重大监督事项案件化的目的

根据《纲要》的要求，"加大监督力度，提升监督实效"是重大监督事项案件化工作模式的目标任务。因此，从根本上来讲，重大监督事项案件化工作模式的首要目的是进一步强化检察权对侦查权的控制。这种控制能够带来两个

---

① 陈瑞华：《论侦查中心主义》，载《政法论坛》2017 年第 2 期。

层面的效果：一是能够进一步遏制侦查权的扩张和恣意，二是能够保障侦查权运行的规范和效率，从而更完整、有效地实现"打击犯罪和保障人权"的刑事诉讼目的。

3. 重大监督事项案件化的性质

重大监督事项案件化是实现侦查监督职能的一项工作机制，与提前介入、检察引导侦查等工作机制相比，有其独特的性质和规律。根据诉讼请求的不同，检察机关对侦查案件的审查包括实体审查和程序审查两个方面，前者是对侦查机关提请罪名是否成立的定罪判断，后者则是对犯罪嫌疑人及其辩护人提出刑讯逼供等违法侦查行为是否存在的程序判断，体现出较强的程序性特征，程序性是指检察机关对案件所做的决定，不具有定罪量刑等实体性处置效力，而只能就程序性问题作出决定，包括依法终止诉讼或者启动审判等。① 重大监督事项案件化工作模式并不对实体问题作出评价，而仅仅对侦查人员的违法侦查行为作出裁断，是一种"程序性裁判"活动。

4. 重大监督事项案件化的运行方式

根据《侦查监督报告》的要求，"探索重大监督事项案件化办理模式，建立从监督线索受理、立案、调查核实、实施监督、跟踪反馈、复议复核到结案的完整流程"。据此，重大监督事项案件化主要包括四个方面的程序要素：一是启动程序，根据受理的有关线索，发现可能存在违法行为的，应当进行立案；二是调查程序，通过讯问犯罪嫌疑人、询问办案人员、查阅复制相关文书以及鉴定等其他调查手段固定相关证据、查明违法事实；三是处理程序，根据调查认定的事实，对侦查人员以及侦查行为获取的证据作出处理建议，并对侦查机关的执行情况进行跟踪；四是救济程序，被监督机关对纠正意见有异议的，可以复议复核，相应的检察机关和上一级检察机关作出相关的决定。

综上所述，重大监督事项案件化是指检察机关对严重侦查违法行为的程序性制裁活动。

（二）重大监督事项案件化的特征

1. 司法性

我国检察机关属于司法机关，检察官在依法行使法律监督职权的过程中具有中立性和客观性特征。与侦查权相比，侦查监督的司法属性主要体现在：侦查权是一种行动权，侦查监督权则是一种审查性权力，前者侧重于效率，旨在获取证据、查明事实；后者更注重公正，虽然一部分目的也是追究犯罪，但依

---

① 万春：《侦查监督制度改革若干问题》，载《河南社会科学》2010 年第 2 期。

照刑事诉讼法的规定具有更强的中立性和稳定性。① 因此，我国检察机关对侦查违法行为的制裁活动具有较强的司法性特征。

2. 独立性

根据《侦查监督报告》的要求，重大监督事项案件化工作模式是要"建立从监督线索受理、立案、调查核实、实施监督、跟踪反馈、复议复核到结案的完整流程"。该工作机制的启动发生在侦查行为完毕之后，是针对侦查人员违法侦查行为的一种独立调查活动，有明确的启动主体、诉讼标的，具体的调查方式以及救济手段，在程序上具有完整的诉讼形态，其功能主要解决的是程序争议，表现为"案中案""诉中诉"。

3. 附属性

重大监督事项案件化工作机制是针对侦查人员的程序违法行为，这种程序性裁判机制是依附和从属于实体性裁判的：一方面是因为程序性裁判最终是为了保证实体真实；另一方面是因为程序性裁判的结果与实体性裁判的结果紧密相关。侦查监督权力的实施是以侦查权力的开始运作为前提，从这个意义上讲，侦查监督是由侦查活动派生出来的。② 由此可见，作为实现侦查监督职能的一项程序性制裁机制，重大监督事项案件化是从侦查违法活动中派生出来的。

4. 主动性和被动性兼具

从监督构造上来看，检察机关是侦查违法行为的调查和制裁主体，平等听取侦查机关与辩护方的意见。从启动条件上看，检察机关既可以被动接受犯罪嫌疑人及其辩护律师等人控告、申诉启动监督程序，也可以根据审查逮捕、审查起诉工作发现的线索依职权启动监督程序。从调查方式上看，既可以由举报人、侦查人员承担举证责任，检察官居中裁断；也可以主动通过询问证人、复制法律文书等调查手段，查证侦查人员的违法行为；又可以二者相结合，综合运用各种调查方式。

（三）重大监督事项案件化的原则

1. 优先调查原则

我国法律对侦查违法行为的监督时间并没有作出限定，对于兼具实体审查、程序审查的审查逮捕、审查起诉而言，程序审查应当置于优先的地位，这是因为程序审查所要厘清的是证据的证明能力问题，证明能力是证据证明力的

---

① 参见巩富文：《中国侦查监督制度研究》，法律出版社 2015 年版，第 24 页。

② 贺恒扬著：《侦查监督论》，河南大学出版社 2005 年版，第 23 页。

前提和基础，只有优先解决了程序争议，才能对证据的证明力进行判断，这符合刑事诉讼的一般规律和证据审查的基本原理，也是对当事人控告申诉权、辩护权的充分尊重。[①]

2. 监督法定原则

监督法定原则是由程序法定的刑事诉讼原则派生而来。程序法定原则是现代刑事诉讼的基本要求，它包含两层含义：一是立法方面要求刑事诉讼程序应当由法律事先明确规定；二是司法方面要求刑事诉讼活动应当依据国家法律规定的刑事程序来进行。[②] 因此，重大监督事项案件化工作机制应当在法律授权和法律规定的职权和程序范围内开展监督活动，不能滥用职权。根据《人民检察院刑事诉讼规则》（以下简称《刑诉规则》）第567条、第568条的规定，人民检察院对公安机关的侦查活动是否合法实行监督，主要对16项违法行为进行发现和纠正。重大监督事项案件化工作机制应当根据该规定，对侦查行为的法律依据以及是否违法进行纠正，采取的手段也仅限于口头、书面纠正违法、排除非法证据、发出检察建议，而不能使用终止侦查、撤销侦查措施等其他手段。

3. 必要性原则

从启动条件上看，根据《侦查监督报告》的要求，重大监督事项案件化工作机制应当具备严格的办案流程，办案周期长、监督成本高、证据规格严，不可能所有侦查违法行为都进行案件化办理，只有严重的违法行为以及对人身、财产或诉讼权益造成严重侵害或有其他重大因素的案件才能适用该工作机制。[③] 从监督手段上看，根据违法行为的严重程度，应当采取严厉程度不同的制裁手段，分别采取采用口头纠正、书面纠正、排除非法证据、检察建议等手段，确保监督手段合目的性、适当性以及必要性，从而在控制犯罪和保障人权之间取得平衡。

4. 全面监督原则

根据《刑事诉讼法》第8条之规定："人民检察院依法对刑事诉讼实行法律监督。"可见，我国检察机关对侦查活动的监督是全面监督。一是过程全面，对侦查行为的监督从刑事立案贯穿至侦查终结全部过程；二是内容全面，既包括刑讯逼供等违法侦行为、超期羁押等强制措施违法行为，也包括应当退

---

① 参见陈瑞华：《非法证据排除程序再讨论》，载《法学研究》2014年第2期。

② 参见宋英辉等：《刑事诉讼原理》（第三版），北京大学出版社2014年版，第42页。

③ 参见万毅、韩晓峰、龚培华：《如何深入探索重大监督事项案件化办理》，载《人民检察》2017年第15期。

还保证金等涉案款物违法行为，还包括违法撤案等程序违法行为。因此，重大监督事项案件化工作模式能够从不同侧面、不同角度对所有侦查活动的违法事项实现全覆盖。

二、重大监督事项案件化的理论和实践基础

（一）重大监督事项案件化的理论基础

1. 检察机关审前监督的主体地位

我国侦查监督构造与西方不同，从体制上看，公、检、法三机关行使刑事诉讼职权时，处于平行位置，不具有层次性；从程序上看，公、检、法三机关处于"分工负责，互相配合、互相制约"的横向交互制约关系。① 这种线性诉讼分工模式决定了我国法院对审前侦查活动的监督和制约较为薄弱，而处于中间环节检察机关，根据法律赋予的法律监督职权，通过审查逮捕对侦查活动进行事前审查，对重大、疑难、复杂侦查案件的同步介入以及对侦查违法行为的事后纠正，来承担起对侦查活动的主要监督职责，因而检察机关是我国审前程序的监督主体。相比于审判机关，我国检察监督更为主动和全面，为监督事项案件化工作机制提供了程序空间。

2. 检察机关法律监督职能定位

根据我国宪法和人民检察院组织法的规定，我国检察机关是法律监督机关。我国的侦查监督权来源于法律监督权，检察机关的侦查监督权是作为法律监督权的组成内容的诉讼监督权在侦查阶段的表现形式之一，这与来源于权力分权和制衡理论的西方侦查监督制度具有明显的差别。② 我国侦查监督体现的是一种程序性控制理念，不同于西方检警一体中检察官对警察进行完全掌控，从而导致利益趋同，检察机关无中立性可言。③ 我国侦查权与侦查监督权相互分立，对侦查活动的违法情况，采用非法证据排除、纠正违法等事后救济手段，具有程序制裁性，为重大监督事项案件化机制的构建提供制度依托。

3. 程序正义理论

现代诉讼理论普遍认为，公平正义的实现，不仅要求结果的公正，也要求裁断形成过程的公正。法律程序既有实现结果正义的工具性价值，也有公正

---

① 参见但伟、姜涛：《侦查监督制度研究——兼论检察引导侦查的基本理论问题》，载《中国法学》2003 年第 2 期。

② 参见刘彦：《侦查监督制度之比较》，载《国家检察官学院学报》2006 年第 5 期。

③ 参见巩富文：《中国侦查监督制度研究》，法律出版社 2015 年版，第 33 页。

性、人道性、正当性的独立内在价值，即程序正义。① 2012 年我国新刑事诉讼法将"尊重和保障人权"写入刑事诉讼法任务，标志着我国刑事诉讼价值取向的深刻调整，对侦查监督执法理念和工作方式产生深远影响。② 重大监督事项案件化遵循司法权运行规律和基本原理，能够充分吸收程序公开、程序参与等程序要素，专注于程序本身的公平公正，是实现程序正义的有效途径。

（二）构建重大监督事项案件化的现实必要性

实践中，我国侦查活动监督呈现出"滞后监督、软性监督、零散监督、选择性监督"四方面问题。③ 本文选取 D 市 6 个基层院侦查监督部门近三年纠正违法数据作为参照样本。

表 1　　　　　　　　　　　　　　　　（单位：件）

	被害人控告	当事人、近亲属及辩护人申请	办案中发现	行政执法机关移送	其他（如提前介入）
2015 年	0	0	31	0	0
2016 年	0	0	23	0	0
2017 年	0	0	24	0	0
总数	0	0	78	0	0

1. 线索来源单一——滞后监督

根据表 1，78 件纠正违法案件的线索均来源于审查逮捕案件，可见，实务当中检察官主要还是依靠侦查机关报送的侦查卷宗发掘违法线索，并没有充分运用提前介入、接受申诉和控告、行政机关移送等途径，这种线索来源的弊端十分明显，因为要求公安机关在自己制作、装订和移送的卷宗中全面呈现其违法侦查行为的情况是不存在合理期待性的。④ 从时间上看，由于只有在公安机

① 参见陈瑞华：《刑事诉讼的前沿问题》（第四版），中国人民大学出版社 2013 年版，第 164—174 页。

② 参见万春：《侦查监督工作贯彻新刑诉法若干问题》，载《国家检察官学院学报》2013 年第 1 期。

③ 参见樊崇义、刘辰：《侦查权属性与侦查监督展望》，载《人民检察》2016 年第 12—13 期。

④ 参见宋超：《完善我国侦查监督机制的几点思考横线——以侦查监督权力与权利的强化为视角》，载《河南社会科学》2010 年第 6 期。

关提请批准逮捕时人民检察院才进行审查监督，甚至有些案件，在提请逮捕时对犯罪嫌疑人的拘留可能已达多日甚至近 30 日，审查极为滞后，[①] 同步性、事前性不强。

表 2　　　　　　　　　　　　　　　　　　　　（单位：件）

	DG 院	FC 院	KD 院	YB 院	ZA 院	ZX 院
2015 年	6	5	6	5	4	5
2016 年	5	6	2	5	0	5
2017 年	5	3	5	3	2	6
总数	16	14	13	13	6	16

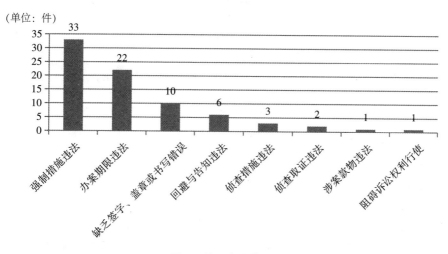

图 1　纠正违法情形

2. 监督动力不足——零散监督

根据表 2，各院每年纠正违法数量均不超过 6 件，这与各院年均超过 300 余件审查逮捕案件数量形成强烈反差，与实践中存在大量违法侦查行为的客观情况严重不符。根据省检察院考评要求，2015—2017 年纠正违法考评满分分别是 5 件、5 件、6 件，由此可见，各院的纠正违法工作是以考核为导向的。根据图 1，纠正违法的类型主要是强制措施违法（延长拘留理由不成立、应当解除取保候审而不解除）和办案期限违法（超期羁押），对于较为严重的侦查取证违法、侦查措施违法的监督仅有 5 件，分别是伪造证据 2 件，非法搜查 3

---

① 参见刘计划：《侦查监督的中国模式及其改革》，载《中国法学》2014 年第 1 期。

件，而没有 1 件是涉及刑讯逼供、暴力取证、非法采用技术侦查措施等容易制造冤假错案的严重违法行为。容易纠正又能及时完成考核要求的"文书瑕疵"也成为实践中的一个重要选择，达到 10 件。这种被动、零散监督的方式，导致大量违法情形被遗漏。

（单位：件）

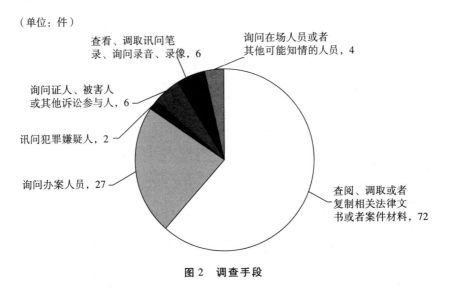

图 2　调查手段

3. 调查手段匮乏——选择性监督

最高人民检察院侦查监督厅制定的《关于侦查监督部门调查核实侦查违法行为的意见（试行）》第 5 条规定了 10 种调查方法，① 根据图 2，本次统计的 78 件纠正违法案件中涉及 6 种。审查逮捕讯问，作为违法侦查行为线索的重要来源途径，并没有得到充分运用，仅有 2 件。采用询问办案人员的方法虽然达到了 27 件，但基本上是口头的，目的是进一步确认违法行为的存在，并没有制作有关笔录。纠正违法的调查方式主要还是依赖查阅、调取或者复制侦查卷宗中的手续材料，有选择性的监督显而易见、容易核实的违法情况，而调取看守所体检记录、进行检查、鉴定等有效调查方式并没有被采用，调查结论体现在一纸"纠正违法通知书"上，并没有形成调查报告。

---

① 这 10 种调查方法分别是："（一）讯问犯罪嫌疑人；（二）询问证人、被害人或者其他诉讼参与人；（三）询问办案人员；（四）询问在场人员或者其他可能知情的人员；（五）听取辩护律师意见；（六）查看、调取讯问笔录、讯问录音、录像；（七）查询、调取犯罪嫌疑人出入看守所的身体检查记录及相关材料；（八）查阅、调取或者复制相关法律文书或者案件材料；（九）进行伤情、病情检查或者鉴定；（十）其他调查核实方式。"

4. 监督效果乏力——软性监督

根据统计, 78 件纠正违法案件中, 仅有 KD 院的 3 件没有得到公安机关的回应, 其余案件均回复纠正, 纠正率达 96% 以上。表面上看, 个案监督效果明显, 似乎取得了良好的纠正效果, 但实际上, 这种监督体现出两种异化形态: 一是协商监督, 公安机关的回复是两部门领导协商的结果, 理由是照顾考评加分; 二是胁迫监督, 侦查机关迫于批捕权、公诉权的威慑, 不得不配合纠正以换取批捕和公诉的顺利进行。"为配合考核而纠正" 而非 "因违法而纠正" 的应对心态严重削弱了纠正违法的一般监督效果, 如 ZX 院连续三年纠正了 16 起超期拘留, FC 院连续三年纠正了 12 起违法延长拘留至 30 日案件, 这种 "屡纠屡犯" 的情况体现了监督效果不足的窘境。

综上来看, 滞后监督、零散监督、选择性监督、软性监督四方面问题反映了我国现阶段侦查监督工作仍然是 "办事模式", 而 "办事模式" 存在诸多不足: 一是启动随意, 由于没有规范的程序启动要求, 实践中普遍采取 "谁发现、谁启动、谁办理" 的方式, 容易出现 "想干就能干, 不想干就不干" 的现象; 二是调查核实不足, 由于没有严格证据要求, 对违法事实的调查容易流于形式, 致使调查深入程度不够, 监督依据不充分; 三是监督质量不高, 由于只有一份监督决定书, 难以反映从立案、调查、审查、决定到复议复核的案件全貌, 案件质量难以评价, 影响监督的有效性和权威性。[①] 因此, 我国侦查监督工作模式亟待从 "办事模式" 向 "办案模式" 转变, 这就需要积极推进重大监督事项 "案件化" 工作模式。

(三) 重大监督事项案件化的价值

1. 转变监督模式

由于我国检察机关对搜查、冻结、拘留等侦查手段和强制措施不具有审查批准权, 对该类侦查措施的监督主要是通过审查逮捕、审查起诉阶段进行事后的审查; 从审查方式上看, 主要是依据案卷材料中的法律文书进行书面审查; 从监督流程上看, 主要通过内部审批的形式向侦查机关发出监督意见, 这种单方、书面、秘密的监督模式, 体现出强烈的行政化色彩, 严重影响监督的实际效果。推进监督事项案件化, 就是要确立规范的启动条件, 加强线索来源渠道的多元化, 充分利用当事人控告、申诉、行政机关移送、提前介入、刑事案件信息共享平台解决滞后监督的问题; 同时设置严格明确的立案标准, 即在侦查

---

① 参见韩晓峰、陈超然:《诉讼监督事项案件化的思考——以侦查监督为分析视角》, 载《人民检察》2016 年第 21 期。

的任何阶段，发现有违法情形符合条件的都应当立案调查，不能随意中断、终止，切实改变零散监督问题。推进监督事项案件化，就是要确立深入的调查程序、严肃的裁判程序，充分运用听取辩护人意见、询问办案人员、调取看守所体检记录、伤情鉴定等有效手段，进行全面、深入的调查，改变原有"浅尝辄止"的监督态度；充分吸收当事人及其辩护人、侦查人员的参与，履行举证责任、监督案件流程，实现监督过程公开化、透明化，增强监督权威，解决选择性监督、软性监督的难题。

2. 提升监督地位

以往侦查监督工作更加重视解决犯罪嫌疑人刑事责任等实体问题，相应忽视侦查行为合法性等程序问题，审查逮捕、审查起诉工作较为精细，而纠正违法等监督工作较为粗疏，后者甚至沦为前者的"副业"或"附属工作"。侦查违法行为除了侵犯当事人的基本权利外，更在很大程度上破坏了司法公正，与我国刑事诉讼的任务和理念相悖，危害性甚至更大，但从目前遏制程序违法行为的手段上看，主要通过追究违法侦查人员的行政责任（纪律处分）、民事责任（损害赔偿）和刑事责任，但大多数情况下，大部分程序违法行为并没有达到违反刑法的程度，因此，这三种制裁手段效果有限。[①] 重大监督事项案件化工作机制的确立，有利于通过对非法证据宣告无效、瑕疵证据要求补正等方式否定侦查行为的合法性，阻碍侦查机关逮捕、公诉等侦查目的实现，以弥补手段上的不足，并且这种监督手段是以"案件化"方式运行的，需要建立案卡、案号，形成审查报告、卷宗材料，需要与检察官绩效考核和司法责任挂钩，从而达到与审查逮捕、审查起诉具有同等的法律地位，有利于增强检察人员监督主动性，改变监督动力不足的难题。

3. 改善检警关系

长期以来，我国检警双方形成了"警主检辅""以侦查为中心"的关系模式，这种关系形成的根源在于，无论是在立法层面还是制度设计层面，检察机关或审判机关对侦查活动缺乏全面、有效的制约和监督，特别是对刑讯逼供等非法取证行为的监督缺位和乏力，是近些年来冤假错案形成的主要原因。为应对"侦查中心主义"的弊端，党的十八届四中全会明确提出了"以审判为中心"的诉讼制度改革任务，针对违法取证行为，在侦查监督环节提出了一系列保障机制：一是加强对侦查取证行为的引导，即建立健全符合裁判要求、适应各类案件特点的证据收集指引机制；二是加强对取证过程合法性的监督，即

---

① 参见陈瑞华：《程序性制裁理论》（第三版），中国法制出版社2017年版，第102—103页。

完善讯问同步录音录像，探索探命案等重大案件检查、搜查、指认等同步录音录像，探索建立重大案件侦查终结前对讯问合法性进行核查制度等机制。三是统一证明标准，对非法证据予以排除，对不符合法定证明标准的依法不起诉。上述机制着眼于防止案件"带病"进入审判程序，充分发挥检察机关审前"过滤功能"，对检察机关提出了更高的要求。[①] 重大监督事项案件化工作机制的确立，能够进一步加强对侦查违法行为的制裁力度，及时将违法证据排除于庭审之前，有效推动检警关系从"合作配合"走向"监督制约"新模式。

三、重大监督事项案件化实施路径

检察制度改革的经验表明，检察机关首先是一个"办案机关"，也就是代表国家和社会提起公共诉讼的机构，并通过办案来维护国家利益和社会公共利益。[②] 既然将侦查监督事项当作"案件"处理，根据证据裁判原则，应当以程序和证据为着眼点，着力提升检察官的"线索发现能力""调查核实能力"以及"纠正处理能力"，[③] 具体而言，应当从以下三方面着手：

（一）规范化：构建以非法证据排除为核心的重大监督事项案件化工作模式

作为一种程序性裁判程序，非法证据排除程序主要发生在法庭审理阶段，但是为充分保障被告人的辩护权，确保非法证据尽早被排除于定案根据之外，我国法律确立了审判前排除非法证据的制度。[④] 从我国的诉讼构造上来看，我国检警分立的诉讼格局和检察机关侦查监督的法定使命决定了检察机关是非法证据排除的主体之一。[⑤] 根据《刑事诉讼法》第 56 条规定："在侦查、审查起诉、审判时发现有应当排除的证据的，应当依法予以排除，不得作为起诉意见、起诉决定和判决的依据"。根据 2017 年最高人民检察院、最高人民法院、公安部、国家安全部、司法部《关于办理刑事案件严格排除非法证据若干问题的规定》（以下简称《严格排除非法证据规定》）第 14 条之规定："犯罪嫌

---

① 参见张相军：《全面履行检察职能着力推进以审判为中心的行使诉讼制度改革》，载《人民检察》2016 年第 21 期。

② 陈瑞华：《论检察机关的法律监督职能》，载《政法论坛》2018 年第 1 期。

③ 参见黄河、赵学武：《侦查监督的现状、问题和发展方向》，载《人民检察》2016 年第 21 期。

④ 陈瑞华：《非法证据排除程序的理论展开》，载《比较法研究》2018 年第 1 期。

⑤ 参见董坤：《检察机关排除非法证据问题研究》，中国检察出版社 2018 年版，第 11 页。

疑人及其辩护人在侦查期间可以向人民检察院申请排除非法证据"。可见，检察机关排除非法证据的职责贯穿于侦查活动的始终，可以随时发现，随时启动，随时纠正，不限于审查逮捕、审查起诉期间。

根据程序性制裁理论，"无制裁则无法律规则"，如果违法者不会因其行为而承受不利法律后果，该法律规则仍然无法实施。[①] 例如，在我国刑事诉讼中，权利义务告知违法、剥夺律师会见权等违法行为，法律并没有规定相应的消极后果，导致相应检察监督作用有限。因此，侦查监督功能的有效发挥，有赖于被监督事项具有完整的法律制度和完备的构成要素，这些要素包括启动主体、裁决方式、证明责任、法律后果以及救济途径等。目前在我国法律中，非法证据排除规则包括上述全部程序性内容，在启动上，根据《刑诉规则》《严格排除非法证据规定》，有两种启动方式：一是依职权启动，即在审查逮捕、审查起诉过程中发现可能存在非法证据的，应当主动调查核实；二是依申请启动，根据犯罪嫌疑人及其辩护人申请排除非法证据的，也应当调查核实；在审查方式上，法律和司法解释虽然没有明确规定侦查阶段非法证据排除方式，但可以采用书面审查和听证审查相结合的方式。在证明责任上，根据刑事诉讼法、《刑诉规则》《严格排除非法证据》的规定，依申请启动的，犯罪嫌疑人、被告人及其辩护人应当提供非法取证的人员、时间、地点、方式、内容等相关线索或者材料，即申请方履行初步的证明责任，进入正式调查程序后，根据"证明责任倒置原则"，[②] 由侦查机关承担证据合法的证明责任；依职权启动的，直接进入正式调查程序；在法律后果上，根据上述法律、司法解释的规定，被确定排除的非法证据，不得作为批准或者决定逮捕、提起公诉的根据；在救济程序上，根据《严格排除非法证据规则》第18条之规定，对于人民检察院因排除非法证据作出不批准逮捕、不起诉决定的，公安机关、国家安全机关可要求复议、提请复核。同时，为了保障监督决定的有效性，非法证据排除规则还确立了跟踪机制，根据《严格排除非法证据规定》第17条规定，被排除的非法证据应当随案移送，并写明为依法排除的非法证据。

因此，非法证据排除是最具有可操作性的监督方式，应当成为重大监督事项案件化工作机制的核心内容。对于非法证据排除之外的其他违法侦查行为，也应当在审查形式、裁决方式上不同程序借鉴和参照非法证据排除规则的工作

---

① 参见陈瑞华：《程序性制裁理论》（第三版），中国法制出版社2017年版，第142页、第251页。

② 关于"证明责任倒置"的基本原理，参见陈瑞华：《刑事证据法学》（第二版），北京大学出版社2014年版，第369—371页。

流程，来开展重大监督事项案件化工作。

（二）诉讼化：构建公开性、对抗性、参与性的重大监督事项案件化审查模式

在侦查监督活动中，构建检察机关居中裁判、犯罪嫌疑人和侦查机关共同参与的"三方构造"模式是一个理想的选择，一方面有利于侦查机关、犯罪嫌疑人形成充分对抗，实现辩护权、检察权对侦查权的双重监督，保障当事人合法权益；[①] 另一方面有利于全面查清侦查违法事实，保证监督过程公开性、程序性。我国检察机关作为法律监督机关，检察官在刑事诉讼活动中不仅仅扮演追诉人的角色，还应当秉持客观公正的立场，全面收集对犯罪嫌疑人或被告有利和不利的证据，承担客观义务；[②] 作为司法机关，检察机关的侦查监督活动还应当具有司法性特征，而司法权具有被动、中立、终局性特征。2012年修改后的刑事诉讼法凸显了"保障人权"的价值取向，明确了律师在侦查阶段的一系列权利，规定当事人和辩护人、诉讼代理人、利害关系人在侦查阶段的申诉、控告等权利，有利于辩护权与侦查权形成对抗和制衡，同时赋予检察机关对非法获取证据等侦查违法行为调查及处理权力。[③] 最高人民检察院《关于进一步加强对诉讼活动法律监督工作的意见》中明确"探索对侦查机关采取的强制性措施及强制措施的监督机制。探索建立诉讼当事人对侦查机关采取搜查、查封、扣押、冻结等措施不服，提请检察机关进行监督的制度"。这些都为侦查活动监督诉讼化构建奠定了制度和法律基础。具体程序设计上，应当健全以下三方面工作机制：

一是线索来源机制。在线索来源渠道上，除了利用提前介入机制、各种信息共享平台、审查逮捕和审查起诉工作等相关渠道外，最重要还是要依据当事人的控告，因为犯罪嫌疑人是侦查违法行为的受害者、亲历者，有最充分的理由和动机提供违法侦查线索。这就需要完善控告申诉机制和权利义务告知工作。由于我国侦查活动具有封闭性、秘密性特征，一般只有在犯罪嫌疑人被提取两次以上讯问笔录被拘留至看守所后，检察官才能接触到犯罪嫌疑人。因此，在告知上，应当在犯罪嫌疑人进入看守所后由驻所检察官告知其有对违法侦查行为进行控告的权利，审查逮捕、审查起诉阶段应当同样进行口头和书面

---

① 参见陈莹莹：《刑事检察监督的程序化研究》，2011年复旦大学博士学位论文，第64页。

② 参见龙宗智：《中国法语境中的检察官客观义务》，载《法学研究》2009年第4期。

③ 参见何秉群、陈玉忠、王雷：《我国检察机关侦查监督模式的问题及完善路径——基于诉讼模式进化原理的分析》，载《中国刑事法杂志》2013年第10期。

的双重告知，并记载于笔录之中。在控告申诉机制上，在审查逮捕、审查起诉阶段犯罪嫌疑人提供相关线索的，应当由该部门记录，其他阶段应当由驻所检察部门记录，并将线索移送至案件管理部门统一受理、调配。

二是调查核实机制。根据《刑事诉讼法》第 57 条规定，人民检察院接到报案、控告、举报或者发现侦查人员以非法方法收集证据的，应当进行调查核实。立法中已明确了检察机关非法侦查行为的调查核实权。在调查程序上，应当分为初步审查和正式调查两个阶段，初步审查是根据犯罪嫌疑人及其辩护人提供的线索材料，或依职权发现的线索足以使办案人对证据合法性产生疑问的，应当启动正式调查程序，目的在于发挥初步审查的筛选功能，节约诉讼资源。① 在调查手段上，应严格按照最高人民检察院侦查监督厅制定的《关于侦查监督部门调查核实侦查违法行为的意见（试行）》规定的 10 种调查方法，但该规定效力较低，应当上升至司法解释甚至法律层面以便获得公安机关的配合。调查应当制作审查报告，对证据和事实进行分析，提出审查意见。

三是裁判机制。应当确立听证程序和宣告程序，听证模式可以仿照审判阶段的庭前会议，召开"侦查监督庭"，由承办检察官主持，根据之前调查结论，听取双方陈述和申辩，进一步确认违法事实是否存在以及严重程度，作出处理决定。② 对于处理结果应当采取公开宣告侦查监督决定这种仪式化的程序，以增强检察机关侦查监督决定的权威性和服从性。③

（三）专业化：构建与裁断职能相分离的专职调查部门，发挥考评工作的导向作用

调查工作是监督事项案件化的核心环节，因为监督结论必须建立在证据的基础之上，调查结果的证据化有利于增强监督结论的合理性和权威性。④ 从实践情况来看，调查工作开展的并不充分，因为调查工作需要相应的物力、人力的跟进和配套，审查逮捕和审查起诉工作有限的时间和精力很难与其形成有效的兼容。因此，应当建立专门的调查部门，与未来可能保留的侦查部门合并，一方面是因为调查和侦查的思维及方法具有相似性，有利于培养专业的调查队

① 参见陈瑞华：《刑事司法裁判的三种形态》，载《中外法学》2012 年第 6 期。
② 参见张振江、张洪森：《刑罚交付执行监督"案件化"办理模式》，载《人民检察》2017 年第 18 期。
③ 万毅：《论检察制度发展的"东亚模式"——兼论对我国检察改革的启示》，载《东方法学》2018 年第 1 期。
④ 参见李辰：《检察监督视野下重大监督事项案件化办理制度的建构》，载《法学杂志》2018 年第 8 期。

伍；另一方面，调查相当于侦查的"初查"，有利于程序违法与实体违法能够有效衔接，提高效率。对于违法侦查行为的裁判工作，应当由审查逮捕部门审查为主，审查起诉部门审查为辅，一方面是因为审查逮捕本质上是司法审查工作，更加中立、客观，有利于保障监督事项案件化工作的中立性，并与未来的逮捕诉讼化改革相配套；另一方面，由于监督事项案件化具有附属性，在根本上是为实体审查服务的，有利于与审查逮捕、审查起诉工作有效衔接。

另外，还应当积极发挥考评工作的导向作用，因为监督工作主动性较强，需要考评工作的激励和评价。一方面，要加强对非法证据排除的考核，积极层面上，对于排除非法证据的，应当加分；消极层面上，对应当排除而未排除，在审判环节被排除的，没有正当理由的，要减分。另一方面，应当细化"非涉证型违法侦查行为"① 的考核对象与内容，如对阻碍诉讼权利行使、应当退还保证金而不退还的单独设立考评加分项，保证监督类型的全面性，避免选择性监督。

---

① "非涉证型证据"是指侦查行为的手段与后果不涉及证据，如应当退还保证金而不退还、违法撤案等，独立于非法证据排除规则涉及的"涉证型违法侦查行为"。参见詹建红、张威：《我国侦查权的程序性控制》，载《法学研究》2015 年第 3 期。

检察监督重大事项案件化的概念界定

徐　冉[*]

一、重大监督事项的范畴

2016 年 7 月 20 日，第十四次全国检察工作会议提出，"要以深化司法体制改革为契机，以维护社会公平正义和司法公正为目标，完善检察监督体系、提高检察监督能力"，这是最高人民检察院首次提出"检察监督体系"的概念。2018 年 3 月 26 日，最高人民检察院党组书记、检察长张军到北京市检察机关调研时强调"各级检察机关要围绕落实宪法职责，建立健全侦查监督、刑事审判监督、刑事执行监督、民事行政检察监督等法律监督体系"，这对检察监督体系化建设进一步指明了方向。据此，重大监督事项案件化内涵的界定，不应局限于侦查活动监督领域或者刑事诉讼监督领域，应从整个检察监督体系的范畴去探索。

检察监督体系并不是一个僵化封闭的体系，而是一个全面开放的体系。在新中国成立初期，评析苏联检察时是将法律监督的内涵解构为"司法监督"和"一般监督"。检察机关重建时期，法律由最初的"合法性"中的法令、政令、带有强制性的决议，缩小为刑法，"去苏联化"的"法律监督"被本土限定为刑事案件司法监督上，在地方实践中甚至进一步萎缩为职务犯罪方面的监督。伴随着民事诉讼法、行政诉讼法的颁布实施，检察机关履行法律监督职责时，已超出了犯罪监督的范围，延伸到民事、行政诉讼领域，法律监督权能也从犯罪监督推进到整个诉讼监督，加强对刑事、民事、行政诉讼的法律监督成为比较稳定状态的检察监督职权配置。党中央始终重视发挥检察机关的监督职能以及检察权的监督属性，党的十八大以来为完善检察机关行使监督权的法律制度指明了方向。党的十八大提出了要确保决策权、执行权、监督权既相互制约又相互协调，确保国家机关按照法定权限和程序行使权力，提出了要加强法

---

　　* 徐冉，北京市人民检察院第三分院审查逮捕部原检察官助理。

律监督。十八届三中全会重申了加强和规范对司法活动的法律监督，完善行政执法与刑事司法衔接机制，法律监督向监督行政执法领域延伸。十八届四中全会提出完善检察机关行使监督权的法律制度，提出对涉及公民人身、财产权益的行政强制措施进行检察监督，对履行职责中发现的行政机关违法行使职权或不行使职权的行为予以督促纠正，探索由检察机关提起公益诉讼，检察机关的法律监督拓展到国家治理和治理能力现代化上。据此，检察机关的监督职能从诉讼活动向行政执法领域延伸，检察监督体系已初步形成，涵盖刑事、民事、行政诉讼监督，对限制人身自由和公民财产的强制措施的监督，对履职中发现的行政机关不作为、乱作为的监督以及公益诉讼等内容。① 为此，本文研究的检察监督重大事项案件化办理也是在整个检察监督体系内进行。

二、重大监督事项的理解

检察监督事项涉及多条领域、多种类型、多个违法情形，如果将全部监督事项都进行案件化办理，既不能区分监督重点，又耗费大量的司法资源，因此科学合理地确定重大监督事项的范围就显得十分必要。

对于重大监督事项的界定，存在认识上的差异，有的地方从侦查监督角度去对重大监督事项的范围作出界定，如江苏省人民检察院将实行案件化办理的重大监督事项范围界定为以下 4 种情形：（1）对侦查超期羁押的监督；（2）对侦查违法行为的监督；（3）对公安机关阻碍行使诉讼权利的控告申诉；（4）对漏捕的犯罪嫌疑人的纠正。四川省资阳市也是从侦查监督角度，将重大监督事项界定为以下 7 种情形：（1）犯罪嫌疑人可能判处有期徒刑以上，公安机关机关应当立案而不立案的；（2）公安机关不应当立案而立案的；（3）违法撤案的；（4）行政执法相对人涉嫌犯罪，行政机关应当移送而未移送的；（5）采用刑讯逼供或暴力、威胁等方法非法收集犯罪嫌疑人、被告人供述、证人证言、被害人陈述的；（6）徇私舞弊放纵、包庇犯罪分子或者利用侦查权谋取非法利益的；（7）公安机关应当提前逮捕而未提请的。有的地方是根据违法行为的严重程度，对重大监督事项进行界定，如安徽省院结合违法行为的严重程度，将重大监督事项分为以下 7 种情形：（1）对于应当立案不立案、不应当立案而立案；（2）刑讯逼供、暴力取证；（3）伪造、隐匿、销毁、调换、私自涂改证据，或者帮助当事人毁灭、伪造证据；（4）违法采取、变更强制措施；（5）超期羁押；（6）非法查封、扣押、冻结与案件无关的财物；（7）其他性质恶劣，情节、后果较为严重的违法行为。还有的地方，

---

① 刘慧：《检察监督的内涵及体系化建设》，载《人民检察》2016 年第 23 期。

是根据社会影响力的大小对重大监督事项进行界定，如山东省济南市市中区人民检察院出台《重大监督事项案件化工作细则》时，将重大监督事项分为以下 6 种影响重大的情形：（1）经电视、报纸等新闻媒体曝光，社会影响大的重大案件或事件；（2）在互联网等网络媒体散播，社会舆论高度关注的重大案件或事件；（3）人民群众反映强烈、严重影响社会和谐稳定的重大案件或事件；（4）辩护律师、当事人反映强烈、严重影响社会和谐稳定的重大案件或事件；（5）上级交办、督办的重大案件或事件；（6）其他需要监督的重大案件或事件。广东省广州市花都区检察院也是根据案件的影响力，将重大监督事项分为以下 3 种情形：（1）严重违反法定程序或侵犯当事人权益，社会影响恶劣的；（2）严重影响区域经济发展的；（3）已经互联网等网络媒体炒作，社会舆论高度关注的重大案件或事件的。

检察监督体系化的背景下，单纯从侦查监督的角度去界定重大监督事项已显得不合时宜，从整个检察监督体系去考量，并根据违法情形、重大影响对重大监督事项作出区分是一个良好的思路。但是，检察监督事项涵盖刑事诉讼监督、民事诉讼监督、行政诉讼监督、公益诉讼监督等多个领域，每个领域可能有不同的特点，如果只简单的采用一个标准去"一刀切"，可能不足以涵盖检察监督体系的全部内容。"求木之长者，必固其根本；欲流之远者，必浚其泉源。"探索重大监督事项的范围，还要从重大监督事项的本源说起，从根本上对其进行界定。

最高人民检察院张军检察长 2019 年湖北调研时强调："抓检察事业、谋检察工作，要把注意力集中在履职办案上。离开办案，法律监督、检察监督、司法监督都是空的。"也就是说，检察监督事项首先要源于案件，即检察监督首先要依托检察机关办理的刑事、民事、行政案件。具体来讲，包括刑事侦查领域内的刑事立案活动违法、侦查活动违法，刑事审判领域内的刑事审判活动违法，刑事执行领域内的强制措施、刑法执行、监管活动违法，民事、行政领域内的审判活动违法、执行活动违法，还包括在办理案件过程中发现的对限制人身自由和公民财产违法采取的强制措施以及对履职中发现的行政机关不作为、乱作为等。这些诉讼领域内的发现的监督内容繁杂，情节轻重也不一样，如果不对违法行为进行区分，一律都按照案件化的方式办理，既加重了检察工作负担，又有损检察监督公信力。比例原则堪称公法领域里的"帝王条款"，用德国魏玛时代的学者弗莱纳（F. Fleiner）的名言来比喻，就是"警察不可用大炮打麻雀"，类似于中国古语"杀鸡焉用牛刀"的意思。因此，对于这类诉讼内的违法行为监督，可按照比例原则，根据违法情形的严重程度来确定监督事项案件化办理的范围，对于重大诉讼违法行为，就属于重大监督事项，对于轻微诉讼违法行为，就属于一般监督事项，不用采取案件化的模式来办理。

参与社会治理创新是检察机关围绕中心、服务大局的重要渠道。在诉讼违法行为之外，检察机关还应该对社会治理中的重大事项进行监督，检察机关参与社会治理的目的在于通过检察监督来规范社会秩序，从而保证社会的健康发展和增进人民的幸福。影响社会秩序的事项很多，检察机关不可能事无巨细、面面俱到，应尽量选择对社会秩序影响大的事项进行监督，从而保障检察监督的效能。对社会秩序的影响，可以从监督事项对民生的影响、对社会行为模式、社会主流价值的牵导，对行业秩序的规范等方面来进行分析。如，本市检察机关对有毒有害食品、生态资源保护、红黄蓝幼儿园虐童等影响民生的监督事项，对民事恶意诉讼、套路贷等影响社会行为模式、主流价值的监督事项；金融、证券等特殊行业内窝案、串案对行业秩序影响的监督事项以及引起社会公众和媒体高度关注的其他事项等，均属"重大事项"。如北京市检三分院在办理陈硕涉嫌盗窃侦查活动监督一案过程中，发现朝阳区两家开锁公司存在违规开锁的问题，于是在办理盗窃监督案之外，对违规开锁问题进行专项监督，向涉案公司制发书面检察建议的决定，并进行公开宣告，充分延伸了检察监督职能，积极主动落实了中央关于参与社会治理创新的要求。

总之，监督事项可以区分为诉讼领域内的事项和诉讼领域外影响社会治理的事项，对于诉讼领域内的事项，根据诉讼违法行为的严重程度，区分为重大监督事项和一般监督事项；对于诉讼领域外影响社会治理的事项，根据社会秩序影响力的大小，区分为重度监督事项和一般监督事项。也就是说，本文的重大监督事项包括诉讼领域内的重大违法行为和社会治理领域内的严重影响社会秩序的事项。同时，为了便于办案人员统一监督标准和具体操作，在开展北京市检察机关检察监督"五化"建设试点工作时，根据北京市人民检察院敬大力检察长提出的"抓大放小、突出重点"的原则，从刑事、民事、行政、公益诉讼等检察监督领域中梳理出573种诉讼违法情形，根据诉讼违法行为的严重程度，确立了132项重大的诉讼违法行为。此外，在充分学习借鉴刑法罪名的基础上，按照敬大力检察长提出的"规范性、明确性、特定化"的要求，对这132项重大的诉讼违法行为的案由以及每一类诉讼违法行为提炼的类名称进行提炼，实现了检察监督案件案由从无到有，并且使得监督案件名称简明、特点突出。鉴于社会治理领域的开放性及时代的变化性，在编写《北京市检察机关检察监督案件案由与立案标准（试行）》一书时，并未直接明确案由与立案标准，这需要检察机关在今后的检察监督工作中，根据社会治理的需要去提炼、总结出严重影响社会秩序的事项，以检察监督案例的形式去指引检察监督工作。

三、案件化的理解

检察机关是国家的法律监督机关，同时也是国家的司法机关。但在具体检察权能方面，主要包括司法（诉讼）职能和监督职能两大类。传统上，我们仅根据诉讼流程或不同的诉讼环节将检察机关的案件分为侦查案件、批捕案件、公诉案件等，很大程度上忽视了检察机关的监督职能。检察监督是检察机关的重要职能，新修改的三大诉讼法及党的十八届四中全会《决定》均加强了检察机关的监督职能，并赋予了检察机关新的监督职责。特别是在中央推进监察体制改革的背景下，聚焦监督主责主业，必将成为检察工作的重要发展方向。而司法办案与检察监督工作，既有不同的工作内容，也有不同的工作规律、工作程序及工作方式。因此，不但传统的追诉是办案，检察监督也同样是办案。

探索重大监督事项案件化，是彰显检察机关法律监督属性，提升监督实效的有益探索，也是聚焦主责主业，强化法律监督的必由之路。重大监督活动案件化的法治路径关键在于构建监督活动的办案模式，取代以往的办事模式。而能否抓住办案模式的关键要素，则决定着重大监督活动能否真正实现案件化。从司法办案的特点、规律和检察权配置实际看，重大监督活动案件化在实质上需要紧紧抓住案件主体、程序、证据、载体、仪式等多个核心要素。

重大监督事项案件化的主体，主要是指参与检察监督活动的当事人。在检察监督活动中，涉及的监督主体包括三个方面：一是主持监督活动的检察监督部门（人员），检察监督部门（人员）是检察监督活动的当然主体；二是检察监督当事人，这里指的是检察监督的被监督对象；三是监督活动参与人，包括检察监督事项的申请人、证人、鉴定人、勘验人等。

重大监督事项案件化的程序，是指重大监督事项案件化办理，需要按照正当程序来运行。现有的检察监督规范并没有设置统一的线索受理审查、立案、调查核实、决定、宣告、跟踪督促反馈等监督程序，普遍存在无案号、无卷宗、无时限等"三无"的尴尬局面，导致检察监督过程虚化，易出现流程衔接不畅的问题。特别是立案启动程序的缺失，导致某些违法行为得不到监督纠正而在执行机关自行消化；调查时限的缺失，导致调查工作久拖不结；跟踪督促程序的缺失，导致检察建议书、纠正违法通知书等监督结果得不到保障，严重影响检察公信力。因此，实现重大监督事项案件化办理，首先要在形式上建立一套符合监督程序运行的案件办理流程，形成涵盖检察监督线索移送、受理审查、立案、调查核实、决定、公开宣告、跟踪反馈、结案归档等全过程、全方位的监督程序。①

重大监督事项案件化的证据，是指检察监督活动需要贯彻证据裁判原则，紧紧围绕证据来展开。证据裁判原则要求监督案件认定的违法行为必须以证据为前提，在办理监督案件过程中，通过收集、审、判断证据来调查核实被监督对象的违法行为是否存在、违法行为造成了何种损害后果，这是监督活动案件化的必然要求。而且，由于不同种类案件的违法行为不同，证明标准也不尽相同，证据的收集、固定和运用也不尽相同。在重大监督活动案件化的过程中，需要根据不同的案件类别，建立差别化证据规则，并通过这一规则调整和约束重大监督案件办理的证明行为。当然，检察监督结论的作出也必须建立在证据的基础之上，强调监督事项调查结果的证据化，主要是为了增强检察机关监督结论的合理性，进而增强监督结论的权威性。

重大监督事项案件化的载体，主要是指办理检察监督案件过程和行为的客观记载，实际上就是重大监督事项办理过程的案卷化。实现检察监督重大事项的案卷化，首先，要求检察官办理检察监督事项的过程和行为必须全程留痕并形成各种内、外部文书；其次，内、外部文书以及办案人员收集、调取的相关证据材料等，必须装订成册、案结归档。案卷化的目的，是以检察官职务行为全程留痕的方式，促进检察机关侦查监督事项办理过程的规范化。同时，检察监督重大监督事项的案卷化，可以全面反映检察机关对监督事项的受理、调查、处理、跟踪等过程，有利于准确衡量监督事项的工作成效。

重大监督事项案件化的仪式，主要是检察监督就决定的公开宣告，这本是检察监督程序的一部分，之所以单独拿出来阐述，就是凸显出重大监督事项决定公开宣告这种仪式化的重要性。诉讼程序的重要特征在于其规范性和仪式性，而规范性和仪式化的诉讼程序反过来会增强其决定的权威性。推行重大监督事项的案件化，实质就是主张检察监督权行使方式的诉讼化，即以诉讼化的方式行使检察监督权，这意味着检察监督部门一旦经过调查核实得出的结论，其侦查监督决定的宣告应当采取一种规范化、仪式化的程序来进行。北京市检察机关开展检察监督"五化"建设试点工作以来，共开展公开宣告 22 次，如北京市检三分院行政检察部针对某区直属单位在工作中存在的违反《北京市政府信息公开规定》和《北京市禁止违法建设若干规定》的问题，向其发出《检察建议书》并公开宣告，该单位有关负责人接受公开宣告并当场明确整改措施。通过公开宣告，检察监督文书的神圣性、仪式感和程序性得到了增强，

---

① 韩晓峰、陈超然：《诉讼监督事项案件化的思考——以侦查监督为分析视角》，载《人民检察》2016 年第 21 期。

检察监督的公信力和权威性得到提升。

总之,重大监督事项案件化办理,就是指在刑事、民事、行政诉讼、公益诉讼等检察监督体系范围内,对诉讼活动中的重大违法行为以及诉讼范围之外严重影响社会秩序的事项,按照统一的证据标准和程序要求进行监督的司法活动。

检察机关重大监督事项案件化办理的具体范围

吕伟光[*]

随着司法改革的全面铺开和深入推进，检察机关面临着一定的挑战。以审判为中心的诉讼制度改革和国家监察体制改革的全面实施与落实，在一定程度上削减了检察机关的权力。职务犯罪侦查权的剥离，使检察权的法律监督的本质属性得以显现出来，这对于检察机关而言也是历史的机遇。[①] 检察机关重大监督事项案件化办理模式的探索，是对以往监督模式的革新，扭转了以往监督依附于业务的工作模式，除了审查批准逮捕、审查起诉等业务之外，立案活动、侦查活动、执行和监所活动等环节，甚至非刑事案件的行政执法行为也纳入监督范畴，真正强调和凸显了检察权的监督属性，这与我国检察机关是法律监督机关的法律定位相一致。重大监督事项案件化办理，是强化检察监督职能的体现，也是司法改革背景之下，检察机关在自侦部门转隶之后自身调整发展的新路径，是充分行使检察权、保障法律正确适用、助力推进依法治国的重大举措。

一、重大监督事项案件化办理的具体范围

所谓重大监督事项案件化办理，就是将法律规定由检察机关行使的监督事项中的一些重要的内容，以案件化方式规范办理的工作模式。检察机关作为法定的法律监督机关，其法律监督内涵十分广阔，既包括刑事案件办理的立案与侦查活动监督和审查批捕、审查起诉、出庭公诉、刑事审判监督、刑罚执行、监所活动监督，也包括治安处罚、行政执法、民事行政裁判等事项的法律监督活动。监督事项的广泛性和全面性决定了在一定的司法资源下，不可能将所有的监督事项都以案件办理的模式进行监督。事实上，占绝大比重的轻微监督事项，例如程序轻微违法、文书瑕疵，等等，如果都以案件办理的模式进行监

---

* 吕伟光，内蒙古自治区赤峰市翁牛特旗人民检察院第三检察部副主任。

① 郑永生、周红亚、魏韧思：《改革背景下检察监督体系的完善与思考》，载《上海政法学院学报（法治论丛）》2017 年第 6 期。

督，那不仅是司法资源的浪费，更会导致效率低下、监督不力的后果。所以，界定重大监督事项的具体范围，是检察机关重大监督事项案件化办理首先要明确的问题。

笔者认为，在重大监督事项案件化办理的范围确定上，应当以违法的严重程度作为予以案件化办理的主要选择标准，对那些简单的文书瑕疵、程序不规范等无需调查取证且可以即时纠正的，没有必要进行案件化办理。重大监督事项案件化办理的受理范围，应当着眼于刑事案件办理和行政执法活动中，因程序、实体上的不当或违法，可能影响公正或带来合法权利受损等严重后果的事项。事实上，实践中需要检察机关制发检察纠正意见书、检察建议、纠正违法通知书等予以纠正的严重违法事项基本上都属于重大监督事项案件化的范围。[①]

（一）检察机关重大监督事项的具体范围

法律规定由检察机关行使法律监督的事项具体包括以下几类：

1. 刑事立案监督

即检察院依法对公安机关的刑事立案活动实行监督。包括：（1）被害人及其法定代理人、近亲属或者行政执法机关，认为公安机关对其控告或者移送的案件应当立案侦查而不立案侦查，或者当事人认为公安机关不应当立案而立案的；（2）检察院发现公安机关可能存在应当立案侦查而不立案侦查情形的；（3）检察院接到控告、举报或者发现行政执法机关不移送涉嫌犯罪案件的，应当向行政执法机关提出检察意见，要求其按照管辖规定向公安机关或者人民检察院移送涉嫌犯罪案件。

2. 侦查活动监督

即人民检察院依法对公安机关的侦查活动是否合法实行监督。主要监督以下违法行为：（1）采用刑讯逼供以及其他非法方法收集犯罪嫌疑人供述的；（2）采用暴力、威胁等非法方法收集证人证言、被害人陈述，或者以暴力、威胁等方法阻止证人作证或者指使他人作伪证的；（3）伪造、隐匿、销毁、调换、私自涂改证据，或者帮助当事人毁灭、伪造证据的；（4）徇私舞弊、放纵、包庇犯罪分子的；（5）故意制造冤、假、错案的；（6）在侦查活动中利用职务之便谋取非法利益的；（7）非法拘禁他人或者以其他方法非法剥夺他人人身自由的；（8）非法搜查他人身体、住宅，或者非法侵入他人住宅的；（9）非法采取技术侦查措施的；（10）在侦查过程中不应当撤案而撤案的；

---

① 於乾雄、马珣、黄露：《推进重大监督事项案件化若干问题的思考》，载《中国检察官》2017 年第 7 期。

（11）对与案件无关的财物采取查封、扣押、冻结措施，或者应当解除查封、扣押、冻结不解除的；（12）贪污、挪用、私分、调换、违反规定使用查封、扣押、冻结的财物及其孳息的；（13）应当退还取保候审保证金不退还的；（14）违反刑事诉讼法关于决定、执行、变更、撤销强制措施规定的；（15）侦查人员应当回避而不回避的；（16）应当依法告知犯罪嫌疑人诉讼权利而不告知，影响犯罪嫌疑人行使诉讼权利的；（17）阻碍当事人、辩护人、诉讼代理人依法行使诉讼权利的；（18）讯问犯罪嫌疑人依法应当录音或者录像而没有录音或者录像的；（19）对犯罪嫌疑人拘留、逮捕、指定居所监视居住后依法应当通知家属而未通知的；（20）在侦查中有其他违反刑事诉讼法有关规定的行为的。

3. 审判活动监督

即人民检察院依法对人民法院的审判活动是否合法实行监督。主要监督以下违法行为：（1）人民法院对刑事案件的受理违反管辖规定的；（2）人民法院审理案件违反法定审理和送达期限的；（3）法庭组成人员不符合法律规定，或者违反规定应当回避而不回避的；（4）法庭审理案件违反法定程序的；（5）侵犯当事人和其他诉讼参与人的诉讼权利和其他合法权利的；（6）法庭审理时对有关程序问题所作的决定违反法律规定的；（7）二审法院违反法律规定裁定发回重审的；（8）故意毁弃、篡改、隐匿、伪造、偷换证据或者其他诉讼材料，或者依据未经法定程序调查、质证的证据定案的；（9）依法应当调查收集相关证据而不收集的；（10）徇私枉法，故意违背事实和法律作枉法裁判的；（11）收受、索取当事人及其近亲属或者其委托的律师等人财物或者其他利益的；（12）违反法律规定采取强制措施或者采取强制措施法定期限届满，不予释放、解除或者变更的；（13）应当退还取保候审保证金不退还的；（14）对与案件无关的财物采取查封、扣押、冻结措施，或者应当解除查封、扣押、冻结不解除的；（15）贪污、挪用、私分、调换、违反规定使用查封、扣押、冻结的财物及其孳息的；（16）其他违反法律规定的审理程序的行为。

4. 刑事判决、裁定监督

即人民检察院依法对人民法院的判决、裁定是否正确实行监督，对人民法院确有错误的判决、裁定，应当依法提出抗诉。包括：（1）当事人及其法定代理人、近亲属认为人民法院已经发生法律效力的判决、裁定确有错误，向人民检察院申诉的；（2）人民检察院通过受理申诉、审查人民法院的判决、裁定等活动，监督人民法院的判决、裁定是否正确。

5. 死刑复核法律监督

即最高人民检察院依法对最高人民法院的死刑复核活动实行法律监督。

6. 羁押和办案期限监督

即人民检察院依法对羁押期限和办案期限是否合法实行监督。包括：
（1）对公安机关、人民法院办理案件的羁押期限和办案期限的监督；（2）对
人民检察院办理案件的羁押期限和办案期限的监督。

7. 看守所执法活动监督

一是人民检察院依法对看守所收押、监管、释放犯罪嫌疑人、被告人的监
督。包括：（1）监管人员殴打、体罚、虐待或者变相体罚、虐待在押人员的；
（2）监管人员为在押人员通风报信、私自传递信件、物品，帮助伪造、毁灭、
隐匿证据或者干扰证人作证、串供的；（3）违法对在押人员使用械具或者禁闭
的；（4）没有将未成年人与成年人分别关押、分别管理、分别教育的；（5）违
反规定同意侦查人员将犯罪嫌疑人提出看守所讯问的；（6）收到在押犯罪嫌
疑人、被告人及其法定代理人、近亲属或者辩护人的变更强制措施申请或者其
他申请、申诉、控告、举报，不及时转交、转告人民检察院或者有关办案机关
的；（7）应当安排辩护律师依法会见在押的犯罪嫌疑人、被告人而没有安排
的；（8）违法安排辩护律师或者其他人员会见在押的犯罪嫌疑人、被告人的；
（9）辩护律师会见犯罪嫌疑人、被告人时予以监听的；（10）其他违法情形。

二是对留所服刑罪犯执行刑罚等执法活动实行监督。包括：（1）将被判
处有期徒刑剩余刑期在3个月以上的罪犯留所服刑的；（2）将未成年罪犯留
所执行刑罚的；（3）将留所服刑罪犯与犯罪嫌疑人、被告人混押、混管、混
教的；（4）其他违法情形。

8. 刑事判决、裁定执行监督

即人民检察院依法对执行刑事判决、裁定的活动实行监督。包括：
（1）人民法院判决被告人无罪，免予刑事处罚，判处管制，宣告缓刑，单处
罚金或者剥夺政治权利，被告人被羁押的；（2）被判处死刑的罪犯在被执行
死刑时，人民检察院应当派员临场监督；（3）判处被告人死刑缓期二年执行
的判决、裁定在执行过程中，人民检察院要进行监督；（4）人民检察院发现
人民法院、公安机关、看守所的交付执行活动存在违法情形的监督；（5）人
民检察院发现监狱在收押罪犯活动存在违法情形的监督；（6）人民检察院发
现监狱、看守所等执行机关在管理、教育改造罪犯等活动中有违法行为的监
督；（7）人民检察院对监狱、看守所抄送的暂予监外执行案件的监督；（8）人
民检察院对执行机关抄送的减刑、假释案件的监督；（9）人民检察院发现监
狱、看守所对服刑期满或者依法应当予以释放的人员没有按期释放，对被裁定
假释的罪犯依法应当交付罪犯居住地社区矫正机构实行社区矫正而不交付，对
主刑执行完毕仍然需要执行附加剥夺政治权利的罪犯依法应当交付罪犯居住地

公安机关执行而不交付，或者对服刑期未满又无合法释放根据的罪犯予以释放等违法行为的监督；（10）人民检察院依法对公安机关执行剥夺政治权利的活动实行监督；（11）人民检察院依法对人民法院执行罚金刑、没收财产刑以及执行生效判决、裁定中没收违法所得及其他涉案财产的活动实行监督；（12）人民检察院依法对社区矫正执法活动进行监督；（13）人民检察院发现人民法院对依法应当撤销缓刑、假释的罪犯没有依法、及时作出撤销缓刑、假释裁定，对不符合暂予监外执行条件的罪犯通过贿赂等非法手段被暂予监外执行以及在暂予监外执行期间脱逃的罪犯的执行刑期计算错误，或者有权决定、批准暂予监外执行的机关对依法应当收监执行的罪犯没有及时依法作出收监执行决定的监督。

9. 对行政执法机关的监督

检察机关对行政机关执法中的违法违规行为进行监督的内容主要包括：（1）违法行政行为侵犯明确、具体的行政相对人权利，或者损害了公共利益、弱势群体的利益，但受损后果较轻或可以弥补的行为；（2）行政机关怠于行使职权或者由于其不作为，造成国有资产流失的行为；（3）检察机关在办案中发现的国家机关及其工作人员职务犯罪案件线索及移送。

（二）检察机关重大监督事项案件化办理的方式与规则

重大监督事项案件化办理，其工作的开展要求按照办理案件的程序流程进行，包括发现、立案、调查、处理、复核或复议、结案等多个环节。重大监督事项案件化办理的程序是一个独立、完整的办案流程，根据监督事项的不同，既可以存在于刑事诉讼的阶段之中，也可以存在于刑事诉讼的程序之外。它强调的是立案——调查——办理机制，其办理的过程等同于"办案"，是从发现到结束的完整过程，而不是阶段性的程序流转或简单调查处理的过程。

1. 监督的方式

重大监督事项案件化办理，也应是与办案一样，经过调查取证获得监督事项的立案证据材料，据以制作监督法律文书，监督被监督事项的进展和反馈情况，并依据现行的法律法规来督促监督事项处理结果的落实。

一是向公安机关发出《要求说明不立案理由通知书或者要求说明立案理由通知书》，或者发出《通知立案书》《通知撤销案件书》《立案监督案件催办函》《纠正违法通知书》；二是向人民法院提出纠正意见、《纠正违法通知书》或依法提出抗诉；三是向刑罚执行机关等发出纠正意见、《纠正违法通知书》《检察建议》；四是向行政执法部门提出检察建议或者书面督促起诉、督促履行职责建议书等。

2. 监督的规则

重大监督事项案件化办理程序框架上，应遵循办案所应遵循的各项规则，这也是"办案模式"不同于以往"办事模式"随意性的规范性要求，其中最重要的就是证据规则。证据是办案的基础，是检察人员开展监督办案工作的尺度和标准。但监督办案不同于认定犯罪，监督事项的多样化和复杂性决定了其证据标准不能像刑事犯罪认定那样有一个统一、清晰的证明标准。不仅如此，根据监督事项违法程度的不同，最终的监督手段和处理结果也有所不同，有的仅需要发出检察纠正意见或检察建议，有的则需要发出纠正违法通知书，还有的甚至可能涉及犯罪需要移送监察委。这说明，从尊重客观规律、遵守比例原则的角度出发，也不应当一概而论。有观点提出，在程序规范的基础上，应当针对不同事项建立差异化证据规则，包括证据种类和范围、证明力大小、取证方式、证明标准等内容。① 例如，针对超期羁押的违法行为，一般文书证据、满足较低证明标准即可；但针对刑讯逼供等非法取证行为，则必须有严格调查核实程序，如询问、检查、鉴定等环节，必须达到严格的证明标准。这种模式是符合现实需要，具有一定的合理性。

二、重大监督事项案件化办理存在的问题及建议

（一）存在问题

重大监督事项案件化办理是顺应司法改革新形势，拓展检察监督职能的有效手段。但是这一工作模式实际运行中，在监督线索受理、调查核实、复议复核、跟踪督促、结案处理等监督办案流程方面仍然需要探索完善，还需要努力总结形成可复制可推广的监督机制。

一是缺乏有效的线索发现和跟进管理机制。需要予以案件化办理的重大监督事项的线索来源少且分散，监督线索的发现具有偶然性和不确定性。在有限的线索被发现之后，由于缺乏必要的跟进管理机制，很多线索被搁置。

二是调查核实权的行使存在瓶颈。在重大监督事项案件化办理工作中，检察机关监督调查手段以文书复核为主，如查阅、复制公安机关刑事受案、不立案、撤销案件、治安处罚等相关法律文书及案卷材料；查阅行政执法机关台账、行政处罚案卷；要求相关人员提供有关材料；等等。对于监督事项中询问公安机关人员、行政执法人员和当事人，听取律师和其他诉讼代理人的意见在

---

① 韩晓峰、陈超然：《诉讼监督事项案件化的思考——以侦查监督为分析视角》，载《人民检察》2016 年第 21 期。

内的调查手段，往往缺乏权力的强制性，在调查过程中往往遇到阻力，从而使监督效果大打折扣。

三是缺乏监督效果反馈机制。检察监督最终落到实处，应当体现为被监督对象能够及时接受、改变和纠正，并能形成一定的威慑，防止此类行为再次发生。由于调查手段的有限和缺乏强制力，监督工作推进过程中会受到多方牵制和阻力，各方借口推诿、不配合的情况时有发生，导致监督工作常常被一拖再拖。关于被监督单位应当如何答复的期限缺乏规定，这导致实践中法律监督却无法可依的尴尬局面。当前的监督处理结果大多是柔性的，遇到检察机关的监督意见不被接受、不被理会的时候，缺乏必要的法律责任追究机制。

（二）几点建议

重大监督事项案件化办理模式的探索，对于检察机关监督工作的开展是一个全新的考验，从检察监督理念到工作方法、监督机制，无一不需要作出适应、调整和转变。要发挥检察监督职能，落实监督主责主业要求，提高监督工作成效，建议以下几点：

一是健全学习机制。要通过学习深入了解司法改革背景下检察机关的历史定位和新的发展路径，大力宣传依法治国背景下检察监督的重要性，增强检察人员对监督工作的职业认同感、荣誉感和历史使命感。建立由分管检察长牵头负责、各科科长为成员的领导机制，由员额检察官和辅助人员作为办案人员的工作组织。

二是优化线索管理。建议利用案件管理部门的信息整合分析的能力和检察统一业务平台的权限功能，将案管部门作为监督线索的收集、分析、移送、管理、跟进部门。对于发现的各类线索，认为有案件化办理必要的，统一移送案件管理中心，由案管进行受理、登记编号，经检察长审批后进行分案。

三是明确调查权限。在调查核实阶段，需要以立法的形式明确检察监督的调查核实手段。建议在顶层设计层面，以人大立法的形式在刑事诉讼法中确立检察机关行使调查核实权的合法性，明确检察机关调查核实手段。

四是强化监督效果。首先，要建立跟踪机制，承办案件检察官应根据监督事项的不同，在相应期限内及时跟进，了解被监督者有无及时更正，做好记录。其次，检察机关与公安机关、行政机关就监督反馈事项达成一致并以文件形式联合下发规定，就监督事项纠正情况以情况说明或其他文书形式反馈给检察机关等。最后，要在外部形成监督合力，建议与监察委建立监督协作机制，对于在监督过程中发现的公安机关、行政执法机关违法行为需追究相关人员责任的，将案件移送监察委依法办理。

"重大监督事项"的具体范围

庄启松[*]

检察机关作为国家的法律监督机关，其法律监督内涵十分广阔，既包括刑事案件办理的立案与侦查活动监督和审查批捕、审查起诉、出庭公诉、刑事审判监督、刑罚执行、监所活动监督，也包括治安处罚、民事行政裁判等事项的法律监督活动。多年来，检察机关采取多种措施，不断规范诉讼监督程序，加强诉讼监督的针对性和有效性，但收效甚微。于是，有观点提出应探索构建法律监督事项案件化办理的工作模式。《"十三五"时期检察工作发展规划纲要》中也提出"探索实行重大监督事项案件化，加大监督力度，提升监督实效"的要求。

重大监督事项案件化办理是指人民检察院在刑事、民事、行政诉讼、公益诉讼和执行监督等法律监督和司法办案过程中，对重大监督事项以案件化方式规范办理的工作模式。重大监督事项案件化办理模式的提出，强化了检察机关的监督职能，符合检察机关发展需求，是对以往监督模式的革新，扭转了以往监督依附于业务的工作模式，把检察监督事项中的一些严重违法的事项通过立案、调查、处理、复核等的办案流程进行监督，提升了监督的精细化和准确性。

一、认定"重大监督事项"应考虑的要素

将重大监督事项实行案件化办理，一是意味着程序更加复杂、严谨，必然会耗费更多的司法资源，所以合理确定诉讼监督监督事项案件化办理的范围就显得尤为重要。二是由于检察机关监督事项涉及领域广、内容繁多、情况复杂，所有的监督事项都案件化办理不合适，也无必要。所以，仅对一些重大的监督事项实行案件化办理，符合公平与效率的要求。

重大监督事项范围的认定，要根据监督比例原则，一是要把握违法行为的

---

[*] 庄启松，陕西省人民检察院第二检察部检察官。

严重程度。重大相较于轻微而存在，从横向上来看，刑事犯罪相较于行政执法为重大，重罪相较于轻罪更为重大；从纵向上来看，重大是违法程度逐渐升级的结果，较之轻微违法而存在。严重的刑事犯罪中会存在很轻微的程序瑕疵，而普通的行政执法中也可能存在严重侵犯人身权利、财产权利的行为。所以，在重大监督事项案件化办理的范围确定上，应当以违法的严重程度作为予以案件化办理的选择标准，对于简答的文书缺漏、程序不规范等无需调查取证且可以即时纠正的，没有必要进行案件化办理。

二是必须发生在刑事、民事、行政诉讼、公益诉讼、执行监督等法律监督和司法办案过程中。检察机关是专业性极强的办案机关，要实现检察工作专业化，必须以办案为中心，通过办案把法律监督落到实处。离开办案谈检察监督就是空中楼阁。检察机关必须紧紧围绕办案这个中心，聚焦法律监督主责主业，在具体办案过程中履行法律监督职责，通过提高业务水平、建立线索的发现和移交等机制、完善检察官考核等措施，在办理刑事、民事、行政的案件中，实行重大监督事项案件化办理，通过办案把法律监督真正落到实处。

三是要把握所采取的监督措施的严厉程度。检察机关的法律监督权是通过参与刑事、民事、行政诉讼等活动，对有关机关和人员的行为是否合法实行的专门监督。法律监督的手段主要有：批准和决定逮捕、提起公诉和抗诉、发出纠正违法通知书、提出检察建议。在目前的监督手段下，除批准和决定逮捕、提起公诉和抗诉外，适用较广的监督手段主要是纠正违法通知书和提出检察建议这两种监督手段。事实上，占绝大比重的轻微监督事项，如程序瑕疵、缺乏情况说明、遗漏签名等，如果都以纠正违法通知书或者检察建议的方式实施监督，不但浪费宝贵的司法资源，更有可能影响"互相配合，互相制约"的检警关系，无法达到监督效果。笔者认为，对不需要通过纠正违法通知书或检察建议的方式监督的事项，不应实行案件化办理。

二、重大监督事项的具体范围

重大监督事项案件化办理的受理范围，是指检察机关在办案过程中，发现因程序、实体上的不当或违法，可能影响公正或带来合法权利受损等严重后果的事项。确定重大监督事项的具体范围，要坚持突出重点，有需求、讲方法、重成效，根据诉讼行为违法严重程度来确定诉讼监督事项案件化的范围，只对重大诉讼违法行为实行案件化办理。

在内容上，它应当包括严重侵害当事人人身权利、财产权利的司法和执法行为；严重侵害当事人诉讼权益的行为；严重的违法取证行为；严重违反法定程序的行为；漏捕漏报行为；执行不力、缓刑、减刑、假释不规范行为；等等。事实上，实践中需要检察机关制发《纠正违法通知书》予以纠正的监督事项基本上都属于重大监督事项案件化的范围。具体应包括以下行为：（1）对于应当立案未立案或者不应当立案而立案；（2）刑讯逼供、暴力取证；（3）伪造、隐匿、销毁、调换、私自涂改证据，或者帮助当事人毁灭、伪造证据；（4）违法采取、变更强制措施；（5）超期羁押；（6）非法查封、扣押、冻结与案件无关的财物；（7）行政执法相对人涉嫌犯罪、行政机关未移送的；（8）依照《人民检察院刑事诉讼规则》第 567 条规定，应当提出书面纠正意见的；（9）公安机关应当提请逮捕而未提请的当事人申诉；（10）上级检察院或有关机关转办，需要依法作出书面审查结论的；（11）经新闻媒体报道引起网络舆情的事项；（12）涉及民生民利，可能引发上访或已经引发上访的；（13）人大代表或者政协委员联名向检察机关提出明确监督要求的重大事项；（14）其他性质恶劣，情节、后果较为严重的违法行为。

三、重大监督事项认定中的几个问题

（一）能否将"两法衔接"的监督工作纳入重大监督事项的办案范围

"两法衔接"是指行政执法与刑事司法的衔接，主要监督内容为行政机关的行政执法活动。党的十八届四中全会审议通过了《中共中央关于全面推进依法治国若干重大问题的决定》，把"完善检察机关行使监督权的法律制度，加强对刑事诉讼、民事诉讼、行政诉讼的法律监督"作为"加强对司法活动的监督"的首要任务，进行了全面部署，要求"检察机关在履行职责中发现行政机关违法行使职权或者不行使职权的行为，应该督促其纠正。"这样，不仅指明了优化职权配置进行"司法监督"的具体内容，而且阐明了"检察机关行使监督权"的另一种重要形态——对行政机关行使职权或者不行使职权进行制约和监督。无论是对行政强制措施实行司法监督（检察监督），还是对行政机关行使或者不行使行政职权进行检察监督，都将成为检察监督制度的重要组成部分，将构成"强化对行政权力的制约和监督"的"司法监督"的重要内容，具有重要的实践指导价值。

笔者认为，重大监督事项案件化办理中，主要的监督对象是侦查机关，立案本身即是侦查活动。检察机关开展"两法衔接"工作的一项重要内容是监督"应当移送立案而未移送"，实质属于广义的立案监督，故可将监督应当移送立案而未移送的纳入监督范围，对重大事项实行案件化办理。

（二）公益诉讼能否纳入重大监督事项的办案范围

2017 年 6 月 27 日，全国人大常委会修改民事诉讼法和行政诉讼法，赋予

检察机关提起公益诉讼权，标志检察机关提起公益诉讼制度的正式确立。在行政公益诉讼中，检察机关提起公益诉讼制度在立法上快速实现的一个主要动因正是从法律监督权运用的角度实现对行政权的抑制，进而实现法治政府建设的目标。行政公益诉讼的受案范围主要有生态环境和资源保护、食品药品安全、国有财产保护、国有土地使用权出让案件。监督的手段是通过发出检察建议，督促纠正或依法履职，行政机关如不纠正，检察机关可以提起诉讼。检察机关发出检察建议、提起诉讼，必须建立在证据的基础上，从线索发现、立案、调查核实、实施监督、跟踪反馈等流程都要重证据，故应通过实行案件化办理，实现全程留痕可查，提高监督的权威性和严肃性。

重大监督事项案件化办理模式的探索和推行，对促进检察监督工作法治化、现代化发展具有重要意义，有利于强化检察机关法律监督主责主业，推动监督程序和诉讼程序齐头并进、协调发展；通过监督事项的具体化、程序化、案卷化，提高监督的严肃性和权威性；有利于落实司法责任制的要求，突出检察官的监督主体地位，调动检察官监督的积极性和主动性。从各地实践的情况看，仍然存在一定的问题，比如：对"重大监督事项"的理解不同，具体范围缺乏统一的标准；程序不规范、不统一，证据标准不一；案件线索的受理、分流、立案、结案等流程不规范；监督案件的绩效考核体系不完善；等等。这些问题都有待理论界、实务界和立法者的共同努力。

侦查监督案件分类的北京实践

庄小茜　李松松[*]

庄小茜　李松松*

长期以来，检察机关过分倚重履行审查逮捕、提起公诉、打击职务犯罪等职能，监督职能弱化。这表现在侦查监督工作中，不乏虚假监督和柔性监督。监督职能弱化的关键原因在于检察机关以办事模式开展监督工作，启动随意、程序不规范、评价标准不明确，行使监督权行政化色彩较浓。[①] 为了加强检察监督职能，规范检察监督工作，2016 年最高人民检察院发布了《"十三五"时期检察工作发展规划纲要》，提出"探索实行重大监督事项案件化，加大监督力度，提升监督实效"。同年，最高人民检察院发布的《关于加强侦查监督维护司法公正情况的报告》也指出"坚持以规范司法为重点，着力提升侦查监督工作水平……针对一些侦查违法行为监督不规范、不到位等问题，探索重大监督事项'案件化'办理模式，建立从监督线索受理、立案、调查核实、实施监督、跟踪反馈、复议复核到结案的完整流程"。由此开启了检察机关通过"重大监督事项案件化"强化侦查监督职能的探索。

一、侦查监督案件分类的概念

（一）重大监督事项案件化

什么是重大监督事项案件化？《"十三五"时期检察工作发展规划纲要》提出了"探索实行重大监督事项案件化"的工作，但未明确指出重大监督事项案件内涵。我们认为，重大监督事项案件化的提出，是检察机关在充分认识到传统监督工作模式不能真正发挥检察机关监督职能的基础上提出的针对性的解决思路，故在认识重大监督事项案件化内涵是应当与传统监督工作模式有明

---

* 庄小茜，北京市朝阳区人民检察院第二检察部检察官助理。李松松，北京市朝阳区人民检察院第八检察部检察官助理。

① 庄永廉、万毅、韩晓峰、龚培华：《如何深入探索重大监督事项案件化办理》，载《人民检察》2017 年第 15 期。

显区别，而传统的监督工作模式最典型的特征就是监督职能无体系化的运行机制，监督依附于诉讼活动展开，案件办理采用行政色彩"办事"模式。[①]

因此，理解重大监督事项案件化内涵的关键在于构建监督活动的办案模式，取代以往的办事模式；[②] 探索重大监督事项案件化就是要把监督工作纳入法定规范程序，监督事项自立案后即产生法律效力，通过明确的证据规则和质量标准，使得监督工作有规范可依、有规则可循、有标准可评价。[③]

根据上述路径要求，重大监督事项案件化应当包括五个基本要素：第一，完善的程序规范，形成涵盖监督线索管理、立案、调查核实、处理等全过程的工作程序。第二，差异化的证据规则，包括证据种类和范围、证明力大小、取证方式、证明标准等内容。第三，严密的管理流程，前提是严密的监督程序规范，载体是反映司法办案过程的案件卷宗，核心是契合监督办案的统一业务应用系统。第四，科学的质量标准，一套符合监督属性和规定的质量标准。第五，完整的办案机制，包括办案组织、内部协调机制和外部工作机制。[④] 这五个基本要素可以归纳为三类：第一类程序性要素，第二类实体性要素，第三类组织保障。程序规范和管理流程是程序性要素，证据规则和质量标准是实体性要素，办案机制是组织保障。通过程序确定和监督标准统一，能够克服和防止诉讼监督的随机性，从而实现诉讼监督的规范、提升诉讼监督效能、提升诉讼监督公信力。

（二）侦查监督事项案件化

重大监督事项案件化投射到侦查监督工作当中，即要求侦查监督事项案件化，要求从侦查监督线索管理到侦查监督案件处理全流程依程序、有管理、讲证据、有标准、有组织保障。无论是程序性要素还是实体性要素，都离不开明确案件化办理的范围。案件化首先意味着程序更加复杂、严谨，这必然会耗费更多的司法资源，特别是在当前检察机关案多人少矛盾十分突出的情况下，合

① 韩晓峰、陈超然：《诉讼监督事项案件化的思考——以侦查监督为分析视角》，载《人民检察》2016 年第 21 期。

② 张书铭：《监督活动案件化要把握五个关键要素》，载《检察日报》2018 年 1 月 26 日。

③ 於乾雄、马珣、黄露：《推进重大监督事项案件化若干问题思考》，载《中国检察官》2017 年第 7 期。

④ 韩晓峰、陈超然：《诉讼监督事项案件化的思考——以侦查监督为分析视角》，载《人民检察》2016 年第 21 期。

理确定监督事项案件化办理的范围就显得更加重要。① 同时，考虑到侦查监督事项涉及内容繁多、情形复杂，既有对立案、撤案活动的监督，又有对侦查违法行为和阻碍诉讼权利行使的监督；有程序性违法事项的监督，也有实体性事项的监督。② 因此从实体性要素考虑也有必要合理确定侦查监督案件化办理的范围。

1. 理论构建

目前理论上对于如何确定侦查监督案件化办理的范围有不同观点。有观点认为应当按照比例原则，根据诉讼行为违法严重程度来确定监督事项案件化办理的范围，只对重大诉讼违法行为实行案件化办理。③ 有观点认为对重大监督事项的内涵的办公室，总体把握四个方面，即违法行为的严重性、违法事实查证的难易度、违法行为的恶劣性和监督措施的严厉性。④ 有观点认为哪些事项属于重大监督事项应当考虑以下因素，第一，原案属于社会关注度较高的大案、要案；第二，违法侦查行为的违法严重程度；第三，严重侵犯当事人基本权利；第四，违法侦查行为具有典型性、普遍性。也有观点认为界定是否属于重大监督事项应当考虑三方面因素，第一，严重的违法取证行为；第二，严重侵害当事人人身权利、财产权利的侦查行为；第三，严重侵害当事人诉讼权益的侦查行为。⑤

2. 司法实践

各地检察机关对重大监督事项案件化办理均有探索，其中不乏侦查监督案件分类的司法实践。例如江苏省江阴市检察院建立"三二一"重大监督事项案件化办理模式，将重大监督事项范围明确规定为四类：应立案而不立案或不应立案而立案，并造成不良影响的立案监督事项；可能存在刑讯逼供等重大违法行为的侦查活动监督事项；符合逮捕条件却未采取强制措施，或刑事拘留后未提捕未移送可能存在纠正漏捕事项；行政执法机关未移送涉嫌犯罪线索，或

---

① 韩晓峰、陈超然：《诉讼监督事项案件化的思考——以侦查监督为分析视角》，载《人民检察》2016 年第 21 期。

② 於乾雄、马珂、黄露：《推进重大监督事项案件化若干问题思考》，载《中国检察官》2017 年第 7 期。

③ 韩晓峰、陈超然：《诉讼监督事项案件化的思考——以侦查监督为分析视角》，载《人民检察》2016 年第 21 期。

④ 朱启鹤：《对建立重大监督事项案件化办理模式的一点思考》，载《法制博览》2017 年第 36 期。

⑤ 韩晓峰、陈超然：《诉讼监督事项案件化的思考——以侦查监督为分析视角》，载《人民检察》2016 年第 21 期。

移送后公安机关拒不立案的行政监督事项。① 又如广州市白云区检察院制定了《重大监督事项"案件化"办理规定（试行）》，确定监督事项案件化办理的范围，包括：已经电视、报纸等新闻媒体曝光，社会影响大的案件或事件；已经互联网等网络媒体广泛传播，社会舆论高度关注的案件或事件；存在信访、重大案件或事件；人大代表或政协委员单独或联名向检察机关提出明确监督要求的重大案件或事件；辩护律师、当事人及其家属向检察机关反映的重大案件或事件；领导批示或上级交办、督办的重大案件或事件。② 此外，湖南省长沙市检察院将建议移送、监督立案、监督撤案、侦查活动监督等工作融合在一起，制定了《重大监督事项"案件化"办理规定（试行）》；山东省济南市检察院按照不同监督事项，分别制定了《刑事立案监督案件办理细则（试行）》和《侦查活动监督案件办理细则（试行）》。③

纵观上述理论构建和司法实践，划定侦查监督案件化范围考虑的因素主要包括违法行为本身严重或普遍、对当事人权利的侵害、违法事实调查难度、原案影响力等，在具体外延上既包括对侦查行为的监督，也包括立案监督、追捕追漏、监督移送涉刑犯罪。这些因素投射到侦查监督案件化的科学性值得进一步探讨。比如，违法行为本身的严重性如何评价，是否应当综合违法行为对证据链条造成的影响以及对当事人权益的侵犯两个方面进行考虑？又如，以原案具有重大社会影响力为由，将原案的侦查违法行为都立案审查，是否有违集中司法资源办理重大监督事项的初衷？再如，追捕追漏是否应当在原案之外单独立案办理？应当说，合理确定侦查监督案件化的范围并科学分类，既要考虑到长期以来的司法实践，也要考虑目前检察机关司法改革现状，尤其是检察机关内设机构改革和职能划分与监督事项案件化范围息息相关。

二、侦查监督案件分类的北京模式

（一）历史沿革

1. 侦查监督的"两个细则"
北京市检察机关对侦查监督案件的分类早有尝试。早在 2008 年北京市检

---

① 胡洪平：《探索建立重大监督事项案件化办理模式》，载《检察日报》2018 年 6 月 27 日第 11 版。
② 刘莺莺：《重大监督事项案件化办理的路径探索》，载《中国检察官》2018 年第 2 期。
③ 庄永廉、万毅、韩晓峰、龚培华：《如何深入探索重大监督事项案件化办理》，载《人民检察》2017 年第 15 期。

察机关就颁发了《侦查活动监督实施细则》和《刑事立案监督实施细则》，明确规定侦查活动监督范围和立案监督范围。2013 年北京市检察机关对 2008 年两份细则进行修订，重新颁发了《侦查活动监督实施细则》和《刑事立案监督实施细则》。

其中，2013 年《侦查活动监督实施细则》的附件 1《侦查活动具体违法情形的认定标准和纠正方式》区分管辖、回避、辩护与代理、证据、强制措施、侦查和其他等 7 类列明 180 种具体侦查活动违法情形，并明确规定了哪些情形属于严重违法情形需要书面提出纠正意见、哪些情形属于轻微违法情形只需口头提出纠正意见。该附件同时写明，判断严重还是轻微的依据为是否严重侵犯合法利益或诉讼权利，是否影响刑事诉讼的顺利进行。

2013 年《刑事立案监督实施细则》第 2 条列明立案监督案件包括五类：公安机关应当立案侦查而不立案侦查的案件，公安机关不应当立案侦查而立案侦查的案件，检察机关侦查部门应当报请立案侦查而不报请的案件，检察机关侦查部门不应当报请立案侦查而报请的案件，行政执法机关应当向公安机关或检察机关移送而未移送的涉嫌犯罪的案件。

2. 北京检察机关内设机构改革

虽然北京市检察机关出台了"两个细则"，但因长期以来侦查监督"一体丰盈"而"两翼未满"导致对侦查监督案件范围和分类的探索仍停留于文件规范层面。根据最高人民检察院对侦查监督部门"一体两翼"的职权定位，"一体"指审查逮捕，"两翼"指侦查活动监督与立案监督。"一体两翼"的设计初衷是通过一体带动两翼，即通过对审查逮捕案件的证据审查和事实认定，发现公安机关是否存在违法立案和违法侦查的行为。这一设计是合理的，它旨在使得刑事案件一旦进行检察机关视野就接受检察监督。但实践逐渐偏离初衷，基于监督意识不强、审查逮捕案件数量巨大、监督水平不高等主客观因素，检察机关过度偏向于履行审查逮捕职能、过分忽略立案监督与侦查活动监督线索的审查与办理。[①] 因此，无论是 2008 年细则还是 2013 年细则在司法实践中相对空置，对侦查监督案件的探索进程缓慢。

2016 年，为了扭转法律监督自我弱化的倾向，解决传统上检察监督履职不充分，与司法办案混同造成的一手硬、一手软等问题，北京市检察机关立足检察权运行机制，按照将司法办案职能和检察监督职能适当分离，探索对司法

---

① 方洁、郭晓东、刘轩：《改革背景下侦查监督工作的发展与完善》，载《深化依法治国实践背景下的检察权运行——第十四届国家高级检察官论坛论文集》，中国检察出版社 2018 年版，第 137 页。

办案和检察监督实行机构分设。① 2016 年 9 月起，北京市各检察单位分别成立审查逮捕部和侦查监督部，由侦查监督部负责侦查活动监督、立案监督和两法衔接（行政执法与刑事司法衔接）工作。因此，北京模式下侦查监督案件指的是侦查活动监督案件、立案监督案件和"两法衔接"案件。

3. 检察监督"五化"建设试点工作

2016 年机构改革后，北京市检察机关尝试对 2013 年两个细则进行修订。北京市检察机关充分考虑到国家监察体制改革后检察监督职能调整和北京市检察机关内设机构调整，结合长期以来的司法实践和新出台的司法解释，拟制了《侦查活动监督实施细则（征求意见稿）》和《刑事立案监督细则（征求意见稿）》。2016 年两个细则征求意见稿是对 2013 年两个细则一脉相承基础上的重大调整，尤其是将立案监督工作相关的新规定纳入细则征订，包括最高人民检察院侦监厅《侦查监督部门实施刑事诉讼法若干问答》、最高人民检察院控告检察厅《关于审查受理控告申诉事项有关问题的答复》、公安部《关于改革完善受案立案制度的意见》、市政府《北京市行政执法机关移送涉嫌犯罪案件工作办法》。在侦查活动监督方面，则增加包括《关于办理刑事案件严格排除非法证据若干问题的规定》等 8 部法规规章和司法解释②的相关条款。

2017 年 12 月，北京市检察机关对包括 2016 年侦查监督两个细则的征求意见稿在内的所有监督规范文件，进行了更加科学和突出监督职能的调整，出台了《检察监督规程（试行）》和《检察监督案件案由和立案标准（试行）》，并组织 9 个分院和基层院试行检察监督"制度化、规范化、程序化、体系化、信息化"建设试点工作，要求试点单位的侦查监督、刑事审判监督、刑事执法检察、民事检察、行政检察等 5 个监督条线部门在检察监督工作中参照执行。其中，《检察监督案件案由和立案标准（试行）》第一章专门规定了刑事侦查违法情形。《检察监督案件案由和立案标准（试行）》在充分借鉴刑法罪名的基础上，按照规范性、明确性、特定化原则，实现了检察监督案件案由从无到有，并首次明确了检察监督案件的立案标准。《检察监督案件案由和立案标准（试行）》将重大侦查监督案件限定在诉讼违法情形严重或案情疑难复杂

---

① 敬大力：《北京市检察机关推进司法改革的实践探索》，载《人民检察》2016 年第 12—13 期。

② 包括《关于办理刑事案件严格排除非法证据若干问题的规定》《关于取保候审若干问题的规定》《关于适用刑事强制措施有关问题的规定》《公安机关办理刑事案件适用查封、冻结措施有关规定》《公安机关办理未成年人违法犯罪案件的规定》《关于对司法工作人员在诉讼活动中的渎职行为加强法律监督的若干规定（试行）》《公安机关程序规定》《关于实施刑事诉讼法若干问题的规定》等。

的范围内，以解决案件办理边界模糊的问题。应当说，侦查监督案件北京模式的构建到此已趋于成熟。

（二）北京模式下的侦查监督案件

根据《检察监督案件案由和立案标准（试行）》，刑事侦查监督案件分为刑事立案活动违法案、"两法衔接"违法案和侦查活动违法案。侦查监督案件立案标准的原则是严重违法或虽未严重违法但需要进一步调查核实。

1. 刑事立案活动违法案

刑事立案活动违法案包括 4 个案由：受案、初查违法案，应当立案而不立案违法案，不应当立案而立案违法案和立、撤案程序违法案。其中，应当立案而不立案违法案和不应当立案而立案违法案是传统立案监督案由，主要规制公安机关应当立案或者应当撤案的实体问题。受案、初查违法案和立、撤案程序违法案是新增案由，主要规制公安机关在刑事立案受理、初查、立案、撤案过程中程序性违法行为，如应当接受立案而不接受、初查过程中限制被调查对象人身和财产权利、未制作不予立案通知书等。

虽然应当立案而不立案违法案和不应当立案而立案违法案是传统立案监督案由，北京市检察机关也有所创新。（1）应当立案而不立案违法案中，增加"审查逮捕或审查起诉中发现所遗漏的犯罪事实与立案侦查的犯罪属于不同种类犯罪"的立案标准，增加"对于被告人有多起性质相同的犯罪事实，判决仅认定了部分犯罪事实，公安机关在侦查中遗漏了其他起性质相同的犯罪事实，人民检察院认为公安机关应当对遗漏的犯罪事实立案侦查"的立案标准。（2）不应当立案而立案违法案中，增加"没有证据证明有犯罪事实发生或虽有犯罪事实发生却不是犯罪嫌疑人所为，公安机关仍予以立案的，或者对明显不构成犯罪或者依法不应追究刑事责任的人立案"的立案标准，增加"对于侦查机关提请批准逮捕或不服不捕决定提请检察机关复议、复核的案件，经审查认为符合《刑事诉讼法》第 16 条规定，不应当追究犯罪嫌疑人刑事责任，侦查机关未及时撤销案件"的立案标准。

2. "两法衔接"违法案

"两法衔接"违法案包括 3 个案由：行政违法行为涉嫌犯罪案，指的是行政执法机关所办案件涉嫌犯罪，应当向公安机关移送而未移送；行政执法机关不移送案，指的是行政执法机关在收到检察机关发出的《建议移送涉嫌犯罪案件函》3 日后未移送公安机关；对行政执法机关移送案件应立而不立违法案，指的是公安机关对于行政执法机关移送的涉刑案件，未依法受理、立案或立案后撤案。

"两法衔接"违法案是对《北京市行政执法与刑事司法衔接工作办法》中

检察机关监督职能规定的吸收和完善，涵盖了从行政机关没有移送涉刑案件、到行政机关不移送涉刑案件最后到公安机关对行政机关移送案件不立案的全流程各节点的违法情形，使得行政执法中发现的刑事案件能够进入检察机关的监督视野，检察机关履行法律监督职能更加全面、更有章法。

3. 侦查活动违法案

侦查活动违法案包括管辖违法案、回避违法案、侵害辩护与代理权益案、非法拘传案、非法取保候审案、非法监视居住案、非法拘留案、提请和执行逮捕违法案、变更强制措施违法案、非法传唤案、讯问违法案、询问违法案、组织辨认违法案、勘验与检查违法案、非法搜查监督案、非法查封与扣押案、非法查询与冻结案、组织鉴定违法案、非法技术侦查案、破坏、伪造证据卷宗材料案、安全保护和保密不当案、怠于侦查或作出侦查处理决定案、补充侦查违法案、特别程序违法监督案等 24 个案由。其中，特别程序违法监督案涵盖刑事和解案件、未成年人刑事案件、强制医疗案件和没收违法所得案件。这 24 个案由既参考了刑事诉讼法的章节设置，又有别于刑事诉讼法总则和分别的分列，而是紧密结合侦查机关的侦查行为和取证活动，直指具体侦查措施。

较之刑事立案活动违法案和"两法衔接"违法案，侦查活动违法案所包含的具体违法情形是最繁多、最复杂的，总共包含 229 种具体侦查活动违法情形，其中既有严重侵害当事人合法权益或严重妨碍诉讼顺利进行的严重违法情形，也需要进一步调查核实的轻微违法情形。这也体现了北京市检察机关对于"重大监督事项案件化办理"中"重大监督事项"的理解，它既应当包含严重违法情形，也应当包含复杂违法情形。因此，在 24 个案由的立案标准具体表述上，北京市检察机关在每个案由中都明确写到哪些情形属于严重违法情形、哪些情形属于复杂违法情形，24 个案由的每项立案标准都清晰、具有可操作性，确保司法实践统一、规范。

目前《检察监督案件案由和立案标准（试行）》仍在不断完善中。在最新一版修改稿中，北京市检察机关考虑到将来刑事诉讼法修改后可能保留检察机关对相关犯罪的侦查权，于是在《检察监督案件案由和立案标准（试行）》的立案标准中增加了具体侦查活动违法情形可能构成非法拘禁罪、刑讯逼供罪、暴力取证罪、非法搜查罪、非法侵入住宅罪、帮助犯罪分子逃避处罚罪的表述。由此，侦查活动监督案件的 24 个案由下 229 项立案标准呈现三级进阶模式，复杂违法情形、严重违法情形和涉嫌犯罪情形。

（三）实践验证

北京对侦查监督案件分类的探索通过实践验证取得了较好效果，尤其是与此次检察机关内设机构改革相得益彰，创造了北京市检察机关的侦查监督工作的斐然成绩。

1. 案件数量飞跃

侦查监督案件分类首先解决了案件化的"入口"问题，从第一步解决了案件化实现路径，打破长期以往侦查监督职能一体丰盈、两翼不足的局面。仅就 2017 年立案监督方面，北京市检察机关共受理监督立案案件 538 件，同比增长 78%；受理监督撤案案件 271 件，同比增长 197%。[①] 具体以北京市某区检察院改革前后的案件办理数量作为切入视角，可以看出侦查监督案件分类办理的制度创新给北京市检察机关侦查监督工作带来的改变。

北京市某区检察院案件办理数量

年份	立案监督办理数 （总办理数／"两法衔接"办理数）	侦查活动监督办理数
2013. 7. 1—2014. 7. 1	43/0	6
2014. 7. 2—2015. 7. 1	87/1	21
2015. 7. 2—2016. 8. 1	29/0	4
2016. 8. 2—2017. 8. 1	74/27	46
2017. 8. 2—2018. 8. 1	222/69	143

从上表数据可以看出，在 2016 年 8 月以前，该区检察院的立案监督、侦查活动监督的年办案量波动较大，这表明，改革前该区侦查监督工作的开展不具有稳定性，侦查监督工作的年份差异较大。但是 2016 年 8 月以后该区成立侦查监督部门探索对立案监督和侦查活动监督案件进行案件化分类办理后，案件数量稳步上升，且年度办案量叫改革之前均较大。这表明，改革后该区的侦查监督工作的开展呈现出稳定性、长期性。从"两法衔接"数量变化来看，改革前后"两法衔接"工作经历了从零办案到迅猛发展的过程，结合"两法衔接"工作衔接行政执法和刑事司法、沟通行政机关和侦查机关的工作特征，这一数据变化表明了该区检察机关侦查监督工作的主动性和权威性均有明显提升。

2. 监督效果显著

侦查监督案件数量的增长只是迈出了案件化的第一步，实现良好监督效果才是案件化想要达到的目的。对比北京市检察机关内设机构改革后不断完善侦

---

① 方洁、郭晓东、刘轩：《改革背景下侦查监督工作的发展与完善》，载《深化依法治国实践背景下的检察权运行——第十四届国家高级检察官论坛论文集》，中国检察出版社 2018 年版，第 137 页。

查监督案件分类，立案监督案件上，2016 年北京市检察机关监督公安机关立案 97 人，同比上升 5.4%；监督公安机关撤案 54 件，同比上升 130%。2017 年北京市检察机关监督公安机关立案 228 人，同比上升 130%；监督公安机关撤案 162 件，同比增长 3.2 倍。① 侦查活动监督案件上，2016 年北京市检察机关提出书面纠正违法意见 96 件，同比上升 20%；2017 年提出书面纠正违法意见 97 件，收到回复 86 件，回复率 90%。"两法衔接"案件上，2017 年北京市检察机关建议行政执法机关移送涉嫌犯罪案件 526 人，同比增长 373%；行政机关移送涉刑人员 530 人，同比增长 452%；监督行政机关移送案件后公安机关立案 389 人，同比增长 507%。②

近两年北京市检察机关虽然在侦查活动监督案件中发出纠正文书数量基本持平，但公安机关的回复率和纠正率直接体现了侦查活动监督案件的监督效果。2015 年至 2018 年上半年，公安机关针对检察机关制发的《纠正违法通知书》，回复和整改情况基本逐年上升，纠正率分别是 69.6%、89.6%、89.6%、104.5%。

可见，北京市检察机关侦查监督案件化探索，特别是案件分类办理制度的建立和完善，成功扭转了检察机关侦查监督职能长期不振的局面，增强了检察机关履行侦查监督职能的能力，优化检察机关侦查监督工作的开展模式，重大监督事项案件化办理通过北京检察机关侦查监督案件分类办理制度的构建得到了合理实践。

三、侦查监督案件分类的优化及建议

（一）加强侦查监督案件分类的信息化建设

虽然当前北京市检察机关开展的侦查监督案件分类办理的探索在实践中取得了巨大的成绩，但与之相配套的信息化建设仍稍显滞后。在 2017 年 12 月份颁布试行的《北京市检察机关检察监督案件案由与立案标准（试行）》中，明确侦查监督案件存在三大类别，31 种规范案由，其中刑事立案监督有四种规范案由，两法衔接有三种规范案由，侦查活动监督有 24 种案由，北京市各级检察机关在具体办案中均应参照执行。但在实际的案件办理中，从检察管理监

---

① 谢伟：《侦查监督创新的北京实践》，载《深化依法治国实践背景下的检察权运行——第十四届国家高级检察官论坛论文集》，中国检察出版社 2018 年版，第 166 页。

② 方洁、郭晓东、刘轩：《改革背景下侦查监督工作的发展与完善》，载《深化依法治国实践背景下的检察权运行——第十四届国家高级检察官论坛论文集》，中国检察出版社 2018 年版，第 142—143 页。

督部收案、录入案件信息到侦查监督部门在检察机关统一业务应用系统中进行办理，上述规定的案由均无法在办案系统中得到完整体现，导致了司法实践与《北京市检察机关检察监督案件案由与立案标准（试行）》的断裂。进而影响了侦查监督案件分类办理的运行效果。

因此，结合侦查监督分类办理的整体制度运行需要，将统一的案件分类办理标准嵌入办案程序，运用大数据技术、"人工智能"等先进科技，创建案件分类智能研判系统，并由系统根据不同类型案件办理的特征，形成类案办理指引，推动侦查监督案件分类办理与统一业务应用系统的深度融合，规范侦查监督案件分类办理，保证侦查监督案件分类办理的正确统一实施。

（二）推动侦查监督案件化分类办理的立法化

侦查监督工作作为检察机关履行法律监督职能的重要内容，既涉及检察机关自身权力的规范运行，也是触及侦查机关、行政机关等国家机关和案件相关人切身利益的监督行为，既具有权力运行的规范性要求，又具有效力上的对外性要求。而作为侦查监督工作的一项重要内容，侦查监督案件分类办理的正常开展也是无法回避规范性和对外效力性的需求。当前，北京市检察机关正在推进的侦查监督案件化分类办理的尝试在上述两项要求上仍存缺憾。虽然北京市检察机关制定的《北京市检察机关检察监督案由与立案标准》（试行）已经发布施行，但其性质仍然仅为北京市检察机关开展工作的内部规范性文件，实践中对具体检察工作的开展约束有限，并不具备规范自身侦查监督权力运行的强制力，同时，作为北京市检察机关的内部规范性文件，《北京市检察机关检察监督案由与立案标准》（试行）并不具备对作为侦查监督对象的侦查机关、行政机关等国家机关的规范约束力，在面对案件相关人时也不具备法律意义上的说服力。因此，推动侦查监督案件分类办理的立法化已经成为规范侦查监督案件分类办理、增强侦查监督案件分类办理规范效力的必要措施。

北京市对检察监督工作进行地方性立法早有先例。2008年，北京市人大常委会颁发《关于加强人民检察院对诉讼活动的法律监督工作的决议》，明确规定："全市各级人大常委会应当加强对人民检察院工作的监督……监督支持人民检察院依法开展对诉讼活动的法律监督工作。"在地方立法层面，为北京市检察机关加强法律监督工作提供了可供引用的效力支持和开展立法工作的平台。北京市检察机关可以借助这一平台，有计划地向人大常委会汇报侦查监督案件分类办理工作情况，推动市人大常委会将侦查监督案件分类办理的成果以立法的形式固定下来，赋予侦查监督案件分类办理法律意义上的规范效力和对外适用的普遍效力。

（三）加强侦查监督案件分类办理的外部宣传

检察机关的侦查监督以"办案"模式开展工作，启动随意，程序不规范，评价标准不明确，导致人民群众、侦查机关对检察机关的侦查监督职能及侦查监督启动方式、工作范围、办理流程、处理结果监督等知识了解较少，对检察机关的监督结果不理解，影响了检察机关侦查监督工作权威性，减损了检察机关侦查监督的刚性和执行力。2017年6月28日，最高人民检察院为落实司法责任制改革，加强人民群众对人民检察院办案工作的监督，充分保障当事人和其他诉讼参与人合法权利，推进法治社会建设，发布了《关于实行检察官以案释法制度的规定》，明确要求检察官对所办理案件的事实认定、法律适用和办案程序等问题进行答疑解惑、释法说理，开展法治宣传教育的活动，为检察机关开展法律宣传提供了一条规范有效的途径。

因此，北京市检察机关一方面应当把握历史机遇，顺应群众对司法公平正义的呼声，通过利用新媒体技术，通过微信、微博、今日头条、电视节目等媒体多种方式、多种渠道，以案释法，积极宣传检察机关侦查监督职能的相关知识，展示侦查监督案件分类办理的具体内容，特别是借助典型案例，重点宣传侦查监督案件的分类，启动程序、办理流程、处理结果等程序性规定，使人民群众真正了解检察机关的法律监督职能。另一方面，应当重视《北京市检察机关检察监督规程（试行）》中所创设的公开宣告制度，通过向相关单位和人员、甚至是社会公众公开宣告个案监督意见，树立起检察机关侦查监督案件化办理的权威，使检察机关的侦查监督职能真正成为维护人民群众合法权益的利剑。

重大监督事项案件化办理模式的进路探析

——以侦查监督工作为视角

任澎彬[*]

一、重大监督事项案件化办理模式产生的背景

(一) 检察机关履行法律监督职能不全面

重大监督事项案件化办理模式是强化法律监督职能的重大探索和重要举措，聚焦监督主业自然要有与其匹配的工作模式。以侦查监督工作为例，侦查监督部门有三大职能：审查逮捕、立案监督和侦查活动监督，实际工作中审查逮捕是主业，而立案监督和侦查活动监督工作开展和推动困难重重，沦为副业，即使给侦查机关发出纠正违法通知书和检察建议，往往是这边发那边违法律监督的严肃性荡然无存。侦查监督和立案监督两项工作主要存在着以下问题：

第一，监督方式随意，程序规定模糊、粗糙。因现行刑事诉讼法中并未明确和细化立案监督和侦查活动监督的具体流程和方式，监督工作在流程上没有统一的规范要求，实践当中调查取证和证据审查有的是"三无状态"：无期限、无案号、无卷宗，在实践中发现有的基层检察院存在着侦查活动监督不立卷宗、立案监督卷宗不全的问题，我们无法看出办案人员主观上是如何认定违法事实和需要监督的事项，所谓司法办案其实就是司法工作人员适用法律思维活动过程的外显，应当符合严谨的法律逻辑（认定小前提、适用大前提、得出结论）。

第二，监督刚性不足，监督效果不佳。在实践中我们发现基层检察院经常就某个违法问题比如不当延长刑事拘留期限至 30 日频繁向侦查机关发纠正违法通知书，但是侦查机关只当清风拂面不痛不痒。另外，对于侦查机关消极取

---

* 任澎彬，陕西省榆林市人民检察院第二检察部检察官助理。

证更是长期困扰侦查监督的一个大难题，众所周知，法律事实永远还原不了客观事实，法律事实是什么？从某种意义上讲它就是证据，证据所证明的事实就是法律事实。没有证据拿什么伸张正义？有人说侦查机关是钓鱼的，检察机关是做鱼的，审判机关是吃鱼的。侦查机关如果消极怠工，我们只能看到水面上的钓鱼线，在水面下的鱼钩上有无诱饵，或者鱼钩是直是弯不是钓鱼人很难判定。

第三，监督能动性不强，只求数字不问效果。在中国现实语境下，敢于动真格监督的思想尚未完全树立，有的办案人员甚至搞起协商式监督，例如，侦查机关立案侦查后发现没有犯罪事实或者证据不足难以突破的案件本来就准备撤案，而它又担心引发被害人上访，于是通知侦查监督工作人员搞个座谈会然后检察机关就发应当撤案通知书，侦查机关也顺势撤案，对于侦查机关来说少了当事人上访的忧虑，对于检察机关而言多了监督撤案的数字，看似双赢其实不然，长此以往我们的法律监督只会沦为考核数字和空洞的表演，检察人员的法律监督能力和水平将永无长进。

（二）检察机关自身发展的规划和趋势

两反转隶，检察机关有更多的精力聚焦监督主责主业。《"十三五"时期检察工作发展规划纲要》明确提出要"探索实行重大监督事项案件化，加大监督力度，提升监督实效"。而大刑检的理念下，捕诉一体的内设部门改革更呼唤要有专门的部门对办案中发现的重大违法行为进行调查核实。如犯罪嫌疑人在押的话审查批捕期限只有 7 日，办案人员即使发现侦查人员有重大违法嫌疑也无力进行调查核实。我们可以探索成立专门的办案部门对重大监督事项以案件化办理方式进行，通过建立一整套严密的程序规范和证据标准提升监督的精细化和准确性，可以说重大监督事项案件化办理是强化法律监督主业、彰显法治权威的必然选择。

二、重大监督事项案件化办理的相关概念

（一）重大监督事项的范围

关于重大监督事项的范围在法律层面并未明确规定，各地实践中规定也不尽一致。例如，湖南省人民检察院出台的《重大监督事项案件化办理的指导意见》（以下简称《意见》），该《意见》认为需要案件化办理的监督事项一般应该符合"有涉嫌违法的行为或事件，发生在刑事、民事、行政诉讼、公益诉讼、执行监督等法律监督和司法办案过程中，有必要启动调查核实等工作，有可能发出纠正违法、检察意见、检察建议等法律监督意见或提起诉讼"四个方面的条件。而山东省济南市市中区人民检察院出台的《重大监督事项

"案件化"工作细则》规定，实行案件化管理的重大监督事项包括 6 类情况：经电视（台）、报纸等新闻媒体曝光，社会影响大的重大案件或事件；在互联网等网络媒体散播，社会舆论高度关注的重大案件或事件；人民群众反映强烈、严重影响社会和谐稳定的重大案件或事件；辩护律师、当事人及其家属向检察机关反映的重大案件或事件；上级交办、督办的重大案件或事件；其他需要监督的重大案件或事件。笔者建议最高人民检察院应尽快出台有关意见，合理界定重大监督事项的范围，防止出现各自为政的情况，身为法律监督机关而做法不一，有悖维护法律统一适用之职责。

（二）案件化办理的含义

案件化办理简而言之就是办案，它是与当前检察机关开展诉讼监督工作的所运行"办事"模式相区别。传统的办事模式因启动程序模糊、调查核实不足、结案标准不统一、监督流程不完整、监督质量难以评价为人诟病，法律监督效果差强人意，而办案模式和办事模式相比较："第一，案件始于司法机关立案，没有立案就不能称为案件，而立案有严格条件，案件办理始于立案，没有立案手续，一切行为都不具有法律效力。而办事的启动要随意的多，不论何时或在哪个环节着手，在所不问。第二，办事讲究的是成功，追究的是效率和经济利益，事情最终成功与否标准唯一。而办案追求的结果，用什么标准来判断成功，往往要复杂得多。只有在追求办案结果的同时，又充分体现或实现了公平正义，才能称为成功。第三，就过程而言，办案追求的是程序和实体并重，只有正确的结果，没有合法程序，案件处理结果的公正性就会受到质疑。而办事，一般而言只追求结果，对程序手段要求不严格。"①

（三）重大监督事项案件化办理的含义

重大监督事项案件化办理指的是检察机关在司法办案活动中发现有重大监督事项情况，将该重大监督事项情况作为独立案件办理的工作模式，案件办理遵循一定的流程，通常按以下节点有序进行：线索受理、立案审查、调查核实、实施监督、跟踪反馈、复查复核到结案归档。

（四）侦查监督重大监督事项的含义

最高人民检察院侦查监督厅 2013 年制定的《关于侦查监督部门调查核实侦查违法行为的意见（试行）》，该意见将侦查监督部门调查核实的范围限定在侦查阶段的侦查活动违法行为。明确规定侦查监督部门通过审查案件或者接

---

① 韩晓峰、陈超然：《诉讼监督事项案件化的思考——以侦查监督为分析视角》，载《人民检察》2016 年第 21 期。

到当事人等的控告、申诉、举报，发现侦查活动可能存在采用刑讯逼供、暴力、威胁等非法方法收集证人证言，严重侵犯当事人合法权利或影响侦查工作依法公正进行等违法情形，尚未涉嫌犯罪的，可以要求侦查机关（部门）书面说明情况。根据现有材料不能排除违法嫌疑的，应当及时进行调查核实。从该意见可以得出侦查监督重大监督事项内涵要素：监督事项发生在侦查阶段；监督事项来源于自行发现和控告、申诉、举报；监督事项是可能涉嫌违法情形，只需要一定的证据材料证明有违法情形即可；所监督的事项不是涉嫌犯罪的，如涉嫌犯罪的应当移送有权管辖的部门。

三、重大监督事项案件化办理模式的理论内涵

（一）检察机关自身履行法律监督职能的内在要求

监察体制改革下，检察机关两反职能转隶，从而失去了刚性手段，以前拥自侦以自重的工作局面也随之改变。虽然刑事诉讼法给检察机关保留了 14 个罪名的侦查权，但 14 个罪名的立案标准门槛过高，根据司法实践情况来看，涉及这 14 个罪名的有罪判决寥寥无几，可以称得上是"僵尸罪名"。检察机关需要一种全新的模式来强化法律监督，无疑对监督事项通过案件化模式进行办理更符合检察机关自身作为法律监督机关和司法机关的定位。

（二）适应以审判为中心刑事诉讼改革的外在需求

时代日新月异，人民的观念不断进步，司法观念亦如育儿观念一样在进步。如果把刑事案件比作孩子的话，刑事诉讼过程就是生孩子的过程。侦查受孕，检察保胎（定期产检），法院负责分娩和起名。以前在侦查中心主义的背景下，犯罪嫌疑人往往在侦查环节就被实质定罪，公诉和审判环节扮演最多就是核实证据和形式定罪的角色，庭审形式化现象严重，一些有瑕疵的证据和非法证据甚至堂而皇之成为定罪量刑的证据，导致冤假错案时有发生。而 2017年最高人民检察院、最高人民法院、公安部、国家安全部、司法部颁布的《关于办理刑事案件严格排除非法证据若干问题的规定》，明确了检察机关在庭前排除非法证据的主导作用，而非法证据的排除往往事关刑事诉讼能否顺利进行，排除不当或导致冤枉无辜公民或放纵真正的罪犯，如何认定非法证据必须有一套严格的程序和标准。

（三）程序正义的要求

法谚云：正义不仅应得到实现，而且要以人们看得见的方式加以实现（Justice must not only be done, but must be seen to be done.）。程序正义要求作出不利于行为人的评价时，应当听取行为人的陈述和辩解，同理认定侦查机关

违法实质上是认定侦查人员个体违法，以往不经调查程序直接发出纠正违法通知书和检察建议并不听取侦查人员的辩解和意见。另外，从犯罪嫌疑人和公众方面来说，他们有忧虑检察机关作为法律监督机关如何才是认真履行法律监督职能。"如果司法部门不主动公开相关信息，则当事人无从获知司法部门在证据收集等方面的工作努力，留下了民众对司法认知上的盲区。如果把司法程序当成公开展示的机会，司法人员耐心细致地向当事人解释证据和有关信息，无疑会增进当事人对司法部门的理解，从而为提升司法信任创造条件。"① 从某种意义上讲，我们每个人都是潜在的涉诉者，如何确保自己不被侦查机关野蛮对待，除了期望提高侦查人员的执法水平，自然也期望得到法律监督机关和审判机关对侦查机关的有力和有效的监督，如果法律监督机关对当事人反映的问题和情况不慎重对待，调查形式过于简单，调查核实结果有没有得到有效的运用，自然无法让公众对检察机关乃至司法机关产生足够的信任。"重大监督事项案件化包含程序参与、程序公开等基本程序要素。一方面，接受投诉、立案调查，充分听取侦查机关、被调查人、诉讼参与人的意见，及时反馈、接受当事人异议等'案件化'的程序设置，可以有效保障程序主体，特别是利益受侵害者参与程序的权利，确保监督过程和手段更为理性，监督结果更具权威和可接受性；另一方面，公开审查侦查违法行为、公开听证、公开宣告调查核实结果等'案件化'的程序设计，可以让侦查监督从封闭的行政化审查走向公开的程序性审查，以公开促公正，从而提高侦查监督的权威性和公信力。"②

四、以侦查监督工作为视角，重大监督事项案件化办理模式的设计

（一）遵循原则

一是合法原则。检察机关在行使监督职能应当严格依照法律的授权和法律规定的程序不得滥用监督权。二是证据裁判原则。重大监督事项案件化办理，实质是构建以证据为核心的监督工作模式。要把强化证据意识贯穿于整个程序的设计之中，无论是监督线索的发现、监督案件的调查核实，还是侦查违法事实的认定，都要围绕着证据来开展。三是比例原则。因为监督案件同司法案件一样具有程序烦琐、需要投入大量精力的特点，因此，工作中不能把所有的侦

---

① 苏新建：《程序正义对司法信任的影响——基于主观程序正义的实证研究》，载《环球法律评论》2014年第5期。
② 马珂：《推进重大监督事项案件化若干问题思考——以侦查监督工作为视角》，载《贵州警官职业学院学报》2017年第6期。

查违法行为都案件化办理，应当根据违法的严重程度来确定是否属于重大监督事项。

（二）程序设计

如何确定什么监督事项该进入法律监督程序，应侧重于"重大"二字，对于侦查监督重大事项本质上应该是涉嫌严重损害当事人合法权益和诉讼权利或侦查人员有重大违法行为嫌疑。具体而言，侦查重大监督事项的案件化办理程序应当包括：（1）线索受理。不管是办案人员在办案过程中自行发现还是来源于当事人及其家属、辩护律师的反映，监督线索应当统一由控告业务部门受理，并应由专门台账登记。（2）立案审批。立案标志着监督程序的启动，应当经过严格的审批，对于属于口头纠正的事项不应立案，而对有证据证明有重大侦查违法嫌疑，需要书面监督纠正的，应当立案，立案程序应该由案管部门办理。（3）调查核实。调查核实是监督案件办理程序的核心，同时也是难点。如侦查人员的不配合和抵触，加之侦查环节相对封闭，如何收集、固定证明侦查活动违法是否成立确实很难，建议高检院和公安部联合制定调查核实的相关办法为基层实践提供制度保障。"立足司法改革。建议参考大部制的做法，可以在侦查监督部门之外，成立专门的诉讼监督部，将侦查监督、立案监督、'两法衔接'等工作移交诉讼监督部办理，实现包括重大监督事项案件化办理工作的司法化、专业化和精细化，提升办案的实际效果，提升重大监督事项案件化办理的质量。"① （4）审查认定。审查认定是通过对调查核实获取的证据进行分析论证以认定侦查机关是否存在违法行为的过程。建议承办人应该制作审查意见书。（5）结果运用。对于调查核实得出的结论，根据违法性质和严重程度，依法进行纠正，发出书面纠正违法通知书或检察建议。侦查机关对检察机关纠正意见有异议的，可以要求复议。检察机关根据复议情况，依法作出维持或改变原纠正意见的决定。检察机关要及时跟踪侦查机关整改落实，保障监督决定落到实处。

我们有必要重新认识对重大监督事项调查核实结果的运用，我们经过严格的程序进行调查核实所得出结果不应会只是一种结论或意见，它应该有一定的法律约束力。要把这个结果运用好，切实提升检察机关法律监督的权威。如何让检察机关的监督落地有声，笔者认为从以下三个方面进行：

第一，探索检察监督与人大监督的有效衔接机制。"人大作为国家权力机

---

① 刘莹莹：《重大监督事项案件化办理的路径探索》，载《中国检察官》2018 年第 3 期。

关，它的监督是最高层次的监督。人大监督因此应当指导法律监督，依法监督检察工作，为检察机关行使检察权提供支持和保障。检察监督隶属于人大监督，是用法律赋予的专门手段，对法律规定的监督对象进行监督，来保证国家法律的统一正确实施。因此，检察机关的法律监督应当服从人大监督，自觉接受人大监督，并通过自身的法律监督活动配合人大监督，维护人大监督的权威。"① 检察机关应定期向同级人大常委会报告其履行法律监督职能情况，人大可以通过检察机关的报告而对有关机关提出质询案从而实现其权力监督的目的。做好检察监督与人大监督的有效衔接，可完善我国的法律监督体系，有效整合监督资源，形成监督合力。

第二，努力实现调查核实结果与公众的互动。建议定期向社会公开调查结果，司法公开有利于打破侦查神秘主义，更加有利于提升公众对司法的信任和对办案人员的理解。在不违反保密规定的原则下，应当在检察信息平台公开网络平台定期发布重大监督事项案件办理情况，以自觉接受社会监督，满足公民的知情权，同时可以借助社会和舆论的监督倒逼侦查机关规范执法和提高执法水平。

第三，探索调查核实结果与刑法的有效衔接。应根据司法实践适当降低徇私枉法、刑讯逼供等入罪标准。在当前的现实语境下司法渎职犯罪几乎成"僵尸罪名"，究其原因是主要立案标准太高。如适当降低徇私枉法罪的立案追诉标准，我们可以规定侦查人员因非法收集证据一年内被人民检察院提出两次纠正违法的且非法证据被排除后犯罪嫌疑人不能被提起公诉的，应当对其以徇私枉法罪立案追诉。立法上已有盗窃罪的入罪模式，即行为人两年内三次盗窃，即使数额达不到刑事立案的立案标准，也能被立案追诉。而对于刑讯逼供罪我们也可以规定侦查人员在两年内三次因为刑讯逼供且被检察机关调查核实的，应也当予以立案追诉。如果侦查监督调查核实结果同追究刑事责任有效衔接，无形中自然增加法律监督的刚性。

五、重大监督事项案件化的立法保障

我们法律监督机关需要自己的一部"诉讼法"，重大监督事项案件化更需要一部专门的法律来保障，理由如下：

第一，"法律监督的强化和完善已成为中国特色社会主义法制建设的重要内容，法律监督权设置的科学性与运作的有效性已成为衡量我国法制完备、执法严明、司法公正的重要尺度，而法律监督专门化立法则是落实上述目标的必

---

① 方明、王斌：《检察监督与人大监督的协调配合机制初探》，载《人民检察》2011年1期。

由之路。"[①] 检察机关行使法律监督权虽然由宪法规定，但监督的范围往往散见于各部门法律，如刑事诉讼法、民事诉讼法、治安处罚法等法律，而且规定过于原则，具体操作起来没有细则指引给办案人员带来不少困惑，检察机关的监督工作究竟如何开展如果没有法律规定可遵循，监督起来底气不足，权威自然不高。

　　第二，检察院是司法机关，而司法权属中央事权，虽然在改革中强调因地制宜，但有个前提就是务必要保证法律适用的统一。"法律监督的目的是保障宪法和法律完整和统一的实施。而保障宪法和法律统一完整实施最主要的目标就是要将国家权力纳入法律的支配之下。在一个多元立法体系和多种法律渊源同时存在的社会，这种保障不但需要而且必不可缺。"[②] 宪法虽然规定了检察机关作为法律监督机关，但究竟如何实施法律监督，应该有一部专门的法律予以规范和调整，唯有如此才能在立法上完善我国的国家监督体系，确保社会主义法治建设稳步推进。

---

① 张雪樵：《法律监督法的基本构架设想》，载《人民检察》2011 年第 9 期。
② 蒋德海：《论我国法律监督的政治和法治价值》，载《华东政法大学学报》2011 年第 4 期。

刑事诉讼监督权的设置与行使

——基于案件化监督模式的思考

简小文　白秀峰[*]

一、刑事诉讼监督案件化办理的理论基础

（一）检察权属性简析

我国检察权的特殊结构和检察制度的内生性发展构成刑事诉讼监督案件化办理制度的理论基础。

关于检察权的属性问题一直是理论界和实务界争论的热点话题，归纳起来大致有司法权说、法律监督权说、行政权说、双重属性说、检察权说等几种代表性观点。[①] 笔者支持检察权说的观点，理由主要有：其一，从检察权的内涵来看，检察权的范畴只能以"检察权"周延之，司法权说、法律监督权说、行政权说、双重属性说等学说都存在缺陷，都不能周延检察权的全部内涵。[②] 其二，从检察权的产生来看，检察权是一种完整独立的、与审判权平行的公权力，检察权具有独立性。其三，从概念生成来看，检察权是一种法律术语，我

---

　　[*] 简小文，内蒙古自治区人民检察院党组副书记、常务副检察长；白秀峰，法学博士，内蒙古自治区阿荣旗人民检察院检察官助理。

　　[①] 陈卫东：《我国检察权的反思与重构——以公诉权为核心的分析》，载《法学研究》2002 年第 2 期；龙宗智：《论检察权的性质与检察机关的改革》，载《法学》1999 年第 10 期；万毅：《检察权若干基本理论问题研究——返回检察理论研究的始点》，载《政法论坛》2008 年第 3 期；谢鹏程：《论检察权的性质》，载《法学》2000 年第 2 期；张智辉：《检察权研究》，中国检察出版社 2007 年版；谭世贵：《中国司法改革研究》，法律出版社 2000 年版等。

　　[②] 王守安、田凯：《论我国检察权的属性》，载《国家检察官学院学报》2016 年第 5 期；石茂生：《检察权与审判权关系再检视——基于检察权审判权运行的实证研究》，载《法学杂志》2015 年第 2 期。

国宪法、刑事诉讼法、人民检察院组织法等法律以立法形式明确规定了"检察权"。其四，从研究问题的视角来看，对该问题的研究，研究者更应当将我国基本国情和检察制度实际作为研究的基本立场。我国一元分立的权力结构模式决定了我国检察制度具有特殊性，这种特殊性决定了检察制度的理论研究更应当以本土化为视角。其五，从追求效率价值来看，一味地、执著地对检察权属性的寻根刨底不仅没有带来实质性的研究结果，也造成了研究精力的浪费，因此，"完全没有必要将检察权归属为某种权力之后再来探究"，可以认为，检察权的属性就是检察权。①

结构决定功能，检察权的权力结构决定检察职能及其发挥，检察权配置运行和检察职能的发挥应当以检察权的权力结构为依托。在明确检察权的属性之后，有必要对检察权的权力内容进行界定。我国宪法、刑事诉讼法对检察权内容作了具体规定，但是关于检察权各项职权的归类、职能定位、相互关系等内容却没有明确的界定，因此也造成了对检察权权力内容和检察权运行的不同认识和理解，尤其是关于"公诉"和"法律监督"两项职能的地位、相互关系及其运行一直是理论界和实务界争论的焦点，据此主要形成了两种观点，即"职权一元论"② 和"职权二元论"。③ 笔者支持"职权二元论"的观点，认为公诉和法律监督是检察机关的两种不同属性的职权内容。

其一，从诉讼构造基本理论来看，控诉职能是刑事诉讼的基本职能之一。刑事诉讼形态的形成以控诉、辩护和裁判三方同时兼备为基本条件，控诉是刑事诉讼构造不可或缺的主体之一，有关刑事诉讼主体确定、职能区分、阶段划分等基本原理也存在于控辩裁三方的法律关系之中。也就是说，刑事诉讼构造决定了控诉、辩护和裁判是刑事诉讼的三种基本职能。诉讼职能领域内的法律实施和司法权运行机制应当以控辩裁基本诉讼构造为制约因素，而不能单纯

---

① 王守安、田凯：《论我国检察权的属性》，载《国家检察官学院学报》2016 年第 5 期。

② 支持"职权一元论"观点的人认为，检察机关所有的职权都统一于法律监督，法律监督是检察权的本质属性，包括公诉在内的其他职权都是实现法律监督的手段和方式。参见张智辉：《法律监督三辨析》，载《中国法学》2003 年第 5 期。

③ 支持"职权二元论"观点的学者以樊崇义教授为主要代表，樊崇义教授认为，公诉和法律监督是组成检察权的两种不同属性的职权，虽有联系，但也存在相当大的差异，并从法律授予检察机关公诉职权和法律监督职权的目的的不同，制约和监督的概念与内涵的不同，诉讼规律和规则的客观需要，公诉权的产生和发展等四个方面阐释了公诉与法律监督的区别。参见樊崇义：《法律监督职能哲理论纲》，载《人民检察》2010 年第 1 期；樊崇义：《刑事诉讼法哲理思维》，中国人民公安大学出版社 2010 年版，第 341—352 页。

地、一味地、轻易地从宪法关于检察机关"法律监督"定位来审视。

其二,自检察制度确立以来,控诉职能始终是检察机关的主要职能。检察制度因指控犯罪的需要而诞生,检察制度从确立形成到发展至今,控诉职能(指控犯罪)始终是检察机关的主要职能,世界各国普遍认可了检察机关代表国家行使追诉权。

其三,我国检察机关是专门的法律监督机关,享有法律监督职权。在我国,全国人民代表大会作为国家权力机关和民意代表机关,享有最高的监督权,对由其产生的国家行政机关、审判机关、检察机关等国家机关实施监督。此外,在人民代表大会一元分立的权力结构模式下,检察机关作为常设的法律监督机关也负有对行政机关、审判机关违反法律行为的调查、纠正和处理等监督职权。

(二)检察机关法律监督地位的转变

我国 1954 年宪法明确了检察机关享有"一般监督权",其范围包括"对国家机关、国家工作人员和公民是否遵守法律,行使检察权"。[①] 1982 年宪法将检察机关定性为法律监督机关,但取消了"对国家机关、国家工作人员和公民是否遵守法律,行使检察权"的规定,检察机关法律监督由一般监督转变为"专门监督",从监督的对象来看,专门监督主要包括两个部分:一是对国家工作人员的刑事法律监督,即通过立案、侦查、逮捕、提起公诉等诉讼活动对国家公职人员涉嫌的职务犯罪进行追诉。二是诉讼监督权,包含刑事诉讼监督(包括立案监督、侦查监督、审判监督和执行监督等)、民事诉讼监督和行政诉讼监督。国家监察体制改革将职务犯罪立案侦查权转移至监察委员会后,检察机关的刑事法律监督不复存在。2017 年,全国人大常委会通过了修改后的《中华人民共和国民事诉讼法》和《中华人民共和国行政诉讼法》以立法的形式正式确认了检察机关提起公益诉讼制度,检察机关通过提起公益行政诉讼对行政机关违法行使职权或不作为进行法律监督,这种监督形式被称为"行政监督"。就目前来看,检察机关的法律监督主要包括"诉讼监督"和"行政监督"两个方面的内容。无论是从"一般监督"到"专门监督"还是到当今的"双轨制"监督格局,我国检察机关始终享有诉讼监督职权。

综上所述,检察权权力结构的变化必然引发检察职能的变化,随着检察权的发展变化,传统的"职权二元论"应当得到一定的修正。目前来看,检察

---

① 1954 年《宪法》第 81 条规定:"中华人民共和国最高人民检察院对于国务院所属各部门、地方各级国家机关、国家机关工作人员和公民是否遵守法律,行使检察权。地方各级人民检察院和专门人民检察院,依照法律规定的范围行使检察权。"

机关形成了以"诉讼职能"和"法律监督职能"为主要组成的"二元化"格局。检察机关的诉讼职能包括"刑事诉讼职能"和"公益诉讼职能"。检察机关的法律监督主要包括诉讼监督（即对"三大诉讼"的监督）和对行政机关的违法行使职权或不作为的"行政监督"。① 诉讼监督即对诉讼活动的法律监督，是指人民检察院对有关执法、司法机关及其人员在诉讼中的违法和错误进行监督纠正，以维护司法公正和国家法律在诉讼中统一正确实施的一系列诉讼活动的总称。② 依据监督对象和监督内容的不同，诉讼监督可以划分为刑事诉讼监督、民事诉讼监督和行政诉讼监督。其中，刑事诉讼监督是指人民检察院对侦查机关、审判机关及其司法工作人员③在诉讼活动中的违法和错误进行监督纠正，它包括立案监督、审判监督、执行和监管活动监督。

我国检察机关的宪法定位、检察权的特殊结构和中国特色检察制度的内生性发展为诉讼监督重大事项案件化制度的确立和发展提供了法律依据、理论支撑和实践可能。

二、刑事诉讼监督权的设置与行使

最高人民检察院《"十三五"时期检察工作发展规划纲要》指出要"探索实行重大监督事项案件化，加大监督力度，提升监督实效"。探索重大监督事项案件化办理机制，是新时期完善检察机关行使监督权法律制度的需要，也是检察机关聚焦主责主业，正确定位和发挥检察机关法律监督职能、发展完善检察权内容的重要举措。

（一）刑事诉讼监督重大事项案件化的内涵

刑事诉讼监督事项案件化办理是指对侦查活动、刑事审判活动和刑事执行活动中的违法行为，按照线索发现受理、初查立案、调查核实、审查认定、监督处理、监督复查、跟踪督促、监督终结等步骤，建立起以证据为核心的专门

---

① 检察机关在履职中发现行政机关存在违法行使职权或不作为的情形，依据法律监督职能对以上违法主体提出检察建议等方式予以监督行政主体依法行政，在违法主体不接受监督的情况下，检察机关以公益诉讼人的身份向人民法院提起公益行政诉讼，请求法院支持检察机关的诉求，因此，提起行政公益诉讼既是检察机关履行诉讼职能的方式，也是检察机关履行法律监督职能的体现。

② 朱孝清：《论诉讼监督》，载《国家检察官学院学报》2011 年第 5 期。

③ 《中华人民共和国刑法》第 94 条规定："本法所称司法工作人员，是指有侦查、检察、审判监管职责的工作人员。"

化、规范化的监督工作程序。①

1. 刑事诉讼监督事项的范围

笔者认为，应当根据违法行为的严重程度来界定监督事项的范围。对于情节轻微的违法情形（普通监督事项）可以采取口头纠正的"办事化"模式予以纠正，如人民检察院刑事诉讼活动中的违法行为，对情节较轻的、由检察人员以口头方式提出纠正意见。② 严重的违法情形才属于"案件化"办理的重大监督事项，人民检察院在履行对诉讼活动的法律监督职责中发现有关执法、司法机关具有下列情形之一的，可以向有关执法、司法机关提出纠正违法检察建议：（一）人民法院审判人员在民事、行政审判活动中存在违法行为的；（二）人民法院在执行生效民事、行政判决、裁定、决定或者调解书、支付令、仲裁裁决书、公证债权文书等法律文书过程中存在违法执行、不执行、怠于执行等行为，或者有其他重大隐患的；（三）人民检察院办理行政诉讼监督案件或者执行监督案件，发现行政机关有违反法律规定、可能影响人民法院公正审理和执行的行为的；（四）公安机关、人民法院、监狱、社区矫正机构、强制医疗执行机构等在刑事诉讼活动中或者执行人民法院生效刑事判决、裁定、决定等法律文书过程中存在普遍性、倾向性违法问题，或者有其他重大隐患，需要引起重视予以解决的；（五）诉讼活动中其他需要以检察建议形式纠正违法的情形；③ 对于情节较重的违法情形，人民检察院应当执法、司法机关向公安机关发出纠正违法通知书；④ 人民检察院在对诉讼活动实行法律监督中发现的司法工作人员利用职权实施的非法拘禁、刑讯逼供、非法搜查等侵犯公民权利、损害司法公正的犯罪，可以由人民检察院立案侦查（司法监督转化为刑事立案追诉）。⑤

2. "案件化"的理解

笔者认为，可以将"刑事诉讼监督事项案件化"理解为"刑事程序性违法行为在本质上是一种程序性案件，针对此类案件进行程序化的办理"。在此，刑事司法监督活动和刑事司法追诉活动是两种不同的概念和事物范畴，诉讼监督事项案件化即司法监督活动的对象是违法的诉讼行为，而司法追诉活动的对象是刑事公诉犯罪案件。案件化的外在特征是司法程序化，即将符合条件

---

① 参见《金华市婺城区人民检察院刑事诉讼监督事项案件化办理实施办法》。

② 参见《人民检察院刑事诉讼规则》第552条的规定。

③ 参见《人民检察院检察建议工作规定》第9条的规定。

④ 参见《人民检察院刑事诉讼规则》第287条、第564条的规定。

⑤ 参见《刑事诉讼法》第19条第2款的规定。

的重大事项以类似司法程序性的方式进行立案、调查、审查、作出处理等予以办理。案件化的内在特征是"以事实为根据，以法律为准绳"，即以客观存在的程序性违法行为为事实，以提出纠正该违法行为所依据的法律为准绳。

（二）专门化——遵循职能适当分离的原则，设置专门的监督案件化办理机构

诉讼职能的划分要符合宪法上的分权和制衡原理，只要某一诉讼主体承担着两种以上的诉讼职能，或者实施一些与其诉讼职能不相符的诉讼行为，那么诉讼主体就将出现诉讼角色的混乱，违背诉讼活动的基本规律。[①] 我国检察机关在刑事诉讼中所行使的法律监督权具有司法监督的性质，司法性质的监督要求监督一方应当具备中立的第三方地位，而检察机关在刑事诉讼中承担着追诉和监督两种诉讼职能，造成了检察机关既充当"运动员"又充当"裁判者"的矛盾，这也是部分学者对检察机关的角色冲突产生质疑的根本所在。然而，我国特殊的权力结构模式和中国特色社会主义检察制度又决定了法律监督职能在相当长一段时间仍然归属于检察机关。在 2018 年下半年的工作部署中，最高人民检察院在强调"全面推进内设机构改革是下半年检察机关的重点任务"。检察机关内设机构改革的目标应当着眼于完善检察权配置，优化检察职能，实现质效双收。[②] 制度改革，理念先行。在现有体制下，完善司法权运行机制，必须对现有的机制进行改革，面对我国检察机关角色上的冲突问题，在现阶段内，我们又不能盲目的采取"一刀切"的办法将检察机关法律监督职能和审查逮捕职能直接分离出去。在司法制度构建上，司法机构的设置并不一定要局限于法院，但负有行使司法权的机构应当遵循司法规律和一些与司法权的性质有关的规则。[③] 因此，较为稳妥的改革做法是采取较为循序渐进的方式。在 2018 年 7 月 24 日召开的全面深化司法体制改革推进会上，中央政法委要求"法院检察院要进一步优化内设机构设置，坚持扁平化管理和专业化建设相结合，坚持综合机构和业务机构同步改。推进机构整合、职能优化，推动司法人员回归办案一线"。检察改革应当遵循检察权运行规律和一些与司法权的性质有关的规则。按照职权二元论的观点，我国现有检察权形成了以"诉

[①] 陈瑞华：《刑事诉讼的前沿问题》（第五版），中国人民大学出版社 2016 年版，第 55—56 页、第 79—80 页。

[②] 《聚焦全国司法体制改革推进会：推进法检内设机构改革试点》，载最高人民检察院官网，http://www.spp.gov.cn/zdgz/201607/t20160720_ 158401.shtml，最后访问时间：2018 年 8 月 28 日。

[③] 陈瑞华：《司法体制改革导论》，法律出版社 2018 年版，第 7 页。

讼职权"和"法律监督职权"为主要组成的二元化格局,前者发挥着"诉讼职能"功能,后者发挥着"法律监督职能"功能。以检察机关内设机构改革为契机,笔者认为,争取以最佳方式解决检察机关角色的冲突,并达到优化检察职能的目的,可以遵循二元化的逻辑思路,将"诉讼职能和法律监督职能适当分离"作为机构改革的指导原则之一,将诉讼职能部门和法律监督职能部门分离设置,形成诉讼职能部门专司诉讼业务,法律监督职能部门专司监督业务。实践中,湖北省、北京市等部分地区检察系统以该原则进行了探索尝试。① 以"基层检察院内设机构改革江苏方案"为例,该方案中有关内设机构的设置就体现了诉讼职能和法律监督职能适当分离的原则,如基层检察院编制在 50 人(含 50 人)以下的院,内设机构内设机构不超过 5 个,一般采取 1 + 4 模式设置,其中综合管理部门 1 个,检察业务部门 4 个,其中,刑事检察一部包括公诉和未检业务,刑事检察二部包括侦查监督和刑事执行检察业务。②

(三)规范化——制定完备的监督案件化办理流程

参循刑事公诉案件工作流程,刑事诉讼监督重大事项案件办案流程可以从以下几个方面予以完善:其一,统一案件管理。区别于刑事公诉案件的受理,宜由诉讼监督部门统一收集、管理案件线索。建立"一案一档",实现重大监督事项案件全程留痕。③ 其二,设置立案程序。在初步审查后,认为符合立案标准的,由诉讼监督部门予以立案,并统一制定立案决定书等相关法律文书。其三,开展调查。为方便调查收集证据,核实案件情况,应当确定调查核实手段,如询问办案人、听取当事人、诉讼参与人的意见、调取、查阅、复印卷宗等方式。其四,进行审查。坚持以事实为根据,以法律为准绳,坚持证据裁判原则,综合全案证据,对违法事实和法律适用作出处理意见。其五,明确监督

---

① 翟兰云、郭清君、周泽春、漆青梦:《湖北:基层院试水"大部制""扁平化"》,载《检察日报》2013 年 5 月 22 日;王会甫:《试论"小院整合"后诉讼监督机制的构建——以湖北基层检察院内设机构"五部制"试点为研究对象》,载《人民检察》2011 年第 2 期;《北京市检察机关推进司法改革的实践探索》,载北京市人民检察院官网,http://www.bjjc.gov.cn/bjoweb/llyj/93359.jhtml,最后访问时间:2018 年 8 月 28 日;《重磅 | 北京市三级检察院全面完成内设机构改革》,载北京市人民检察院官网,http://www.bjjc.gov.cn/bjoweb/jcyw/92579.jhtml,最后访问时间:2018 年 8 月 28 日。

② 《基层检察院内设机构改革江苏方案》,载江苏检察网,http://www.jsjc.gov.cn/qingfengyuan/201805/t20180503_389817.shtml,最后访问时间:2018 年 8 月 28 日。

③ 胡洪平:《探索建立重大监督事项案件化办理模式》,载《检察日报》2018 年 6 月 27 日。

纠正方式。重大监督事项案件化办理可以依法采取如下几种监督方式：①
（1）通知公安机关立案或撤案；（2）提出纠正违法意见；（3）提出检察建
议；（4）提出再审检察建议；（5）提出检察意见；（6）提出或者提请上级院
抗诉；（7）建议更换承办人；（8）通报；（9）法律规定的其他方式（对于涉
嫌犯罪的，移交监察委员会②或检察机关自行进行立案侦查③）。其六，制定监
督处理法律文书，公开宣告处理决定。监督案件具有严肃性，应当予以制定相
关法律文书。程序公开原则是刑事诉讼的基本原则之一，监督事项案件化在客
观上要求监督处理决定应当公开宣告并送达。其七，监督纠正决定发出后的后
续工作。如跟踪督促被监督纠正对象及时进行纠正落实，收集被监督纠正对象
的反馈信息，制作流程终结报告，进行案卷归档等。

（四）刚性化——提升监督案件化办理方式及办案决定的权威性，提
升案件化监督成效

首先，应当明确监督案件化法律制度，确保该制度运行有法可依。据此，
有学者建议制定专门的《检察监督法》。④ 其次，提高纠正违法通知书的质量。
纠正违法通知书的内容质量是纠正违法通知书被真正有效落实，检察监督真正
发挥实效的前提。以问题为导向，办理监督案件，应当坚持"以事实为根据，
以法律为准绳的原则"和"证据裁判原则"，提供有力证据支持，充分载明法
律依据，详细阐释法理逻辑，提出有效解决方案，让纠正违法通知书真正做到
以事实为根据，于法有据，合情合理。最后，被建议对象的积极有效配合是纠
正违法通知书得以有效落实的重要保障。检察机关可以通过与侦查机关、审判
机关联合出台实施办法，加强与被建议对象的沟通交流，共同提升对纠正违法
通知书的认识高度，增强责任感和主动性以保证准确有效地执行法律。

---

① 王守安：《法律监督方式与检察院组织法的修改》，载《国家检察官学院学报》
2015 年第 2 期。

② 《监察法》第 3 条规定："各级监察委员会是行使国家监察职能的专责机关，依照
本法对所有行使公权力的公职人员（以下称公职人员）进行监察，调查职务违法和职务犯
罪，开展廉政建设和反腐败工作，维护宪法和法律的尊严。"

③ 《刑事诉讼法》第 19 条规定：人民检察院在对诉讼活动实行法律监督中发现的司
法工作人员利用职权实施的非法拘禁、刑讯逼供、非法搜查等侵犯公民权利、损害司法公
正的犯罪，可以由人民检察院立案侦查。对于公安机关管辖的国家机关工作人员利用职权
实施的重大犯罪案件，需要由人民检察院直接受理的时候，经省级以上人民检察院决定，
可以由人民检察院立案侦查。

④ 汤唯建：《检察监督立法的外部关系与内部关系》，载《人民检察》2011 年第 9 期。

案件办理的规程及办法

检察监督事项案件化办理程序研究初探

贺　卫　　张彩荣　　秦凯丽[*]

检察监督是我国检察制度的鲜明特色，也是检察机关宪法定位的主要支撑。近年来，随着三大诉讼法的相继修改，检察机关的监督职能不断突破诉讼监督的传统工作领域，监督事项范围愈加宽广，但实践中检察机关长期处于"案多人少""打击犯罪，维护稳定"等压力下，检力资源天然地倾向于司法办案一边。当前，法律法规对检察机关履行批准逮捕、审查起诉等诉讼权力的程序规定及制度规范相对具体完备，这些诉讼权力基本均处于严密、高效、规范的程序制度范围下进行程式运作。而检察监督工作由于缺乏专门的立法，制度层面规定又模糊不清，长期处于"有职权无程序"的状态，开展工作的统一性、体系性不强，监督的弹性、随意性较大，实践中出现了"凑数监督""降格监督""拔高监督""柔性监督""选择性监督"等问题，这在一定程度上影响了检察监督工作的法治化水平和检察公信力，也挫伤了检察监督的时效性、权威性。

为有效改变这一状况，最高人民检察院在《"十三五"时期检察工作发展规划纲要》中提出"探索实行重大监督事项案件化，加大监督力度，提升监督实效"的要求，但对于什么是重大监督事项、什么是案件化等问题鲜有成熟的实践经验和理论成果，各级检察机关均处于探索和试点阶段，因此，如何建立完善一套科学合理的重大监督事项办案机制，实现对重大监督事件的案件化办理，是摆在各级检察机关面前的一项紧要任务。进行案件化办理就是要明确检察监督干什么、怎么干的问题，而要实现检察监督事项案件化办理，必须要明确三个基本问题：检察监督事项的内容是什么？案件化的标准是什么？办理监督案件的程序是什么？笔者遵循界定范围、明确标准、程序设计的行文顺序进行了递进式论述。

---

* 贺卫，北京市东城区人民检察院检察长；张彩荣，北京市平谷区人民检察院检察委员会专职委员、员额检察官；秦凯丽，北京市平谷区人民检察院第六检察部检察官助理。

一、探索检察监督事项案件化办理的首都样本①

（一）开展检察监督"五化"试点的考虑

2016 年以来，北京检察机关以推进人员分类、司法责任制、职业保障、人财物省级统管等四项基础性改革为契机，积极探索诉讼职能与监督职能适当分离，组建侦查监督、刑事审判监督、刑事执行监督、民事诉讼监督、行政诉讼监督五大监督部门，各项监督数据全面上升。但总的来说检察监督仍然以部门为基本单元，分别部署、各自发展，整体性、系统性、协同性不高，涉及检察监督长远发展的共性问题和长效机制推进缓慢、力度不大，需要明确路径、统筹部署、协同推进。

2017 年 12 月，北京市检察院党组决定由三分院牵头，在三分院及其辖区院、刑事执行检察院、清河院等 9 个院开展检察监督制度化、规范化、程序化、体系化和信息化建设（以下简称"五化"建设）试点工作，试点期限为期半年，着力解决监督不规范、程序不完善、体系不健全、制度执行不力、信息化程度不高等突出问题，以期在强化法律监督主业上形成实践经验，形成监督工作一系列完整的规范体系。

（二）检察监督"五化"建设试点开展情况

一是编纂形成了《北京市检察机关检察监督规程（试行）》（以下简称《检察监督规程》）。将散见于侦查监督、刑事审判监督、刑事执行监督、民事诉讼监督、行政诉讼监督、公益诉讼等领域的制度规范，进行归类、整理，在此基础上形成了涵盖监督线索受理编号、审查、立案、调查核实、纠正处理、跟踪反馈、结案归档等全流程、各环节办案标准和程序，共计 700 条的检察监督规程。

二是提炼形成《北京市检察机关检察监督案件案由与立案标准（试行）》（以下简称《案由与立案标准》）。按照"抓大放小、突出重点"的原则，立足监督事项"案件化"办理，梳理出 581 种诉讼违法情形，在充分学习借鉴刑法罪名的基础上，形成了涵盖侦查监督、刑事审判监督、刑事执行监督、民

---

① 需要说明的是，检察监督"五化"试点工作领导小组设立在北京市人民检察院第三分院侦查监督部，试点工作期间的相关数据以及主要做法均实行业务条线和试点院汇总两个途径进行定期汇总上报，最终由检察监督"五化"试点工作领导小组办公室统一分析汇总。本部分内容中涉及的有关数据与试点做法均系笔者获得检察监督"五化"试点工作领导小组办公室同意及核对后进行的引用与分析，部分内容援引自领导小组关于试点工作的情况汇报材料。

事诉讼监督、行政诉讼监督等 5 个领域的 132 个监督案由，并参照诉讼案件的立案标准，以列举形式明确了监督案件的立案标准，实现了检察监督案件案由与立案标准从无到有。

三是规范形成了调查核实职权的运行机制。明确各个监督领域调查核实权的范围、方式、手段、程序，形成一套完整、规范的调查核实权行使程序；对调查核实的主体、重点内容、程序步骤、终结处理以及办案期限等 5 个具体方面区分不同监督领域，分别加以规范。紧贴北京检察需要，依托统一业务系统预设的文书范本，对 256 种检察监督文书进一步修改完善，同时研发出适应各监督条线业务特点的指定管辖函和调查核实通知书等统一业务应用系统中需要进一步补充完善的文书，形成既赋予权利，又限制权力的检察调查核实运行机制。

四是明确并规范了检察监督的标准和尺度。立足统一监督的尺度标准，梳理形成了《诉讼违法情形及其认定标准与纠正方式》，围绕诉讼违法情形的具体内容，逐一确定开展监督工作的法律依据、违法情节的认定标准，根据违法行为的严重程度确定监督纠正方式，确保监督决定的刚性与违法程度相匹配，避免在小问题上纠缠、大问题上却"隔靴挠痒"，以期有效提升监督决定的适当性和精准度。

五是在联动与协同中推进信息化进程。针对检察监督工作信息化程度不高、科技应用不充分，与"司法＋科技"的检察工作发展趋势不相适应的问题，我们以检察监督工作信息化为抓手，推进"双融"，优化统一业务系统相关监督模块，研发监督办案辅助系统，力图提升信息化辅助检察监督工作的能力和水平，有效支撑检察监督职能发挥。

（三）试点工作遇到的困难和问题

一是对重大监督事项"案件化"办理的理解和把握存在差异。尽管《案由与立案标准》对什么样的监督事项需要立案进行"案件化"办理已经做出了明确、详细的规定，但从各监督条线来看，总体"案件化"办理率从 43%（侦查监督）到 96%（刑事执行监督）不等；从试点院来看，相同监督部门（刑事执行检察部门）在不同院间"案件化"办理率从 70% 到 100% 不等。上述差异，既有不同条线的监督线索、监督案件客观上确实存在差别的原因，又有同一监督条线不同试点院对"重大事项""案件"的理解与把握标准不一的影响。

二是检察监督决定公开宣告场所难以统一、规范。《检察监督规程》提出建立"检察监督宣告室"并对宣告参与人、宣告程序以及所需履行的法律手续进行了规范。目前开展的公开宣告主要在检察机关会议室、检察官办公室等场所进行，尚未建立固定的宣告室。主要是有的院受客观条线限制，无法为监督部门开展监督决定公开宣告提供标准化、固定场所；有的院虽然具备物理条件，但对于公开宣告场所是否需要统一标准、统一规范、统一配备检察标识和相关设备等问题不明确，因此未建立固定宣告室。

三是调查核实工作开展过程中遇到的阻力较大。由于缺少上位法的赋权与强制，监督部门在开展调查核实过程中，均遇到了不同程度的阻力。特别是侦查监督和刑事审判监督，在调查核实过程中通常需要通过询问并制作笔录等方式固定证据，但侦查人员、审判人员抵触情绪较大，配合度普遍较差，使调查程序难以顺利进行，固定证据较为困难。此外对于在试点过程中研发的《调查核实通知书》、行政公益诉讼《现场勘验笔录》等统一业务应用系统中欠缺、法律尚无明确规定的法律文书，其效力和执行力受到了被调查对象的质疑，成为拒绝配合调查的理由。

四是监督效果及其刚性缺乏强制力保障。在具体办案过程中，针对检察监督结果的落实、反馈，虽然采取了跟踪、督促，乃至向同级纪检监察部门和上级机关通报等途径和手段，但有的侦查机关、法院对检察机关的纠正意见虽明确表示认可，但以种种理由拖延回复，有的被监督对象甚至明确拒绝书面回复整改落实情况。

问题是实践的起点、创新的起点，也是工作的导向、改革的突破口。试点实践作为基层创新的努力尝试，积累了有益经验，明晰了难题短板，为进一步优化整体设计、细化局部流程、顺畅环节衔接、织严织密检察监督工作体系、探索检察监督新制度、新机制、新模式提供了生动的实践样本。

二、检察监督事项案件化办理的标准要素

(一) 检察监督的内容要素

检察权是一项集合性权力，既包括审查逮捕、公诉等诉讼职能，也包括对各项诉讼活动的监督职权，检察机关作为国家的法律监督机关，监督是检察权的本质。传统上，有人习惯将狭义的检察监督理解为围绕诉讼过程对相关机关和权力运行进行监督，也就是诉讼监督。近年来，国家通过立法或人大授权试点的方式，不仅传统的诉讼监督职能得到完善和加强，在对行政权的监督等方面也新增了很多监督权能，因而，检察监督是诉讼监督的发展，也是对诉讼监督的超越。在概念层级上，它位居法律监督之下，又在诉讼监督之上。

根据党的十八大以来的决策部署和现行法律规定，新时期检察监督已超出了诉讼监督的范畴，扩展到非诉讼监督领域，检察监督将更多地围绕对国家机关及公职人员是否严格执行法律、是否严格落实法定职责、是否有效保护社会

公益等情况开展法律监督，本文所讨论的"检察监督"概念就是在新时期检察监督职能发生拓展变化这一层面上进行使用。具体而言，新时代检察监督体系包括传统的刑事诉讼监督、民事诉讼监督和行政诉讼监督，对诉讼外的部分行政违法行为的监督，如对涉及公民人身、财产权利的行政强制措施的监督，对行政机关违法行使职权或者不行使职权的监督，以及公益诉讼等监督权能。

（二）检察监督的案件要素

要正确认识和理性对待监督的有限性，监督不是无所不包、无所不能，提出检察监督事项案件化办理不是要把所有的监督事项都办成监督案件，不可能、也没有必要全部办案化，因此需要明确监督案件的立案标准，将案件化办理与事项化办理两种模式区别开来。案件化意味着程序更加复杂、严谨，这必然会耗费更多的司法资源，应当按照"抓大放小、突出重点"的原则划定范围，可以具象为三个参考标准：

一是从诉讼行为的角度考虑违法程度。诉讼违法行为有轻微、严重、构成犯罪的程度差别，启动案件化办理程序应当按照比例原则，针对"情节严重"的重大诉讼违法行为进行案件化办理。

二是从监督内容的角度考虑监督事项的性质。监督事项涉及领域广、内容繁多、情况复杂，全覆盖、无遗漏的监督是不现实的，只有突出重点环节、重点问题，增强监督的针对性和时效性，才能切实提升监督实效。因此，实行案件化办理的重大监督事项应当包括已经电视、报纸等新闻媒体曝光、在互联网等网络媒体炒作、社会舆论高度关注的已经或可能引起严重群体性事件或维稳事件、矛盾焦点突出的重大案件或事件，人大代表或政协委员联名向检察机关提出明确监督要求、辩护律师、当事人及其家属向检察机关反映的重大案件或事件，以及交办、督办的重大案件或事件等。

三是从办案实际的角度考虑是否有启动调查核实的必要。依法调查核实是取得证据、查深、查实、查透诉讼违法行为的重要手段，而调查核实权的行使涉及调查核实的范围、方式、手段、程序和处理方式等一套完整、规范的规程，有必要将其纳入案件化办理程序中通过正当程序保障其充分运行和实体公正，并通过"立案"这一程序性启动设置明确其启动时间，从而保障被调查对象的知情权与程序参与权。

应当说明的是，以上三个标准符合其中一个即可，不要求同时满足。

三、检察监督事项案件化办理的程序设计

检察监督案件化办理涉及各监督业务部门的具体实施运行，检察管理监督部的监督管理、审查逮捕部、公诉部等业务衔接，涉及范围广、牵涉部门多，是一个系统工程。同时，就五大监督部门而言，各项监督业务具有其自身监督特点，且各条线上业已存在实施监督的工作细则或者办案指南，只是可操作的细致程度不同。基于上述考虑，我们对检察监督事项案件化办理程序的设计是要设计一套类似民法总则式的、适用于全部监督业务的总纲性办案规程。在操作执行上，遵循法律法规、司法解释、最高人民检察院对口部门下发的业务指导等有明确规定的，遵照其规定；没有规定的，按照监督办案规程的有关规定办理的原则。在具体环节和内容的设计上，重点设计线索流转管理与受案审查、调查核实、公开宣告、结案归档、案件质量评查等尚未统一规定且共同性较强的内容上，细化程度拟参考刑事诉讼法的规定，兼具原则性和操作性。

（一）线索经营评估

线索是发现违法、启动监督的源头，必须牢固树立"线索"观念。目前，监督案件线索来源途径主要包括人民群众控告、申诉或举报，检察机关依职权自行发现、督办交办线索，以及社会网络舆情等方面。各监督部门对不同线索来源应制定具体的线索经营方式和摸排方案，统一管理、科学分类、及时跟进，有效避免线索多头管理所导致的搁置流失等问题。首先，在检察官办案组内建立案件线索初步摸排机制，通过现场查看，不定期地深入公安、走访相关行政执法机关，调阅受、立案信息和执法台账、案件调查报告等多种方式，摸排监督线索，并将收集到的案件线索进行筛查。其次，探索建立案件线索预判评估小组，对各类线索进行多角度、多层面、多环节、全方位的预判评估，通过对线索所涉及的犯罪事实是否具有可查性、相关证据证明力进行分析和判断，作出转为持续跟进或转为继续查找证据再跟进的结论，形成线索排查意见，从中筛选出具有经营价值的线索。最后，对线索进行分类管理，主要依据预判评估结果及线索的轻重缓急、难易程度、经营价值，将线索确定为长期、中期和短期管理，对可查性线索按照涉案类型指定专人进行管理，对于较复杂的线索则由多人共同管理。

（二）线索流转管理与受案审查

为切实解决实践中线索来源杂乱、流转不顺、管理不规范等问题，有必要建立监督线索集中统一管理机制，实行监督线索统一归口集中管理，完善线索移送、分类评估、分流办理和结案反馈机制。首先，明确由控告申诉检察部门（线索受理岗）对于各类监督线索进行统一登记、录入。无论是信访渠道反映的立案监督线索，还是监督部门自行发现、其他业务部门在履职中发现的违法线索、公益诉讼线索，均应当由控告申诉检察部门进行受理登记，并且统一编号。检察机关内设机构部门之间进行线索移送的，应当填写《监督线索移送表》，说明线索基本情况以及移送意见。其次，控告申诉检察部门受理线索后对监督线索具有初步审查职责，应在规定期限内提出移送、交办等处理意见，完成监督线索的评估分流，交由具体承办部门审查。最后，承办部门对监督线索应当登记造册，做好记录，对监督线索进行实体审查并出具线索审查反馈意见，如制作《监督线索审查意见表》和《监督线索审查反馈函》，在规定期限内将审查结果，连同有关材料及时反馈至控告申诉检察部门。

（三）立案

立案是监督事项案件化办理程序的合法起点，一旦启动，就意味着监督工作在法律意义上的正式开始，非经法定事由不能随意中断或终止。承办部门对监督线索进行审查后，认为符合案件受理条件的，除了要将审查意见及时反馈控告申诉部门之外，还应当提出进行案件化办理的意见，将有关案件材料移送至案件管理中心，对监督线索进行系统登记录入，生成监督案件，建立案号、案卡。同时，可以设计检察监督案件立案决定书、立案情况告知书、不予立案情况说明书等法律文书与立案程序衔接配套，确保立案程序的严肃性和有效性。

（四）调查核实

调查核实是依法获取证据、确认违法事实是否成立的重要手段，是监督事项案件化办理的关键。这个环节要坚持以证据为核心，坚持证据裁判原则，严格依法使用调查手段，获取证据材料。开展调查核实应当明确几点内容：

一是调查核实的启动。开展调查核实必须在立案之后，线索审查阶段根据线索情况开展的初步调查应当区别于此处的调查核实，在范围、内容、方式手段上均应当有所限缩。开展调查核实工作由检察官决定。启动调查核实程序，应当制作《调查核实通知书》，书面通知被调查对象。

二是调查核实的原则。开展调查核实，应当坚持依法、规范、公正、高效、安全、保密的原则，全面查清违法事实，准确适用法律。

三是调查核实的范围。调查核实的目的是查清、查深、查透、查实违法情形是否存在。开展调查活动，应当围绕可能存在的违法行为，全面、客观、公正地进行，对涉及有无违法行为以及违法行为情节轻重的各种证据材料都应当收集。要充分考虑主客观互相印证的要求，既重视听取相关人员的合理解释，也注重收集客观情况予以佐证，最大限度保障调查结果的正确性。

四是调查核实的方式手段。根据监督工作实践和最高人民检察院有关部门制定的工作意见，开展调查核实可以采取的方式有：询问当事人、证人、办案人员或者案外人；听取当事人、诉讼参与人、办案人员及相关人员的意见；咨询专家、行业协会等对专门问题的意见；调取、查阅、复制相关台账表册、审批手续、工作报告、电子数据等案卷材料及其他相关材料；进行伤情、病情检查或者鉴定；委托评估、审计；勘验物证、现场；其他调查核实方式。

五是调查核实的程序要求。开展调查核实工作，应当制定调查方案。调查核实由两名以上检察人员进行，且至少有一名检察官，根据案件情况，探索建立特定情况与监督对象共同派员的联合调查机制。向有关人员调查核实的，应当制作调查笔录，由检察人员、调查对象、记录人签名或者盖章。调查对象为单位的，应当要求其在有关材料上加盖公章。调查对象拒绝签名或者盖章的，应当在调查笔录中注明。收集调取的证据应当具备证据资格，保证其来源合法、取证过程合法，调查活动中不得采取限制调查对象的人身自由或者财产权利的措施和手段，不得采取非法方法获取证据，对于调查中获知的国家秘密、商业秘密、个人隐私，应当予以保密。

（五）审查决定和实施监督

在调查核实结束后，检察官应当围绕案件事实，收集、整理相关证据材料，及时进行分析研判，判断违法行为的性质和严重程度，并据此提出是否监督、采取何种方式监督的意见，形成审查报告或者监督意见书。对违法行为性质的判决要准确，纠正方式要适当，是对检察官作出监督决定时提出的严格要求。

这里需要重点研究的是监督方式的选择，监督方式应当有助于实现"最好的监督"。监督的目的是发现问题、纠正偏差，及时发现和快速启动纠错程序，将违法行为所浪费的执法司法资源降到最低限度、回到正常运行轨道上来，最大限度地促进执法司法机关依法执法、公正司法。因此，检察机关要在依法的前提下，进行"适度"监督。

首先，应当遵循比例原则，即与违法行为的严重性程度、监督事项的性质以及诉讼活动的实际需要相适应。对于影响司法公正、侵犯人权、不正确适用法律或可能出现冤假错案的严重违法问题，应当采取断然措施及时发出书面纠正违法意见予以监督纠正。对于一般性违法问题或工作失误，不会造成危害后果的，可以采取口头纠正措施，要求被监督者注意改正。对于执法行为不规范、执法质量不高以及执法司法机关工作管理中的漏洞，可以采用检察建议的方式开展监督。但是，如果是办理案件本身的合法性问题，则不应用检察建议代替纠正违法，以防止监督措施的异化；如果是构成犯罪的，要依法及时移送有关线索，不能用纠正违法的方式代替犯罪的追究。

其次，应当注重变通、灵活运用。如再审检察建议在提高司法效率、节约司法资源、强化同级监督等方面具有积极作用，对于符合抗诉条件的案件，为节约司法成本、提高司法效率，可以采用再审检察建议，督促人民法院再审纠正。根据案件的实际情况，灵活运用抗诉和再审检察建议两种手段，既能保证监督力度，又能争取好的监督效果。

最后，要拓宽工作思路。检察监督的视域不能窄化停留在对某个违法行为的纠正上，应当在个案公正之外追求更高层面的普遍公正，维护国家法制的统一。这就要求检察官在积极督促有关机关及时纠正个案违法的同时，充分发挥综合监督作用，对于具有代表性、普遍性的问题进行归纳、分析，提出统一的监督意见或解决建议，从源头上预防错案和不当执法，使类似案件的处理结果最大限度地符合社会普遍追求的公正。

（六）公开宣告

公众监督最为直接的形式就是参与、了解和知悉司法过程，只有经得起民众检验的法律和法律适用，才能获得真实的生命力。因此，在监督决定的作出到被监督者知晓的过程中，专门增加了检察监督公开宣告的环节，旨在通过司法信息、监督结果或者事项的公开，增强司法透明度、实现对公民权利的保障和对公权力的监督、促进社会矛盾化解，彰显检察监督权威。检察监督公开宣告应当明确以下内容：

一是公开宣告的适用范围。将全部检察监督决定纳入宣告既不符合监督规律，也不符合司法经济原则，应当按照"宣告为常态，不宣告为例外"的标准合理确定宣告的内容范围。对于以诉讼行为严重违法和以检察监督事项特殊性质为由进行立案办理的检察监督案件，应当进行公开宣告。针对重大、复杂或有一定影响力的检察监督工作结果或事项，根据案件情况、考虑监督效果，也可以进行公开宣告。对于检察监督事项涉及国家秘密、商业秘密、个人隐私、未成年人身份信息和依法应当封存的犯罪记录等不应公开的案件信息的，对检察监督决定不予公开宣告。

二是检察公开宣告的参与人。检察监督决定的宣告涉及三方参与，即宣告人员、被宣告对象和旁听人员。检察监督宣告人一般由承办案件的检察官担任，重要检察监督公开宣告，应由主管副检察长、检委会委员、检察长担任。宣告人应当指定书记员或检察官助理作为记录人，负责检察监督决定公开宣告的前期准备、公开宣告记录、法律文书的签收等工作。根据案件需要，宣告人可以申请本院司法警察参加公开宣告。被宣告对象一般为受监督决定直接影响的自然人或者单位，被宣告对象是自然人的，可以选择一名近亲属或者法定代理人、诉讼代理人代为参加或者陪同参加；被宣告对象是单位的，应当确定直接负责被监督事项的主管人员、直接责任人员作为代表参加。与监督事项有其他利害关系的其他人员，可以在公开宣告前以口头或者书面向检察机关提出申请，并提供身份证明，由宣告人确定旁听人员范围。根据检察监督事项的具体内容，检察机关可以适时邀请人大代表、政协委员、群众代表等旁听宣告。

三是公开宣告的场所和形式。形式应当为内容服务，公开宣告的场所选择应当按照"注重实效、方便群众"的原则，采取就近宣告、灵活宣告的方式，实现对检察权的公众监督和普法宣传作用。首先，为增强检察监督决定的权威性和仪式感，检察机关应当按照庄重严肃、统一规范、方便实用的标准，设立、选定专门的宣告场所，挂牌成立检察监督宣告室，科学设置划分宣告区域和旁听区域。对于重大、复杂或有一定影响的检察监督工作结果或事项应当在检察监督宣告室进行公开宣告，体现法律监督的严肃性和规范性。其次，对于当事人行动不便，或者发生在乡村、社区等特定区域的邻里纠纷、轻伤害等案件，适合对社会公众开展普法宣传的，应当深入案发地进行现场宣告释法说理，或在案发区域的检察机关联络室、① 派驻员等进行宣告，从而增强宣告的社会效果和人民群众的认知度，推进化解社会矛盾。最后，在互联网时代条件下，检察机关可以充分利用"智慧检务"、执法司法信息共享平台建设和应用成果，探索远程视频、网络直播等新型宣告模式。同时，借助新媒体等途径创新宣告的载体和方式，将宣告的典型案例编辑成微视频、法治故事等群众喜闻乐见的方式在微信公众号、网站、电视等平台予以投放，增强普法教育的社会效果。

四是公开宣告的基本流程。（1）由记录人查明相关参与人员是否到场、核实到场人员身份；（2）由宣告人主持宣告仪式，宣告人宣布宣告开始，宣布监督案由、监督事项，介绍宣告人、记录人姓名及法律职务；（3）宣告人简要说明案件办理过程、详细阐明作出决定的事由和依据；（4）宣告人宣读检察监督结果或事项，听取案件当事人、诉讼代理人、被监督机关代表等人员的意见，并告知法律规定的救济渠道；（5）邀请的人大代表、政协委员、群众代表等发表意见；（6）宣告人对所提意见进行释法说理；（7）记录人向有关人员当场送达检察监督法律文书，由被宣告对象签字确认；（8）检察监督公开宣告的情况，应当制作笔录，由参加公开宣告的人员签名或者盖章。

五是公开宣告的释法说理。公开宣告并非简单的宣读检察监督决定，更要注重案件事实分析及监督决定理由的阐述。公开宣告成功与否的关键在于释法说理是否到位。作为监督程序中以案释法、法律文书说理的重要环节，检察监

---

① 比如，东城区院为延伸法律监督触角，在本区 18 个乡镇各设置一名派驻检察联络员，拟进行宣告的检察官可以根据需要通过检察联络员确定宣告场所，深入基层群众进行普法教育。

督决定宣告应当遵循"谁执法谁普法"的责任要求，案件事实、法律依据，争议焦点都应该是宣告人提前做好的功课，此外还要对监督事项中社会公众较为关注的问题予以回应，减少意见分歧，增强认知认同。同时，宣告人在释法说理的过程中，要坚持法理、情理与常理相结合，把握时机，讲求方法，用通俗易懂、接地气的语言，实现定分止争、纠正违法、教育旁听群众的目的。

（七）跟踪反馈

检察监督决定不能"一发了之"，还必须关注被监督者接受、改变和纠正的情况，确保监督意见得到整改落实，增强监督实效。受制于文章篇幅，此处不再赘述法律法规有明确规定的跟进监督方式，仅讨论法律法规尚未明确作出规定的一般案件的跟踪回访步骤。

检察机关在作出监督决定时，应当根据案件具体情况明确提出亟待消除的隐患及违法现象、治理防范的具体意见以及回复落实情况的期限和方式——监督决定送达被监督机关后，承办检察官应当及时督促被监督机关确定负责整改落实的直接联系人，并与其保持常态联络，确保跟踪督促责任到人、及时有效——在监督决定确定的回复期限内，检察官可以通过电话、实地回访等方式适时向被监督对象解释了解和掌握整改落实情况。被监督对象已将纠正的，督促其及时回复；被监督对象尚未纠正的，督促其及时纠正——被监督对象超过回复期限对监督意见未予反馈的，检察机关应当要求被监督对象书面说明未予整改回复的理由，并督促其在 15 日内将落实监督情况按照回复要求及时回复检察机关——被监督对象对于监督决定没有正当理由不予反馈、纠正的，监督决定的作出机关应当向上级检察院报告。上级检察院经审查认为监督决定正确的，应当将该情况通报至同级被监督机关，由被监督机关上级机关督促下级被监督机关及时纠正。经审查认为下级检察院监督决定不正确的，应当书面通知下级检察院予以撤销，下级检察院应当执行，并及时向被监督机关说明情况——经上级检察院通知被监督机关上级督促纠正后，被监督机关仍不接受监督决定的，可以向被监督机关监察部门进行通报，建议其调查处理并回复有关情况。必要时，上级检察院可以直接建议被监督机关上级机关调查处理——经向被监督机关监察部门通报后，被监督机关仍不接受监督决定的，检察机关或监察部门、上级机关发现或者认为被监督机关办案人员涉嫌职务违纪、违法的，应当依照法律相关规定，对涉嫌职务犯罪的线索及时移送监察机关处理。

1. 构建通报反馈常态机制

要注重将个案监督决定的宣告与阶段性、总体性执法办案情况的通报反馈有机结合起来，将书面、可能影响考评与业绩的刚性监督与柔性的、以帮助改进工作为导向的意见反馈有机结合起来，以反馈促提升。首先，灵活搭建通报反馈平台。建立联席会、座谈会、业务培训三大通报反馈平台，畅通通报反馈工作渠道。其次，建立完善常态化通报反馈制度。检察机关与往来密切的执法司法机关建立每周情况通报、季度通报机制，及时指出问题，并提出切实可行的整改意见。最后，坚持正向反馈与逆向反馈有机结合。检察机关向被监督机关反馈情况，提出合理化建议的同时，要虚心听取被监督机关对监督工作的意见反馈，以便在采纳有益意见建议的基础上，进一步提升后续的监督工作质效。

2. 探索被监督对象拒不接受监督意见向人大报告制度

检察监督是各级人民代表大会及其常委会司法监督权的颜色，人大司法监督是检察监督的后盾和保障。检察机关开展监督工作，应当主动将工作情况和重要问题向党委、人大报告，必要时可以专项报告检察机关开展检察监督的情况，实现政治监督、权力监督和检察监督的有效衔接。这种诉讼的联动作用也为跟踪监督提供了更加广阔的思路，检察机关在一些重要问题上向公安机关、人民法院提出监督意见的同时，可以将相关文书向同级党委政法委和人大常委会备案，并定期向人大报告被监督对象的反馈情况，以进一步加大党委和人大对检察机关监督工作和整个司法工作的了解，同时借助党委、人大的关注以及积极跟进督促，提高执法司法机关对监督事项的重视程度，提升监督质效。

（八）复查与纠正

执法司法机关的违法偏差需要被纠正，而错误的检察监督意见更要被纠正。检察监督虽然是单向进行的，但是在法律规定的范围内，也赋予被监督对象一定的救济途径，保障其对检察监督提出意见的权利。

1. 对撤销案件通知书的复议复核

对于公安机关认为人民检察院撤销案件通知书有错误要求同级人民检察院复议的，人民检察院应当重新审查。侦查监督部门负责人或检察长（分管检察长）亲自承担审查工作，在收到复议意见书和案卷材料后 7 日以内作出是否变更的决定，制作复议决定书，通知公安机关。

对于公安机关不接受人民检察院复议决定在提请上一级人民检察院复核的，上级人民检察院应当在收到提请复核意见书和案卷材料后 15 日以内作出是否变更的决定，制作复核决定书，通知下级人民检察院和公安机关执行。

2. 对纠正意见的复查

人民检察院提出的纠正意见不被接受，公安机关要求复查的。人民检察院应当在收到公安机关的书面意见后 7 日内另行指定检察官进行复查。

经过复查，认为纠正违法意见正确的，应当出具复查通知书，并及时向上一级人民检察院报告。上一级人民检察院经审查，认为纠正意见正确的，应当及时通知同级公安机关督促下级公安机关纠正；认为纠正意见不正确的，应当书面通知下级人民检察院予以撤销，下级人民检察院应当执行，并及时向公安机关及有关侦查人员说明情况。经过复查，认为纠正违法意见错误的，应当及时撤销，出具撤销违法意见书送达公安机关，回复控告、申诉、举报人。

3. 对监督行为的建议

人民法院发现检察监督行为违反法律规定或者检察纪律，可以向人民检察院提出书面建议，人民检察院应当在 1 个月内将处理结果书面回复人民法院；人民法院对回复意见有异议的，可以通过上一级人民法院向上一级人民检察院提出。上一级人民检察院认为人民法院建议正确的，应当要求下级人民检察院及时纠正。

4. 对错误监督决定的改正

人民检察院向人民法院或者有关机关提出监督意见后，发现监督确有错误或者有其他情形需要撤回的，应当经检察长批准或者检察委员会决定后予以撤回。

上级人民检察院发现下级人民检察院作出的监督决定确有错误的，应当指令下级人民检察院撤回并予以纠正，或者依法直接予以撤销或变更。下级人民检察院必须执行上级人民检察院的决定。如果认为上级人民检察院的决定有错误，应当在执行的同时向上级人民检察院报告。

（九）结案归档

一套完整的检察监督案件化办理程序不仅需要在实体上作出处理决定，还要满足形式要件。结案归档是案件化办理的外在表现，不仅可以对监督事项办案流程进行重新整理，又能倒逼承办检察官梳理规范办案的意识。

1. 立卷

检察官应当从案件受理开始做好各个节点法律文书等材料的收集、整理和立卷，确保纸质和电子文书的齐备规范、流程紧密完整。

办案过程中产生的归档范围内的材料，应当按照实际办案程序进行排序。卷宗中应当包括接受线索通知书、监督线索审查反馈函、立案决定书、立案情况告知书、调查核实通知书、调查笔录、询问笔录等证据材料、调查报告、检察监督文书、跟踪督促情况、反馈回函、整改措施等材料。

文书材料范围、纸质案卷装订要求以及卷皮、卷内目录和备考表填写要求等一般性内容均参考诉讼卷宗中关于立卷的有关规定。

2. 归档

人民检察院办理监督案件，应当按照规定形成案件卷宗。案件办结后应当在两个月之内进行归档。按照年度、程序、一案一号一卷的原则整理立卷归档，由承办案件的检察官于翌年第二季度移交档案部门。

（十）监督文书的审查与抄备

为确保监督的质量和标准统一，检察官在认定具体违法情形、决定采取相应的纠正方式及制发检察监督文书时，应当严格执行有关规定的标准、格式和要求。对于确实存在严重违法情形拟决定发出法律监督文书的，应当报上级人民检察院审查。

1. 纠正违法通知书

市人民检察院分院和各基层人民检察拟发出纠正违法通知书的，在报分管检察长审批前，应当报市人民检察院相关主管部门审查，是人民检察院相关主管部门出具审查意见后，市人民检察院分院和各基层人民检察院应当将相关处理意见报经分管检察长批准后作出相关处理决定。分管检察长与市人民检察院相关主管部门审查意见不一致的，该院应当依据请示程序报市人民检察院相关主管部门审查。

2. 再审检察建议

人民检察院提出再审检察建议，应当经本院检察委员会决定，并将《再审检察建议书》报上一级人民检察院备案。

（十一）案件质量评查

为进一步强化监督案件质量监管，以案件质量评查倒逼严格规范司法，有必要将检察监督案件纳入案件质量评查范围，通过设置科学合理的评价方式和评查指标，推动案件评查工作制度化、规范化、科学化。

一是设计专门的监督案件质量评查模块嵌入统一业务应用系统。考虑到监督案件从作出监督决定到跟踪整改落实情况之间存在一定时间间隔，因此对案件质量评查条件进行如下设置：经审查，认为不要提出纠正意见的，以流程结束为启动条件；经审查，决定作出监督决定的，以填录整改落实情况案卡或者上传相关扫描件为启动条件。监督案件办案后，一旦达到了系统初设的评查案件条件后，将自动提示检察官进入案件质量评查流程，对案件质量进行评查。

二是评查监督案件的标准、方式和程序。为确保质量评查的客观性和科学性，可以采用大数据测算为基准，人工复查为补充的评价方式对监督案件进行等级评查。案件质量评查的内容主要包括事实认定、证据采信、法律适用、办案程序、风险评估、文书使用和制作、涉案财物处理、办案效果、办案纪律等项，我们将这些可量化的标准与统一业务应用系统中填录的案卡进行数据翻译，将其作为预设的评价依据。案件质量评查的基本程序为：系统自评——承办人评查——部门评查——本院案件管理部门评查——上级院主管部门评查——上级院案件管理部门评查确定案件等级。

三是负责案件评查的组织机构和职责。本院案件管理部门作为全院监督案件质量评查工作职能机构，负责组织落实案件评查工作。案件管理部门可以采取随机抽查、重点案件逐案评查和专项质量评查等三种方式对已审结的监督案件进行评查，并出具评查分析报告，及时指出案件评查中发现的问题，协助监督部门查找疏漏，完善制度，切实保证案件质量评查工作取得实效。此外，专门成立院级监督案件质量评查小组，对监督部门提出重大异议的案件质量评查报告、重大疑难复杂案件以及存在重大质量问题或严重程序瑕疵的案件进行集体评议。评查小组应当将有关评查意见及时向上级院主管部门反馈。

四是案件质量评查结果的运用。案件质量评查结果经报请检察长或检察委员会审核批准，在本院内网上予以通报；对于存在严重质量问题的案件以及相似错误反复出现等情况予以单独通报。案件质量评查情况与业务考评工作相衔接，评查结果应当作为检察官绩效评定的重要依据。另外，案件管理部门应会同法律政策研究室共同研究解决评查中发现的法律政策适用难题或分歧，及时分析研判普遍性、倾向性、苗头性问题，并提出对策建议，服务领导决策参考。

刑事诉讼监督案件化的汉阳实践与思考

黄景涛[*]

　　检察机关的法律监督地位，是宪法和法律赋予的，检察机关行使法律监督职能主要通过诉讼监督的方式来实现，但在实践中，由于法律监督职能和权限在某些领域或诉讼环节中的具体法律依据的空洞化倾向，导致检察权在行使过程中缺乏具体的法律支撑，检察机关在诉讼活动中的监督职能受到法律环境的客观条件制约，使检察机关的法律监督职能大打折扣，难以有效地发挥法律监督作用。侦查活动权力行使的外部监督制约机制的空洞化、刚性弱就是表现之一，导致侦查活动中的违法行为不能够得到及时地纠正，公民权利在受到侵犯时难以寻求到适当的投诉、救济途径，影响了国家机关权力行使的公正性与权威性。作为全国基层院之一的湖北省武汉市汉阳区人民检察院（以下简称"汉阳区院"），从 2003 年开始，在履行刑事诉讼监督职能中，以调查机制为抓手，通过对刑事诉讼监督案件化办理，充分发挥法律的刚性作用，在法律监督工作中取得了一些实效。

一、刑事诉讼监督案件化办理的汉阳实践

　　2003 年，汉阳区院认真分析了当时立案监督和侦查活动监督工作现状，认为由于缺乏必要的调查手段，检察机关对刑事立案与侦查活动中的违法行为情况不明，监督的客观依据不足，监督的针对性不强，监督纠正的说服力不够，上述问题既影响了监督的力度，又制约了监督的质量。2004 年 3 月，形成了《汉阳区人民检察院侦查活动监督办法》，对监督的职责、原则、内容、方法作了系统的规定，建立了侦查活动监督调查机制，明确将检察机关侦查活动监督的知情权、调查权及处置和处置建议权落到实处，为侦查活动监督在实践中提供了一个具有可操作性的章程和办法。期待在现行法律框架内，探索建立一套以发现、核实、纠正侦查人员违法行为为核心内容的侦查监督调查机

---

　　* 黄景涛，湖北省武汉市汉阳区人民检察院检察委员会专职委员。

制，既为侦查监督办案工作有力有据的积极开展创造条件，又为保证监督质量提供可靠手段，有利于形成侦查监督新模式，实现监督工作科学发展。2008年，湖北省检察院通过汉阳区院的先行先试，总结提炼年汉阳经验，制定了《刑事立案与侦查活动监督调查办法》和《民事审判行政诉讼法律监督调查办法》，并在全省检察机关全面推行。经过十余年的实践探索，湖北省检察机关在建立法律监督调查机制方面，积累了一定的经验。汉阳区院作为 2003 年在刑事诉讼监督工作上率先建立了"投诉机制"而为最高人民检察院誉为"汉阳模式"的基层院，确立刑事诉讼监督调查机制也源于汉阳检察的实践，现在来看，汉阳区院藉由调查机制，使该院的刑事诉讼监督工作进入了案件化办理模式。

（一）汉阳区院制定了法律监督调查机制的工作流程

2008 年 10 月，湖北省检察院在汉阳区院试点基础上，正式在全省检察机关全面试行《刑事立案与侦查活动监督调查办法》。汉阳区院根据该试行办法的规定，制定了详细的调查办法的工作流程并绘制成图，要求每个干警认真学习，做到应知应会。工作流程如图 1 所示：

（二）汉阳区院建立了以发现、核实、纠正刑事诉讼活动中违法行为为核心内容的工作系统

在这一制度下，检察机关侦查监督部门对于侦查活动中的违法线索，可以进行调查，也可以会同渎职侵权检察部门联合调查。而调查、核实过程中，检察机关的具体案件调查人员可查询、调取相关材料，可以采取询问、查询、勘验、辨认、鉴定、调取证据材料或查阅相关案卷材料的方式，并有权根据需要介入侦查机关的侦查活动，只是不得使用限制人身权利、财产权利的强制性措施。依据调查的事实和证据，检察机关应当区分不同情形作出相应处理：（1）无违法违纪事实和证据的，及时回告投诉、举报人，对利用投诉、举报进行诬告陷害，严重干扰刑事诉讼的，对投诉、举报人予以警告或训诫，并责令赔礼道歉；（2）违反治安管理的，由公安机关予以治安管理处罚，构成犯罪的，依法追究刑事责任。或者投诉、举报失实的，都应函告有关部门澄清事实；（3）具有违法行为之一，但没有造成影响和后果的，侦查监督部门向其本人及所在部门进行口头纠正，予以记载，并通知投诉、举报人；造成一定影响和不良后果，经分管检察长批准，检察机关向侦查机关发出《纠正违法通知书》，提出纠正意见，并督促改正。同时抄报上一级侦查机关和检察机关。（4）如果造成恶劣影响和后果，不构成犯罪的，经检察长或检察委员会决定，向违法侦查机关发出对有关人员停止职务、变更办案承办人或者给予党纪、政纪处分的《纠正违法建议书》，同时抄报同级党委政法委、上一级侦查机关和

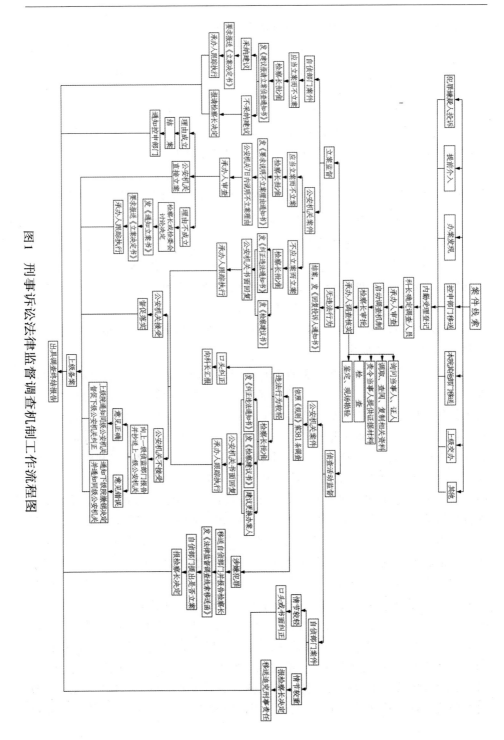

图1 刑事诉讼法律监督调查机制工作流程图

检察机关。对已涉嫌犯罪的，经检察长或者检察委员会决定，移送有关部门立案查处。检察机关的纠正意见如果不被接受的或侦查机关未回复整改的，可向同级领导机关或者上一级检察机关报告，并抄报上一级侦查机关，必要时，报告同级人大常委会。同级领导机关认为意见正确的，要求同级侦查机关纠正，认为意见错误的，要求同级检察机关撤销纠正意见，并通知同级侦查机关。

（三）汉阳区院完善了刑事诉讼监督的工作流程，确定了"四有一备案"制度

随着法律监督调查工作全面开展，为了完善刑事诉讼监督工作流程，汉阳区院制定了"四有一备案"制度。具体来说：一是开展调查工作要有台账。建立了全年开展调查案件的台账。台账内容要具体列明：受理时间、受理案号、案件来源、调查对象、涉嫌违法内容（简要）、调查案件承办人、启动时间及备注。二是开展调查工作要有报表。制定了刑事诉讼法律监督调查报表，要求向上级侦查监督部门一月一报。刑事诉讼法律监督调查报表分受理、启动、违法情形和处理四大栏目。其中各栏目包括的子项目见图2。三是开展调查工作要有文书。汉阳区院就开展刑事诉讼法律监督调查设计了的案件文书，具体包括：《刑事诉讼法律监督调查审批表》《纠正违法通知书》《检察建议书》《更换承办人建议书》《刑事诉讼法律调查终结报告》《移送案件线索函》，等等。四是开展调查工作要有案卷。开展刑事诉讼法律监督调查的案卷要求按一案一册装订成卷。案卷材料包括：目录、文书、调查的证据材料。其中调查的证据材料按调取的书证、物证、被调查人陈述材料、涉案人员的陈述材料、鉴定结论和勘验检查笔录分类装订。五是开展调查工作要进行备案。在工作中，我们将备案分二次进行：一是在启动调查后3日内，将《刑事诉讼法律监督调查审批表》报上级侦查监督部门备案。二是在调查终结后3日内，将《刑事诉讼法律监督调查案件备案审查表》连同《刑事诉讼法律监督调查终结报告》和案件中出具的《纠正违法通知书》《检察建议书》《更换承办人建议书》《移送案件线索函》一并报上级侦查监督部门。同时，汉阳区院在严格执行"四有一备案"制度的基础上，还延伸了监督结果的刚性措施，实行了跟踪监督制度。即对所采取的监督措施和纠正违法意见均实行跟踪监督，由专人一抓到底。

十余年来，汉阳区院始终坚持对侦查活动中违法行为运用法律监督调查机制，共对550余件侦查活动违法情形启动调查并采取案件化办理，向公安机关发出纠正违法通知书164份，监督公安机关立案240余件，监督公安机关撤案214件。实践证明这一借助调查权案件化办理刑事诉讼监督的工作举措，极大地丰富了检察机关行使侦查监督权的形式，增强了侦查监督的刚性和可操作

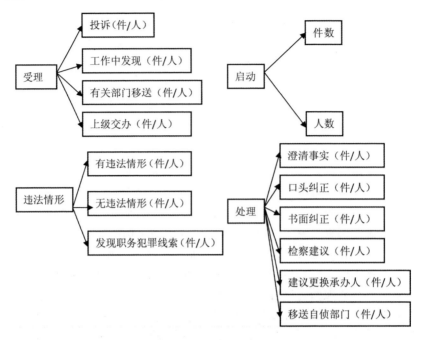

图 2 调查报表四大栏目及其子项目

性，为检察机关全面提升侦查监督能力提供了重要的平台。

二、新时代刑事诉讼监督案件化面临的困境和思考

随着司法改革向精细化推进，"两反"转隶也给检察机关带来了转机，深耕主责主业成为检察人的共识。如何确保新时代刑事诉讼监督工作成为优质的"检察产品"，刑事诉讼监督案件化如何推进是摆在我们面前的课题。

（一）新时代刑事诉讼监督案件化面临的困境

湖北检察机关实行的《刑事立案与侦查活动监督调查办法》中，将启动调查纠正的侦查违法行为作了严格限定，要求违法行为主要表现为：（1）应当立案不立案侦查或者不应当立案侦查而立案侦查的；（2）对犯罪嫌疑人刑讯逼供、诱供的；（3）对被害人、证人以体罚、威胁、诱骗等非法手段收集证据的；（4）伪造、隐匿、销毁、调换或者私自涂改证据的；（5）徇私舞弊、放纵、包庇犯罪分子的；（6）在侦查活动中利用职务之便谋取利益的；（7）违反律师会见制度；（8）违反刑事诉讼法关于决定、执行、变更、撤销强制措施规定；（9）违反搜查、扣押、冻结款物规定；（10）违反刑事诉讼关于羁押和办案期限规定的；（11）滥用强制性措施，对明知不属于涉案的财产

而予以查封、扣押或追缴；（12）故意制造冤、假、错案；（13）在侦查过程中不应当撤案而撤案的；（14）贪污、挪用、调换所扣押、冻结的款物及其孳息的；（15）侦查中违反法律规定不作为，造成后果的；（16）在侦查活动中其他违反刑事诉讼法规定的行为。检察机关只有针对这些违法行为才能启动调查并案件化办理。

随着社会发展，法治不断健全和完善，加之汉阳区院侦查活动监督工作的制度化与常规化，侦查机关在侦查活动中，违反法律规范的情形也出现了新的变化和表现形式：一是刑事诉讼法严格禁止的侦查违法行为如刑讯逼供、传唤时限的规定等现象虽已基本杜绝，但侦查机关应对刑事诉讼法的规定而打擦边球的行为时有发生，如大多数案件都适用了刑事拘留羁押期限延长至30日的规定；二是投诉机制所建立的投诉管道运行正常，但接收的投诉不断减少，即使我们听说犯罪嫌疑人对侦查机关有意见，但在征求其是否投诉时绝大多数都不投诉；三是收集证据不规范的行为时有发生，如讯问犯罪嫌疑人和证人的笔录只有一名侦查员署名；四是证据收集不到位，该收集的书证、物证没有收集，围绕犯罪构成要素在讯（询）问中应当问清楚的问题没有问到位，导致后续侦查难以复制和固定证据；五是侦查机关对检察机关开出的《补充侦查提纲》或《提供法庭审判所需证据材料意见书》极不重视，在批捕后懈怠侦查的情况时有发生，导致案件在起诉环节发生梗阻；六是对刑事立案后以及批捕后的犯罪嫌疑人变更强制措施法律硬性规定上存在盲区，对侦查机关改变强制措施的案件监督无刚性措施，监督实效不大。上述问题的出现导致侦查活动监督工作也出现一些变化，如在审查案件中发现的侦查违法行为基本是轻微违法行为，通过侦查监督程序进行监督的严重违法个案大幅减少；对轻微违法行为以口头纠正为主，以违法情节严重而向侦查机关发书面的纠正违法通知书减少；介入引导侦查的工作量不断加大，甚至有的案件已延伸到逮捕之后提请公诉之前。

上述问题的存在使得司法实践实际操作过程中容易出现下述情况：一是监督与不监督难以取舍。由于面对的侦查违法行为大多是轻微的，法律对此类监督的情形规定得不明确，所以遇到情况时是否进行监督，往往难以取舍，导致最后多数没有进行监督；二是监督方式过于单一。《人民检察院刑事诉讼规则》规定了侦查活动监督的方法有口头通知纠正和发出纠正违法通知书，两者的区别在于情节的轻重。但哪些情况属于情节较轻，哪些情况属于情节较重又未作规定，所以实践中，在侦查监督方式的选择上，尤以采取口头纠正为主。三是被纠正问题复发率高。由于侦查机关轻微违法所反映出来的问题带有普遍性，对公安局下面一个侦查部门进行违法纠正，同样的问题又会发生在另一个侦查部门身上。四是监督措施的刚性不够。在监督过程中，除了对严重违法情形向侦查机关下达《纠正违法通知书》有一定的刚性外，对一般违法情形，检察机关采取的诸如口头纠正或下发《检察建议书》等方式都显得监督力度不大，侦查机关通常不予重视，更谈不上积极主动纠正。所以，正由于这些问题的存在，我们对轻微侦查活动监督是否适用案件化方式办理采取了回避的态度，原因一，是对轻微侦查违法能否适用案件化办理不明确；原因二，是采取案件化办理后的处理方式和路径尚不明确

（二）对新时代刑事诉讼监督案件化的思考

最高人民检察院首席大检察官张军检察长上任伊始就提出检察机关要"讲政治、顾大局、谋发展、重自强"的发展思路，同时提出检察机关法律监督就是要办案，要在办案中监督，在监督中办案。在张军检察长法律监督理念的启发下，笔者在认可"现代法治的运作主要是通过权力和权利的有效调控到达目的，权力和权利的两权分配与制衡是法治核心"。① 这个观点的前提下，对刑事诉讼监督案件化有以下两点思考：

一是要将刑事诉讼监督所有违法情形纳入监督中，全方位履行法律监督工作。公安机关侦查活动必须符合我国刑事诉讼法的规定，亦包括公安部制定的《公安机关办理刑事案件程序规定》，人民法院庭审行为也必须符合刑事诉讼法和最高人民法院《关于适用〈中华人民共和国刑事诉讼法〉的解释》，凡违反规定的行为即为侦查违法行为，在实践中，我们完全没有必要去人为划分严重情形和轻微情形。同时，检察机关对于所有侦查违法行为和庭审违法行为均应采取案件化办理方式进行调查核实。正如欧陆学者所言："检察官不是法官，但要监督法官裁判，共同追求客观正确的裁判结果，检察官也不是警察，但要以司法的属性控制警察的侦查活动，确保追诉活动的合法性。"②

二是改进检察绩效考核工作，从唯数据认转向考核监督的实效。目前检察机关的考核我认为仍然没有脱离数据反映业绩的考核方式，考核的指挥棒依然是看各项业务指标的数据排名。在大家都去争取办案数据的情况下，一些数据放水、数据造假的现象层出不穷，比如，曾出现过和公安机关沟通，抢在公安机关立案前做成立案监督案件；又出现过有的基层检察院一年受理公安机关提取批准逮捕案件和公诉案件本身不多，但其立案监督数、撤案和纠正违法数竟然超过其受理数的一半甚至还多；在上级院考核中，由于采取各部门分项目考

---

① 参见李文发、胡有华等：《法治建设论纲（上）》，载《湘潭大学学报（哲学社会科学版）》1997 年第 5 期。

② 孙谦：《检察：理念，制度与改革》，法律出版社 2004 年版，第 192 页。

核，没有进行业务条线综合评判，导致上述数据又被认可。如此数据引导绩效，导致基层检察院各部门都想尽办法去拼数据，这种考核方式也阻碍了刑事诉讼监督的案件化。因此，笔者认为，在设定检察机关刑事诉讼监督的考核方式上，虽然不能完全抛弃数据，但应该根据该地区刑事案件规模，设定一定数据限制比例作为基数，更重要的是鼓励和支持基层院对刑事诉讼监督采取案件化办理，注重考核监督的结果运用，充分体现刑事诉讼监督的政治效果、社会效果和法律效果的统一。

刑事诉讼监督办案模式的规范化、实质化与精细化研究

侯国武　李光伟[*]

　　刑事诉讼监督既是检察机关履行法律监督职能的基本方式，又是检察机关参与刑事诉讼活动的重要形式。长期以来，检察机关办理刑事诉讼监督事项主要采取行政化的"办事模式"，而非契合司法规律的"办案模式"，导致监督在程序上有失规范性、随意性大、公信力弱；在实体上缺乏实效性、刚性不足、效果不佳。为此，最高人民检察院在《"十三五"时期检察工作发展规划纲要》中提出："探索实行重大监督事项案件化，加大监督力度，提升监督实效。"案件化的核心要义就是刑事诉讼监督从"办事模式"向"办案模式"改革，这符合法律监督权的司法属性和运行规律，是检察事业科学发展的必然要求。刑事诉讼监督的"办案模式"应当以规范化、实质化与精细化为价值导向和发展路径。

一、办案模式的规范化研究

　　法律的生命在于实施，执法的生命在于规范。① 刑事诉讼监督作为检察机关的主要司法活动，本质上是一种规范性的社会实践活动。其办案模式首要的是以规范监督为导向。

（一）办案程序规范

　　程序具有限制权力恣意、保障权利平等和规范司法行为等作用，程序化是

---

　　* 侯国武，辽宁省人民检察院二级巡视员；李光伟，辽宁省锦州市人民检察院法律政策研究室检察官助理。
　　① 庄永廉：《五年检察印记之执法规范篇：谨言慎行立公信》，载《检察日报》2013年2月18日。

司法办案活动最重要的外在特征。① 刑事诉讼监督办案模式的基本前提就是办案程序规范。程序的正当和规范，是监督公正性和权威性的关键要素，应当建立一套符合检察权运行特点和规律的全方位程序。

一是线索受理及立案程序。线索受理是启动刑事诉讼监督的前提，是立案的基础。线索的来源渠道主要有：当事人的控告或者举报；检察机关自行发现；其他机关移送的线索。检察机关应当由案件管理部门统一受理并编号来自不同渠道的线索，并根据不同的诉讼阶段及时分流到具有法定监督权的部门，采取一定的轮案规则分配到具体的办案组织承办，从源头上防止监督的恣意性和选择性监督。立案标志着案件的启动。在司法规范化建设的语境下，立案程序具有重要的司法价值，案件的办理始于立案。立案应当符合一定的标准及条件，并履行审批手续，制作立案法律文书。

二是调查核实及决定程序。调查核实是办理刑事诉讼监督案件的关键程序，是对案件进行"事实判断"的客观依据，是司法亲历性和司法办案基本规律的客观要求，是案件化的核心所在。决定程序是在调查核实和分析研究的基础上，对案件进行"法律判断"，作出处理结论。根据司法责任制的要求，应当依照权力清单行使决定权。对重大、疑难、复杂案件，应当由检察长或者检委会决定；对于一般案件应当由承办检察官决定。

三是跟踪督促及结案程序。跟踪督促是刑事诉讼监督案件的必要程序。为维护检察监督的权威性，应当及时跟踪相关单位纠正违法行为以及整改落实情况，保障监督的刚性。结案程序是最后程序，结案应当具有结案报告并经审批，待所有案卷材料统一归档后，案件才属于办理终结。

（二）运行机制规范

刑事诉讼监督办案模式的规范，不仅取决于程序的正当和规范，而且还取决于权力本体的运行机制规范。坚持规范内部运行机制和外部运行机制相结合，才能既防止法律监督权的滥用，又确保监督权的刚性。

1. 内部运行机制

一是优化整合检察资源，构建覆盖全方位、全流程的刑事诉讼监督体系。针对"办事模式"下存在的信息共享程度低、监督合力内耗等问题，通过建立信息共享平台、召开相关部门联席会等方式，畅通信息渠道、密切配合，完善内部协调衔接工作机制，形成强大的监督合力。

---

① 万毅、韩晓峰、龚培华等：《如何深入探索重大监督事项案件化办理》，载《人民检察》2017 年第 15 期。

二是监督办案与诉讼程序适度分离，使监督事项的案件化办理相对独立。针对"办事模式"下存在的监督程序与诉讼程序混同，监督程序过度依附于诉讼程序，导致监督流程不畅、缺乏实效等问题，应建立系统化的办案流程，保障监督办案模式相对独立运行，以有序有效的监督办案，强化检察机关的诉讼办案。

三是实行繁简分流的办案机制，形成以普通程序为主、简易程序为辅的工作格局。应当根据监督事项的实际，采取不同的办案机制，对于重大、疑难、复杂的监督事项，应当由检察官办案组按照普通程序办理；对于一般的监督事项，应当由独任制检察官按照普通程序办理；对于简单的监督事项，应当由独任制检察官按照简易程序办理。简易程序办理监督事项，可以根据具体情况，在一定程度上简化工作方式和内容，以提高效率。

2. 外部运行机制

一是构建监督与被监督的良性互动关系。应当深入研究监督客体及监督对象的特点和规律，加强与被监督方的沟通协调和工作互动。检察机关应发挥主导作用，敢于监督，善于监督，促使被监督方乐于接受检察监督，主动纠正违法行为，提升检察监督效能。

二是优化外部监督环境。检察机关应积极、主动向地方党委、人大报告工作，并通过协调会、联席会、会签文件等方式，争取公安机关和审判机关的支持，畅通信息渠道，完善共享机制，营造良好的外部监督环境，确保法律监督权依法、规范、顺畅运行。

（三）案件卷宗规范

案件卷宗是客观记录检察官办案过程和行为的重要载体。规范的案件卷宗，对于由"办事模式"向"办案模式"改革具有促进作用，有利于强化和落实检察官办案责任。

一是案卷资料齐备。案结归档的卷宗应当全面涵盖各种法律文书和工作文书，以及收集和调取的所有证据材料，并按照规范的次序组装成卷，确保全程留痕、评价有据、责任倒查、终身负责，以此促进刑事诉讼监督办案的规范化。

二是法律文书规范。法律文书是程式化的文书，是适用法律的具体方式，应认真制作每一份法律文书，做到文种选择正确、行文格式规范、表达方式严谨，并注重运用法律语言，提高法律文书质量。

二、办案模式的实质化研究

刑事诉讼监督办案模式的实质化，是人民群众对司法公平正义的热切期盼，是法律监督沿着法治化轨道发展的客观要求，应当"通过旨在实现正义社会的目标的实际措施和制度性手段来加以实施"。①

（一）诉讼式构造

刑事诉讼监督事项的案件化办理，实质是以诉讼化的方式，而不是行政化的方式办案，其办案模式应当从参与主体和证据规则两个层面进行诉讼式构造。

一是三方主体参与。法律监督关系的主体通常由三方组成，申请人、举报人或者控告人一方；被监督方，如公安机关、审判机关、监狱机关等；以及作为监督方的检察机关。在办案过程中，检察机关应注重这些主体的参与性，保障他们对案件的事实、定性与处理，提出证据、发表意见，形成三方诉讼化构造。检察机关应发挥主导作用，秉持客观公正义务，依法作出监督决定。

二是证据裁判规则。证据是司法办案的基础，贯彻证据规则，是办案模式的应有之义和核心问题。刑事诉讼监督办案应紧密围绕证据，线索发现源于证据，审查认定违法行为依据证据，作出监督决定依靠证据。强调证据裁判规则，有利于增强监督决定的合理性，以及维护检察机关的权威性和公正性。

由于刑事诉讼监督事项具有复杂性、多样性和阶段性等特点，证据规则应当具有差异性。在线索受理和立案阶段，应坚持有线索和迹象指向发生违法行为的较低标准；在作出监督决定阶段，应达到违法行为事实清楚，证据确实充分，能够排除合理怀疑的较高标准。具体而言，一是证明违法行为的证据来源合法、内容客观真实；二是证明违法行为的证据确实充分，证据相互印证，并能够形成证据链；三是对被监督对象的辩解理由能够用相反证据予以驳斥，且能排除合理怀疑。这种从低到高的证明标准，符合司法办案的客观规律。

（二）能动式构造

能动性司法主要是一种法学方法论，是为了实现某种法律价值，在遵循法律规则的条件下，促进实质正义，从而推动社会发展的能动的哲学观。② 其理论基础是程序正义和实质正义相统一。刑事诉讼监督办案应遵循能动性司法的原理，在办案模式上应从调查核实和跟踪督促两个方面进行能动式构造。

---

① ［美］博登海默：《法理学：法律哲学与法律方法》，邓正来译，中国政法大学出版社 1999 年版，第 265 页。

② 张榕、陈朝阳：《论作为司法能动性之核心的法官自由裁量权》，载《河北法学》2005 年第 4 期。

1. 调查核实

在"办事模式"下，检察官办理刑事诉讼监督事项大多坐堂办案，通过查阅案卷发现线索，通过电话核实情况，通过一纸文书完成监督，在很大程度上影响了监督的实效。检察官积极能动的调查核实是办案模式的关键要素，调查核实应成为监督的重要途径和主要手段。

调查核实应当坚持检察官的亲历性，亲历性是司法办案的基本要求，也是办案模式的内在要求。检察官应当摒弃孤立办案、就案办案、简单办案的陈旧观念，按照理性能动的理念和要求，在调查核实过程中，既要认真查阅案卷，析微察细；又要实地调查，亲历亲为，查清事实真相，变"表象监督"为"实质监督"。

检察官调查核实的措施主要有：一是讯问、询问，如讯问犯罪嫌疑人、被告人；询问证人、被害人、办案人员或者其他知情人；咨询专家有关专业问题的意见。二是收集实物证据，如调取侦查机关讯问录音录像；调取犯罪嫌疑人出入看守所的身体检查记录；调取、查阅、复制相关案卷材料及其他相关材料。三是其他调查核实措施，如对伤情、病情检查或者鉴定；委托评估、审计；勘验物证、现场；等等。

2. 跟踪督促

检察机关的法律监督权主要表现为建议权，为确保监督的刚性和权威，应当加强跟踪督促。对于发出的监督决定应予跟踪，收集反馈意见，全面、及时掌握违法行为是否纠正、整改，以及纠正、整改的具体举措，切实保证检察机关的监督决定落到实处。

在刑事诉讼监督实践中，应重点加强以下三种情况的跟踪督促，对纠正违法的跟踪督促；对提出非法证据排除及瑕疵证据补正的意见和建议的跟踪督促；以及对移送违纪、违法、犯罪线索的跟踪督促。通过跟踪督促，切实维护人民群众的合法权益，维护社会的公平正义，维护法制的统一，维护检察机关的公信力。

（三）开放式构造

开放式的办案模式体现着现代司法的平等、理性和公正的精神，蕴含着权力运行的规范性、程序性和公开性等特点，对于防止暗箱操作，保障公平公正具有重要意义。开放式的办案模式主要有以下四个组成要素：

一是扩大律师参与。律师参与能够充分保障当事人的合法权利，例如，在申请排除非法证据的案件中，律师的参与能够帮助当事人提出充足的理由和证据、充分的法律依据。检察机关应当保障律师的知情权、参与权、认真听取律师提出的意见，依法作出客观公正的监督决定。

二是积极组织听证。听证本意为诉讼上应听取当事人意见的制度，它源于英美法的自然公正法则。① 听证对于积累信息、综合双方意见以及发现事实真相有着极其重要的意义，是保证决策的民主性和公正性的重要手段。例如，羁押必要性审查、刑事申诉、刑事赔偿案件公开举行听证，其主要流程可设计为：申请人陈述申请监督请求、事实和理由；其他当事人发表意见；双方提交、出示新证据，并且说明证据的来源及证明的内容；检察机关出示依职权调查取得的证据；双方当事人就证据的合法性、真实性和关联性进行质证并发表意见；申请人和其他当事人发表最后意见。经过听证，有利于查明案件事实，化解矛盾纠纷，保证司法公正。

三是公开宣告决定。监督决定的宣告应当采取一种仪式化的程序公开进行，这有利于增强法律监督的公信力和权威性。检察机关应建立专门的宣告场所，公开宣告案件的来源、办理情况以及监督决定，并听取被监督方的意见，送达法律文书。②

四是主动接受监督。检察机关应当牢固树立监督者更应自觉接受监督的理念，依法深化刑事诉讼监督办案的检务公开，主要邀请人大代表、政协委员，以及人民监督员对刑事诉讼监督办案实施监督，确保依法行使检察权。

三、办案模式的精细化研究

办案模式的精细化，是指在办理刑事诉讼监督案件时，以精细化为解决问题的方法和手段，以精、准、细、严为标准，以追求精品成果为目标。申言之，精为去粗取精，细为细致入微，精细是一种深度、一种拓展、一种文化，要求具有精益求精的工作态度，严谨务实的工作作风，从根本上解决以往"办事模式"下存在的粗放、拖延、虚浮等问题。

（一）专业化分工

以办案专业化促进精细化。刑事诉讼监督办案的专业化，即在分类化、专门化、精细化的基础上，结合案件类型和案件数量、难易程度等，科学设置专业机构、统筹配备专门人员负责特定的监督业务范围，其核心是实现检察人员和监督事项的最优化配置。专业化要求检察官具备与其岗位相适应的理论知

---

① 许水玲：《行政立法听证制度研究》，西南交通大学 2007 年硕士学位论文，第 1 页。

② 李辰：《检察监督视野下重大监督事项案件化办理制度的建构》，载《法学杂志》2018 年第 8 期。

识、思维方式和工作技能等素质，从而保证能够承担起法律监督职责。① 这种办案的专业化，有利于提升检察人员处理某类监督事项的能力，提高监督的质量和效率，化解"案多人少"的矛盾，并能够保持办案标准的稳定和统一，实现社会的公平和正义。

刑事诉讼监督涉及的范围广、环节多，应当主要根据所处的诉讼阶段和案件的性质、类型进行专业化分工。办案模式的专业化分工应当体现在不同职能部门和不同办案组织。不同的职能部门是专业化的第一级分工，主要有：刑事检察监督、刑事执行检察监督和刑事申诉检察监督等部门。不同的办案组织是专业化的第二级分工，主要有：刑事检察监督部门之下的立案监督、侦查活动监督、审判监督等办案组织；刑事执行检察监督部门之下的羁押必要性审查、办案期限审查、监狱看守所监督、社区矫正监督、减刑假释暂予监外执行监督等办案组织。刑事申诉检察监督部门之下的刑事申诉、刑事赔偿等办案组织。在专业化分工的基础上，应当理顺各专业化监督办案组织的运行机制，使其密切协作，先后衔接，共同形成强有力的监督合力。

（二）信息化应用

信息化是推进精细化的有效手段，信息化应当与精细化深度融合，将信息化贯穿精细化的全过程，以科技促进法律监督能力的提高，以创新引领监督质量、效率和效果的提升。

一是信息化流程监控。将刑事诉讼监督案件全面纳入检察机关统一业务应用系统，完善信息载体，确保信息的准确性和全面性，运用信息手段，以流程监控为主线，对办案进行动态、全程监控，对重要办案节点实施流程控制和监控预警，增强内部监督的刚性，保障司法行为的规范性。

二是信息化数据分析。注重运用信息技术手段助推刑事诉讼监督，主动推进大数据在新时代法律监督工作的应用。通过大数据分析，深挖案源，提高线索的成案率。通过大数据分析，及时发现监督对象的苗头性、倾向性以及普遍性的问题，以及确定检察监督的重点，例如，在办理减刑假释监督案件时，运用数据库进行数据分析筛选，将大量的案件信息按照罪名和刑期进行排列，进一步识别累犯和偶犯，普通犯和重点犯，针对重点问题重点审查。通过大数据分析，深入研究类案的特征和规律，建立健全源头治理的长效机制。

三是信息化联网平台。构建公检法等机关互联互通的信息化平台，以及加强派驻检察室与监管场所的信息联网、监控联网，检察机关可依法查询与监督

① 邢永杰：《检察机关专业化办案模式探析》，载《中国检察官》2014年第3期。

办案有关的信息，可依法通过信息化平台收集、固定和核实相关证据，既保证了监督办案的秘密性和客观性，又确保了监督办案的有效性和及时性。

（三）释法和说理

刑事诉讼监督办案模式的精细化要求抓住细节，细节决定成败，释法说理就是办案的细节。释法说理，提高了法律监督的精准度，有利于监督对象接受检察机关的监督并积极整改。

一是书面的释法说理。主要是增强检察法律文书的说理性。例如，通知公安机关立案、提出纠正违法意见、变更强制措施建议、纠正不当减刑、假释、暂予监外执行意见等通知书、意见书、建议书，应当阐明认定的案件事实和证据，列明所依据的法律规范、并充分解释法律适用的理由，做到语言规范、表达准确、逻辑清晰，增强公信力和说服力。

二是面对面释法说理。其基本形式是检察官主动、适时地进行以案释法，与当事人、监督对象加强理性、双向沟通，解释事实认定、法律适用和办案程序等方面的法律依据及理由，增强其法律意识和认知度。释法说理的重点是，涉及群体性事件，当事人对法律适用存在误解、对事实和证据有争议，以及纠正违法、通知立案、通知撤案等情形。检察官在以案释法过程中，应当讲求方法，增强针对性，从事实层面、法律层面、证据层面分析透彻、说理到位，并注重法、理、情有机结合，体现检察办案的人文情怀，实现法律效果和社会效果的统一。

综上，规范化、实质化和精细化既是刑事诉讼监督办案模式的价值导向，又是办案模式的基本要求。规范化侧重办案程序方面的要求；实质化侧重办案实体方面的要求，精细化侧重办案效果方面的要求，规范化是实质化和精细化的坚实基础和逻辑前提，实质化是规范化和精细化的可靠保证和重要条件，精细化是规范化和实质化的实现方式和追求目标，三者相辅相成，有机统一。刑事诉讼监督办案模式的规范化、实质化和精细化，适应新时代检察职能发展的客观要求，有利于检察机关聚焦主责主业，完善法律监督新格局，提升法律监督的公正性、权威性和实效性。

诉讼监督事项"案件化"办理
模式的程序设计和制度构建

——以侦查监督工作为视角

姜　峰　薛二涛*

诉讼监督是检察机关的主责主业。围绕进一步加强新时期检察监督工作，《"十三五"时期检察工作发展规划纲要》明确提出"探索实行重大监督事项案件化，加大监督力度，提升监督实效"的要求。所谓重大监督事项"案件化"办理，主要是指对有关监督事项作为独立案件办理，建立从监督线索受理、立案、调查核实、实施监督、跟踪反馈、复查复核到结案归档的完整流程。从上述定义要求看，实行诉讼监督事项案件化办理，至少需要从对象上明确具体案件范围，从流程上明确具体程序规范，从路径上明确制度机制等三方面内容。本文拟以侦查监督工作为视角，对上述三方面内容作出探讨。

一、合理确定诉讼监督事项案件化办理的对象范围

传统的诉讼监督"办事模式"，在启动程序上没有设置立案规定，何人何时何环节在所不问，启动比较随意；在办案流程上要求不严格，没有司法办案可预知的程序性规定，监督处理结果的公正性容易受到质疑；在监督质量上由于没有严格的办案程序和证据要求、监督过程缺乏留痕，使得对监督事项缺少评价依据、方法和机制，导致对诉讼监督的质量难以进行评价。[①] 而诉讼监督"办案模式"则是一种严格的司法活动，需要具备明确的启动程序、顺畅的监督流程和实体程序并重的监督质量等要求，这首先就要求监督事项案件化办理

---

　　* 姜峰，山东省烟台市招远市人民检察院检察长；薛二涛，山东省烟台市招远市人民检察院副检察长。
　　① 韩晓峰、陈超然：《诉讼监督事项案件化的思考》，载《人民检察》2016 年第 21 期。

在程序上必须更加严谨细致。侦查监督涉及范围广、内容多，在当前检察机关案多人少矛盾突出的情况下，把所有监督事项全部纳入案件化办理不符合办案实际，因此，合力确定诉讼监督事项案件化办理的范围就成为当务之急。确定监督事项的标准，应该从侦查行为违法严重性、案件事项社会影响性两个层面，确定监督事项案件化办理的范围，既突出重点案件、又注重办案成效，实现诉讼监督法律效果和社会效果的有机统一。

（一）以侦查行为违法严重性确定监督事项案件化的范围

侦查行为违法有轻重之分，当然应将严重违法的侦查行为作为案件化监督事项。从法律规定上讲，人民检察院对侦查机关监督的主要内容包括刑事立案监督和刑事侦查活动监督等两方面内容，相应的，监督事项案件化的范围也应当是立案监督和侦查活动监督中的严重违法侦查行为，从实践看，可以将以下案件纳入案件化范围。

刑事立案监督主要包括以下内容：对可能判处有期徒刑以上刑罚的案件，应当刑事立案而不立案或者以罚代刑降格处理等情形的监督；对不应当立案侦查而立案侦查，违法动用刑事手段插手民事、经济纠纷，或者利用立案实施报复陷害、敲诈勒索以及谋取其他非法利益等违法立案情形的监督；对监督立案的案件立而不侦、久侦未结的跟踪监督。

刑事侦查监督主要包括以下内容：对刑讯逼供、暴力取证等违法侦查行为的监督；对违反刑事诉讼法关于决定、执行、变更、撤销强制措施规定行为的监督；对与案件无关的财物采取查封、扣押、冻结措施，或者应当解除查封、扣押、冻结不解除行为的监督；对违反规定收取保证金或者不依法退还保证金行为的监督。

（二）以案件事项社会影响性确定监督事项案件化的范围

案件事项的社会影响有大小之分，当然应将社会影响大的案件事项纳入案件化办理范围。需要说明的是，本文中社会影响大的案件事项，既包括已进入刑事诉讼程序的案件，也包括涉及行政机关有案不移、以罚代刑等行政违法案件。从实践看，可以把下列6类案件或事项列为重大案件或事项：一是经新闻媒体曝光，社会影响大的重大案件或事件；二是在互联网、"两微一端"等网络媒体炒作，社会舆论高度关注的重大案件或事件；三是可能引起严重群体性事件或维稳事件，矛盾焦点突出的重大案件或事件；四是人大代表或政协委员联名向检察机关提出明确监督要求的重大案件或事件；五是辩护律师、当事人及其家属向检察机关反映的重大案件或事件；六是领导批示或上级交办、督办的重大案件或事件。

二、顺畅设计诉讼监督事项案件化办理的工作流程

规范合理的办案流程，是适应以审判为中心的诉讼制度改革、完善检察监督体系，提升监督工作规范化、提高监督案件质量、增强侦查监督刚性的现实需要。[①] 诉讼监督事项案件化首先是程序化、流程化，需要建立一整套覆盖受理立案、调查核实、审核决定、实施监督、跟踪反馈、结案归档等全过程的规范、精细的工作程序，形成独立的诉讼监督规则，确保诉讼监督各环节有序衔接、有效运转。案件化办理流程，应当依据刑事刑诉法、《人民检察院刑事诉讼规则》《检察机关执法工作基本规范》及最高人民检察院、省院有关诉讼监督工作规定，按照统一业务应用系统办案流程要求，确定上述每个节点实施的具体步骤、方式和方法，使各个诉讼监督环节都有明确的"时间表""路线图"，步步有印，全程留痕，有效克服和防止诉讼监督的随意性，更有效地实现诉讼监督确保法律统一正确实施的最终目的。

（一）受理、立案环节

这是监督事项案件化办理的启动环节，主要是程序性内容，标志着诉讼监督事项案件化办理的依法开始。检察机关在接到、获悉重大监督事项的有关材料或线索后，应当由案件管理部门统一受理，制作《重大监督事项线索受理登记表》，由检察长指定侦查监督部门办理。监督事项承办人审查后认为需要进一步调查核实的，应当制作《重大监督事项立案审批表》《重大监督事项调查审批表》和调查核实方案，经检察长批准后，交由案件管理部门应当及时登记立案、记入台账、录入案卡。

（二）调查核实

这是监督事项案件化办理中需要发挥承办人主观能动性的环节，也是下一步实施监督的前提条件，就是要严格依法适用调查手段，获取相关证据材料，确认违法事实的有无，其中既有实体性内容又有程序性内容，应当明确调查核实的方法、步骤、程序、权限以及调查核实需要注意的事项等。调查核实一般应在登记立案后7天内开展，时间一般不超过1个月，特别重大复杂的监督事项可以适当延长。根据法律规定和办案实践，对重大监督事项进行调查核实，可以采取以下方法：一是询问有关办案人员、行政执法人员和当事人；二是查阅、复制公安机关刑事受案、不立案、撤销案件、治安处罚等相关法律文书及

---

① 黄河、赵学武：《侦查监督的现状、问题和发展方向》，载《人民检察》2016 年第 21 期。

案卷材料等；三是查阅行政执法机关台账、行政处罚案卷等；四是调取、审查有关书面材料；五是要求相关人员提供有关材料。需要特别指出的是，调查核实应当严格依法进行，不得限制被调查人的人身自由或者财产权利。

对重大监督事项调查核实完成后，应及时制作详尽细致的调查核实报告，主要包括监督事项的来源、调查核实的方法及经过、依法查明的事实、发现的违法问题、承办人的处理意见等。对于需要实施监督的，报经检察长批准后实施。调查核实报告应同时报案件管理部门备案。

（三）实施监督

这是监督事项案件化办理的核心环节。被监督机关不同以及监督事项的多样性，必然要求设置不同的监督程序。检察机关应当根据调查核实获取的事实和证据，准确判断违法行为的性质和严重程度，针对不同的被监督机关，采取适当的监督方式，取得最好的监督效果。实践中，被监督机关主要包括公安机关和行政执法机关，笔者就这两类机关的监督程序作一探讨。

1. 对公安机关的监督事项

如前文所述，主要包括应当立案而不立案、不应当立案而立案和侦查活动违法等情形。

监督事项可能涉嫌犯罪的，承办人报经检察长批准后，应到有管辖权的公安机关了解情况，对公安机关已经立案侦查的，可以提前介入引导公安机关全面收集、固定证据，并对侦查活动是否合法进行监督。在介入侦查工作结束后，应当制作提前介入情况报告入卷，并对介入案件进行跟踪，定期了解案件进展情况。

监督事项可能涉嫌犯罪而公安机关没有立案侦查的，应当向公安机关移送《案件线索移送函》，建议公安机关立案侦查，公安机关仍不立案侦查的，应当按照刑事立案监督程序进行监督。同理，监督事项属于公安机关不应当立案而立案的，应当按照刑事立案监督程序进行监督。

监督事项属于对公安机关的侦查活动监督的，如果发现公安机关的执法活动确有违法行为的，应当制作《纠正违法通知书》通知公安机关予以纠正。对发现的侦查人员在刑事诉讼活动中涉嫌渎职的行为，应当按照相关的规定和程序，及时进行调查核实。

2. 对行政执法机关的监督事项

如前文所述，主要包括行政执法机关有案不移、以罚代刑等违法情形。

监督事项属于行政执法范畴的，承办人报经检察长批准后，应当主动到相关行政执法机关了解情况，查阅行政执法机关台账、行政处罚案卷。对行政执法机关已经立案正在调查的，应当跟踪监督、及时掌握案件进展情况；对行政执法机关未进行立案调查的，应当制作《检察建议书》，建议行政执法机关及时立案调查，检察机关予以支持、配合和监督。在支持、配合行政执法机关的调查中，认为行政违法相对人的行为可能涉嫌犯罪的，应当制作《检察建议书》，建议行政执法机关商请公安机关参与联合调查，也可以建议行政执法机关将案件移送公安机关，由公安机关依法对所移送案件进行审查，作出是否立案的决定。对行政执法机关主动移送或者检察机关建议移送公安机关处理的案件，公安机关不予受理或者作出不予立案决定的，应当按照刑事立案监督程序进行监督。

监督事项行政执法机关已经调查并作出行政处罚决定的，应当重点审查该行政处罚决定的事实依据、证据情况及法律适用。对已涉嫌犯罪的案件，行政执法机关不移送或逾期未移送的，应当制作《移送案件通知书》，行政执法机关接到通知书后仍不移送的，应当制作《要求说明不移送理由通知书》，对行政执法机关不予说明不移送的理由或经审查其不移送的理由不成立的，应当制作《检察监督建议书》，建议并督促行政执法机关予以纠正或履职。

（四）复查复核

这是监督事项案件化办理中赋予对被监督机关的救济环节，主要目的在于使监督与被监督的双方机关能够进一步明晰案件事实证据，促进检察机关监督措施落到实处，从而保护案件当事人合法权益。

复查复核行政执法机关对检察机关的监督意见提出异议的，经检察长决定，另行指派承办人审查并提出处理意见，认为监督意见正确的，应当及时向上一级检察机关报告，并将复查结果及时通知行政执法机关，告知其对复查结果不服的，可以向上一级检察机关提请复核；认为监督意见错误的，应当及时撤销，并向行政执法机关说明情况。上级检察机关在收到行政执法机关提请复核的意见后，由检察长指派承办人审查并提出处理意见，认为下级检察机关的监督意见正确的，应当及时通知同级行政执法机关督促下级行政执法机关纠正；认为下级检察机关的监督意见不正确的，应当书面通知下级检察机关予以撤销，下级检察机关应当执行，并及时向行政执法机关说明情况。

公安机关对检察机关通知撤销案件有异议提出复议、复核和纠正意见要求复查的，按照《人民检察院刑事诉讼规则》有关规定依法办理。

（五）文书归档

这是监督事项案件化办理的最后环节，是监督程序结束的标志，也是进行案件质量评查的载体和评价监督成效的依据。承办人在办理监督事项时，应当将各个阶段、环节所开展的工作情况进行书面记录、整理，和相关的法律文书、案件审查意见书、工作报告一并存入检察内卷，在案件办结后及时装订归档。

三、有效构建诉讼监督事项案件化办理的工作制度

监督事项案件化办理，是对检察机关诉讼监督工作模式的重大创新，需要从扩大检察机关监督渠道、强化各机关协作配合、完善监督处置措施等方面构建良好的工作制度，推动检察机关诉讼监督权落到实处。

（一）在扩大检察机关监督渠道方面

实践表明，因信息沟通不畅导致检察机关监督线索来源单一，已成为制约检察机关监督权行使的瓶颈之一。因此，要推动刑事案件信息共享和"两法衔接"信息共享平台建设，解决监督线索发现难的问题。一是加快建设公安机关、检察机关刑事案件信息共享平台，探索在主城区、城乡结合部、刑事案件高发区域公安派出所设立驻所检察室（官），在市县公安机关设立检察室，随时登录公安机关管理系统，及时全面掌握公安派出所等办案单位刑事案件的处警、受案立案、刑事拘留、强制措施变更等情况，通过查阅卷宗、调查核实、与侦查人员沟通等方式排查异常案件情况，实现对侦查活动全程、动态、同步监督。二是完善"两法衔接"信息共享平台。针对目前"两法衔接"中存在的涉嫌犯罪案件移送比例低、信息共享平台运用不充分、行政执法监督难度大等问题，建议由地方党委政府牵头制定《两法衔接信息共享平台应用管理办法》，进一步拓展平台成员单位，将更多行政执法单位纳入平台之中，实现两法衔接工作的全覆盖；进一步确立案件移送标准、程序和证据要求，并纳入行政效能监察范围；进一步明确信息录入范围，除适用简易程序或特别程序的案件外，应将所有行政处罚终结案件导入信息共享平台，全面实现行政处罚终结案件的资源共享和结果监控。

（二）在强化各机关协作配合方面

监督事项案件化办理，使检察机关与被监督机关的联系、与社会公众的互动相比以前更加频繁，需要加强各机关的良性协作，共同推动监督事项妥善办理。一是完善提前介入引导侦查、联席会议、联合督办等制度，逐步推开重大疑难案件侦查机关听取检察机关意见建议制度，既要实现个案的公正规范，又要注重解决普遍问题，从源头上规范执法行为，维护司法公正。二是共同做好信息发布、维稳防控和释法说理等工作。对社会影响大、舆论高度关注的重大监督事项，应当加强与公安机关、行政执法部门等有关单位的联系，共同制作《重大监督事项信息发布方案》，确保信息的权威性和公信力。对已经或可能

引起严重群体性事件或维稳事件的重大监督事项，应当制定《执法办案风险防控方案》，积极配合公安机关、行政执法机关等有关单位做好维稳防控工作，共同化解社会矛盾。重大监督事项系人大代表或政协委员、辩护律师、当事人及其家属提出的，应当联合公安机关、行政执法部门及时向他们反馈工作情况，充分听取意见、建议，做好释法说理工作。

（三）在完善监督处置措施方面

实践中，有时出现侦查机关、行政执法部门反复出错、屡纠不改，以及对提出的合理意见置之不理的情况，使侦查监督流于形式，其原因就在于缺乏对侦查机关、行政执法部门相应的处置措施。因此，建议建立监督处置制度，赋予检察机关对侦查人员、行政执法人员处置处分的建议权，确保监督事项落实落地。具体讲，检察机关对公安机关、行政执法机关一般违法行为的纠正意见、监督意见不被接受的，应当制作《检察机关纠正意见、监督意见不被接受的报告》，可以报上一级检察机关协商同级公安机关、行政执法机关处理，也可以向同级人大常委会、党委政法委报告或向同级人民政府通报。对公安机关、行政执法机关的违法行为需要追究相关人员行政纪律责任的，检察官报经检察长批准后，应当制作《案件线索移送函》，将可以证明其违纪违法事实的材料移送同级纪检监察部门，由纪检监察部门依纪依法处理。

"案件化"办理模式的程序设计和制度构建

——以刑事诉讼活动为视角

逯其彦　彭国强*

为加强法律监督的针对性和有效性,《"十三五"时期检察工作发展规划纲要》中提出"探索实行重大监督事项案件化加大监督力度,提升监督实效"的要求。根据这一要求,"案件化"办理模式是指依照刑事诉讼法及相关法规,检察机关刑事检察部门在审查逮捕、立案监督、侦查活动、刑事审判、刑事执行等活动中,将重大监督事项作为独立案件办理,建立从监督线索受理、立项、调查核实、实施监督、跟踪反馈到结案归档的完整流程,切实体现"在办案中监督,在监督中办案"的要求。

一、重大监督事项"非案件化"存在的问题

由于刑事诉讼法没有规定法律监督程序,也没有专门的法律监督法。因此,有学者认为,当前重大事项监督属于一种"办事模式",存在的监督启动程序不明确,监督随意性大、办理规范化程度不高、不注重监督效果等诸多问题;还有学者认为,侦查监督部门存在监督线索发现难、调查核实难、监督处理难三大难题,① 这些问题的存在无疑与重大监督事项"非案件化"密切相关。

(一)监督程序不具有独立性

"检察机关传统的侦查监督依托检察环节办理的个案。"启动监督程序具有附随性,普遍采取"谁发现、谁启动、谁办理"的方式。正因为如此,所

---

* 逯其彦,山东省曹县人民检察院检察长,全省检察理论研究人才;彭国强,山东省曹县人民检察院检察业务管理部副主任。

① 参见黄河:《新时期侦查监督法治化现代化主题的解读》,载最高人民检察院侦查监督厅编:《侦查监督指南》2015 年第 2 辑,中国检察出版社 2015 年版,第 15 页。

发出的检察建议或纠正违法通知书附属于正在办理的实体案件，在法律监督完成后没有形成一整套卷宗材料，只有体现最终监督决定的一份法律文书，导致监督效果不佳，容易形成柔性监督，虚假监督，损害了司法的严肃性、公信力，影响了检察机关的形象。

（二）证明标准不明确

刑事实体案件要求"案件事实清楚，证据确实、充分"方可审查起诉，具有明确的证明标准。而重大监督事项缺乏对违法事实的调查、证据收集判断方面的规范和标准，如何证明程序违法的事实，采取什么样的标准，目前没有法律规定。

（三）缺少监督质量评价依据、方法和机制

重大监督事项"非案件化"，由于没有严格的办案程序和证据要求，缺乏立案等节点性程序，证据材料的取证要求不严，范围不清，使得对重大监督事项工作效果缺少相应的评价依据、方法和机制。如一些监督决定的审查报告格式要求不规范、证据分析简单、处理结果理由不充分，有的纠正违法事项的监督载体仅有一份纠正违法通知书，难以评价重大监督事项工作成效。

（四）对重大事项监督没有形成合力

重大事项监督需要侦查监督、公诉、刑事执行、控告申诉检察等部门的相互配合，而目前缺少程序流程、相应的制度来统筹这些部门，难以形成监督合力，如实践中还存在重复监督导致抵消监督效力的现象，检察机关两个部门针对同一事项重复向侦查机关发出《纠正违法通知书》，不仅降低办案效率，造成诉讼资源的耗损，而且还影响到检察机关司法文书的严肃性、权威性，一定程度上抵消了监督合力。

（五）重大监督事项"案件化"信息化滞后

在司法实践中，因信息沟通机制不健全，导致检察机关监督渠道不畅、线索发现难等问题，制约监督权行使。另外，现在监督业务流程是依据重大监督事项"非案件化"模式而设计的，存在案卡设置不清晰、功能设置不合理、监督事项不全面、监督流程不完整等问题。因此，需要在办案模式的要求下对软件流程升级改造、对统计报表修改完善，打造契合诉讼监督事项案件化的信息平台。

综上所述，重大监督事项"非案件化"，会导致法律监督疲软，其原因在于将诉讼程序与法律监督程序混合一体，模糊了法律监督性质与规律。"检察监督程序不是诉讼程序，不能用司法办案的程序来代替。"① 法律监督是宪法对检察机关的基本定位，是其主责主业，回归到这种应有的地位，实行重大监督事项"案件化"办理势在必行。推进重大监督事项案件化，在刑事诉讼法框架内，通过建立相对独立的程序、多层次证据规则、扩展相应权能、打造多样化信息化平台，实现案件化监督的具体化、明确化、统一化，有利于遵循法律监督规律，推动诉讼监督职能与诉讼职能齐头并进、协调发展，彰显监督的威力，提高重大监督事项工作水平。

二、"案件化"办理模式的程序设计

实行重大监督事项"案件化"，实际上就是要把监督事项量化。参照《人民检察院刑事诉讼规则》中刑事诉讼法律监督的规定，建立检察机关处理重大监督事项独立程序，形成线索受理、立案、调查核实、审查决定、实施监督、跟踪反馈、复议复核、结案归档的完整管理流程，需要形成司法办案过程的案件卷宗，要求将司法办案的各种制度细化到每个节点，每个节点的决定实施过程要留痕，实现监督信息全程、动态，实时流转与监控。

（一）重大监督事项"案件化"程序设计的基本原则

1. 规范化原则

法律监督是宪法法律赋予检察机关的公权力，检察机关行使法律监督权不能随意，必须规范有序地开展。重大监督事项"案件化"的程序与诉讼职能程序相互并列，相互独立，是一种包含线索管理、立案、调查核实、处理等全过程、全方位的严密工作程序，从而使刑事诉讼监督工作有具体明确的"路线图"，各环节规范运转、有序衔接，确保诉讼监督效果正当性、有效性、权威性。

2. 有限监督原则

案件化首先意味着程序更加复杂、严谨，这必然会耗费更多的司法资源，合理确定诉讼监督事项案件化办理的范围就显得更加重要。对于法律文书瑕疵等轻微的诉讼违法行为，可以进行补正说明，没有必要进行"案件化"办理，只对重大诉讼违法行为实行案件化办理。

3. 客观中立原则

重大监督事项"案件化"不是被动、中立的监督，而是一种积极能动的

---

① 甄贞、梁景明：《检察监督建设的阶段论刍议》，载《深化依法治国实践背景下的检察权运行——第十四届国家高级检察官论坛论文集》，中国检察出版社 2018 年版，第22 页。

程序性监督,有实现程序正义的内在要求。在设计重大监督事项"案件化"程序时,使程序有利于检察官履行客观义务,站在客观中立立场,处理重大监督事项,从而提高司法公信力。

(二)重大监督事项案件化程序设计

1."案件化"办理的范围

根据有限监督原则,所有的监督事项都案件化办理不合适,也无必要,只对重大诉讼违法行为实行案件化办理,那么如何确定具体范围?可具体列明下列情形:应当立案不立案、不应当立案而立案、刑讯逼供、暴力取证、超期羁押、非法扣押涉案财物、违法变更强制措施等重大诉讼违法行为,则有必要进行案件化办理。何为"重大"?笔者认为可以是已经电视、互联网等媒体炒作,社会舆论高度关注的重大事件或者是人民群众反映强烈、严重影响社会和谐稳定的重大事件。如2017年3月20日,湖南长沙天心区检察院对一起销售问题猪肉重大监督事项案进行立案监督,其线索来源于湖南经视频道经视大调查节目播出了"臭肉流向长沙多家知名粉店,赶紧来看你家附近的粉店有没有上榜"的新闻,证实新闻报道属实后,启动了该院首例重大监督事项"案件化"办理程序。①

2."案件化"具体程序设计

严密规范的办案流程是不可或缺的,包括线索受理、立案、调查核实、审查决定、实施监督、跟踪反馈、复议复核、结案、归档等程序。

一是线索的受理。线索受理是检察机关广泛收集违法信息的有效手段,也是刑事诉讼监督活动运行的前提。检察机关在接到重大监督事项的有关材料后,由负责案件管理的部门统一受理,并对案件线索及时审查评估,认为由初查价值的,填写《重大监督事项线索受理登记表》,转交有关业务部门,指定承办检察官进行初查。

二是立案。立案意味着法律监督工作的正式开始,为避免启动监督程序随意性,应设置立案环节,明确规定监督案件的启动标准。经初查,符合立案标准的,启动立案程序,合法开展重大监督事项工作,沿着既定的轨道进行,不可随意中断。

三是调查核实。调查核实就是通过获取证据,确认违法事实的成立与否的行为,是重大监督事项"案件化"关键所在。这个环节检察机关严格依法使

---

① 此案例来源于2017年4月26日《检察日报》第12版基层采风栏目《守护舌尖上的安全》。

用调查手段，在调查过程中不得限制调查对象的人身自由或者财产权利。

承办检察官对重大监督事项线索可以采取以下方法严格依法进行调查、核实有关证据材料：询问有关办案人员、行政执法人员和当事人；查阅、复制公安机关刑事受案、不立案、撤销案件、治安处罚等相关法律文书及案卷材料等；查阅行政执法机关台账、行政处罚案卷等；调取、审查有关书面材料；要求相关人员提供有关材料；其他调查核实方式。调查核实工作应当制作笔录。

四是审查决定。这是案件化的核心环节，要求对违法行为性质的判断要准确，监督纠正方式要适当。根据调查核实获取的相关事实、证据，对违法行为的性质和严重程度进行判断，进而决定采取何种纠正违法方式。属于重大监督事项的，要采取书面纠正违法方式。对于重大复杂、社会影响较大的监督案件，必要时可以通过公开审查的方式，增强诉讼监督决定的透明度与公信力；重大监督事项可能涉嫌犯罪而公安机关已知晓而不立案侦查，承办检察官报经分管副检察长或检察长批准后，按照刑事立案监督程序进行监督；对行政执法机关主动移送或者检察机关建议移送公安机关处理的案件，公安机关不予受理或者作出不予立案决定的，承办检察官报经检察长批准后，按照刑事立案监督程序进行监督；重大监督事项属于对公安机关的侦查活动监督的，承办检察官报经检察长批准后，按照侦查活动监督程序进行监督；公安机关的执法活动确有重大违法行为的，检察官报经检察长批准后，应当制作《纠正违法通知书》通知公安机关予以纠正。

五是复议复核公安机关对检察机关重大监督事项处理有异议提出复议、复核和纠正意见要求复查的，检察官按照《人民检察院刑事诉讼规则》有关规定依法办理。

六是跟踪反馈。跟踪反馈的结果是评价重大监督事项案件化的指标之一。重大监督事项办理过程中，承办检察官应当制作《重大监督事项涉案风险评估登记表》，对监督事项进行评估，并报分管副检察长或检察长批准，积极配合公安机关、行政执法机关等有关单位做好维稳防控工作，通过多种渠道释法说理，共同化解社会矛盾；人民检察院负责侦查监督的部门应当全程跟踪重大监督案件的侦查、起诉、判决、整改等情况，及时填写案件相关信息台账，发现立而不侦、久侦不结等情况，及时向部门负责人报告，提出纠正意见；重大监督事项属于行政执法范畴的，承办检察官报经分管副检察长或检察长批准后，应当主动到相关行政执法机关了解情况，查阅行政执法机关台账、行政处罚案卷；对行政执法机关已经立案正在调查的，检察官应当跟踪监督、及时掌握案件进展情况。

七是结案和归档。检察官办理重大监督事项应当在 2 个月以内办结，对案件特别重大、情况特别复杂的，检察官可以制作《办理重大监督事项延期审批表》，报经检察长批准后，可以延长 1 个月，检察长另行指派检察官复查的期限计入前述期限。

"案件化"监督文书送达后，收到侦查机关的反馈意见后，填写《监督案件结案审查表》以予审查，报分管副检察长或检察长审核。经分管副检察长或检察长审核，认为监督工作已经终结的，可以结案；认为需要继续跟踪监督的，应当要求承办检察官应展开后续监督工作。

承办检察官在办理重大监督事项时，应当将各个阶段、环节所开展的工作中形成的案件线索来源材料、调查核实材料，和相关的法律文书、案件审查意见书、工作报告一并存入检察内卷，按照规定的排列顺序和要求，整理、装订、立卷，交部门内勤检查、登记，在案件办结后 1 个月以内装订归档。

三、重大监督事项"案件化"制度构建

为配合重大监督事项"案件化"之独立程序运作，彰显监督权威和效果，在宪法、刑事诉讼法框架内，需构建相应的制度体系。

（一）构建重大监督事项"案件化"的权能体系

加强知情权是基础，保障调查权是核心，发挥检察建议效力是关键，通过加强知情权、保障调查权、加强检察建议效力等方式，构建符合监督属性的权力结构体系。一是加强知情权，进一步完善落实提前介入引导侦查取证制度，探索建立重大案件侦查机关听取检察机关意见建议制度，特别应当加快建设公安机关、检察机关刑事案件信息共享平台，实现检察机关对刑事案件立案、强制措施、强制性侦查措施等关键信息的共享，切实解决知情难问题。二是保障调查权，充分保障法律赋予检察机关对重大监督事项调查权，特别是对违法取证行为以外的其他侦查违法行为的调查权，如果检察机关得不到有效配合与支持，会给调查核实工作开展带来极大的困难，应建立内外保障机制，明确侦查人员接受调查的义务和拒绝调查的法律后果，确保调查权有效实施。三是增强检察建议效力。在司法实践中，检察机关对公安、法院等部门提出的检察建议屡纠不改或者置之不理的情况下，应建立相应的程序制裁制度，即公安司法人员因违反法定程序所要承担的程序性的法律后果，以宣告实施的行为无效的方式来追究违法者的法律责任，通过该项制度实施把监督落到实处。

（二）构建重大监督事项"案件化"证据规则

证据是司法办案的基础，实现重大监督事项"案件化"，必须完善证据规则，建立证据标准体系，必须针对不同事项建立差异化的证据规则，包括证据

种类和范围、证明力大小、取证方式、证明标准等内容。具体而言，重大监督事项属于多样化的程序性事项，如对立案撤案活动的监督、侦查违法行为的监督、阻碍诉讼权利行使的监督等。上述监督事项的违法标准不同，证明要求也不尽相同，如立案监督只需有证据证明犯罪事实即可；而对于非法证据排除，必须经过严密的调查核实程序，实行严格证据标准，达到证明侦查取证行为是否违法的程度。

（三）构建重大监督事项"案件化"的组织保障机制

一是办案组织保障。按照现有司法责任制的要求，遵循人员精英化，管理精致化的原则，重大监督事项案件可以由独任检察官承办，也可以由检察官办案组承办。如内设机构改革前，上海市院侦查监督处配置了 5 个诉讼监督检察官员额，设置了立案监督、侦查活动等监督岗位，制定岗位职能说明书，确定岗位量化标准，明确市院检察官的监督职责。二是多重保障机制。为保障办理案件效果，还需相应建立其他保障机制。建立内部协调机制，要通过建立信息共享、情况互通、密切配合的衔接工作机制，改变以往信息流转不畅、监督合力损耗等问题；建立健全对侦查人员诉讼违法行为的调查核实机制，让调查核实的过程成为监督的重要内容和主要途径；建立侦查人员参与机制，让监督过程与侦查人员自身利益适度结合，从而增加侦查人员诉讼违法成本，达到减少侦查违法行为，提升监督权威的目的。

（四）构建多部门联动，形成监督合力机制

实行重大监督事项案件化，通过统一的监督流程，重新整合检察机关内部监督资源，侦查监督、公诉、刑事执行、控告申诉等部门，结成监督网络，既各尽其责，又共同作用，互通有无，确保信息渠道畅通，形成重大监督事项工作内部合力。同时，建立外部衔接配合机制，一是与公安、法院会签法律监督文件，使刑事诉讼监督活动有理有据、规范有序进行；二是监督落实情况与民警、法官内部执法考评挂钩，有效解决监督刚性不强、监督效果不明显的问题。

（五）设立重大事项监督事项"案件化"流程的信息平台

以智慧检务工程为契机，设立多种信息化平台，更好地注重利用科技手段来创新监督模式、加大监督力度、提升监督效果，除了建设刑事案件信息共享平台、两法衔接信息共享平台外，借鉴深圳市检察院做法，在统一应用系统中，将侦查活动监督平台与审查逮捕案件绑定，办理逮捕案件的界面当中嵌入了"侦查活动监督"模块，点击"侦查活动监督"模块，就会进入侦查活动监督案卡的界面，案件的基本信息中除了案件名称、办案人员等信息外，还包括侦查单位、侦查员、预审员的信息，录入信息后自动纳入系统数据库。按照侦查活动的进程细分为受案、立案、回避、强制措施、讯问、询问、查封、扣押等监督项目，全面覆盖侦查活动。深圳市检察院的做法也为其他诉讼监督活动提供了借鉴。

（六）加强重大监督事项"案件化"手段的"刚性"

完善检察监督手段，需要加强检察建议等监督手段刚性，提出以下对策。一是与当地纪委监察委协作配合，列入党政考核等方式，加强落实检察建议的刚性保障；二是检察建议由法律政策研究室全过程把关，对监管质量效果进行全方位评估，检察建议书在此审核和登记备案，防止重复发送，制发文书使用统一检徽、标识、编号、格式等；三是文书送达设置专门的检察建议工作室，公开宣告送达，检察官、被建议单位以及人大代表、政协委员、人民监督员等第三方人员全程参与；四是检察建议工作纳入全省各主要业务部门的考核范围，健全完善相应的考核和激励机制；五是由最高人民检察院对有关检察建议的司法解释与规范性文件进行系统的归纳与整理，并统一发布具有普遍约束力的、专门性的有关检察建议规范化的文件。总之，要提高检察建议工作的制度化、法治化水平，推动法律监督工作规范有序运行，提高监督效果和水平。

检察监督事项案件化办理机制的
内涵、要件、程序

——以 S 省 J 市检察机关模式为视角

夏海滨[*]

检察机关作为宪法确立的法律监督机关，法律监督属性是其根本属性，而在传统检察实践中，往往强调办案，办案也往往界定在审查逮捕、审查起诉案件的办理上，就侦查活动监督、立案监督、审判执行活动监督、民事行政诉讼违法监督、行政违法行为监督等往往视为办案的附属，导致监督事项的处理上存在无程序、无痕迹、空心化和效果差等问题存在，也就是说检察监督职能往往依附于诉讼职能，沦为"副业"。[①] 尤其是监察体制改革后，使检察机关原本已经虚化的法律监督权失去威慑内核，长久以来以职务犯罪侦查权为后盾的"威慑型法律监督"模式丧失基础，传统监督模式难以为继。[②] 检察监督事项案件化办理机制的提出，将监督事项作为一类案件予以对待，强调监督事项案件化办理的程序和结果考评，无疑是一种理念的转变，也能更好地指导监督事项的处理。

一、检察监督事项案件化办理的内涵

"检察监督事项案件化办理"最早是在 2017 年全国检察长会议上提出的，会议强调"要探索重大监督事项案件化办理模式"。《"十三五"时期检察工作发展规划纲要》提出"探索实行重大监督事项案件化，加大监督力度，提升

---

  * 夏海滨，浙江省舟山市定海区人民检察院第一检察部副主任。

  ① 於乾雄、马珣、黄露：《推进重大监督事项案件化若干问题思考》，载《中国检察官》2017 年第 7 期。

  ② 郑永生、周红亚、魏韧思：《改革背景下检察监督体系的完善与思考》，载《上海政法学院学报（法治论丛）》2017 年第 6 期。

监督实效"。这一模式强调将传统监督事项"办事模式"向"办案模式 + 办事模式"转变。① 其基本内涵为：检察机关在办理审查逮捕、审查起诉、民事行政检察、监所检察、公益诉讼等案件过程中，就发现的立案监督、侦查活动监督、审判活动监督、民事行政诉讼违法线索、行政违法行为监督、公益诉讼等监督事项，将之作为独立案件对待，并严格按照监督线索受理、立案、调查核实、实施监督、跟踪反馈、复查复核、案件管理到结案归档的全过程、全方位的办案流程来处理的一种办案模式。为更好地领会该办案模式，有必要注意三个问题。

第一，该模式的提出是反思传统监督事项处理模式的结果。传统检察监督事项处理过程中存在的问题有：监督启动程序不统一，案件线索来源多元化，受理条件不明确；监督过程简单、随意，办案属性不强，缺乏对违法事实的调查规范和证据收集标准；监督流程粗略，一般不制作监督事项卷宗材料，监督全过程难以直面体现；监督事项办理期限不明，跟踪问效不足，结案标准不清；监督事项考核缺乏硬性标准，主观评价占多数，缺乏事项实体化审查办理机制和跟踪反馈程序，处理效果待提高；实务中还普遍存在"不监督成功即不留有痕迹"的做法。② 正是认识到传统监督事项处理方面存在上述问题，有必要换一种思路，以克服上述弊端。

第二，要厘清该模式的基本内涵，总结起来有两个关键词，一是监督事项，二是案件化办理，这两个概念对检察机关来说都不是新名词，但将二者联姻，将会成为一种新型的检察监督工作模式。其含义有三：一是其内容指向的是检察机关的法律监督工作，该监督事项依托于检察机关的监督管辖情形，如立案监督、侦查活动监督、审判活动监督等内容，不能是非检察机关管辖的事项；二是其法律监督工作的核心是办案而非办事，即要将监督事项作为一种案件来对待，要依照办案的标准和程序来处理监督事项，实现全程留痕；三是其目标是通过实行监督工作案件化管理，激活检察机关法律监督效能。换句话说，检察监督事项案件化办案就是检察机关对于职权范围内的监督管辖情形，按照司法办案的基本要求和相关程序实行严格的管控与办理方式。

第三，该模式契合了司法体制改革和检察理念的转变趋势。随着国家监察体制改革、司法体制改革的全面推开，检察工作转型发展正式起航。最高人民

---

① 简洁、赵莹雪：《重大监督事项如何实现案件化办理》，载《检察日报》2018 年 5 月 27 日。

② 王珍祥：《推进侦查监督工作案件化的机制构想》，载《中国检察官》2016 年第 10 期。

检察院张军检察长就全国检察工作提出了"讲政治、顾大局、谋发展、重自强"的总体要求，将检察监督的主责主业认识提到了一个更高的层面。2013年习近平总书记对检察工作批示的重要一项就是"强化法律监督能力"，张军检察长在政法领导干部学习贯彻习近平新时代中国特色社会主义思想专题研讨班作辅导报告时表示，要认真学习贯彻习近平新时代中国特色社会主义政法思想，强化新时代法律监督，形成监督者和被监督者合力，建立监督与被监督的良性关系，维护法律权威，实现监督者与被监督者双赢。可见，检察监督属性的认识比任何时候提的都高，这是因为法律监督是实现法律权威的重要途径和保障，检察机关法律监督作为一种司法监督，是党和国家监督体系重要组成部分。最高人民检察院六大目标中有三项提及检察监督，即法律监督体系更加完善、法律监督能力显著提高、法律监督公信力明显提升。而就检察业务转型来讲，其落脚点在于调整工作重心，坚持以办案为中心，逐步完善刑事检察、民事检察、行政检察和公益诉讼并重的法律监督新格局。因此在重视法律监督体系构建的基础上，检察监督的属性更加被重视，要在工作中切实形成"办案中监督、监督中办案""办案就是监督、监督就是办案"的认识，将办案和监督同等对待，唯有此才能更加显现检察监督职能。

二、检察监督事项案件化办理的要件

我们可以将检察监督事项案件化办理模式细分为如下几个要件：

一是案件要素。对检察机关来说，狭义的案件指诉讼案件，如审查逮捕、审查起诉、民行检察等案件；广义的案件涵盖了检察机关的所有职权范围，包括诉讼案件和监督案件。该模式强调办理诉讼案件是办案，办理监督事项亦是办案，就办理监督事项来说也同样具有独立、实际的意义与价值，与办案诉讼案件无异，两者都基于检察机关的法律监督权展开，都强调实体公正和程序公正，即将监督事项的办理以看得见的程序来保障。

二是事实要素。指实行案件化办理的法律监督事项，要有据以认定的事件和行为，也就是法律事实。适用监督程序解决问题的第一步就是认定法律事实，法律事实是开展检察监督活动的逻辑起点。就诉讼案件的办理来说，认定法律事实的共识已经形成，而就监督事项办理中是办事还是办案历来有争议。"案"认定的是是否有犯罪事实发生、该犯罪事实是否是犯罪嫌疑人所为、犯罪嫌疑人是否要承担法律责任、是否经法定程序依法进行等问题，此为"案"的法律事实。而事项分为非法律事项和法律事项，前者往往为一个事件，处理上无固定的程式，强调处理结果的正当性，而后者是检察机关法律监督权下的监督事项。该事项涉及法律事件，要认定一个法律事件的是非曲直，必经发现线索、立案、调查核实、法律判断等程序，以此来认定该法律事件是违法还是合法，此才是检察监督的要点所在。由此可见，该法律事项的处理与案件的处理程式并无二异。

三是程序要素。检察监督事项案件化处理首先是程序化，监督不能是随意的监督，而应当是一种程序化的监督，必须按正当程序来运行。从办案要求上看，完整流程应当包括线索受理、立案、调查、审查、决定、实施、救济、跟踪、结案、归档等程序。实际运行过程中，也可以根据实际情况、案件大小、情节轻重，进行繁简分流、差异设置。这在监督事项和案件处理的程序上大同小异，都需要经过一定的程序。而在反思传统法律监督事项"办事模式"处理上的种种弊端的基础上，当务之急是要在监督事项办理上进行程序化改造，即将原先法律监督事项处理上的不留痕问题，以预先设定发现受理程序、调查程序、法律文书拟制、报批程序、反馈程序、结案归档程序等各流程节点，在事项处理上按节点流程操作，做到全方面、全流程备案可查。

四是证据要素。办案的主要任务就是通过收集和固定证据，以形成的完整证据链条回溯和证明案件的法律事实，并依照法律规定对案件作出判断。监督办案主要针对执法、司法活动展开，应当更加重视证据的收集、固定、排除及有关证据工作的构建。如有观点提出，在程序规范的基础上，应当针对不同事项建立差异化证据规则，包括证据种类和范围、证明力大小、取证方式、证明标准等内容。[1] 在此方面，各地进行了有益的探索，如 S 省 J 市检察机关根据具体监督事项的不同，分别出台了《侦查活动监督案件办理细则（试行）》［以下简称《细则》（一）］、《刑事立案监督案件办理细则（试行）》［以下简称《细则》（二）］[2] 等规定，对各类监督事项的证据标准予以明确，使办理法律监督事项更有章可循。

五是主体要素。在司法体制改革和员额制改革的背景下，办案的司法责任制是其重要方面，坚持"谁办案、谁负责"原则，针对监督事项的特点，根据监督职责的需要、案件类型及案件的复杂难易程度，有的院探索建立独任检察官或者检察官办案组的办案组织，在检察长的授权范围内开展监督事项的案

① 韩晓峰、陈超然：《诉讼监督事项案件化的思考——以侦查监督为视角》，载《人民检察》2016 年第 21 期。

② 《细则》（一）共五章二十九条，具体包括总则、案件受理、调查核实、监督方式和程序、案件管理及附则等内容。《细则》（二）共七章五十七条，具体包括总则、案件受理、调查核实、对应当立案侦查而不立案侦查的监督、对监督公安机关立案案件的延伸监督、对不应当立案侦查而立案侦查的监督、案件管理及附则。

件化办理。但在对外上，仍旧是以检察机关的名义对外制发相关法律文书。笔者认为，法律监督事项办理上的具体模式，可以因地制宜，只要有利于法律监督质效提升，可以进行大胆探索和先行先试，并要在监督线索发现渠道、内部监督线索的流转、信息共享机制、调查核实机制、反馈机制等外围保障机制建设上花更大精力，保障承办人员的正确履职。

三、检察监督事项案件化办理的程序设计

检察机关开展法律监督涉及的各类事项总体上基本属于程序性违法问题，而且类型多样、复杂，各种被监督事项的违法程度及标准不同，证明要求也不尽相同，因此办理程序也各不相同。但是作为一个案件，一个办案活动，首先必须经过程序的启动，也就是立案；其次是程序的进行，也就是调查和处理；然后是程序的终结，也就是结案；最后是档案的存查，也就是装卷归档等程序。在具体程序的设计上，笔者结合检察实践提出如下思路：

第一，立案阶段程序。立案程序是作为案件启动的必经程序。没有受案、立案程序，一般不产生案件办理上的法律效力。有立案程序，才能启动后续的办理程序，这也是办案程序与办事程序的根本区别。在程序的具体设计上，首先应明确线索的来源渠道，笔者建议可以参考 S 省 J 市检察机关两个《细则》明确的途径：办理审查逮捕、起诉案件、被害人及其法定代理人、近亲属报案、控告、群众报案举报、提前介入侦查活动、开展专项监督活动、上级机关或有关部门交办或专办的案件材料、本院其他部门转交的案件材料、新闻媒体报道、其他途径。其次应明确受理程序，可参照《细则》（一）规定：（一）通过走访、书信、电子邮件、电话等形式要求检察机关对公安机关侦查活动监督的控告和申诉由负责控申的部门受理，制作《控告申诉登记表》，经审查认为符合侦查活动监督案件受理条件的，需移交负责侦查监督的部门办理的，在 7 日内将《移送函》和相关材料移送负责侦查监督的部门办理。（二）在办理审查逮捕案件、开展工作等其他途径发现案件线索的，或《细则》（一）明确的受理途径除上述（一）规定的其他情形，经审查，符合案件受理条件的，制作《侦查活动监督案件线索登记表》连同相关材料，移送案件管理部门。案件管理部门再依据院内轮案规则予以统一业务应用系统内分配，并制作《受理案件登记表》《接受案件通知书》《案件材料移送清单》。最后，应明确准予立案的决定程序，建议对经初查发现符合监督立案条件的案件，应报分管领导审批。

第二，案件调查程序。监督事项的调查和审查，应当依照有关法律规定、司法解释、办案规则等要求，如规定应由两名以上检察人员调查，由检察官负

责办理，且规定调查不得违反法律干涉和妨碍原事项的正常程序处理。有关的调查、阅卷、审查、取证等办案过程都要有相应调查笔录，实行全程办案留痕。应明确调查的措施，如讯问嫌疑人、询问证人、被害人或相关当事人、询问办案人员、听取意见、查看调阅案卷材料、进行鉴定、检验等。对重要监督调查事项，应当形成书面调查报告，包括线索来源、调查方法及经过、查明的事实、发现的问题、检察官的处理意见等。

第三，案件处理程序。法律监督事项作为案件进入办理程序后，就有一个事实认定、证据分析，并在此基础上作出的案件结论。首先，要明确调查处理程序的证据标准。将检察监督事项进行案件化办理，就应该制定一套案件办理的证据标准，如没有标准，则案件办理就毫无章法。如《细则》（二）将立案监督区分为对应当立案侦查而不立案侦查的监督和不应当立案侦查而立案侦查的监督两类。对构成两类监督案件的哪一类，又明确了构成条件，如对前者规定应同时符合：（1）有证据证明有确实的犯罪事实，且需要追究刑事责任；（2）属于公安机关管辖；（3）有材料证明公安机关已知悉案件线索或者掌握犯罪事实，超过两个月未作出立案决定，且未说明情况的；（4）公安机关已经作出不予立案决定或立案后又违法撤销案件的。对后者规定应符合：（1）有证据证明公安机关可能存在违法动用刑事手段插手民事、经济纠纷，或者办案人员利用立案实施报复陷害、敲诈勒索以及谋取其他非法利益的；（2）没有证据证明有犯罪事实发生或虽有犯罪事实发生但不是犯罪嫌疑人所为，公安机关仍予以立案的；（3）对明显不构成犯罪或者依法不应追究刑事责任的人立案的；（4）其他明显违反法律规定予以刑事立案的情形。同时对不适用上述两类监督事项的情况也予以明确。其次，要明确处理意见，对于是否存在违法情况、是否应当提出书面监督意见、是否认定当事人属于捏造事实诬告陷害等，承办检察官应提出明确的观点和结论，并要有一定的释法说理。对监督案件具体处理结果，承办检察官应当作出不予监督或不支持监督、终结审查决定、同意或不统一提请上级监督、维持原处理决定、提出监督纠正意见、提出检察建议、提出抗诉、提起公益诉讼、对违法情节严重可能构成犯罪的建议移送追责等决定，按照相关程序报检察长或检察委员会决定，即应该按照比例原则，根据违法情形的严重程度来确定不同的处理结果。① 如 S 市检察机关出台《侦查活动违法行为与纠正方式指南》，通过侦查活动涉及的内容、违法情形、监督依据、认定标准（严重或轻微）、监督方式（口头或书面）五个方面，列

---

① 李辰：《检察监督视野下重大监督事项案件化办理制度的建构》，载《法学杂志》2018 年第 8 期。

举了 161 种违法行为与纠正方式。该做法公开后，一方面使得检察侦查活动监督更有依据可循，另一方面受到当地侦查机关的欢迎，侦查机关机关可以有针对性的避免违法发生，取到双赢多赢共赢的效果。

第四，案件监督反馈程序。监督事项办结后，应出具不予监督或不支持监督、终结审查决定、同意或不同意提请上级监督、维持原处理决定、提出监督纠正意见、提出检察建议、提出抗诉、提起公益诉讼等决定的法律意见，并向相关单位或当事人制发，应设置一定的反馈程序，告知相关单位或当事人法律处理结果和进一步的救济途径，并明确相关反馈意见或救济的时限。如无反馈程序的设计，则可能导致监督案件办结后不了了之。如可规定向公安机关发出《纠正违法通知书》，应当明确合理的回复期限，但最迟不能超过 1 个月。在救济程序上，可以规定：如纠正意见不被接受，相关部门要求复查的，应当在五日内提出，并另行指定检察官办理，并在 7 日内进行复查。经复查，认为纠正意见正确的，应当及时向上一级检察机关报告，认为纠正意见错误的，应当及时撤销。相关单位对复查意见仍不被接受的，可以向上一级检察机关要求复核。经复核，认为原纠正意见正确的，应通知相关单位履行纠正，认为原纠正意见错误的，可以直接修正或撤销。如可参照《细则》（二）规定的："承办检察官应当对监督立案后情况进行延伸监督，及时掌握公安机关立案后的侦查、提请批捕、移送审查起诉等情况。对公安机关立案后 3 个月既未提请批捕又未移送审查起诉的，承办检察官应当制发《立案监督案件催办函》，要求侦查机关在收到催办函后 5 个工作日内向检察机关说明情况，并提出下步工作计划。"

第五，结案和归档程序。经检察长或检察委员会决定同意结案后，应当及时将结案情况向案件管理部门报备，由案件管理部门进行结案登记，并及时将案件材料整理归档。在具体案卷材料上，至少应包括线索受理、立案、调查核实、审查决定、事实监督、跟踪反馈、复议复核、结案等材料。

第六，案件管理机制。在案件分配上，考虑到检察机关内设部门改革部门专业化建设的实际情况，有检察监督专业部门的单位，可以实行专业办理机制，如未设置检察监督专业部门的单位，可按照"谁发现谁负责办理"机制。在具体轮案规则上，可由院领导确定轮案规则或案管办随机分配的方式确定承办人。为确保办案质量，可确定案件办理评价机制，对案件办理中的事实认定、证据采信、法律适用、文书使用和制作等制定评价规则，并将案件办理情况纳入员额检察官责任制考核评价机制。

第七，办案期限设计。为了使案件更有实效性，切实保障相关人员的权利，可以建议如对侦查活动监督、立案监督、刑事审判监督、刑事执行监督案件，一般应在 1 个月内办结；民事、行政、控告申诉监督案件，一般应在 3 个月内办结。情况复杂，逾期不能完成的，报请检察长批准后，可以延长 1 个月。

综上，将检察监督事项适用案件化办理机制后，监督事项成为案件，上述的程序设计也是参照了诉讼程序法的有关原理，只有以严格的程序为依托才能将案件化办理成真正的办案。

重大检察监督事项"案件化"办理模式探索

——以刑事执行检察监督为视角

江苏省南通市通州区人民检察院课题组[*]

随着司法改革的不断推进,如何进一步优化检察监督职能,提升检察监督权威成为检察机关的重要课题,在此背景下,最高人民检察院提出了重大监督事项"案件化"办理的解决方案,部分地方检察机关进行了相关的实践探索。在刑事执行检察监督工作中,实行"案件化"办理是至关重要的。本文通过对刑事执行检察发展规律的梳理,结合正在开展的检察改革实践,分析现有法律法规规定,对照刑事执行检察工作现状,站在提高检察监督效率、效果和权威的高度,对刑事执行检察"案件化"工作模式的构建提出可行性的方案。具体而言,本文从重大监督事项"案件化"办理模式概述出发,检视刑事执行检察监督原有工作模式,分析刑事执行检察监督事项"案件化"办理模式,强调刑事执行检察"案件化"办理模式是司法改革背景下检察监督的必然选择,提出刑事执行检察监督事项"案件化"办理模式构想,具有一定的理论价值和实践意义。

一、重大监督事项"案件化"办理模式概述

人民检察院刑事执行检察部门(原监所检察部门)既是一个专门的检察监督部门,又被称为"小检察院",除了民事行政检察监督外,几乎囊括了检察机关所有监督职能。因此,刑事执行检察工作中重大检察监督事项"案件

＊ 本文系 2017 年度最高人民检察院检察理论研究课题"重大检察监督事项'案件化'办理模式探索——以刑事执行检察监督为视角"(编号 GJ2017D31)的部分研究成果。课题组负责人:江苏省南通市通州区人民检察院党组书记、检察长黄凯东。课题组成员:江苏省南通市通州区人民检察院党组成员、副检察长袁国明;党组成员金志锋;党组成员王立新;检察委员会专职委员张建兵;第三检察部副主任瞿国光;第六检察部主任邱楠;第一检察部检察官助理杨宝川;第六检察部检察官助理张涛。

化"办理模式对整个检察监督工作具有一定的指导意义。长期以来,刑事执行检察监督业务基本是"办事模式",重大监督事项"案件化"办理模式是为了与原有的刑事执行检察"办事模式"相区分。实行"案件化"办理模式有利于规范监督权力的行使,激发监督效能,提升监督权威,促进刑事执行公平公正。

本文认为,重大监督事项"案件化"办理模式就是在监督活动中以"案件"为依托,按照相应的程序、步骤规范化地开展相应监督工作,提升监督实效。从司法办案的特点、规律和检察权配置实际看,重大监督活动"案件化"办理要抓住案件、事实、证据、程序和组织这五个关键要素①"案件化"办理模式强调程序化,重视规范化,讲究授权清晰、权责分明、全程可视,要求案件办理全程留痕,有据可查,可溯源。案件事实认定有证据,证据调查符合规范,证据审查有依据,并符合一定的证据法则等。案件处理结论有科学合理的形成机制,可以分别采取合意制、或者检察官直接决定,甚至部分审查案件可以引入对抗制的司法审查模式等。

二、刑事执行检察监督原有工作模式之检视

根据有关法律法规和最高人民检察院的相关规定,对刑事执行工作开展检察监督的形式主要有四种,分别是:派驻检察、巡回检察、巡视检察和专项检察。主要采取口头提醒纠正,或者发出书面法律监督文书。相关监督并没有确定的实施程序,相关的过程、步骤和方式一般并不固定。

(一)刑事执行检察原有工作模式的优点

1. 监督效率高且短期效果明显

"办事模式"下,刑事执行检察监督不重视证据收集,仅仅就事论事,大多针对显而易见的违法违规行为提出监督意见,许多轻微违规情形往往即纠即改,效果即时可见。例如,驻看守所检察人员尤其是社区矫正检察人员到乡镇司法所巡查时,往往当场作出决定,提出监督意见,当即得到改正。专项检察活动又在短期内集中较多人力物力,集中于某一领域的问题加强监督,短期监督效率高效果好。

2. 容易取得被监督单位配合

"办事模式"下,刑事执行检察监督讲究监督的及时有效,要求检察人员

---

① 参见张书铭:《监督活动案件化要把握五个关键要素》,载《检察日报》2018年1月26日。

深入被监管人生活、工作和学习的现场，当场发现问题。一般情况下，有检察人员在现场，刑事执行工作人员都会比较谨慎，工作也比较规范。如果当场发生违法违规情况，被监督单位也难以抵赖，加上许多监督纠正措施都没有强制性的法律后果，被监督单位也愿意配合。例如，实践中常见的看守所让在押人员从事工勤工作，或者在押人员的劳动时间不符合规定等现象，检察人员当场发现并提出纠正意见后，往往当场就得到纠正。

（二）刑事执行检察原有工作模式的弊端

1. 检察监督随意性大

一是口头纠正行为比较随意。例如派驻检察人员深入"三大现场"开展监督，发现问题一般当即提出纠正意见，基本没有调查和证据收集程序，也没有固定的监督意见形成机制。二是书面监督行为比较随意。有的严重违法问题只发一份检察建议，而轻微违法问题却发出书面纠正违法通知，随意升格或者降格处理违法违规问题，甚至有时候会根据自己的考核需要确定监督措施。① 许多比较正式的书面监督行为往往就是一纸空文，相关的问题调查没有记录，没有书面材料佐证；相关监督决定的作出也十分随意，许多以单位名义发出的书面监督文书仅向分管领导口头报告后即作出。总之，由于刑事执行检察工作职责庞杂，日常事务性工作多，发现问题后采取的监督措施和办理的程序、步骤和过程都较为随意。

2. 权责不清导致考核困难

现行刑事执行检察监督工作模式中，一般不对具体的监督事项指定专门的承办人，而是笼统规定部门工作职责，日常工作实行谁发现谁负责。实践中，只要刑事执行秩序基本稳定，没有出现大的安全责任事故，一般不会追究相关监督者责任；甚至出现了安全事故也主要是追究刑事执行单位的责任，而不去追究相关监督者的责任。长此以往，许多检察人员对发现的问题视而不见，实践中隐性超期羁押、在押人员劳动、判处实刑罪犯交付执行、财产刑执行不力等问题长期存在。具体到刑事执行检察监督工作的考核，由于许多监督工作较为随意，评价监督质效时就会出现争功夺利的情况。最终的考核成绩很难客观评价，往往只能依靠领导权衡，难以做到多劳多得、公平公正，不利于激发刑事执行检察人员的工作主动性与积极性。

① 一般刑事执行条线工作的考核对发出的不同种类的书面监督文书有一定的数量要求，有的单位为了考核随意的降格或者升格处理一些刑事执行违法违规问题。

3. 监督效果不够持久

实践中，检察人员当场提出口头监督意见时，经常出现边纠边犯、常纠常犯的情况。例如，看守所监管民警违规为在押人员传递物品，经检察人员提出纠正意见后，一般能及时得到纠正。但是最终结果往往是民警下次通过更加隐秘的途径将一些香烟等违禁品传递给监管人员，并不能从根本上解决问题。再如 2013 年最高人民检察院曾联合公安部、司法部开展罪犯交付执行与留所服刑专项检查，要求对应当交付监狱执行刑罚的罪犯全部交付执行和收监执行，活动当时取得了明显成效。但是随着时间的推移，交付执行领域存在的问题依然再次发生。2016 年最高人民检察院开展了集中清理判处实刑罪犯未执行刑罚专项活动，活动中全国检察机关还核查出未执行刑罚罪犯 11379 人。可见专项检察并不能从根本上解决问题，监督执法往往是"治标不治本"。

（三）执检子系统"案件化"办理模式探索情况检视

2016 年 12 月，最高人民检察院在全国检察机关全面上线运行统一业务应用系统执检子系统（以下简称"执检子系统"），从设计层面将部分与案件相关的监督事项"案件化"，探索刑事执行检察重大监督事项"案件化"办理模式。然而在实践中，执检子系统还存在一些亟须完善之处。

1. 案件分类不够科学

例如，执检子系统中监外执行罪犯收监执行（审查）和暂予监外执行罪犯收监执行裁定（审查），两类案件内容趋同，工作重复。特别是在社区矫正机构提请收监执行时抄送相关文书给检察机关，检察机关审查后发出同意提请收监执行意见时，在法院裁决收监执行后，基本上是原来案件的重复审查。

2. 办案过程并不明晰

例如，执检子系统中具体案件需要制作何种文书没有明确规定，现有的工作细则未明确。许多案件还是和以往办事模式基本相同，一个案件往往只是制发一份文书，显得非常单薄。再如，案件的办案流程不清晰，每个流程的办案时限没有规定或者规定不明确，有的案件长期"立而不办、办而不结"。

3. 案件分类较为混乱

执检子系统将案件分为 19 大类，总体比较混乱，带来适用困难。例如，执检子系统设计了刑事执行违法违规案件，又设计了社区矫正违法违规案件。然而，从本质上而言社区矫正检察属于刑事执行检察的一部分，两者属于一种包含关系，导致检察人员判断具体案件类型时存在困惑。

三、刑事执行检察监督事项"案件化"办理模式分析

（一）"案件化"办理模式构建的条件

1. 其他检察工作"办案"经验丰富

检察机关作为重要的司法机关，司法办案一直是其最主要的工作模式。刑事执行检察人员多数都曾有过其他业务部门办理案件经历，形成了一定的案件办理经验，也养成了很好的程序意识、规范意识和公正意识。许多检察人员在刑事执行检察监督事项"案件化"办理之后能够很快适应，许多经验和能力能够直接适用，例如，办理自侦案件形成的证据调查能力，审查批捕和审查起诉中形成的证据审查能力，复杂案件结论形成的案件讨论机制等。

2. 执检子系统提供信息化办案平台

一方面，执检子系统实现了系统内以及跨部门信息数据共享。例如，已将在押人员基本信息、强制措施、判决情况等数据在系统内自动流转、实时共享。另外，执检子系统也为将来与公安、法院、司法等单位信息互联共享预留了端口。各个刑事执行部门的工作信息化推进，很大程度上改变了原先收集案件线索困难情况。另一方面，执检子系统办案系统的定位为"案件化"办理模式提供了前期准备。例如该系统根据现有的案件分类，设计了相应的办案流程、办案步骤、办案节点和办案权限等。通过"填案卡、选节点、做文书"的办案模式，明确案卡填写、文书制作、数据填报、档案整理等具体环节，在一定程度上避免案件办理的主观随意性。

（二）"案件化"办理模式构建存在的困难

1. 事务性工作难以纳入"案件化"评价

例如，驻看守所和驻监狱检察中的许多日常检察工作，包括驻所谈话、回放录像、日常巡查等，仅是发现案件线索，有可能做了大量的日常检察工作，但是并未发现重大的刑事执行违法违规情形，无法立案办理。如果完全实行"案件化"办理模式，则这些耗费大量人力、物力的相关基础工作就难以得到客观评价。

2. 执行机关工作影响监督机关工作成效

例如，某些看守所执法人员自身素质较高，内部管理也非常完善，执法人员严格依法履行职责，在押人员合法权益能够得以充分保障，看守所执法秩序井然。如此，驻看守所检察几乎无法找到违法违规情形，自然没有相应的检察监督案件办理，检察监督成效显然不够。相反，刑事执行机关违法违规行为多，管理混乱，则检察监督案件线索多，办理案件的成绩也会相对突出，检察

监督成效反而更好。但是,实践中刑事执行检察案件办理少的检察室,其所监督的看守所刑事执行秩序反而更好,这与刑事执行检察工作的目的并不相符。

3. 人员力量难以胜任"案件化"办理要求

以江苏省某地级市为例,该市刑事执行检察部门实有人员 53 人,仅占该市检察机关实有人数的 5.3%,却承担着全市 7 个看守所、3 个监狱的派驻检察工作和 9 个县区的社区矫正检察监督工作。除此之外,还要承担羁押必要性审查、强制医疗执行检察、指定居所监视居住执行检察、财产刑执行监督等多项新增刑事执行职能,刑事执行检察工作量与现有检察人员力量之间的矛盾十分突出。更重要的是,人员结构不能适应"案件化"办理模式的要求。当前全国检察机关执检部门 45 岁以上人员占执检人员总数 55% 左右,45 岁以下的青年干警数量不足一半。在将近三分之一的省份,45 岁以下执检人员比例不足 40%。在一些基层检察院执检部门,很少配备 45 岁以下的青年干警。一方面,部分老同志难以适应信息化办案要求;另一方面,部分老同志忽视本职工作,缺少监督意识,更加缺乏规范化案件办理意识。如此,给"案件化"办理工作带来很大困难。

4. 刑事执行标准程序不够统一完善导致"案件化"办理难度大

例如,在刑罚交付执行领域,非监禁刑(社区矫正)交付执行中"居住地"认定标准不一,缓刑考验期起算时间标准不一。实践中,不同的居住地认定标准造成各地司法局之间经常产生争议,相互推诿扯皮,造成社区矫正罪犯难以入矫执行;检察机关也因缺乏相应标准,难以立案监督。再如,审前未羁押罪犯的交付执行程序也存在不同理解,法院认为在交付执行程序中"只送文书不送人",但是公安机关却认为判决、裁定生效前未被羁押的,应当由法院将罪犯送交看守所羁押。实践中二者经常推诿扯皮,导致大量审前未羁押罪犯没有交付执行刑罚的情况,甚至部分未交付执行罪犯又重新实行更加严重犯罪,而检察机关也不能找到相关依据对看守所的拒收行为进行监督。

四、刑事执行检察"案件化"办理模式是司法改革背景下检察监督的必然选择

(一)员额制改革,要通过"案件化"办理模式严格落实司法责任制

"员额制"改革是本轮司法改革的重要内容,员额内的检察官才是检察机关执法办案的权力主体,同时也是承担办案责任的责任主体。[1] 员额检察官实

---

① 参见张梁:《员额制改革背景下的检察官司法责任制度构建》,载《北京政法职业学院学报》2016 年第 3 期。

行司法办案责任制，最主要的是案件办理责任。

一方面，办事模式主导下的刑事执行检察监督模式，只有极少类型案件能够纳入"案件化"办理。比如，可以纳入"案件化"办理的再犯罪案件，许多基层检察机关甚至连续多年未曾遇到。如果还按照老的办事模式，基层检察机关几乎无案可办，相应就无法配置相关员额，必然导致刑事执行监督相关职责难于履行，难以实现检察工作目的。

另一方面，刑事执行监督主要业务一直面临"事多人少"矛盾。主要工作模式就是通过文证审查、日常巡查、信息化巡查、检察谈话等方法掌握监管动态信息，发现违法违规情形，工作考核依赖各类台账、日志、登记表。监督工作缺乏违法事实规范证据调查、收集和审查机制，监督意见缺乏科学的形成机制，随意性大、监督虚化、公信力较弱。例如，关于被监管人死亡等监管事故的独立调查，由于没有"立案"程序启动的规定，导致某些违法行为得不到监督纠正而在执行机关自行消化，由于没有规定调查时限，导致调查工作久拖不结。[①] 在现行绩效考核评价机制下，既无法凸显成绩，也无法认定责任。如果不对监督业务办事模式予以改变，必然无法适应员额制改革需求，也无法最终落实司法责任制。

（二）检察机关内设机构改革，要通过"案件化"办理模式提升刑事执行检察监督工作效率

一方面，实行"案件化"办理模式后的刑事执行检察工作将更加聚焦监督主责主业。检察监督将从平均用力转向突出重点，刑事执行检察部门员额检察官将和其他主要业务部门检察官一样办理案件，强调案件证据的调查审查、刑事执行违法违规事实的认定、或者刑罚重大变更或终止事项的审查处理。大量的事务性和辅助性工作可以通过信息化或者辅助人员解决，通过"案件化"办理模式将"好钢用在刀刃上"，从而集中监督力量，提高监督效率。

另一方面，检察机关内设机构改革也将改变原来通过领导协调开展监督工作的模式，检察监督的责任也直接落实到一线员额检察官，原来的业务部门考核可能会被员额检察官考核所取代。刑事执行检察业务的"案件化"改造，能够通过引入司法办案模式，改变原来监督模式的弊端，通过案件办理规范化、程序化、公开化，进一步提高监督权威和公信力。

---

① 参见高祥阳：《刑事执行检察应从"办事模式"向"办案模式"转变》，载《人民检察》2015 年第 17 期。

（三）监察体制改革，要通过"案件化"办理模式提升刑事执行检察工作权威

一直以来，查办职务犯罪都是刑事执行检察部门最为有力的监督手段，每年最高人民检察院对省级检察机关的考核也主要以查办职务犯罪数量为依据。随着自侦权的全部转隶，刑事执行检察部门普遍感到失落，担心以自侦权作为后盾的监督权威自此消失，以后的监督工作更加艰难。

对此，首先要准确定位检察监督权的属性，建议性作为其基本特征应当是无可争议的。也就是说，对于法律监督的意见，任何权力主体都存有不必顺从的决策选项。① 既然认清了监督权的基本特征是建议性，要使建议更好地被接受，充分发挥出建议的作用，提高建议质量就是必然选择。结合考察重大监督事项"案件化"办理模式。其一，"案件化"办理模式强调证据要素，任何违法违规事实的认定都由证据说话，通过证据增强监督事项的说服力。其二，"案件化"办理模式强调法律程序，一旦纳入监督程序必然按照监督程序运行，规范的程序控制能在很大程度上改变监督的随意性，进而增加监督的严肃性。其三，"案件化"办理模式更加注重规范说理，一旦法律监督所内附的说理性得以凸显，被监督方更易心悦诚服地予以尊重，就不必再诉诸任何强制手段的施压。总之，较之职务犯罪侦查权所营造的威慑效果，面向权力来源的公开化机制或许更好。一言以蔽之，法律监督的后盾，应该是符合程式化要求的人民监督。②

五、刑事执行检察监督事项"案件化"办理模式构想

（一）以职权为基础划分案件类型

将刑事执行检察监督案件划分为刑罚执行检察监督案件、刑事强制措施执行检察监督案件和强制医疗执行检察监督案件三大类。然后，每一大类又分为两种性质案件：一种是以"调查处理"为主的检察监督案件，主要涉及各类刑事执行违法违规行为调查处理，例如，在押人员非正常死亡检察监督案件、在押人员控告申诉、超期羁押和久押不决监督案件等；另一种是以"审查处理"为主的检察监督案件，主要涉及刑事执行措施的变更，例如，羁押必要性审查、收监执行（提请、裁定）审查监督案件、减刑假释检察监督案件等。

---

① 参见李奋飞：《检察再造论——以职务犯罪侦查权的转隶为基点》，载《政法论坛》2018 年第 1 期。
② 参见李奋飞：《检察再造论——以职务犯罪侦查权的转隶为基点》，载《政法论坛》2018 年第 1 期。

如此分类有两大好处：一方面是简单明了。第一步分为三大类案件，与刑事执行检察工作的监督对象性质一一对应，同时这三类案件对应了刑事执行检察监督的三类对象，囊括了所有的检察监督工作，没有遗漏现象。这样便于实际案件承办人员选择相关案件，同时也避免案件过于细分产生的弊端。例如，原来执检子系统中对一名罪犯减刑、假释案件三个阶段都要逐案办理，现在仅仅需要作为一个案件办理即可，只需在不同阶段制作不同的法律文书。

另一方面是便于办案组织设计。将三大类案件进一步划分为"调查处理"和"审查处理"两类，便于不同案件设计不同的办案流程和相关文书等。"调查处理"为主的案件办理类似于检察机关原有的自侦案件办理，要求调查取证行为规范，程序合法。办案人员要具备"违法推定甚至有罪推定"的思维前提去调查核实案件事实，得出案件结论。这类案件调查认定的违法违规案件甚至可能转化为刑事执行人员职务犯罪案件。"审查处理"为主的案件办理类似于检察机关刑检案件办理，要求办案人员审慎的审查案件证据，办案人员要通过文书审查判断才能作出监督决定的有关案件等，强调的是对已有证据和材料的甄别和核查。

（二）办案组织的构成

根据上述案件分类的构想，与之相应的办案组织可以分为两类：

一是以"调查处理"为主的检察监督案件，建议采取检察官办案组的办案组织形式。如殴打虐待刑事被执行人、刑事被执行人非正常死亡等刑事执行违法违规监督案件，最后的处理很可能是对刑事执行机关提出纠正意见，从而影响相关单位的工作绩效考核。鉴于相关刑事执行人员具备较强的法律意识，检察监督工作难度较大。对此，采取检察官办案组形式，让一线监督者调查，由一线监督者决定，使一线监督者负责。由此彻底改变协调监督的弊端，一方面能增强办案力量，保证有效收集相关证据材料，有利于形成准确合法办案结论；另一方面也能采取民主决策机制，有利于形成科学公正的办案结论。

二是以"审查处理"为主的检察监督案件，建议采取独任检察官的办案组织形式。例如，羁押必要性审查、减刑假释暂予监外执行提请审查和裁定审查、社区矫正罪犯收监执行提请审查和裁定审查等审查处理类案件，具有较强的司法属性，采取独任检察官的办案组织，赋予检察官相应决定权，符合司法判断的亲历性、中立性要求。当然，根据具体案件的复杂程度和监督难易程度，可以对个案的办理组织进行适度调整。

（三）案件管辖的相关问题

建议刑事执行检察监督案件采取违法行为地管辖，类似于刑法中的犯罪地管辖一样，无论是违法行为发生地还是违法结果发生地都可以管辖。如此，可以避免地域管辖的弊端，打破级别管辖的壁垒。主要原因是，现有的对等监督中可能存在监督盲区。例如，按照相关司法解释的规定，缓刑案件的执行通知书仅仅抄送罪犯居住地检察机关，即执行地刑事执行检察部门。如果执行地刑事执行检察部门发现法院延迟送达相关法律文书，或者发现法院确定缓刑考验期错误等问题，依据现有管辖规定，一般难以开展有效监督。

（四）"案件化"办理的流程

刑事执行检察"案件化"办理基本流程应该包括立案、调查或者审查、监督。除了基本的流程设计之外，还需要根据不同案件的特点，进行专门的流程节点设计。

具体而言，启动程序具体包括受理、初查、初审、立案等。调查和审查程序则主要是根据不同案件类型进行相关案件证据收集和证明材料审查，主要涉及相关文书制作等，其中调查处理类案件必须包括调查结论报告，审查处理类案件必须包括审查报告；不同类型案件可以规定相关必备文书，进行流程节点控制，例如，羁押必要性审查案件必须制作被羁押人谈话笔录、刑事执行违法违规案件必须听取刑事执行人员的意见和解释；等等。监督处理程序则主要包括相关监督文书的制发、复议复核、反馈等。此外，流程设计中还可以明确相关流程的办理期限、办案质量等。

（五）"案件化"办理的标准与绩效考核

应当明确只要被刑事执行机关违反相关刑事执行法律法规的，刑事执行检察部门必须立案调查，并制发纠正违法通知书，抄送被监督机关上级机关及人大、政法委、监察委等机关部门，并保证相同案件得到相同处理，以此维护监督权威。

同时，刑事执行检察部门针对刑事执行过程中并不违法但不够合理的相关行为，且影响刑事执行秩序稳定和刑事被执行人合法权益的，可以立案调查并制发纠正违法通知书或者检察建议书。但是，刑事执行检察部门不得将应当制发纠正违法通知书的行为降格处理，制发检察建议书；同理，也不得将应当制发检察建议书的行为升格处理，制发纠正违法通知书。

此外，采取"案件化"办理模式的刑事执行检察工作，在考核时应当以办案数量和办案质量作为核心的考核标准。同时，以案件为核心，将刑事执行检察案件全部纳入负责案件管理的部门监控，纳入案件质量评查体系，将案件办理数量和案件评查质量情况与检察官的奖惩、晋升等相关情况直接挂钩。

检察监督线索统一管理制度的构建

钟达先　门植渊[*]

一、问题的提出

过去，检察机关在工作过程中所提到的线索管理，主要是指针对职务犯罪案件在立案侦查之前的线索管理，即由控申部门或者举报中心统一受理报案、控告、举报、申诉和犯罪嫌疑人投案自首，并根据具体情况和管辖规定，在七日以内作出处理。2018年3月20日，第十三届全国人大一次会议第八次全体会议表决通过了《中华人民共和国监察法》，标志着监察制度在我国以法律的形式被正式确认。国家监察体制改革对检察机关内部机构的设置、职权的分配以及检察体制改革都产生了深刻的影响。检察机关在没有职务犯罪侦查权后，其主要职权包括公诉权、对侦查机关诉讼活动的监督、对审判机关诉讼活动的监督以及新生职权公益诉讼原告人等。"检察机关的诉讼监督内容广泛，其监督对象几乎贯穿了诉讼活动的始终。从立案到判决执行都有检察机关诉讼监督的影子。"[①] 然而，诉讼违法行为的监督工作尚存在一些问题，在诉讼违法行为及线索的范畴界定、线索受理后的工作模式、跟踪监管职责的履行等方面未进行统一明确规定，导致司法资源的配置利用率、案件办理的效果难以得到最大限度地实现。

实践中，"检察机关各职能部门收到的来信来访线索、在办案中自行发现的诉讼违法行为线索等，由于没有明确规定由哪个部门统一受理，故而呈现出控申部门受理、案件管理部门受理及业务部门自行受理等多头并行局面，使得线索受理较为混乱"。[②] 线索管理不善容易造成案件办理部门单独受理，存在

---

* 钟达先，北京市房山区人民检察院检察长；门植渊，北京市东城区人民检察院第八检察部检察官助理。

① 姚建龙：《监察委员会的设置与检察制度改革》，载《求索》2018年第4期。

② 孙宏伟等：《诉讼违法行为线索管理及办案机制研究》，载《人民检察》2016年第19期。

故意或过失泄露案件线索、举报人、控告人等信息的隐患。此外，诉讼违法行为线索管理环节随意性较大，线索使用率有待提高，线索办理跟踪监督不到位、处理情况回复不及时，案件线索缺乏现代科技手段进行管理处置等问题均未解决，公益诉讼工作的兴起又给线索管理工作带来新挑战、提出新要求。因而，如何完善线索管理工作、保障法律监督职能的充分行使成为检察机关面临的重大课题。

线索管理作为法律监督过程的起始环节，是聚焦法律监督主责主业，维护社会公平正义的应有之义，是破解制约刑事司法公正突出问题，树立严格司法、独立公正司法理念的必由之路，检察机关应积极适应新形势，明确新任务、新要求，主动调整角色定位，优化工作方式方法，着力构建检察监督线索统一管理制度。这里所说的检察监督线索是指检察机关在执法办案中自行发现的，以及群众反映侦查机关、审判机关和检察机关及其工作人员在办案过程中涉嫌违反法律规定的线索信息以及民事行政公益诉讼线索信息。检察监督线索统一管理制度，即由检察管理监督部门依照程序规定对检察监督线索进行统一受理、分流、跟踪督办以及情况分析等工作。

二、检察监督线索统一管理的重要意义

面对检察工作创新发展的新时代，要坚持以理念变革为引领，充分发挥检察机关的法律监督职能、法律监督价值、法律监督效果，让人民群众在每一个司法案件中都感受到公平正义。检察监督线索统一管理制度的构建，是全面深化改革和全面依法治国的必然要求，是建设社会主义法治国家的重要内容，对完善司法管理体制和司法权力运行机制具有重要意义。

（一）贯彻落实"以人民为中心"理念的集中体现

检察机关的权力来自人民，为顺应新形势、完成新任务，检察机关必须建立起以内部监督和制约为主要表现形式的良性机制，使法律监督权能根据时代和局面的变革与变化自觉调整和更新，不断增强检察机关的法律监督能力。检察监督线索统一管理制度的构建秉承"以人民为中心"的发展思想，践行全心全意为人民服务的宗旨，是用人民赋予的权力来为人民谋利的有力诠释。新时代我国社会主要矛盾已经转化为人民日益增长的美好生活需要和不平衡不充分的发展之间的矛盾，通过对检察监督线索实行统一化、信息化、规范化管理，保障人民群众行使检察监督申请权，不断满足人民群众在民主、法治、公平、正义、安全、环境等方面的新需求，努力提升政治效果、法律效果、社会效果的有机统一。

（二）推动检察工作平衡、充分、全面发展的有益探索

"反贪转隶前，检察机关以反贪为主、为重，导致反贪与其他工作不平衡，并由此派生形成了刑事检察与民事检察、行政检察、公益诉讼检察工作发展不平衡的问题。"① 检察机关应积极顺应发展大局，化转隶为转机，努力探寻线索管理工作新的增长点，促进检察工作平衡、充分、全面发展。检察监督线索统一管理制度的构建，是在过去职务犯罪线索管理制度研究的基础上，准确把握新时代内涵、法治精神和国家法律监督机关宪法定位，全面协调履行法律监督职能，真正实现诉讼领域以及与诉讼相关领域全面的法律监督。

（三）保障检察业务工作和管理监督工作实现"双赢"

"检察监督线索"具有分散性、零乱性、真伪待辨等属性，使得对于线索的处理存在多头管理、无序混乱等诸多问题。检察管理监督部门承担着对检察机关自身办案活动内部质量监管的角色，在检察权运行过程中发挥着内部监督制约的作用。检察监督线索统一管理制度以"双赢多赢共赢""严管就是厚爱"理念为指引，旨在通过监督帮助案件办理部门解决问题、补齐短板，与案件办理部门形成良性、互动、积极的工作关系，增强工作合力。法律监督的目的是确保宪法法律的统一正确实施。加强对检察监督线索的统一管理，有利于强化司法责任，促进规范司法，保障检察权依法、规范、高效、有序运行，全面提升执法办案法治化水平和检察公信力。

三、构建检察监督线索统一管理制度的建议措施

"司法公正是司法制度赖以存在和具有至上权威的基础，是司法永恒的主题。"② 构建检察监督线索统一管理制度，充分履行法律监督职能，维护公平正义和司法公正，有利于"营造权利受尊重、安全有保障、行为有约束、纠纷可诉求、利益可维护的法治环境"。③

（一）检察监督线索统一管理制度的构建基础

检察管理监督工作，应以内设机构改革为切入点，建立"一个窗口对外，一个闸门对内"的检察管理监督新模式。"窗口"指案件的进出、人员的服务接待都要通过"两个中心"，即检察服务中心和案件管理中心。"闸门"指

---

① 《顺应大局实现平衡充分全面发展》，载《检察日报》2018 年 7 月 31 日。

② 孙习胜：《论司法改革观念的定位》，载《人民司法》2000 年第 4 期。

③ 贾迪楠：《我国环境与资源司法保护制度研究》，载《生态文明法治建设——2014年全国环境资源法学研讨会论文集》2014 年版。

"两个中心"要发挥审查过滤的功能。检察监督线索统一管理正是通过"两中心"感知信息线索,把住源头,统一入口,分流督导,真正实现"收、转、督、出"一条龙动态掌握,增强检察工作透明度,保障执法办案规范有序、统一高效。

张军检察长要求,"要把司法改革和现代科技应用结合起来,推动新时代检察工作质量效率有新的提高"。对于检察管理监督工作而言,在遵循检察机关办案规律的基础上,对统一业务应用系统进行再利用和再研发,强化对司法办案活动的集中统一管理。要善于运用政治智慧、法律智慧、科技智慧、监督智慧,积极研发实用性强、效果好的案件管理监督系统,优化统一大数据办案平台,打造更优质的"检察科技产品",保证检察监督线索从受理到分流查处全程追踪,及时、全面掌握工作情况。

(二)明确案件线索统一受理机制

检察监督线索不统一管理,会使部分线索失去有效监督,有碍于检察职能履行过程中的统一和规范。检察管理监督部门对于各类检察监督线索①统一受理,并确定专人对检察监督线索进行逐条登记、编码、统一录入案件管理监督系统。检察监督线索未经检察管理监督部门统一登记、编码、录入,不得启动法律监督调查程序。明确案件线索统一受理机制,保证每一个检察监督线索在检察管理监督部门有据可查,有效防止多头管理模式下的线索遗失遗漏等情况。

此外,对于涉及环境污染的公益诉讼线索,由于江河水系和地下水污染、土壤污染等破坏环境的行为具有隐蔽性和结果发生的不确定性,线索易被破坏、时效性强。故当收到群众反映的环境污染的公益诉讼线索或通过信息化手段自行发现的此类线索时,在检察管理监督部门进行登记、编码、统一录入案件管理监督系统的过程中,将环境污染的线索情况、网络链接等内容同步移送公益诉讼部门,有效保护环境法益。

(三)建立检察监督线索分流机制

检察管理监督部门在受理线索后的 7 个工作日内,根据检察监督线索的性质、管辖和办理工作的实际需要,由检察官决定提出移送、交办等处理意见。对于在当地有重大影响、涉及面广等重要的检察监督线索,检察管理监督部门

---

① 检察监督线索既包括上级检察机关或单位交办的,人民群众报案、控告、举报、申诉、投诉、申请的,检察机关依职权自行发现的,其他司法机关或单位移送的,通过其他途径发现的,又包括检察长、内设机构及其工作人员收到和发现的检察监督线索。

受理后及时提出处理意见报检察长审批。对多头反映、内容基本一致的检察监督线索,由检察管理监督部门统一分流,不再多头批转;对多头或重复反映的检察监督线索,确需改变分流去向的,检察管理监督部门经分管副检察长批准后,及时告知原承办部门办理移交手续。

对于重复反映、内容基本一致的检察监督线索,检察管理监督部门按照首次确定的分流去向办理和督办,同时会根据案件线索的具体情况,再次进行细化处理。当发现有相同名称的案件线索且处于未办结状态的,与之前线索内容进行比对,有新内容的及时进入受理程序,无新内容的作为重复线索在登记、案件管理监督系统中通过备注加以说明。当遇有相同名称但已办结的案件线索,通过案件管理监督系统核查线索内容是否相同,若内容不同,及时进入案件线索受理程序。

(四)规范检察监督线索办理、反馈和督办流程

对于不同性质的检察监督线索,需要依据不同的法律规定进行办理,"如对于侦查机关工作人员在侦查活动中实施的刑讯逼供、暴力取证等违法行为,应依据刑事诉讼法、《人民检察院刑事诉讼规则》及各地出台的实施细则的具体规定办理;而对于发生在审判活动中的如侵犯当事人的诉讼权利、违反法定程序审理等行为,则应依据人民法院组织法、刑事诉讼法及各地出台的关于抗诉、纠正违法行为等相关规定办理"。[①]

因此,检察管理监督部门依照刑事诉讼法、《人民检察院刑事诉讼规则》相关规定,将违反刑事诉讼法有关立案和侦查活动规定的检察监督线索,在刑事审判活动中违反刑事诉讼法的检察监督线索,有关刑事申诉、刑事赔偿、申请司法救助等检察监督线索,在刑罚执行及监管活动中违反刑事诉讼法的检察监督线索,在民事审判、民事执行活动中违反法律规定的检察监督线索,在行政审判活动、行政强制执行中违反法律规定的检察监督线索,公益诉讼相关线索,涉及未成年人的检察监督线索等分别移送至相应的案件办理部门。

同时,深入推进首办责任制,明确检察监督线索的办理期限、催办情形、督办要求等工作,确保各类线索有人办、有回馈。检察监督线索承办部门自收到检察管理监督部门移送的检察监督线索之日起3个月内向检察管理监督部门书面回复办理结果;情况复杂,到期不能办结的,检察监督线索承办部门或单位报经分管副检察长批准,可以延长办理期限,最长不得超过3个月。延期办

---

① 孙宏伟等:《诉讼违法行为线索管理及办案机制研究》,载《人民检察》2016年第19期。

理的情况应当及时书面告知检察管理监督部门。检察管理监督部门每月定期按照自己的受理和备案记录，与业务部门的回复逐一核对检查，对到期未回复处理情况的承办部门，应当进行催办。

（五）特殊检察监督线索一体化管理

特殊检察监督线索是相对于一般线索而言的，由于其本身所具有的特性，故其流程管理也有别于一般线索。特殊检察监督线索主要包括要案线索、交办线索和督办线索。对于此类特殊检察监督线索，上级人民检察院检察管理监督部门经分管副检察长批准后，可以向下级人民检察院交办检察监督线索，同时将交办函抄送本院相关内设机构并由其进行业务指导。对上级人民检察院交办的检察监督线索，下级人民检察院检察管理监督部应当在收到交办函及材料后3个工作日以内提出处理意见，并报分管副检察长决定。下级人民检察院应当在3个月内书面报告办理结果。下级人民检察院到期未回复处理情况或者查办结果的，上级人民检察院检察管理监督部门应当进行督办。必要时，检察管理监督部门会同相关内设机构共同进行督办。下级人民检察院逾期未办结的，应当书面向上级人民检察院说明原因。

（六）加强检察监督线索综合分析研判

检察管理监督部门应注重运用信息化手段，着力在数据分析的深度上下功夫，揭示数据变化背后的深层次矛盾和规律，提出有针对性的对策建议。应建立检察监督线索排查、评估、研判制度，深挖检察监督线索价值，提高线索利用率。在每季度清理检察监督线索，包括线索数量、来源渠道、分流去向、办理时间、处理结果及回复情况等，及时通报结果并反馈给业务部门的基础上，一要与上一年度同一时间段进行比较，分析检察监督线索出现的规律、特点等，便于调整检察工作的重点，及时有效解决问题。二要分析研判经济发展、社会稳定、惩治腐败、生态文明建设、扫黑除恶等领域检察监督线索的特点和规律，为领导决策和业务指导提供有价值的参考依据。三要对重大活动、重要时间节点之前或者期间的检察监督线索情况进行分析，包括整体情况、群众诉求和矛盾、稳控化解效果等，为进一步加强系统科学部署、责任落实、督促检查提供借鉴。

（七）加强检察监督与行政执法衔接工作平台建设

过去，相关数据存储在不同领域、不同单位的系统中，没有沟通共享的渠道，形成了众多"信息孤岛"等困局。为了切实发挥检察机关保护国家利益和社会公共利益，惩治和预防犯罪、对诉讼活动进行监督等职责，应当打破壁垒，在相关单位部门间搭建信息共享网络，建立信息共享机制。行政执法信息是监督线索来源的"富矿",通过平台建设应用,加强行政执法信息汇报和数据价值挖掘。应明确信息共享平台各成员单位的责任、信息共享范围,建立健全信息录入、案件查询、个案预警、安全防范等管理机制,促进信息共享平台管理应用的日常化和规范化。

对于涉及环境污染的公益诉讼线索而言,若环保部门、公安机关和检察机关之间形成了数据信息传送机制,环保部门定期将行政处罚、移送公安机关的案件情况、执法过程中的相关情况传送到信息平台,检察机关发现其中有涉嫌构成犯罪的,督促其依法向公安机关移送;对于公安机关不予立案的案件应着重审查,要求其说明不立案理由,理由不成立的应通知其立案,公安机关接到通知后应当立案。运用大数据技术使信息交流常态化、规范化,有利于检察机关及时发现监督线索,加大监督力度,真正实现同步监督、主动监督和全面监督。

刑事诉讼监督案件线索管理研究

姜林浩[*]

检察机关作为国家法律监督机关，刑事诉讼监督长期是检察机关法律监督职能的核心。在国家监察体制改革、以审判为中心的诉讼制度改革、司法体制改革等三重改革叠加的新形势下，如何通过深化法律监督，落实宪法定位要求，是当前检察机关面临的重大课题。刑事诉讼法修改后，检察机关的监督职能得到加强，监督工作的法治化水平进一步提高，但刑事诉讼监督的手段、程序、效力等方面仍存在诸多问题，监督效果仍有待提升。

线索是监督之始，信息是监督之源。确保监督案件线索来源是保障检察机关发挥监督作用的基础和前提，规范监督案件线索管理是深化和拓展法律监督的基本条件。本文拟从分析当前刑事诉讼监督线索管理存在的问题入手，在借鉴检察机关职务犯罪举报线索管理历史经验的同时，参考浙江等地设立公益损害和诉讼违法举报中心的全新探索，提出科学构建监督案件线索管理机制的设想和建议，推动刑事诉讼监督线索管理走向规范成熟。

一、当前刑事诉讼监督案件线索管理存在的问题

监督案源是刑事诉讼检察监督工作开展的关键，但当前案件线索收集与管理的现状却不尽如人意，线索收集管理短板成了制约刑事诉讼检察监督的突出问题。笔者认为，目前刑事诉讼法律监督线索的收集、管理存在如下问题：

一是线索收集渠道不畅。从实践来看，刑事诉讼监督案件线索主要来源于检察机关在履职过程中自行发现，社会提供监督线索的渠道还不畅通，缺乏开放的外部监督线索收集工作机制。这与检察机关长期对法律监督缺乏实质性重视有关，刑事诉讼检察监督的权威性和公信力不足，[①] 社会公众对检察机关法律监督的职能认识模糊，对哪些案件线索属于检察机关法律监督的范围缺少明

---

[*] 姜林浩，浙江省衢州市三衢地区人民检察院专职委员兼驻省三监检察室主任。

[①] 单民：《外部监督视野下刑事诉讼检察监督的问题与完善——基于内外监督一体化之考量》，载《中国司法》2016 年第 11 期。

确认知，进而难以积极主动提供监督线索。

二是线索受理入口杂乱。在刑事诉讼监督案件线索收集方面，目前检察机关内部存在各自为政的局面，控申部门、各业务部门甚至于院领导都可能收到来信来访线索，而各业务部门在办案或者日常监督中往往侧重受理本部门的监督线索，对发现的非本部门监督线索则重视不够。监督案件线索受理比较混乱，缺少统一受理案件线索的部门。

三是线索管理随意低效。检察机关受理的监督线索情况不一、特点各异，应当由专门的线索评估员从线索的真实性、可查性、调查方向等方面进行充分的分析、评估，进而作出有针对性的分流。如果直接将线索交办到相应业务部门，或者由业务部门自行受理后分配给承办人办理，则难以保证案件线索得到充分利用并实现最优化的监督效果。而且，当前检察机关案多人少矛盾突出，办案部门往往视查办难易度、监督价值等因素选择性进行查办，"存而不查""存而不用"现象普遍存在，一定程度上导致了线索资源的浪费。[①]

四是线索办理监督虚化。监督案件线索移送业务部门或者交具体承办人后，既没有明确规定案件办理的时限，也未规定承办人应当于何时以何种形式向移送部门作出回复，缺乏有效的跟踪监督，难以进行综合考核与评估，不利于提高监督案件办理效率与质量。

二、刑事诉讼监督线索管理机制的设想

自 1988 年深圳市检察院创建全国第一个举报中心直至其完成历史使命谢幕，职务犯罪举报中心在职务犯罪线索的收集、管理方面积累了丰富经验，[②]对当前刑事诉讼监督尤其是诉讼违法案件线索的管理极具借鉴意义。同时，新形势下各地检察机关也纷纷开展案件线索收集、管理方面的探索创新，2018年以来，浙江等地成立了公益损害和诉讼违法举报中心，这是拓宽监督线索来源渠道、强化监督案件线索管理的一大创新举措，有助于从机制上提升检察机关的法律监督工作能力。

笔者认为，可以在借鉴继受原检察机关职务犯罪举报中心经验的基础上，设立类似的举报中心作为统一收集和管理刑事诉讼案件线索的机构，公益损害和诉讼违法举报中心的设立证明这是一条可以复制的路径。在举报中心具体的

①　参见孙宏伟等：《诉讼违法行为线索管理及办案机制研究》，载《人民检察》2016年第 19 期。

②　参见广东省深圳市人民检察院举报中心：《举报线索管理机制构建设想》，载《人民检察》2008 年第 6 期。

名称和职能上，有两个问题需要进一步厘清：一是可以根据实际工作的需要进行选择，如侧重刑事诉讼监督方面，可以定名为刑事诉讼违法举报中心，但如此可能显得覆盖面太狭窄，也不符合监督规律和司法效率原则；二是命名为诉讼违法举报中心的问题在于难以涵盖全部的刑事诉讼监督案件线索，除了对诉讼违法行为的监督之外，刑事诉讼监督还包括对错误裁判的监督等。"诉讼监督"举报中心固然准确，但不如"诉讼违法"简明有力。因实践中对错误裁判的监督等线索往往以控告、申诉等形式出现，因此可通过体制设计，举报中心与控告申诉部门合署办公，则可以实现将刑事诉讼监督线索全部归口到举报中心进行管理。

三、建立刑事诉讼监督线索管理机制的具体路径——以举报中心为例

为进一步扩大刑事诉讼监督线索来源、强化监督线索管理、夯实诉讼监督基础。检察机关应当以破解线索发现难、管理欠规范为出发点，以规范高效进行监督线索的收集、分析、处理、利用为抓手，以提高检察监督效果、清晰检察社会形象为目标，探索符合司法规律以及检察监督职能需要的举报中心机制。

（一）明确线索收集范围

诉讼监督即对诉讼活动的法律监督，是人民检察院对有关执法、司法机关及其人员在诉讼中的违法和错误进行监督纠正，以维护司法公正和国家法律在诉讼中统一正确实施的一系列诉讼活动的总称。[①] 所以检察机关刑事诉讼监督主要指向司法执法机关等权力行使主体在刑事诉讼过程中的"违法"和"错误"。"违法"侧重于行使权力的程序和行为，"错误"侧重于行使权力作出的决定和结果，但二者有时存在重叠或交叉，在"错误"中往往包含着"违法"，"违法"又往往造成"错误"。[②] 因此，刑事诉讼监督线索主要包括以下两种情形：

一是对司法执法机关等权力行使主体在刑事诉讼过程中的违法行为进行控告、举报的。刑事诉讼监督权所监督的对象，应当包括刑事诉讼过程中有关国家机关行使的所有刑事诉讼职权。由于批捕权、公诉权和侦查权、审判权、执行权一样，都属于刑事诉讼职权，因而，批捕权、公诉权也应当纳入刑事诉讼

---

① 朱孝清：《论诉讼监督》，载《国家检察官学院学报》2011年第5期。
② 朱孝清：《论诉讼监督》，载《国家检察官学院学报》2011年第5期。

监督的范畴。① 对检察机关违法行使批捕权、公诉权的行为，同样应当纳入诉讼监督线索受理范围，但应当按规定转相关部门处理。

二是对司法执法机关等权力行使主体在刑事诉讼过程中的错误结果，如对法院错误裁判提出申诉的。但实践中也可能表现为对当事人和其他诉讼参与人诉讼违法行为的"举报"。在诉讼过程中，除了司法机关之外，其他刑事诉讼相关人员的违法行为同样可能导致执法和司法机关的活动发生错误，如保外就医中医疗鉴定人员失职或渎职，对病情作出错误诊断等。

（二）完善线索管理机制

对线索的管理是举报中心运行过程中的关键环节，在程序设计上，举报中心应当依托"受理登记、审查分流、跟踪督办、综合分析"四个环节，认真履行管理职能，以克服案件线索管理的过度行政化倾向，加强司法程序监督制约，增强检察工作透明度，更好地实现诉讼公正与效率。②

1. 受理登记环节

为把好线索受理的入口关，举报中心实行"一窗受理、受办分离"的举报线索受理机制，对内坚持举报线索归口管理、内部监督制衡原则，对外坚持"最多跑一次"为民服务理念。

一是由举报中心统一受理诉讼监督线索。检察机关的诉讼监督线索来源除了举报人向举报中心进行举报之外，实践中大量存在举报人向举报中心以外的部门或者工作人员反映、检察人员在办案或日常监督过程中自行发现以及上级部门或其他部门交办、移送，等等，以上从各种途径收集到的案件线索都应当报送举报中心，由举报中心负责线索的接收、登记等工作，统一、规范履行职责。

二是举报中心单独设立，与举报线索的承办部门相分离。明确各部门职责分工，举报中心受理举报线索后经过登记备案，按程序移交给各相关业务部门，举报中心本身不负责案件的具体办理。

三是落实"最多跑一次"理念。首先，及时高效回应。举报中心收到举报线索后，能够当场答复举报人的应当场予以答复，不能当场答复的，应在收到线索的三个工作日内联系举报人进行答复，答复内容为该线索不符合受理条件或者已移交具体业务部门办理，对不属于检察机关受理范围的线索，及时告知举报人向有权机关进行举报。其次，避免多次采集。做好事前宣传告知，争

① 参见郭石宝：《推进刑事诉讼监督体系的完善》，载《人民检察》2016 年第 23 期。
② 参见孙宏伟等：《诉讼违法行为线索管理及办案机制研究》，载《人民检察》2016 年第 19 期。

取在第一次受理举报时就能全面采集线索信息，需要由举报人补充材料的，做到充分告知，尽量一次补全。

2. 审查分流环节

为科学规范评估、管理线索，针对不同线索内容、特点各异的情况，举报中心应对所有线索进行审查筛选，以提高线索的流转和利用效率，依照"协同审查、分类管理"的原则，开展下列工作。

一是对线索进行初步审查。主要是对举报材料的初步核对和对举报内容的初步核查。比如举报内容是否发生在本辖区、是否有具体的被举报对象或违法违规行为、是否属于检察机关监督受案范围等。这一环节的审查为形式审查。初步审查的目的在于将不属于举报材料或者举报明显不实、不属于本院管辖的举报等不予以受理的线索挡在下一道程序之外，以节约司法资源，提高执法效率。二是进一步审查评估，对依规定进行受理的线索，由举报中心、各业务部门等组成评估小组，根据线索的来源、成案可能性、调查取证难易度、监督效果等进行综合分析，必要时可邀请相关领域专家学者进行论证。同时，针对部分举报人欠缺法律知识，举报线索性质不清、指向不明的问题，举报中心应当对举报线索进行初步的调查核实，确定线索反映问题的具体归口部门，以提高线索分流的准确度。

在分析研判的基础上，根据线索的不同特点以及轻重缓急，可将线索分为三类：一类线索是指实名举报且内容较为具体、可查性较强的，以及党委、人大、上级检察机关交办的线索；二类线索是指性质不明、问题不具体或较为复杂、可查性不强的；三类线索是指问题已查清并答复，无新情况、新问题等不具可查性的。在此基础上，举报中心将各类线索分别作交办、移送、存查等分流处理。对一类线索，要立即向检察长汇报，由检察长决定交由相关部门或下级检察院办理，并要求在一定时限内办结；对二类线索可直接交办给相关部门或下级检察院办理，办结时限可比照一类线索适当延长，并定期汇总上报检察长；对三类线索由举报中心存档备查。

3. 跟踪督办环节

举报中心按照"限时办结、统一答复、全程留痕、违规问责"的原则，对线索分流之后业务部门案件办理情况进行全面、实时、动态的跟踪监督，以加强内部制约与监督，形成引导与倒逼机制，提高案件办理质量与效果。

对移交给业务部门办理的案件线索，举报中心应当在移送时确定案件办理时限。业务部门应当在时限截止前将办理结果通报举报中心，并通过举报中心统一对举报人进行规范答复。案件无法及时办结的，业务部门应当经过审批程序延长案件办理时限并重新到举报中心备案。举报中心应当在业务部门办案期限届满前进行提醒，并对超期办案进行记录、通报。所有诉讼违法监督案件办理情况应当在管理平台上同步留痕，杜绝线下操作。

引入问责制度是将举报线索管理和具体案件查办衔接起来，形成内部制约的重要一环，也是举报中心对案件办理进行督查的必要手段。举报中心重点对以下情况进行督查问责：一是在线索受理环节，个人或者业务部门在收到举报线索后，没有及时报送举报中心备案或者私自处理的；二是在案件办理环节，承办人无正当理由对线索逾期未查或消极懈怠的；三是承办人因重大失职导致线索丧失查处价值或者相关责任方逃脱处罚，监督效果较差的；等等。举报中心主要通过以下途径了解掌握案件办理信息：一是通过与举报人保持接触，及时提供信息并接受举报人反馈；二是通过案件管理平台，及时了解业务部门案件办理进度并督促按时办结；三是通过案件线索数据库，比对是否存在相似情况多次举报，案件办结后举报人再次举报等情况，以此查核案件办理效果并分析原因；四是由院领导、相关业务部门组成考评督查组，通过对案件办理情况进行不定期抽查、对案件办理结果进行复查等方式对案件办理情况进行督查。通过以上措施，举报中心才能改变以往"转办中心"的地位，真正确立"线索管理中心"的地位，有效扭转线索管理中"条块分割、各自为政、多头管理"的混乱局面，规范线索管理行为，使业务部门查处的每个案件线索在举报中心都有案可查，真正做到举报线索"一个口子进、一个口子出"。①

在具体承办部门提出监督意见后，举报中心应当动态跟踪监督意见的落实情况，确保被监督对象接受纠正意见后及时进行整改。

4. 综合分析

举报中心作为诉讼监督案件线索汇总和管理的唯一部门，除定期报告线索管理情况做好"管家"之外，还应当积极扮演"智囊"角色，充分发挥诉讼违法举报、诉讼监督线索收集和案件办理信息等数据准确、集中的优势，定期制作动态分析报告，总结诉讼违法举报及诉讼监督案件相关规律、特点，把握共性、苗头性、倾向性问题，追踪诉讼监督动向，为检察机关强化诉讼监督工作提供智力支持。

为充分发挥举报中心综合分析的功能，应当搭建举报线索管理平台，并且配备专门的举报线索信息库以及案件办理信息库。线索管理平台是可以实现对线索信息进行收集录入、整理编排、检索查询、实时监控、更新拓展以及进行数据处理的分类管理系统。案件线索信息库主要登记案件线索来源、被举报人

---

① 杨毅、田兵：《举报线索管理机制研究》，载《河南法制报》2017 年 6 月 16 日第 14 版。

的有关情况、举报反映的主要问题、线索的处理情况。案件办理信息库主要登记已办结的案件和正在办理的案件中检察机关办理进度、查明的事实和证据、监督意见、出具的法律文书、反馈情况以及执法办案风险评估情况等。在数据库支持下，对刑事诉讼监督案件进行整体性的分析研判。

（三）强化举报配套保障

一是借助信息技术，拓宽现代化举报渠道。在检察与科技深度融合、全面加强智慧检务辅助办案的背景下，举报途径除了传统的来信来访以及电话举报之外，检察机关还应当做好"两微一端"（微信、微博、检察门户网站）举报支持工作，建立优质高效便捷的"掌上"举报平台。二是加强对举报人的保护和激励制度。加强举报线索的保密管理，依法保护举报人及其近亲属的安全和合法权益。建立完善的举报者救济制度。对因举报遭受打击报复的人员以及因协助举报、作证等而遭受损失的人员给予适当的补偿和赔偿。为提高案外人对诉讼违法行为进行举报的积极性，对上述人员提供的线索查证属实的，由检察机关给予一定的物质奖励。

对立案监督"案件化"办理的思考与实践

——以北京市检察机关立案监督
事项"案件化"办理为视角

张祥滕　逯春燕　李　骧　于淑娟*

一、新时期检察机关主责主业的变化与转型

随着社会的快速发展和全面深化改革深入推进，中国特色社会主义进入新时代，党的十九大开启新征程，以司法责任制为重点的司法体制改革、以审判为中心的刑事诉讼制度改革、以整合反腐败职能为要义的国家监察体制改革相继推出，三重改革叠加，使检察机关依托职务犯罪侦查和国家公诉职责履行法律监督的模式被打破。

然而，在我国社会进入新时期的时代背景下，检察机关在国家政治生活中的政治使命没有变，① 依然是始终坚持党的绝对领导、坚持以人民为中心、切实做到"围绕中心、服务大局"；检察机关的宪法定位没有变，修改后的宪法仍然明确规定"人民检察院是国家的法律监督机关"，检察机关仍具有国家专门法律监督机关的法律地位；检察机关的价值追求没有变，核心价值依然是追求公平正义，"努力让人民群众在每一个司法案件中都感受到公平正义"。在政治使命、宪法定位、价值追求未变而自身职责出现重大调整的情况下，检察机关该如何履行好法律监督职责就显得越发重要。

随着改革深入，一方面，检察机关越来越成为直接与人民群众打交道的供给侧，需要向人民群众直接提供"民主、法治、公平、正义、安全、环境"

---

* 张祥滕，北京市人民检察院第二分院第八检察部主任；逯春燕，北京市人民检察院第十一检察部检察官；李骧，北京市人民检察院第二分院第八检察部检察官助理；于淑娟，北京市人民检察院第二分院第八检察部检察官助理。

① 李雪慧：《新时代社会主要矛盾变化与检察工作的因应》，载《人民检察》2018年第2期。

方面的优质产品；另一方面，原有保障检察机关履行法律监督职责的职务犯罪侦查权被转隶，在这一重要法律监督保障权被划走的情况下，就对检察主责主业的认识和履行提出了调整和转型的要求，对检察机关新时期主动迎接挑战"深化司法办案主责"，特别是"深耕检察监督主业"提出了更多需求：

一是需要由原来以司法办案为重点转向司法办案与检察监督并重。[①] 司法办案和检察监督都是法律监督的实现方式，以往的刑事诉讼监督主要是在诉讼过程中完成的，与诉讼活动密切联系，在检察实务中，检察机关通过积极介入刑事诉讼活动并在诉讼活动中同步完成对刑事诉讼活动的法律监督。然而新形势下，只有通过司法办案与检察监督适当分离，才能弥补职务犯罪侦查权转隶对检察监督的不利影响，才能履行好检察机关法律监督的职责；

二是需要在更新检察监督理念上积极转变。[②] 应逐步树立检察机关是维护法治统一正确实施者的监督理念、树立检察机关是公共利益代表者的监督理念、树立监督与被监督实现"双赢多赢共赢"的监督理念、树立主动而又谦抑的监督理念等。通过各类具体检察监督来维护公益、践行使命；

三是要通过高质量的办案赢得被监督者的尊重和信任。既要主动而为、积极履职，又要明确监督边界，以效果为导向选择最恰当的监督方式，通过良好的沟通协调实现最佳监督效果。

二、以监督事项"案件化"办理为抓手强化刑事立案监督

长期以来，刑事立案监督多依附于诉讼职能，在审查逮捕、审查起诉过程中办理，处于"副业"地位，监督过程呈现被动、分散、滞后等特点。通过监督事项"案件化"转型，则能有效克服上述弊端，也符合当前司法改革的趋势，是解决目前立案监督工作困境和瓶颈的一剂良药。

其一，"案件化"有利于强化立案监督意识。北京检察改革前，立案监督等检察监督工作被一些检察人员视为"副业"，监督工作的积极性不高。将监督事项"案件化"办理，通过建立案卡、案号、业务卷宗，形成真正的案件，能够有效改变以往监督工作以办事为主、依赖考核的监督业务运行模式，尤其是在司法责任制改革以后，通过案件化将监督业务作为案件类型之一，可以充分调动监督者主观能动性，树立监督也是办案的意识。

---

① 甄贞、梁景明：《"检察监督体系"建设的阶段论刍议》，载《人民检察》2018 年 2 月第 3 期。

② 苗生明：《以科学理念指引新时代检察监督实践》，载《检察日报》2018 年 7 月 25 日。

其二，"案件化"有利于规范立案监督工作。诉讼职能、诉讼监督职能是两种不同性质、不同种类的职能，二者共同构成检察机关的法律监督职能。目前，法律法规对诉讼程序的规定相对具体、完备，对诉讼监督的规定则相对原则、薄弱，相当一部分诉讼监督规则是附属于诉讼规则的，没有形成独立的诉讼监督规则，这在一定程度上制约了诉讼监督工作的健康发展，也影响了诉讼监督工作的实际效果。推进诉讼监督事项案件化，通过建立严密的程序规范、证据规则和管理流程，实现诉讼监督的环节具体化、要求明确化、标准统一化，有利于遵循诉讼监督规律，推动诉讼监督职能与诉讼职能齐头并进、协调发展，提高诉讼监督工作水平。

其三，"案件化"让监督程序具有独立性。"检察机关传统的侦查监督依托检察环节办理的个案"启动监督程序具有附随性，普遍采取"谁发现、谁启动、谁办理"的方式。正因为如此，所发出的监督法律文书附属于正在办理的实体案件。而如果将监督事项单独作为一个独立的监督案件办理，就会在原诉讼案件之外独立成案，独立调查核实，独立开展监督，独立规范成卷，这样可以全面反映检察机关对监督事项的受理、调查、处理、跟踪等过程，有利于准确衡量监督事项的工作成效，承办人员也有足够的时间和精力直接针对监督事项进行规范办理，能够引起被监督对象的足够重视，进而为争取最佳的监督效果打下基础。

其四，"案件化"有利于提升诉讼监督效能。[1] 当前司法实践中，很多地方检察机关的负责侦查监督的部门只在审查逮捕工作中履行立案监督职能。这种工作方法直接导致承办人员习惯于坐堂办案，在案卷中发现监督线索、在电话机里核实监督线索，在办公桌上制发监督文书，监督工作足不出户。诉讼监督事项案件化，将彻底改变原有的工作模式，变静态为动态、变被动为主动，使侦查监督不断从"幕后"走到"台前"。通过加强与侦查机关互通信息、及时掌握侦查进展情况和侦查重大事项，提高监督的敏感性；通过接受投诉、调查和处置，听取侦查机关、被调查人、诉讼参与人的意见，增强监督的主动性；通过公开宣告调查核实结果，突出监督的权威性。

三、立案监督案件化办理的内涵及其特质

立案监督事项"案件化"办理是指检察机关在开展立案监督活动中，将监督事项作为独立案件办理，建立从监督线索受理、立案、调查核实、实施监督、跟踪反馈到结案归档的完整流程。

---

[1] 韩晓峰、陈超然：《诉讼监督事项案件化的思考——以侦查监督为分析视角》，载《人民检察》2016 年第 21 期。

（一）立案监督"案件化"办理的特质

从案件的角度讲，监督案件与诉讼案件在基本要素方面应当具有相当性，立案监督事项"案件化"应具备程序规范、证据规则、管理流程、质量标准、办案机制等类似要素。[①]

1. 完善的程序规范

立案监督案件化首先是程序化，即应有一套严密的程序。立案监督工作是行使法律赋予的公权力，不是"随意性"的监督，而是一种"程序化"的监督，必须按正当程序来运行，需统一立案监督的范围、步骤、方式和方法，从而确保立案监督的正当性。同时，立案监督程序不是诉讼案件办理程序，不能用诉讼程序代替，要树立"线索""办案"观念，形成涵盖立案监督线索管理、立案、调查核实、处理等全过程、全方位的工作程序，通过合理完整的程序设置，使立案监督工作有具体明确的"路线图"，监督各环节有效运转、有序衔接。

2. 证据裁判的原则与规则

证据是司法办案的基础，实现立案监督案件化转型，必须要以证据及调查核实取得的材料为基础，以对证据材料的分析、判断作为立案监督的依据。诉讼案件的办理靠证据说话，监督案件的办理同样也需要证据支持。只有突出证据裁判，才能克服监督的软骨病，保障监督质量，体现司法案件的特征。监督事项案件化在程序规范的基础上，必须针对不同案件建立差异化的证据规则，包括证据种类和范围、证明力大小、取证方式、证明标准等内容。

3. 对案件办理的监督与管理

对监督权力的行使能够监督，对得出的监督结论有救济渠道是监督事项案件化题中应有之义。立案监督案件化须建立符合监督程序运行和证据收集要求的案件管理流程，形成线索受理、立案、调查核实、审查决定、实施监督、跟踪反馈、复议复核、结案、归档的完整管理流程。监督案件的管理流程，前提是严密的监督程序规范，载体是反映司法办案过程的案件卷宗和契合监督办案的统一业务应用系统。监督事项"案件化"应当将监督与管理办案的各种制度细化到每个节点，每个节点的决定过程要留痕，从而实现监督案件办理中的信息能够被全程、动态、实时监控。

---

① 於乾雄、马珣、黄露：《推进重大监督事项案件化若干问题思考》，载《中国检察官》2017 年第 7 期。

4. 科学的质量标准

与审查逮捕等诉讼职能相比，立案监督等检察监督工作虽然最终价值追求都在于公平正义，但其权力来源、运行模式和运行规律均具有显著的差异。它是一种主动、积极的监督，而不是被动、中立的受案；它是一种程序性的监督，不具有实体处分权或司法裁决权；它是一种需要协作配合的监督，独立性、个体性色彩不强。因此，立案监督案件化需要一套区别于诉讼案件的符合监督属性和规律的质量标准，应当通过设定科学的监督标准和案件质量标准，调动检察官监督的积极性。

5. 有效的办案机制

在检察监督程序缺位、监督刚性不足的情况下，充分挖掘检察内部力量，发挥多人员、多环节、多部门合力作用，在线索发现与甄别、调查核实开展、监督纠正落实等方面发挥合力作用，有助于解决监督过程中存在的办案力量分散、办案能力不足等造成的不敢办案、不愿办案等问题，提升监督质效。

（二）立案监督事项"案件化"的实现路径

1. 合理确定案件范围

立案监督的情形多样复杂，既有对应当立案而不立案的监督，又有对不应当立案而立案的监督，既有对立案环节程序性违法事项的监督，又有对是否涉嫌犯罪的实体性事项的监督。因此，有必要结合诉讼行为违法的严重程度和监督措施的严厉程度来合理确定监督事项"案件化"的范围。对于简单的法律文书缺漏、诉讼行为不规范等轻微的违法行为，没有必要进行案件化办理，对于应当立案而不立案、不应当立案而立案、诉讼违法行为较严重需要调查核实的，则有必要进行案件化审查。

2. 规范办案流程

其一，线索受理。监督线索是发现违法、启动监督的源头，当前检察机关立案监督线索来源多样，线索质量参差不齐，有必要对监督线索集中统一管理。可由检察管理监督部对各类控告申诉线索来源进行统一登记和分流。对于业务部门或"两法衔接"平台发现的立案监督线索则由发现部门及时移送检察管理监督部，由检察管理监督部统一编号和分流。

其二，立案。立案是非常严肃的法律行为，意味着监督工作在法律意义上的启动，一旦启动，非因法定事由不能随意中断或终止。因此，有必要明确监督事项案件化的启动标准，明确符合何种标准的线索可以立案、哪些线索无法予以立案。同时，以分配案号的方式明确启动办理监督案件，以保证立案程序的严肃性和有效性。

其三，调查核实。办理立案监督案件，实际上就是对公安机关立案活动是否合法通过调查核实进行审查判断的过程，调查核实是得出监督结论的必经环节。有必要明确调查核实的手段、形式、期限和禁止性要求等规定，从而保障监督过程规范、深入，监督结论准确。

其四，监督立案、监督撤案。在调查核实结束后，根据调查核实获取的相关证据材料，制作《立案监督案件审查意见书》，对调查核实情况进行分析，论证是否属应当立案而不立案或不应当立案而立案，据此得出监督立案、监督撤案或维持公安机关决定的意见。

其五，跟踪反馈。在办理立案监督的案件中，跟踪公安机关执行情况是确保监督取得实效的重要环节。发出《通知立案书》或《通知撤销案件书》后，有时公安机关拒不执行或超期限执行，这就需要检察官酌情用好《纠正违法通知书》等法律规定的跟踪纠正文书，加强与相关部门或上级领导机关的沟通，争取支持，落实监督意见，争取最佳的监督效果。

其六，结案归档。卷宗是案件办理过程的载体，是"案件化"在形式方面的直接体现。结案归档既是对办案过程的汇总整理，又能倒逼承办检察官树立规范办理监督案件的意识。监督线索和案件由检察管理监督部门统一编号后，结案之时就可以"一号一卷"，形成清晰的个案。卷宗中应当包括线索受理审查方面的文书、调查核实取得的证据材料、案件审查报告、监督文书、反馈回函、整改措施等材料。

四、北京市立案监督"案件化"办理的相关实践

（一）总体情况

2016年8月北京检察改革以来，诉讼职能与监督职能相分离，单独成立了侦查监督部，负责立案监督、侦查活动监督和两法衔接工作，立案监督得以从审查逮捕、公诉等诉讼工作中剥离出来。2016年9月至2018年8月，北京市检察机关共受理立案监督案件1412件，监督立案382人，监督撤案376人，比改革前同期的593件受理数上升138.11%、监督立案170人上升124.71%、监督撤案154人上升144.16%。立案监督工作在规范发展中越来越具备了"案件化"的特征。

（二）北京市检察机关立案监督案件化办理的相关实践

《刑事诉讼法》第113条赋予了检察机关对公安机关应当立案而不立案的可以监督公安机关立案的权力。2010年最高人民检察院、公安部《关于刑事立案监督有关问题的规定（试行）》中，将检察机关对公安机关的立案监督权

扩展到在一定条件下对于公安机关不应当立案而立案的,① 检察机关可以监督公安机关撤案,从而完善了检察机关立案监督的范围。

新形势下,针对强化检察监督的客观要求,北京市检察机关积极探索立案监督案件化办理路径,突出司法体制改革后立案监督"案件化"办理特征,形成了指导全市立案监督工作的案由、立案标准和规程。

1. 完善立案监督的程序

(1)规范线索受理和审查程序。实践中,立案监督线索有多个来源:当事人控告、办案中发现、派驻中心检察室巡查发现、公检刑事案件信息通报中发现、上级交办、其他单位移送、人大代表反映、网络媒体舆情反映等。北京市检察院研发了北京司改版立案监督线索网上审查流程,置于统一业务应用系统立案监督案件的前端。无论线索来自哪一渠道,北京市检察院规定均需向检察管理监督部门登记,然后由检察管理监督部门分配线索审查编号再分流到侦查监督部门进行线索受理审查。检察官进行线索审查过程中要制作《监督线索审查意见表》,写明线索审查过程,提出是否作为立案监督案件继续办理的意见,一般在 15 日内完成线索审查,并向检察管理监督部门反馈线索审查结果,对于同意公安机关处理意见的,由检察管理监督部门答复当事人或反馈相关单位和部门,对于不同意公安机关处理意见认为有必要进一步开展调查核实的,向检察管理监督部门申请案件编号启动立案监督案件办理程序。

(2)明确立案标准。监督线索经审查后出现什么情况时应转为立案监督案件进一步办理即是立案的标准。实践中,线索审查阶段会出现以下情况:

①公安机关已经立案或已经撤案的;

②被害人或其他当事人没有报案的;

③不属于公安机关管辖的;

④经检察机关受理审查后不支持控告人请求,控告人再次申请监督没有提出新的事实和证据的。

⑤申请监督立案的不涉嫌刑事犯罪,申请监督撤案的有刑事犯罪嫌疑的。

线索审查中出现以上情况之一的,即无须对公安机关进行立案监督,经线

---

① 最高人民检察院、公安部《关于刑事立案监督有关问题的规定(试行)》第 6 条第 2 款规定:人民检察院经审查,有证据证明公安机关可能存在违法动用刑事手段插手民事、经济纠纷,或者办案人员利用立案实施报复陷害、敲诈勒索以及谋取其他非法利益等违法立案情形,且已采取刑事拘留等强制措施或者搜查、扣押、冻结等强制性侦查措施,尚未提请批准逮捕或者移送审查起诉的,经检察长批准,应当要求公安机关书面说明立案理由。

索审查即可终结立案监督事项的办理。

线索审查中还会出现以下情况：

①有明确的犯罪事实或犯罪嫌疑人的；

②公安机关接到过报案、控告、举报，或已知晓有关事实的；

③属于公安机关管辖的；

④公安机关决定不予受理，或不立案侦查，或已撤销案件，或超过了公安部规定的刑事案件立案审查期限未予立案的。

上述情况同时出现并认为需要进一步开展调查核实来查明行为人是否涉嫌犯罪或不涉嫌犯罪的，应当在线索审查中提出转为立案监督案件审查的意见终结线索审查。

（3）明确与诉讼案件的界限。诉讼案件办理中发现立案监督线索是立案监督的主要来源之一。对于办案中发现的立案监督线索，我们根据内容性质与原案性质是否一致、在原案的诉讼程序中追究刑事责任是否更有效率等原则，细化了诉讼与监督的界限：

①公安机关立案后，对犯罪嫌疑人作出治安处罚或者其他处理的案件，人民检察院经审查认为公安机关处理不当，需要追究犯罪嫌疑人刑事责任的，应当作为立案监督案件办理。

②在审查逮捕或者审查起诉中发现公安机关未追究同案犯罪嫌疑人的，通过追捕、追诉予以解决，不另行启动立案监督程序；

在审查逮捕或审查起诉中发现所遗漏的犯罪事实与立案侦查的犯罪属于不同种类犯罪的，应当将线索移送公安机关，按照立案监督程序办理。

③对于共同犯罪中部分被告人被判决有罪且判决已经生效的案件，人民检察院认为公安机关应当对未予立案的其他共同犯罪人立案侦查的，应当作为立案监督案件办理；

判决已经生效的案件，公安机关在侦查中遗漏了被告人其他起性质相同的犯罪事实，人民检察院认为公安机关应当对遗漏犯罪事实立案侦查的，应当将线索移送公安机关，按照立案监督程序办理。

（4）规范调查核实的方式和期限。总结实践经验和办案需求，依据诉讼原理，我们明确调查的重点是进一步核实公安机关是否应当立案侦查的事实、证据。调查核实可以采取以下方法，必要时可以会同公安机关开展调查核实：

①要求控告人、申诉人提供有关材料；

②询问案件有关当事人；

③询问公安机关办案人员；

④听取辩护人、诉讼代理人意见；

⑤通过公安机关或派驻公安机关执法办案管理中心检察室，查阅、调取、复制刑事受案、立案、破案等登记表册和立案、不立案、撤销案件、治安处罚等相关法律文书及案卷材料；

⑥查看、调取视听资料、电子数据；

⑦进行伤情、病情检查、委托鉴定或就专门问题咨询专业人员；

⑧通过其他部门查询涉案人员、涉案单位相关信息；

⑨其他调查核实方法。

调查核实不得对涉案嫌疑人使用限制人身权利和财产权利的措施和手段，不得对证人诱供、逼供，并注意做好保密工作。要求公安机关说理之前和之后均可开展调查核实，前后调查核实的总期限不得超过 3 个月。

（5）规范答复程序。监督线索或监督案件的办理效果重要一环在于答复。答复工作到位则能有效化解社会矛盾，体现工作成果。考虑到化解矛盾、保障群众合法权益是各部门的工作职责，同时检察管理监督部门是接待群众的主责部门，监督案件承办部门是办案的主责部门，线索审查后的答复工作因相对简单，我们规定由检察管理监督部门答复当事人和相关单位或部门，对于案件审查后的答复，则由检察管理监督部门和侦查监督部门联合答复，联合答复后对于仍缠闹访的当事人，由检察管理监督部门负责稳控。

2. 突出证据裁判在立案监督工作中的重要作用

其一，监督线索能否转为监督案件取决于证据。线索阶段的证据材料经审查后，认为有涉嫌犯罪或不构成犯罪的可能，需要进一步调查核实的，转为立案监督案件进一步审查办理；其二，监督结论的得出取决于证据。同意或不同意公安机关的决定，均需通过分析在案证据材料得出结论；其三，每案必制《立案监督案件审查意见书》。案件审查中，可能在要求公安机关说明立案或不立案理由之前即可得出审查结论，也可在要求公安机关说明立案或不立案理由之后得出审查结论，不论在何种情形哪一阶段得出终局性审查结论，均需制作《立案监督案件审查意见书》，详细阐述审查认定的案件事实及证据，分析结论得出的过程。这一文书的重要性类似于审查逮捕案件、公诉案件的结案报告，内容包括：案件来源、当事人情况、案件发立破情况、经审查认定的案件事实及证据、需要说明的问题、处理意见等部分。突出证据裁判能有效克服监督程度启动随意、监督结论得出随意、监督主张论证不充分的缺点。

3. 严格在统一业务应用系统中办理案件

最高人民检察院统一业务应用系统的案件类别中有"立案监督案件"这一案件类型，其下又细分为监督立案、监督撤案、监督行政执法机关移送涉嫌犯罪案件三个子类型。系统中每一子类型都根据刑事诉讼法和《人民检察院刑事诉讼规则》的相关规定，设计了办案节点和节点文书。在统一业务应用系统中办理案件，本身就是对办案流程的规范，同时北京市检察院还根据北京立案监督实践，规定调查核实期满后必须在15日内制作完成《立案监督案件审查意见书》，提出案件审查意见。这一规定改变了上位法在立案监督案件办理方面没有期限规定、办案期限随意的弊端，使立案监督办理成了有期限要求的善始善终的案件。

4. 定期开展案件质量分析

涉嫌刑事犯罪，应当追究刑事责任，是立案监督的标准，不构成刑事犯罪，不应当追究刑事责任，则是监督撤案的标准。是否涉嫌刑事犯罪，是否应当追究行为人刑事责任便是评价立案监督对错和案件质量的标准。这一标准还可通过监督立案后案件后续起诉、判决情况得到检验。监督立案后在证据没有发生变化的情况下被不起诉、判无罪的，当初的监督立案便可能存在质量问题。为保证立案监督案件质量，每季度我们汇总核查全市监督立案后起诉数、不起诉数、获法院有罪判决数、判无罪数，对于不起诉和判无罪的，要求承办人撰写不起诉和判无罪案件复查报告，分析当初监督立案的理由是否正确充分，从而强化案件质量意识，总结监督得失。

5. 在线索评估、纠正落实等关键但薄弱环节建立有效工作机制

线索发现难是制约立案监督工作的难点之一。目前，北京市检察机关已畅通了若干立案监督线索来源渠道，线索数量较之以前成倍增长，但如何从已有线索中发现有进一步监督价值的高质量线索是一个难点，它取决于承办人的办案经验和责任心。为不遗漏有价值的监督线索，有的院建立了部门内线索会商评估机制，打破办案人、办案组别界线，运用集体智慧分析线索价值。此外，检察监督的刚性普遍不足，立案监督也是如此。为使发出的监督文书见实效，我们完善了原有的递进式监督机制，在原有承办人督促、部门负责人督促、提请上级机关督促的基础上，增加了向被监督机关监察部门通报情况的手段。在纪检监察式强的现实环境下，借助纪检监察力量，有助于检察监督意见的纠正落实。

五、对立案监督"案件化"发展的建议

（一）由专门部门专司立案监督工作

北京检察改革两年来，立案监督工作开展的客观情况充分说明了专门部门专司立案监督工作具有可行性。其深层次原因在于"立案"是刑事诉讼流程中独立的一章，"立案"与"侦查""提起公诉""侦查阶段的审查逮捕"，无论是在诉讼阶段上，还是在工作内容上都能相互独立，所涉受理、初查、作出

立案或不立案决定等环节，有其自身的办案流程和执法标准，公安机关的受理审查期限最长可达两个月，且在公安机关立案阶段检察机关还没有任何部门介入，因此，不会出现检察机关内部各部门职责交叉影响效率问题，对立案合法性的监督完全可以由专门的检察监督部门来承担。刑事立案环节应当立案而不立案、不应当立案而立案问题仍时有发生，由专职部门专司立案监督，开展"案件化"审查，可以有效地解决刑事立案中的诸多问题，回应群众对司法公平正义的呼声。

（二）进一步明确立案监督中开展调查核实的手段、程序

只有调查核实到位，监督结论才能准确稳妥，监督意见才有权威和说服力，监督案件才能成为论证扎实审查处理有据的案件。2010 年最高人民检察院、最高人民法院、公安部、国家安全部、司法部《关于对司法工作人员在诉讼活动中的渎职行为加强法律监督的若干规定（试行）》、2013 年最高人民检察院侦监厅《关于侦查监督部门调查核实侦查违法行为的意见（试行）》中列举了若干检察机关开展法律监督进行调查核实可以采用的方法，但针对的主要是司法工作人员渎职和侦查人员违法行为，不太适用于立案监督，而且这些规定是机关联合发文或部门内部规定，尚未达到法律规范层面，向了解案情的人或掌握涉案信息的单位核实情况时常得不到对方配合。如果以立法的形式明确立案监督中可以采用的调查核实的手段、程序，就赋予了检察机关复核公安机关证据的权力，就可以有效解决监督过程中检察机关被公安机关证据所局限，而无法准确得出监督结论的问题。

（三）强化立案监督工作中的释法说理，追求立案监督工作"三效"的统一

新时期，我国社会的主要矛盾已经转化为人民日益增长的美好生活需要和发展不平衡不充分之间的矛盾。人民群众对物质文化生活提出更高要求的同时，对民主、法治、公平、正义、安全、环境等方面的要求也日益增长。当前应当立案而不立案或采用刑事立案手段违法插手经济纠纷的情况仍较为严重，这就需要检察机关加大检察供给侧的立案监督工作。立案监督工作实质上是通过检察监督来化解社会矛盾。对于当事人控告的案件，检察机关需向当事人和公安机关释法说理，对于办案中发现的案件，则主要需向公安机关释法说理。立案监督中的释法说理如同公诉案件庭上举证质证，都是使对方信服接受的过程，释法说理到位，案件中的矛盾就能有效化解。2011 年最高人民检察院《关于加强检察法律文书说理工作的意见（试行）》中强调：对于不进行释法说理容易造成相关执法单位或者诉讼参与人对人民检察院的执法活动产生质

疑，可能引起复议、复核、申诉、上访、缠访等情况，影响或者损害人民检察院的执法公信力的环节，应当着重做好检察法律文书说理工作。目前，立案监督案件办理中，无论是在法律文书释法说理方面，还是在接待相对人时释法说理方面做得都还远远不够。在立案监督开展的过程中，将收集到的证据材料、认定的事实、得出的结论向当事人或公安机关充分释明，既能提升办案效果，又有利于促进承办人证据裁判、分析论证、沟通协调等办案素养的养成。

检察机构职能体系整合背景下立案监督之实务检视与机制完善

——以"案件化办理"为视角

黄　莺[*]

立案监督作为检察机关行使刑事诉讼监督职能的重要内容之一，以宪法规定为统领，自 1996 年刑事诉讼法正式确立、2012 年刑事诉讼法修改再次予以确认以来，逐步形成了以《人民检察院刑事诉讼规则》、最高人民检察院《关于人民检察院立案监督工作问题的解答》（2000 年）、最高人民检察院、公安部《关于刑事立案监督有关问题的规定（试行）》（2010 年）、最高人民检察院《检察机关执法工作基本规范》（2013 年）等司法解释、规范性文件为主体的刑事立案监督体系。其制度设计的意义旨在通过对刑事立案活动的制约，从源头上保障刑事诉讼程序的有序运行以及公民的合法权益，但自 1996 年至今，立案监督存在的发现难、调查核实难、监督处理难等诸多问题仍未得到妥善解决，实务运行举步维艰，致使立案监督的制度价值并未完全实现。特别是在当下检察机构职能体系重新调整组合的司改背景下，立案监督权作为检察机关诉讼监督权能的重要组成部分，如何实现与案件审查职能的适度分离，并形成自身独立的价值体系，是检察机关需要认真思考和应对的重要课题。《"十三五"时期检察工作发展规划纲要》中提出了"探索实行重大监督事项案件化，加大监督力度，提升监督实效"的要求，重大监督事项"案件化"办理机制的明确为解决立案监督实务工作中一直以来存在的难点问题提供了有利契机，笔者试从司法实务出发，对立案监督从"办事"向"办案"模式的转变进行粗浅的分析，以求对完善刑事立案监督机制有所裨益。

一、刑事立案监督的立法设置与现实样态

刑事立案监督从确立到发展经历了一系列探索和完善的过程，其立法设置

---

* 黄莺，福建省厦门市人民检察院第一检察部检察官。

已较为明晰,其现实样态的诸多问题也有目共睹。

(一)刑事立案监督的立法设置

根据前述刑事立案监督法律规定,刑事立案监督是检察机关对刑事立案主体立案行为的合法性进行监督,即所有具有刑事立案权的刑事立案机关均属于刑事立案监督的范畴。[①] 此处的立案行为既包括对应当依法立案而没有立案进行监督,也包括对不应当立案而立案的进行监督,广义上还包括对行政机关应当移送而不移送涉嫌犯罪案件的监督。[②] 我国刑事立案监督立法设置将立案监督主体限定为人民检察院;立案监督对象为享有刑事案件立案权的机关;立案监督的客体为刑事立案主体立案或者不立案行为的合法性。同时,规定了立案监督案件办理的流程。

1. 立案监督案件线索来源

根据法律规定,[③] 立案监督案件线索来源主要有两个方面:一是自行发现。其中又包括四部分,一为在办理审查逮捕、审查起诉工作中发现;二为基于刑事案件信息通报制度,[④] 通过查阅刑事案件信息等发现;三为通过"两法衔接"平台,通过审查平台数据要求行政执法机关移送涉嫌犯罪案件;四为通过新闻媒体报道发现。二是接受控告申诉。包括两部分,一为检察机关直接受案,即被害人及其法定代理人、近亲属或者行政执法机关认为公安机关对其控告或者移送的案件应当立案侦查而不立案侦查,或者当事人认为公安机关不应当立案而立案,向人民检察院提出的;二为信访部门移送的线索来源。

2. 立案监督案件受理

第一,受理部门方面,根据立案监督线索来源不同,立案监督案件受理也相应区别为两种情况:对于自行发现的,由负责侦查监督部门案件承办人在统一业务系统中通过"侦监案件登记"的"受理向导"受理立案监督案件;对于接受控告申诉的,由控告申诉检察部门受理,认为需要公安机关说明不立案

---

① 莫德勤、刘选:《刑事立案监督中的若干问题》,载《法学评论》1998 年第 4 期。

② 徐艳霞:《刑事立案监督的人权保障功能展开》,载《河北公安警察职业学院学报》2017 年第 1 期。

③ 参见《人民检察院刑事诉讼规则》第 557 条。

④ 参见最高人民检察院、公安部《关于刑事立案监督有关问题的规定(试行)》第 3 条第 2 款。

或者立案理由的，再由控告申诉检察部门将案件移送负责侦查监督部门办理。①

第二，受理标准方面，根据立案监督内容不同，对于监督应立不立案和监督不应立而立案的标准有所区别：前者的标准为"应当立案侦查而不立案侦查"，即指公安机关没有依照法律规定对应当立案侦查的案件进行立案侦查；而后者的标准虽为"不应当立案而立案"，但是其标准限定为监督明显违反法律规定不应立而立案且未提请批捕或移送审查起诉的情形，② 重点监督性质和危害比较严重的违法行为。

3. 立案监督案件办理流程图

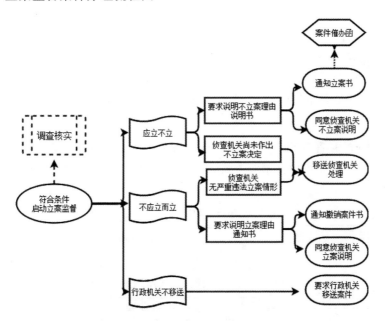

图1　现行立案监督案件办理流程

目前我国立法设置的立案监督案件流程基本如图1所示，上述流程中的调查核实权和案件催办程序被认为赋予了立案监督生命力的举措。

---

① 参见《人民检察院刑事诉讼规则》第558条规定：人民检察院负责控告申诉检察的部门受理对公安机关应当立案而不立案或者不应当立案而立案的控告、申诉，应当根据事实、法律进行审查。认为需要公安机关说明不立案或者立案理由的，应当及时将案件移送负责捕诉的部门办理；认为公安机关立案或者不立案决定正确的，应当制作相关法律文书，答复控告人、申诉人。

② 参见《人民检察院刑事诉讼规则》第539条第2款。

（1）调查核实权

根据《人民检察院刑事诉讼规则》第 551 条第 2 款，人民检察院对于涉嫌违法的事实，可以采取以下方式进行调查核实：（一）讯问、询问犯罪嫌疑人；（二）询问证人、被害人或者其他诉讼参与人；（三）询问办案人员；（四）询问在场人员或者其他可能知情的人员；（五）听取申诉人或者控告人的意见；（六）听取辩护人、值班律师意见；（七）调取、查询、复制相关登记表册、法律文书、体检记录及案卷材料等；（八）调取讯问笔录、询问笔录及相关录音、录像或其他视听资料；（九）进行伤情、病情检查或者鉴定；（十）其他调查核实方式。人民检察院在调查核实过程中不得限制被调查对象的人身、财产权利。

（2）监督案件催办程序

为了解决立而不侦，久侦不决的问题，《人民检察院刑事诉讼规则》第 564 条第 3 款规定公安机关立案后 3 个月以内未侦查终结的，人民检察院可以向公安机关发出立案监督案件催办函，要求公安机关及时反馈侦查工作进展情况。

（二）刑事立案监督的现实样态

通过分析 F 省 X 市 2015—2017 年立案监督工作概况以及监督立案后续工作的数据、查阅系统内文书等方式，笔者对司法实践中立案监督的现实样态进行梳理。

表1　F省X市2015—2017年立案监督工作概况①

年份	审捕案件	立案监督		案件来源								对公安机关以外主体的监督
		应立不立	不应立而立	办案中发现		当事人控告、申请		行政执法机关移送		其他		
				件数	占比	件数	占比	件数	占比	件数	占比	
2015	4460	47	45	2	29	61.70%	9	19.15%	1	2.13%	8	17.02%	
2016	4483	31	27	4	21	67.74%	6	19.35%	1	3.23%	3	9.68%	0
2017	3819	21	20	1	10	47.62%	8	38.10%	3	14.29%	0	0%	
小计	12762	99	92	7	60	60%	23.20%	5	5%	11	11.11%		

① 表1、表2内2015—2016年数据来源于旧全国检察机关业务系统，2017年数据来源于全国检察机关统一业务应用系统。但在司法实践中，由于受系统信息填录不完整、不准确及一些主客观因素的影响，表内数据精确度可能存在一定误差。

表 2　F 省 X 市 2015—2017 年监督立案工作后续效果

年份	监督立案	报捕		审查起诉		判决			
		逮捕	不捕	起诉	不诉	三年以下	三年以上	无罪	免予刑事处罚
2015	45	2 件 3 人		8 件 10 人		7 件 14 人			
						9	1	0	4
2016	27	1 件 1 人		2 件 2 人		7 件 11 人			
						7	4	0	0
2017	20		1 件 1 人	1 件 1 人	1 件 1 人				

从表 1、表 2 数据可见，司法实践中立案监督呈现出以下特点：

1. 案件数量少，与刑事侦查现状不匹配

2015—2017 年，X 市审捕案件 12762 件，立案监督案件 99 件，立案监督案件数量约为同期审捕案件数量的 0.78%，与刑事案件的发案量以及侦查机关的办案质量明显不匹配。

2. 监督应立不立案件多，监督不应立而立案件少，立案监督不均衡

2015—2017 年 X 市对应立不立案件的监督数为 92 件，对不应立而立的监督数为 7 件，前者是后者的 13 倍之多，反映出检察机关更侧重于对于应当立案而不立案的监督，对不应当立案而立案的监督相对薄弱。

3. 线索来源渠道不通畅，立案监督开展被动

2015—2017 年 X 市立案监督线索中有 60% 为办案中发现，立案监督线索来源过于单一。该市检察机关虽然根据 2010 年《关于刑事立案监督有关问题的规定（试行）》与公安机关建立了刑事案件信息通报制度，但是该制度并未落到实处，因此无法通过信息通报制度获取立案监督线索。其他渠道线索来源也较少，导致立案监督被动展开多、主动出击少。

4. 监督对象仅为公安机关，对其他侦查机关立案监督存在空白

X 市连续 3 年立案监督对象仅限于公安机关，对于其他具有立案权的侦查机关如海关、国家安全等部门监督为零，与宪法所规定的检察机关监督地位不对等，也与刑事诉讼法设定立案监督制度的立法目的不相称。

5. 立案监督缺乏流程管理，无法对立案过程进行动态监督

立案监督针对立案行为的合法性，是动态的监督过程，需要侦查监督、公诉、刑事执行、控告申诉等部门的配合。而司法实践中，立案监督案件多以是否通知立、撤案为审查终结，缺少规范的制度流程来统筹这些监督事项并形成合力，导致后续跟进不力、流程断裂。表 2 立案监督的后续处理情况与表 1 存在较大偏差，体现出缺乏流程统筹下，对立案行为的动态监督只能寄希望于承

办人的主观积极性，也使得"监督案件催办程序"形同虚设。同时，依赖承办人手工填录，影响了立案监督效果的统计，也无法为决策提供科学依据。

6. 立案监督文书不规范，影响法律监督权威和效果

经查阅系统内文书，立案监督法律文书存在制作和使用不规范的问题。文书制作问题以《立案监督案件审查意见书》最为突出，报告格式要求不规范、证据分析简单、处理结果理由不充分；且不同承办人对该文书的制作时间点也极不统一：一种是在受案之初即制作，用于论证是否要求侦查机关说明立案、不立案理由；另一种是收到侦查机关说明后，用于表明对案件处理的综合结论性意见。在文书使用上，对一些已经查证属实的违法行为，出于维护与侦查机关关系等考虑，应当制发《纠正违法通知书》的降格以《检察建议书》处理，损害了司法的严肃性和公信力，影响了检察机关的形象。

二、目前检察机关立案监督办理机制之检讨

立案监督运行不畅，原因是多方面的：有监督内容、监督对象、调查核实权等问题立法顶层设计缺失模糊，导致立案监督可操作性差的原因；有立案监督理念陈旧，司法机关对于立案监督独立价值认识不足，模糊了诉讼监督应有地位，使其沦为"副业"的原因；也有检察机关对立案监督工作机制设计不科学的操作原因。顶层设计的完善、监督观念的扭转是长期的系统工程，不能一蹴而就。相形之下，如何通过对检察机关立案监督模式从"随心所欲"的"办事"模式向"规范有序"的"办案"模式转变，以期在现有框架内尽可能地解决问题、最大限度地实现刑事立案监督对于刑事诉讼合法有序运行、人权保障的重要作用更具有现实意义。同时，立案监督工作模式的转变也将在一定程度上倒逼立法顶层设计的完善和监督理念的扭转。

（一）检察机关现行立案监督工作模式之弊端检视

当前诉讼监督工作被诟病的一点是，长期以行政化方式运行，被评价为"办事模式"。[①] 而根据统一应用业务系统的操作规范，立案监督为负责侦查监督的部门办理的案件类型之一，但是由于缺乏"办案"的基本要素，所谓的"立案监督案件"有名无实，具体体现在以下几个方面。

---

① 韩晓峰、陈超然：《诉讼事项案件化的思考》，载《人民检察》2016 年第 21 期。

1. 启动程序随意

检察机关在立案监督中并未设置立案程序，除控告申诉检察部门移送外，普遍采取"谁发现、谁启动、谁办理"的工作模式，缺乏对线索管理、程序启动明确的标准和要求。实践中，通常呈现为两个极端问题：一是基于完成考核任务需要，为了监督而监督的"凑数监督"问题；二是承办人基于"多一事不如少一事"的观念，对于定性不明显的监督线索存在怠于监督的问题。同时，由于目前立案监督案件采取的是"不监督成功不立"的立案方式，也使得承办人在办理案件过程中虽有发现立案监督线索，但因没有一定可以监督成功的把握而不敢启动立案监督程序。

2. 对事实证据调查核实不足

除前述的立法方面原因，检察机关内部对于立案监督办理的流程过于简单，缺乏对违法事实调查核实权的启动条件、证据收集判断的规范和标准，承办人较少使用调查核实权，导致立案监督成案少或者即便启动立案监督后，后续的刑事诉讼程序进展也不理想。

3. 结案标准不明确

立案监督案件无卷宗、无办案期限、无结案标准。实践中承办人均以侦查机关立案、撤案或同意侦查机关说理为审查终结。结案后，也没有形成卷宗材料，多数案件仅有体现最终决定的法律文书，不足以完整体现诉讼监督案件立案、调查、审查、决定以及跟踪反馈、复议复核的过程。

4. 缺乏立案监督案件质量评价体系

如前所述，立案监督由于没有严格的办案程序、证据要求、监督过程缺乏留痕、结案标准不明，难以对立案监督案件质量进行评价。在责任倒查时，也由于缺乏立案等节点性程序，证据材料的取证要求不严，范围不清，即便发现立案监督决定不当，也很难明确是在哪一环节什么因素导致了问题的发生。

（二）现行办理模式影响立案监督案件质效

1. 启动随意，导致立案监督价值异化

因启动随意，司法实践中存在检察机关因新法公布、[1] 政策、考核等原因而强行启动的立案监督，使得检察机关自身对于立案监督的认识严重偏离制度

---

[1] 参见宁孟彬：《刑事立案制度调研报告——以 C 市检察院第 W 分院为分析样本》，西南政法大学 2016 届硕士学位论文；付明涛：《检察机关刑事立案监督的实证调查》，西南政法大学 2014 届硕士学位论文等文章均指出在 2010 年《刑事立案监督有关规定》实施后、2012 年最高人民检察院《人民检察院刑事诉讼规则（试行）》出台后，立案监督数有所增加，得出立案监督数量受法律刑事政策影响的结论。

本身的价值，重视度大打折扣，严重影响了立案监督工作的有效开展。而这又使得原本对立案监督工作存在抵触情绪的侦查机关和行政执法机关更加不认同检察机关的立案监督工作。监督主体及被监督主体对于立案监督价值认识偏差，重视不足，多有抵触，导致立案监督工作的有效性大受影响。

2. 调查核实不足，难以与侦查机关抗衡

按照法律规定，检察机关在立案监督过程中具有调查核实权，但由于该规定较为笼统和有限，存在先天不足，导致即使运用调查核实权也并不能保证能够将有争议、有疑点的事实查清，检察机关较少运用。这就导致检察机关在应启动立案监督时因缺少调查而不敢轻易认定侦查机关立案行为不合法，在侦查机关作出说明后又因缺少调查而不敢轻易否定侦查机关的说明，检察机关因缺少调查核实而无法与侦查机关的意见抗衡。

3. 结案标准不明，导致监督缺位、重复监督、监督不力

对于立案监督案件的结案标准通常止于侦查机关作出说明或立、撤案，而对于后续案件的处理没有强制跟踪机制，使得立案监督仅止于对立撤案这一节点的监督，而对于立案行为作为一个过程的合法性监督缺位，当然也使得立案监督案件催办程序形同虚设。同时由于对于立案监督后续缺少跟踪，案件"失联"，就难免会出现重复监督的情形，即在立案监督环节被监督的事项，在之后的诉讼环节中再次被检察机关的不同部门监督；同时司法实践中也存在立案监督案件中发现的问题被降格处理，在立案监督过程中发现的违法立案行为，应以纠正违法方式处理的多被降格为检察建议书，出现监督不力的情形。

三、"案件化办理" 视角下刑事立案监督机制的完善思路

（一）立案监督"案件化办理"之正当性基础

长久以来，无论是外界，还是检察机关内部，对于立案监督事项的属性定位均没有一个明确的认知，这从前述立案监督的法律渊源中也可以得到印证：以检察机关内部规范、文件甚至问答为依据的居多，而法律层面只有原则性的片段式规定。而在实务层面，也有人质疑，既然行使立案监督权也属于办案，为何没有案号、不形成案卷，在案件系统中没有独立的位置与反映？笔者认为，这与传统上我们不重视这项职能有关，更与我们以往对此项监督职权的行使是否属于办案在认识上存在偏差有密切关系，甚至在目前"捕诉一体"的检察职能改革与内设机构整合的司法改革背景之下，这一趋势有更加弱化之可能。因此，在探讨如何完善立案监督之前，有必要厘清何为"办案"以及立案监督是否属于"办案"这一正当性基础问题。

所谓办案，一般认为这个词语简单明了，如《现代汉语词典》解释为

"办理案件"。[①] 也有学者认为，办案是检察人员处理案件相关行动的总和。[②] 这就仍然需要对"案件"这一概念进行界定。笔者认为，案件与刑事诉讼程序相关联，应当具备程序、证据以及决定三个要素，这也是案件与事件的本质区别。对此，笔者赞同孙春雨博士提出的"检察办案"概念：办案是指检察官依据法定条件和程序，在对案件事实证据进行推理判断的基础上，作出具有法律效力的裁决并承担相应责任的行为过程。[③] 从办案的构成要素而言，需要具备以下六个内容：一要有适格主体，二要有法律依据，三要遵循法定程序，四要产生法律效力，五要承担法律责任，六要符合形式要件。[④]

公安办案和法院办案易于理解的原因在于他们的业务比较单一，一个是侦查，一个是审判，凡是围绕侦查并对诉讼进程产生法律效力影响的行为是办案，比较容易形成共识。而检察机关的职能呈现多元化，既有一定的侦查权，也有专属的公诉权，更有宪法赋予的专门法律监督权。其中，侦查和公诉对应公安的侦查与法院的审判，属于办案当无疑义。而监督是对侦查、审判、执行等办理案件行为的监督，其本身是否属于办案则备受质疑。笔者认为，在思考立案监督是否属于办案这个问题上，不能简单套用侦查或者审判的思路，而应当回归到案件本质属性的界定上来。因为立案监督具有法律依据，需要排查监督线索，需要启动立案审查程序，需要调查核实证据，然后根据事实、证据以及法律规定决定监督方式，作出的决定具有刑事诉讼程序上的法律效力，且还有相应的跟进处理措施，以确保立案监督的实际效果，承办检察官也需要对作出的监督决定承担相应的法律责任。可见，立案监督属于检察办案，本文提出的"立案监督由办事模式向办案模式转型""立案监督事项案件化办理"等理念正是为了回应检察监督是否属于办案的质疑，并进而为完善立案监督本身提供新的路径。

---

① 《现代汉语词典》，商务印书馆 2007 年第 5 版，第 37 页。

② 上官春光：《检察业务管理视角下的办案过程和办案质量》，载《中国检察官》2010 年第 1 期。

③ 孙春雨：《检察办案问题研究》，载《2018 年第 19 届全国检察理论研究年会暨中国法学会检察学研究会年会论文集》，第 263 页。

④ 陈光中、王迎龙：《司法责任制若干问题之探讨》，载《中国政法大学学报》2016 年第 2 期。

（二）立案监督"案件化办理"之制度价值

1. 有利于立案监督司法化

检察机关立案监督的"办事"模式导致立案监督办理过程不规范并且减损了立案监督的刚性和执行力。强化立案监督"案件化办理"，通过明确启动标准，杜绝选择性监督、虚假监督；通过规范调查核实程序，使检察机关的监督意见能有的放矢；同时案件化办理，可以使检察机关按照司法权的运行规律和原理来行使立案监督权，有利于解决立案监督的监督缺位、重复监督和监督不力等问题。

2. 有利于立案监督规范化

法律的生命在于实施，司法的要义在于规范。明确立案监督程序运行的流程、规范证据标准、结案标准、强调全程留痕是"案件化办理"的题中应有之意。对立案监督流程进行细化和梳理，将立案监督后续跟踪纳入立案监督案件流程管控，要求通过收集、审查证据来调查核实侦查机关立案行为是否合法、根据调查核实的证据作为立案监督的结论，同时，对各个节点文书的制作和使用进行规范，有利于立案监督规范化，提高立案监督水平，并且可以增强立案监督的权威性。

3. 有利于监督责任具体化

长期以来，检察机关诉讼监督职能依附于审查批准逮捕、审查起诉工作，立案监督沦为"副业"，检察官监督主体地位弱化，出现"不愿监督、不敢监督、不会监督"的局面。立案监督案件化办理模式规范了立案监督权的运行，也有助于落实检察官的监督主体地位。通过明确检察官的监督权力清单，充分调动检察官履行立案监督职责的主动性；通过科学制定监督考评体系，强化检察官责任意识，把立案监督责任真正落实到检察官个人。

（三）立案监督"案件化办理"之完善思路

1. 实现办案流程的规范化，以防止立案启动程序之随意

程序化是办案活动最重要的外部特征。立案监督办案流程应包括线索受理、调查核实、监督纠正、跟踪督促、结案归档环节。立案监督案件化模式转变，需要重塑立案监督的办理流程。为避免虚假监督和选择性监督，应从线索统一受理入手。立案监督线索是发现立案行为不合法、启动监督的源头，面对当前立案监督线索来源多头复杂的现状，应建立立案监督线索集中统一管理和分流机制。应由专门部门（根据目前机构改革的情况，可以由控申部门或者专门的诉讼监督部门）对各类线索来源进行统一管理和分流。对于业务部门在办理审捕或者审查起诉案件中发现，或者通过"两法衔接"平台发现的立

案监督线索，承办人也应及时归口给线索管理的专门部门，由专门部门与其他渠道收集、发现的线索统一编号，集中管理。将立案线索统一受理作为流程监控的起点。

2. 实现调查结果的证据化，以纠正证据调查核实之偏差

程序和证据是案件办理的核心要素。立案监督案件化办理，应贯彻证据裁判原则，办案人员作出的立案、监督纠正、跟踪督促等结论必须建立在证据的基础上。办理立案监督案件，实际上就是对侦查机关立案活动是否违法进行调查取证的过程。对调查核实的证据进行摘录、分析及说理论证，根据调查核实获取的相关证据材料，制作规范的《立案监督案件审查报告》，并据此提出是否立案监督、采取何种方式监督的意见，既增强了检察机关敢于监督的底气，也增加了立案监督结论的合理性和权威性。

3. 实现办案机制的完整化，以明确立案监督结案之标准

一个完整的案件必须有结案的环节，而结案包含两方面要素：一是明确的结案标准，二是结案后的归档工作。立案监督是对立案活动全程的监督，不应止于对立、撤案这一"点"的监督，应将监督后侦查机关的立案活动纳入监督范围。监督侦查机关立案的，应通过系统提示方式在侦查机关立案后3个月提示承办检察官对该案侦查情况进行跟踪督促，必要时还可以介入侦查、引导取证，对于符合报捕和起诉条件的，要督促公安机关及时报捕、及时移送起诉，还可根据情况决定是否向侦查机关发出《立案监督案件催办函》。同时在立案监督案件后续出现报捕、移送审查起诉等进入刑事诉讼程序的情形时，通过系统设置由系统提示立案监督案件承办人案件后续情况。① 做好结案归档工作是重大监督事项案件化的必然要求，既是对办案过程的汇总整理，又能倒逼承办检察官树立规范办理侦查监督案件的意识。对于经审查不予受理的案件及受理后进入立案监督程序的案件，应分别不同情况明确结案归档的材料，在统一编号的前提下，实现后结案时的"一号一卷"，全程留痕，有据可查。

4. 实现办案评价的科学化，以落实立案监督办案之责任

员额制改革实施以来，由于监督难以量化，成绩不明显等特点，监督工作弱化趋势更为明显。将立案监督案件纳入检察官绩效评价体系，建立科学的评价机制，实现办案与考核挂钩，从"量"上促进检察官办案的积极性，从

---

① 目前统一业务系统的设置，是由后续办理的承办人在"是否立案监督案件"选项下进行是或否的选择，一是后续承办人并不清楚之前的监督情况，无法准确填录；二是该项并非强制填录项，存在遗漏可能；三是即使后续承办人填录，信息也不自动关联至之前的立案监督案件，立案监督案件的承办人并不能因后续填录即时掌握信息。

"质"上增强检察官办案的责任感，是改革的当务之急。对于立案监督案件评查可采取定时、定向抽查与特殊时期、特殊案件个案检查评估相结合的方式，主要评查法律文书和卷宗材料是否齐全、格式是否符合规范要求、内容是否准确完整无差错，案件处理是否符合实体和程序要求，以立案监督案件质量评价结果落实办案主体责任。

综上所述，笔者试对立案监督案件化办理的具体流程做一梳理（详见图2），在案件化办理流程之下，与"办事化"的原模式相比，体现为三个方面的不同：一是增加了案件办理流程监控，从立案监督线索受理进入统一业务系统之后，监督办理情况及案件期限即进入案件质量管理监控范围；二是监督标准、法律文书与结案归档有章可循，案件化办理所强调的程序、证据与决定均能够得到具体落实；三是办案评价有据可依，与办事化不同的是，所有立案监督案件办理阶段与处理决定均可以在办案系统查阅、评查，可以通过办案业绩考评体系对监督质量进行客观评价。

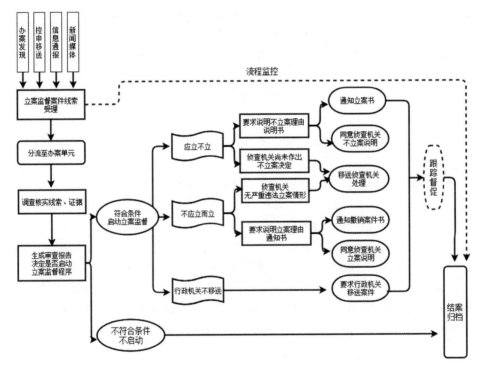

图2 "案件化"办理模式下立案监督案件办理流程

论"消极侦查"监督案件化办理模式的构建

吕　洋[*]

消极侦查，是指公安机关在检察机关监督立案后虽予以立案，但未有效开展或低质量开展侦查活动，导致案件长期处于无法查清的境地。这种刑事立案监督环节的消极侦查，违背了侦查行为及时迅速原则，不利于实现控制犯罪的目的，导致刑事诉讼效率的降低，并易诱发其他侦查违法行为。现行刑事诉讼法对于公安机关立案后的监督程序没有明确规定，实践中案件长期滞留在侦查阶段，检察机关立案监督的案件侦结率、起诉率较低，一定程度上弱化了法律监督的权威。

在当前以审判为中心刑事诉讼制度改革的背景下，检察机关对公安机关在立案监督后消极侦查行为进行案件化办理，是侦查监督工作在司法体制改革背景下进行办案模式转型的重要着力点，有利于改变当前立案监督乏力的状况。

一、"消极侦查"监督案件化办理模式的含义

"消极侦查"监督案件化办理模式，是指检察机关监督公安机关立案后，对公安机关消极侦查行为开展正式规范的办案化流程，即通过调阅、复印审查相关法律文书和案件材料，询问相关案件当事人及办案人员，走访知情人等，确定公安机关消极侦查行为是否合法，并及时向有关机关发出纠正违法通知书、检察建议或提出其他整改建议的工作模式。

二、"消极侦查"监督案件化办理模式的价值

（一）促进司法规范化

党的十八届四中全会审议通过的《中共中央关于全面推进依法治国若干重大问题的决定》（以下简称《决定》）明确指出，必须完善司法管理体制和司法权力运行机制，规范司法行为，加强对司法活动的监督，努力让人民群众

＊ 吕洋，辽宁省丹东铁路运输检察院侦查监督部检察官助理。

— 377 —

在每一个司法案件中感受到公平正义。这是第一次在党的重要文献中明确把"规范司法行为"确立为司法工作的基本要求，体现了党中央对司法工作的关注和期望。立案监督工作作为检察工作的一个环节，开展司法规范化建设是全面落实《决定》精神的必然要求。

实行"消极侦查"监督案件化办理就是结合统一业务应用系统将司法办案环节的适用范围、审查标准、办案规程等具体化、系统化、规范化，提升司法办案工作科学化、规范化水平，切实提高司法办案的效率和质量，使以往碎片化的监督更加具有规范性。

（二）提高监督成效

"消极侦查"的案件化办理模式，是对监督事项建立案卡、案号、业务卷宗并形成真正的案件。这种新的办案机制的有效运转，有利于检察人员准确把握监督工作的职责定位和具体职责范围，调动了办案人员工作积极性，化解了检察官的绩效考核问题。[①] 此外，提升了监督的质量和效果。通过在法律规定的框架内开展监督活动，保证监督活动本身不违法，做到所有涉及监督环节的工作都能够严格依法进行，既履行了法律赋予的监督职责，实现监督的目的，又不疏于履行或滥用监督权，做到能监督、会监督，大大提高了监督成效，提升了监督权威。

（三）契合法治建设实际

《"十三五"时期检察工作发展规划纲要》提出，要"探索实行重大监督事项案件化，加大监督力度，提升监督实效"。推进重大监督事项案件化的过程也是推动检察机关法律监督调查权立法化的过程，这个调查取证的过程以法明之，有利于有效打击犯罪，切实保障被害人的诉讼权利。此外，最高人民检察院侦查监督厅《关于进一步规范书面纠正违法适用工作的通知》规定："判断侦查机关在侦查活动中的违法行为是否达到性质恶劣、情节较重的程度，主要是看违法行为是否严重侵害当事人及其辩护人、诉讼代理人的人身权利、财产权利或者诉讼权利，是否严重破坏诉讼程序、妨害刑事诉讼依法公正进行。"比照这一规定，公安机关消极侦查的行为，对当事人权利和诉讼程序都产生了严重的影响。一是会损害司法权威。法律监督者的监督能否取得法律效果，竟取决于作为被监督者的是否配合，这种奇特的司法现象充分说明检察机

---

① 印仕柏：《侦查活动监督重点与方法》，中国检察出版社2014年版，第267页。

关法律监督地位的尴尬。[①] 二是会对被害人带来"第二次伤害"。因为公安机关消极侦查行为，使得被害人及其亲属认为公安机关偏袒犯罪嫌疑人，从而产生报复心理或者过激行为。三是会降低诉讼效益。就刑事侦查而言，破案时间最能反映侦查的效率，而效率又直接影响效益。在国外，反应能力被认为是破案的重要条件。来自日本刑警局统计表明，刑警在报案后 3 分钟内赶到现场的破案率为 30%，5 分钟赶到现场的破案率为 17.9%。[②] 因此，公安机关不积极调查证据，应采取保全证据措施而不采取，应对材料进行鉴定而敷衍了事等消极侦查行为，易导致证据灭失，犯罪嫌疑人潜逃等情况。这不仅违背了侦查及时性要求，降低了破案率，直接影响了诉讼效益，浪费了宝贵的司法资源。

三、"消极侦查"监督案件化办理模式的构建

各地检察机关对监督事项"案件化"办理模式进行了积极探索。比如，湖南省长沙市检察院将建议移送、监督立案、监督撤案、侦查活动监督等工作融合在一起，制定了《重大监督事项"案件化"办理规定（试行）》，山东省济南市检察院按照不同监督事项，分别制定了《刑事立案监督案件办理细则（试行）》和《侦查活动监督案件办理细则（试行）》。[③] 这些探索为"消极侦查"监督案件化办理模式的构建提供了有益的借鉴。

（一）受案立案程序

检察机关在接到"消极侦查"监督事项的有关材料或线索后，由案件管理部门统一受理，并填写《受案登记表》，由系统分流给员额检察官办理。[④]不符合受理条件的，由分管副检察长审批后及时答复投诉人。

结合司法实践，笔者认为，对公安机关存在以下几种形式的消极侦查行为，可由员额检察官制作《立案监督事项立案决定书》，报本院分管副检察长审批后，启动立案程序。

其一，公安机关在立案后未拟订侦查计划，或虽拟订了侦查计划，但未开展实际侦查活动。比如公安机关在长达 30 日的拘留期间内，只对犯罪嫌疑人进行简单的讯问，直到羁押期限届满未开展其他侦查活动。

---

① 天津市北辰区人民检察院课题组：《检察机关"提前介入"问题研究》，载《河北法学》2009 年第 3 期。

② 邹明理：《侦察与鉴定热点问题研究》，中国检察出版社 2004 年版，第 166 页。

③ 韩晓峰：《如何深入探索重大监督事项案件化办理》，载《人民检察》2017 年第 15 期。

④ 孙振江、张洪森：《刑罚交付执行监督"案件化"办理模式探索》，载《人民检察》2017 年第 18 期。

其二，对涉案犯罪嫌疑人未进行抓捕或未采取有效的追逃措施，致使犯罪嫌疑人长期未归案的。比如实际情况是犯罪嫌疑人并未出逃或一直在相对固定区域内活动，公安机关以犯罪嫌疑人在逃为借口，未对其实行网上通缉，也未对其采取技术侦查措施，导致犯罪嫌疑人长期潜逃的。

其三，未开展实际有效的调查取证工作。公安机关立案后以没有任何价值线索为由，实际未开展有效侦查活动。比如，在一起伤害案件中，案发后受害人即时向公安机关报案，并称有两名加害人共同伤害。但公安机关没有及时调取案发时的监控录像，以致后期犯罪嫌疑人翻供后，公安机关再去调取录像时，因车站的监控录像只能保存10天而未能提取，这给"一比一"证据的案件认定设置了极大障碍。

其四，对应当侦查总结的案件未作终结性处理，致使案件长期处于侦查的状态。比如有的侦查机关经侦查查明，发现犯罪嫌疑人涉嫌犯罪但未终结，对犯罪嫌疑人既不提请批准逮捕，也不直接移送审查起诉。

但是，对于公安机关在立案后持续侦查，但由于案件本身疑难复杂，取证工作量大，已取得的证据尚不足以认定犯罪嫌疑人涉嫌犯罪，导致公安机关在较长时间内未侦查终结的，一般不宜认为侦查机关消极侦查。

（二）调查核实程序

检察机关可以依法对公安机关的消极侦查进行调查核实。可选择以下几种方法：

第一，询问案件当事人。经主管副检察长批准可以当面询问案件被害人和相关证人。询问内容包括案件的基本情况，是否有明确具体的线索可以提供等，询问的内容应当记录在案。

第二，询问办案人员。询问办案人员了解案件情况。询问内容包括案件是否已经作了最终处理，如未侦查终结，主要原因是什么等。

第三，调阅、复印相关法律文书及案件材料。检察机关通过审查相关的法律文书及案件材料，了解犯罪嫌疑人涉嫌犯罪证据是否充足以及公安机关下一步有何侦查计划。调阅、复印相关法律文书及案件材料包括公安机关刑事受案、立案、破案等登记表册、治安处罚决定、报案记录、传唤笔录等相关法律文书及案卷材料，调取公安机关讯问同步录音录像、执法记录仪等视听资料，查询犯罪嫌疑人羁押记录、查封、扣押、冻结财物的相关法律文书等证据材料。①

① 马珂：《推进重大监督事项案件化若干问题思考——以侦查监督工作为视角》，载《贵州警官职业学院学报》2017年第6期。

（三）监督实施程序

在调查核实结束后，承办人应制作规范的《立案监督事项审查意见书》，主要包括监督事项的来源、涉案嫌疑人的基本情况、发案立案情况、调查核实的工作情况、查明的事实，案件处理意见等内容。《立案监督事项审查意见书》须报经检察长审批。

通过对调查核实情况进行分析，以消极侦查是否会影响刑事诉讼程序的正常进行为标准，监督方式分两步走。

一是经过调查，认为不属于犯罪案件，或者认为犯罪嫌疑人有犯罪嫌疑，但据以定罪的主要证据缺乏，且已经丧失继续侦查的可能性，导致案件确实无法查清终结，检察机关可以发出《检察建议书》，建议公安机关侦查终结，并作撤案处理。

二是经过调查，认为消极侦查会影响刑事诉讼的正常进行，需要进行监督的，根据轻重程度可以按照以下步骤监督，并做好公安机关落实监督举措的跟踪反馈工作：

第一，对于消极侦查行为极轻微的，可以口头提出纠正意见。对于执法不规范等带有普遍性、倾向性问题的，可以制发《检察建议书》。向公安机关提出对案件侦查人员进行批评教育、限期改正或更换侦查人员的意见。

第二，监督立案后3个月未侦查终结的，检察机关应当发出《立案监督案件催办函》，要求公安机关反馈侦查工作进展情况。

第三，对于经催办后，公安机关仍然未进行实质性侦查活动的，且拒不反馈侦查进展情况的，可以发出《纠正违法通知书》。

第四，发出《纠正违法通知书》后1个月内仍未改进的，可以报告上一级检察机关向同级公安机关督促纠正。

（四）结案归档程序

案件办结后，承办人应当将案件线索来源材料、调查核实材料、审查报告、相关法律文书、诉讼过程中其他有关材料等原件材料立卷存档，实行"一案一档"。并将其纳入检察官业务考核和案件质量评查的范围，促进司法办案更加规范化。

重大侦查监督事项
"案件化办理模式"的制度构建

叶丛中[*]

法律监督是检察机关安身立命的根本职能。对公安机关的刑事立案和侦查监督，虽然 1955 年最高人民检察院就设立了一般监督厅、侦查监督厅和审判监督厅，[①] 但是这么多年来，检察机关对公安侦查监督一直停留在阅卷宗、查档案的阶段，没有形成实践中有效的调查手段和监督机制。具体而言，存在侦查活动监督线索来源渠道少、监督手段无力、监督机制表面化、监督过程随意、卷宗材料不规范、监督期限不明确、监督无跟踪问效等诸多问题，其中核心的一条是没有强有力的调查手段保证检察机关介入公安侦查活动。面对诸多弊端，有观点提出构建法律监督事项案件化的工作模式。[②]《"十三五"时期检察工作发展规划纲要》中也提出"探索实行重大监督事项案件化，加大监督力度，提升监督实效"的要求。2017 年 1 月，全国检察长会议上也强调，要探索重大监督事项"案件化"办理模式，提出了实现真正意义上的侦查监督活动开展的要求，为新形势下侦查监督办案模式的重大调整指明了方向。对于重大侦查监督事项"案件化办理模式"，笔者将在下文中提出建议。

一、明确规定重大监督事项调查权的具体方式

停留在抽象层面的法律监督都是没有任何实践意义的，对公安机关的立案和侦查活动进行监督，实际上如果不对立案和侦查活动展开调查，以形式上的监督根本不可能对违法立案和侦查行为产生实质影响。通过调阅卷宗、查看执法档案的形式企图发现立案和侦查环节的违法情形，是不切实际的，除非建立

---

* 叶丛中，山东省泰安市纪委监委驻市人民检察院纪检监察组副组长。
① 孙谦主编：《人民检察制度的历史变迁》，中国检察出版社 2010 年版，第 262 页。
② 高祥阳：《刑事执行检察应从"办事模式"向"办案模式"转变》，载《人民检察》2015 年第 17 期。

案卷卷宗的侦查人员根本不懂法律的基本规定，否则即使立案和侦查环节包含诸多违法情节，案卷卷宗也不可能体现违法情节的存在。修改后的《刑事诉讼法》第57条规定：人民检察院接到报案、控告、举报或者发现侦查人员以非法方法收集证据的，应当进行调查核实。对于确有以非法方法收集证据情形的，应当提出纠正意见；构成犯罪的，依法追究刑事责任。虽然赋予了检察机关违法侦查行为调查权，但对侦查机关的刑事立案和侦查活动的调查权规定的还不具体明确，在司法实践中凭借法律的抽象规定，往往会导致侦查机关的抵触和不配合，因为调查权的范围和方式的不明确，阻碍了对违法侦查行为进行调查的稳定监督机制的形成。

（一）会同公安部共同制定《侦查活动调查违法侦查行为实施意见》

《刑事诉讼法》第57条从原则上规定了检察机关对违法侦查行为进行调查核实的权力，《人民检察院刑事诉讼规则》在第72条中进一步规定，"上一级人民检察院接到对侦查人员采用刑讯逼供等非法方法收集证据的报案、控告、举报的，可以直接进行调查核实，也可以交由下级人民检察院调查核实。交由下级人民检察院调查核实的，下级人民检察院应当及时将调查结果报告上一级人民检察院。人民检察院决定调查核实的，应当及时通知公安机关。"但是刑事诉讼法的规定过于原则，《人民检察院刑事诉讼规则》性质上属于检察机关内部发布的司法解释，对公安机关并无法律约束力，检察机关根据该规定介入公安机关立案和侦查活动进行相关调查，公安机关不仅不配合，而且面临着诸多阻力。最高人民检察院侦查监督厅2013年制定的《关于侦查监督部门调查核实侦查违法行为的意见（试行）》第5条中，明确规定了十种调查核实方式。[①] 但性质更局限于检察机关内设机构的内部规定，对外不具有约束力。因此，只有根据修改后刑事诉讼法的规定，与公安部会同制定《侦查活动调查违法侦查行为实施意见》（以下简称《实施意见》），明确规定检察机关对违法侦查活动调查权的实施机制，才能确保侦查监督工作不停留于形式，而真正对公安机关立案和侦查活动产生实质影响，这也是重大监督事项案件化办理的基本前提，只有建立明确的违法情节调查实施机制，重大监督事项才能进入案件化办理模式。

（二）明确规定重大监督事项调查权的具体措施

任何不依托具体实施机制的抽象监督，在法律实践中往往流于形式。因

---

① 韩晓峰、陈超然：《诉讼监督事项案件化的思考——以侦查监督为分析视角》，载《人民检察》2016年第21期。

此，通过刑事诉讼法明确赋予检察机关对重大监督事项的调查权后，还应该明确调查权的具体措施，如果像刑事诉讼法和《人民检察院刑事诉讼规则》一样原则规定赋予调查权，并不明确调查权的内容和手段，在监督实践中同样会带来理解的不一致和不同执法机关的不协调，阻力同样不会少。最高人民检察院侦查监督厅制定的《关于侦查监督部门调查核实侦查违法行为的意见（试行）》第5条明确规定侦查监督部门根据需要，可以采取讯问犯罪嫌疑人；询问证人、被害人或者其他诉讼参与人；询问办案人员；询问在场人员或者其他可能知情的人员；听取辩护律师意见；查看、调取讯问笔录、讯问录音、录像；查询、调取犯罪嫌疑人出入看守所的身体检查记录及相关材料；查阅、调取或者复制相关法律文书或者案件材料；进行伤情、病情检查或者鉴定以及其他调查核实方式等十种方式进行调查核实。① 但如前所述，该项规定对公安机关侦查部门并无约束力。但实践中从对侦查监督法律效果来看，与公安部会同制定的《实施意见》中，对立案和侦查活动违法情节的调查至少应该包括以下措施和手段：调阅立案（包括不立案、撤案等情形）和侦查活动过程中的相关法律文书；传唤立案和侦查活动过程中的当事人和证人；讯问立案和侦查活动过程中涉及的犯罪嫌疑人；询问公安机关侦查人员；勘验检查涉案人身、现场和财物；调取、鉴定涉案物证；查询往来资金账户等。刑事诉讼法应对重大监督事项调查权采取列举的方式，将检察机关履行侦查监督常用的手段明确列举，以减少法律监督实践中的分歧和阻力。同时，会同制定的《实施意见》应着重规定调查权具体手段和措施，并在此基础上建立完善的监督实施机制。

（三）调查权应排除限制人身自由和财产权利处分

毕竟重大监督事项调查权不同于侦查机关行使的侦查权，它不涉及实质上的人身权利和财产权利处置，监督调查权只是抗衡违法行使侦查权，因此，侦查监督过程中的调查权不是不受限制的，它只是为了查明侦查活动过程中违法情节是否存在，并不对侦查权本身涉及的拘留、查封、扣押、冻结等人身和财产权利处分行为进行变更。侦查监督权和侦查权是相伴相生的，侦查监督权如果无法在司法实践中发生实际作用，侦查权往往存在极大的违法滥用风险。在会同公安部门制定的《实施意见》中，也应明确界定监督调查权的范围，将限制公民人身自由和财产处分的侦查权限剔除于监督调查权范围之外，既保证侦查行为规范合法运行，又防止侦查权被违法滥用。

---

① 元明、张庆斌、朱荣力：《〈关于侦查监督部门调查核实侦查违法行为的意见（试行）〉理解与适用》，载《人民检察》2014年第4期。

二、建立集中统一的监督线索管理机制

侦查监督活动开展的源头在于案件线索，没有广泛的案件线索来源，侦查监督案件化办理无从着手，而实践中诉讼监督线索发现难、调查核实难、监督处理难这三个"老大难"问题一直困扰着检察机关诉讼监督工作。[1] 这就要求建立一套规范高效的监督案件线索管理机制。首先，要对各种不同渠道来源的案件线索进行集中统一管理。案件线索的集中统一管理是侦查监督活动开展的前提，这种集中统一管理不仅有利于整合办案资源、使有效案件线索发挥应有功用，而且使侦查监督从一开始就按照制度化的要求建立起一套规范实施机制。案件线索管理只是侦查监督实施的开端，但对于克服目前侦查监督工作中普遍存在的"不监督成功即不留有痕迹"[2] 的问题具有现实针对性，从源头上保证了案件线索的全程留痕，契合了重大监督事项案件化办理的基本要求。其次，要明确专门检察官办案组织集中统一管理案件线索。应在侦查监督部门内部设立专门检察官办案组织管理来自各个渠道的案件线索，建立监督案件线索部门间衔接移送机制，侦查监督部门须会同公诉、控申、执检、案管等部门制定侦查监督案件线索统一移送规定，明确由案件线索管理检察官组织定期与上述部门对接，实现一般监督案件线索定期移送，重大监督案件线索即时移送的案件线索对接机制。再次，要科学论证制定重大监督案件线索的标准。案件线索处理的前提是制定案件线索分类标准，这里主要是指重大案件线索和一般案件线索的分类标准，对于一般的监督案件线索都要求做到案件化处理是不切实际的，也是对司法资源的极大浪费。因此，制定重大监督案件线索标准关系到案件化处理的范围，山东省济南市检察院试点工作中规定"案件化"办理的重大监督事项包括：涉及民生民利，有可能引发上访或已经引发上访的事项；严重影响公民人身权利和财产权利的事项；经新闻媒体报道引起网络舆情的事项等。[3] 对于确定重大监督事项的范围，不一定仅仅围绕案件本身性质和案件的社会影响力来界定，笔者倾向于认同，"根据诉讼行为违法严重程度来确定

---

① 黄河：《新时期侦查监督法治化现代化主题的解读》，载最高人民检察院侦查监督厅编：《侦查监督指南》2015 年第 2 辑，中国检察出版社 2015 年版，第 15 页。

② 王珍祥：《推进侦查监督工作案件化的机制构想》，载《中国检察官》2016 年第 10 期。

③ 郭树合：《山东济南：重大监督事项实施案件化处理》，载《检察日报》2017 年 8 月 3 日。

监督事项案件化办理的范围，只对重大诉讼违法行为实行案件化办理"。① 从案件线索反映的侦查活动违法程度来确定重大监督事项的范围更为合适，案件线索反映侦查活动具有严重违法情节都应该纳入监督范畴，当然试点前期可以确定严重侵害公民人身财产权利、造成恶劣社会影响的案件线索作为监督的着力点，以此形成稳定的监督实施机制。最后，要建立科学的案件线索分流处置机制。以检察官办案组织作为案件线索管理处置的主体，对各个渠道汇聚的案件线索进行线索登记，尤其是对线索中附带的案件证据要登记保管，在此基础上，根据明确制定的重大监督事项范围和案件线索标准进行案件线索分流，甄别出重大监督事项线索，并形成重大监督事项报告提交分管检察长决定，启动重大监督事项立案程序。对于一般监督事项交由部门负责人决定，由检察官进行非案件化监督。

三、完善重大监督事项规范化办理机制

为保证重大监督事项案件化办理机制的规范运行，除了基本法律对赋予检察机关调查权的具体化规定之外，还要制定实践操作中正式的规范性文件。这些规范性法律文件主要指正式法律文书、办案程序性规定和办案具体方法指引。

（一）制定重大监督事项办案正式法律文书

侦查活动监督中的重大监督事项案件化办理要依托正式法律文书的确立，体现案件办理程序的严肃性和规范性。以前，还出现过检察机关两个部门针对同一事项重复向侦查机关发出《纠正违法通知书》的现象，这一方面影响到办案效率，造成诉讼资源的损耗，另一方面影响到检察机关司法文书的严肃性。② 因此，应以法律文书的规范性和权威性为根本，建立完整的法律文书体系，这些重大监督事项的法定文书包括：（1）重大监督事项案件办理文书，如线索接受和移送文书、立案决定书、提请案件处理意见书、案件结案文书等；（2）重大监督事项调查专用文书，如调阅卷宗书、询问（讯问）笔录、勘验（检验）笔录、传唤证、搜查证、协助查询证等；（3）重大监督事项反馈处置文书，如纠正违法意见书、提请处置违法（违纪）人员意见书、跟踪问责意见书、移送职务犯罪意见书等。系列法律文书都必须规定统一格式、编

---

① 韩晓峰、陈超然：《诉讼监督事项案件化的思考——以侦查监督为分析视角》，载《人民检察》2016 年第 21 期。

② 徐燕平：《检察机关诉讼监督内部资源整合机制研究》，载《犯罪研究》2014 年第 2 期。

定文书统一编号、加盖检察机关印章，并由承办部门按一式三份样式分别按照出具、附卷和备案的需要提供。

（二）制定《重大监督事项办案流程细则》

根据重大监督事项办案的基本流程，经过检察委员会讨论决定，制定全院办理重大监督事项案件的流程细则，主要从线索集中统一管理、正式立案决定、开展案件线索证据调查、形成案件调查结论报告、提出重大违法情节处置、反馈处置意见以及跟踪纠错问责等环节，规定办理重大监督事项的流程和程序。其中，立案、结案、提出处置意见三个核心环节必须经检察长或检察委员会集体讨论决定。同时，可以制作重大监督事项办理流程图，按照监督事项办案的顺序和环节，以简明扼要的图表描述重大监督事项办理的整个流程和具体环节。

（三）制定《重大监督事项案件化办理方法指引》

重大监督事项案件化处理在尚未形成稳定实施机制前，为了保证检察官办案组规范适用办案程序和办案方法，有必要制定办案方法指南，针对重大监督事项办理的重要环节和关键方法提出适用指南，主要是明确监督事项调查环节调阅文书、传唤当事人、讯问嫌疑人、勘验检查财物、调取固定证据等的基本要求、具体措施、注意环节等程序性规定。制定《重大监督事项案件化办理方法指引》的根本目的是保证重大监督事项案件化办理符合法律规定要求，同时极大地提高办案效率和实现办案效果。

四、健全重大监督事项案件化办理程序

侦查监督实质上是对公安机关立案和侦查活动是否违法进行调查取证活动，"诉讼监督程序不是诉讼案件办理程序，不能用诉讼程序代替，要树立'线索''办案'观念，形成涵盖诉讼监督线索管理、立案、调查核实、处理等全过程、全方位的工作程序，通过合理完整的程序设置，使诉讼监督工作有具体明确的'路线图'，诉讼监督各环节有效运转、有序衔接"。[①] 这一过程要求建立明确规范的监督事项办理程序，而案件化办理的核心思想就是加强监督的严肃性、时效性和规范性，使对刑事案件侦查的监督比案件侦查本身更具有说服力和权威性，因此，明确规范的办案程序就显得尤为重要。

（一）初查程序

重大监督线索分流移交后，因为对线索处理的检察官组织并没有进行调

---

① 韩晓峰、陈超然：《诉讼监督事项案件化的思考——以侦查监督为分析视角》，《人民检察》2016 年第 21 期。

查，线索反映的违法情节未核实，据此立案，不但缺乏真实的证据支持，更严重的可能导致错误启动侦查监督立案。所以，必须对重大监督线索进行初查，以查明监督线索涉及的关键证据是否真实存在，并不要求对所有线索涉及的证据进行一一查证。在查证关键证据的基础上，根据证据反映的违法情节是否属于重大监督事项，由检察长决定启动侦查监督立案；属于一般监督事项，交由检察官进行非案件化监督办理；不具有违法情节的，不启动侦查监督。

（二）立案程序

长期以来，检察机关在开展刑事诉讼监督中缺乏启动程序，甚至从未设置立案程序，普遍采取"谁发现、谁启动、谁办理"的方式。[①] 其实，重大监督事项案件化处理的关键环节是立案，必须按照一般刑事案件立案标准启动重大监督事项办理机制，建立慎重的立案机制和立案程序，这既是区别于以往"事件化"处理随意性的根本要求，也是启动严肃的案件化处理的基本条件。一是建立立案机制，重大监督事项案件化处理的立案必须建立正式的立案决定机制。重大监督事项的立案必须由办案检察官组织层报分管检察长，最终由检察长决定是否立案，特别重大复杂监督事项须提交检察委员会决定，因为启动重大监督事项立案即意味着后续案件调查工作的开展，检察长和检察委员会的决定具有极高的权威并形成由此带来的强大执行力。二是建立立案程序，对重大监督事项开展初查的检察官组织，初查完毕后，将初查报告和查实的案件线索报分管检察长，分管检察长审核后，提出对监督事项的处理意见，连同初查检察官组织的上报材料一并报送检察长决定，是否启动重大监督事项立案程序，特别重大复杂的监督事项由检察长决定提交检察委员讨论是否启动立案程序。一旦检察长或检察委员会决定立案，承办检察官组织即制作正式立案文书、启动统一业务运用系统办案程序，由两名以上检察官将重大监督事项立案通知书送达负责实施侦查活动的公安机关，与此同时，检察官办案组织在规定的办案期限内，启动对侦查活动的调查程序。

（三）调查程序

以往在侦查监督"办事模式"下，监督过程简单、随意，缺乏对违法事实的调查、证据收集规范和标准，监督流于形式，有的甚至连违法事实都难以

---

① 谢玉美、刘为勇：《行政违法行为检察监督程序论》，载《行政法学研究》2017年第1期。

查清。① 重大监督事项案件化办理，实质上是对立案后的监督事项围绕证据开展案件调查，没有实质的调查就没有案件化办理。检察官办案组织在立案后，围绕刑事案件该立案不立案、不该立案而立案以及侦查活动的重大违法情节和违法事实展开调查，具体调查环节和过程包括：核实违法情节发生场所、讯问犯罪嫌疑人、传唤办案侦查人员、查阅复制案卷材料、提取封存有关物证、调查核实证人证言等。对重大监督事项的调查一般应围绕侦查活动的重大违法情节展开，对于不涉及违法情节的事项一般不予调查，同时，调查活动的主要目的是核实侦查活动中重大违法情节的事实和证据，并不对办案侦查人员采取任何强制措施，除非侦查办案人员阻止重大监督事项调查活动的开展，或者危及办案检察官组织的人身财产安全，一般不对侦查活动中的侦查办案人员采取强制措施。检察官办案组在调查的每一环节都要形成规范的办案调查笔录，及时固定相关物证书证，并启动特别程序保护重要证人，对于阻止调查活动开展的行为，特别是侦查办案人员的刁难阻碍、人身财产威胁应及时提请公安机关人事部门对其予以停职、调离或建立阻碍司法办案行政强制措施制度。

（四）决定程序

在明确规定的办案期限内，重大监督事项调查完成后，检察官办案组应根据调查形成的笔录和证据材料，根据明确指定的结案标准，制作《重大监督事项结案报告》，重点提出重大侦查违法情节反馈解决措施及处置意见，并附主要证据材料，报送分管检察长审定，报检察长决定是否结案以及如何提出全案反馈处置意见。特别重大疑难的监督事项应该由检察长决定，报送检察委员会研究决定案件处置及相关事宜。对于重大复杂、社会影响较大的重大监督案件，必要时可以通过公开审查的方式，增强诉讼监督决定的透明度与公信力。② 检察官办案组根据检察长或者检察委员会决议制作结案文书，提出最终处置意见，将法律文书移送相关单位和部门。

（五）反馈处置程序

在全案调查完成，检察长决定或检察委员会对全案作出决定或决议后，检察官办案组应根据案件办理情况，根据侦查活动中侦查人员存在违法情形的性质和程度不同，分别作出如下案件处理并制作相应法律文书：一是向侦查机关

---

① 高祥阳：《刑事执行检察应从"办事模式"向"办案模式"转变》，载《人民检察》2015 年第 17 期。

② 韩晓峰、陈超然：《诉讼监督事项案件化的思考——以侦查监督为分析视角》，载《人民检察》2016 年第 21 期。

反馈重大监督事项调查情况，包括查实的违法情节和相关证据证明的事实以及纠正违法情形的意见；二是向同一级公安机关报送涉及重大违法情节的侦查人员情况及违法情节处置建议；三是向纪检监察部门移送涉及利用职权实施违纪违法和职务犯罪的侦查人员及相关证据线索。

（六）纠错问责程序

主要是跟踪公安机关对重大违法情节的纠正及纠错制度的建立，这些重大违法情节包括应当立案而不立案、不应当立案而立案、违反规定撤案，违法采取强制措施侵害公民人身民主财产权利，对重要关键证据不按规定保管留存，违法处置公民财产权利等。这些侦查活动重大违法情节从调查认定后到着手纠正，需要一个持续跟踪的过程，如果只是反馈纠正违法意见，并不能从根本上解决重大违法情节的纠正，更不用说从制度上杜绝类似重大违法情节的发生。建立重大监督事项跟踪问责程序，是要在规定的合理期限内，一般重大监督事项1个月内，特别重大监督事项3个月内，核实重大违法情节的纠正及纠错制度建立情况。如果侦查机关怠于履行纠错责任，则要启动重大监督事项追责程序，向纪检监察部门移送相关侦查人员及责任人员怠于履行职责的法律责任。同时将跟踪纠错和问责情形作为重大监督案件卷宗的重要内容，如实反映于重大监督事项调查卷宗，只要在跟踪纠错和问责程序完成后，整个监督案卷整理归档后，才允许重大监督事项全案结案。在此，要特别明确调查程序的结束并不意味着结案，待实体调查、处置、追踪、问责完成，程序上案卷卷宗整理完毕并且归档完成，整个监督事项的案件化办理机制才宣告结束。

侦查监督视域中的"重大监督事项案件化"

周 婕*

党的十九大确立了习近平新时代中国特色社会主义思想,将依法治国、依宪治国放在了关乎党和国家事业发展的重要地位,并对深入推进司法体制改革作出了战略部署。自从员额检察官办案、责任制等系列司法体制改革,以及监察委体制改革之后,宪法赋予检察机关的"国家法律监督机关"的定位愈加纯粹,接下来,如何继续深化法律监督职能,重张主责主业,一直是检察理论和实践中探索的方向。

在最高人民检察院《"十三五"时期检察工作发展规划纲要》中提到了要"探索实行重大监督事项案件化,加大监督力度,提升监督实效"的要求。在检察机关中,监督职能主要体现在侦查监督、立案监督、审判监督、执行监督等方面,本文试从侦查活动监督和立案监督为主要研究客体,结合一些省份已开展了监督事项案件化的办理模式经验,尝试探讨如何厘清"重大监督事项案件化"中存在的一些疑惑,以及如何深化细化落实此项改革,以期成为打破不愿监督、被动监督、监督失效等问题的有效手段,实现彰显检察机关法律监督属性,聚焦主责主业强化法律监督的目的。

一、内涵阐释

《辞海》中,对"案件"的解释为:"有关诉讼和违法的事件。"可见,案件的内涵既包括"诉讼"类也有"违法"类。这两者可以如此理解,诉讼活动一定是由违法行为引起的,但是并不是所有的违法行为都需要通过诉讼活动解决,我们可以这样理解:案件是由进入了诉讼活动的违法行为,和未进入诉讼活动的违法行为构成。

进入了诉讼活动的违法行为,最明显的形式特征就是具有了居中的裁判行为的诉讼构成,正如《辞海》中对"诉讼"的定义:"人民或检察官请求司法

---

* 周婕,陕西省人民检察院西安铁路运输分院第一检察部检察官助理。

官本着司法权作裁判的行为"。据此,检察职能中的审查起诉、审查批捕活动都有明显的诉讼构成,也就是通常意义上的案件。

但是,诉讼并不是解决违法行为的唯一途径,回归"案件"本身的定义,没有进入诉讼程序的违法行为,能否明确成为案件,存在不同的理解。体现在检察职能中,立案监督、侦查监督、审判监督、执行监督,更多地以事件而非案件对待。有一种观点认为,检察职能的监督活动缺乏居中裁判构成,不能算作案件。但笔者认为,检察机关的监督职能是对法律运行中的违法行为的制裁,即使未引起诉讼活动,也不影响其成为案件。例如,烟草专卖执法根据《中华人民共和国烟草专卖法》依法处理违法类烟草案件;公安机关根据《治安管理处罚法》办理的治安案件,大多是没有引起诉讼行为的违法行为,当然不具备诉讼构造,但是不影响其成为案件。

厘清"监督案件"这一概念,是探讨"重大监督事项案件化"的前提。

二、价值梳理

以侦查监督范围的侦查活动监督和立案活动监督为例,监督活动在办案系统中虽然以案件进行,但整个办理过程仍是较松散的事项化处理模式。

监督事项案件化的目的,并非只是为其正名,更是要为其正"实"。要凸出检察机关监督职能的主责主业,在办理中通过案卷化、流程化等更严格的手段,将监督案件中涉及的事实和证据认定等实体内容,以及办案中告知、节点、留痕等程序内容,逐一进行细化,并逐步制定出相关法律法规、司法解释及执法规范,解决目前被动、分散、滞后等问题,从而真正推动监督实效。

目前在侦查监督环节,比较突出的问题有被动监督较多,监督线索的发现和管理,监督中对违法行为无实质调查权和处罚权,监督过程规范化程度不高,监督效果不明显,等等。监督事项案件化能够提升监督主责主业意识,强化监督工作的规范化和权威性。

一是提升监督工作的主责主业意识。检察院的权力属性可以划分为三种,即主要由两反部门行使的侦查权、主要由公诉和侦监部门行使的诉讼权、各主要业务部门行使的监督权。侦查权和诉讼权来自刑事诉讼法的"分权"赋予,这是基于公检法机构在刑事诉讼法流程中不同的环节而分工负责产生的,前后环节各有权限,从而相互制约。监督权来自宪法和法律的"赋权",即检察机关是依据宪法和法律的授权,对法律行使中的行为结果进行监督制约。

作为宪法定位的国家法律监督机关,我们的核心主责主业应当是监督权,监督权之所以曾有被边缘化的倾向,与我们对监督权和侦查权、诉讼权的职责认识不清有很大关联。

曾因为侦查权的存在和强大,侧面为监督工作的开展带来了便利,被监督的单位多少会因对侦查权的"畏惧"而接受监督并改正。长此以往,使得我们将如何开展好侦查工作的思考取代了如何开展好监督工作,这种本末倒置、厚此薄彼的不良现象,造成了监督能力的滞后和监督方式的简单。在剥离了侦查权之后,如何强化监督水平,理顺权力关系,进而提升主责主业的监督权地位,应该是当务之急。

传统工作中,将审查起诉、审查批捕等诉讼权的行使作为工作第一重心,从工作成效而言,两者的完成量有着数量级的差别。不少侦监干警认为自己的主业就是办理审查逮捕案件,而立案监督和侦查活动监督是顺带完成的工作,达到年初制定的底线标准就可以了。同时因为审查逮捕案件时间紧张,程序严格,排在工作的前列。今后,严格监督案件的办理流程意识、案卷意识后,仅从程序设置上就能引发对监督工作的重视。

监督事项案件化,从名称上将监督事项与其他案件统一,同等视之,是重申监督职责定位最重要的一步,形式上的更名带来的是对监督主责主业意识的进一步提升。

二是提升监督工作规范性。在刑事诉讼法、《人民检察院刑事诉讼规则》《检察机关执法工作基本规范(2013年版)》(以下简称《执法规范》)中,对包括审查逮捕和审查起诉在内的诉讼权有着明确严格的时效限制。但在监督工作中的规定较为原则化和薄弱,没有系统篇章,也没有独立印发的监督工作执法规范,目前来说,监督工作在司法实践中的随意性较大。同时,也存在重视批捕,将监督工作作为完成考核任务、碍于情面挑着监督的情况,这都使得监督工作的规范性大打折扣。

案件化将弥补了程序要素的缺失。从监督线索的受理、立案到最终处理,从调查核实到卷宗归档,都必须按照依规范、按流程进行;明确查核实证据规则和统一违法事实认定标准,办案过程处处留痕,进一步提升侦查监督工作规范化。

三是提升监督工作的权威性。监督工作在侦查机关和群众中的权威性有待进一步提高,比如,事项性办理监督工作,缺乏对公安等侦查机关的实质调查权、知情权、追责权,监督力度和监督效果大打折扣;经常性地坐堂办案,使得检察机关的监督职能并不为群众所熟知,不知道什么情况下可以来找检察官。

监督工作中,对于监督立案,法条规定检察机关向公安机关发出立案通知书,若公安机关仍认为不需要立案,则7日内向检察机关回复《不立案理由说明书》。法条未说明此时若检察机关仍认为不立案理由不成立时,因缺乏法律的授权而无法进行后续工作。同时，有些地方甚至出现了商量着进行监督、虚假监督、柔性监督也偶有出现。

侦查监督是一种比较封闭的行政化审查，群众对监督的活动参与度比较低，在监督事项案件化之后，会在程序设计上作出改变，如增加告知，充分听取侦查机关、诉讼参与人、被调查人、律师等人的意见，公开审查侦查违法行为、公开听证、公开宣告结果等，让监督案件办理更加透明化，强化群众参与感。监督事项案件化是从封闭的行政化审查向公开审查的变化，提升监督工作的权威性和公信力。

三、程序设计的构想

首先，要解决监督活动中三大权力的缺失，这是真正实现有效化监督必须具有的立法保障。

一是法律监督调查权。2013 年最高人民检察院侦监厅出台了《关于侦查监督部门调查核实侦查违法行为的意见》，规定了 10 种调查核实的方式。但仅仅是检察院内部文件，对外效力有限，侦查干警普遍反映执行力度不理想。期待通过多部门联合制定解释文件或者更高层级的法律能通过立法的方式，赋予检察机关侦查监督调查权。同时，这种调查权不同于侦查权、不等同于复核权，而是要类似初查权，即能运用类似反贪部门的初查手段，掌握相关情况。

二是知情权。监督工作需要检察机关比较清楚地了解侦查机关的工作动态，如立案、发案、破案等基本情况，侦查活动进展等。经过实践证明，检察机关通过会签文件、信息平台共享、派驻检察室、提前介入等手段，密切与侦查机关的联系后，可以为提供监督线索有所帮助，但是也看到了侦查机关对监督的顾虑和干扰。今后，希望能通过立法，赋予检察机关对侦查活动的知情权，切实解决监督工作知情难的问题。

三是追责权。侦查机关久拖不立、久拖不撤、立而不侦、反复出错、屡纠不改的情况时有发生，面对拒绝或怠于执行纠违决定的行为，检察机关却没有相应的惩处措施。违法和责任应该是联系在一起的，否则被监督者会漠视违法行为的后果。笔者认为有必要建立相应的追责机制，明确侦查人员接受和配合调查的义务以及拒绝调查的法律后果，赋予检察机关对违法侦查人员建议更换权和惩戒建议权，确保侦查监督的权威性和有效性。

其次，当前，仅在侦监部门涉及的监督事项就内容庞杂，既有对立撤案的监督，又有对侦查活动和阻碍诉讼权力行使的监督，这里面既包括了对程序性违法的监督，也包括了对实体性事项的监督，因此，在探索监督事项案件化的初级阶段，不能一蹴而就，要准确界定何为"重大"监督事项。为了兼顾司法效率与公平，可以结合工作实际定义如下情形为重大监督事项：（1）监督立案、监督撤案、纠正漏捕工作；（2）侦查人员故意实施的《人民检察院刑事诉讼规则》第567条中列举的15种侦查违法行为；（3）违法行为手段恶劣、情节、后果较为严重等；（4）已经电视台、报纸、互联网、自媒体等新闻媒体曝光，社会舆论关注度高的，矛盾点集中，涉及群体性事件或者可能引起重大案件的事件；（5）人大代表或者政协委员联名向检察机关提出明确监督要求的重大事件或案件；（6）辩护律师、当事人及其家属向检察机关反映的重大案件或事件；（7）交办、督办的重大事件或案件；等等。

最后，在具体流程设计上，也应作出具体细化：

一是线索受理及立案。对于信访渠道反映的立案或者侦查监督线索，应由控申部门管理。初步审查后认为符合受理条件的，按照《执法规范》的相关要求，转至侦监，并经分管侦监的副检察长审批后进行监督案件的立案活动。对于侦监部门在审查逮捕、提请介入、专项监督活动、"两法衔接"中发现的立案或侦查活动线索，由侦监部门报经分管侦监的副检察长审批后进行监督案件的立案活动。

二是办案期限。目前在《执法规范》中，第236条规定了承办部门应当在收到本院控告检察部门转送的信访事项之日起60日内办结；情况复杂，逾期不能办结的，报经分管检察长批准后，可适当延长办理期限，并通知控告检察部门，延长期限不得超过30日。法律、法规另有规定的，从其规定。但是对侦监部门在审查逮捕、提请介入、专项监督活动、"两法衔接"中发现的立案或侦查活动线索后办理期限却没有明确规定。笔者认为，可以参照《执法规范》第236条的规定，也将此类监督案件设定为30日内办结，特殊情况可以向检察长请示后延期。

三是依法审查及调查核实。一是明确办理监督案件依法审查及调查核实的内容。对于立案监督案件，要根据刑事诉讼法的规定，达到有犯罪事实发生且需要追究刑事责任。对于撤案，刑事诉讼法规定，现有证据不能证明有犯罪事实发生，犯罪事实不是犯罪嫌疑人所为，或者不构成犯罪。所以，我们可以通过查阅公安机关刑事受案、立案、不立案、撤案、治安处罚等相关法律文书，结合案情，走访现场知情人、询问被害人、重新对现场或人身进行勘验检查、鉴定涉案财物价值，调取案发时的监控录像等，以判断能否达到刑事诉讼法对立、撤案的要求。对于侦查活动监督，我们应重点围绕是否存在刑讯逼供、暴力取证、超期羁押、非法扣押等违法情形进行调查，如调取讯问时的同步录音录像、嫌疑人羁押记录、财产扣押记录，询问有关当事人、证人、见证人、看守所管教人员等。二是要明确办理监督案件依法审查及调查核实的程序。要严格按照现有的刑事诉讼法、《人民检察院刑事诉讼规则》《执法规范》，制定系列相关的文书制作要求范本，规范制作法律文书和笔录，规范进行勘验、检查、鉴定活动，制作案件调查或审查报告，等等。

四是提出终结性意见。在依法审查及调查核实阶段结束后，根据调查核实所取得的材料，办案人需在审查报告中，分析调查核实的证据，根据相关法律，判断侦查机关的行为是否违法，并提出监督意见。对于应立案而不立案的监督案件，发出《通知立案决定书》；对于不应立案而立案的监督案件，发出《撤案通知书》；对于侦查活动违法，发出《纠正违法通知书》等；对于如铁路公安局沿袭旧的立案标准，而造成与上位法冲突的长久积攒的情况，还可以制作《某类问题情况通报》等文书进行解决。

五是跟踪监督。发出相应的监督文书后，必须保证监督效果切实到位，需要侦监部门后续跟踪侦查机关的整改情况。主动了解侦查机关立撤案情况、违法侦查活动纠正工作进展，对于整改无力者，可以在经检察长审批后，使用追责权。

六是复议复核。此为被监督对象的救济途径，当监督对象提出复议复核时，侦监部门应另行指派检察官，进行审查案件，并独立提出处理意见，报分管副检察长审批。

七是结案归档。案件化的一个重要形式化表现就是案卷意识。在办结监督案件后，将所有的文书材料均要整理归档。也是案件评查、考核的重要依据。

八是考核标准。为了全面激发检察人员办理监督案件的积极性，减轻在办理监督案件时的顾虑等，可以在对监督案件进行考核时，采取全面的考核模式。可设置如下机箱考核标准，监督案件立案数，即检察机关在统一应用系统中统计出的"一案一号"的监督案件数量；监督案件成案数，即侦查机关接受检察机关监督案件的结果后进行立撤案、纠正违法的整改数量；监督案件基数，即包括开展调查核实线索的所有监督案件，此项中应该包括一些进行过调查核实后，认为无须进行监督的案件。围绕此三项制定的考核标准，既能体现工作量，又能体现工作效果，还能兼顾开展了前期调查核实工作但给出了无须进行后续监督的案件的工作内容，充分体现检察官的"辛苦指数"，避免了目前"监督不成功便白监督"的情况。

刑事审判监督事项案件化办理模式探讨

——以公诉工作为视角

林 超[*]

检察机关既要代表国家提起公诉指控犯罪，也要对审判活动的合法性和裁判结果的正确性进行监督。这种起诉职能与监督职能的交织并行必然减弱了监督的力度和效果，不利于监督的专业化，不利于强化诉讼监督。因此，确有必要建立刑事审判监督事项案件化办理机制。笔者拟结合兰陵县人民检察院在公诉环节开展刑事审判监督事项案件化办理的实践探索，就刑事审判监督事项案件化办理的必要性、可行性和路径选择谈几点粗浅的看法。

一、兰陵县人民检察院开展刑事审判监督事项案件化办理的实践探索

2017 年以来，兰陵县人民检察院深入贯彻落实最高人民检察院、省院的部署要求，积极探索建立刑事审判监督重大事项案件化办理机制，加大对刑事审判活动的监督力度，取得了阶段性成效，全年共抗诉和提请抗诉案件 14 件 16 人，较去年同期提升 3 倍以上；2018 年一季度已提起（提请）抗诉案件 6 件 8 人，法院共采纳抗诉意见 7 件 15 人，有效提升了司法公信力。

一是成立专门机构。向县领导进行了专题汇报积极争取支持，由县编办批复，成立了具有独立编制的刑事审判监督案件化办理办公室，配备了电脑、扫描仪、打印机、桌椅等办公设备，悬挂了办公室工作职责、工作流程等制度，在硬件配置中首先予以保障。

二是配备高素质的专门人员。整合现有人员力量，由一名副检察长和一名员额检察官、检察委员会委员具体负责刑事审判监督事项的案件化办理，各配备一名业务能力强、综合素质高的检察官助理和书记员，在人员配置中予以保障。同时明确规定，案件化办理办公室人员要与其他业务部门人员一样办案，

---

* 林超，山东省兰陵县人民检察院法律政策研究室主任。

将办案与监督深度融合。

三是完善制度、设计文书，把握好监督事项案件化办理的切入点和着力点。将探索建立刑事审判监督案件化办理机制作为年度创新项目和重点课题，成立青兰论坛进行专题研讨，制定出台《刑事审判监督案件化工作细则》，并制定了受理案件登记表、刑事审判监督案件立案审批表、立案决定书、调查座谈、阅卷笔录、审查报告、处理决定、反馈表等配套法律文书及工作规范，以把好案件受理条件、程序和标准的入口关为首要任务，以确保监督事项证据严谨和定性准确为核心要求，以统一卷宗制作、规范监督过程为关键环节，一并明确了对案件进行研究讨论、请示汇报、备案等各个节点，以及接收当事人的材料并答复、部门之间材料和意见的传递，都以相应的法律文书或工作文书进行，建立了涵盖案件化办理每个环节、每个步骤的文书标准体系，构建了全方位的刑事审判监督事项案件化办理体系。该项目被市院作为全市检察机关年度创新项目进行推介。

四是明确案件线索来源处理和移交。监督案件线索的发现和处理主要有两类，一是当事人、律师等反映的案件线索由案件管理、控告申诉等部门受理，填写刑事审判监督线索报备表，及时移送案件化办理办公室；二是对公安机关的起诉意见书以及法院的判决书、裁定书在送交公诉部门的同时抄送案件化办理办公室，实行公诉人和案件化办理办公室同时审查制度，公诉人在办案中发现的监督线索和案件化办理办公室自行审查发现的线索重合时，由公诉人对监督线索进行办理。案件化办理办公室可以随时调阅相关案卷和笔录，可以讯问被告人，并建立刑事审判监督线索审查档案，确保每起实行案件化监督的事项都全程留痕和可回溯管理。

五是建立完整的工作流程。通过明确审判监督案件的线索受理、登记、审查、调查核实、案件管理、卷宗归档等程序，使监督事项办理有具体明确的"路线图"，确保监督各环节有效运转、有序衔接。具体工作流程是：刑事审判监督事项，先在审批程序进行审查，决定是否立为刑事审判监督案件。对于决定立为刑事审判监督案件的事项，首先制作立案决定书，其次按照调卷、阅卷、调查、听庭、座谈等流程进行审查，分别形成相应的笔录，以此查明监督案件是程序违法还是实体违法，并从中查找是否存在职务犯罪案件线索，最后依据形成的刑事审判监督案件审查终结报告制作相应的法律文书，即决定提起抗诉，或发出纠正违法，或发出检察建议，或只给当事人答复，或移交职务犯罪案件线索。至此，一个完整的案件流程结束，案件结案，待相关法律文书打印后装订成卷。2017 年以来所抗诉案件已全部装订成卷。

六是明确办案责任。按照"谁办案，谁负责"的要求，明确员额检察官在刑事审判监督活动中的办案权限，科学认定刑事审判监督案件的司法责任，如公诉人员应当提起抗诉而没有提起抗诉的案件，刑事审判监督案件化办理办公室提出抗诉后，应当追究相应公诉办案人员的司法责任。修订绩效考核办法，将公诉人员办理的刑事审判监督办案数量与员额检察官的绩效考核紧密相连，充分调动了公诉办案人员的积极性，提升了监督实效。

七是提升监督质效。通过审判监督事项案件化办理，对发现的审判活动违法情况规范监督，一方面可以通过召开听证会或座谈会等形式，向当事人展示经过严格程序形成的案卷，积极回应当事人的诉求，赢得当事人信任；另一方面，以规范的监督案卷对法院进行监督更容易被法院采纳，提升了司法公信力和群众满意度。

二、刑事审判监督事项案件化办理的必要性分析

一是实现检察机关"刚性监督"的要求。当前进行的国家监察体制改革，将检察机关的职务犯罪侦查权剥离出去整合到监察机关，在进一步整合强大国家反腐败力量的同时，也是在让检察机关回归宪法本位，专职履行法律监督职能。但检察机关在经历丧失职务犯罪侦查权"阵痛"的同时，无疑要面对一个不容忽视且严峻的问题：失去职务犯罪侦查权这把"利剑"，法律监督威力必然会有一定程度上的减弱。如何让检察机关的法律监督继续发挥原有能效，让被监督者感受到"监督之痛"，实行案件化办理无疑是一项强有力的举措。将监督事项立为监督案件，像批捕卷、起诉卷一样经过一个完整的程序，最后形成一个卷宗，无疑具有非常强的说服力，对于被监督机关在心理上具有较强的震撼力，更能实现检察机关的监督目的和效果。

二是解决公诉人角色冲突的要求。现实中，检察机关常常被称为公诉机关，说明了公诉权是检察机关一项非常重要的职权。一方面，公诉人受理侦查机关移送审查起诉的案件后，经审查认为符合起诉标准的，应当主动提起诉讼，要求法院追究被告人的刑事责任。很明显，相对于法院而言，代表检察机关出庭的公诉人扮演的是一个"求罪者"的角色。另一方面，代表检察机关出庭的公诉人也要代表国家行使法律监督职能，不仅要通过纠正违法通知书、检察建议等形式对庭审活动的合法性进行监督，还要通过提出量刑建议、提起抗诉等形式对审判结果的正确性进行监督，这里的公诉人扮演的又是监督者的角色。这两种角色具有一定的矛盾冲突属性。在惩罚罪犯这个问题上，检察机关和法院无疑是一个"利益共同体"，但在监督这个问题上，两个机关又是对立的。既有求于对方，又要监督对方，显然不能实现监督效果。实行案件化办理，由公诉人以外的检察官对整个刑事审判活动进行专职监督，无疑能让检察

官摆脱自相矛盾的角色困境，更能确保监督效果。

三是实现监督专业化的要求。提起公诉和进行监督两者既有联系又有各自独立的特性，在思维方式、关键环节、方式方法等方面完全不同，两者集合到一名检察官身上同时进行，对检察官的心理要求不一样，客观上容易造成检察官的"人格分裂"，处于两难境地，不利于心理协调和专业化水平的提高，与吴鹏飞检察长所说的"快乐工作、幸福生活"相违背。特别是在犯罪手段和形式日趋隐蔽和复杂的形势下，实行案件化办理，将起诉与监督适当分离，让公诉人能将更多精力放在指控犯罪上，有利于提起诉讼工作的专业化和水平的提高，同时，也有利于刑事审判监督的专业化，使监督更加客观、有力。

四是加强检察机关内部监督的要求。司法责任制改革后，员额检察官独立办理案件。一个案件是否需要提起公诉，绝大多数时候需要检察官自己作出判断，这对检察官的业务素能和职业良知提出了更高要求。但现实中，滥用权力的可能性是存在的，对于自己提起公诉的案件，自己进行裁判结果的监督，可能存在权力的寻租。因此，实行案件化办理，由公诉人以外的专人对审判活动进行监督，通过接受投诉、调查和处置，听取被告人、诉讼参与人的意见，通过公开审查审判活动违法行为或者公开宣告调查核实结果，突出监督的权威性，在理顺检察机关内部监督关系的同时，确保了检察监督更加清晰、有效，更有说服力，一定程度上，也为对员额检察官办案追责明晰了路径。

五是提高司法公信力的要求。实行刑事审判监督案件化办理，对于当事人申请或者相关人员控告、举报而提出的监督诉求，通过立案程序纳入法治轨道，从程序上对当事人以及社会有关方面作出回应，有助于强化检察机关开展法律监督的责任感和严肃性。对发现的审判活动违法情况展开正式调查，并进而纠正违法，有助于更大程度上增强检察机关的司法公信力。通过程序确定和监督标准的统一，能够克服和防止监督的随机性，使审判监督更加有效地实现其目的，赢得社会公众对检察机关法律监督的心理认同和尊重。

三、刑事审判监督事项案件化办理的路径选择

一是理论基础。全国检察长会议强调，在刑事诉讼监督中，要探索重大监督事项案件化办理模式，建立从监督线索受理、立案、调查核实、实施监督、跟踪反馈、复议复核到结案的完整流程。山东省成立工作专班，正积极探索开展监督事项案件化办理模式。这些无疑都是开展此项工作的思想遵循。

二是要明确刑事审判监督事项实行案件化办理的范围。实行案件化办理，意味着程序更加复杂、严谨，这必然会耗费更多的司法资源。特别是在基层检察机关案多人少矛盾十分突出的情况下，对刑事审判监督事项案件化办理的范

围予以合理明确显得更加重要。检察机关刑事审判监督的事项涉及内容繁多、情况复杂，将所有的监督事项都案件化办理不合适，也无必要。笔者认为，应当将重大事项列入案件化办理的范围。但对于哪些情形属于重大事项，可以采用法理上的比例原则，逐项列明后，据其违法情节的严重程度来确定是否适用案件化办理。

三是要建立一套完整规范的办案流程。刑事审判监督工作是行使法律赋予的公权力，不是随意性的监督，而是一种程序化的监督。实行监督事项案件化办理必须按照一定的程序来运行，建立完整的监督步骤、方式和方法，形成涵盖监督线索管理、立案、调查核实、处理、结果反馈等全过程、全方位的工作程序，通过完整规范的流程，使刑事审判监督案件化办理的各个环节都能更加有效运转、有序衔接。

四是要拓展案件线索的发现并规范移交。线索发现和受理是发现审判活动违法行为、启动监督程序的源头，也是刑事审判监督事项案件化办理模式运行的前提。当前检察机关除公诉部门自身通过审查法院的裁判过程和结果发现线索外，案件管理、控告申诉等窗口部门同样有发现并受理案件线索的功能，应当制作统一的制式线索发现和移交文书，移交专门部门和专人办理。

检察机关非法取证行为调查核实权的
案件化运行机制初探

王文敏*

基于惩罚犯罪与保障人权相平衡的法治进步需求,为促进程序正义,遏制刑讯逼供、暴力取证等严重侦查违法行为,2018 修改后的《中华人民共和国刑事诉讼法》(以下简称刑诉法)以基本法的形式确立了非法证据排除规则,并赋予了检察机关相应的非法证据调查核实权,刑诉法第 56 条规定了非法证据排除规则,第 57 条则规定了检察机关对非法取证行为的调查核实权,"人民检察院接到报案、控告、举报或者发现侦查人员以非法方法收集证据的,应当进行调查核实。对于确有以非法方法收集证据情形的,应当提出纠正意见;构成犯罪的,依法追究刑事责任"。非法取证行为调查核实的实质是侦查监督,故笔者尝试从刑事诉讼监督案件化办理的角度,探索构建非法取证行为调查核实权的案件化运行机制。

一、非法取证行为调查核实案件化运行的合理性分析

(一)监督事项案件化办理的可行性

检察机关对刑事诉讼违法情形的监督能否作为案件办理,目前观点不一。传统观点认为,检察机关办理的案件,一般是指诉讼案件,即刑事诉讼案件和民事诉讼案件,对诉讼的监督,通常不作为案件,而是作为事项来办理。将检察机关的案件限定为诉讼案件的看法,虽然有历史传统的支撑,但无疑是比较狭隘的。第一,根据《现代汉语词典》,"案件"是"有关诉讼或者违法的事件",从词义解释来看,"案件"可分为"诉讼案件"和"违法案件"。第二,案件化对于提高检察机关监督质效,进一步提升执法办案规范化有着积极作用。因此,监督事项案件化办理,在当前以审判为中心的诉讼制度改革背景

---

* 王文敏,北京市顺义区人民检察院第二检察部检察官助理。

下，既是"案件"本身应有之义的回归，也是对改革要求的积极回应。

非法取证行为调查核实作为侦查监督的一种类型，是对侦查机关收集证据的活动是否合法进行的监督，具有认定事实、收集证据、适用法律、认定违法的司法属性，可以作为案件办理。

（二）调查核实权案件化运行的价值

传统调查核实模式存在随意性、不规范的弊端。目前，检察实践中对于非法取证行为调查核实的传统模式为调查核实作为审查逮捕或审查起诉的一个环节，附随于办案即诉讼。众所周知，审查逮捕、审查起诉均有诉讼时效，此传统模式虽然契合了办案的时效性要求，却缺乏规范性、程序性和法治性，导致监督活动随意性大、监督虚化和公信力弱化的弊端。例如，犯罪嫌疑人向办案检察官反映了侦查人员有刑讯逼供行为，但不排除个别检察官可能因为办案时限紧张，而不予记录或虽予记录但疏于调查，抑或调查不严谨、不规范，而使非法取证行为得以隐匿，违背了人权保障原则。而当前的司法责任制改革背景下，给检察官最大限度地放权，检察官对侦查违法活动怠于调查核实的行为，往往隐身于整体诉讼活动的推进中，在捕或不捕、诉或不诉的诉讼活动结论的掩盖下，难以被案管部门有效发现、监督。

非法取证行为调查核实案件化办理可以有效地避免上述传统模式的弊端。首先，案件化办理要求将符合受理条件的监督线索统一录入办案系统作为案件办理，解决以往存在"可查可不查"的监督随意性问题；其次，案件办理必须遵守调查、收集证据的规定，解决了调查核实程序不规范的问题；最后，案件需制作结案报告，详述调查过程，阐明结案理由，有利于解决监督事项化办理结案随意带来的监督不力问题。

二、案件办理主体

监察体制改革后，调查核实权的行使主体是侦查监督部门和公诉部门。调查核实案件化办理后，办案主体如何确定，笔者认为，应结合检察内设机构改革情况进行考虑：有专门的侦查监督部门的，应由侦查监督部门负责办理，如北京市检察机关在实行捕诉一体之后，仍然保留了侦查监督部，办理审查逮捕之外的侦查监督案件，所以，调查核实作为侦查监督活动，理应由侦查监督部门办理；没有保留侦查监督部门的，应由承担捕诉职责的公诉部门负责办理，具体案件可分到原诉讼案件的承办检察官，或设置专门的非法证据调查专案组负责办理。

不论办案主体是哪个部门，检察机关都应以案管部门为切入点，建立控申、刑执、侦监、公诉等部门的信息对接机制，将控申部门受理的线索、刑执检察部门掌握的羁押信息以及侦监部门对侦查机关提出的纠正违法侦查行为、补正瑕疵证据的要求等信息，通过检察内部网络汇集到办案主体部门，多方汇集，形成合力，办好调查核实案件。

三、立案标准

实质标准：涉嫌"非法证据"。只有非法取证行为可能导致非法证据的情况下，才能受理为非法取证行为调查核实案件。实践中要严格区分非法证据与瑕疵证据。如果仅仅是证据收集程序、方式存在瑕疵，不符合法律的规定，例如，收集调取的物证、书证，在勘查笔录、提取笔录上没有侦查人员等相关人员签名的，不能作为非法证据予以排除。[①] 对于此类证据，不能适用非法取证行为调查核实案件办理方式。

形式标准：提供线索材料。根据《人民检察院刑事诉讼规则》第72条，当事人及其辩护人、值班律师、诉讼代理人报案、控告、举报的，应当提供涉嫌非法取证的人员、时间、地点、方式和内容等线索材料。

程度标准：严重违法。并非所有侦查违法行为都启动调查核实程序，因为程序一旦启动，可能会对侦查人员造成不利影响。因此，应限定在《刑法》第54条规定的刑讯逼供、暴力取证及其他可能严重影响司法公正的非法取证行为。发现涉嫌非法取证的，可以先要求侦查机关或侦查人员书面说明情况，不能排除怀疑的，再启动调查程序。

综上，非法证据调查取证案件的立案标准应为：发现侦查人员在侦查活动中存在严重非法取证行为，可能导致非法证据排除；相关人员控告、举报的，应当提供线索材料。

四、办理程序

第一，启动。即案件的发现、受理和立案。案件线索的发现有两种途径：一是检察人员自行发现；二是当事人、辩护人等控告、举报。发现线索后，对于符合立案标准的，由案件管理部门统一受理，统一分配案号。需要注意，从案件发现到受理、立案，应具备两个条件：一为事实条件，即有线索存在且该线索所涉及的非法收集证据行为属于有关司法解释规定的应当调查核实

---

① 戴长林：《非法证据排除规则司法适用疑难问题研究》，载《人民司法》2013年第9期。

的行为；① 二为必要性条件，即不经调查核实难以判断非法收集证据的行为是否存在。

第二，纳入案管。在统一业务应用系统登记、流转和办理。案件管理部门对办案期限、办案程序、办案质量等进行管理、监督、预警。

第三，调查。根据《人民检察院刑事诉讼规则》第551条第2款，调查核实可以采用十种方式，分别是讯问、询问犯罪嫌疑人；询问证人、被害人或者其他诉讼参与人；询问办案人员；询问在场人员或者其他可能知情的人员；听取申诉人或者控告人的意见；听取辩护人、值班律师意见；调取、查询、复制相关登记表册、法律文书、体检记录及案卷材料等；调取讯问笔录、询问笔录及相关录音、录像或其他视听资料；进行伤情、病情检查或者鉴定；其他调查核实方式。

第四，期限。应以不耽误诉讼办案时限为前提，适当加快调查核实案件办案进度。建议检察官能自行决定本阶段诉讼处理结果的，在结案前三天完成调查核实；检察官不能自行决定的，在提交检察长或检察委员会讨论前十天完成调查核实。

第五，结案。调查终结后，应制作结案报告，载明调查认定的事实和证据，提出处理意见，报请分管副检察长或者检察长决定。一是认定不存在违法行为的，应当及时向侦查机关说明情况，调查中询问过涉嫌违法的侦查人员的，还应当向其本人说明情况。对造成不良影响的，采取适当方式在一定范围内予以澄清。同时，将调查结果及时回复控告、申诉、举报人。二是认定存在违法行为，尚未构成犯罪的，应当向侦查机关提出纠正意见。其中情节较轻的，由检察官决定，以口头方式提出纠正意见；情节较重的，报请分管副检察长或者检察长批准后，向侦查机关发出纠正违法通知书。三是侦查人员在侦查活动中涉嫌犯罪需要追究刑事责任的，应当移送有管辖权的侦查机关依法处理。另外，对于控告人、举报人捏造事实诬告陷害，意图使侦查人员受到刑事追究，情节严重的，应依法移交有关部门追究刑事责任。

第六，归档。调查核实案件办理结束后，要按照立卷规范及时订卷，案件卷宗要统一纳入检察机关诉讼档案，统一归档保存和管理。

---

① 可参考最高人民法院、最高人民检察院、公安部、国家安全部、司法部《关于司法工作人员在诉讼活动中的渎职行为加强法律监督的若干规定（试行）》，司法工作人员在诉讼活动中的非法拘禁他人或者以非法方法剥夺他人自由、非法搜查他人身体或住宅或非法侵入他人住宅、对犯罪嫌疑人被告人实行刑讯逼供或者使用暴力逼取证人证言等行为，属于应当调查核实的内容。

五、案件化运行的协调、保障

（一）保障案件来源

强化告知。在犯罪嫌疑人入所时，驻所检察人员应通过看守所向其发放在押人员权利义务告知书，并利用谈话教育，向在押人员解释相关权利，宣传检察机关的侦查监督职能。审查逮捕、审查起诉阶段提讯时，检察人员应及时告知非法证据排除申请的权利，促使嫌疑人积极检举侦查人员非法取证行为。

细化审查。全面梳理出侦查机关在讯问、勘验、辨认等执法环节易出现的侦查违法问题，为审查卷宗、挖掘违法线索提供指引，实现精准监督。

深化公开。借助"检察开放日""在职党员双报道"开展的群众活动，通过典型案例，积极宣传检察机关侦查监督职能，将线索来源渠道扩展到群众中去。

（二）完善协调机制

注重保存案件资料。通过驻所检察室，与侦查机关和羁押场所协商，明确在押人员入所登记、体检记录（包括书面记录、监控资料）、对犯罪嫌疑人讯问的同步录音录像、看守所干警和驻所检察人员与在押人员的谈话记录应留存，并建立相应档案，备办案查询。

加强沟通交流。依托公检联席会，通报侦查活动违法情况，要求公安机关限期整改，保证实效；共同研讨侦查活动中存在的问题及解决办法；加强沟通协作，协同解决调查核实中遇到的阻碍及难题。

（三）配强办案力量

应当给具有侦查监督职能的部门配备充足的办案人员，定期举办业务培训，增强办案人员侦查监督、调查核实工作的能力和水平，同时加强考核，将调查核实权列入检察官权利清单和责任清单，督促检察官积极履行监督职责，确保调查核实权的案件化运行取得实效。

结语：从某种意义上讲，非法取证行为调查核实权赋予了检察机关前置的"程序裁判角色"，有利于减少非法证据的采信率。[①] 而非法取证行为调查核实权的案件化运行则将促进非法证据排除规则在检察实践中的规范化应用，也将促进检察机关司法公信力和人权保障水平的进一步提升。

---

① 张少波、刘青：《检察机关非法取证行为调查核实权的正当程序完善——以〈刑事诉讼法〉和〈人民检察院刑事诉讼规则〉（试行）为视角》，载《贵州警官职业学院学报》2013 年第 2 期。

浅议刑事执行检察监督"办案模式"的构建

——以减刑、假释案件为例

张　冉[*]

根据宪法规定，人民检察院是国家的法律监督机关。法律监督权的行使实则为利益方寻求正义的过程。皮罗·克拉玛德雷曾指出："法律程序，无论民事还是刑事，都只是为获得正义而设置的权威方法。"[①] 刑事诉讼中的正义，要以看得见的方式实现，其实现途径至少应包括正义的获取和正义的执行两个方面，是侦查、起诉、审判、执行四位一体运作的结果。刑事诉讼的落脚点归根结底在于执行，执行的关键则在于检察监督权的保障，检察监督权的内涵则在于监督的实效化。刑事执行检察部门一直以"办事模式"作为办理业务的主要方式，极大地影响了刑事执行检察监督的效果。探讨如何建立符合检察特点和监督规律的工作机制，提高刑事执行检察工作的司法属性，使法律监督更具司法权威性和公信力等问题的必要性不言而喻。

一、刑事执行检察监督传统"办事模式"的不足

长期以来，囿于法律规定不具体、职能碎片化，检察机关在开展刑事执行检察工作时，办案意识不强，收集、审查证据的意识不强。虽然原先以"办事模式"为主的工作方式在一定历史时期内有其积极意义，使监督呈现一定规模，但随着法治化、规范化理念的深入，有必要对这一工作模式进行反思。

（一）监督随意性较大

监督措施的规范性是检察工作的基本原则，也是刑事执行检察工作的重要原则。实践中，一方面存在着小题大做或大事化小的随意监督问题，另一方面

---

* 张冉，新疆生产建设兵团人民检察院第二师分院检察业务管理部检察官助理。

① ［意］皮罗·克拉玛德雷：《程序与民主》，翟小波、刘刚译，高等教育出版社2005年版，第1页。

存在着监督措施适用不当损害监督权威的问题。如因目标考核的导向性或出于重视程度，随意提高适用监督措施的规格，将口头纠正升格为制发书面文书纠正，将制发《检察建议书》升格为制发《纠正违法意见书》，或是碍于情面，主动降格监督措施，企图以温和、不够刺激的措施起到相同的监督效果，对检察权威造成伤害，使监督本身失去正当性、合法性。

（二）监督过程难以留痕

目前，刑事执行检察开展各类监督活动，一般以现场巡视方式进行，发现监督事项再进行调查，作出相应的监督决定，整个过程相对简单，没有像司法办案般立案、审查、决定阶段以及各阶段的处理程序，也没有将调查材料类似办案证据流程进行立卷和处理，结果造成存档材料仅有一份法律文书以及其签发稿，卷宗材料的完整性、系统性、逻辑性均难以实现，无法客观记录整个监督活动从发现、立案、审查、决定的过程，这与司法理念、司法活动规律相背离。①

（三）监督责任不明

监督有效运行的预设前提是设置明确的监督主体，并形成良性监督体系。刑事执行检察法律监督组织层面承担的职责已经明确，而落实到检察官个人的责任则相对滞后。一方面因目前的监督模式以办事方式为主，缺乏立案等节点性程序，证据材料的收集固定等流程较为松散，对材料获取的标准和要求也缺乏规定，一旦事后发现监督决定存在瑕疵需要评鉴，则很难明确造成问题发生的环节或因素，具体责任追究也难以落实到个人。另一方面由于对刑事执行监督的程序性和规范性的要求不高，无法采用较高标准和要求的事后评价来鉴定监督工作质量，因此在评价模式和倒逼责任时，因事前事后的流程模式和要求的不一致性，造成追责到具体责任人存在困难。

（四）监督效果欠佳

实践中，存在对同级别的执法单位监督易，对上级执法单位监督难；对本区执法单位监督易，对外区执法单位监督难，监督效果不够理想的情况。② 同级别执法单位沟通相对较为便捷，对检察监督意见能够及时回复，但上级的执法单位对检察监督意见往往会敷衍塞责，而再通过同级别的检察机关提出，程序复杂，时间长，难以取得好的效果。对本地区的执法单位，基层检察院的沟

---

① 朱孝清、张智辉：《检察学》，中国检察出版社2010年版，第227页。

② 周伟：《刑事执行检察：监所检察理论与实践的发展》，载《国家检察官学院学报》2013年第4期。

通较为方便，提出的意见建议能够及时被采纳，但辖区以外的，特别是与外省市执法单位沟通不便，往往不能得到及时的回复，监督效果不理想。

（五）监督质量无法评鉴

以办事方式开展的监督，由于证据收集的要求较低，可能会影响对当时监督事项的定性。同时，因监督程序不严、缺少预防差错出现机制、监督过程未有留存等情况，对执行检察监督部门作出的监督结论是否正确，缺少评价依据、评价手段和评价体系，这对司法改革背景下的"检察官终身责任制"的落实和推进造成阻碍。

二、刑事执行检察监督向"办案模式"转变的意义

长期以来，囿于法律规定不具体、职能碎片化，检察机关在开展刑事执行检察监督工作时，办案意识不强，收集、审查证据的意识不强。虽然原先以"办事"为主的工作模式，在一定历史时期内有其积极意义，使监督呈现一定规模，但随着法治化、规范化理念的深入，有必要对这一工作模式进行反思。

就刑事执行检察法律监督实践而言，监督职能缺乏相应司法办案程序和证据性要求，司法属性较弱问题在司法改革背景下显得尤为突兀。传统工作方法已与司法改革的要求相背离，将影响到刑事执行检察监督的持续发展。最高人民检察院刑事执行检察厅从各地实践中看到了以"办事模式"为主的工作模式的局限和不足，抓住修改后的刑事诉讼法和《人民检察院刑事诉讼规则》实施及刑事执行检察部门统一更名的契机，要求全国各级刑事执行检察部门将工作模式从以"办事模式"为主向以"办案模式"为主转变。[①] 这一改变，将增强刑事执行检察部门司法办案程序所要求的刚性约束，解决监督在位而不到位的症结，克服监督的随意性，防止出现监督不规范等问题，从而有利于发现司法人员职务犯罪，加大对刑事执行领域腐败的惩治力度，维护司法公正；有利于遏制刑讯逼供、体罚虐待、跑风漏气、虚假立功、违法减刑等刑事执行活动中存在的突出问题，依法保障人权，维护刑事执行秩序和监管场所安全稳定，保障刑事诉讼活动顺利进行；有利于规范刑事执行检察工作、锻炼刑事执行检察队伍、增强法律监督权威，提升监督水平和实效。

---

① 高祥阳：《刑事执行检察应从"办事模式"向"办案模式"转变》，载《人民检察》2015 年第 17 期。

三、刑事执行检察监督"办案模式"的构建——以减刑、假释案件为例

由"办事模式"向"办案模式"的转变，是刑事执行检察部门抓住发展机遇，实现跨越式发展的重要一步，随着最高人民检察院将刑事执行检察业务全面纳入统一办案软件，标志着"办案模式"的改革进入了一个新的阶段。笔者认为，构建"办案模式"应当重点从程序和实体两方面进行规范和完善，再辅以办案主体的专业化及信息化建设的支持。因刑事执行检察案件种类繁多，无法一一详述，故挑选最为常见同时也是刑事执行检察业务中最具代表性的减刑、假释案件为例说明。

（一）办案流程的规范化

目前刑事执行检察部门办理减刑、假释案件，主要依据的是最高人民法院《关于办理减刑、假释案件具体应用法律的规定》《人民检察院办理减刑、假释案件规定》及《人民检察院监狱检察办法》。从制度上来看，适用的法律较为分散且层级较低，须从立法层面解决。同时，这些法律都存在一个非常重要的问题，就是对办案流程的规定过于简单，没有作出详细的规定。例如，对减刑、假释案件，只规定了10日内向法院提交书面意见，而在此之前对监狱的纠正流程如何进行，并没有作明确的规定，这也反映出以往"办事模式"的一个通病，即随意性过大。此外，司法改革的进行也对办案程序的规范化提出了更高的要求，减刑、假释案件的审批权限如何规定，检察官与检察官助理在案件中的权力界限等问题，都需要明确的法律规定。因此，必须通过立法手段明确办案流程，对程序问题作明确规定。对此，有学者提出制定单独的执行检察部门法来予以明确，笔者认为目前的条件尚不成熟，可以先通过司法解释或是法规、规章的形式对一些程序问题予以补充，完善减刑、假释案件的流程规定，待条件成熟时再专门制定统一的、法律位阶较高的部门法，在程序上予以明确的约束。

（二）办案标准的明确化

在刑事执行检察业务的"办案模式"下，一切都应当以法律规定为准，尽量地减小办案人员的主观因素对案件的影响，法律规定越明确，主观因素对案件的作用就越小。对于减刑、假释案件来说，现行法律对最低服刑期限、间隔期限等规定的较为详细，但在其他方面规定的较为笼统，最为明显的就是对于罪犯是否"确有悔改表现"，没有一个明确的标准。在实践中，办案人员往往是参考监管场所的相关规章、制度，通过计分考核、有无违纪等数据来进行判断。这些规章、制度本身也不是很完善，自身就可能存在不合理之处，而办

案人员在对罪犯案情的考察中，由于主观因素在案件中所起的作用过大，可能会出现不同的办案人，对同一个案件得出不同的处理结果。由于每一个案件都有其复杂性与特殊性，我们当然无法制定出一个对照法条就能作出明确判断的标准，但也应当在尽可能详细的基础上，做到标准化、统一化。举例来说，财产性判项的履行情况是减刑、假释案件审查中很重要的一点，但在实践中，对于罪犯是否完全履行完毕所有财产性判项或者履行到何种程度才可以视为"积极履行财产性"一直有不同的观点，不同监狱也有着不同的做法，有的监狱要求全部履行完毕，有的监狱则规定至少履行百分之九十，或是其他的百分比；有的罪犯可以凭借户籍地开具的贫困证明降低履行幅度甚至不履行，但是贫困证明应当由哪个部门出具，法律也没有明确规定。对于案件中遇到的种种因素，刑事执行检察部门在审查中没有明确的法律或规定可以参照，往往也是靠办案人员的主观考量。在实践中，普遍存在着不同的监管场所，减刑、假释的标准不一，这样的现象既影响了罪犯的合法权益，在法律上也是不严肃的，应当尽可能地通过法律规定予以明确。

（三）证据规格的标准化

随着"办案模式"的推进，减刑、假释案件的证据规格也自然要在法律规定中明确化。目前监狱在减刑、假释案件中所提交的证据材料，主要是根据司法部制定的《监狱提请减刑假释工作程序规定》，其中规定的五类证据包括：《罪犯减刑（假释）审核表》；监区长办公会议或者直属分监区、监区人民警察集体研究会议的记录；终审法院裁判文书、执行通知书、历次减刑裁定书的复印件；罪犯计分考核明细表、罪犯评审鉴定表、奖惩审批表和其他有关证明材料；罪犯确有悔改表现或者立功、重大立功表现的具体事实的书面证明材料。[①] 实践中，监狱一般还会提供罪犯亲自书写的悔过材料和反映其财产性判项执行情况的材料。笔者认为，对于减刑、假释案件的证据材料规定，一方面要在高位阶的法律中作出明确规定，另一方面还应作以下补充：（1）前科劣迹材料。如果罪犯有前科劣迹的话，终审裁判文书往往只是简单地进行阐述，很难据此准确地对其社会危害性作出判断，因此在办案过程中，有必要对其前科劣迹的材料进行详细审阅；（2）他人评价。对于罪犯在服刑期间的改造情况，其同监舍罪犯及管教民警是最为了解的，通过他人对罪犯的评价，可以全面了解罪犯的改造情况，发现一些数据无法反映的问题。在条件允许的情

---

① 熊昭辉、黄万成：《试论检察机关减刑假释案件证据审查的模式构建》，载《中国检察官》2016 年第 6 期。

况下，还可以考虑通过第三方机构对罪犯进行心理测试与评估。（3）提请假释罪犯的家属保证材料。这类证据目前常见于提请暂予监外执行案件中，提请假释的案件往往对此不甚重视，怠于寻找家属签署相关材料。由于罪犯自身可能存在的社会危害性，如果缺乏家属的保证与监督，将罪犯假释出狱显然是不妥的。（4）对于反映其财产性判项执行情况的材料，应制定统一标准，例如，证明罪犯无履行能力的贫困证明，出具主体各异，应当明确由某一级政府或者某专一部门统一开具，并明确可以免除履行或降低履行数额的标准。

（四）办案主体的专业化

刑事执行检察部门作为办案主体，长期存在两个问题，一是人员编制较少，办案力量较为薄弱；二是检察官员额配置不足。要解决这两个问题，就需要增加人员编制和检察官员额。同时，由于案件种类多、数量大，往往会出现办案人员在业务上"杂而不精"的情况，而向"办案模式"的转变对办案人员的业务能力又提出了更高的要求。针对减刑、假释案件这一主要案件种类，可以在部门内建立专业性较强的办案小组，实现"一专多能"。① 办案小组应当保持相对稳定，否则达不到打造专业人才的目的，但也不能绝对不变，陷入僵化，否则人案对应的关系过于固定，会导致办案人员因缺乏新鲜感而产生"审美疲劳"，不利于激发队伍的积极性。可以设置一个较为合理的轮换时间，办案小组内外的人员定期轮岗交流。

（五）立卷归档的统一化

卷宗是一个案件的实体化载体，在以往的"办事模式"下，对于减刑、假释案件卷宗的装订、归档并不是很重视，往往是简单地将提请意见书和检察建议书等少数材料订起来。在转变为"办案化"之后，相应的文书增加，卷宗的装订也应当制定一个统一的标准，对于卷宗内文书的种类、数量作出明确的规定。以往的减刑、假释案件材料较少，往往将数十个案件合并装订归档，因此归档的周期一般也较长。在新的"办案模式"下随着材料的增加，是单独装订还是仍然合并装订，装订的周期多久，都需要有明确的规定予以指导。

（六）办案系统的信息化

刑事执行检察业务的办案化，必然要依托高效快捷的信息化技术。正因如此，最高人民检察院一直在推进"两网一线"的建设，实现检察业务的信息化。与减刑、假释案件办理息息相关的，就是目前在检察机关中普遍使用的统

---

① 徐建波等：《检察聚焦：修改后刑诉法视野下的监所检察》，载《人民检察》2012年第 13 期。

一办案系统。2016 年开始，刑事执行检察案件已被纳入了统一办案系统中，但由于纳入的时间不久，系统还不是非常完善，存在着一些问题需要解决。例如在系统中办理减刑、假释案件时，减刑、假释案件的提请、开庭、裁定审查被分为了三种不同的案件种类，而不是一个案件的三个阶段，显然是不合理的。同时，统一办案系统的数据尚不能和监狱、法院相联通，无法直接导入和导出减刑、假释的相关数据，如果能改善这一问题，将大大简化案件办理的流程，避免对一些信息的重复输入，提高案件的办理效率。同时，还应当注重对刑事执行检察部门的硬件设施保障，保证办案电脑数量充足、统一用印打印系统安装到位等办案必需的设备条件。

刑事执行监督案件办理规程的审视与建构

郭 斐 黄 畅[*]

郭 斐 黄 畅[*]

一、刑事执行监督案件办理规程的审视

当前检察机关刑事执行检察部门的改革方向是以"规范监督,加强办案"为统领,力求在检察监督和司法办案工作中完善监督程序、优化监督方式、规范监督行为、提升监督质量,通过牢固树立"司法办案"理念,立足刑事执行检察职责,科学界定案件类型,推进办案证据化、程序化、卷宗化、责任化、信息化,进一步实现刑事执行检察工作模式由"办事"为主向"办案"为主优化升级。各地检察机关在探索刑事执行监督"办案模式"中均取得了诸多实践经验与实践做法,但依然存在着监督不规范、程序不完善、体系不健全、制度执行不力等现实问题。刑事诉讼监督从抽象的制度规范变成促进法律准确实施的实践机制,要依靠立法的中介作用,[①] 刑事执行检察在推进"办案模式"的道路上,必然需要相应的规范化文件来进行规制和落实,从而实现刑事执行监督"办案模式"从理论向实践、从实践再回归理论的飞跃,因而制定刑事执行监督案件办理规程具有必要性。

(一) 制定办案规程是适应司法体制改革和监察体制改革的内在要求

随着司法体制改革、国家监察体制改革和各项诉讼制度改革叠加推进,检察机关的职权配置、工作格局和检察权运行体系机制均发生了重大调整变化,检察机关的宪法定位是法律监督机关,加强检察机关的法律监督是司法改革的重点任务之一,关乎检察机关宪法定位的彰显和落实,[②] 监督工作应当作为检察机关的主攻方向,而刑事执行检察部门是最能体现法律监督特性的部门之

---

* 郭斐,北京市人民检察院第五检察部检察官助理;黄畅,北京市朝阳区人民检察院第四检察部检察官助理。

① 向泽选:《刑事诉讼监督的问题与出路》,载《河南社会科学》2010 年第 6 期。

② 敬大力:《北京市检察机关推进司法改革的实践探索》,载《人民检察》2016 年第 12 期。

一。当前司法体制改革总体上已经从谋划部署期、新旧转换期进入"后改革期",从面上的改革转入改革的"精装修",需要进一步提升改革的精细化水平。一方面,制定刑事执行监督案件办理规程是适应诉讼监督案件化办理的必然要求,有利于总结刑事执行监督实践经验,固化案件办理工作机制,加强系统集成,推动刑事执行监督"办案模式"从理论到实践、从实践到理论的再次飞跃和优化升级。另一方面,办案责任制是司法体制改革的核心,办案模式要求每个监督案件有案号、有案卡、有案件卷宗,将刑事执行监督业务纳入统一业务管理系统,为"以办案为中心"的检察官办案责任制改革奠定了制度基础。① 因此,制定刑事执行监督案件办理规程有利于指导刑事执行检察人员开展案件办理工作,帮助检察官和检察官助理快速适应各类刑事执行监督案件办理流程,用制度确立司法办案的工作模式,建立起线索受理、立案、依法审查或调查核实、结案归档等工作流程,严格落实司法责任制改革的各项要求,让每一起刑事执行监督案件都经得起法律和历史的检验。

（二）办案规程是提升刑事执行检察公信力的必然选择

习近平总书记强调指出,要努力让人民群众在每一个司法案件中感受到公平正义,检察机关作为国家法律监督机关,提升自身司法公信力,是当前检察机关重要而紧迫的战略任务。检察权只有在社会公众普遍地对检察机关具有信任和心理认同感,并因此自觉服从和尊重权力的行使时,才能说检察权具备了应有的公信力。② 最高人民检察院张军检察长也在不同场合多次提出"法治产品""检察产品"观念,特别强调"要深入思考如何从人民群众对民主、法治、公平、正义、安全、环境等方面的需求上来谋划检察工作的发展,从供给侧为人民群众提供更优质的法治产品、检察产品"。③ 当前刑事执行检察工作为人民群众的熟知度、认可度和信任度还不够高,究其原因还是传统监所检察办事模式下监督无力、监督不规范、监督的随意性大、监督虚化以及实践中不乏凑数监督、降格监督、选择性监督的问题,导致刑事执行检察公信力的弱化。一个案例胜过一沓文件,新时代刑事执行检察工作需要以司法办案为中心,需要通过办案来谋发展,通过办案来提升刑事执行检察公信力,而制定刑

---

① 李继华:《刑事执行检察应构建"办案"模式》,载《检察日报》2016 年 11 月 20 日。

② 天津市人民检察院第二分院课题组:《检察维度的司法公信力问题研究》,载《法学杂志》2011 年第 9 期。

③ 赵志刚:《以"法治产品"观念引领检察供给侧改革》,载《检察日报》2018 年 6 月 22 日。

事执行监督案件办理规程就是对办案工作的深刻"烙印"。2018 年 8 月 27 日下午，十三届全国人大常委会第五次会议对长达 1034 个条文的民法典各分编进行审议，这是会议最引人注目的议题之一。民法典制定的意义不在于对零散的民事法律进行汇编，而是在于对国家以往所有立法、执法、司法、守法实践的重新整理，是法治对时代命题的终极回应。当前，有关刑事执行监督案件办理的法律法规同样较为零散，呈现分散化、零碎化的特点，每项业务或多或少都会出台不同的规定，如《人民检察院办理羁押必要性审查案件规定》《人民检察院办理减刑、假释案件规定》《人民检察院对指定居所监视居住实行监督的规定》等，缺乏统一的归纳与梳理，既不便于刑事执行检察干警日常办案查询需要，更不利于人民群众对刑事执行检察工作的了解和认可。制定刑事执行监督案件办理规程的意义虽不及民法典的制定，但对于刑事执行检察工作本身具有重要意义，能够提升刑事执行检察业务体系化、系统化，是增强刑事执行检察公信力的必然选择。

（三）办案规程是实现刑事执行检察工作业务规范化的重要保障

自 2015 年 1 月最高人民检察院经研究并报中央机构编制委员会办公室批复同意，决定将沿用 30 多年的"最高人民检察院监所检察厅"更名为"最高人民检察院刑事执行检察厅"以来，[①]"监所检察"成功蜕变成了"刑事执行检察"。近年来，刑事执行检察工作在从"办事模式"为主向"办案模式"为主转变这条工作主线上取得了长足发展，各地检察机关均在探索刑事执行监督案件化办理模式，逐渐改观了以往"办事模式"监督随意性大、缺乏程序性制约、释法说理不充分等问题，尤其是 2016 年 12 月全国检察机关统一业务应用系统执检子系统的上线运行，首次将羁押必要性审查等 19 个监督事项作为案件办理，为刑事执行监督"办案模式"打下坚实基础。毋庸置疑，现阶段无论是学界或者检察机关自身，对诉讼监督案件化的呼声越来越高，刑事执行监督作为刑事诉讼监督的关键环节，守护着刑事诉讼活动公平公正的"最后一公里"。新时代刑事执行检察工作必须以"规范监督，加强办案"为总要求，必须坚持以司法办案为中心，刑事执行监督工作在"办案模式"的实践探索成熟的基础上，更需要制定专门的刑事执行监督案件办理规程，才能进一步实现刑事执行检察业务工作规范化。刑事执行监督的办案实践是工作业务规范化的"血肉"，刑事执行监督案件办理规程则是工作业务规范化的"骨骼"，

① 徐盈雁：《最高检监所检察厅更名为刑事执行检察厅》，载《检察日报》2015 年 1 月 30 日。

有"骨骼"才能"正刑事执行监督之形",为刑事执行监督案件的办理工作提供规范化的指引。一方面,制定刑事执行监督规程有利于弥补"四个办法"①的不足,"日常检察"和"案件办理"好比刑事执行监督工作的"鸟之两翼、车之双轮","四个办法"侧重于"监所检察职责定位、日常执法检察的内容和方法",但传统监所检察存在着"有检察无案件""有内容无标准""有流程无期限""有监督文书无结案文书""有工作无档案"等问题,因此随着"以办案为中心"的司法体制改革全面实施,需要制定刑事执行监督案件办理规程,提升刑事执行监督案件办理的规范化程度。另一方面,制定刑事执行监督规程有利于为全国检察机关统一业务应用系统执检子系统的运行提供标准和流程。执检子系统上线运行后,提供了基本的办案流程和文书模板,但是没有制定相应的办案内容和办案标准,暂时出现了"有案件无标准、有系统无流程"的制度空窗期,实践中迫切需要与刑事执行监督案由匹配的办案规程,通过规范刑事执行监督案件的受理、立案、审查、调查、期限等各个环节的办案标准和流程,为办理刑事执行监督案件的规范化、程序化、实质化、精细化提供制度保障。

二、刑事执行监督案件办理规程的体例与架构

刑事执行检察业务点多、线长、面广,选用"规程"作为规范性文件名称主要也是考虑到内容既有实体又有程序,加之涵盖刑事执行检察业务各个条线,需要通过分章、分节来合理选择体例与架构。《现代汉语词典》对"规程"的解释是,"对某种政策、制度等所做的分章、分条的规定",结合刑事执行检察业务的基础划分以及执检子系统设置的 19 类案件,刑事执行监督案件选用"规程"作为统领较为合适,但在办案规程的体例与架构的设置上仍存在不同的方式。

第一种方式是按照执检子系统的 19 个案由,对应制定 19 个文件。这种体例的优点是一目了然、便于查询,需要办理哪种案件就找对应的规程,便于实践操作,但缺点是各个文件重复内容较多,形散庞杂不成体系,缺乏从整体角度对刑事执行检察业务进行统筹,且执检子系统中有一类"职务犯罪线索管理案件",但只是对案件线索的管理流程,本质并非案件,如果独立制作专门的规范违背诉讼监督案件化基本原则,也不符合繁简分流的精神。

第二种方式是以执检子系统的十九个案由为基础,划分为违法(违规)

---

① 即 2008 年最高人民检察院制定通过的《人民检察院监狱检察办法》《人民检察院看守所检察办法》《人民检察院劳教检察办法》和《人民检察院监外执行检察办法》。

类案件、司法审查类案件、死亡检察和事故检察案件和其他案件，并将每类案件抽离出受理、初审、立案、管辖、审查调查、期限等基本要素，按照基本要素进行分章分节，这种体例是呈线性的，优点是抽象度高，能够反映刑事执行监督案件的总体流程和特点，但刑事执行监督各类案件办理方式还是存在较大差异，分类标准不完全一致，很难用一个标准流程涵盖所有案件，采用此种体例，在架构上虽然更为严谨和规整，但过于注重形式上的统一，没有考虑到刑事执行监督各类案件的办理实际，一定程度上脱离了司法实践，也不宜为刑事执行检察人员所接受。

第三种方式是以刑事执行监督客体为基础，结合执检子系统十九类案件，并考虑司法办案实际，按照强制措施执行监督、刑罚执行监督、监管活动监督、特别程序监督（强制医疗）和救济程序监督进行分章，各章下对应相应的执检子系统案由，同时抽离出确属共通的、必要的原则、精神和规定，设置在前后设立的总则和附则。此种体例的优点是结构清晰，集中简约，呈现体系化，既能够反映刑事执行监督业务的基本分类逻辑，符合刑事执行检察工作实际，又便于刑事执行检察人员和普通大众进行查询和了解，更加直观。

笔者认同第三种方式进行体例设置，具体的架构还应当根据司法实践进行调整和优化，建议设置为七章，即总则、强制措施执行监督、刑罚执行监督、监管活动监督、特别程序监督、救济程序监督和附则，这样与《人民检察院刑事诉讼规则》及最高人民检察院《全面加强和规范刑事执行检察工作的决定》第5条确定的刑事执行检察职责相对应，更加全面、科学，符合新时期的执检工作规律，从而形成逻辑合理、架构清晰的刑事执行监督案件办理规程。

三、刑事执行监督案件办理规程的具体内容

上文已论述了刑事执行监督案件办理规程的基本体例，并提出了总共七章的办理规程基本架构。刑事执行监督案件办理规程并不是简单的监督规范分类汇总，不是机械的监督文件汇编，而是遵循刑事执行检察的一般规律，结合各项业务职能的个性化要求，对于既有监督规范进行再加工、再创造、再完善，重在操作性、重在具体化、重在系统性。在制定具体办理规程内容时，应当把握刑事执行监督案件办理的基本规律，合理优化案件设置，完整体现刑事执行监督案件的监督类别、监督案由、监督内容、监督流程和监督标准的制度体系，提升刑事执行监督法治化水平。

（一）刑事执行监督案件办理规程内容的基本遵循与要求

一是应当体现司法责任制。检察监督工作由于缺乏专门的立法，一直处于

"有职权无程序"的状态，主要依据各业务条线的规范性文件开展工作，刑事执行检察工作尤其突出。刑事执行监督从"办事"向"办案"为主的转变，解决了刑事执行检察部门办案的难题，刑事执行检察官缺少统一、规范的办案参考，因此，刑事执行监督案件办理规程首先应当体现司法责任制的要求。司法责任制改革的关键是遵循司法亲历性和权责一致性规律，赋予检察官办案主体地位，[①] 刑事执行监督案件的办理也不例外，重点也是还权于检察官，真正使检察官在办案中具有相对独立决定权，但对于一些重大复杂疑难案件，仍然要通过健全机制，加强部门负责人、分管检察长、检察长、检察委员会对案件的严格把关，防止擅自做主、简单处理。在制定各类刑事执行监督案件具体规定时，应当依照检察官权限清单、履职清单、责任清单、亲历清单的规定，合理设置办案标准和流程，以建立健全权责统一、公正高效的检察监督权运行机制和公平合理的司法责任认定、追究机制，切实做到"谁办案谁负责，谁决定谁负责"。

二是应当体现繁简分流原则。刑事执行监督案件指的是刑事执行过程中发生的，需要检察机关开展调查或审查，以确认刑事执行活动是否合法，以及相关人员是否应负责任的重大事项和违法事件。[②] 从概念上看，并不是每件监督案件都会存在违法（违规）行为，从执检子系统这 19 类案件的具体办理过程来看，如违法违规类案件办理特点是突出被监督单位的违法性，发现违法违规行为才通过办案予以监督，但是违法违规的发现也不具有必然性；又如减刑、假释、暂予监外执行监督类案件，其特点是被动性与主动性结合，无论是否发现违法违规行为，只要某类执行程序启动，就要以办案的方式介入监督，具有同步性特点，违法违规问题的发现则具有偶然性。因此，在制定各类刑事执行监督案件具体规定时，对于经审查认为没有违法（违规）行为或不存在执法不规范、管理不严格等可能导致执法不公等苗头性、倾向性问题，无须制发监督文书的，调查和审查工作可以从简，并制作《审查意见书》或《检察意见书》予以结案；经审查认为存在违法（违规）行为、需要制发监督文书的，应撰写《案件审查报告》，完整体现事实认定、证据收集分析、法律适用、办案程序、释法说理等办案过程和审查结论，并根据审查结论制作监督文书。

三是应当体现双赢多赢共赢监督理念。法律监督也并不存在"法官之上

① 孙应征、刘桃荣：《检察机关司法责任制的理论基础与功能定位》，载《人民检察》2015 年第 20 期。

② 李继华：《刑事执行检察应构建"办案"模式》，载《检察日报》2016 年 11 月 20 日。

的法官"，或"法院之上还有个监督者"的问题，它仅仅是平行机构之间的一种提醒和防错机制，① 最高人民检察院张军检察长就提出，"监督者和被监督者只是法律上、工作中分工不同、职能不同，目标是一致的，有着共同价值追求，没有你赢我输、你高我低，无论是作为监督一方的检察机关，还是作为被监督一方的其他执法司法机关，都应该明确这一点。要树立、养成共同的执法司法理念，建立监督与被监督的良性关系，实现监督者与被监督者的双赢，赢得人民群众对政法工作的信赖"。② 因此，在制定各类刑事执行监督案件具体规定时，应当将双赢多赢共赢监督理念融入进去，立足刑事执行检察监督对象种类多、环节长、交集广的现实特点，综合考虑方方面面的因素，找准双赢多赢共赢的基点，注重考虑加强与侦查机关、审判机关、司法行政机关的协作配合，督促和支持有关机关严格行使职权，推进严格执法、公正司法。

（二）刑事执行监督案件办理规程的具体内容

第一章建议设置为"总则"，体现办理刑事执行监督案件应当遵守的共同规定。民法典之总则就是"汇聚"以抽象方式提取的各编之"公因式"，其必须对总则以下各编具有"普适性"，是各编中共同的且重要的东西。③ 刑事执行监督案件办理规程的总则亦是如此，主要应当包括目的依据、主要任务、指导与遵循、办案原则、办案要求、案件管理、办案责任制、办案纪律、适用范围和风险防控等。主要来看，应当明确突出以下内容：其一，应当明确刑事执行监督案件的基本概念及内涵；其二，应当明确刑事执行监督案件要严把事实关、证据关、程序关和法律适用关，强化对"办案"的总体要求；其三，抽离各类案件中制发检察建议、纠正违法通知书、复议复核复查、备案审查等共同流程和标准；其四，结合司法体制改革和监察体制改革的最新要求，明确职务犯罪线索的处理机制。

第二章至第六章的主要内容是执检子系统中 19 个刑事执行监督案由的办理流程和标准，同时按照监督客体的标准，将刑事执行监督案件分为 5 种类型即强制措施执行监督、刑罚执行监督、监管活动监督、特别程序监督和救济程序监督，每类客体列为一章。在每类监督案件中，应当根据每类监督案件的自

---

① 孙谦：《检察：理念、制度与改革》，法律出版社 2004 年版，第 53 页。

② 《张军：学习贯彻习近平新时代中国特色社会主义政法思想强化法律监督维护法律权威》，载最高人民检察院官网，http://www.spp.gov.cn/spp/tt/201805/t20180505_377688.shtml，最后访问时间：2018 年 5 月 5 日。

③ 李永军：《民法典总则的立法技术及由此决定的内容思考》，载《比较法研究》2015 年第 3 期。

身特点，进行优化增减，合理设定每类案件受理（立案）、管辖、审查和调查、结案和处理等程序环节，对事实认定、证据收集、法律适用、办案期限、文书制发、备案归档等进行明确规定，尤其是重点加强对审查和调查事实、收集证据的内容要求和法律文书的制作要求的设置，力求具有可操作性，形成明确的规范指引。同时，参考类比自侦部门办理职务犯罪案件、公诉部门办理公诉案件、审查逮捕部门办理批捕案件的程序进行设置，切实解决刑事执行监督案件随意性、拖延性、事务性、监督柔性等诸多问题，体现办案规程的法治化、程序化和规范化。其中，对于执检子系统 19 个案件中的"职务犯罪线索管理案件"，笔者认为对案件线索的管理流程，本质并非案件，故不在办案规程中进行单独设置，仅需在总则部分规定职务犯罪线索处理的条款即可。

第二章建议设置为"强制措施执行监督"，下设三节，分别是羁押必要性审查案、羁押期限监督案和指定居所监视居住执行违法（违规）案。"羁押必要性监督案"一节建议规定管辖、初审、立案、审查（审查方式、审查内容、评估方式、公开审查、终止审查）、期限和结案等内容。"羁押期限监督案"一节建议规定管辖、受理、审查和调查（内容、方式）、督办程序、期限和结案等内容。"指定居所监视居住执行违法（违规）监督案"一节建议规定管辖、受理、审查和调查（询问谈话、文书审查、现场检查）、期限和结案等内容。

第三章建议设置为"刑罚执行监督"，下设五节，分别是减刑、假释监督案、暂予监外执行监督案、收监执行监督案、财产刑执行违法（违规）监督案和临场监督执行死刑案。"减刑、假释监督案"一节考虑到减刑、假释监督案件的同步性和连贯性，将减刑假释提请中审查案、减刑假释提请审查（开庭）案和法院裁定审查案三段案件合并至此节符合一般办案规律，按照提请中审查——提请审查（开庭）——裁定审查的流程进行条文设置，建议规定管辖、受理、审查和调查（方式、内容）、开庭审理、文书移送、期限和结案等内容。"暂予监外执行监督案"一节同样也是考虑到暂予监外执行的同步监督，将暂予监外执行提请审查案和暂予监外执行决定审查案两案件合并至此节符合一般办案规律，按照提请审查——决定审查的流程进行条文设置，建议规定管辖、受理、审查和调查（方式、内容）、期限和结案等内容。"收监执行监督案"一节参考减刑、假释、暂予监外执行的同步监督，将收监执行提请审查案和收监执行裁（决）定审查案合并至此节，按照提请审查——裁（决）定审查的流程进行条文设置，建议规定管辖、受理、审查和调查（内容、方式）、期限和结案等内容。"财产刑执行违法（违规）监督案"一节建议规定管辖、受理、审查和调查（内容、方式）、期限和结案等内容。"临场监督执行死刑案"一节建议规定管辖、受理、审查和调查（内容、方式）、现场监督、期限和结案等内容。

第四章建议设置为"监管活动监督"，下设三节，分别是监管事故检察案、被监管人死亡检察案和刑事执行违法（违规）监督案。"监管事故检察案"一节建议规定管辖、受理、报告程序、现场检察、审查和调查（内容、方式）、期限和结案等内容。"被监管人死亡检察案"一节建议规定管辖、受理、报告程序、现场检察、审查和调查（内容、方式）、期限和结案等内容。"刑事执行违法（违规）监督案"一节考虑到刑事执行违法（违规）监督案和监外执行（社区矫正）违法（违规）监督案本质上均是违法（违规）类案件，仅是监督对象不同，在办案程序以及办案方式上基本一致，且刑事执行违法（违规）监督案也具有一定兜底性质，故该两类案件合并至此节符合一般办案规律，建议规定管辖、受理、审查和调查（内容、方式）、期限和结案等内容。

第五章建议设置为"特别程序监督"，即"强制医疗执行违法（违规）监督案"，由于强制医疗执行并非刑罚执行，本质是一种具有保安处分性质的刑事处遇措施，与其他各类案件并不兼容，故将该类案件单列为一章，建议规定管辖、受理、审查和调查（内容、方式）、期限和结案等内容。

第六章建议设置为"救济程序监督"，下设两节，分别是刑事执行控告举报申诉案和刑事执行纠正违法复查复核案。"刑事执行控告举报申诉案"一节建议规定管辖、受理、线索分流、审查和调查（内容、方式）、答复和告知、期限和结案等内容。"刑事执行纠正违法复查复核案"不在执检子系统19类案件之列，笔者建议单设该类案件。具体而言，纠正违法复查复核案件，是指下级检察院针对刑事执行违法行为发出《纠正违法通知书》后，上级检察院按规定对纠正违法活动进行复查审核，并依法作出处理的案件。上级检察院对下级检察院的四类纠正违法活动可以进行复查复核：一是针对刑事执行违法行为发出《纠正违法通知书》后，被监督单位经本级检察院复议后对复议仍有异议，向上一级检察院提出复核的；二是针对刑事执行违法行为发出《纠正违法通知书》后，被监督单位在规定时限内未纠正或者回复意见，下级检察院向上一级检察院报告的；三是针对刑事执行违法行为发出《纠正违法通知书》后，下级检察院将《纠正违法通知书》副本抄报上一级检察院，上级院发现纠正违法活动存在不当，认为需要复查的；四是其他上级检察院认为应当复查复核的。通过设置"刑事执行纠正违法复查复核案"，作为救济程序类的监督案件办理，来破解被监督单位对纠正违法通知书"不纠正、不回复"这一顽症。同时，建议该节规定管辖、受理、报告程序、审查和调查（方式、内容）、复查复核、期限和结案等内容。

第七章建议设置为"附则"，主要涵盖归档时间、归档要求、文书样本、解释主体和试行时间等规定，重点明确要求将刑事执行监督案件卷宗纳入人民检察院诉讼档案统一归档管理，落实"办案模式"最后一道归档关。

四、刑事执行监督案件办理规程的实践样本

刑事执行监督案件办理规程为刑事执行检察工作注入了法治化因素，实现了刑事执行检察从"办事模式"向"办案模式"的转变。从司法办案的特点、规律和检察权配置实际看，重大监督活动案件化要抓住案件、事实、证据、程序和组织这五个关键要素。① 刑事执行监督办理规程在实际运行过程中，正是通过确保每类刑事执行监督案件严把事实关、证据关、程序关和法律适用关四个关口，从制度上保证了刑事执行监督的质效和公信力。例如，北京市检察机关于 2017 年 9 月制定完成了覆盖执检子系统 19 类监督案由的《北京市检察机关办理刑事执行监督案件规程（试行）》，提供了办理刑事执行监督案件的标准和流程。2017 年 12 月，北京市检察机关检察监督"五化"建设试点工作正式启动，该办案规程为各大监督部门提供了样本，经过修改，2018 年 2 月刑事执行监督办案规程作为第四编，纳入《北京市检察机关检察监督规程（试行）》。该办案规程规定了刑事执行监督案件的受理、启动、立案、管辖、审查、调查、认定事实、收集证据、法律适用、期限、审批、文书、结案、处理、归档等各个环节的办案标准和流程，为办理刑事执行监督案件的规范化、程序化、实质化、精细化提供了制度保障，其实践意义凸显在三个方面。

其一，办案规程的制定切实解决了"四个办法"检察模式下"有检察无案件""有内容无标准""有流程无期限""有方法缺法治""有监督文书无结案文书""有工作无档案"等问题，实现了从"规范化日常检察"向"法治化办案检察"的升华。同时，办案规程又紧密与执检子系统相契合，实现了对执检子系统十九类监督案件案由的衔接覆盖，提供了办案规则和标准，解决了当前执检子系统"有系统无规范"的问题。

其二，办案规程的制定倒逼了刑事执行监督规范化程度，切实落实"规范监督，加强办案"的总体要求，实现了刑事执行检察业务质效的大幅度提升。2017 年北京市检察机关共办理各类刑事执行监督案件 3751 件，针对监管场所违法共提出纠正违法 33 件，同比上升 37.5%，纠正率同比上升 16.1%；

---

① 张书铭：《监督活动案件化要把握五个关键要素》，载《检察日报》2018 年 1 月 26 日。

针对减假暂不当提出纠正 213 件，纠正 190 件，纠正率同比上升 6%；监督纠正监外执行不当 169 人，同比上升 36.3%，纠正率上升 7%；羁押必要性审查案件提出释放或变更强制措施建议 659 人，建议采纳率为 83.6%，同比上升 3.1%。

其三，办案规程的制定适应了刑事执行检察工作新形势、新规律，体现了司法体制改革的成果和要求。办案规程以刑事执行监督案件为中心制定办理各类案件各个案由的标准和流程，落实了"以司法办案为中心"的要求，通过区分不同类型案件，规定了不同的处置程序，解决了繁简分流问题，将检力资源聚焦到需要提出监督意见的重点难点案件上，保证办案效率和办案质量，通过强化办案质量导向，倒逼检察机关树立双赢多赢共赢的办案理念，构建良性监督关系。

检察建议公开宣告制度研究[*]

谢　伟[**]

　　检察机关恢复重建 40 年来，提供了一系列检察产品、法治产品，有效打击了犯罪、保障了人权、维护了社会公平正义。新时代对检察产品、法治产品从权威性、专业性、精准性，以及法律效果、政治效果和社会效果的有机统一方面提出了更高标准、更多需求。满足需求的方式主要有两种，一是开发新产品，二是优化升级已有检察产品。在已有的检察产品中，检察建议因被广泛运用于刑事诉讼监督、民事检察、行政检察和社会治理创新中而为人们所熟知。在发挥积极作用的同时，也存在着质量不高，被监督对象监督意见不理解、不接受、不认可，监督效果大打折扣等问题。实行检察建议公开宣告制度便是针对这一问题提出的最新解决方案，目前已在北京、上海等地展开实践，并取得良好效果。

一、检察建议公开宣告的理论基础

　　检察建议是人民检察院为促进法律正确实施、促进社会和谐稳定，在履行法律监督职能过程中，结合执法办案，建议有关单位完善制度，加强内部制约、监督，正确实施法律法规，完善社会管理、服务，预防和减少违法犯罪的一种重要方式。检察机关在执法办案过程中，发现有需要提出检察建议的情形，通常以《检察建议书》的形式向被监督对象发送。

　　检察建议公开宣告实际上就是将已制作完成的《检察建议书》，由检察人员在专门的公开宣告室或其他适宜场所向被监督对象当面宣读，当面释法说理，当面答疑解惑，并由被监督对象当场签收法律文书的一项程序性制度。检察建议公开宣告的法理基础包括司法公开和程序正义两个方面。

（一）司法公开

　　司法公开是现代司法的一项基本原则，具有保障人民群众知情权、参与权

---

　　[*]　本文系北京市人民检察院 2018 年检察理论课题阶段性成果。

　　[**]　谢伟，北京市人民检察院第三分院第八检察部检察官助理。

和监督权，加快建设公正高效权威的司法制度，预防司法腐败，实现司法实践与法学教育良性互动①等多元价值，并为我国法治实践所确认，全面实行审判公开、检务公开、警务公开和狱务公开。《人民检察院案件信息公开工作规定（试行）》第16条明确规定："人民检察院制作的法律文书，应当依照法律规定，及时向当事人、其他诉讼参与人和有关单位送达、宣布"。对检察建议实行公开宣告是司法公开原则、检务公开原则在检察工作、法律监督工作中的具体体现。

（二）程序正义

"正义不仅应得到实现，而且要以人们看得见的方式加以实现。"现代司法过程中，程序正义至少包含三项内容，即程序的平等性、参与性和公开性。这三方面的内容在法院公开宣判制度中得到充分体现：一是各方当事人都平等地享有到庭听判的权利；二是当事人都有权清楚地知道裁判结果及其依据；三是宣判除对当事人公开以外，也应对群众、社会公开。② 检察建议书与法院裁判文书、检察机关纠正违法通知书一样，均涉及对相关主体的否定性评价。不同之处在于，检察建议发出后，不存在类似上诉、复议复核之类的法定救济程序。通过公开宣告与被监督对象进行面对面的释法说理，能够强化被监督对象对监督工作的知悉、参与和认可，并在一定程度上弥补救济程序缺失所带来的不足，从而更好地实现法律监督工作中的程序正义。

二、检察建议公开宣告的现实意义

在以往的办案、监督实践中，检察建议出具后，通常采取邮寄的方式送达给被监督对象，被监督对象则采取复函的形式对整改（或改进）情况予以回复。这实际上是一种"文来文往"的工作模式，加之检察建议本身不具有强制执行力，往往导致检察建议发出去之后"石沉大海"，或者虽有回复，但是停在表面，流于形式，并没有真正达到预期的监督效果。检察建议公开宣告可谓是解决监督工作"有监督，无效果"的关键一招，其现实意义至少包括以下四个方面：

（一）有助于监督意见的采纳

"文来文往"的最大弊端在于缺少必要沟通，检察建议发出后，被监督机关是否收到？何时收到？收到后是否认同？如不认同，原因何在？均难以及时

---

① 参见谭世贵：《论司法信息公开》，载《北方法学》2012年第6期。

② 参见王海清：《关于公开宣判的若干思考》，载《中国审判》2007年第4期。

全面掌握。对文书发出之后的情况不甚了解，又不具备强制执行力，检察建议被采纳的可能性明显降低。公开宣告的积极作用在于：一是创造了一个庄严而具有仪式感的氛围，有利于引起被监督对象的高度重视和理性看待；二是在书面意见之外，有一个口头的、面对面的释法说理、沟通交流的过程，能够把相关事实、法律依据解释的更加明白透彻。三是倒逼作为检察建议制发前提和基础的调查核实、分析论证等工作更加细致充分。在需要面对面释法说理的情况下，办案人员不得不以更高的标准把相关问题调查核实清楚，并依法准确定性，否则，不足以应对来自被监督对象的提问和反驳。由此可见，公开宣告程序主要是通过正式的、面对面的释法说理以及对调查核实等前期工作的压力传导来提升监督工作质量，进而保障监督效果，促进检察建议更好地被接受和采纳。

（二）有助于检察权威的树立

长期以来，职务犯罪侦查权一直是检察权威得以树立的最为重要的一柄利剑。职务犯罪侦查职能转隶到监察委后，批捕权、起诉权、检察建议权必须共同承担起树立和维护检察权威的重任。实践中，最能体现检察权威的事情便是案件公正有效办理，相关决定得到执行、相关建议得到采纳。而最有损检察权威的事情除了冤假错案，便是相关决定不被执行、相关建议不被采纳。通过公开宣告使检察机关发出的检察建议掷地有声，切实管用，一份检察建议促进解决一类问题，无疑有助于树立和维护检察权威。

（三）有助于检察监督程序化水平的提升

在检察工作转型发展的过程中，除了诉讼案件，对于非法证据排除、食药、环境领域立案监督等重大监督事项亦实行案件化办理。案件化办理的基本要求和显著标志就是程序化办理。不仅对于案件的受理、审查过程应当按照既定的标准程序进行，其后的监督处理过程也要求尽可能地纳入程序化轨道。公开宣告使得检察建议从办案人员到被监督对象的移转过程拥有了规范且充分体现程序正义的流程安排，有利于检察监督程序化水平的提升。①

（四）有利于"谁执法，谁普法"普法责任制的落实

检察建议公开宣告不仅仅限于办案人员和被监督对象参加，视情况还可以要求人大代表、政协委员和社会公众参与。一次检察建议的公开宣告便是一堂生动、有效的普法课程，因此有利于检察机关更好地落实"谁执法，谁普法"

---

① 值得注意的是，北京检察机关在检察改革过程中，提出了检察监督"制度化、规范化、程序化、体系化、信息化"建设要求（简称"五化"），程序化是其中的一个重要方面。

普法责任制。

以上四个方面综合起来，便是促进了检察建议的有效落实，实现了监督工作的进一步提质增效。

三、检察建议公开宣告的制度实践

检察建议公开宣告作为一项制度实践，最先在北京、上海两地展开，陕西、山东、四川等地亦有不同程度和范围的试点与探索。特别是北京市人民检察院于 2018 年 2 月出台的《北京市检察机关检察监督规程（试行）》中，专章规定和确立了检察监督决定①公开宣告制度。上海市人民检察院则在 2018 年 7 月出台了《上海市检察机关关于开展检察建议公开宣告工作的规定（试行）》，通过规范性文件的形式对检察建议公开宣告作出了详细规定。

（一）检察建议公开宣告的基本内容

综观北京、上海检察机关有关检察建议公开宣告的制度规定可知，检察建议公开宣告制度主要包括公开宣告的范围、宣告人与参与人、宣告场所、宣告程序等内容。

在公开宣告的范围方面，北京市规定检察建议可以进行公开宣告，是否进行公开宣告，由承办案件的检察官决定。上海市则以负面清单方式，明确检察建议以公开宣告为原则，但对于涉及国家秘密、商业秘密、个人隐私，以及公开宣告可能给被宣告对象带来非正常负面影响或引发重大舆情的，可以不公开宣告。在具体操作中，北京市检察机关对于哪些检察建议通常予以公开宣告、哪些检察建议不予公开宣告，采取的标准实际上与上海基本一致。

在宣告人与参与人方面，北京市规定公开宣告由检察官、检察官助理、书记员、司法警察、被公开宣告对象或被监督对象及其他相关参与人参加。公开宣告时，可由检察官一人主持宣告，也可以组成二至三人的宣告组。组成宣告组的应确定其中一人为首席宣告人主持宣告。重要的公开宣告，应由检察长、副检察长或者检察委员会委员担任首席宣告人。根据具体情况，可邀请人大代表、政协委员或其他相关人员旁听宣告。

在公开宣告的场所方面，北京市规定人民检察院设立检察监督宣告室用于公开宣布告知检察监督工作结果或事项。实践中，除了在宣告室宣告检察建议外，亦根据实际情况在其他适宜场所开展。上海市则规定公开宣告可以在司法

---

① 根据《北京市检察机关检察监督规程（试行）》，检察监督决定包括检察建议书、纠正违法通知书、纠正审理违法意见书、通知立案书、通知撤销案件书、纠正不当减刑、假释裁定意见书、纠正不当暂予监外执行决定意见书等。

办案区或专门的宣告室进行，也可以到被建议单位上门宣告，或者在双方商定的其他适合场所进行。

在公开宣告的程序方面，北京市规定检察建议公开宣告包含如下四个步骤：（1）宣告人宣读本院检察建议书；（2）检察建议承办部门代表简要介绍提出检察建议的原因和目的；（3）被建议单位就是否采纳检察建议及如何落实检察建议发表意见；（4）被建议单位到书记员处办理检察建议书签收手续。上海市则规定公开宣告由办案人员在特定的工作场所向被建议单位释法说理，公开宣布、告知、送达检察建议，并听取被建议单位和第三方代表意见建议。可见，在这一程序中，既有释法说理，同时又积极听取被监督对象的意见，从而更加有利于检察建议的采纳与落实。

（二）首都检察机关检察建议公开宣告实践的三个特点

笔者所在的首都检察机关，严格按照公开宣告的相关规定，积极开展检察建议公开宣告工作，并取得良好效果。总体上呈现出以下三方面特点：

一是公开宣告流程规范化。在《北京市检察机关检察监督规程（试行）》第七编专设三个章节，首次对公开宣告的适用范围、参与主体、宣告程序等作出明确规定，并配套研发了《公开宣告签发单》《公开宣告笔录》等法律文书，从制度层面确保了公开宣告有据可依，规范运行。

二是公开宣告形式多样化。根据检察建议所涉事项的重大程度，分别采取检察官公开宣告或者宣告组公开宣告。根据有利于公开宣告顺利开展的原则，灵活选取检察机关、被监督机关、案件纠纷发生地作为宣告地点。如北京市平谷区人民检察院将公开宣告与"谁执法，谁普法"紧密结合，对于当事人行动不便，或者发生在乡村、社区等特定区域的邻里纠纷、轻微伤害等案件，适合对社会公众开展普法宣传的，深入案发地，就近公开宣告。

三是公开宣告对象多元化。对于控告申诉途径受理的案件，经审查需要制发检察建议的，同步向申请监督主体和被监督对象进行公开宣告，通过双向释法说理，增强各方对监督决定的接受度和认可度。在被监督对象层面，实现检察建议公开宣告向公安机关、审判机关、行政执法机关、企事业单位的全覆盖。如北京市人民检察院第三分院在办理一起侦查活动监督案件中，对违规向犯罪分子提供开锁服务的两家开锁公司公开宣告检察建议，两家开锁公司均表示从公开宣告的面对面释法说理中认清了问题，受到了教育、强化了法律意识，并于公开宣告后及时进行了整改回复。

四、进一步落实好检察建议公开宣告制度的几点思考

无论是从理论分析，还是从北京、上海等地先行先试的情况看，公开宣告

增强了检察建议实效，强化了法律监督权威，有利于实现监督工作的双赢多赢共赢。作一项新的制度实践，欲更好地发挥其效用，笔者认为，应从制度设计和能力提升两方面作出进一步努力。

在制度设计层面，最高人民检察院《人民检察院检察建议工作规定》已于2019年2月公布施行，其中第18条明确规定送达检察建议书也可以现场宣告送达。笔者认为，落实工作规定，在具体操作层面，还可以细化。一是在公开宣告的范围上，明确以公开宣告为原则，不公开宣告为例外；二是在检察机关参与公开宣告的人员上，由检察官、检察官助理、书记员参与即可，无须出动法警。原因在于，检察建议的宣告对象绝大多数情况下是机关、企业事业单位而非犯罪嫌疑人，且宣告是为了当面释法说理，法警参与其中，可能并不利于双方沟通与交流。三是在公开宣告的场所上，应当标准化建设和使用。除就近宣告或协商确定宣告场所外，在检察机关开展公开宣告且具备硬件条件的，应当建设标准化的公开宣告室，公开宣告室内统一悬挂中华人民共和国国徽，检察人员着制服在公开宣告室开展检察建议公开宣告，以切实增强公开宣告工作的仪式感和规范性。四是公开宣告活动应当全程记录，全程留痕。宣告笔录等相关材料应当作为监督事项案件化办理所形成的办案卷宗的有机组成部分，予以留存归档。

在能力提升方面，必须看到，检察建议公开宣告对检察人员的工作能力提出了更高的要求。能力如果跟不上，公开宣告的效果便会打折扣。做好检察建议公开宣告工作，特别需要提高的主要有两种能力，一是精准监督的能力，二是释法说理的能力。只有对监督事项有效审查、准确定性，才能够确保监督工作有理有据，任何场合，面对任何人都经得起质问和检验。只有将专业的法律问题和处理意见以通俗易懂的语言讲述出来，解释清楚，才能更好地让被监督对象理解和认同。因此，检察人员必须有意识地提升上述两种能力，使自身的能力水平与检察建议公开宣告的内在要求相匹配，如此，方能使检察建议公开宣告制度更好地发挥作用，进而提升法律监督质效。

检察建议集中统一管理流程设计研究

王悦群[*]

《人民检察院检察建议工作规定》于 2009 年 2 月公布施行。原规定试行 10 年以来，对于不断丰富检察权内容，健全、规范、推动检察监督，保障检察权顺利运行具有重要作用。随着实践发展，检察建议工作也面临着问题和考验，为深入贯彻落实大检察官研讨班精神，为进一步发挥检察建议在促进发案单位整章建制、预防违法犯罪行为发生以及实现社会治安综合治理等方面的积极作用，结合检察建议工作实际情况，可探索建立检察建议统一归口管理模式，推动检察建议制度优质高效运行。

一、检察建议集中统一管理的重要意义

检察建议集中统一管理，是检察机关顺应国家监察体制改革和司法体制改革的必然举措，是推动检察建议工作的必然要求，无论是在理论还是实践层面上，都有着非常重要的意义。

（一）维护司法权威，推进国家治理体系与治理能力的现代化的需要

人民检察院作为国家的法律监督机关，依法承担着惩治预防犯罪、诉讼监督、公益诉讼等重要职责。当前，随着社会形势发生的深刻变化，检察机关面临着三个"前所未有"：检察机关在社会公共生活中受到的关注前所未有，检察机关承担的保驾护航新时代重担的艰巨程度前所未有，国家监察体制改革和司法体制改革给检察机关带来的深刻变化前所未有。这三个"前所未有"，给检察建议工作提出了新要求。在依法严厉打击各类严重危害社会稳定案件的同时，针对办案中发现的治安管理问题，制发检察建议，督促相关单位加强整改、堵漏建制，可以有效推进社会治理，保障平安中国建设。检察建议作为检察机关依法制作的法律文书，只有紧跟形势发展，更具时代性、规范性、权威性、统一性，才能得到接收单位的尊重，才能实现其本来目的，才能更好地维

---

* 王悦群，天津市司法局副局长，全国政协委员。

护司法权威。

（二）突出检察机关工作主责主业，强化法律监督职能的需要

党的十九大作出了中国特色社会主义进入新时代的重大战略判断。新时代，我国社会主要矛盾已经转化成为人民日益增长的美好生活需要和不平衡不充分的发展之间的矛盾，人民群众在民主、法治、公平、正义、安全、环境等方面更高层次、更丰富内涵的需求。随着国家监察体制改革中检察机关职务犯罪侦查预防职能、机构、人员的转隶，检察机关面临着强化法律监督职能的重大发展契机。张军检察长反复强调，转隶就是转机，检察机关作为国家的法律监督机关，给人民群众提供更优质的法治产品、检察产品。① 这个检察产品，核心是办案，而检察建议工作是其重要一环。如果说办案是"直击要害"，那么检察建议则要"覆盖全面"。检察建议涉及侦查监督、审查起诉、刑事执行、公益诉讼等检察工作各个环节，其强调针对工作中的矛头性、倾向性问题或者容易引起社会矛盾、司法不公等问题及时提出有效建议，着眼于未来，防患于未然。做好检察建议规范管理，正是将检察建议与办案有机融合，强化监督刚性，落实"在办案中监督、在监督中办案"的有力举措。

（三）统一司法尺度，提高检察建议工作质量和效率的需要

党的十八大以来，中央启动了以司法责任制改革为核心的新一轮司法体制改革。检察官成为检察机关司法办案的主体，依法承担"谁办案谁负责、谁决定谁负责"的司法责任制，这不仅对办案提出了更高的要求，同时也对检察建议工作提出了更高的要求。我国是典型的成文法国家，虽然有着相对完整的成文法律体系，但是成文法所具有的过于抽象化、原则化以及滞后性等特点，也容易导致司法活动中产生诸多难题，比如，自由裁量权过大，"同案不同判"，以及法律与社会脱节等问题。在司法责任制改革的背景下，在对检察官放权的过程中，如果不统一检察建议制发尺度，很可能就会出现新的问题。从上海、浙江等地来看，就已经出现了尺度不统一的苗头倾向。对检察建议统一标准、规范管理，有利于推动成文法的具体化，使本来模糊的法律规范得以具体化、确定化，从而有利于检察官准确地理解法条，统一司法尺度和法律适用，避免"同案不同判"，切实维护司法公正。

（四）丰富检察实践，提高检察工作职业化专业化的需要

检察建议虽常体现为一纸文书，但其内涵十分丰富：既有对事实的客观描

---

① 摘自最高人民检察院检察长张军《在最高人民检察院第一期学习贯彻习近平新时代中国特色社会主义思想培训班开班式上的讲话》（2018 年 5 月 9 日）。

述，又有对现实问题的起因归纳，更有解决问题的有效对策，在解决某些重要问题时，因其灵活性较强，常有"一纸能顶千钧棒"的作用。可以说，透过检察建议，能够看到法律与实践的有机结合，司法经验与智慧的结晶，以及连接实践与理论、问题与规则的桥梁。加强检察建议的规范管理，有利于提升检察官的意识和思维，增强综合分析判断能力和写作能力，提高理解法律、适用法律的能力素质，为从司法民工走向业务专家，推动检察人才专业化建设开辟新途径。

二、当前检察建议工作中存在的主要问题

检察建议作为检察机关履行宪法赋予检察机关法律监督职能的重要形式。检察机关通过制发检察建议，提供司法产品，维护司法公正，依法保障人权，不断满足人民群众对美好生活的需要具有十分现实而又重大的历史意义，实践中产生了较好的法律效果和社会效果。但也存在检察建议与其他法律文书混同、文书制作质量参差不齐、跟踪落实乏力等问题，从而影响了检察建议作用的充分发挥。其主要表现在以下几方面：

（一）认识不到位

一些办案人由于对检察建议性质作用认识不清或出于应对考核、变通执法的需求，以检察建议书代替纠正违法通知书，或将检察建议书与检察意见书等相混淆，影响了检察建议的严肃性与权威性，降低了检察机关的监督力度。

（二）质量不够高

一些检察建议模板化地使用"规章制度不全""财务管理混乱""应该加强监督"等空话套话，提出的建议缺乏系统充分的分析论证，或者所提出的堵塞漏洞、建章立制等对策建议过于原则、空泛，不利于具体操作，影响了检察建议作用的发挥。[①]

（三）形式不统一

检察建议正文格式多样化，缺乏统一的模式，写法五花八门。有的先叙述违法事实，再分析其中原因，然后提出建议；有的仅有事实和建议两部分；有的连事实也不叙述就直接提出建议。

（四）管理不科学

检察建议没有实行集中管理和留底存档，编号也不统一，导致检察建议的

---

① 卢护锋：《检察建议的柔性效力及其保障》，载《甘肃社会科学》2017年第5期，第170页。

制发和回复情况很难被具体掌握，也给查找和核实带来极大不便。同时，由于业务部门之间缺乏有效的沟通和协调，对彼此制发检察建议的情况互不了解，出现了不同部门因同一案件、向同一单位重复发送检察建议的情况。

三、检察建议集中统一管理的流程设计构想

检察建议工作运行存在的问题与管理机制粗放滞后、管理部门多头分散有极大的关系，应通过强化机制建设，切实推进检察建议统一归口管理，同时实行检察建议案件化办理，完善相关配套制度，在提升制作质量、规范制发流程、完善考评机制、强化跟踪回访监督落实等方面多管齐下，力求体现精准、规范、优质、有效等多要素的集中统一。

（一）建立健全线索管理机制

检察机关应通过形成检察建议线索的机制化管理，规范相关检察建议线索的收集、移送、反馈等工作。检察机关及检察人员应自觉强化检察建议线索收集意识，积极拓宽检察建议线索来源渠道。案件承办部门、承办人及相关人员应注重在工作中挖掘有价值的检察建议线索，要充分依托"两法衔接"等内外联络平台，在督促依法履职工作中发掘线索；要在刑事案件办理和专项活动中发掘线索；要充分利用检察职能宣传手段，聚焦热点事件挖掘线索。检委办等相关内设部门及人员也应做好检察建议线索的受理工作，指派专人及时将线索移交相关部门处理，并负责线索反馈与跟踪。各业务部门应指定一名线索管理员负责检察建议的集中管理，对每个线索制作《检察建议线索备案表》，详细记录线索情况，并进行登记存档。

（二）建立健全初核预发机制

检察人员应结合案件情况，通过全面深入的调查核实，对检察建议线索进行筛选和甄别。对有价值的线索，在全面了解掌握情况的基础上，以案件反映出来的问题为依据，针对问题和对策提出有事实、有分析、有针对性的制发预案。同时，考虑到检察机关办案的涉及领域广泛，如金融、财务、招投标等领域专业性较强，可建立相应的专家咨询制度，在检察建议制发前，听取专家专业意见。

（三）建立健全制作送达机制

一是规范检察建议格式内容。《人民检察院检察建议工作规定》明确了检察建议书的内容以及法律政策研究部门的审核职责，各地检察机关可由法律政策研究部门统一负责制定文书模板，统一规定范式。针对不同案件、事项的特点区别设计相应模板，明确各类检察建议的类型、名称及内容。

二是严格执行审核审批制度。对于办案执法工作类的检察建议，须由案件的承办人或者部门负责人制作，经由主管领导审查；对于社会综治服务类的检察建议必须由检察长审定签发，或者由检委会研究决定，杜绝随意制发检察建议的情况发生。

三是统一编号和审查。改变以往各业务部门独立制作编号的情况，由本院案件管理部门统一编号，同时依托统一业务应用系统，在检察建议用印打印前，对其文书格式、内容质量、法律依据等要素进行二次审核。

四是建立公开宣告制度。采用在建议方、被建议方和第三方充分参与下公开宣告、公开送达的形式，通过增强检察建议宣告送达的场所化、仪式化、公开化，体现检察建议送达的庄重感和仪式感，从而引起被建议单位的高度重视，进一步增强检察建议的法律监督效力。①

（四）建立健全跟进监督机制

第一，建立检察建议督导制度。在检察建议送达后，及时跟进工作，可以通过与被建议单位走访座谈，及时了解检察建议的落实情况和遇到的困难，互相交流意见和建议，帮助其研究整改措施，取得被建议单位的理解和支持，实现"双赢共赢多赢"，进而促进检察建议的落实。

第二，建立检察建议回复制度。通过与相关单位或主管部联合出台文件、共同会签纪要等形式，明确被建议对象在收到检察建议后，应就自身整改与落实情况在要求的时间内以书面的形式回复检察院，没有采纳的应当说明理由，对违反上述规定的，由其所在单位、主管部门或者上级责令改正，依法给予处理。②

第三，建立检察建议回访制度。在收到检察建议回复后，案件管理部门应做好回访工作，一是查看建议是否真的落实，是否存在阴阳回复的问题；二是走访被建议单位对建议的意见建议，改进工作方式和质量；三是针对被建议单位的实际需要，通过向上级部门反映、协调等工作，帮助被建议单位解决实际问题，并采取开展法制讲座、警示宣传教育、帮助建章立制等形式，巩固建议成果，建立长效机制。

（五）建立健全相关配套机制

一是建立检察建议分析制度。通过定期对检察建议工作情况进行分析和评

---

① 如 2018 年 8 月 15 日上午，重庆市人民检察院检察长贺恒扬就最高人民检察院挂牌督办的石柱县水磨溪湿地自然保护区建设工业园破坏生态环境案，向石柱县政府县长左军送达检察建议书，载《法制日报》2018 年 8 月 18 日。

② 张鹏：《检察建议令状化研究》，载《佳木斯职业学院学报》2017 年第 12 期。

估，全面总结一段时间内检察建议制发的概况、特点和需引起重视的问题，同时提出改进和加强检察建议工作的意见；适时将分析报告对外发布或提供给相关职能部门，进一步提升检察建议的规范性、针对性和有效性。

二是建立检察建议报告制度。将本院检察建议分析报告经检委会讨论后，积极向同级党委和人大及其常委会进行报告，主动将检察建议的检察监督职能与其他监督形式结合起来，共同形成合力，进而推进检察建议在社会管理规范化、法治化中的载体作用。①

三是完善相关考评考核制度。通过系统巡查、案件评查和文书评比等手段，切实加强对检察建议制作质量、跟踪回访情况以及反馈落实效果的考评监管。加大检察建议工作在部门和检察官绩效考核中的权重，将检察建议的回复率、整改率和反馈率作为检验检察建议质效的重要指标。

---

① 郑光、张巧玲：《检察建议刚性不足问题应引起重视》，载《江苏法制报》2017 年 9 月 21 日。

构建检察前终结诉讼案件跟踪监督机制

谈剑秋　朱鹏锦*

检察机关是我国宪法确定的法律监督机关，刑事诉讼监督职能是检察职能的重要方面。构建检察前终结诉讼案件跟踪监督机制，是上海市检察机关加强刑事诉讼监督、精准应对解决监督工作中瓶颈性问题的重要方式，有利于做优做强法律监督主责主业。

一、刑事诉讼监督发展遭遇瓶颈

（一）刑事诉讼监督存在监督空白

《刑事诉讼法》第 8 条规定了人民检察院依法对刑事诉讼实行法律监督。根据刑事诉讼法以及《人民检察院刑事诉讼规则》的有关规定，检察机关对刑事诉讼的监督，实际上是覆盖刑事诉讼全过程的监督。[①] 检察机关刑事诉讼监督机制的设计，应能够实现对所有刑事诉讼案件的诉讼活动进行监督。

在以往的监督理念与机制下，检察机关将刑事诉讼监督职能作为诉讼职能的衍生品，并入审查逮捕、审查起诉环节。侦监、公诉部门办理审查逮捕、审查起诉案件时，一并审查报捕、移诉案件中诉讼行为的合法性，监督纠正其中的违法行为。基于这种监督理念与机制，在客观上，检察机关依职权进行的刑事诉讼监督被限制于报捕、移诉案件。然而，并非所有的刑事案件都经过报捕或者移诉程序，实务中存在大量未经报捕、移诉即告终结，以及因不捕、不诉、退补等原因从检察机关退出且不再回归的刑事案件。这些案件在事实上几乎脱离了检察机关的监督视野，对随之可能产生的后续执法不规范、侵犯当事人诉讼权益的行为也不能进行及时的监督和纠正。这就是刑事诉讼监督体系的

---

* 谈剑秋，上海市人民检察院第二检察部主任；朱鹏锦，上海市人民检察院第二检察部干部。

① 喻建立：《完善诉讼监督理论　推进诉讼监督工作——第十二届全国检察理论年会观点综述》，载《人民检察》2011 年第 11 期。

不周延问题。[①] 虽然检察机关也有刑事案件提前介入制度，但仅限于少数重大刑事案件。检察机关应当全面、准确地履行法律所赋予的侦查监督职能，对报捕、移诉案件以外的刑事案件同样履行监督职责。

（二）监督线索发现渠道不畅

线索发现难是刑事诉讼监督过程中长期存在的难题，渠道梗阻是其重要原因。检察机关发现监督线索的方式有两种：一是受理公民控告、举报；二是依职权发现。实务中，通过前者发现的监督线索仅占较小比例，多数监督线索是依职权发现的。如 2017 年全市侦监部门共受理公安机关不应当立案而立案线索 168 件 174 人，其中 6 件 6 人来源于监所、控申部门移送的控告举报线索，其余基本来源于检察机关依职权发现的监督线索。但检察机关的监督机制设计同样限制了其依职权发现监督线索的渠道。由于检察机关主要依托审查逮捕、审查起诉开展侦查监督，检察机关一般只能从报捕、移诉案件中去发现侦查监督线索，这无疑大大限制了线索来源的范围。

（三）帮助侦查机关提高前端侦查环节的办案质量，实现双赢多赢共赢

从刑事案件的质量水平角度考察，公安机关对待报捕、移诉工作更加慎重，需要承办、法制等部门层层把关，因此报捕、移诉案件属于质量水平比较高的案件，可能存在的违法问题也比较少。而未经报捕、移诉即告终结的刑事案件，以及因不诉、退补等原因在侦查环节终结诉讼的下行案件，普遍被公安机关视为"二等案件"，其办理的合法性、规范性较差，影响案件进程的问题却不在少数，既有可能是因为存在违法问题，还有可能是因为侦查机关的侦查失误、取证违法，造成本应成案的刑案下行，对犯罪者是一种放纵，对刑法权威和受害人权益也是一种损害。

对这类在侦查环节终结诉讼、未进入检察机关诉讼程序的刑事案件进行监督，是客观的、现实的需要。经过检察机关的监督提醒，公安机关发现并纠正其前端侦查环节的违法行为，避免同类问题反复发生，从而提升侦查活动的法治化、规范化水平。在这样的监督过程中，检察机关发挥了监督功能，公安机关提高了前端侦查环节的办案质量，法律权威得到维护，人民群众获得了更良好的法治环境。这就是双赢多赢共赢的"法治善治"格局。

---

① 有观点将这种问题归纳为"不周全的刑事诉讼法律监督体系"，笔者基于用词规范层面考虑，使用了"不周延"。参见张相军：《论检察机关刑事诉讼监督手段和监督程序的完善》，载《烟台大学学报（哲学社会科学版）》2007 年第 4 期。

二、检察前终结诉讼案件跟踪监督机制的实证探索

2017 年年底，上海市检察机关为了解决上述监督过程中遇到的难点问题，并结合市院检察委员会统一案件种类的契机，创设了检察前终结诉讼案件跟踪监督机制，对传统检察监督未覆盖的检察前终结诉讼案件进行主动性审查，对其中发现的诉讼违法情形予以监督。2018 年，上海市检察机关正式揭开了内设机构改革大幕，各区院普遍设立了检察三部（刑事诉讼监督部），履行刑事诉讼监督职能，对检察前终结诉讼案件的跟踪监督是检察三部的主要工作之一。

（一）检察前终结诉讼案件跟踪监督的具体内涵

检察前终结诉讼案件跟踪监督机制的核心，是对检察前终结诉讼案件进行监督。所谓检察前终结诉讼案件，就是前文所称的，未进入批捕、起诉等检察环节即告终结，以及从这些检察环节退出后不再回归的刑事案件。检察机关对该类案件开展监督，从而弥补了检察监督体系中缺失的一环。在具体内涵方面，检察前终结诉讼案件，就是指侦查机关自行决定或应当决定撤销、终止侦查或者实际已停止侦查的案件。对检察前终结诉讼案件的跟踪监督，是指相应案件的刑事执法决定已作出、行为已实施或规定期限已超出后，检察机关进行的跟踪监督，包括以下 5 类：（1）监督公安机关刑事受案后作出不立案决定或在规定期限内未决定是否立案的案件；（2）监督刑事立案后未经审查逮捕或审查起诉而被撤销、终止侦查或转行政处理的案件；（3）跟踪监督审查起诉阶段退回补充侦查后不再移送审查起诉或公安机关撤回案件；（4）监督适用取保候审、监视居住等强制措施期满未移送审查起诉等立而不侦、侦而不决案件；（5）监督其他检察前终结诉讼案件。

检察机关依照《刑事诉讼法》第 8 条规定依职权介入上述案件监督，对发现的执法违法线索开展调查核实，提出监督意见。

（二）主动审查案件，发现监督线索

1. 监督方式

检察前终结诉讼案件跟踪监督机制的监督方式，是检察机关依据《刑事诉讼法》第 8 条规定，对公安基层单位参与办理的检察前终结诉讼案件开展事后性、主动性审查，审查的具体形式包括调阅案件卷宗、监控视频或其他调查方式。调阅案件卷宗、监控视频需要履行登记交接手续。审查内容主要是依法审查被监督案件的办案程序与取证是否合法，以发现监督线索。为便于承办检察官开展审查监督，上海市院制作了《检前终结诉讼监督案件表》。该表是一张由承办检察官填制的表格，刊载了需要审查的实体、程序等监督内容，检察官对照

表格，勾填记录被审查案件有无违法情形。其特点是简明清晰，便于实际工作。

表1 《检察前终结诉讼案件跟踪监督表》（部分）检察前终结诉讼案件跟踪监督表

被监督案件承办单位	被监督案件名称		
被监督案件承办人	被监督案件类型		
审查内容		审查情况	依据
公安机关刑事受案后作出不立案决定或在规定期限内未决定是否立案的案件			
是否在规定期限内立案			
是否发现应当立案而不立案线索			
是否发现不应当立案而立案线索			
其他违法情形			
刑事立案后未经审查逮捕或审查起诉而撤销案件、终止侦查或转行政处理的案件			
撤案、终止侦查是否符合条件			
撤案、终止侦查程序是否规范			
刑事案件转行政处理是否符合条件			
取证是否依法、及时			
是否符合重新立案侦查或继续侦查条件			
刑事拘留是否符合法定条件			
是否对应当逮捕的犯罪嫌疑人未提请审查逮捕			

2. 监督目的

检察前终结诉讼案件跟踪监督的目的，是梳理发现刑事执法活动中的违法线索，并对违法线索进行调查监督，以提高刑事案件办理质量，规范完善刑事立案和侦查取证工作。值得注意的是，检察前终结诉讼案件跟踪监督的目的——发现违法线索并调查监督，与检察前终结诉讼案件跟踪监督自身是两种性质不同的监督类型，不能予以混同。检察前终结诉讼案件跟踪监督仅指对检察前终结诉讼案件的"审查监督"，只要有审查量，不论是否发现了违法线索，均属于检察前终结诉讼案件跟踪监督。而针对违法情形予以监督处理的行为，属于相应类别的"违法监督"，已不属于检察前终结诉讼案件跟踪监督范畴。

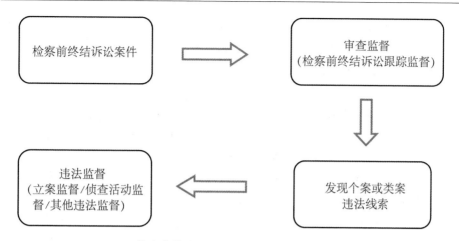

检察前终结诉讼案件跟踪监督流程图

（三）实行监督案件办理机制

1. 监督案件办理的必要性

案件是检察机关办案活动的对象，是检察官履职、权力清单、绩效考核、司法责任的核心内容。有观点认为检察前终结诉讼案件跟踪监督本身不提出书面监督意见、不纠正违法情形，不宜列为案件种类。这是片面的理解。案件种类的划分标准是检察职能，而不是有无提出书面监督意见。检察机关的诉讼监督职能包括违法监督（监督纠正违法情形）和审查监督（审查被监督案件）两种形态。检察前终结诉讼案件跟踪监督是审查监督的一个具体类别，是一种独立的诉讼监督职能形态，有必要独立成为一种案件。审查监督型案件的种类并非只有检察前终结诉讼案件跟踪监督案件一种，例如在刑事执行检察业务中，涉及审查监督的就有羁押必要性审查案件，减刑、假释提请中审查案件，暂予监外执行提请审查案件等 14 种案件。

2. 监督案件办理的程序规范

检察官全面审查检察前终结诉讼案件后予以结案，填写《检察前终结诉讼案件跟踪监督案件表》，审查一件计为一件案件。这是认定案件的实质标准。检察前终结诉讼案件跟踪监督案件办结后，需要依法将案卷材料立卷保存；并在上海市检察机关研发的案件管理登记系统登记，未经登记的不计入案件数量。这是认定案件的形式标准。案件办结后，如果发现违法情形的，有以下两种具体的处理情形：

（1）经审查，发现个案中存在立案、侦查活动违法情形，需要监督纠正的，另作诉讼监督案件立案，提出个案监督意见，另行计算案件数量。

（2）经审查多个案件，发现立案、侦查活动中存在同类问题，需要监督纠正的，另作诉讼监督案件立案，提出类案监督意见，另行计算案件数量。

（四）监督机制的成效

2017 年，上海检察机关全年共办结检察前终结诉讼案件跟踪监督案件 3028 件，在监督中调阅录音录像、审查案卷等调查手段使用次数，以及监督文书、移送立撤案监督线索、公安机关立撤案等监督纠正数量均同比大幅上升。通过这种前端监督机制发现的监督线索，各区办理了一批比较优秀的立案、侦查活动监督案例。检察前终结诉讼案件跟踪监督机制能够初步解决监督存在盲区、监督线索不畅等问题，但仍然存在一些不足，主要表现在：监督中能够审查的案件量，较之庞大的检察前终结诉讼案件基数，仍然是有限的；审查途径依赖纸质卷宗；对发现的监督线索予以调查核实、监督处理仍然存在困难。

表 2　2017 年检察前终结诉讼案件跟踪监督数据

检察前终结诉讼监督案件办结数	3028 件	被监督案件中，存在违法情形的案件数	1050 件
		违法情形数	1442 个
当面陈述纠正意见	513 次	公安机关采纳	513 次
另行制发《纠正违法通知书》	6 份	公安机关回复	3 份
另行制发《检察建议》	19 份	公安机关回复	12 份
另行制发《情况通报》	462 份	公安机关回复	420 份

三、新时代检察改革背景下的发展方向

当前，检察机关正处于新时代全面深化改革的关键时期。在 2018 年的大检察官培训班上，最高人民检察院张军检察长指出，检察工作要牢牢把握检察工作新的时代坐标，充分发挥法律监督职能作用，在法律监督工作中与其他执法司法部门形成良性、互动、积极的工作关系，树立双赢多赢共赢的监督理念。[①] 刑事诉讼监督改革是当前内设机构改革中的新生事物，检察前终结诉讼

---

① 参见张军：《贯彻落实全面深化司法体制改革推进会部署　转机中推动新时代检察工作创新发展》，载《检察日报》2018 年 7 月 26 日。

案件跟踪监督则是刑事诉讼监督的监督业务增长点。^① 在检察改革的宏观背景下，检察前终结诉讼案件跟踪监督机制需要继续优化，突出其作为监督增长点的重要功能，履行好法律赋予检察机关的监督职权。

（一）适应全流程、立体化刑事诉讼监督机制

作为检察改革的一项重要内容，上海市检察机关正在建设全流程、立体化的刑事诉讼监督格局，^② 检察前终结诉讼案件跟踪监督机制作为刑事诉讼监督机制的一个组成部分，需要积极适应改革，并借助机遇强化功能作用。将监督对象扩大到公安机关各部门，乃至各侦查机关办理的检察前终结诉讼案件，构成闭环式的监督体系。搭建上海全市统一的监督线索收集、评估、流转、处置平台，统筹运用来源于检察前终结诉讼案件跟踪监督、诉讼职能部门移送、控告申诉移送的监督线索，提高线索使用效率。

（二）注重智慧检务建设与政法数据互通共享

依靠有限的检察官人力审查数量庞大的检察前终结诉讼案件卷宗，这不仅对检察官构成极大的办案压力，在事实上则会将监督工作演变成抽查工作，导致检察监督不能实现全覆盖的闭环状态。上海市检察机关尝试运用信息化手段解决该问题：一方面推动实现政法数据互通共享，检察机关拥有进入公安网办系统权限或者是建设政法通用办案系统，^③ 实现监督检察官在线获取检察前终结诉讼案件电子卷宗；另一方面依托智慧检务机制，探索运用人工智能手段对电子卷宗进行第一道合法性审查，^④ 大幅减轻检察官个人案卷审查的工作量。

（三）激活调查核实权

检察机关进行监督的前提是查明存在违法事实，调查核实是查明事实的必须途径。获取监督线索只是监督的第一步，调查核实难依然是刑事诉讼监督中的一个痛点难点。这其中固然有明示的法律授权不足、有效的调查载体欠缺等原因，最主要的因素还是如何处理检公互相制约、互相配合的关系。为了巩固调查核实权运行机制，一是需要牢固检察机关刑事诉讼监督者的观念与地位，享有对刑事诉讼违法活动予以监督纠正的权力。二是需要从有利于依法行使调

① 林中明、李波、欧阳晶等：《结合实际求创新，提供更好更优质的检察产品——各地检察机关深入学习贯彻大检察官研讨班精神系列报道之三》，载《检察日报》2018年8月2日。

② 张本才：《勇当排头兵先行者 打造检察工作"上海品牌"》，载《检察日报》2018年5月28日。

③ 参见黄京平：《刑事司法人工智能的负面清单》，载《探索与争鸣》2017年第10期。

④ 参见黄京平：《刑事司法人工智能的负面清单》，载《探索与争鸣》2017年第10期。

查核实权的角度，厘清调查核实的方式和程序，理顺可能运用的法律文书载体。三是需要通过具体办理典型监督案件，激活处于休眠状态的调查核实权，用生动的典型案件带动一个区域的调查核实权意识。四是需要强调检察一体原则，检察官个体在监督中注重运用检察院名义；下级检察院在调查核实中遇到阻力和干扰，可以请求上级检察院指导与适当介入。①

---

① 参见吕涛、杨红光：《刑事诉讼监督新论》，载《人民检察》2011 年第 8 期。

检察机关监督决定后续跟踪督促方法研究

李国超　　马晶洁[*]

最高人民检察院张军检察长明确要求要牢牢把握检察机关的宪法定位，把宪法赋予检察机关的职责落到实处。检察机关是宪法明确规定的监督机关，作为检察职能之一的检察监督主要指检察机关对诉讼活动以及一定范围内的行政权的监督。[①] 实际检察工作中，是否形成监督实效是衡量监督工作开展成功与否的重要指标，在制发监督纠正的同时有效地开展跟踪督促工作则是促使监督实效形成的主要路径。

一、检察监督跟踪督促工作的含义及必要性

跟踪，指有意紧跟；督促，指对现场或某一环节、过程进行提醒、监督和管理，使其结果能够达到预定目标。具体到检察监督工作中，跟踪督促是指检察机关"通过多种方式了解和掌握被监督单位对检察监督决定的采纳及落实情况，并根据具体情况采取不同措施推动实现预期监督目标"的过程。跟踪督促是检察监督工作的重要环节之一，其必要性体现在以下几方面：

（一）对监督案件进行跟踪督促是全面履行监督职能、保障公民基本权利的应有之义

检察监督工作的落脚点并非惩罚错误，而是通过对违法或不规范的司法、执法行为的纠正及对相应规范行为的支持，确保宪法和法律的统一正确实施，进而维护社会公平正义、维护社会公共利益。[②] 这就要求检察机关对于任何监督决定都不能"制发了事、送达即止"，须持续关注被监督单位接受、采纳及

---

* 李国超，北京市怀柔区人民检察院第六检察部主任；马晶洁，北京市怀柔区人民检察院第六检察部检察官助理。

① 参见敬大力：《司法体制改革应当注意的几个问题》，载《人民检察》2018 年第19 期。

② 参见敬大力：《全面落实中央精神加强新时期检察监督工作》，载《检察日报》2017 年 1 月 18 日。

改进的情况，并在被监督单位或无故不采纳建议意见或敷衍了事或不知如何改进时，采取相应措施对其监督、推动、引导，严格履行"法律守护者"和"公益代表者"的庄严使命。

（二）对监督案件进行跟踪督促是提升检察公信力的路径之一

通俗来讲，检察公信力就是社会各界对检察工作的认可度、满意度、信任度。正确行使检察监督权，督促每一次监督决定都落地生根，有助于提升检察工作公信力，赢得人民群众的进一步信任和认可，最终实现社会各界自愿配合检察机关，主动作出与检察工作目标一致行为的良好局面。

（三）对监督案件进行跟踪督促有利于实现检察监督工作"三效"合一

通过跟踪督促工作推进检察监督决定及时有效进行，有助于推动建立监督与被监督的良性关系，达成引导司法工作进步乃至引导社会进步的监督目标，实现检察监督工作政治效果、法律效果、社会效果的有机统一。

二、检察机关监督纠正工作面临的困境及原因分析

法律监督是检察机关的立身之本，近年来，检察机关聚焦法律监督主责主业，多渠道提升监督质效，总体取得了良好的监督效果。但从当前检察机关监督决定实施情况看，依然有少数被监督单位对待监督决定持有消极态度，导致监督决定落实不到位，跟踪督促工作更是受阻严重。主要可以归纳为以下四种消极表现类型：

一是完全忽视置之不理型。主要指被监督单位收到检察机关的监督决定后完全置之不理，拒绝沟通、不回复、不改正的情况，多见于跨区域监督案件中。

二是逃避敷衍一拖再拖型。主要指被监督单位收到检察机关的监督决定后态度消极，不愿按规定时间回复或整改，当检察机关进一步督促时以不接电话的形式或相关人员出差、负责人不在等理由推脱敷衍的情况。

三是一回了之光说不做型。主要指被监督单位收到检察机关的监督决定后态度良好，按时回复表示接受监督意见，但该回复有"一纸空文"之嫌，被监督单位只"挂空挡"并未采取任何实质整改措施的情况。

四是态度良好改了再犯型。主要指被监督单位收到检察机关的监督决定后积极采纳，制定措施进行整改，短时间内取得一定整改效果但该效果不能长期维持的情况。

原因分析：一是监督者和被监督者不能正确看待检察监督工作的目的和意义，存在一定程度的消极对抗心理。该心理的产生一方面是由于部分检察机关

制发监督决定时，存在对内分析论证严谨、对外释法说理不足的情况，使得被监督单位不明所以无从下手；另一方面亦是由于有些被监督单位认为检察机关并不了解自身实际工作情况，监督决定较为简单笼统，正面引导性不足，后续跟踪督促方式简单直白针对性弱，因而对检察监督工作的满意度和信任度不高。二是检察机关监督决定及督促措施刚性不足，部分被监督单位认为其不执行监督决定的行为并未产生过多不良影响，因此在轻视检察机关监督决定的同时，对后续跟踪督促工作重视程度更低。

三、检察机关检察监督纠正后续跟踪督促工作之实施方法研究

检察机关应在现有法律框架内建立健全符合国家法治精神、符合最高人民检察院的统一要求、符合区域实际状况的跟踪督促实施方法，坚持跟踪督促柔中带刚才能保证监督纠正落地有声。

（一）提升责任意识

以精准监督决定为基石，以有效跟踪引导为抓手，高站位开展检察监督工作。着力构建"监督＋"型检察监督模式。具体而言，就是在对侦查机关、审判机关、行政机关进行监督的过程中，主动提升大局意识，以"监督＋引导""监督＋支持""监督＋推进"等新型监督理念促进监督者和被监督者逐渐树立养成共同的执法司法理念，实现监督者与被监督者双赢多赢共赢局面。

（二）指定专人负责

每一起监督案件都应设定第一负责人进行后续跟踪督促工作。该第一负责人一般为检察官助理，其应按规定时间阶段收集案件进展情况并及时向承办检察官汇报，具体监督案件中，可以根据被监督单位回复采纳情况，更换、升格本案跟踪督促负责人，详细更换、升格机制参加下文论述。此外，检察机关可以制定形式统一、内容具体的监督案件跟踪督促进程记录台账，——记载监督案件名称、监督结果、跟踪时间、督促方式、具体情况、最终结果及负责人等情况，并由制发监督决定的部门将相关跟踪督促材料建档备案。各监督部门应定期总结监督案件后续进展情况，并将总结交由本院案件管理相关部门进行综合分析、评估。

（三）注重释法说理

释法说理是指检察机关在工作中就其作出决定的事项所依据的法律及事由进行分析论证及解释说明。这其中的"法"是指决定作出所依据的法律根据，

而"理"一般指事理、法理和情理。① 一是监督决定中要包含释法说理。制发监督决定前必须查明相关事实，法律规定制作内容真实可靠、问题指向精准、释法说理严谨、对策明确具体可操作的监督决定，确保监督工作的规范性和严肃性。如制发《纠正违法通知书》时可以列明具体违法情形，突出调查核实过程，强调法律规范，附加典型正面案例；又如向行政机关发出的检察建议可以强调制发原因、目的，讲清法律规定，提出具体可行的消除隐患方法或强化管理措施等改进意见。二是跟踪督促时要强化释法说理。督促被监督单位执行监督决定时，应以案件事实和法律规定为基础，对两者内在联系有效分析论证，保证督促依据科学严谨、客观可靠，坚持督促语言准确规范、简单易懂，让被监督单位知其然且知其所以然，赢得被监督单位的信任与支持，成为其诤师益友。

（四）健全工作机制

监督文书并非发出了事，也不是收到回复就"大功告成"，回复不等于整改，不能仅凭被监督单位的书面回复内容评价监督工作是否已经到位。检察机关应进一步完善监督案件质量评估指标，逐步构建以监督效果、影响范围为核心、以案件数量为辅助的监督岗位检察人员绩效考评体系。同时，检察机关可以从以下三方面健全跟踪督促工作机制，持续关注监督决定具体落实情况，适时采取措施督促被监督单位进一步整改，最后综合整改效率、态度、结果等因素整体评估监督效果。

一是以固定节点提醒机制形成跟踪督促"时间表"。监督文书存在既定回复期限的，在到期前3日，提醒被监督单位相关人员及时回复，到期后被监督机关仍未回复时，在到期后3日内通过电话或书面等形式进行催告。监督文书未明确规定回复期限的，根据具体情况定期沟通以了解、掌握被监督单位对监督决定的工作进展或采纳落实情况。如按相关规定公安机关应在收到《通知立案书》后15日内立案侦查，检察机关承办人可以在15日期限到期前3天联系公安机关相关民警，了解其工作进展并提醒回复期限；又如，检察机关制发《纠正审理违法意见书》后，可以根据监督决定具体内容在制发监督决定后3日、7日、15日等时间点督促人民法院反馈或纠正。

二是以多层级沟通交流机制绘制跟踪督促"路线图"。完善检察监督工作分层级跟踪督促方式方法，分解跟踪督促任务，形成检察官助理随时沟通、检

---

① 方工、冯英菊：《释法说理：检察法律文书的改进与规范》，载《人民检察》2007年第12期。

察官按时跟进、部门负责人定时回访、（主管）检察长适时推动的主体层级逐次递进跟踪督促路线。具体到监督个案中，首先由检察官助理负责跟踪督促（前文中的第一责任人），被监督单位推脱敷衍或不采纳时，升格为承办检察官负责跟进；被监督单位依旧不采纳落实时，由部门负责人负责督促，必要时上报（主管）检察长出面与被监督单位主要领导进行沟通，保证监督决定落地生根。

三是以多种方式构建跟踪督促"工具包"。检察监督后续跟踪督促过程，既应包含传统交流方式又需融入现代科技支撑，既要有"文来文往"，也要有"人来人往"，针对不同情形，采用恰当的方式沟通推进，保证跟踪督促的时效性、针对性、指引性及效果辐射性。如通过微信、电话等方式即时掌握被监督单位相关工作进展；通过搭建专业平台增进跟踪督促的信息共享水平；通过邮件、信函等方式向被监督单位推送相关法规或典型案例；通过公开送达等方式增强检察监督的仪式感和严肃性；通过约谈、座谈等方式进行集中沟通，以面对面互动式座谈增进细节交流，引导被监督单位整改工作更有针对性；通过实地回访、专项审查等方式验收监督成效、评估督促效果等。

（五）形成监督合力

1. 完全穷尽"内力"

坚持部门间配合，推进异地协作机制，注重上下级联动，发挥检察一体化优势。一是在检察机关内部穷尽各项监督手段。如针对无正当理由不落实检察建议的，可以依法进一步采取书面纠正违法、提起公益诉讼、进行抗诉等其他监督方式，[①] 逐步提升监督措施强度。二是建立健全检察监督跟踪督促工作异地协作机制，针对跨区域监督案件，由当地检察机关协助完成跟踪回访、督促落实等工作，形成检察机关整体监督合力。三是下级院应及时向上级检察机关报备制发的监督决策及被监督单位回复落实情况，必要时由上级检察机关同被监督单位上级机关进行沟通，督促被监督单位落实整改。

2. 善于借助"外力"

一是将检察监督文书抄送至被监督单位上级主管部门，借助被监督单位上级机关推动监督管理。经被监督单位上级机关督促后，仍不接受监督意见的，应当向被监督机关监察部门进行通报，建议其调查处理。二是对于重点监督工作及时向人大常委会备案，定期向人大常委会报告被监督单位回复整改情况，必要时邀请人大代表等参与跟踪评估，充分依靠人大常委会的力量推进被监督

---

① 崔国红：《构建新时代检察监督新模式》，载《人民检察》2018 年第 9 期。

单位提升对检察监督工作的重视水平，增强督促力度。三是与监察委建立线索移送等衔接机制，对于监督工作中发现的职务犯罪线索，及时移送纪监察委调查问责。① 四是将被监督机关对监督建议的整改落实情况纳入单位综合考核评价体系，以考核促落实，以绩效抓实效，充分发挥绩效考核的激励作用，提升被监督单位对检察机关监督决定的执行水平。五是充分利用报纸杂志、"两微一端"、直播平台等信息载体或进一步搭建专业化检察监督信息公开平台，对于社会反应强烈或者经检察机关督促纠正后仍未纠正的典型案例，以专题报道、专案追踪甚至直播回访等形式向社会公开，充分阐明提出监督意见的依据和整改措施，② 更新被监督单位落实整改情况，全面利用社会监督力量，让被监督单位接受群众的监督与评判。

四、关于完善检察监督后续追责权利的立法建议

"刚"，意为坚硬，"刚性"，意为坚硬不易变形。没有牙齿的老虎威慑力十分有限，缺乏"刚性"的跟踪督促会使监督纠正的整改落实效果大打折扣。现有法律规定中，对于被监督单位拒绝反馈或者怠于执行纠正决定的行为并没有明确规定相应追责方式，③ 使得检察机关监督职权一定程度上流于形式，部分被监督单位不屑于重视检察机关的监督决定，这不仅有损于我国依法治国政治理念，也不利于公民、社会乃至国家的合法权益保障。手持利器才能产生威慑，拥有"权力"方能督促作为。完善跟踪督促工作机制只是权宜之计，立足长远，在源头上解决提升跟踪督促"刚性"问题应是在立法上进一步完善检察监督权，突出检察监督后续保障权利，以在法律规定上明确规定被监督机关有落实检察监督的义务、完善被监督机关异议申请的法定程序、赋予检察机关监督工作后续追责权利等方式，让跟踪督促长出"牙齿"，让监督决定落地生根。

---

① 江伟：《检察监督转型发展的探索与思考》，载《中国检察官》2018 年第 15 期。

② 崔国红：《构建新时代检察监督新模式》，载《人民检察》2018 年第 9 期。

③ 於乾雄、马珣、黄露：《推进重大监督事项案件化若干问题思考》，载《中国检察官》2017 年第 13 期。

生态领域刑事监督案件外部衔接机制研究

——以我国台湾地区盗林案件侦办经验为借鉴

沈 威 陈凯明[*]

一、一则"百亩防护林被破坏"新闻引发的思考

2016 年 4 月，一则标题为《福清百亩防护林被破坏，为近几十年最大类似案件》的新闻迅速占据各主流媒体头条，因被毁林地面积创福建福清历史之最，顿时引发社会各界的广泛关注。[①] 内容为：2015 年 2 月起，林某某等人在福清市三山镇大扁垦区"四条河"林区内非法砍伐林木，面积达百余亩。时任该区管理中心负责人兼护林员的施某某既没有及时处置，也未将实际情况向林业主管部门报告，反而于 2016 年 2 月 29 日私自将管护人员抓获的毁林人员放走。经鉴定，被砍伐树种为木麻黄，属国防林、生态公益林，被毁林地面积计 104.83 亩，立木蓄积量达 357.25 立方米，经济价值人民币 10 万余元。福清市检察院介入后认为该案已符合刑事立案标准，遂启动立案监督程序，监督公安机关立案。同年 9 月，福清检察院对本案提起公诉。最终，被告人林某某、施某某等人分别被法院判处有期徒刑 3 年到 13 年不等，并处以相应的罚金。[②]

生态环境与人类生存休戚与共，而森林则是地球之肺，不仅通过光合作用吸收二氧化碳，而且保护土壤、洁净水源并提供陆地 90% 以上物种的栖息地，但是人类却在过去的 400 年里砍掉了地球一半以上的树木。[③] 就本案而言，林木被盗伐所暴露出来的问题同样发人深思：第一，从 2015 年 2 月案发到 2016

---

* 沈威，福建省莆田市城厢区人民检察院副检察长；陈凯明，福建省莆田市城厢区人民检察院第一检察部检察官助理。

① 新华网、人民网、东南网等均有报道。

② 福清市综治办：《亮司法利剑护航生态文明建设》，载福建长安网，http://www.pafj. net/html/2017/fuzhou_ 0713/85854. html，最后访问时间：2017 年 8 月 7 日。

③ 彭国栋：《自然保育概论》，华立图书出版社 2009 年版，第 8 页。

年 4 月新闻曝光，毁林案件历时一年有余方才引起官方关注，造成损失已逐渐扩大化；第二，毁林人员与护林人员相互勾结，导致本案隐瞒未报，增加查处难度并导致预警与应急处置机制全面失灵；第三，行政执法机关与公安机关衔接不畅，直至新闻曝光后的检察机关介入启动立案监督方才得以进入司法程序，说明检察监督的内外衔接机制并未发挥作用。以上三个问题充分暴露出，即便是身为第一个国家生态文明试验区的福建省，在跨部门联动执法机制中也仍然存在巨大漏洞。无独有偶，与大陆一水之隔的我国台湾地区，近年来也遭遇"南山神木盗林""新竹红桧盗伐"等一系列盗林毁林事件，引发该地区政府、司法、学者等各界人士对林木生态防护机制的全面检讨。① 笔者试以我国台湾地区南山神木盗林案中检察机关内外衔接行政执法机关、警察机关的成功经验为视角，立足本省涉林生态领域刑事案件的现状，结合最高人民检察院部署的"破坏环境资源犯罪"专项立案监督活动，对该类案件中行政执法乏力与检察监督衔接不畅等问题展开分析，并提出相应对策，以期对完善行政执法的检察监督，形成对破坏森林违法犯罪的打击合力有所裨益。

二、涉林生态领域刑事案件的现状与困境——以福建省司法实践为例

福建省地处我国东部沿海，有 3752 公里海岸线，岛屿岸线长 1779 公里，以 65.95% 的森林覆盖率，连续多年保持全国首位；年森林生态服务价值 8014 亿元，占全国森林生态服务总价值的 8%。② 然而，近年来，受经济利益驱使，林木盗伐、滥伐频发，破坏森林生态刑事案件呈逐年上升趋势，行政执法与检察监督的压力也与日俱增。

（一）福建省惩治破坏森林资源犯罪的工作情况与特点③

福建省人民检察院公布的 2014 年至 2016 年惩治和预防破坏环境资源犯罪年度报告显示，2016 年共批准逮捕该类案件 331 件 386 人，人数同比 2015 年下降 40.4%；提起公诉 1026 件 1496 人，人数同比 2015 年下降 18%。（详见图 1）

与近两年来的情况相似，2016 年破坏环境资源犯罪案件的罪名类型比较集中，失火，盗伐、滥伐林木，非法收购、运输、加工、出售国家重点保护植物及其制品，非法占用农用地等涉林犯罪案件仍占一半以上多数。（详见图 2）

---

① 黄振伦：《福尔摩沙，牛樟的美丽与哀愁》，载《检协会讯》2014 年第 104 期。

② 吴兆喆：《福建先行先试建设国家生态文明试验区》，载《中国绿色时报》2017 年 1 月 4 日。

③ 本部分数据如无特别说明，均来自《福建省检察机关 2016 年惩治和预防破坏环境资源犯罪年度报告》。

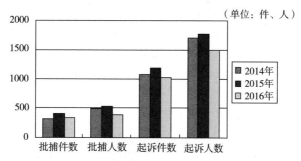

图 1 2014—2016 年福建省检察机关惩治破坏环境资源犯罪案件情况

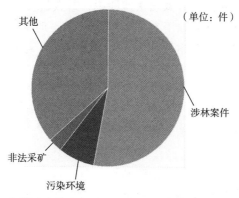

图 2 2016 年福建省检察机关惩治破坏环境资源犯罪案件类型分布

从上述两图可见，经过 2014 年以后两年的综合治理与严厉形势政策的打击，2016 年的案件数有所下降，而且从批捕数量与提起公诉数量巨大的差距来看，约有 65% 的此类案件比例适用了非羁押措施进入刑事诉讼程序，这也与福建省检察机关推行"专业化法律监督＋恢复性司法实践＋社会化综合治理"的生态检察模式相契合。按照"施害方付费出力、专业方治理管护、第三方监督落实"的基本工作原则，2016 年共办理"复植补绿"案件 265 件，补植林木 13631 亩，件数较往年有所提升。（详见图 3）

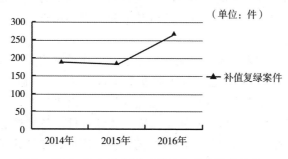

图 3 2014—2016 年福建省检察机关复植补绿情况

尽管福建省检察机关力推生态修复令等恢复性司法举措，尽力挽回林木资源损失，但从上述三图可见，仍有约53%的涉林案件造成的生态破坏无可挽回。更进一步探究该类案件的成因和后果，我们发现相比较于其他普通刑事案件，其具有以下几个犯罪特点，并形成了检察监督上的难点：

1. 犯罪诱因单一化

总结涉林刑事案件成因，可以得出一个简单结论，即：犯罪成本低廉与犯罪获利高额之间的强烈反差促使涉林生态案件高发。当前涉林法律法规普遍滞后于生态文明建设进程，刑法修正案增设的部分罪名对"情节严重"的量刑标准未及时作出明确规定，导致司法实践中，对数量较大、情节严重的行为就低处罚，刑事处罚多为3年以下有期徒刑且适用缓刑率高，打击威慑力不足。同时，由于涉林地区多为林木群种丰富的偏远山区，当地群众文化与收入水平普遍不高且法律意识淡薄，"靠山吃山，靠水吃水"的传统观念依然存在，在收取报酬或获得工作机会的诱惑下，鲜有村民主动向林业主管部门或公安机关报案。从而给检察监督造成的困难是，群众力量无法得到有效发挥，依赖于公权力机关的单方治理显然无法取得理想效果。

2. 犯罪手段隐蔽化

体现在两个方面：一是地点的隐蔽性，破坏森林生态资源案件的犯罪嫌疑人选择的作案地点往往较为偏僻，且此类犯罪大部分情况下侵害的是生态环境公益，没有直接的受害人，导致犯罪行为未能及时被追究；二是手段的迷惑性，大面积的涉林刑事案件犯罪嫌疑人往往通过合法手段掩饰来达到其非法目的，例如，以围标林木砍伐、维修道路或河川整治等工程项目为手段，取得合法资质后堂而皇之将重型机械驶入林区扩大砍伐，之后再投标以取得木材放行证明或伪造合法文件，将木材外运销售，降低被查获的风险。如2014年，时任三明市沙县森林资源管理站副站长的詹某某，利用更新森林资源数据库的权限，徇私舞弊帮助他人篡改数据库中的树龄，导致他人得以办理林木采伐许可证，砍伐未达到采伐年限的林木349.7立方米。给检察监督造成的困难是，一旦第一线执法部门查禁职能失守，后续检察作为则困难重重。

3. 犯罪活动组织化

相当数量的涉林案件不只是触犯一个罪名，而是呈现并发牵连行为、衍生下游犯罪等特点。如盗伐、滥伐林木犯罪牵连非法收购、运输行为，走私珍贵、濒危野生动植物犯罪引发非法收购、运输、加工、出售犯罪，一些地方甚至出现因非法采伐引发聚众斗殴、霸矿、村霸等恶性事件。与之相适应的是犯罪集团的形成，与以往"零敲碎打"的分散随机犯罪不同，涉林共同犯罪案件逐渐呈现集团化，在内部上形成金主、首脑、砍伐搬运、哨兵望风、交通运输、加工制造以及中介销赃等精细分工，以达到花费最小成本、承担最低风险、追求最大利润、共创继续合作的目标。从而给检察监督造成的困难是，如果检察监督没有形成整体的指挥调动，很可能无法与犯罪集团所需的打击需要相适应。

4. 交易渠道网络化

随着互联网技术的迅猛发展，特别是论坛贴吧、微信等即时通讯工具的普及运用，使得网络空间成为珍贵动植物及其制品非法交易的主要渠道之一。2016 年查办的此类案件中，大多数不法分子都曾利用网络经营者或监管部门的监控盲区，通过虚拟平台发布相关收购、出售信息，同时，部分犯罪分子开始利用主管部门对拍卖机构仅要求拍品所有人书面承诺"拍品来源合法"的监管疏漏，达成不法交易，从而使得需求倒逼供给，刺激盗伐林木案件的暴发。这给检察监督造成的困难是，传统的监督手段可能已无法适应涉林犯罪形势的发展。

5. 监管渎职伴生化

2015 年 1 月至 2016 年 5 月，福建省检察机关共立案侦查危害生态环境渎职犯罪案件 40 件 58 人，与其他领域渎职犯罪相比具备三个特点：一是玩忽职守犯罪占较大比例，占比达 46.6%；二是关联环节国家机关工作人员相互勾结作案现象较为突出，窝案串案占比达 79.3%；三是涉及部门较多，涵盖乡镇党政机关以及林业、国土、环保、法院等多个机关。从客观行为上看，有的擅改森林资源数据库的树龄数据，导致未达到采伐年限的林木被砍伐；有的在林业检查过程中不认真核查林木运输证的真实性或以收费代替罚没，违法放行无证木材；有的徇私舞弊，帮助他人找人顶罪，使真正的犯罪分子逃避刑事追究。如 2009 年，时任福州市连江县法院林业庭庭长王某某明知叶某某涉嫌非法占用农用地犯罪，却在收受贿赂后，找到公安承办民警，与其共谋伪造虚假证据，由叶某某的舅舅黄某某"顶包"。该案起诉至法院后，王某某明知黄某某不是真正罪犯，仍以非法占用农用地罪判处黄某某有期徒刑，使真正的罪犯逃避刑事追究。虽然危害生态环境渎职犯罪案件仅占破坏环境资源普通刑事案件的 2.8%，但无论是对森林生态环境的破坏，还是对该类案件的查处难度，都具有普通刑事案件不可比拟的杀伤力。如果执法部门本身就存在问题，检察机关不仅追诉犯罪的成本增加，还需要提防"内鬼"，在打击合力与相互信任上也将产生额外且沉重的负担。

（二）检察监督在惩治涉林生态违法犯罪中面临的困境

涉林生态领域的违法犯罪牵扯行政执法、公安侦查与检察监督等多个层面的管控，但多部门内部以及相互之间均有不适应打击合力形成的消极因素，具体而言，体现在以下几个方面：

1. 沟通交流不足，对法律的理解和适用不统一

囿于日常事务繁忙及人员生疏等原因，目前行政机关、公安机关与检察机关的沟通交流，很大程度上还依赖于一年一至两次的联席会议。期冀以此来解决实务中旷日已久、积少成多的观点不一致等问题，无疑是杯水车薪。与此形成强烈反差的是，涉林生态领域的法律规定与司法解释却严重落后于现实社会发展，这种滞后性造成入罪标准和量刑档次模糊，相关部门在办理或审查过程中难免会有些迷茫。这就导致了两方面后果：其一，"以罚代刑"现象不可避免，部分行政执法案件可能已达刑事立案标准，却未移送公安机关而草草以行政处罚结案；其二，"宁刑勿行"观点亦有存在，行政执法人员出于监管失职被追责的担忧，认为违法行为只要游离于刑法边缘，便一律移送公安机关了事，加重了衔接失序的现状。

2. 取证能力仍显滞后，打击难成合力

暂不论行政执法机关与司法机关在沟通交流上存在诸多隔阂，即便是行政执法机关与公安机关在侦办案件这第一道关口上，经常都难以形成及时有效的打击合力。实务中，行政执法机关在获得重要线索后，往往单枪匹马便"深入敌穴"，但碍于"势单力薄"，在经验、队伍力量等方面存在先天不足，一些行政执法人员不具有严谨的取证程序意识，往往只注重收集行政处罚所需证据，不对涉案物品分类登记、扣押，还有一些行政执法人员在行政处罚后即销毁物证甚至直接捣毁现场，以致部分证据来源、形式的合法性存在较多瑕疵，甚至一些关键证据因取证不及时、保护不力等原因而灭失，使得后续案件定性、证据采信时处于两难境地。这在办理涉林刑事案件中尤为突出，因其专业性特点，产生一套标准更高的证据证明体系。如植物及其制品类案件中，是否属于珍贵、濒危需经过具体认定，因此，对未查扣到实物的犯罪事实审判机关均倾向不予认定，导致在其他证据可以印证犯罪事实的情况下仍无法追究不法分子的刑事责任；涉林案件中，公安人员缺乏林业专业知识，林业执法人员又欠缺刑事证据意识，致使案件涉嫌刑事犯罪移送司法机关时出现关键证据灭失，严重影响案件事实的认定。

3. 检测鉴定困难，对案件处理的效率影响较大

主要存在三个方面的困难：一是鉴定依据较易缺失，生态环境资源损害具有长期性、流动性、间接性等特点，若没有在第一时间固定、收集相关证据，极有可能丧失鉴定评估条件；二是鉴定方法不够完善，生态环境资源兼具经济价值和生态价值双重属性，但现有评估方法主要针对环境资源的现实损害，忽略了因损害而产生的永久性生态损失以及修复期间生态服务功能的损失等；三是客观条件制约，生态领域的鉴定评估专业性强，省内具备相应资质的鉴定机

构和人员较为稀缺，办案机关常常不知道应该委托哪个机构进行鉴定。此外，动辄几十万的高额费用给一线执法部门带来沉重负担，影响鉴定评估工作及时顺利开展。

4. 信息平台设计存在短板，共享信息的利用效率不尽如人意

虽然从 2014 年 4 月起，由福建省检察院与省政府联合开发的"行刑衔接"信息共享平台即正式投入使用，但由于该平台与各行政执法机关及公检法三家的办案系统是相互独立的，因此实务中一直存在行政执法机关重视程度不够、选择性录入以及数据端口不畅等问题，检察机关很难从中发现漏录、不录行为，也很难进行实时跟踪监督，如 2016 年泉州地区上传省级平台数据 8 万余条，仅有 2 万余条可用。同时，相当部分的行政执法人员与平台填录人员隶属不同内设机构，许多平台填录人员并不归属负责该项工作的领导分管等现象，这无疑进一步导致了工作衔接的不顺畅。

三、我国台湾地区南山神木盗林案侦办对于我国检察监督外部衔接机制建设的启示

生态环境保护是所有国家和地区在现代社会发展带来福利的同时必须承担的义务，处理该类事件中行政执法与检察监督相互衔接的难题是我国各地区都要面临的问题。笔者试从我国台湾地区成功侦办南山神木盗林案的经验出发，总结侦办特点，以供我国大陆地区完善涉林生态领域的跨部门联动执法机制参考借鉴。

（一）我国台湾地区南山神木盗林案侦办经过①

2012 年 4 月 9 日，我国台湾地区"自由时报"头版以"2000 岁神木遭砍杀"为题报道了南山神木盗林案，使得本案在侦办之初即引发高度关注。各界除了对于林木保育的重视以及本案中出现原住民以"山老鼠"的角色窃取部落林木等原因外，最令人痛心的莫过于树龄 2000 余年的南山神木群被砍伐，本案中有高达 40 棵的扁柏、红桧遭到毁坏。因为收赃者要买的标的是树瘤，②以往的盗林者通常是攀爬上神木后，将树瘤锯下，但攀爬上树较耗体力，本案中盗林团伙为了省时省力，直接从根部锯下树木再锯下树瘤并窃取，手段之残忍令人心寒。本案的涉案人数之多、砍伐数量之巨、查办层级之深以及林木价值之高均创下我国台湾地区司法史的记录。（详见图 4）

---

① 薛植和：《检察官公益角色之展现——从侦办林木盗伐案件谈起》，载《人民检察》2016 年第 14 期。

② 树瘤是树木发生病变愈合后产生的特殊纹路，因其形状怪异而扁柏、红桧树种又有特殊香气，故具藏品价值，每棵扁柏树瘤的市场交易价动辄数十万元新台币。

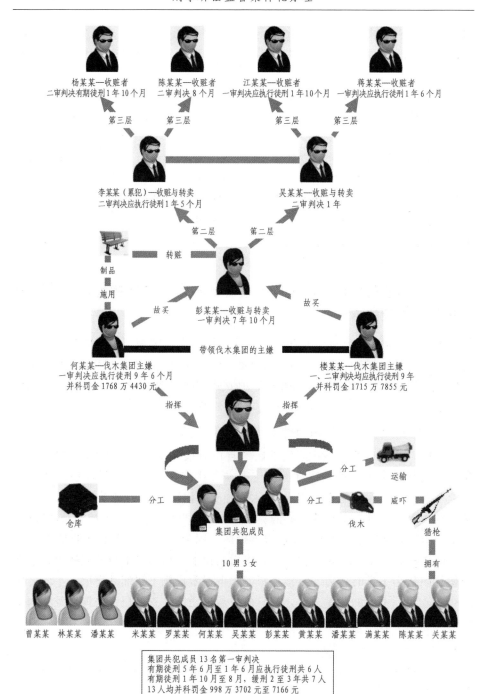

图4 南山神木盗林案组织分工与判决情况一览

从图 4 可见，本案盗林集团分工缜密，层级众多。为了瓦解集团犯罪，侦办团队不仅启动了警政系统监视器与林务局的车牌辨识系统，更是向法院申请了通信监察，并成立"赃木鉴定小组"，多管齐下合力展开缉查。其间，共动用宜兰地检署、森林警察罗东分队、林务局罗东林管处、新竹林管处等高达920 人次实施行动搜证、现场勘查、分析通联、讯问嫌犯等联合行动。本案的查缉成效不仅限于盗林团伙，更及于第一、第二、第三层的收赃者，完整地追究到市场需求面的源头。最终，本案侦结起诉 22 人，追回赃木 207 具，鉴定损失达 4 千万余元。宜兰法院经 6 个多月审理，22 个被告均作有罪判定，重判何某某、楼某某等盗林分子有期徒刑 9 年 6 个月、并科罚金 1768 万元，彭某某等收赃者有期徒刑 7 年 10 个月等刑罚。（具体刑罚情况详见图 4 备注）

（二）本案侦办经验的有益启示

南山神木盗林案是我国台湾地区近年来影响较大的森林法案件，我国台湾地区行政机关与检察机关通力合作，在短短几个月内就完成从初始举报、案件侦查、起诉乃至最后判决的流程，行动之迅速、取证之到位、诉讼之快捷给人留下深刻印象，办理有如下启示。

1. 多部门紧密联系、通力合作是成功办理该案的基础

机关与部门之间常因本位主义，加上欠缺联系沟通，故难以整合资源有效打击不法犯罪行为。就本案而言，由于地理位置与所辖包括了太平山工作站管约 16000 余公顷的原始桧木林的缘故，森林法案件向来是我国台湾地区宜兰地检署主要查办的案件类型。鉴于森林案件涉及搜证、扣案树种辨别、受害林木位置界定、犯罪所得即材绩计算等林务专业知识，宜兰地区以检察机关为主导，与宜兰县警局、森林警察队、罗东林区管理处等单位共同成立专案组，意义有三：其一，采用团队办案的跨部门模式，善用检警于法律要件、侦查取证的优势，借用林业主管部门对于此类型案件可发挥的专业能力，共同发力；其二，引进微型摄影机远端即时监控系统进行科技侦查，目标是以追奔溯源的方式阻断市场需求源头，真正防堵森林法犯罪；其三，制定森林法案件移送卷宗标准化作业流程，林务局在移送的事证部分明确且格式化，必须要移送的内容包括：森林主产物价格鉴定书、被害数量明细表、被害利用材积及总售价计算表、现场位置图等，以符合特定森林法中"森林主、副产物""并科赃额"等构成要件规定，提高行刑衔接的效率。

2. 检警林联合查缉平台与侦办团队的有效分工是成功办理该案的前提

本案影响层面深及我国整个台湾地区的森林保护，各项证据繁杂；又因震撼台湾舆论，若不能在短期间内尽速侦结，对于检察形象也将有负面影响。因此，本案自侦办之初，即充分发挥"检警林联合查缉机制"，采用全程分工模

式同步开展侦查：在检察机关方面，提前介入侦查，横向联系警察、调查局、林务局、森保处等部门，规划各部门力量，从法律要件及取证方向来指挥侦办节奏；在警察机关方面，抛弃枪、毒绩效挂帅思维，重视环境法益的维护，在检察官的指挥下，整合刑警大队、森林警察队与调查局的人力全力搜查取证、缉拿嫌犯；在林务局、森保处等行政机关方面，负责在森林间建置并监控科技取证器材，发挥林木专业优势，在执行搜索时协助检警判断现场林木种类与状况，指导检警对林木的认识以便在讯问犯罪嫌疑人时具有足够的专业知识明辨真伪，同时还评估扣押林木的价值，计算犯罪所得。"警检林联合查缉平台"的资讯整合、指挥协调、共同查缉模式详见图 5。

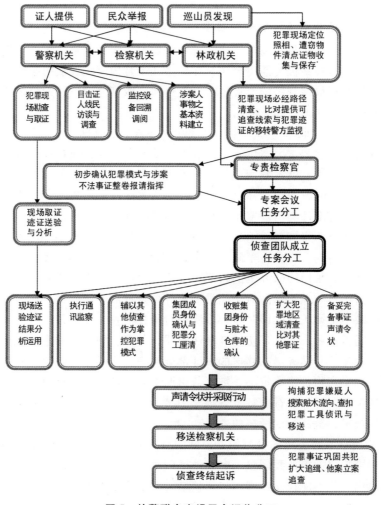

图 5　检警联合查缉平台运作分工

3. 引入技术侦查，制作"译文对照表"帮助查证犯罪是成功突破该案的关键

为全部查缉整个盗林集团以免幕后主使者逍遥法外，同时考虑到收赃者才是盗林案的最大获利者，如果收赃渠道通畅，即便这批盗林团伙被查获，仍然很容易出现新的盗林团伙。因此，侦办团队在制定本案侦查策略时即意识到必须追本溯源将收赃者绳之以法，但是，如果没有实施通讯监听监察并经营本案线索，很可能无法达成该目标。然而，在查办本案之时，通讯保障及监察法尚未修订，森林法上的盗林事由并非线上监听的法定罪名。① 所幸，林务局通过装设的微型摄影机拍摄到犯罪嫌疑人持长枪进入林区的画面，及时通报检察官，后者以违反枪炮条例的罪名向法院声请通讯监察并获得批准。即便如此，新问题仍然随之而来，由于许多林区原住民受雇参与盗林，本案与毒品案有相似之处，监听面临许多暗语需要翻译与解释的问题。检察官及时与当地林业部门共同研究，先通过监听译文的解读列成暗语对照表，再于犯罪嫌疑人抓获归案时比对其供述，整理后起诉移送法院时在监听卷中均附暗语对照表供法官参考。正是如此细致扎实的技术取证，才能最终获得法院在定罪量刑时的高度认可。

4. 及时引进专业鉴定意见，认定收赃犯行是圆满办理该案的保证

随着案件的逐步收网，经由查扣账册分析、现场履勘被害林木、第二层收赃者指认以及通讯资料调阅等扩大侦查的作为，侦办团队顺利查清第三层收赃者的身份，但该层级的收赃者主要是各地艺石店的店家。如何确认并证明该些店家主观上具有明知赃木而收购的故意，是能否成功将第三层收赃者罗网的关键。此时，第三层收赃者提出其不明知的辩解主要基于两点理由：第一，树瘤系旧有的市场流通物，其收购并无不法；第二，部分树瘤系海外进口而来，非本土收购。对此，侦办团队及时成立了由林务局及实务人士共 7 人组成的"赃木鉴定小组"，此鉴定在本案中扮演了极为重要性的角色，此部分从后来法院在判决书多处引用鉴定意见驳斥被告等人的辩解，亦可得知法院亦接受此种举证方式。由于我国台湾地区的护林政策自 1989 年后全面禁采林木，只有政府砍伐的林木才会流至市面，且树瘤通常会在砍伐过程中去除留在原地，故不会存在通过砍伐而取得树瘤的情形，所以如果收购者主张其取得的树瘤是在 1989 年以前取得，可通过对树瘤树纹进行鉴定辨别其树瘤的生成年份；如果收购者主张是在 1989 年后从海外进口取得树瘤，亦可透过鉴定人进行来源证明书的真伪鉴定。本案后来移送法院的资料中就包括"罗东林区管理处鉴定

---

① 后经我国台湾地区"法务部"与林务局等单位努力，通讯保障及监察法已将违反森林法第 52 条之窃盗罪纳入可声请通讯监察之罪名，并于 2014 年 6 月 29 日生效。

小组鉴定明细表",该表内为全部赃物树木的编册,内容有编号、赃物树瘤图片、鉴定意见、估计市值等资料,对于赃物的掌握、推动诉讼流程以及法院审判时赃款的计算均有极大的帮助。

四、完善涉林生态领域检察监督外部衔接机制的若干建议

从上述案例可见,因案件最终要进入刑事诉讼程序,检察机关的引导侦查、认定证据标准、制定侦查策略作用显得愈加重要,因此在跨部门联动机制中居于主导地位。有鉴于此,笔者结合上述南山神木盗林一案的侦办启示,从证据衔接、定性衔接、技术衔接以及治理衔接四个方面出发,谈谈完善该领域检察监督外部衔接机制的本土化建议。

(一)注重犯罪线索经营,确保行政与刑事两个环节上证据衔接的合法性与完整性

如前所述,当前破坏生态环境刑事案件的嫌疑人常常通过"游击战"、精细组织分工、不留存产销票据等手段来逃避法律打击。因此,无论对于行政执法机关还是侦查机关来说,具有案件经营意识在当下显得越发重要,不能盲目为了完成任务急于"收网";而在"收网"后亦应当学习我国台湾地区侦办团队,力求行动迅捷、分工科学、沟通及时、查处到位,避免部分关键证据灭失或案件事实无法查清。具体而言,应当做好以下几方面的证据衔接工作:

1. 及时固定主观证据

对于举报人、内部雇员等重要证人提供的线索及证言等证据,应当第一时间制作笔录予以固定,对于上游生产者、销售者、犯罪团伙内的领导、骨干人员等主要犯罪嫌疑人,在"收网"过程中应由检察机关尽快同步介入引导取证,通过采取适当的强制措施,防止出现串供、干扰作证、通风报信等情形,并及时制作笔录以核实案情。

2. 全面收集补强客观证据

对于犯罪集团等涉及面较广、社会影响较大的破坏生态环境刑事案件,宜事先制作有关执法、侦查方案,并商请检察机关会商研究取证清单,通过对关键节点的合理侦查"经营",查清盗林毁林的起因、来源、砍伐过程、赃木流向、渠道及数量等情况、内部人员的分工等信息,并进而通过深挖产销网络,借助司法会计等力量,查明资金流向,全面掌握整个犯罪链条,力求能有效并彻底地惩治破坏生态环境犯罪,形成强有力的震慑效果。

3. 重视衔接前后的证据转化

对于在行政执法中收集的言词证据,因具有较强的主观性,容易发生变化,依据行政法律法规取证的程序要求又明显不如刑事诉讼严格,对于取证对

象诉讼权利、义务的要求也相差甚多，故侦查机关应当依法重新取证，方具有刑事证据资格。[①] 对于在行政执法中收集的物证、书证、视听资料、电子数据等客观证据，因往往在取证前便已稳定存在，所体现内容受取证程序影响较小，依据《刑事诉讼法》第54条第2款规定，[②] 经审查系以该行政执法机关名义移送，并且符合刑事证据法定要求的，可以直接作为刑事证据使用。综上，在以审判为中心的诉讼制度改革形势下，对于破坏生态环境刑事案件"行刑衔接"工作中的证据移送环节，应当得到更多重视，以防止因犯罪嫌疑人翻供、取证程序不规范等问题导致的案件质量出现瑕疵等不必要后果。

（二）逐步完善检测鉴定机制，确保司法鉴定与检察审查衔接的同步性与有效性

对于零散、偶发的涉林案件，因案情清楚，查明林木价值与受损程度往往是定案的关键；而对于更具专业化、组织化、精细化的集团犯罪而言，厘清既往砍伐、销售的具体数额，并追究至收购赃木的最后层级则更显重要性。破坏环境资源犯罪不同于一般侵财案件价值的确定性，亦异于一般侵犯人身权利案件损害程度的易参照性，其中涉及物质变化、账目核对等事宜，自然有赖于检测鉴定机构的专业支持与辨明。正如上述我国台湾地区侦办的南山神木盗林一案，台湾高等法院102年度上诉字第1006号刑事判决书完全采纳了"七人鉴定小组"的意见，写明："附表树瘤树种系台湾红豆杉，因切面上有台湾红豆杉特有之黑点，木质部亦有红豆杉特有之白色外皮，且红豆杉比重、硬度均比肖楠来的重、硬，并非进口越南肖楠。附表树瘤可见散发出银色光泽，都非常新鲜，其中'凤尾'是根瘤形成，都是从活的树上挖出来的，都是生立木；如果经过三十余年，色泽暗沉，1989年放到现在的光泽一定不同，所以这四块木头不是1989年以前的。"从而以客观推定第三层收赃者主观明知的故意，使得后者的狡辩不攻自破。此外，许多涉及盗林集团案件定性并无太多争议，办理难点在于如何认定涉案金额，进而确定量刑及罚金幅度。但这已属经济犯罪范畴，无法仰赖人证、物证直接查明事实真相，加之检察官也非经济专业出身，难以清楚其中游戏规则，若须达到证据确实充分的起诉条件，清查资料、认定事实自然旷日费时。因此，侦办此案时，台湾检察官采取了林政机关同期介入调查、实时监督的方式。但由于大陆地区检察官并不像台湾检察官自发案

---

① 观点摘自杜开林：《王志余、秦群英容留卖淫案》，载《刑事审判参考》总第97期。

② 《刑事诉讼法》第54条第2款规定："行政机关在行政执法和查办案件过程中收集的物证、书证、视听资料、电子数据等证据材料，在刑事诉讼中可以作为证据使用。"

时即是刑事侦查的主导者,除非提前介入,否则案件移送至检察机关已历时日,证据是否全面收集固定、是否仍未灭失均不得而知,由检察机关商请介入显失实效性。若由公安机关商请,因不具强制性,林政机关是否配合,沟通协调又是否存在阻碍,亦难以确定。笔者认为,仿效我国台湾地区侦办该类案件的另一成功经验——强化司法会计鉴定在实务中的运用,值得一试。我国台湾地区也培训了许多具有鉴识会计专长的会计师来支援案件的侦办。但在大陆地区,目前除上海等一线大城市外专门会计鉴定机构寥寥无几,以福建省为例,更是难有会计鉴定机构愿意接受委托,这对查办产销网络复杂的涉林经济案件,无疑具有明显的制约性。因此,扩充和壮大司法会计鉴定机构,选任和配齐司法会计鉴定人员以符合本地办案需求,确保其客观性、专业性与独立性,并委之以帮助查明案情的一定强制性义务,同样是破坏环境资源案件跨部门联动执法工作制度设计所应当思考的问题。

(三)发挥信息共享平台作用,确保线上监督与实时审查衔接的及时性与全面性

反应迅速的适时介入调查、移送案件的实时跟踪监督、有案不移与以罚代刑现象的及时纠正,凡此种种都有赖于信息共享之全面高效。因此,"行刑衔接"信息共享平台,是检察监督工作能否深入有效开展的关键载体。笔者以为,打破当前信息共享平台在实务中略显乏力与停滞的困境需依赖于两方面的努力:

1. 设计科学合理的追责机制

共享信息选择性录入、应付性录入的现象之所以久拖难决,最大原因就在于缺少问责机制的倒逼,以致行政执法机关即使是面对诸如《检察建议》等一系列催办文书,仍然有恃无恐、我行我素,而检察机关身负法律监督职责,却对此情形无可奈何。此处,可作如下制度安排:积极与纪检监察部门就信息共享平台录入等问题沟通协商,达成共识,出台相应规范性文件,对于发现存在录入不规范问题的单位或个人,由监察部门予以效能追责,要求限期整改并将情况抄送其上级主管部门备案;对于拒不改正或发现上述问题达三次以上的单位或个人,由纪检监察部门通报批评并对有关人员予以纪律处分;对于存在玩忽职守等可能涉嫌职务犯罪的情形,依法移送检察机关职务犯罪侦查部门追究刑事责任。

2. 搭建无缝衔接的数据导入导出功能

当前的信息共享平台因系"凭空而起"的独立系统,与检察机关统一业务应用系统以及各行政执法机关的内部办案系统并无丝毫关联,这就导致即使存在有案不录现象,也难以在检查中发现,行政执法机关亦常反映录入不畅、

设置漏洞等问题。从"两法衔接"工作发展的长远考虑，在技术支持上实现案件情况、文书等信息的快捷乃至一键导出导入，甚至打破各单位办案系统自成体系的壁垒，是值得探索和努力的方向。若能实现信息数据端口的统一化和规范化，则可以较大幅度地削减在数据填录上所耗费的工作量，而将更多的精力和重心置于案情研判、疑点排查等重要工作上来。

（四）秉持第三方治理思维，确保民众参与与检察监督衔接的预防性与彻底性

长期以来，"攻击就是最好的防守"被认为是犯罪侦防的良策，主动出击将犯罪分子绳之以法，最能产生阻吓效果。但是在破坏生态资源案件中，被害者是森林林木，案件的发生与破获都代表着林木资源被破坏的结果已经形成，一切的司法惩罚都为时已晚，造成的损害无可挽回且由全民来共同承担。执法者有义务保护所有林木不受侵害，但以人力有限的状况，显然会有"巧妇难为无米之炊"的窘境。因此，运用第三方治理思维有其必要性，引入第三方力量成为执法部门在涉林犯罪预防工作中的新助力，是扩大森林防护网可以努力的方向，也是解决前述公权力部门单兵作战困境的必经之路。对此，笔者试提出两条建议之策：

1. 扩大原乡与偏僻山区村落的防护参与

通过学校、乡镇与家庭的宣传，将盗伐林木犯罪所产生的大自然反扑后果与生态保护带来的深层广大利益绝非窃取林木买卖收益可比的观念，推广到整个村落，使保林护林所带来的无穷价值深入人心，其正能量无形中汇集生成时，自然也会共同抵御外来的入侵盗林者。我国台湾地区从过去的"居民参与保育共生计划"到现在正在推行的"结合社区加强森林保护工作计划"都是在循序渐进地推动与村里部落建立伙伴共生关系，通过各工作站巡回宣传、雇用当地原住民以及补助社区自组森林守护队，共同巡守在地森林资源等方式，来创造偏僻山区就业机会与主动投入森林保护的行列愿望，以建立共同管理、可持续经营的双赢目标。

2. 加强木材与艺术品从业者的自检与自律

木材与艺术品从业者是让所有珍贵林木创造价值的源头，如何让他们取之有道，建立木材来源的管控机制尤为重要。大部分的从业者都希望木材原料合法安全、无须在交易过程中担惊受怕，而保障合法并打击非法的关键，就是要与合法经营者建立合作关系，通过从业自律并检举非法投机分子来驱逐劣币。而商标法与森林法的再修法的初衷也在于木材来源与销售管理机制的建立。假以时日，盗伐林木犯罪如能如盗采砂石犯罪一样，在寻得有效解决策略下，使得犯罪分子因不符合成本效益而打消盗伐动机，森林得以休养生息时，才是全

民之福。

五、结语

孟子云:"斧斤以时入山林,林木不可胜用也。"车被偷了,可以再买到一部一模一样的新车,但是树木被滥伐就永远看不到了。森林是珍贵的地球资源,树木的毁坏不只是树木本身或经济利益的损失,而是危害了人类赖以生存的整个生态环境。迅猛有力、不枉不纵地惩治破坏生态环境资源犯罪,是百姓之希冀,亦是国家之重托。无论是对于行政执法机关、侦查机关还是对于检察机关来说,都各有所为、应有所为。摆脱各自为战的现状,以"行刑衔接"桥梁形成打击合力,是未来办理破坏生态资源刑事案件需要考虑的重要一面。通过借鉴海峡对岸处置盗林刑事案件成功经验,以完善检察监督工作制度的同时,我们更应看到,侦办团队所彰显的团结一心、恪尽职守、虚怀若谷、谨言慎行的专业精神,是在制度构建之上所应追求的更高目标。

推动重大监督事项案件化办理
提升刑事诉讼监督实效[*]

——第九届刑事诉讼监督主题研讨会观点综述

程　岩　张艳青^{**}

为贯彻落实好修改后的刑事诉讼法和修订后的人民检察院组织法,切实提升检察机关刑事诉讼监督实效,前不久,由中国法学会检察学研究会刑事诉讼监督专业委员会主办,北京市检察院、北京市诉讼法学研究会、北京市检察官协会共同承办的第九届刑事诉讼监督主题研讨会在北京市召开。来自最高人民检察院及北京市、天津市、上海市湖北省等13个省、市、自治区检察机关的领导和代表,以及高校、科研机构的专家、学者共80余人参加了研讨会。与会人员围绕刑事诉讼监督案件化办理的基础理论问题、监督案件的分类与标准、办理规程及办法、办理机制与组织保障等议题,展开深入研讨。

一、刑事诉讼监督案件化办理的基础理论

探索重大监督事项案件化办理机制,是新时代完善司法责任制和检察机关法律监督体系的需要,也是推动法律监督工作由"办事模式"向"办案模式"转变的重要举括,中国法学会检察学研究会刑事诉讼监督专业委员会顾问、中国法学会刑事诉讼法学研究会会长卡建体在致辞中表示,在人民检系院组织法修订与刑事诉讼法修改背景下,如何开展检监督工作是一个重大课题,应进一步重视诉讼监督特别是刑事诉讼监督工作,加强与各项检察改革举措的配套衔接,推动形成检察发展新理念、新思路。清华大学法学院教授张建伟认为,重大监督事项案件办理的"模式"有利于增强检察监督的能见度。最高人民检察院检察理论研究所编译部主任蔡巍认为,重大监督事项案件化办理符合检察

---

* 原文刊载于《人民检察》2019年第5期。
** 作者单位:北京市人民检察院。

权是复合权的属性，同时可以使检察监督更加规范化，把监督做实做强。

关于"监督"与"办案"的关系，重庆市渝中区检察院检察长夏阳认为，"办案"既包括办理诉讼案件，也包括办理诉讼监督案件。监督与办案是职能定位与实现手段的关系。北京市检察院法律政策研究室检察官梁景明认为，办案是监督的基础。监督离不开被监督单位的办案，监督的工作对象就是产生于被监督单位执法办案活动中的诉讼违法行为，对构成诉讼违法的事项启动核实、纠正等监督程序使之成为案件，是办理"案中案"。

关于刑事诉讼监督"案件化"办理的内涵，北京市检察院第三分院侦查监督部主任李辰认为，其是指刑事诉讼监督（侦查监督、刑事审判监督、刑事执行监督）领域内，对被监督对象的重大违法行为，按照统一的证据标准和程序要求进行监督的司法活动，其实质就是主张检察监督权行使方式的诉讼化。内蒙古自治区检察院常务副检察长简小文认为，监督事项案件化办理的外在表现为司法的程序化，即将符合条件的重大监督事项以类似司法程序的方式进行立案、调查、审查，作出处理等；内在特征体现为证据化，即以客观存在的程序性违法行为为事实，以提出纠正该违法行为所依据的法律为准绳。

二、重大监督事项案件化办理的范围

刑事诉讼监督事项涉及领域广、种类多、内容繁杂，要推动刑事诉讼监督案件化办理模式转型发展，必须把握好刑事诉讼监督案件的基本要素，进行科学分类，对此，北京市检察院刑事审判监督部检察官田野提出，如果对全部监督事项作案件化处理，既不能区分监督重点，又将导致有限的司法资源不堪重负，科学合理地确定重大监督事项的范围并据此作分流处理，是实现诉讼公正与效率有机平衡的客观要求。张建伟教授认为，实现刑事诉讼监督案件化办理必须"繁简分流"，只有重大监督事项才能适用案件化办理模式，对于其他轻微的监督事项可作简易、便宜处理。

关于监督案件的分类，北京市检察院刑事执行检察部主任李继华认为，可将监督案件以监督客体为标准，分为诉讼违法案件、判决裁定错误案件和重大事项案件，这种分类方式有利于确立诉讼监督案件的案由、类型、立案标准、办案模式和办案规程等制度体系。江苏省南通市通州区检察院检察官助理杨宝川以刑事执行检察监督为切入点，建议将相关案件划分为刑罚执行检察监督案件、刑事强制措施执行检察监督案件和强制医疗执行检察监督案件三大类。刑事诉讼监督专业委员会顾问、中国政法大学教授樊崇义提出，监督事项大致可以划分为一般违法事项、重大违法事项和涉嫌构成职务犯罪需要追究刑事责任的事项。

　　关于刑事诉讼监督"案件化"办理的范围，与会人员存在不同认识。山东省烟台市牟平区检察院检察长孙延杰认为，应对监督事项进行分流，实行部分事项案件化办理。多数代表对此持肯定态度，但对于案件化办理的范围认识不尽一致。梁景明认为，实行案件化办理的刑事诉讼监督事项应具有以下条件之一：一是属于重大诉讼违法行为或重大事项；二是需要启动调查核实程序；三是可能作出正式监督处理决定。北京市平谷区检察院检察长贺卫提出，除了重大诉讼违法行为及需要启动调查核实程序的行为外，还可以从监督内容的角度考虑监督事项的性质，如新闻媒体眼光、网络媒体炒作、社会舆论高度关注的已经或可能引起严重群体性事件或维稳事件、矛盾焦点突出的重大案件或事件，或人大代表或政协委员联名提出监督要求的，等等。北京市朝阳区检察院侦查监督部检察官助理庄小茜介绍了侦查监督案件的朝阳实践，即将刑事侦查监督案件分为刑事立案活动违法案件、行政执法与刑事司法衔接违法案件和侦查活动违法案件。侦查监督案件立案标准，是指存在严重违法或者虽未严重违法但需要进一步调查核实的行为。此外，对于检察机关是否应对律师的相关刑事诉讼活动予以监督，北京市德恒律师事务所管理合伙人王兆峰认为，律师的违法行为在各地律协及司法厅（局）有专门的监督管理，有一套自己的程序，最严重的可以吊销职业执照。如果律师涉嫌违法犯罪，则按照法律规定以惩处。因此，检察监督是否有必要延伸到律师行业，值得研究。

　　实践中，针对重大监督事项的认定，各地做法不同，政法大学教授吴宏耀认为，涉嫌违法、非法证据排除以及违法取证的行为必须列入重大监督事项其他的可依据情况而定。重庆市北碚区检察院检察官助理董成帅表示，对"重大"的判断应从违法程度的严重性和侵害法益的程度等方面加以考察。陕西省检察院检察官庄启松认为，在确定"重大"标准时，要把握违法行为的严重程度和所采取监督措施的严厉程度。贺卫认为，除了考虑案件的危害程度，还可以从对诉讼活动的影响、对当事人权益的影响、对民生和社会秩序的影响以及上级机关和人大、政协等有关单位领导关注等多个维度来把握。

三、重大监督事项案件化办理的规程

　　实现刑事诉讼监督事项的案件化办理，机制建设是关键。辽宁省锦州市检察院法律政策研究室主任郝长青提出，刑事诉讼监督"办案模式"应当以规范化、实质化与精细化为价值导向和发展路径。天津市检察院检察官助理陈赛提出，应建立内外协调的体制机制、严密高效的程序控制、实事求是的证据标准、科学有效的评价体系、覆盖全程的管理规范。在案件化办理流程设置上，有与会代表主张，应按照实事求是的原则，借鉴刑事诉讼中的"繁简分流"

程序，并结合监督事项案件化实际，以普通程序为主、简易程序为辅，形成监督事项案件化办理的基本格局。

在具体程序方面，围绕案件线索管理，浙江省衢州市检察院检察官助理姜林浩提出，当前监督线索的收集和管理存在收集渠道不畅、线索受理入口杂乱、线索管理随意低效、线索办理监督虚化等问题。建议借鉴当地设立公益损害和诉讼违法举报中心的做法，统一、规范刑事诉讼监督案件受理和管理工作。北京市检察院侦查监督部主任方洁提出，为确保立案程序的严肃性和有效性，对于符合立案情形的案件，应当进行立案登记，还可以设计侦查监督案件立案决定书、立案情况告知书、不予立案情况说明书等法律文书与立案程序配套。对于调查核实权的行使，湖北省武汉市汉阳区检察院检察委员会专职委员黄景涛分享了该院"四有一备案"制度，即开展调查工作要有台账、有报表、有文书、有案卷，开展调研工作要进行备案，以此完善、规范刑事诉讼监督工作流程。此外，围绕调查核实的决定主体、办案期限、调查核实手段等，与会代表提出了不同的观点和主张。在证明规则方面，北京市大兴区检察院检察官助理郑烁认为，要建立差异化的证明方式，区分严格证明与自由证明的适用范围。就证据的审查，要建立以亲历性审查为主导、以"外脑"专业同步辅助审查为支撑、以诉讼化审查为保障的多层次、立体化的证据审查体系。

围绕监督案件的处理及检察监督刚性问题，与会人员从不同角度提出见解：一是明确监督处理方式。李辰建议，根据诉讼违法行为的严重程度、恶劣程度，建立层次性、递进式的监督模式。对于一般诉讼违法，通常仅运用较为谦抑、内敛且"效力强度事模式"处理；对于重大诉讼违法行为和涉嫌构成职务犯罪行为，则要运用效力强度上较为刚性的监督方式。樊崇义提出，对于一般违法事项可以采取纠正违法方式，重大违法事项可以采用检察建议方式，涉嫌职务犯罪需追究刑事责任的事项应当采用犯罪调查方式，做到繁简分流，实现监督手段、案件办理和违法行为相匹配。二是加强监督决定公开宣告制度建设。北京市检察院刑事审判监督部主任张军建议，在条件允许的情况下，应当选取部分监督案件实行公开化办理模式，主动邀请人大代表、政协委员、人民监督员对监督案件进行评议。

四、重大监督事项案件化办理的制度保障

强化刑事诉讼监督案件化办理，应不断更新理念，推进"司法 + 科技"深度融合，北京市检察院信息化检察部主任宋红伟介绍了信息化检察部门的优势、做法与经验，建议以检察监督对象为分类标准，立足刑事诉讼监督职能，建设包括刑事发案、立案、强制措施适用、检察审查、刑事审判、刑罚执行等

要素数据库。此外，由于检察信息化产品是可以共享的，让被监督单位分享检察监督信息化产品，可以促进检察监督工作有效开展。张军建议优化全国检察机关应用系统（以下简称统一业务应用系统）相关监督模块，将办理监督案件的工作流程全部纳入统一的办案系统；研发监督办案辅助系统，将证据合法性、程序合法性审查标准嵌入办案软件，探索自动化、智能化的检察院检察委员会委员杨宏亮建议，应对尚未纳入统一业务应用系统管理的监督案件种类，通过软件模块设计和改造予以解决；对尚未设置立案程序的办理事项全面设置立案或者不立案决定程序；对系统功能及业务报表内容进行修改、充实和完善。

在立法和制度保障方面，多数与会代表认为，检察机关亟须制定统一的办理诉讼监督案件的规范性文件。中国政法大学刑事司法学院院长、教授汪海燕表示，从目前情况来看，制定检察监督法和相应的程序法仍有现实的困难，但可以通过司法解释的方式一步步加以规范，在此基础上尽快地推进立法进程。中国法学会检察学研究会刑事诉讼监督委员会副主任兼秘书长、北京市检察院检察长甄贞总结提出，在司法体制改革过程中，检察机关要坚守法律监督机关的底线。在发挥监督职能的过程中，要加强专业基础理论研究，明确制度的正当性基础，规范制度运行的程序。同时，加强与各界联系，获取外界支持、发挥"外脑"作用，提升制度的生命力。